M. Clark...

a-

P9-CAS-585

Level Three
Scott, Foresman French Program

Promenades et Perspectives

Albert Valdman
Indiana University

Nancy Caplan Mellerski
Dickinson College

Susan L. Heine
Annandale, Virginia

Scott, Foresman and Company
Editorial Offices: Glenview, Illinois

Regional Offices: Palo Alto, California •
Tucker, Georgia • Glenview, Illinois •
Oakland, New Jersey • Dallas, Texas

Acknowledgments

COVER: Henri Matisse, *Interior with a Violin.* The Royal Museum of Fine Arts, Copenhagen

BLACK AND WHITE

Dorka Raynor: 2, 4, 10, 17, 23 *(left)*, 24, 29, 31, 32, 34, 35, 38, 41, 43, 44, 46, 47, 49, 53, 54, 56, 59, 61, 62, 64, 71, 73, 76, 79, 80, 87, 89, 93, 96, 105, 108, 115, 118, 121, 134, 136, 138, 140, 142 *(top & lower left)*, 147, 148, 154 *(top left)*, 158 *(top left & right; bottom left)*, 160 *(lower left)*, 162, 166, 169, 177, 178 *(left)*, 179, 186, 187, 188, 191, 192, 194, 195, 200, 202, 205, 206, 215, 222, 223, 232, 236, 239, 240 *(right)*, 243, 244, 245, 246, 247, 248, 251, 252, 253, 255, 257, 260, 264, 268 *(top)*, 271, 273, 281, 284, 288 *(top right & bottom)*, 292, 293, 294, 295, 297, 298, 299, 300, 302, 303, 305, 306, 309, 319, 335, 338, 345 *(left)*, 353, 371, 381

French Embassy Press & Information Division: 14, 102, 154 *(top right)*, 263, 313, 330, 339, 347, 348, 380, 384

French Cultural Services: 122, 341, 343, 355, 359, 377

Fernand Marty: 181, 199, 308, 365

CP Picture Service: 363, 369, 374

Arlene Kickert: 75, 178 *(right)*

Canadian National Railway: 268 *(bottom)*, 274

Collection Viollet: 314, 316

Guide du Pneu Michelin, *Côte de l'Atlantique,* 7ᵉ édition: 82

"Young Woman Sewing" by Mary Cassatt, © A.D.A.G.P., Paris, 1979: 100

R. E. VanderWerff: 120

Jacques Pavlovsky/Sygma: 160 *(top right)*

Ch. Simonpietri/Sygma: 160 *(top left)*

Giraudon: 174

Pictorial Parade: 218

Gouvernement du Québec, gracieuseté de la Direction Générale du Tourisme: 276

Canada Wide Photo: 279

Librairie Plon: 323

Archives Documentation Française: 329 *(left)*

Wide World Photos: 356

Carol Spencer/Liaison Agency: 373

Bowater Canadienne Limitée: 375

ISBN: 0-673-14760-6

*The authors and publisher wish to thank
the following individuals who have served
as consultants and critic readers:*

ANNIE EDMISTON Indiana University
ESTELLA GAHALA Lyons Township High School, Ill.
MARCEL LaVERGNE Natick (Mass.) High School
MARIE-PAUL TRICOT Gournay-en-Bray, France

*Their active participation in the preparation
of manuscript and in field-testing certain
elements has been of invaluable assistance.*

Table des Matières

	DIALOGUE avec Notes culturelles	GLOSSAIRE	ÉTUDE DE MOTS	EXPLICATIONS I avec Exercices
1	3 La fin des vacances	5	6	8 Quelques emplois de l'infinitif 11 Le présent de l'indicatif 12 Vérifiez vos progrès
2	25 Deux cyclistes	26	27	28 Le verbe valoir 29 Le passé composé 32 Vérifiez vos progrès
3	45 L'amabilité n'est jamais démodée	46	48	50 Les verbes comme cueillir 50 L'imparfait 53 Vérifiez vos progrès

LECTURE avec Notes culturelles	EXPLICATIONS II avec Exercices	PARLONS DE VOUS	THÈME	AUTO-TEST	COMPOSITION
12 La Corse, pays natal de Napoléon	15 Le déterminant défini 17 Les déterminants indéfinis 19 Le partitif 20 Vérifiez vos progrès	21	22	22	23
33 Une excursion au Mont-St-Michel	36 Le pronom én 37 Les adjectifs 41 Vérifiez vos progrès	41	42	42	43
54 Les bonnes manières	57 Les pronoms compléments d'objet 60 Combinaisons de pronoms compléments d'objet 61 Vérifiez vos progrès	62	62	63	63

	DIALOGUE avec Notes culturelles	GLOSSAIRE	ÉTUDE DE MOTS	EXPLICATIONS I avec Exercices
4	65 Les collectionneurs de timbres	66	68	69 Les verbes pronominaux 72 Le passé composé des verbes pronominaux 73 Vérifiez vos progrès
5	83 Au pair à Bordeaux	85	86	87 Le verbe s'asseoir 88 Le passif 89 Vérifiez vos progrès
6	101 Au Jeu de Paume	103	104	105 Le futur 107 Le futur avec si et après quand, lorsque, dès que, aussitôt que 110 Vérifiez vos progrès
7	123 La cantatrice chauve	125	126	128 Le passé simple 130 Vérifiez vos progrès
8	143 Le long des quais	145	146	148 Les verbes comme courir 149 Le conditionnel 152 Vérifiez vos progrès

LECTURE avec Notes culturelles	EXPLICATIONS II avec Exercices	PARLONS DE VOUS	THÈME	AUTO-TEST	COMPOSITION
74 La "Sultan Attalba"	76 La possession 79 Vérifiez vos progrès	79	79	81	81
90 La Suisse	94 Les verbes suivis de l'infinitif 97 Vérifiez vos progrès	97	97	98	99
111 Paris et les immigrés	115 C'est et il est 117 Le plus-que-parfait 119 Vérifiez vos progrès	119	119	120	121
131 Molière	134 Il y a et depuis 137 Les pronoms relatifs: qui, que, lequel, dont, où 139 Vérifiez vos progrès	140	140	141	141
152 La vie estudiantine au Moyen Age	155 Les pronoms relatifs: ce qui, ce que, ce dont, ce à quoi 156 Vérifiez vos progrès	157	157	159	159

	DIALOGUE avec Notes culturelles	GLOSSAIRE	ÉTUDE DE MOTS	EXPLICATIONS I avec Exercices
9	161 Aux Deux Magots	163	165	√ 167 Le futur antérieur 168 Le conditionnel passé 171 Vérifiez vos progrès
10	183 La bonne cuisine	184	186	188 Le subjonctif: la forma- tion régulière et les ex- pressions de nécessité √ 191 Le subjonctif: les ex- pressions d'émotion et de volonté 193 Vérifiez vos progrès
11	207 Un séjour en Côte d'Ivoire	208	209	212 Les subjonctif des verbes irréguliers 214 Le subjonctif: les ex- pressions de possi- bilité, de doute et d'opinion 216 Vérifiez vos progrès
12	229 En Bourgogne	230	232	235 Le verbe <u>vivre</u> 236 Les conjonctions sui- vies du subjonctif 239 Vérifiez vos progrès
13	249 La classe de géographie	251	252	253 Le subjonctif dans les propositions subor- données: le doute 256 Vérifiez vos progrès

LECTURE avec Notes culturelles	EXPLICATIONS II avec Exercices		PARLONS DE VOUS	THÈME	AUTO-TEST	COMPOSITION
171 Voltaire	176	Les pronoms indéfinis	179	179	180	181
	179	Vérifiez vos progrès				
193 L'Occitanie	197	Les expressions négatives	203	203	204	205
	199	Le passé de l'infinitif				
	202	Vérifiez vos progrès				
216 Les écrivains africains d'expression française	220	Les prépositions à, chez, en, dans	225	225	227	227
	223	Les compléments de nom introduits par à, en, de				
	225	Vérifiez vos progrès				
239 La technologie française	244	Le passif avec de et par	246	246	247	247
	245	Vérifiez vos progrès				
256 Toussaint Louverture: Fondateur de la nation haïtienne	261	Le participe présent	265	265	266	267
	264	La forme composée du participe passé				
	265	Vérifiez vos progrès				

		DIALOGUE avec Notes culturelles	GLOSSAIRE	ÉTUDE DE MOTS	EXPLICATIONS I avec Exercices
14		269 Les Franco-américains de la Nouvelle-Angleterre	271	272	274 Les verbes se taire et plaire 275 Le subjonctif passé 278 Vérifiez vos progrès
15		289 Paris — américanisation ou modernisation?	291	293	295 Le subjonctif dans les propositions indépendantes 295 Le verbe faire suivi de l'infinitif 298 Vérifiez vos progrès

LECTURES

313 Enfance et Jeunesse

    313 Le Corbeau et le renard, JEAN DE LA FONTAINE

    314 Fiancés en herbe, GEORGES FEYDEAU

    322 L'Enfant noir (extrait), CAMARA LAYE

    330 La Dame en blanc (extrait du Livre de mon ami), ANATOLE FRANCE

337 Trois Leçons

    337 Pour faire le portrait d'un oiseau, JACQUES PRÉVERT

    339 Le Bourgeois Gentilhomme (Acte II, scène iv), MOLIÈRE

    343 La Leçon (extrait), EUGÈNE IONESCO

LECTURE avec Notes culturelles	EXPLICATIONS II avec Exercices	PARLONS DE VOUS	THÈME	AUTO-TEST	COMPOSITION
278 Les Québécois	283 Le subjonctif dans les propositions subordonnées: le superlatif 285 Vérifiez vos progrès	285	285	286	287
298 L'Amérique vue par les Français	301 Le complément de l'infinitif 302 Le discours indirect 307 Vérifiez vos progrès	307	307	308	309

347 Courage et Sacrifice

    347 Le Dormeur du val, ARTHUR RIMBAUD

    348 Au centre du désert (extrait de Terre des hommes), ANTOINE DE SAINT-EXUPÉRY

    355 Madame Curie (extrait), EVE CURIE

    357 Gros Plans de requins (extrait du Monde du silence), JACQUES-YVES COUSTEAU

    360 Champion olympique (extrait de La Quinzième Olympiade), B. CACÉRÈS

363 La Politique

    363 Monsieur Blink, MICHEL TREMBLAY

    366 Discours sur le bicentenaire américain, FRANÇOISE GIROUD

373   Le Nouveau Monde

      373   Pour Haïti, RENÉ DÉPESTRE

      374   Mon Pays, GILLES VIGNEAULT

377   Crime et Châtiment

      377   Dernière Heure, BLAISE CENDRARS

      378   Le Forçat et l'évêque (extrait des Misérables), VICTOR HUGO

383   Trois Poèmes

      383   L'Automne, VICTOR HUGO

      383   Demain, dès l'aube, VICTOR HUGO

      384   Chanson d'automne, PAUL VERLAINE

386   Answers to Vérifiez vos progrès

392   Answers to Auto-Tests

400   Verbes

416   Vocabulaire Français-Anglais

446   English-French Vocabulary

479   Index

Promenades et Perspectives

En Suisse

Au Maroc

Le boulevard St-Michel

Première Leçon

La fin des vacances

François Janin est un jeune homme de dix-sept ans qui habite Clermont-Ferrand.*
Elève au lycée Blaise Pascal,* il est un tout petit peu triste de penser que c'est
déjà l'automne et que les cours vont bientôt reprendre. Mais que faire? Il faut
achever ses études. Alors, cet après-midi, il est allé à la papeterie pour acheter
5 les fournitures scolaires dont il a besoin: une nouvelle serviette, une règle à
calcul, une calculatrice, des stylos à bille, un stylo à cartouche. Il lui faut aussi
plusieurs cahiers, des crayons et un taille-crayon. Tout à coup, à travers la vitrine,
il voit venir une amie. C'est Martine Thérond.

FRANÇOIS	Oh là, Martine!
10 MARTINE	Salut, François! Comment vas-tu?
FRANÇOIS	Très bien, et toi?
MARTINE	Je vais très bien, moi aussi.
FRANÇOIS	Où est-ce que tu as passé tes vacances?
MARTINE	Je suis allée en Corse* avec un groupe d'Eclaireurs.* Nous avons
15	fait du camping pendant presque un mois.
FRANÇOIS	Tu t'es bien amusée là-bas?
MARTINE	Oh, oui! C'était vraiment sensationnel. On a fait un peu de tout:
	des randonnées dans les bois, du cheval, de l'alpinisme et ainsi de
	suite. Et la nuit, on a dormi à la belle étoile. J'adore la Corse.
20 FRANÇOIS	Tu es allée aussi à la plage, évidemment. Tu es drôlement bien
	bronzée.
MARTINE	Oui, tous les deux ou trois jours on est descendu à la côte pour
	nager. J'ai même fait de la plongée sous-marine.
FRANÇOIS	Tu as eu de la veine, toi!
25 MARTINE	Et toi, qu'est-ce que tu as fait cet été?
FRANÇOIS	Bof—pas grand'chose. Mais c'était tout de même agréable de ne pas
	étudier.

en plein air

---

*Asterisks refer to the *Notes Culturelles* that follow the *Dialogue* or *Lecture.*

l'Auvergne
Clermont-Ferrand

Notes culturelles

Clermont-Ferrand: Située dans les montagnes du Massif Central dans le centre de la France, Clermont-Ferrand est la ville principale de l'ancienne province d'Auvergne. C'est le centre de l'industrie française de caoutchouc et de la fabrication des pneus. La société Michelin y a ses principaux bureaux.

Blaise Pascal: Mathématicien, physicien, philosophe et écrivain, Pascal (1623–1662) est surtout connu pour sa défense de la religion chrétienne publiée sous le titre *Pensées.*

la Corse: Cette île se trouve dans la Méditerranée à 169 km. au sud-est de la France. La Corse est devenue une partie de la France en 1768. Aujourd'hui c'est un département. Les Corses parlent français et aussi un dialecte italien. Certains habitants voudraient une Corse complètement indépendante. Avec son climat doux et ses paysages magnifiques, la Corse est maintenant un centre touristique et un endroit préféré par les jeunes gens pour des vacances pas trop chères. C'est en Corse que Napoléon Ier est né en 1769.

les Eclaireurs: Cette organisation de Scouts est très active. Les groupes sont souvent mixtes et participent à une grande variété d'activités: le camping, l'alpinisme, toutes sortes de sports, les voyages en France et à l'étranger, etc. Les voyages qu'organisent les Eclaireurs sont toujours à des prix très raisonnables. (Une jeune fille qui est membre des Eclaireurs s'appelle une "Eclaireuse.")

Questionnaire

1. Quel âge a François? Où est-ce qu'il habite?   2. Il est heureux? Pourquoi?
3. Où est-ce qu'il est allé cet après-midi? Pourquoi?   4. Où est-ce que Martine a passé ses vacances? Avec qui?   5. Qu'est-ce qu'elle a fait là-bas? Elle s'est bien amusée?   6. Et vous, où est-ce que vous avez passé vos vacances? Qu'est-ce que vous avez fait? Vous vous êtes bien amusé?   7. Est-ce que vous avez jamais fait du camping? Si oui, racontez un voyage où vous avez fait du camping.

Aux Tuileries

GLOSSAIRE

NOMS

l'activité f. activity
les bois m.pl. woods – *la forêt*
le caoutchouc rubber –
le centre center ✓
le climat climate
la Corse Corsica
    Corse m.&f. Corsican
la défense defense
le département department, govern-
    ment administrative district
le dialecte dialect
les Eclaireurs m.pl. Scouts
la fabrication manufacture
les fournitures (scolaires) f.pl. ✓
    (school) supplies

l'habitant m., l'habitante f. inhabi- ✓
    tant, person (living somewhere)
l'industrie f. industry
le mathématicien, la mathémati-
    cienne mathematician
le membre member
l'organisation f. organization
la papeterie stationery store ✓
la philosophie philosophy
le physicien, la physicienne ✓
    physicist
la province province
la religion religion
la variété variety

VERBES

achever to complete, to finish
adorer to adore
faire de la plongée sous-marine to
    go scuba-diving

faire du cheval to go horseback-
    riding
reprendre to begin again – *like prendre p.p. repris*

ADJECTIFS

actif, -ive active
bronzé, -e tanned
chrétien, -ienne Christian
doux, douce mild, gentle
indépendant, -e independent
préféré, -e favorite

publié, -e published
raisonnable reasonable
scolaire school
sensationnel, -elle fantastic, sensa-
    tional – *formidable*
touristique tourist

MOTS-OUTILS ET EXPRESSIONS

à la belle étoile outdoors, in the
    open air
à l'étranger abroad[1]
à travers through, across
ainsi de suite and so forth
avoir de la veine to be lucky
drôlement really, fantastically
il me (te, lui, etc.) faut I (you, he,
    she, etc.) need(s)

pas grand'chose not much, nothing
    much
que faire? what can you do?
tout de même all the same, even so
un peu de tout a little of everything
un tout petit peu + adj. a little bit
    + adj., just a bit + adj.

---

[1]*A l'étranger* means anywhere outside of France.

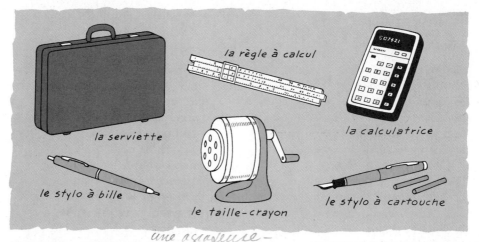

la règle à calcul

la serviette

la calculatrice

le stylo à bille

le taille-crayon

le stylo à cartouche

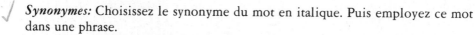

une agrafeuse —

Etude de mots

In every lesson you will review some vocabulary that will be grouped according to the following categories:

Synonymes are words that have the same general meaning.

Antonymes are words that are opposite in meaning.

Mots associés are words that are related in some way other than as synonyms or antonyms.

Mots à plusieurs sens are words that have two or more very different meanings.

Mots à ne pas confondre are words that in English would be the same, but that in French are quite different. For example: "window," *la fenêtre;* "window (of a car)," *la glace;* "window (of a store)," *la vitrine.*

Faux amis are words that are identical or similar to English words, but that are very different in meaning.

Synonymes: Choisissez le synonyme du mot en italique. Puis employez ce mot dans une phrase.

1. *adorer:* abîmer   aimer   ajouter   allumer
2. *avoir de la veine:* avoir de la chance   avoir envie de   avoir le temps   être enchanté
3. *il me faut:* cela me convient   j'ai besoin de   j'ai envie de   j'adore
4. *sensationnel:* content   formidable   grand   gros
5. *les bois:* la boisson   la boîte   la forêt   les renseignements
6. *un peu de tout:* pas du tout   pas grand'chose   peu de monde   toutes sortes de choses
7. *tout de même:* ainsi de suite   quand même   tout à fait   tout de suite

Antonymes: Complétez les phrases en employant un antonyme des mots en italique.

1. Tu vas bientôt *achever* tes études? Non, je viens de les commencer.
2. Paul a *beaucoup de choses* à faire? Non, pas grand'chose
3. La pluie vient de *cesser,* mais je crois qu'elle va reprendre avant midi.
4. Elle habite *les environs* de Paris? Non, elle habite le centre de la ville.

Mots associés: Complétez chaque phrase en employant un mot dérivé du mot en italique.

1. Tu vois ces gens qui *plongent* là-bas? Eh bien, ils font de _la plongée_ sous-marine.
2. Quelle actrice est-ce que tu *préfères?* Catherine Deneuve est mon actrice _préférée_
3. Ce garçon est très *drôle,* n'est-ce pas? Oui, et il est _drôlement =vraiment_ beau aussi.
4. Georges *se bronze.* Il est toujours bien _bronzé_ en été.
5. Elle est *physicienne?* Non, elle enseigne _la physique_.
6. Ils font des *mathématiques?* Oui, ils sont _mathématiciens_.
7. Comment appelle-t-on les gens qui *habitent* une région? Ce sont _les habitants_ de la région.
8. Il a toujours *raison* n'est-ce pas? Non, mais c'est un monsieur assez _raisonneble_ quand même.
9. D'habitude il y a beaucoup de *touristes* à Nice. C'est une ville _touristique_
10. Est-ce qu'on y *fabrique* des gants? Oui, la France est connue pour _la fabrication_ des gants.
11. Où est-ce que je peux acheter du *papier?* A _la (une) papeterie_ bien sûr.
12. Est-ce que je dois *traverser* cette autoroute? Non, tu peux aller à _travers_ ces chemins-là, si tu as le temps.

Mot à plusieurs sens: Qu'est-ce que c'est?

Mots à ne pas confondre: Though the general word for "supplies" is *les provisions,* the specific term *les fournitures scolaires* is used for school supplies.

Le physicien is a physicist. What, then, is the word for a physician or doctor? Remember that *le médicament* is the medicine that one takes to get well, while *la médecine* is the field of medicine that one studies in order to become *un médecin.*

La défense means "defense." Do you recall what the expression *défense de* + infinitive means? Can you give some examples?

Faux amis: Complétez les paires suivantes. Puis employez chaque mot français dans une phrase. Suivez le modèle.

1. attendre = *to wait (for)*   *J'attends mon frère à la papeterie.*
   assister à = *to attend*   *Nous assistons au match de hockey.*
2. les fournitures =   — _supplies_
   les meubles   = furniture
3. le physicien   =   — _physicist_
   physicien   = physician
4. la librairie   =   — _bookstore_
   la biblio   = library
5. la journée   =   — _day_
   le voyage   = journey

EXPLICATIONS I

Quelques emplois de l'infinitif

1. You know that the French infinitive is the basic, or "dictionary," form of a verb and that it is used much as we use the "to" form of the verb in English. In French, the infinitive is used in certain other instances as well. For example, it is required after the prepositions _sans, avant de,_ and _pour:_

   Elle part **sans dire** au revoir. She leaves **without saying** good-by.
   Avant de rentrer, il fait des **Before going home,** he runs errands.
      courses.
   Pour réussir à l'examen, il faut **(In order) to pass** the exam, you have
      étudier. to study.

2. Remember that an infinitive may be used after an <u>adjective of feeling.</u> In this case the adjective is followed by _de:_

   Il est **content de voir** sa nièce. He's **glad to see** his niece.
   Nous sommes **tristes de partir.** We're **sad to leave.**
   Je suis **déçu de manquer** le film. I'm **disappointed to miss** the film.

   décevoir

3. Look at the following:

   <u>Il est **difficile de lire**</u> ce livre. It's **hard to read** this book.
   Ce livre **est difficile à lire.** This book is **hard to read.**

   After the impersonal expression (_il est,_) an adjective is followed by _de_ before an infinitive. <u>Otherwise, unless it is an adjective of feeling, the preposition</u> _à_ is used:

   Il, ils, elle,
   elles us a
   pronoun uses à

   C'est **facile à dire.** That's **easy to say.**
   Vous êtes **prêt à sortir?** Are you **ready to leave?**

4. Infinitives, like other verb forms, may be made negative. Note, however, that both _ne_ and the specific negative word are together before the infinitive:

   Je **ne** pars **pas.** I'm **not leaving.**
   Je suis heureux de **ne pas partir.** I'm happy **not to leave.**
   Ils **ne** travaillent **jamais.** They **never work.**
   Ils sont contents de **ne jamais** They're happy **never to work.**
      travailler.

5. Infinitives introduced by _à_ can also modify nouns. They correspond to relative clauses containing _devoir:_

   Choses à faire

   J'ai des lettres { que je dois écrire. I have letters { I should write.
                   { à écrire.   { to write.

6. Infinitives are used in rhetorical questions; that is, questions not addressed to specifically mentioned people. Compare:

   Qu'est-ce que nous allons faire? → **Que faire?**
   Où est-ce que je peux aller? → **Où aller?**

Pour lire

From time to time we will point out and explain French structures which you will not necessarily be expected to use in speaking French, but which you should be able to recognize and understand when you are reading.

1. After a verb of perception (*voir, entendre, regarder*) one may use an infinitive construction instead of a clause beginning with *qui*. In that case, the subject and verb are inverted:

Je vois { mon frère qui vient. / venir mon frère.   *I see my brother coming.*

Ils entendent { le train qui part. / partir le train.   *They hear the train leaving.*

Je regarde { les bateaux qui passent. / passer les bateaux.   *I'm watching the boats go by.*

2. The infinitive can also be used as the subject of a sentence, especially in proverbs:

Voir c'est croire.   *Seeing is believing.*
Crier n'est pas gentil.   *It isn't nice to shout.*

Exercices

A. Combinez les deux phrases en employant *pour, sans* ou *avant de* et l'infinitif. Suivez le modèle.

1. Nous achetons les billets. Puis nous allons au théâtre. (*avant de*)
   Nous achetons les billets avant d'aller au théâtre.

2. Il ne quitte pas la maison. Il prend sa serviette. (*sans*) prendre sa serviette

3. Il apporte un réveil. Il se réveille toujours à l'heure. (*pour*) se réveiller toujours...

4. Je commence ce roman policier. Mais d'abord je fais du cheval. (*avant de*) commencer ce roman, je fais du cheval

5. Elle regarde l'horaire. Elle voit à quelle heure le train va arriver. (*pour*) voir à quelle heure

6. Il met son permis de conduire dans son portefeuille. Puis il sort avec ses copains. (*avant de*) sortir avec ses copains, il met son permis

7. Monique fait ses devoirs d'algèbre. Elle n'emploie pas sa calculatrice. (*sans*) employer sa calculatrice

8. Elles vont à l'étranger. Elles font une visite à leur grand-mère. (*pour*) faire une visite

9. Il souffre. Il ne sait pas pourquoi. (*sans*) savoir pourquoi

10. Je vais aller chercher les provisions pour le pique-nique. Puis je rentre à la maison. (*avant de*) rentrer à la maison.

B. Répondez aux questions en employant les indications entre parenthèses. Suivez le modèle.

1. Comment trouves-tu ce tableau? (*agréable/regarder*)
   Je trouve qu'il est agréable à regarder. qu'elle est impossible à comprendre

2. Comment trouve-t-elle cette leçon? (*impossible/comprendre*)

3. Comment trouvez-vous mes nouveaux disques? (*désagréable/écouter*)

4. Comment trouvent-ils la règle à calcul? (*facile/employer*)

elle est

Au Maroc

Dans le métro

5. Comment trouve-t-on l'histoire? *(difficile/traduire)*
6. Comment trouvons-nous le français? *(facile/apprendre)*

C. Refaites les phrases en employant *ne pas* et l'infinitif. Suivez le modèle.

1. Elle est heureuse parce qu'elle ne doit pas partir.
   Elle est heureuse de ne pas devoir partir.
2. Nous sommes tristes parce que nous ne restons pas en France.
3. En été je suis content parce que je ne dois pas étudier mes leçons.
4. Elle se fâche parce qu'elle ne peut pas faire de la plongée sous-marine.
5. Le mercredi les élèves sont heureux parce qu'ils ne vont pas à l'école.
6. Je suis heureux parce que je peux aller en Corse cet été.
7. Elle est inquiète parce qu'elle n'entend pas la sonnette.

D. Refaites les phrases en employant *avoir . . . à* et l'infinitif. Suivez le modèle.

1. Elle doit écrire des lettres.
   Elle a des lettres à écrire.
2. Tu dois préparer le dîner.
3. Je dois faire la vaisselle.
4. Est-ce que vous devez lire des romans?
5. Aujourd'hui nous devons visiter plusieurs châteaux.
6. Les lycéens français doivent faire beaucoup de devoirs.
7. Elles doivent jouer quelques matchs ce week-end.
8. Je dois décorer des chambres.

Le présent de l'indicatif — read over

At the end of the book, you will find a section entitled "Verbes" which presents all tenses of all of the irregular verbs that you have already learned or that you will learn this year. You may want to review these, as well as the present-tense forms of the regular *-er*, *-ir*, *-ir/-iss-*, and *-re* verbs.

Exercices

A. Répondez aux questions à la forme négative. Suivez le modèle.

1. Georges rentre chez lui. Et vous?
   Nous, nous ne rentrons pas chez nous.

2. Son père arrive toujours en avance. Et elle?
3. Elles finissent toujours leur travail. Et nous?
4. Ils vendent des meubles. Et toi?
5. Tu aimes répondre à leurs questions. Et lui?
6. Vous sortez de la papeterie. Et moi?
7. Je leur prête des stylos à bille. Et elles?
8. Marie dort l'après-midi. Et vous, mesdemoiselles?
9. Tu entends les chansons à la radio. Et lui?

B. Faites des phrases en employant la forme correcte de tous les verbes entre parenthèses.

1. Tu . . . les vêtements. (*décrire, avoir, mettre*)
2. Nous . . . des cerises. (*vouloir, prendre, manger*)
3. Ils . . . la porte? (*aller à, venir à, peindre*)
4. Nous . . . vos professeurs. (*être, connaître, voir*)
5. Vous . . . la réponse. (*lire, dire, écrire*)
6. Je . . . ces phrases. (*traduire, rire de, savoir*)
7. Ils . . . de l'argent. (*devoir, découvrir, recevoir*)

Vous souvenez-vous?

Pour décrire une action future, on peut employer *aller* + infinitif:

Avant de manger, je **vais nager** un peu.
Pour faire ses devoirs de maths, elle **va employer** sa calculatrice.
Après le film, ils **vont prendre** quelque chose dans un café.

Révisez les formes du présent de l'indicatif du verbe *aller*. Ensuite faites une dizaine de phrases d'après l'exemple suivant:

Je demande son nom.   *Je vais demander son nom.*
Tu révises tes leçons?   *Tu vas réviser tes leçons?*

MERCREDI 6 JUILLET
soirée
TF 1

L'INSPECTEUR MENE L'ENQUÊTE

20.00 TF1 ACTUALITÉS

**20.30 L'INSPECTEUR MÈNE L'ENQUÊTE
LES PLUMES NOIRES**
Un jeu policier proposé par Luc GODEVAIS
et Marc PAVAUX.
Enigme de Luc GODEVAIS - Marc PAVAUX -
Guy SAGUEZ.
Avec le concours de Jacques ARNAL, Commissaire Divisionnaire honoraire
Bernard GOLAY et Louis BOZON
Jacques FERICAT, le candidat
Avec :
Nelly BORGEAUD, Pierre ARDITI, Pierre
MAGUELON, Michel ANDERSON, Roger
CROUZET, Pierre AGIL, Claude BERTRAND,
Serge SPIRA, Bernard MALATERRE, Evelyne ISTRIA, Isa RAMBAUD, Michèle
BERTRAND, André NADER, André DAICK,
Andrée DAMANT.

**22.00 DES IDÉES ET DES HOMMES
BLAISE PASCAL**
Deux personnages partent en quête de
Blaise Pascal et tentent de retrouver les
traces de l'auteur des Provinciales et des
Pensées à Clermont-Ferrand, sa ville natale,
à Paris ou à Port-Royal-des-Champs.

23.00 TF1 ACTUALITÉS

BLAISE PASCAL

A vous. Qu'est-ce que vous regardez à la télé? Vous aimez le journal télévisé? les documentaires? les films? Si vous n'aimez pas la télévision, dites pourquoi.

Vérifiez vos progrès ✓

Ecrivez des phrases. Puisque les réponses seront personnelles, elles ne se trouvent pas à la fin du livre. Vous devrez les vérifier en parlant avec votre professeur.

1. Write a sentence about something that one must do *before doing* something else.
2. Write a sentence about something that one cannot do *without doing* something else.
3. Write a sentence about something that one must do *in order to do* something else.
4. Write a sentence about something that you are *always happy to do*.
5. Write a sentence about something that you are *sad about doing*.
6. Write a sentence about something that you are *going to do* this weekend.
7. Write a sentence about something that you and your family are *going to do* next year.
8. Write a sentence about something that you *have to do* this week.

LECTURE E.C.

La Corse, pays natal[1] de Napoléon

La Corse est une petite île située au sud-est de la France au large des[2] côtes de la Provence. La Corse, connue sous le nom de "l'île de beauté," possède[3] un paysage pittoresque:[4] célèbre pour son maquis,[5] cette île montagneuse est aussi très boisée,[6] ses collines couvertes d'oliviers[7] et d'arbres fruitiers. Sur la côte, son
5 climat est très chaud; ses plages et son charme méditerranéen attirent[8] beaucoup de touristes.

Les Corses, qui parlent un dialecte italien, sont très attachés à leur culture et à certaines traditions qui donnent à l'île un cachet[9] particulier. Il y a, par exemple, *la vendetta,* qui est la loi[10] de l'honneur familial, et *l'omertà,* qui est la loi
10 du silence. Si cette île a beaucoup de traits caractéristiques qui la différencient[11] des autres départements français, c'est parce qu'elle n'est française que depuis 1768. Elle est connue surtout parce qu'elle est le pays natal d'un grand personnage de l'histoire française. Napoléon Bonaparte, futur empereur des Français, est né en Corse un an après le rattachement[12] de l'île à la France.

15 Tout le monde connaît le nom de Napoléon Bonaparte, qui a gouverné la France entre 1800 et 1815. L'image d'un homme de petite taille, la main sur le ventre, nous vient à l'esprit.[13] Pour les Français, il représente un grand général et un administrateur de génie.[14] C'est lui qui a établi[15] les institutions sociales et politiques qui forment la base de la société française de nos jours. A Paris, deux
20 grands monuments rappellent sa grandeur: l'Arc de Triomphe* et la colonne

---

[1]natal, -e: *native*
[2]au large de: *along*
[3]posséder = avoir
[4]pittoresque: *picturesque*
[5]le maquis: *thicket, underbrush*
[6]boisé, -e = qui a beaucoup de bois
[7]l'olivier *(m.)* = arbre dont le fruit est l'olive
[8]attirer: *to attract*
[9]le cachet = caractère distinctif
[10]la loi: *law*
[11]différencier = rendre différent
[12]le rattachement: *joining*
[13]l'esprit *(m.)*: *mind*
[14]le génie: *genius*
[15]établir: *to establish*

Vendôme.* Son tombeau[16] magnifique aux Invalides* est une des plus grandes attractions touristiques de la capitale.

Qui était Napoléon? Né à Ajaccio, la ville principale de la Corse, le 15 août 1769, il est venu en France à l'âge de neuf ans lorsque son père l'a envoyé à
25 l'école militaire de Brienne, près de Troyes, au sud-est de Paris. Au début, le jeune Napoléon était mal à l'aise. Il ne parlait pas bien français. Ses camarades de classe l'appelaient "la paille-au-nez"[17] pour se moquer de[18] son accent, car il prononçait son nom à l'italienne: "Napolioné." (En corse, son nom était Napole-one Buonaparte.)

30 Alors comment Napoléon a-t-il pu devenir un géant[19] de l'histoire? Certains disent que c'est à cause de sa nature méthodique et calculatrice;[20] d'autres attribuent son succès au hasard[21] et à l'ensemble des[22] circonstances. Sa grande carrière[23] militaire et politique commence pendant la Révolution française. A l'âge de 24 ans, jeune capitaine d'artillerie, il obtient[24] sa première victoire en chas-
35 sant[25] les Anglais du port de Toulon. (Les Anglais essayaient d'aider les royalistes.) A 27 ans, il est nommé général, et un peu plus tard, après plusieurs grandes victoires en Italie, il rentre à Paris pour participer à un coup d'Etat qui lui donne le pouvoir[26] absolu. Le 2 décembre 1804, il se proclame empereur et prend le nom de Napoléon Ier. Peu après, il commence ses grandes conquêtes
40 militaires. Les pays d'Europe—l'Autriche, la Russie, la Prusse[27] et l'Angleterre— forment une alliance contre[28] lui. Enfin, après une campagne[29] désastreuse en Russie, où devant l'hiver russe il rencontre sa première grande défaite,[30] Napoléon doit abdiquer en 1814. Envoyé en exil à l'île d'Elbe dans la Méditerranée, il s'échappe,[31] forme une nouvelle armée, mais est battu[32] à Waterloo, en
45 Belgique. Cette fois, les vainqueurs[33] l'envoient loin de l'Europe—sur la triste île de Sainte-Hélène dans l'océan Atlantique, au large de l'Afrique du Sud. Il y meurt en 1821, à l'âge de 51 ans.

Si l'empire de Napoléon a duré seulement une dizaine d'années, son influence se fait toujours sentir[34] en France, car ce grand général était aussi un génie admi-
50 nistratif. Il a centralisé le gouvernement à tous les niveaux[35] et a créé[36] le système de préfets* nommés par le ministre de l'Intérieur. Il a aussi réorganisé les finances, les universités et le système judiciaire. Par exemple, il a donné à la France son premier droit[37] écrit, un recueil[38] de lois qu'on appelle le Code Napoléon et qui est toujours la base du droit civil en France.

55 Un des professeurs du jeune Napoléon à l'école militaire a dit de lui: "Corse de nation et de caractère, il ira loin si les circonstances le favorisent." Elles l'ont

---

[16]le tombeau: *tomb*
[17]la paille: *straw*
[18]se moquer de = rire de
[19]le géant: *giant*
[20]calculateur, -trice: *calculating*
[21]le hasard: *chance, luck*
[22]l'ensemble de: *all . . . together*
[23]la carrière: *career*
[24]obtenir: *to get, to obtain*

[25]chasser: *to drive out*
[26]le pouvoir: *power*
[27]la Prusse = ancien pays d'Allemagne du Nord (*Prussia*)
[28]contre: *against*
[29]la campagne: ici, *campaign*
[30]la défaite = antonyme de "victoire"
[31]s'échapper: *to escape*

[32]battu, -e: *beaten*
[33]le vainqueur = celui qui gagne une bataille
[34]se faire sentir: *to make itself felt*
[35]le niveau: *level*
[36]créer: *to create*
[37]le droit = l'ensemble des lois; *the law*
[38]le recueil: *collection*

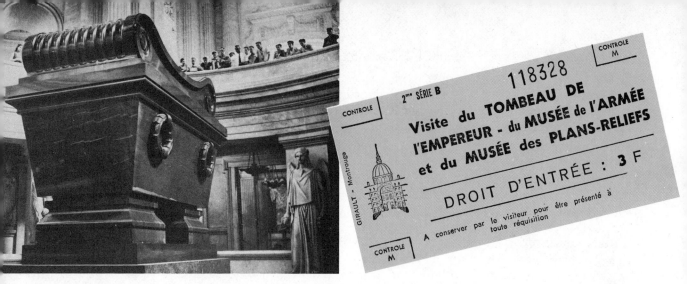

grandement favorisé, et ce Corse parlant mal le français, élève médiocre*
et timide, mais aussi très ambitieux, a profondément marqué[39] l'histoire de la
France.

Notes culturelles

l'Arc de Triomphe: La coutume ("custom") des arcs de triomphe a été établie
par les Romains, qui les construisaient après de grandes victoires. Celui-ci,
l'Arc de Triomphe de l'Etoile, se trouve au centre de la place Charles de Gaulle
(anciennement, "place de l'Etoile"), d'où partent l'avenue des Champs-Elysées
et onze autres grandes avenues qui portent les noms de célèbres généraux ou
de grandes victoires napoléoniennes (l'avenue Friedland, par exemple, rappelle
une bataille de 1807 contre les Russes). Sous le monument se trouve le tombeau
du Soldat Inconnu.

la colonne Vendôme: Cette grande colonne ("column") est entourée du bronze
de 1200 canons pris à Austerlitz en 1805. Cette bataille contre les Russes et les
Autrichiens a été une des plus grandes victoires de Napoléon. Aujourd'hui
Austerlitz, qui se trouve en Tchécoslovaquie, s'appelle Slavkov.

les Invalides: Cet ancien hôpital militaire, fondé ("founded") par Louis XIV,
contient les cendres ("ashes") de Napoléon, ramenées de Sainte-Hélène en
1841.

le système de préfets: Le préfet est l'administrateur d'un département. Il est
nommé par le gouvernement et non pas élu ("elected") par les habitants du
département.

élève médiocre: A l'école, Napoléon était classé 42e sur 51 élèves.

A propos ...

1. Décrivez l'île de Corse. Comment les habitants sont-ils différents des Français?
2. Quelle est l'image qui vous vient à l'esprit quand on dit: "Napoléon"?   3. Dé-

[39]marquer profondément: *to influence profoundly*

crivez l'enfance ("childhood") de Napoléon. C'était une enfance heureuse?
On dit que les enfants sont quelquefois très cruels. Vous croyez que c'est vrai?
4. Qu'est-ce que vous connaissez de la carrière militaire de Napoléon? Quels
pays ont formé une alliance contre lui? Ils l'ont battu tout de suite? Qu'est-ce
qui s'est passé après sa défaite en Russie? après Waterloo?   5. Comment l'influence de Napoléon se fait-elle sentir aujourd'hui en France?   6. Vous pouvez
nommer un des monuments parisiens qui nous rappellent la grandeur de l'empereur?   7. Il y a très peu de gens qui ont si profondément marqué l'histoire
de leur propre pays. Pouvez-vous nommer quelques personnages aussi importants pour l'histoire de leur pays? Qu'est-ce qu'ils ont fait? Parlez de leur vie et
de l'influence qu'ils ont eue.

EXPLICATIONS II

Le déterminant défini

Remember that the forms of the definite determiner (*le*, *la*, and *les*) are often used
where their English equivalent "the" would not be used. They are generally used
in the following cases:

1. With nouns used in a general sense:

   Les calculatrices coûtent cher.   *Calculators are expensive.*
   Les lycéens étudient la chimie.   *High school students study chemistry.*

2. With the names of seasons (except after the preposition *en*): *also the not used in English*

   L'automne est ma saison préférée.   *Autumn is my favorite season.*
   J'adore **l'été**.   *I love summer.*
   but: Je fais du ski **en hiver**.   *I go skiing in the winter.*

3. With times of the day and, when speaking of something that is done regularly,
   with days of the week:

   Je pars de bonne heure **le matin**.   *I leave early in the morning.*
   Le soir vous rentrez tard.   *In the evening you come home late.*
   Le samedi je joue au tennis.   *Saturdays I play tennis.* — *habitude*
   but: **Samedi** je joue au tennis.   *Saturday I'm playing tennis.*

4. In dates:

   Elle quitte Londres **le 3 juillet**.   *She's leaving London (on) July 3.*

5. With geographical names:

   La France est un beau pays.   *France is a beautiful country.*
   L'Italie est dans le sud de   *Italy is in the south of Europe.*
     l'Europe.

   Definite determiners are not used with the names of cities or after the preposition *en*, which is used with feminine place names:

   J'aime visiter **Genève**.   *I like to visit Geneva.*
   J'étudie **en Angleterre**.   *I'm studying in England.*

6. With names of languages:

Je ne comprends pas l'allemand.   *I don't understand **German**.*
Il étudie **le français**.   *He's studying **French**.*

The definite determiner is not used when the name of the language comes immediately after the verb *parler* or the preposition *en:*

Elles parlent **flamand**.[1]   *They speak **Flemish**.*
Il écrit **en espagnol**.   *He writes **in Spanish**.*

7. With parts of the body:

Il a **les yeux bleus** et **les cheveux bruns**.   *He has **blue eyes** and **brown hair**.*
Elle se lave **les mains**.   *She is washing **her hands**.*

8. With nouns of weight and measure:

L'essence coûte cinq francs **le litre**.   *Gas costs five francs **per liter**.*
Les œufs coûtent quatre francs **la douzaine**.   *Eggs cost four francs **a dozen**.*

9. The definite determiner is *not* used after certain prepositions:

Il prend des épinards **comme légume**.   *He has spinach **as a vegetable**.*
Elle arrive **sans bagages**.   *She arrives **without luggage**.*

and always en

Exercices

A. Complétez les phrases en employant un déterminant défini *quand il le faut.*

1. On peut dire que _les_ Français aiment _le_ football et _le_ cyclisme.
2. Cette année, nous étudions _le_ français, _l'_ histoire, _l'_ algèbre et _la_ biologie.
3. _le_ printemps commence au mois de mars.
4. _L'_ été je fais du ski nautique.
5. _le_ matin j'attends l'autobus au coin de la rue.
6. Robert et Marc vont partir _—_ samedi _le_ 10 mai.
7. Les Thibaut parlent _—_ français, mais avec leurs amis américains ils parlent toujours _l'_ anglais. ???
8. Je ne vais pas me laver _les_ mains parce que je n'ai pas _les_ mains sales.
9. Les poires coûtent sept francs _le_ kilo et le lait trois francs _le_ litre.
10. Qu'est-ce que vous allez prendre comme _—_ dessert? Un repas n'est pas complet sans _—_ dessert.

[1]If an adverb comes between the verb *parler* and the name of the language, the definite determiner may be used: *Elles parlent bien (le) hollandais; Je ne parle pas (le) portugais.*

B. Traduisez en français les phrases suivantes.

1. Children love parades.
2. Robert has brown eyes and blond hair.
3. Marie speaks Swedish, but she doesn't speak Danish.
4. Spring is the season that I like the best.
5. You *(pl.)* come home too late at night.
6. In winter, apples cost eight francs a kilo.
7. Are you *(sing.)* going to play hockey Saturday afternoon?
8. On Sundays we always have lunch at my grandmother's house.
9. The Martins live in Canada but they visit France in the summer.

Les déterminants indéfinis

1. The singular indefinite determiners *un* and *une* are the French equivalents of "a" and "an":

Je voudrais un bifteck.	*I'd like a steak.*
Tu veux une pomme?	*Do you want an apple?*

2. The plural of *un* and *une* is *des*. Its English equivalent is "some." In English, "some" is often omitted, but in French, *des* is rarely omitted:

J'achète des stylos à bille.	*I'm buying (some) ballpoint pens.*

Immediately before a plural adjective, *des* becomes *de:*

Il écrit des poèmes.	*He writes poems.*
Il écrit de longs poèmes.	*He writes long poems.*

3. The indefinite determiners are in some cases omitted in French where they would not be omitted in English:

Quelle idée!	*What an idea!*
J'y suis allé cent fois.	*I've gone there a hundred times.*
Ça coûte mille francs.	*It costs a thousand francs.*

4. Indefinite determiners are omitted before nouns of occupation:

Mon cousin est photographe.	*My cousin is a photographer.*
Elle devient physicienne.	*She's becoming a physicist.*

However, the indefinite determiner *is* used after *c'est* and *ce sont* or when a noun of occupation is modified by an adjective:

Il est agriculteur. *but:* C'est un agriculteur. }	*He's a farmer.*
Ils sont infirmiers. *but:* Ce sont des infirmiers. }	*They're nurses.*
Ma tante est écrivain.	*My aunt is a writer.*
but: Ma tante est un écrivain célèbre.	*My aunt is a famous writer.*
Elles sont avocates.	*They're lawyers.*
but: Ce sont de bonnes avocates.	*They're good lawyers.*

A vous. Vous entrez dans cette papeterie. Vous avez besoin de fournitures scolaires. Imaginez le dialogue entre vous et le vendeur.

Exercices

A. Refaites les phrases en remplaçant l'adjectif par la forme qui convient de l'adjectif entre parenthèses. Suivez le modèle.

1. Il prend des photos sensationnelles. (bon)
   Il prend de bonnes photos.

2. Les filles portent des jupes jaunes. (beau)
3. Ce sont des voitures confortables. (joli)
4. Cet autobus a des sièges rouges. (large)
5. Nous prenons des repas légers. (grand)
6. Je cherche des peintures préhistoriques. (vieux) *vieilles*
7. Ils veulent voir des films comiques. (autre)
8. Ce sont des leçons difficiles. (nouveau)

B. Refaites les phrases en ajoutant la forme qui convient de l'adjectif entre parenthèses. Suivez les modèles.

1. Ma cousine est chanteuse. (excellente)
   Ma cousine est une chanteuse excellente.
2. Ces messieurs sont avocats. (grand)
   Ces messieurs sont de grands avocats.

3. Sa nièce est actrice. (doué)
4. Marc et Paul sont vendeurs. (aimable)
5. Madame Lafont est dentiste. (bon) *bonne*
6. Je suis skieur. (maladroit)
7. Ces jeunes hommes sont acteurs. (beau)
8. Rodin était sculpteur. (célèbre)
9. Leur mère est juge. (raisonnable)
10. Vous êtes pharmaciennes. (bon)

C. Refaites les phrases en employant *c'est* ou *ce sont*. Suivez le modèle.

1. Monsieur Dupont est homme d'affaires.
   C'est un homme d'affaires.

2. Pauline et Anne sont hôtesses de l'air.
3. Monsieur et Mme Marchais sont ouvriers chez Renault.
4. Jeanne est secrétaire à la banque.
5. Ces jeunes femmes sont femmes d'affaires.
6. Monsieur Pirou est facteur.
7. Guy et Alain sont soldats.
8. Ce monsieur est artiste, bien sûr.
9. Mes cousines sont employées de bureau à Paris.
10. Monsieur Dupin est marchand de fruits.

D. Complétez le paragraphe en employant un déterminant indéfini *quand il le faut.*

J'ai quinze ans, et un jour j'espère devenir ⎯⎯ photographe. Mon grand-père était _un_ photographe célèbre. Il travaillait pour un grand journal parisien. C'était aussi _un_ peintre très doué.

Mon père aime beaucoup la photographie, mais il ne travaille pas comme
_____ photographe. C'est _un_ architecte. Il a fait la connaissance de ma
mère, qui est _un_ architecte elle aussi, à une exposition d'architecture à
Marseille. Aujourd'hui, mes parents travaillent ensemble. Ils aiment bien
leur travail et à mon avis ce sont _de_ très bons architectes.

Le partitif

1. Note how *des* is used in the following sentences:

   J'ai commandé **des** œufs.   *I ordered (some) eggs.*
   Je prends **des** haricots verts.   *I'm having (some) green beans.*

   In these examples, *des* functions as a partitive. It refers to part of a larger
   group of things, to *some* eggs and *some* beans.

2. Certain nouns are rarely, if ever, used in the plural. These are nouns that
   refer to things that cannot be counted. In these cases, the singular partitive
   du, de la, or *de l'* is used:

   Tu veux **du** café?   *Do you want (some) coffee?*
   Tu veux **de la** crème?   *Do you want (some) cream?*
   Tu veux **de l'**eau?   *Do you want (some) water?*

3. In negative sentences, the indefinite determiners and the partitive often become *de* (or *d'):*

   Je ne veux **pas de** café.   *I don't want (any) coffee.*
   Je ne veux **pas de** crème. *I don't want (any) cream.*
   Je ne veux **pas d'**eau.   *I don't want (any) water.*

   However, when *être* is the verb, the indefinite determiner and partitive do
   not become *de* after a negative:

   C'est **un** livre.   Ce n'est pas **un** livre.
   C'est **de la** crème.   Ce n'est pas **de la** crème.
   Ce **sont des** romans.   Ce **ne sont pas des** romans.

4. The partitive *de* is generally used in expressions of quantity:

   J'ai mangé **trop d'**abricots.   *I ate **too many** apricots.*
   Beaucoup de gens aiment le thé. *A lot of people like tea.*
   Il apporte **une bouteille de** vin. *He's bringing **a bottle of** wine.*

Exercices Group — Demander à qn.

A. Répondez à chaque question d'après le modèle.

   1. Il prend des pâtisseries? (les fruits)
      Non, il ne prend pas de pâtisseries. Il prend des fruits.

   2. Vous voulez du rôti de porc? (le poisson)
   3. Elle prend de l'eau minérale? (la bière)
   4. Est-ce qu'il y a des choux? (la laitue)
   5. Tu prends du vin? (le lait)

6. Nous mangeons du fromage? (la salade)
7. Est-ce qu'elle veut du thé? (le café au lait)
8. Vous avez des saucissons? (le pâté et le jambon)

B. Répondez aux questions à la forme négative. Suivez le modèle.

1. Vous mangez quelquefois du chou-fleur?
   Non, je ne mange jamais de chou-fleur.

2. Il commande quelquefois de la charcuterie?
3. Est-ce que nous achetons quelquefois des croissants?
4. Il y a quelquefois du vin blanc?
5. Tu prends quelquefois des artichauts?
6. Est-ce qu'elle prépare quelquefois de la soupe à l'oignon?
7. Est-ce qu'ils servent quelquefois des huîtres?
8. Est-ce que vous choisissez quelquefois des tomates vertes?

C. Répondez aux questions d'après le modèle. *quantité*

1. Combien de lait bois-tu chaque jour? (une bouteille)
   Je bois une bouteille de lait chaque jour.

2. Combien d'argent est-ce qu'ils doivent à leur père? (trop)
3. Combien de gens est-ce que vous rencontrez? (beaucoup)
4. Combien de bonbons achète-t-il? (assez)
5. Combien de haricots verts prépares-tu? (un kilo)
6. Combien d'examens est-ce que nous allons passer pendant l'année scolaire? (une trentaine)
7. Combien de gigot reste-t-il? (trois tranches)
8. Combien d'escargots est-ce qu'il nous faut? (une douzaine)

D. Répondez à la forme négative. Suivez les modèles.

1. Cette papeterie a des vitrines cassées, n'est-ce pas?
   Non, elle n'a pas de vitrines cassées.
2. C'est un grand immeuble, n'est-ce pas?
   Non, ce n'est pas un grand immeuble.

3. Ce sont des fournitures scolaires, n'est-ce pas?
4. Tu vas acheter des pommes de terre, n'est-ce pas?
5. Elle sert de la bouillabaisse, n'est-ce pas?
6. C'est un sac à dos, n'est-ce pas?
7. Cette pâtisserie vend des gâteaux frais, n'est-ce pas?
8. Ce sont des stylos à cartouche, n'est-ce pas?

Vérifiez vos progrès

A. Ecrivez les phrases en employant les mots qui conviennent.

1. Victor Hugo a écrit (de/des/ —) beaux poèmes et (de/des/ —) romans très célèbres.
2. J'adore (l'/ —) été, mais j'aime aussi faire du ski (en/l') hiver.
3. Paul joue toujours au basketball (le/ —) samedi.

4. Les Lenoir vont *(à / au / en)* France *(le / —)* 21 octobre.
5. Mes cousines parlent *(en / le / —)* français, mais elles ne parlent pas *(en / — / d')* espagnol. *ou e)*
6. *(Le / —)* lait coûte quatre francs *(le / un / par)* litre; *(le / —)* vin ne coûte pas beaucoup plus.
7. Madeleine est *(un / une / —)* peintre, mais elle travaille de temps en temps comme *(une / un / —)* photographe. C'est *(une / un / —)* artiste assez douée.

B. Complétez les phrases en employant la forme convenable du partitif ou du déterminant indéfini.

1. Est-ce qu'il a acheté _une_ chemise blanche? Non, il a déjà assez _de_ chemises blanches.
2. Danielle ne lit pas _de_ romans, mais elle lit beaucoup _de_ poèmes.
3. J'ai commandé _du_ gigot, _des_ pommes frites, _de la_ soupe et _du_ vin. Mais je ne prends pas _de_ dessert.
4. Tu veux acheter une bouteille _de_ vin? Non, je ne veux pas _de_ vin. D'habitude je prends _du_ café ou _de l'_ eau minérale.
5. Est-ce qu'il y a _de la_ crème? Non, il n'y a pas _de_ crème. Mais il y a _du_ lait.
6. Est-ce que Marc achète _des_ livres? Oui, et ce sont _des_ livres très chers.

Parlons de vous

1. Est-ce que vous êtes triste parce que les cours reprennent? 2. Vous avez déjà acheté des fournitures scolaires? Qu'est-ce que vous avez acheté? Comment est-ce que vous les portez—dans une serviette ou un sac à dos? 3. Est-ce que vous achevez vos études cette année ou l'année prochaine? Qu'est-ce que vous comptez faire après? 4. Quel était votre cours préféré l'année dernière? Pourquoi? Quel cours est-ce que vous croyez que vous allez aimer le mieux cette année-ci? Pourquoi? 5. Est-ce que vous pensez que c'est important d'étudier les langues étrangères? Pourquoi? 6. Est-ce que vous voudriez visiter la France un jour? Qu'est-ce que vous voudriez surtout voir en France? 7. Il y a d'autres pays étrangers que vous voudriez visiter? Quels pays? Pourquoi ceux-là?

Le Pont Alexandre III et les Invalides

THÈME

Etudiez le paragraphe français suivant. Puis, en l'employant comme modèle, mettez le paragraphe anglais en français.

Modèle: L'île de Tahiti est un territoire de la France qui se trouve dans le Pacifique à l'est de l'Australie. La plupart des Tahitiens parlent tahitien chez eux, mais beaucoup parlent français aussi. Avant de devenir un territoire français, Tahiti[1] a été une colonie anglaise. Aujourd'hui, beaucoup de Tahitiens sont agriculteurs ou travaillent comme ouvriers dans les usines.

Tahiti est très beau à voir, surtout en hiver. Cette année, je vais passer mes vacances à Papeete, la capitale de Tahiti. Je pars lundi, le 2 décembre et je reviens en Amérique le 4 janvier pour achever mes études. Je suis toujours content de voir de nouveaux paysages à l'étranger. Mais où aller l'année prochaine?

Thème: The island of Corsica is a department of France which is located in the Mediterranean south of Italy. At home, Corsicans speak Corsican, an Italian dialect, but they learn French in school. Before becoming a French department, Corsica was an Italian colony. Corsicans have always been good farmers; many work in the tourist industry, too.

Corsica is very pleasant to visit, especially in the spring. Next year, we're going to spend the month of May in Ajaccio, the capital of Corsica. We're arriving in Corsica on May 4 and we're returning to Portugal on June 2 to begin work again. We're a little bit sad not to be able to stay longer, but what can you do? We have our work to do.

AUTO-TEST *E.C.*

A. Complétez le paragraphe en employant *de, sans, pour* ou *à*.

Aujourd'hui, c'est la rentrée des classes, et avant _____ aller au lycée, j'ai beaucoup de fournitures scolaires _____ acheter. Par exemple, il me faut une calculatrice. Je suis nul en maths, et _____ réussir aux examens, il est important _____ avoir une règle à calcul ou une calculatrice. L'année dernière, je n'en avais pas, et j'ai fait tous mes devoirs _____ vérifier les réponses. Je n'ai pas reçu de bonnes notes! Que faire? Tout de même, les maths sont faciles _____ comprendre si on a une machine qui est prête _____ aider les pauvres étudiants! Je serais content _____ trouver une bonne calculatrice et _____ ne pas rater la géométrie cette année.

B. Récrivez les phrases au présent. Suivez le modèle.

1. Il va finir le travail.
Il finit le travail.

2. Elle va faire du ski.

3. Nous allons lire le roman.

[1]Like Haïti, Tahiti is used without the definite determiner.

4. Vas-tu venir chez nous?
5. Ils vont peindre la maison.
6. Je ne vais pas ouvrir la porte.
7. Elles vont attendre le train.
8. Vous allez dire la réponse.
9. Il ne va pas pleuvoir ce soir.
10. Tu vas sortir d'ici?
11. Va-t-elle prendre du café?
12. Nous allons boire du lait.

C. Complétez les phrases en employant le déterminant défini, le déterminant indéfini, le partitif ou *de*, s'il le faut.

1. Ces femmes sont _____ écrivains? En effet, ce sont _____ écrivains célèbres. Elles ont écrit _____ grands romans intéressants.
2. Elle étudie maintenant _____ espagnol. Elle voudrait visiter _____ Madrid, pour parler mieux _____ espagnol.
3. Combien coûtent _____ pommes? Cinq francs _____ kilo? Alors, donnez-moi _____ kilo de pommes. Je voudrais aussi _____ pâté, _____ œufs et une bouteille _____ vin. Je n'ai pas beaucoup _____ argent sur moi, alors si _____ vin est trop cher, j'achèterai _____ eau minérale.
4. Est-ce que ton frère est devenu _____ ingénieur? Non, ce n'est pas _____ ingénieur. Il a décidé de faire _____ français, parce qu'il adore _____ langues étrangères.

COMPOSITION

Ecrivez une composition sur ce que vous comptez faire ce week-end. Racontez ce que vous aimez faire le week-end.

L'Arc de Triomphe du Carrousel

Deuxième Leçon

Deux cyclistes

Jacques Brialy n'a pas de chance ce matin. Puisque c'est un jour férié, il a décidé de faire un tour en bicyclette. Il adore sa belle bicyclette à dix vitesses,
mais aujourd'hui il y a quelque chose qui ne va pas. Pendant quelques minutes,
il essaie de découvrir la cause du problème sans y parvenir. Soudain son amie
5 Hélène Dumont, une autre fana de cyclisme,* arrive à son secours. Elle descend
de son vélo.

HÉLÈNE   Qu'est-ce qu'il y a, mon vieux? Tu es tombé?

JACQUES   Tombé en panne, seulement.

HÉLÈNE   C'est moche. Ce n'est pas une crevaison?

10 JACQUES Rien de si simple! La chaîne grince un peu . . .

HÉLÈNE   Cela peut être quelque chose de grave. Laisse-moi jeter un coup d'œil
          là-dessus.

JACQUES   Si tu penses que ça vaut le coup, vas-y.

HÉLÈNE   Je crois que c'est le dérailleur. Tu n'as qu'à resserrer un peu cette
15   vis-là.

JACQUES   Je n'ai pas apporté mon tournevis.

HÉLÈNE   J'ai le mien, moi, dans ma sacoche. *(Elle cherche dedans pendant quel-
          ques instants, puis en sort un tournevis.)* Tiens!

JACQUES   Merci. Oui, ça y est. Dis donc, tu es passée par ici juste à temps.

20 HÉLÈNE   N'est-ce pas? Comme par hasard.

Note culturelle

le cyclisme: Ce sport est très populaire en France. Beaucoup d'Européens aiment
faire du cyclisme, et les Français surtout sont passionnés par les courses de
bicyclette. La course la plus célèbre est le Tour de France, qui a lieu chaque
été au mois de juillet et qui dure trois semaines.

Questionnaire

1. Pourquoi Jacques ne travaille-t-il pas aujourd'hui? Qu'est-ce qu'il fait? Tout va bien? 2. Qui est Hélène? Est-ce qu'elle aime le cyclisme? 3. Est-ce que Jacques découvre ce qui ne va pas? Il pense que c'est la chaîne. Pourquoi? Quel est le problème? 4. Pourquoi Jacques ne peut-il pas resserrer la vis? 5. Où se trouve le tournevis d'Hélène? 6. Est-ce que vous pensez qu'Hélène aime bien Jacques? Pourquoi? 7. Et vous, est-ce que vous avez une bicyclette? Combien de vitesses a-t-elle? De quelle couleur est-elle? Quand est-ce que vous l'avez achetée? 8. Est-ce que vous la réparez vous-même quand elle tombe en panne?

GLOSSAIRE

NOMS

la bicyclette bicycle
la cause cause
la crevaison blowout [krəvɛss]
   fana *m.&f.* fan
le*hasard chance
le jour férié day off — *not weekend*

la panne breakdown
la peine trouble, pain, difficulty
la sacoche saddlebag
le secours aid, help
la vitesse speed

VERBES

ne pas aller to be wrong, to have
   sth. wrong[1]
grincer to creak, to grind
parvenir to succeed, to get to[2]

passer to pass, to pass by[3]
resserrer to tighten [rɑ)sere]
valoir to be worth

ADJECTIFS

moche lousy, too bad, a shame
populaire popular

simple simple

MOTS-OUTILS ET EXPRESSIONS

à temps in time
à dix vitesses ten-speed
arriver au secours to come to the
   rescue
au secours! help!
ça y est that's it, there you go
dedans, là-dedans in it, in there
dessous, là-dessous under it, under
   there
dis donc! say!

faire un tour to take a walk or ride
par ici by here, through here
qu'est-ce qu'il y a? what's the matter?
soudain suddenly (*adv. et adj.*)
tiens! there!
tomber en panne to break down
valoir le coup to be worth the effort
valoir la peine to be worth the
   trouble, to be worthwhile

dessus

[1]The abbreviation *sth.* stands for "something," *s.o.* for "someone," *qqch.* for *quelque chose, qqn.* for *quelqu'un.*
[2]*Parvenir* is conjugated like *venir* and forms its passé composé with *être.*
[3]*Passer* used in this sense can form its passé composé either with *être* or *avoir.*

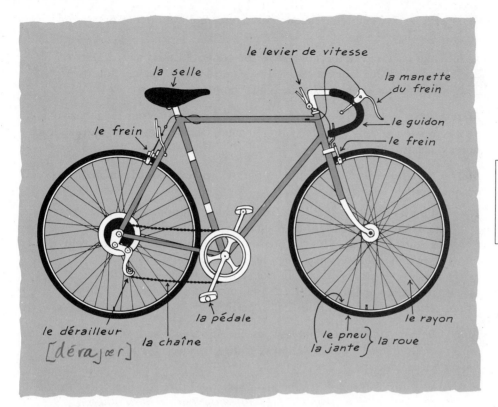

la selle

le levier de vitesse

la manette du frein

le frein

le guidon

le frein

le frein

le dérailleur
[dérajœr]

la chaîne

la pédale

le pneu
la jante } la roue

le rayon

A vous. Vous êtes propriétaire (''owner'') d'un magasin de bicyclettes. Essayez
de vendre ce modèle à un
client qui vient d'entrer
dans le magasin.

Etude de mots

Synonymes: Dans chaque groupe, choisissez les deux mots ou expressions qui
veulent dire la même chose.

1. la bicyclette   le bifteck   la moto   le vélo
2. ne pas aller   ne pas marcher   ne pas travailler   ne pas venir
3. demander à   donner à   parvenir à   réussir à
4. amusant   facile   difficile   simple
5. soudain   souvent   tout à coup   tout à fait   *aussi soudainement (adv.)*
6. le guidon   l'instant   la jante   le moment
7. ça y est!   dis donc!   au secours!   voilà!

\# *Mots associés 1:* Complétez chaque phrase en employant un mot dérivé du mot
en italique.

1. "Fais attention! Tu devras *freiner* au coin de la rue." "Mais où est le _frein_?"
2. Pour changer de vitesse, il faut *lever* ce _levier_ à droite.
3. Pour freiner, il faut mettre la *main* sur la _manette du frein_
4. La voiture n'a pas démarré parce qu'il n'a pas mis son *pied* sur cette _pédale_
5. Ce n'est pas un *sac*. C'est une _sacoche_
6. Ne travaillez pas si *vite*. La _vitesse_ n'est pas très importante.

Mots associés 2: Que veut dire chacun des verbes suivants? Employez chaque
verbe dans une phrase complète: *venir, convenir à, devenir, parvenir, revenir, se*
souvenir de.

Mots associés 3: Complétez chaque phrase en employant une expression dérivée de la préposition en italique.

1. Elle met les vis et le tournevis *dans* son panier. Elle les met <u>dedans</u>. ~~or! là-dedans~~
2. J'ai caché tous les cadeaux *sous* le lit. Je les ai cachés <u>dessous</u> *or! là-dessous*
3. Nous comptons *sur* son secours. Nous comptons <u>dessus</u>. *or là-dessus*

Mots associés 4: Le verbe *resserrer* veut dire "to tighten." Vous souvenez-vous de l'expression *se serrer la main?* Littéralement, cela veut dire "to squeeze (each other's) hands."

Mots à plusieurs sens: Complétez les phrases en employant le même mot pour chaque groupe.

1. *(a)* Elle est entrée dans le <u>rayon</u> d'ameublement pour acheter des meubles: un divan, un fauteuil, un bureau, des tables et des chaises.
   (b) La jante, le pneu, et les <u>rayons</u> sont des parties d'une roue de vélo.
2. *(a)* Il va <u>passer</u> le week-end chez ses grands-parents.
   (b) Lundi nous allons <u>passer</u> un examen de maths.
   (c) Freinez! Le feu vient de <u>passer</u> au rouge.
   (d) Les cyclistes viennent de <u>passer</u> par ici.

Mots à ne pas confondre: N'oubliez pas que *la chance* veut dire "luck" (*Tu as eu de la chance, toi*), tandis que *le hasard* veut dire "chance" (*Tu crois que c'est par hasard que je suis ici?*).

A temps veut dire "in time," tandis qu'*à l'heure* veut dire "on time": *Il est arrivé à temps pour attraper l'omnibus, qui heureusement n'était pas parti à l'heure.*

La tour—féminine—veut dire "tower" (*Regarde la Tour Eiffel!*). *Le tour*—masculin—veut dire "turn" (*Doucement! Ne poussez pas! Chacun son tour!*) ou, comme dans l'expression *faire un tour*, "ride" ou "walk" (*J'ai fait un petit tour en moto*).

EXPLICATIONS I

Le verbe <u>valoir</u>

The verb *valoir* means "to be worth" or "to be as good as." It is usually used impersonally and therefore the 3 sing. and 3 pl. forms occur most commonly: *il vaut, ils valent.* The past participle of *valoir* is *valu.*

1. Note how *valoir* is used in the following sentences:

Ces livres **valent** dix francs.	*These books **are worth** ten francs.*
Cette bague ne **vaut** rien.	*That ring **is worthless**.*
Ce tableau **vaut** l'autre.	*This painting **is as good as** the other one.*

2. Sometimes the verb *valoir* is used as a synonym of the verb *coûter:*

La robe **vaut combien**?	*How much **is** the dress?*
Elle **vaut** 450 francs.	*It **costs** 450 francs.*

3. Look at the following:

Ça vaut le coup de réviser les
leçons avant de passer l'examen.

*It's **worth the trouble** to go over the
lessons before taking the exam.*

Cela a valu la peine de nettoyer
les freins.

*It **was worthwhile** to clean the brakes.*

Valoir la peine and *valoir le coup*, both meaning "to be worth the trouble" or
"to be worthwhile," are two very common expressions. Note that *de* must be
used with these expressions before an infinitive.

4. *Il vaut mieux* + infinitive is another common expression:

Il vaut mieux partir tout de suite.

*It's **better** to leave right away.*

Il vaut mieux ne pas poser trop de
questions.

*It's **best** not to ask too many questions.*

A vous. Ces jeunes élèves
font une excursion. Où
vont-ils? Est-ce que vous
faites quelquefois des excursions? Parlez-en.

Exercice   valoir p. 415

Complétez les phrases en employant la forme du verbe *valoir* qui convient. Ensuite traduisez les phrases en anglais. Suivez le modèle.

1. Ces vélos _____ 3.000 F.
   Ces vélos valent 3.000 F.
   Those bikes cost 3,000 F.

2. Il *vaut* mieux ne pas sortir après 6 h. du soir.
3. Je crois que ses idées ne *valent* rien.
4. Ça *vaut* le coup d'aller voir cette pièce.
5. Elle dit que notre maison *vaut* la leur.
6. Cela *vaut* toujours la peine de vérifier les pneus
   avant de partir.
7. Ces colliers ne *valent* rien—ils sont faux!
8. Le deuxième livre *vaut* bien le premier.
9. Ça ne *vaut* pas la peine de lui demander l'heure.

St-Malo

Le passé composé

read

1. Review the formation of the past participle for the main verb groups:

   —The past participle of regular *-er* verbs is formed by replacing the *-er* of the
   infinitive with *é: parler → parlé.*

   —The past participle of *-ir*/*-iss-* verbs is formed by replacing the *-ir* of the
   infinitive with *-i: finir → fini.*

   —The past participle of regular *-re* verbs is formed by replacing the *-re* of the
   infinitive with *-u: attendre → attendu.*

   The passé composé consists of the present tense of *avoir* or *être* and the past
   participle.

2. Although most verbs form their passé composé with *avoir*, certain verbs form
   their passé composé with *être*. Here are some that you should know: *aller,*
   arriver, partir, entrer, sortir, venir, rentrer, retourner, revenir, monter, descendre,

rester, devenir, tomber, naître, and *mourir.* Remember that when a verb forms its passé composé with *être,* its past participle agrees with the subject in gender and number:

Elle est restée ici.	*She stayed here.*
Les trains sont partis à l'heure.	*The trains left on time.*
Les dames sont entrées.	*The women entered.*

3. Now look at the following:

L'homme a **monté** les bagages.	*The* **man brought the luggage up.**
La vieille dame **a descendu** l'escalier lentement.	*The old lady* **went down the stairs** *slowly.*
J'ai **sorti** mes papiers pour les montrer à l'agent.	*I* **took out my papers** *to show them to the policeman.*

When *monter, descendre,* and *sortir* are used transitively—that is, with a direct object—they form their passé composé with *avoir.* In this case, *monter* usually means "to bring or take up," *descendre* "to bring, take, or go down," and *sortir* "to bring or take out."

4. Each of these forms can have more than one English equivalent:

Il a **quitté** la maison. { *He* **left home.** / *He* **has left home.**

Elle **a perdu** sa serviette? { *Has she* **lost her briefcase?** / *Did she* **lose her briefcase?**

Nous sommes **arrivés** chez Paul. { *We* **arrived at Paul's.** / *We* **have arrived at Paul's.**

Vous souvenez-vous?

Tous les participes passés ne sont pas réguliers!
Révisez les verbes suivants:

apprendre / appris	écrire / écrit	promettre / promis
avoir / eu	éteindre / éteint	recevoir / reçu
boire / bu	être / été	reconnaître / reconnu
comprendre / compris	faire / fait	rejoindre / rejoint
conduire / conduit	falloir / fallu	reprendre / repris
connaître / connu	lire / lu	retenir / retenu
construire / construit	mettre / mis	revenir / revenu
contenir / contenu	mourir / mort	rire / ri
convenir / convenu	naître / né	savoir / su
couvrir / couvert	offrir / offert	souffrir / souffert
craindre / craint	ouvrir / ouvert	(se) souvenir / souvenu
croire / cru	parvenir / parvenu	surprendre / surpris
découvrir / découvert	peindre / peint	traduire / traduit
décrire / décrit	permettre / permis	venir / venu
devenir / devenu	pleuvoir / plu	valoir / valu
devoir / dû	pouvoir / pu	voir / vu
dire / dit	prendre / pris	vouloir / voulu

Exercices

A. Refaites les phrases au passé composé. Suivez le modèle.

1. Nous finissons le travail à 4 h.
   Nous avons fini le travail à 4 h.

2. Tu resserres toutes les vis et le guidon.
3. Elles oublient leurs sacoches.
4. Il répond au professeur.
5. Vous réparez le levier de vitesse.
6. Je porte mes belles chaussures.
7. Elle attend son frère devant le musée.
8. Ils choisissent leurs fournitures scolaires.
9. Sans huile, la chaîne grince beaucoup.

B. Mettez les phrases au présent d'après le modèle.

1. Nous n'avons pas bu trop de thé.
   Nous ne buvons pas trop de thé.

2. Tu n'as pas mis le tournevis dans le sac à dos.
3. Je n'ai pas voulu écrire à Georges.
4. Il n'a pas plu à Lyon.
5. Nous n'avons pas eu trop à faire.
6. Elles n'ont pas été en vacances.
7. Ils n'ont pas fait beaucoup de fautes.
8. Vous n'avez pas fait un tour en ville.
9. Elle n'a pas su répondre à la question.

En Bretagne

C. Répondez aux questions à la forme affirmative. Suivez le modèle.

1. Est-ce qu'elles ne sont pas devenues avocates?
   Si, elles sont devenues avocates.

2. Est-ce qu'il n'est pas rentré chez lui?
3. Est-ce qu'elle n'est pas née en France?
4. Est-ce que vous n'êtes pas arrivés au secours de Jacques?
5. Est-ce que nous ne sommes pas revenus à temps?
6. Est-ce qu'elles ne sont pas venues au restaurant?
7. Est-ce que tu n'es pas parti avant le Jour de l'An?
8. Est-ce que l'avion n'est pas tombé en panne?
9. Est-ce qu'ils ne sont pas parvenus à réparer le moteur?

D. Refaites les phrases au passé composé. Suivez les modèles.

1. Je monte l'escalier du métro.
   J'ai monté l'escalier du métro.
2. Elle sort avec ses cousins.
   Elle est sortie avec ses cousins.

3. Je descends du train à 6 h.
4. Elle sort un mouchoir de son sac.
5. Tu descends le drapeau au coucher du soleil.

Le Mont St-Michel

6. Vous montez les chaises pour votre grand-mère.
7. Elles sortent pour téléphoner à Marc.
8. Nous descendons la malle et quelques grandes boîtes.
9. Ils sortent après le goûter.
10. Vous montez dans le wagon-lit.

Vérifiez vos progrès

Répondez aux questions d'après le modèle:

1. Elle va tomber de sa bicyclette?
   Elle est déjà tombée!

2. Ils vont arriver demain?
3. Les fleurs vont bientôt mourir?
4. Nous allons voir ce film d'épouvante?
5. Il va remonter dans le train?
6. Vous allez écrire des cartes postales?
7. Tu vas descendre les valises du grenier?
8. Tu vas boire du café?
9. Il va y avoir un jour férié?
10. Vous allez faire de la plongée sous-marine?
11. Elles vont prendre les billets?
12. Il va lire ce roman populaire?

LECTURE

Une excursion au Mont-St-Michel*

Onze lycéens qui habitent Auray* ont décidé de faire une excursion en vélo le dernier week-end avant la rentrée. Monsieur Noguère, qui est architecte et père d'un des garçons, va les accompagner. Ils veulent aller au Mont-St-Michel, où est située la célèbre abbaye.[1]

5 Vendredi soir, M. Noguère et les jeunes gens prennent le train jusqu'à St-Malo,* où ils passent la nuit dans une auberge de jeunesse.* Le lendemain matin, le groupe fait la visite du château et des remparts[2] du vieux port. Puis, après avoir déjeuné dans une petite crêperie,* ils louent[3] des vélos et se mettent en route. Ils prennent la N-155.* Par ce chemin, c'est un voyage de 52 kilomètres seule-
10 ment, mais un voyage assez fatigant[4] tout de même puisqu'il y a beaucoup de collines. Mais le paysage est magnifique. Les côtes bretonnes et normandes ressemblent beaucoup à la côte du Maine aux Etats-Unis et aux côtes de la Nouvelle-Ecosse et de Terre-Neuve au Canada.*

Soudain, vers six heures du soir, on aperçoit[5] la silhouette massive du Mont-
15 St-Michel qui se détache comme un fantôme sur[6] le fond[7] gris de la mer. Encore quelques virages[8] et la silhouette se précise.[9] La vue est tellement impression-nante que les cyclistes oublient leur fatigue. Ils quittent la côte pour prendre la digue[10] qui mène au Mont-St-Michel. Cette digue traverse la baie qui sépare[11] le Mont de la côte. Monsieur Noguère explique aux élèves que la baie est pres-
20 que sèche lorsque la marée[12] est basse.

—Comment? Vous voulez dire que le Mont-St-Michel n'est pas toujours une île? lui demande une des jeunes filles.

—Exactement, lui répond-il. Il est séparé du continent[13] seulement quand la marée est haute. Lorsque la marée est basse, on peut même traverser la baie en
25 marchant sur le sable. Mais c'est assez dangereux à cause du sable mouvant[14]

—et surtout à cause de la marée qui monte très, très rapidement. Il faut respecter la Manche,[15] vous savez.

Les élèves se trouvent enfin sur le grand rocher[16] qu'on appelle le Mont-St-Michel. Ils passent sous la Porte de l'Avancée, la seule ouverture[17] des remparts.
30 Voilà une cour[18] fortifiée et puis une deuxième porte. Après être passés sous une troisième porte, la Porte du Roi, ils entrent dans la Grande-Rue, la longue rue raide[19] qui monte jusqu'au sommet.[20] (Pour arriver au chœur[21] de l'église de l'abbaye, un touriste doit monter presque neuf cents marches![22]) On voit partout les étalages[23] des marchands de souvenirs, une industrie locale qui n'a

la Bretagne
le Mont-St-Michel
St-Malo
Auray

[1]l'abbaye (f.): abbey
[2]le rempart: rampart, forti-fication; (pl.) area within city walls
[3]louer: to rent
[4]fatigant, -e: tiring
[5]apercevoir = remarquer
[6]se détacher sur: to stand out against
[7]le fond: background; bottom

[8]le virage: turn
[9]se préciser = devenir de plus en plus clair
[10]la digue: causeway
[11]séparer: to separate
[12]la marée: tide
[13]le continent: (here) main-land
[14]mouvant, -e: (here) shift-ing
[15]la Manche = le bras de la

mer entre l'Angleterre et la France
[16]le rocher: rock
[17]l'ouverture (f.): opening
[18]la cour: court, courtyard
[19]raide: steep
[20]le sommet: top, summit
[21]le chœur: choir; choir loft
[22]la marche: step
[23]l'étalage (m.): stand

pas cessé de prospérer depuis les premiers pèlerinages[24] il y a une dizaine de 35
siècles.

Les jeunes gens laissent leurs bicyclettes en bas et commencent à escalader la rue étroite. Après avoir monté plusieurs séries d'escaliers, ils arrivent à l'entrée de l'auberge où ils ont retenu des chambres. Avant d'y entrer, ils s'arrêtent pour admirer l'abbaye. 40

—Le bâtiment[25] le plus haut est l'église, bien sûr, leur explique M. Noguère. Et cette partie à côté s'appelle "la Merveille."[26] Demain nous en ferons la visite et vous verrez pourquoi elle mérite[27] bien son nom. Elle comprend de vraies merveilles d'architecture. La Salle des Hôtes,[28] par exemple, où l'abbé[29] accueillait[30] les rois de France qui sont venus ici en pèlerinage—St-Louis, Louis XI, 45 François Ier. Et le Réfectoire, l'ancienne salle à manger où les moines[31] prenaient leurs repas.

—Ce n'est plus une abbaye, monsieur? demande quelqu'un.

—Mais si, répond M. Noguère. Pourquoi est-ce que tu demandes ça?

—Vous avez dit que les moines prenaient leurs repas dans ce réfectoire. Alors, 50 où est-ce qu'ils dînent maintenant?

—De l'autre côté de l'église se trouvent les bâtiments où demeurent[32] les moines d'aujourd'hui. Les visiteurs ne peuvent pas y entrer.

Le soleil se couche. Il fera bientôt nuit. Une des lycéennes remarque une statue tout en haut[33] de l'église. "Qui est-ce?" demande-t-elle. Un de ses camarades 55 de classe lui dit que cela représente l'Archange[34] Michel.

—Selon la légende, dit-il, en l'année 708 l'Archange Michel est apparu[35] à l'évêque[36] Aubert et lui a dit de fonder[37] une abbaye à cet endroit. C'est pour ça qu'on appelle ce rocher le Mont-St-Michel.

—Comment est-ce que tu sais tout cela? lui demande M. Noguère. 60

—Hier soir, avant de m'endormir, j'ai lu l'article sur le Mont-St-Michel dans *Le Guide vert.**

—Puisque tu es si bien renseigné,[38] tu pourras raconter l'histoire du Mont pendant que moi, je décris les merveilles de son architecture.

*Fondateur ("founder")
de la Fédération Unie
des Auberges de la Jeunesse*

Notes culturelles

le Mont-St-Michel: Cet îlot ("little island") est célèbre pour son histoire, son architecture et surtout pour l'originalité de son site. Il est situé dans la baie près de l'embouchure ("mouth") du Couesnon, la rivière qui était autrefois la frontière ("border") entre la Bretagne et la Normandie. Aujourd'hui le Mont se trouve dans le département de la Manche, un département normand.

Auray: Cette ville ancienne de huit mille habitants est située dans le sud de l'ancienne province de Bretagne, près du golfe ("gulf") du Morbihan. Les

---

[24]le pèlerinage: *pilgrimage*
[25]le bâtiment: *building*
[26]la merveille: *marvel, wonder*
[27]mériter: *to deserve*
[28]l'hôte *(m.): guest*
[29]l'abbé *(m.): abbot, head of*

a monastery
[30]accueillir: *to greet*
[31]le moine: *monk*
[32]demeurer = *habiter*
[33]tout en haut: *at the very top*

[34]l'archange *(m.): archangel*
[35]apparaître: *to appear*
[36]l'évêque *(m.): bishop*
[37]fonder: *to found*
[38]renseigné, -e = *qui a des renseignements*

huîtres sont une spécialité bretonne, et Auray et ses environs sont très connus pour leurs parcs à huîtres ("oyster beds"). La région est célèbre aussi pour les milliers ("thousands") de grandes pierres préhistoriques—les mégalithes—qui se trouvent à Carnac, à treize kilomètres d'Auray. On ne sait ni qui les a mises là ni pourquoi elles y sont.

St-Malo: Cette ville de 42.000 habitants se trouve à l'ouest du Mont-St-Michel, sur ce qu'on appelle "la Côte d'Emeraude" ("emerald"). L'explorateur Jacques Cartier, qui a découvert le Saint-Laurent et qui a pris possession du Canada au nom du roi de France, y est né en 1491. Le célèbre écrivain François René de Chateaubriand (1768 – 1848) y est né. Lui aussi a voyagé en Amérique et il a écrit des romans sur les Indiens de l'Amérique du Nord—*Atala* (1805), *René* (1805) et *Les Natchez* (1826).

Pendant les deux premières semaines d'août 1944 la ville de St-Malo a été l'objet d'une bataille ("battle") terrible entre les Allemands et les Alliés (les Français, les Anglais, les Américains, les Canadiens). Elle est sortie de la bataille en ruines. On a réussi, cependant, à restaurer ("restore") St-Malo et la ville est redevenue un beau centre touristique.

l'auberge de jeunesse: C'est une auberge dans laquelle les jeunes gens peuvent passer la nuit sans payer beaucoup d'argent. En anglais, on dit "youth hostel."

la crêperie: C'est un restaurant où on sert des crêpes, qui sont une spécialité bretonne.

la N-155: Il y a trois sortes de routes françaises: les autoroutes ("A"), qui sont les routes les plus importantes du pays, les routes nationales ("N") et les routes départementales ("D").

la Nouvelle-Ecosse et Terre-Neuve: Ce sont, avec le Nouveau-Brunswick et l'Ile du Prince-Edouard, les "provinces maritimes" dans l'est du Canada.

Carnac

*Le Guide vert: C'est un des dix-huit *Guides Michelin* qui décrivent les villes, les sites historiques ou pittoresques et les régions touristiques de la France. Il y en a un pour la Bretagne, un pour la Normandie, un pour Paris, un pour les environs de Paris, un pour les châteaux de la Loire, et ainsi de suite. Ces guides sont très populaires en France. Il y a aussi des *Guides verts* pour certains pays étrangers (l'Allemagne, l'Autriche, la Suisse, etc.) et pour certaines villes étrangères (Londres, New York, etc.)

Le *Guide rouge* décrit les hôtels et les restaurants de France. Les trois étoiles que Michelin donne aux meilleurs restaurants sont très recherchées ("sought after"). Tous ces guides sont publiés par la Société Michelin qui fabrique des pneus.

À propos ...

1. Comment est-ce que M. Noguère et les lycéens voyagent d'Auray jusqu'au Mont-St-Michel? Pourquoi est-ce qu'ils font ce voyage? 2. Décrivez ce qui se passe samedi vers six heures du soir. Que voient les voyageurs? Ils en sont impressionnés? 3. Comment est-ce que les voyageurs arrivent au rocher? Quand ils y sont arrivés, qu'est-ce qu'ils font? Que font-ils avant d'entrer dans l'auberge? 4. Pourquoi est-ce que les voyageurs ne font pas tout de suite la visite de l'abbaye? Qu'est-ce qu'ils vont voir le lendemain? 5. Vous pouvez raconter la légende du Mont-St-Michel? Vous pouvez raconter d'autres légendes—une légende grecque, par exemple, ou une légende des Indiens de l'Amérique du Nord? Quelques chansons folkloriques racontent des légendes. Vous pouvez en donner des exemples? 6. Est-ce que vous connaissez les *Guides verts?* Apportez en classe un *Guide vert* ou un guide en anglais ou une carte routière française, américaine ou canadienne et expliquez à vos camarades comment s'en servir. 7. Près de l'entrée de votre lycée vous rencontrez quelqu'un qui parle seulement le français. Il a une chambre dans le plus grand hôtel de votre ville. Il cherche son hôtel, mais il s'est trompé de chemin et il s'est perdu. Aidez-le à trouver l'hôtel en lui montrant le meilleur chemin.

EXPLICATIONS II

Le pronom en

1. You probably recall that the pronoun *en* means "some" or "any" and that it is used to replace the construction *de* + object:

Tu veux **du** thé?	*Oui, j'**en** veux.*
Elles écrivent souvent **des** poèmes?	*Oui, elles **en** écrivent souvent.*
Ils mangent **des** huîtres?	*Non, ils n'**en** mangent pas.*

2. *En* is also used in expressions such as *avoir besoin de, avoir peur de,* and *avoir envie de:*

Elle a peur **du** lion?	*Oui, elle **en** a peur.*
Nous avons besoin **de la** clef?	*Oui, nous **en** avons besoin.*
Elles ont envie **d'**aller à Cannes?	*Non, elles n'**en** ont pas envie.*

3. Notice, too, how *en* is used to replace the object with expressions of quantity:

Tu as mangé **trop de** tomates?	*Oui, j'en ai mangé **trop**.*
Vous avez **assez d'**argent?	*Oui, nous en avons **assez**.*
Il a vendu **trois** tournevis?	*Oui, il en a vendu **trois**.*
Elles ont trouvé **plusieurs** hôtels?	*Oui, elles en ont trouvé **plusieurs**.*
Tu as **une** calculatrice?	*Oui, j'en ai **une**.*

Note that the past participle does not agree with *en* (*il en a vendu trois*).

Exercices

A. Donnez une réponse affirmative et une réponse négative à chaque question. Suivez le modèle.

1. Elle a acheté des taille-crayon?
   Oui, elle en a acheté. Non, elle n'en a pas acheté.

2. Nous avons commandé des règles à calcul?
3. Ils ont reconnu des amis?
4. J'ai lu des romans allemands?
5. Vous avez trouvé des cartouches?
6. Tu as eu besoin de stylos à bille?

B. Répondez aux questions en employant *en* et les indications entre parenthèses. Suivez le modèle.

1. Combien de cartes est-ce que tu cherches? (2)
   J'en cherche deux.

2. Combien de pommes est-ce qu'elles mangent? (trop)
3. Combien de pompes est-ce que j'apporte? (1)
4. Combien de stylos est-ce qu'ils perdent? (beaucoup)
5. Combien de cartes postales est-ce que nous écrivons? (20)
6. Combien de fautes est-ce que vous faites? (tant)
7. Combien de livres est-ce qu'il y a? (peu)
8. Combien de sel est-ce que tu mets sur la viande? (assez)
9. De combien de gommes est-ce qu'on a besoin? (4)

Les adjectifs

1. You know that adjectives usually agree with the noun that they modify. Some, especially those which end in *-e*, have identical masculine and feminine forms:

un vélo **jaune**	des vélos **jaunes**
une moto **jaune**	des motos **jaunes**

2. Other adjectives, which end in a pronounced consonant or in a vowel other than *-e*, have four different written forms:

un pantalon **noir**	des pantalons **noirs**
une jupe **noire**	des jupes **noires**

3. You also know that most adjectives with masculine forms ending in a silent consonant have feminine forms ending in *-e*. The final consonant is then pronounced:

L'appartement est **grand**.	Les appartements sont **grands**.
La maison est **grande**.	Les maisons sont **grandes**.

4. Except for *vieux*, adjectives whose masculine singular form ends in *-eux* have feminine forms ending in *-euse*. The masculine singular and plural forms are the same:

Le garçon est **heureux**.	Les garçons sont **heureux**.
La fille est **heureuse**.	Les filles sont **heureuses**.

5. Most adjectives follow the noun in French. Some common ones, however, often come before the noun: *bon, mauvais, joli, seul, même, jeune, petit, grand, gros, premier, dernier.*

6. *Beau, nouveau*, and *vieux* also usually come before the noun. These adjectives have special forms that are used when they occur before a masculine singular noun beginning with a vowel sound:

un **bel** enfant	un **nouvel** élève	un **vieil** avion

They are pronounced the same as the corresponding feminine forms (*belle, nouvelle, vieille*).

7. Remember how comparisons are made in French:

Marie est **plus grande que** Paul.	*Marie is **taller than** Paul.*
Paul est **moins grand que** Marie.	*Paul is **less tall than** Marie.*
Paul n'est **pas aussi grand que** Marie.	*Paul is **not as tall as** Marie.*

The adjective always agrees with the subject.

8. Notice how the superlative is formed:

Ce sont les examens **les plus difficiles**.	*These are **the most difficult** exams.*
Jeanne est ton amie **la plus sportive**.	*Jeanne is your **most athletic** friend.*
J'ai **la plus belle** bicyclette **de la ville**.	*I've got **the most beautiful** bike **in town**.*
C'est l'homme **le moins heureux du monde**.	*He's **the least happy** man **in the world**.*

A vous. Vous promenez votre chien sur cette plage. Décrivez la scène. A quoi pensez-vous pendant que vous vous promenez?

St-Malo

To form the superlative, the appropriate definite determiner is used with *plus* or *moins*. If the adjective is one that follows the noun, the definite determiner is repeated. In English, the word "in" often follows a superlative construction; the French use *de*.

also *en*

9. Remember, too, that the adjective *bon* has a special comparative and superlative form:

Cette papeterie-ci est **meilleure que** celle-là.	*This stationery store is **better than** that one.*
Jean est **le meilleur** élève.	*Jean is **the best** student.*

new

10. Now look at the following:

Il voit **quelque chose de beau.**	*He sees **something beautiful.***
Elle cherche **quelque chose de plus grand.**	*She is looking for **something bigger.***
Je n'ai **rien d'intéressant** à vous dire.	*I have **nothing interesting** to tell you.*
Il n'y a **rien de moins difficile.**	*There's **nothing less difficult.***

Quelque chose de + adjective is equivalent to the English "something" + adjective. *(Ne) rien de* + adjective is equivalent to "nothing" + adjective. Note that the masculine singular form of the adjective is always used following these expressions.

Pour lire ✓

Look at the following:

Ce vin-ci est **mauvais.**	*This wine is **bad.***
Ce vin-là est **plus mauvais.** } Ce vin-là est **pire.**	*That wine is **worse.***
Sa voiture est **mauvaise.**	*Her car is **bad.***
Ma voiture est **plus mauvaise.** } Ma voiture est **pire.**	*My car is **worse.***
C'est **le pire** des hommes!	*He's **the worst** of men!*

Pire is a comparative and superlative form of the adjective *mauvais, -e*. It is often used in written French.

Vous souvenez-vous?

1. Dans l'expression *avoir l'air*, l'adjectif s'accorde ("agrees") avec le mot *air*:

Il n'a pas l'air content.	Elle n'a pas l'air content.
Ils n'ont pas l'air content.	Elles n'ont pas l'air content.

2. Vous avez appris trois adjectifs invariables: *orange, marron,* et *sympa:* *new*

Elle a choisi des chaussures marron.	*She chose brown shoes.*
J'ai deux chemises orange.	*I have two orange shirts.*
Leurs cousines sont sympa.	*Their cousins are nice.*

Exercices

A. Répondez aux questions en employant un adjectif qui veut dire le contraire de l'adjectif donné. Suivez le modèle.

   1. Est-ce que les peintures sont moches?
     Non, elles sont sensationnelles.
     Et les dessins animés? Est-ce qu'ils sont moches?
     Non, ils sont sensationnels aussi.

   2. Est-ce que la voiture est vieille?
     Et le camion? Est-ce qu'il est vieux?

   3. Est-ce que le livre de poche est noir?
     Et les cartes? Est-ce qu'elles sont noires?

   4. Est-ce que la serviette est petite?
     Et le bureau? Est-ce qu'il est petit?

   5. Est-ce que Martine est bête?
     Et son frère? Est-ce qu'il est bête?

   6. Est-ce que les histoires sont passionnantes?
     Et les poèmes? Est-ce qu'ils sont passionnants?

   7. Est-ce qu'ils sont tristes?
     Et les jeunes filles? Est-ce qu'elles sont tristes?

   8. Est-ce que les chansons sont faciles?
     Et les devoirs? Est-ce qu'ils sont faciles?

B. Combinez les deux phrases en employant la construction *plus . . . que.* Puis combinez-les en employant *moins . . . que.* Suivez le modèle.

   1. Sa sœur est sportive. Sa cousine est très sportive.
     Sa cousine est plus sportive que sa sœur.
     Sa sœur est moins sportive que sa cousine.

   2. Son frère était très paresseux. Ses copains étaient plus paresseux.

   3. Ces chaises sont confortables. Ces fauteuils sont très confortables.

   4. La girafe est grande. L'éléphant est plus grand.

   5. Le français est difficile. Le grec est plus difficile.

   6. La robe était courte. Le manteau était plus court.

   7. Les règles à calcul étaient chères. Les magnétophones étaient plus chers.

   8. Les souris étaient grosses. Les hamsters étaient plus gros.

C. Refaites les phrases en remplaçant l'adjectif en italique par la forme qui convient de l'adjectif entre parenthèses. Suivez le modèle.

   1. C'est le plus *vieil* hôtel de la ville. (moderne)
     C'est l'hôtel le plus moderne de la ville.

   2. C'est le plus *gros* chien de l'immeuble. (méchant)

   3. C'est la moins *belle* maison du quartier. (cher)

   4. C'est la plus *petite* jeune fille de la classe. (généreux)

   5. Ce sont les plus *vieux* livres de la bibliothèque. (intéressant)

   6. Ce sont les moins *grands* animaux du zoo. (dangereux)

   7. C'est le *meilleur* professeur de l'université. (célèbre)

   8. Ce sont les plus *jolies* fleurs du jardin. (rouge)

D. Transformez la phrase en deux phrases d'après le modèle.

1. Il veut un livre intéressant—pas ennuyeux.
   Il veut quelque chose d'intéressant.
   Il ne veut rien d'ennuyeux.

2. Ils veulent une belle voiture—pas chère.
3. Nous voulons un film amusant—pas vieux.
4. Vous voulez une grande serviette—pas moche.
5. Je veux un portefeuille jaune—pas vert.
6. Tu veux un cadeau formidable—pas vieux jeu.

Vérifiez vos progrès

A. Répondez aux questions en employant le pronom
en et le passé composé. Suivez le modèle.

1. Elles vont acheter des skis?
   Elles en ont déjà acheté.

2. Il va vendre de belles montres?
3. Tu vas prendre du sucre?
4. Elle va commander de la bière?

5. Ils vont lire des pièces de Molière?
6. Vous allez passer des examens?

B. Complétez les phrases avec la forme qui convient de l'adjectif entre parenthèses. Suivez le modèle.

1. Les photos sont plus *(beau)* que les tableaux.
   Les photos sont plus belles que les tableaux.

2. Marie n'a pas l'air très *(heureux)* aujourd'hui.
3. Paul porte ses chaussures *(marron)* et ses chaussettes *(bleu)*.
4. Je crois qu'Hélène et Martine sont *(sympa)*, mais leurs frères sont *(désagréable)*.
5. Ils voudraient lui offrir un *(nouveau)* appareil, mais ils doivent trouver
   quelque chose de moins *(cher)*.
6. Est-ce que la pièce est *(meilleur)* que le film?
7. Ta bicyclette est vraiment *(sensationnel)*.
8. Les pâtisseries sont *(mauvais)*, mais la mousse au chocolat est *(excellent)*
   ici.

Parlons de vous

1. Avez-vous assisté à une course de bicyclettes? Y avez-vous participé? Aimez-
vous le cyclisme? 2. Avez-vous participé à une course à pied? Qui a gagné?
Vous êtes bon coureur? 3. Avez-vous fait un voyage en vélo? Si oui, où êtes-vous
allé? En Europe, beaucoup de gens voyagent en faisant de l'auto-stop. Vous en
avez fait peut-être? Qu'est-ce que votre famille en a pensé? Ou—si vous n'en
avez jamais fait—qu'en penserait votre famille? 4. Que faites-vous les jours
fériés? Par exemple, qu'est-ce que vous aimez faire pendant les vacances du
Jour de Grâce ("Thanksgiving")? Quand cette fête aura-t-elle lieu cette année?
Comment est-ce qu'on fête le Jour de Grâce? Pourquoi le fête-t-on? Quel est le
jour férié que vous aimez le mieux? Pourquoi donc?

THÈME

Etudiez le paragraphe français suivant. Puis, en l'employant comme modèle, mettez le paragraphe anglais en français.

Modèle: —Ça ne va pas? Pourquoi as-tu l'air si triste?
   —J'ai voulu acheter de nouveaux habits en ville, mais ma bicyclette ne marche plus.
   —Je suis sûr que ce n'est rien de grave. Tu veux un coup de main?
   —Merci, j'en ai besoin.
   —Tu as regardé le dérailleur?
   —Oui, j'y ai pensé. Alors, j'ai sorti mes outils de la sacoche pour resserrer les vis. Mais je ne suis pas encore parvenue à trouver la cause du problème.
   —Il vaut mieux prendre le nouvel autobus qui passe par ici. C'est la meilleure solution!

Thème: —What's the matter? Why do you look so tired?
   —I wanted to take a ride in the country, but my car broke down.
   —I hope it's something simple. Do you have a good toolbox in the car?
   —Yes, there's one in the trunk.
   —Did anyone offer to help you?
   —No, no one passed by this way. So I went down the hill to look for a gas station. A very nice mechanic came to my rescue. It was worth the trouble examining the motor, because we found some old dirty spark plugs in there. It's the simplest thing to fix!

AUTO-TEST

A. Récrivez les phrases en employant le passé composé du verbe entre parenthèses.

   1. Il *(vouloir)* réparer la chaîne.
   2. Elles *(ne pas découvrir)* le problème.
   3. Est-ce qu'elle *(tomber)* en panne?
   4. Vous *(mettre)* votre vieux pantalon?
   5. Je *(ne pas reconnaître)* ce type.
   6. Ils *(sortir)* les outils de la sacoche.
   7. Tu *(attendre)* à côté de l'entrée.
   8. Elles *(venir)* à 8 heures du matin.
   9. Nous *(aller)* faire la visite du château.
   10. On *(rejoindre)* les cyclistes en ville.

B. Répondez aux questions en employant le pronom complément *en.* Attention aux temps des verbes!

   1. Va-t-il acheter des roues?
   2. N'ont-elles pas pris de rosbif?
   3. As-tu besoin de trois règles à calcul?
   4. Ne voulez-vous pas prendre un peu de salade?
   5. Allons-nous commander plusieurs desserts?

6. Ont-ils bu du vin?

7. Avez-vous envie de passer la journée à Bordeaux?

8. Lit-il des journaux anglais?

9. N'aimes-tu pas faire du cyclisme?

C. Récrivez les phrases en employant la forme correcte des adjectifs entre parenthèses.

1. Elle lit un roman. (intéressant/long)

2. Ils ont acheté des chemises. (bleu/joli)

3. Il y a un hôtel près d'ici. (beau/moderne)

4. Elles ont trouvé une valise. (brun/gros)

5. Tu as vu les films? (anglais/même)

6. Ce vélo a des freins. (bon/italien)

7. Il a une selle. (élégant/nouveau)

D. Ecrivez quatre phrases comparatives et deux phrases superlatives à propos des bicyclettes et des voitures. Employez les adjectifs et les adverbes suivants. Puisque vos réponses seront personnelles, elles ne se trouvent pas à la fin du livre. Vous devrez les vérifier en parlant avec votre professeur.

petit   bon   confortable   cher   bien   lentement

COMPOSITION

Ecrivez une composition sur un voyage que vous avez fait.

Troisième Leçon

L'amabilité n'est jamais démodée

Sylvie Prévin, qui habite Vincennes,* aime suivre la mode.* Aujourd'hui, accompagnée de son amie Claire, elle fait des achats au Quartier Latin,* où il y a
beaucoup de boutiques de mode. Les jeunes filles sont allées d'abord dans une
boutique où la vendeuse était tout à fait désagréable. Elle parlait au téléphone
5 quand les jeunes filles sont entrées et elle a fait semblant de ne pas les voir.
Froissées, les deux amies sont parties sans rien acheter. Elles sont entrées dans
une boutique en face où la vendeuse les a accueillies d'un sourire douceâtre.

VENDEUSE	Bonjour, mesdemoiselles. Vous désirez?
SYLVIE	Je voudrais un pull-over et un pantalon en velours côtelé.
10 VENDEUSE	Vous faites un 36?*
SYLVIE	Non, je fais plutôt un 38.
VENDEUSE	Je vais voir. Un pantalon à patte d'éléphant, peut-être?
CLAIRE	C'est un peu démodé, non?
VENDEUSE	On en vend beaucoup, mademoiselle. *(à Sylvie)* Essayez-le pour
15	voir.
SYLVIE	Merci, mais je pensais à des jambes plus étroites.

Sylvie a choisi enfin un pull[1] à col roulé et deux pantalons, et elle est allée dans
la cabine d'essayage. Elle aimait bien le pull, mais elle hésitait entre les deux
pantalons.

20 SYLVIE	Claire, que penses-tu de ce pantalon à rayures? Il ne me grossit pas?[2]
VENDEUSE	Ah, non, pas du tout. Il est à raccourcir peut-être, mais autrement il
	vous va comme un gant.
SYLVIE	Oui, un gant de pointure trop petite.
CLAIRE	Franchement, je préfère le pantalon bleu marine. Il te va mieux.
25 SYLVIE	Il est en solde d'ailleurs. Bon. Je le prends.
VENDEUSE	Bien. Je l'emballe tout de suite, mademoiselle.
SYLVIE	Vous êtes très aimable, madame.

---

[1]*Le pull* is a shortened form of *le pull-over.*
[2]When *grossir* has a direct object, it means "to make s.o. fat" or "to make s.o. look fat or big." Similarly, with *maigrir:* "to make s.o. (look) thin."

Notes culturelles

Vincennes: Dans la banlieue sud-est de Paris, Vincennes est surtout connu pour son château royal du 14e siècle et pour ses bois. Au 18e siècle, on a transformé le château en prison, puis en atelier de porcelaine. Au temps de Napoléon, il est devenu un arsenal militaire. Après la Deuxième Guerre Mondiale, le gouvernement français l'a restauré et en a fait un monument national. A côté du château se trouve le célèbre Bois de Vincennes, qui offre des attractions variées —un zoo, plusieurs beaux lacs, quelques musées (y compris le Musée des Arts Africains) et un champ de courses.

la mode: Paris est depuis longtemps un grand centre international de Haute Couture. C'est là que se trouvent les ateliers des grands couturiers français comme Pierre Cardin et Yves Saint-Laurent. (Toutefois la plupart des Françaises achètent du prêt-à-porter dans les boutiques ou dans les grands magasins.)

le Quartier Latin: Situé sur la rive gauche de la Seine, le Quartier Latin est un des quartiers les plus animés de Paris. C'est le quartier des étudiants, et on y trouve des centaines de restaurants, de cafés, de cabarets, de cinémas, de théâtres et de petites boutiques. Il y a aussi beaucoup de librairies et de papeteries, où les étudiants achètent leurs livres et leurs fournitures scolaires. On l'appelle le "Quartier Latin" parce que le latin était jusqu'en 1789 la langue qu'on employait dans les écoles.

un 36: Le 36 correspond au 5–6 en Amérique, le 38 au 7–8, le 40 au 9–10, le 42 au 11–12, et ainsi de suite. N'oubliez pas qu'on emploie le mot *la pointure* en parlant des gants et des chaussures et le mot *la taille* en parlant des robes, des vestes, des chemises, des complets, etc.

Questionnaire

1. Que fait Sylvie aujourd'hui? Que fait Claire? 2. Comment était la vendeuse dans la première boutique? Qu'a-t-elle fait? Comment était la vendeuse dans l'autre boutique? 3. Qu'est-ce que Sylvie veut acheter? Pourquoi ne veut-elle pas essayer le pantalon à patte d'éléphant? 4. Pourquoi Sylvie hésite-t-elle entre les deux pantalons? Que pense la vendeuse du pantalon à rayures? Qu'en pense Claire? 5. Qu'est-ce que Sylvie achète à la fin? Pourquoi? 6. Et vous, est-ce que vous aimez suivre la mode? La trouvez-vous plutôt bête? 7. Qu'est-ce que vous aimez porter? 8. Est-ce que vous préférez faire vos achats dans les boutiques ou dans les grands magasins? Pourquoi?

GLOSSAIRE

NOMS

✓ l'amabilité *f.* pleasantness, niceness
l'arsenal *m.* arsenal
✓ l'atelier *m.* workshop, studio
✓ l'attraction *f.* attraction
la boutique de mode fashion boutique

✓ le cabaret cabaret
la cabine d'essayage dressing room
une centaine (de) about a hundred
le champ de courses racetrack
la couture fashion
le couturier, la couturière fashion designer

Paris

Casablanca

le gouvernement government
la guerre war
le latin Latin
la mode style, fashion
le monument monument
la porcelaine porcelain, china

le prêt-à-porter ready-to-wear
la prison prison
le rire laugh, laughter
le sourire smile
le velours velvet
le velours côtelé corduroy

VERBES

accueillir to welcome, to greet
aller à qqn. to fit s.o., to look nice on s.o.
allonger to lengthen
désirer to want
emballer to wrap

hésiter to hesitate, not to decide
raccourcir to shorten
restaurer to restore
suivre to follow[1]
transformer to transform, to change

ADJECTIFS

bleu marine navy blue
clair, -e light
démodé, -e out of style, old-fashioned
douceâtre saccharine, overly sweet *sickly*
foncé, -e dark
froissé, -e offended *crumpled creased*
militaire military

mondial, -e world, worldwide
national, -e national
pâle pale
royal, -e royal *rwajal*
varié, -e varied, various
vif, vive bright

MOTS-OUTILS ET EXPRESSIONS

à col roulé turtleneck
à patte d'éléphant bell-bottom) *forget it!*
autrement otherwise
faire semblant de + *inf.* to pretend to

faire un 36 to be a (size) 5
franchement frankly
plutôt instead, rather
toutefois however
y compris including

[1]All of the forms of *suivre* are presented in Lesson 12. For the moment you need only learn its infinitive form. (You already know the adjective derived from it: *suivant.*)

la soie • la laine • le tricot • le coton • la dentelle

un chemisier à manches courtes • un chemisier à manches longues • une veste à carreaux • une cravate à pois • un pantalon à rayures • une jupe à fleurs

Etude de mots

Synonymes: Refaites les phrases en employant un synonyme des mots en italique.

1. Un pantalon à patte d'éléphant?! C'est tout à fait *vieux jeu!* démodé
2. Je *ne peux pas choisir* entre cette cravate à rayures et celle à carreaux. hésite
3. Ce manteau gris ne lui *convient* pas du tout. va
4. Qu'est-ce qu'ils *veulent?* désirent
5. *Cependant* ce vendeur ne pourra pas emballer notre paquet. toute fois

Mots associés 1: Complétez chaque phrase en employant un mot dérivé du mot en italique. (Avant de commencer, mettez tous les mots suivants au pluriel: *le principal journal national.*)[1]

1. *Le roi* habitait Versailles et Fontainebleau. C'étaient des châteaux royaux

---

Un chemisier is a casual shirt for women, while *une chemise* is a man's shirt and *une blouse* is a loose-fitting blouse or smock.
[1]Rappelez-vous que *-al* devient *-aux* au pluriel.

2. Il y avait des représentants de presque tous les pays du *monde*. C'était une exposition *mondiale*

3. On offre une grande *variété* de desserts—des glaces, des mousses, des pâtisseries et des fruits *variés*

4. Cette dame a un très long *cou*. Un pull à *col* roulé ne lui convient pas du tout. Et elle ne doit pas porter tant de bracelets et de *collier*

5. Si vous voulez *essayer* cette jupe à carreaux, allez dans la cabine d'*essayage*

6. Caroline et Edouard aime suivre *la mode*. Ils n'ont rien de *démodé*

7. Nous *aimons* ces gens-là. Ils sont très *aimables* L'*amabilité* est très importante, vous savez.

8. Ce petit garçon ne *semble* pas être très animé, mais il n'a pas de fièvre. Je crois qu'il fait *semblant* d'être malade.

9. Ces robes ne sont pas assez *courtes*. Il faut les *raccoursir*. Si elles n'étaient pas assez *longues*, il faudrait les *allonger*

10. Elle ne *rit* pas souvent, mais elle a fait un gros *rire* quand elle a entendu cette histoire.

11. Il n'a pas oublié de *sourire* quand il a vu les enfants. Il les a accueillis avec un chaud *sourire*.

Mots associés 2: Les noms des couleurs sont masculins. Par exemple: *J'aime le rouge et le vert.* Vous venez d'apprendre la couleur *bleu marine.* Vous devez apprendre aussi ces quatre adjectifs qu'on emploie pour mieux décrire les couleurs: *foncé,* "dark"; *clair,* "light"; *vif,* "bright"; *pâle,* "pale." Quand on emploie ces mots, l'adjectif de couleur est invariable; il reste au masculin: *une jupe bleue,* mais *une jupe bleu marine; une nappe grise et des serviettes vertes,* mais *une nappe gris clair et des serviettes vert vif.*

Ecrivez huit phrases en employant les mots *foncé, clair, vif* et *pâle.*

Mots associés 3: Vous venez d'apprendre le mot *une centaine.* Vous souvenez-vous de ce que veut dire le suffix *-aine* qu'on ajoute quelquefois aux nombres? Ecrivez des phrases en employant chacun des mots et expressions suivants: *une huitaine de jours, une dizaine, une douzaine, une quinzaine de jours, une vingtaine, une trentaine, une quarantaine, une cinquantaine, une centaine.*

grand magasin

au capitole
TOULOUSE

la meilleure qualité pour le meilleur prix

EXPLICATIONS I

Les verbes comme <u>cueillir</u>

VOCABULAIRE

cueillir *to pick, to gather*   recueillir *to collect, to select*

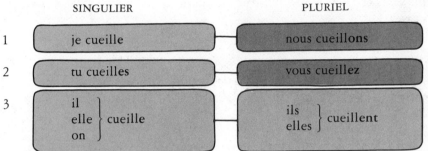

	SINGULIER	PLURIEL
1	je cueille	nous cueillons
2	tu cueilles	vous cueillez
3	il elle on } cueille	ils elles } cueillent

er IMPÉRATIF: **cueille! cueillons! cueillez!**

ir PARTICIPE PASSÉ: **cueilli**

PARTICIPE PRÉSENT: **cueillant**

IMPARFAIT: **cueill- (je cueillais, etc.)**

er FUTUR/CONDITIONNEL: **cueiller- (je cueillerai/je cueillerais, etc.)**

er SUBJONCTIF: **cueill- (que je cueille, etc.)**

Note that in the future and conditional stem, the *ir* of the infinitive becomes *er: cueillir → je cueillerai/je cueillerais. Accueillir* also follows this pattern.

Exercice

Répondez aux questions d'après le modèle.

1. Nous cueillons les cerises en juin. Et eux?
   Ils cueillent les cerises en juin aussi.

2. Elle accueille des voyageurs à la gare. Et vous? *n. accueillons, j'accueille*
3. Monsieur Marchais cueille les fleurs de son jardin. Et toi? *je cueille*
4. Il recueille des poèmes du vingtième siècle. Et nous? *vous recueillez o.n.*
5. Le vendeur accueille les gens avec un sourire. Et moi? *tu accueilles*
6. Ma tante a cueilli des pêches. Et elles? *ont cueilli*
7. Nous avons recueilli les meilleurs disques de cette chanteuse. Et lui? *il a recueilli*
8. Paul recueille les œufs tous les matins. Et nous? *vous recueillez o.n.*
9. Madame Hébert nous a accueillis très aimablement. Et les Martin? *Ils vous ont accueillis*

L'imparfait

1. You probably remember that the imperfect is used to describe something that *was* taking place or that *used to* take place. For all verbs except *être*, the imperfect is formed by dropping the *-ons* from the 1 pl. form of the present tense and then adding the imperfect endings. For example, to form the im-

perfect of *finir*, drop the *-ons* from *finissons* to get the imperfect
stem *finiss-* and then add the appropriate endings:

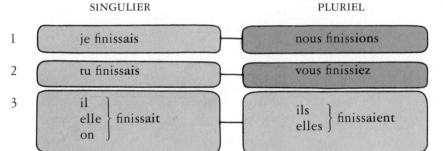

	SINGULIER	PLURIEL
1	je finissais	nous finissions
2	tu finissais	vous finissiez
3	il elle on finissait	ils elles finissaient

Note the letter *i* in the 1 and 2 pl. forms. Verbs whose stems end in *i* have
two *i*'s in these forms: *nous oubliions, vous étudiiez.*

2. Only one verb—*être*—is irregular in the imperfect. The 1 pl. form is *nous
sommes,* but the imperfect stem is *ét-:*

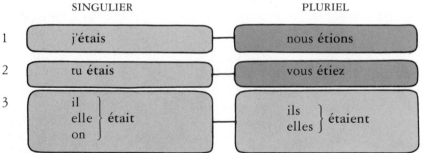

	SINGULIER	PLURIEL
1	j'étais	nous étions
2	tu étais	vous étiez
3	il elle on était	ils elles étaient

3. The imperfect is used for description:

Nous **étions** heureux.	*We **were** happy.*
J'**avais** faim.	*I **was** hungry.*
Il **faisait** très beau.	*The weather **was** beautiful.*
Ce chemisier lui **allait.**	*That shirt **looked nice** on her.*

4. When it is used to describe a *continuing action or condition*, the imperfect is
often equivalent to the English construction "was (were)" + verb + "-ing":

Tu **emballais** le paquet.	*You **were wrapping** the package.*
Il **raccourcissait** le pantalon.	*He **was shortening** the pants.*
Il **pleuvait** ce soir.	*It **was raining** this evening.*

5. The imperfect is also used to describe an action that took place or a condition that existed *regularly or repeatedly* in the past:

Je **jouais** au tennis le mardi.   *I **used to play** tennis on Tuesdays.*
Nous **étions** toujours fatigués le soir.   *We **were always** tired in the evening.*

6. The imperfect is used when you do not know if or when an action was completed. The passé composé is used when you know or can assume that an action was completed. They often occur in the same sentence:

Quand je **suis parti,** Marie **dormait.**   *When I **left,** Marie **was sleeping.***
Michel **avait** soif quand il **est arrivé.**   *Michel **was thirsty** when he **arrived.***

7. Now look at the following:

Elle **écoutait** des disques quand
   Jean **a téléphoné.**   *She **was listening** to records when*
      *Jean **called.***
Il **réparait** le pneu quand sa mère
   est entrée.   *He **was fixing** the tire when his mother*
      came in.

The passé composé and the imperfect are used when one action interrupts another. The action that is interrupted is expressed by the imperfect. The action that interrupts is expressed by the passé composé.

A vous. Vous avez fini vos études il y a dix ans. Vous rencontrez une ancienne camarade de classe. Parlez de ce que vous faisiez autrefois au lycée.

Vous souvenez-vous?

1. Les quatre verbes suivants n'ont qu'une seule forme à l'imparfait, celle de la 3ᵉ personne du singulier:

falloir: il faut/il fallait[1]   geler: il gèle/il gelait
neiger: il neige/il neigeait   pleuvoir: il pleut/il pleuvait

2. A l'imparfait, les verbes en *-ger* (comme *manger*) conservent un *e* après le *g* devant les voyelles *a* et *o: je mangeais, tu mangeais, il/elle/on mangeait; nous mangions, vous mangiez, ils/elles mangeaient.*

3. A l'imparfait, les verbes en *-cer* (comme *commencer*) prennent une cédille devant la voyelle *a: je commençais, tu commençais, il/elle/on commençait; nous commencions, vous commenciez, ils/elles commençaient.*

Exercices

A. Mettez les phrases à l'imparfait. Suivez le modèle.

1. Il pose des questions pendant que le professeur parle.
   Il posait des questions pendant que le professeur parlait.

2. Il pleut et il fait du vent.
3. Les freins grincent mais il ne vaut pas la peine de les nettoyer.
4. Elle lit les poèmes et elle écrit les pièces.
5. Les bois sont formidables, mais le sentier est moche.
6. Elle conduit la voiture tandis que les autres vont à pied.

[1]The verb *valoir* is similar, but has, of course, only one *l: il/elle vaut* → *il/elle valait; ils/elles valent* → *ils/elles valaient.*

7. Il gèle, mais il ne neige pas.
8. Vous restez et nous partons.
9. Tu bricoles et nous faisons la vaisselle.

B. Refaites les phrases en employant les pronoms entre parenthèses. Suivez le modèle.

1. Il faisait du ski nautique. (nous)
   Nous aussi, nous faisions du ski nautique.

2. Elle avait une serviette et un sac à dos. (toi)
3. Ils abîmaient leurs nouveaux pantalons. (elle)
4. Nous mangions des huîtres pour le réveillon. (moi)
5. Vous preniez toujours deux pâtisseries. (eux)
6. J'allongeais une robe. (vous)
7. On parlait du film espagnol. (lui)
8. Nous commencions à comprendre le chinois. (elle)
9. Je cherchais la cabine d'essayage. (nous)

C. Dans chaque phrase mettez un des verbes à l'imparfait et l'autre au passé composé. Suivez le modèle.

1. Pendant que j'attends dans la voiture, il trouve le plan de la ville.
   Pendant que j'attendais dans la voiture, il a trouvé le plan de la ville.

2. Quand vous êtes à Paris, vous buvez beaucoup d'eau minérale.
3. Nous faisons une visite à notre tante pendant que nous sommes en vacances.
4. Elle fait tous les bagages pendant qu'il recueille les cravates.
5. Quand le téléphone sonne, tu ne dors plus.
6. Pendant qu'ils restent chez eux, j'ai un accident très grave.
7. Il pleut quand l'avion atterrit à Rome.
8. Je bavarde avec des copains quand le prof nous dit "chut!"
9. Vous dites quelque chose d'important quand nous parlons au médecin.

Vérifiez vos progrès orally — also written —

Dans le paragraphe suivant, mettez les verbes en italique au temps du passé qui convient: l'imparfait ou le passé composé.

1 C'est samedi le 15 juin. Il *fait* un temps merveilleux. Ma mère *est* dans le jar-
2 din et elle *cueille* les premières fleurs de l'été. Mon frère *joue* au tennis avec ses
3 amis. Mon père *finit* quelques lettres. Et moi, j'*ai* mes projets. Je *dis* au revoir à
4 tout le monde avant de partir avec mon amie Béatrice. Nous *décidons* d'aller au
5 Quartier Latin pour faire des achats. Nous *prenons* le métro. D'abord nous *en-
6 trons* dans une boutique de mode parce qu'il y *a* de jolies choses dans la vitrine.
7 Mais la vendeuse *bavarde* avec un jeune homme, et c'*est* évident qu'elle ne *veut*
8 pas nous aider. Alors nous *partons*. Nous *entrons* dans une autre boutique et là la
9 vendeuse *est* très aimable. Elle *descend* même une boîte qui *se trouve* tout à fait
10 en haut d'une étagère pour trouver la taille de Béatrice. *Nous achetons* plusieurs
11 chemisiers. Ensuite nous *allons* dans un café parce que nous *sommes* fatiguées et
12 nous *avons* soif et faim. Quelle journée!

LECTURE

Les bonnes manières[1]

L'année dernière, Karen Olson, une jeune Américaine, a passé quelques semaines chez son amie Martine Lacombe, dont les parents habitent Albi.* L'année
précédente, Martine avait passé un semestre scolaire chez les Olson, à St-Paul,
dans le Minnesota. Alors Karen avait déjà beaucoup appris sur les différences
entre la vie en France et la vie en Amérique. Pendant qu'elle était à l'étranger,   5
Karen a noté les faits[2] les plus importants de la journée dans son journal. Voici
des extraits[3] de ce journal. On verra que Karen a surtout noté les petites différences culturelles qu'elle a observées.

Mercredi 4 juin

Cela fait deux jours que je suis[4] chez Martine.   10

Ce matin, Mme Lacombe m'a demandé d'aller chercher le pain à la boulangerie,
car la famille mange du pain frais au petit déjeuner.* Quand je suis entrée dans
la boulangerie, il y avait déjà beaucoup de monde. Alors, j'ai dit: "Bonjour, messieurs-dames."* En rougissant un peu, car j'avais peur de faire des fautes, j'ai dit
à la boulangère: "Une baguette, s'il vous plaît, madame." Elle a demandé: "Bien   15
cuite?" Je n'ai pas compris et j'ai balbutié:[5] "Euh . . . Euh . . . Oui, une baguette." Elle m'a regardée d'un air un peu étonné. Toutefois elle en a choisi une
toute dorée[6] dans un panier. "En voilà une bien cuite qui vient de sortir du
four."[7] En sortant, j'ai oublié de dire "au revoir, messieurs-dames." Je suis certaine que les gens vont dire que la jeune Américaine qui demeure[8] chez les   20
Lacombe n'est pas très polie.

Après être rentrée, j'ai pris le petit déjeuner—du café au lait et des tartines à la
confiture—avec toute la famille. J'ai été assez surprise de voir M. Lacombe trem-
per[9] sa tartine dans son bol de café au lait. Ensuite, il a pris le bol à deux mains
et a bu le contenu.[10] D'ailleurs, c'est ce que tout le monde a fait excepté[11] moi.   25
J'en ai parlé plus tard à Martine qui m'a expliqué qu'en famille[12] cela était tout
à fait normal.

Samedi 7 juin

Au déjeuner, il y a eu des invités.[13] Comme tout le monde s'embrassait,[14] j'ai
cru que c'était des parents[15] de Martine et j'ai dit à la dame: "Bonjour, comment   30
vas-tu?" J'ai vite compris que c'était un impair.[16] Martine m'a prise à part[17] en
me disant: "Ce sont de bons amis que mes parents tutoient.* Ils me tutoient

A vous. Vous allez à la boulangerie pour acheter du
pain. Imaginez le dialogue
entre vous et la boulan-
gère.

[1]la manière: *manner*
[2]le fait: *fact*
[3]l'extrait *(m.)*: *extract*
[4]cela fait + *time* + *present*
  = il y a + *time* + *present*
[5]balbutier: *to stammer*
[6]doré, -e: *golden*
[7]le four: *oven*
[8]demeurer: *to stay*
[9]tremper: *to soak*

[10]le contenu = ce qui est
  contenu dans une bou-
  teille, une boîte, un
  bol, etc.; *contents*
[11]excepté = sauf
[12]en famille = entre les
  gens de la même
  famille; à la maison
[13]l'invité, l'invitée = per-

sonne qu'on a invitée;
guest
[14]s'embrasser: *to kiss each
  other*
[15]les parents *(m.pl.)*: *(here)
  relatives*
[16]l'impair *(m.)*: *social blun-
  der*
[17]à part: *aside, to one side*

aussi, mais comme ce sont des adultes tu verras que Jean-Pierre et moi nous les vouvoyons. Tâche de[18] faire comme nous pour ne pas les choquer."[19] Le déjeuner
35 a été un véritable désastre. Madame Doumengue (le nom de la dame) me regardait avec curiosité car j'étais la seule à changer constamment mon couteau et ma fourchette de main.* Elle a dû croire que j'étais énervée![20]

Nous avons eu des escargots comme hors-d'œuvre et pour faire plaisir à ses amis, Mme Lacombe avait préparé un rôti de cheval.* Non seulement la viande
40 avait un goût[21] curieux, mais elle était saignante. (J'avais déjà décidé que les Français étaient sans doute des cannibales puisqu'ils mangent la viande presque crue![22]) Pour ne pas la froisser, j'ai mangé toute la tranche de viande, mais le cœur n'y était pas. Heureusement j'aime le fromage et j'en ai pris de trois sortes. Mais je me suis privée de[23] fruits (je les adore) car cela aurait été un véritable
45 supplice[24] que d'essayer de manger une poire ou une pêche avec un couteau et une fourchette sans les toucher avec les mains.* J'étais très anxieuse, et le repas m'a semblé interminable.

Mercredi 11 juin

Vers 10 h. je suis sortie avec Martine, qui voulait me montrer son lycée (en
50 France on n'a pas de cours le mercredi). Je n'ai pas voulu dire à Martine que son lycée, entouré de grandes grilles,[25] avait l'air d'une prison. Nous avons sonné et un vieux monsieur—le concierge—nous a permis de visiter la cour et les salles de classe, "à titre exceptionnel,"[26] a-t-il ajouté. Martine m'a dit: "On a de la chance aujourd'hui; il est aimable! Avec mes amis, on l'a surnommé[27] "Cer-
55 bère."*

En rentrant à la maison, Martine a dit qu'elle devait téléphoner à quelqu'un. Il y avait plusieurs personnes qui attendaient devant une cabine téléphonique[28] au coin de la rue. Alors nous sommes entrées dans un café. Mais au lieu d'aller au téléphone, Martine s'est assise[29] à une table. J'ai dit que je n'avais pas soif.
60 "Chut!" m'a-t-elle répondu, et elle a commandé deux citrons pressés. Quand je lui ai avoué[30] que je ne comprenais pas ce petit manège,[31] elle a éclaté de[32] rire. "En effet, c'est un peu compliqué.[33] On ne peut pas se servir d'un téléphone dans un café sans prendre quelque chose. Je pensais que tu le savais. Ce n'est pas comme ça aux Etats-Unis?"

65 J'ai parfois[34] l'impression que je pourrais passer ma vie en France sans apprendre toutes ces coutumes.[35] Mais heureusement Martine est un excellent guide, et j'espère qu'à la fin de mon séjour je pourrai passer pour une jeune fille française bien élevée.[36]

---

[18]tâcher de = essayer de
[19]choquer: *to shock*
[20]énervé, -e: *upset, unnerved*
[21]le goût: *taste*
[22]cru, -e = qui n'est pas cuit; *raw*
[23]se priver de: *to do without, to deprive oneself of*
[24]le supplice: *torture*
[25]la grille: *iron bars*
[26]à titre exceptionnel: *as a special favor*
[27]surnommer: *to nickname*
[28]la cabine téléphonique: *phone booth*
[29]s'asseoir: *to sit down*
[30]avouer: *to confess*
[31]le manège: *trick*
[32]éclater de: *to burst out*
[33]compliqué, -e: *complicated*
[34]parfois = de temps en temps
[35]la coutume: *custom*
[36]élevé, -e: *brought up, raised*

Notes culturelles

Albi

Albi: C'est une ville de 47.000 habitants dans le département du Tarn, à 676 km. au sud de Paris. Elle est connue pour sa belle cathédrale, dont la partie la plus ancienne a été construite au 12ᵉ siècle. Le célèbre peintre Henri de Toulouse-Lautrec (1864–1901) est né à Albi, où il y a aujourd'hui un beau Musée Toulouse-Lautrec.

le pain frais: Le pain est toujours très important en France, où tout le monde en mange aux différents repas. Les boulangers travaillent toute la nuit pour faire le pain. Beaucoup de Français vont chercher leur pain le matin car ils aiment le pain frais et chaud qui vient de sortir du four et dont l'odeur remplit ("to fill") la boulangerie.

Bonjour, messieurs-dames: En France, quand on entre dans une boutique et quand on en sort, il faut toujours dire bonjour et au revoir aux gens qui se trouvent là.

tutoient: Le verbe *tutoyer* veut dire "parler avec quelqu'un en employant *tu* et *toi.*" *Vouvoyer* veut dire "parler en employant *vous.*" Cela est toujours une distinction très importante en France, surtout entre des gens de différentes générations.

changer . . . de main: En France, quand on mange de la viande, on garde toujours la fourchette dans la main gauche, et on se sert de la main droite pour couper. Pendant le repas, on pose les mains—les poignets ("wrists"), mais pas les coudes ("elbows")!—légèrement sur la table.

un rôti de cheval: En famille, les Français mangent quelquefois de la viande de cheval hachée ("chopped"). Avant d'en servir aux invités, on leur demande s'ils aiment la viande de cheval, car certains ne veulent pas en manger.

sans les toucher avec les mains: Quand il y a des invités à table, on ne mange pas les fruits avec les mains. On coupe le fruit avec son couteau à dessert et on le met à la bouche avec sa fourchette.

Chez votre Boulanger chaque jour faites la différence

Cerbère: Dans la mythologie grecque c'est le nom du chien à ("with") trois têtes qui garde l'entrée des enfers ("Hell"). C'est aussi le surnom donné à un gardien de prison ou à un concierge de lycée ou de collège.

À propos ...

1. Qui est Karen Olson? Qui est Martine Lacombe? Comment est-ce qu'elles se connaissent?   2. Mercredi 4 juin: Pourquoi est-ce que Karen a dû aller à la boulangerie? Pendant qu'elle était à la boulangerie, comment a-t-elle montré qu'elle était mal à l'aise?   3. Après être rentrée, Karen a pris le petit déjeuner. Pendant le repas, le père de Martine a fait des choses qui en Amérique ne seraient pas considérées comme de "bonnes manières." Qu'est-ce qu'il a fait? Quelle était la réaction de Karen? Qu'est-ce que Martine en a dit?   4. Samedi 7 juin: Karen a choqué une des invités des Lacombe. Comment est-ce qu'elle l'a choquée? Pourquoi Karen n'a-t-elle pas aimé la viande que Mme Lacombe a servie? Pourquoi s'est-elle privée de fruits? C'était un repas agréable?   5. Mercredi 11 juin: Martine et Karen sont allées dans un café. Elles n'avaient pas soif, mais elles ont commandé des boissons tout de même. Pourquoi?   6. Et vous, est-ce que vous avez eu des expériences comme celles qu'a eues Karen? Vous pouvez en raconter une?   7. Pouvez-vous donner d'autres exemples de différences culturelles entre la France et l'Amérique?   8. Il est très facile d'être froissé par quelqu'un qui vient d'un pays étranger et qui dit ou fait quelque chose qui ne se dit pas ("isn't said") ou qui ne se fait pas chez vous. Cela s'est passé peut-être? Si oui, racontez-le. Sinon, pensez à quelque chose qui est complètement "américain" et essayez d'imaginer ce qu'un Français ou une Française en penserait.

EXPLICATIONS II

Les pronoms compléments d'objet

1. You probably recall that the French equivalent of the direct object pronouns "him," "her," and "it" are *le* and *la* (or *l'* before a vowel sound), depending on the gender of the noun they are replacing. The equivalent of "them" is *les.* Here are some examples:

Tu connais l'ingénieur. Tu connais **son numéro de téléphone.**	Tu **le** connais.
Nous regardons l'infirmière. Nous regardons **cette pièce.**	Nous **la** regardons.
Elle achète **la dentelle.** Elle achète **le tricot.**	Elle **l'**achète.
Vous aimez **les fêtes.** Vous aimez **ses frères.**	Vous **les** aimez.

2. The equivalent indirect object pronouns are *lui* and *leur:*

Ce complet bleu marine convient à **Luc.**	Il **lui** convient.
Il demande une cravate à pois **aux vendeurs.**	Il **leur** demande une cravate à pois.

3. Remember, too, that *me, te, nous,* and *vous* can be used as either direct or indirect objects. Before a vowel sound, *me* and *te* become *m'* and *t'*.

On $\left\{\begin{array}{l}\text{me}\\\text{te}\\\text{nous}\\\text{vous}\end{array}\right\}$ cherche.   On $\left\{\begin{array}{l}\text{me}\\\text{te}\\\text{nous}\\\text{vous}\end{array}\right\}$ montre la carte.

4. Note the position of the object pronouns in the negative:

Je **ne le** prends **pas.**   Je **ne l'**ai **pas** pris.
Tu **ne m'**écoutes **pas.**   Tu **ne m'**as **pas** écouté.

5. When a pronoun is the object of a verb in the infinitive, it comes directly before the infinitive:

Je veux **vendre ma moto.**   Je veux **la vendre.**
Il va **voir Paul et moi.**   Il va **nous voir.**

6. In affirmative commands, object pronouns follow the verb. In negative commands, they come before the verb:

Raccourcissez **la jupe!** $\left\{\begin{array}{l}\text{Raccourcissez-la!}\\\text{Ne la raccourcissez pas!}\end{array}\right.$

Parlons **au couturier!** $\left\{\begin{array}{l}\text{Parlons-lui!}\\\text{Ne lui parlons pas!}\end{array}\right.$

Achète **de la soie!** $\left\{\begin{array}{l}\text{Achètes-en!}^1\\\text{N'en achète pas!}\end{array}\right.$

Remember that in affirmative commands, *me* becomes *moi:*

Ne **me** téléphone **pas!**   Téléphone-**moi!**

7. Now look at the following:

Il a écouté **son disque.**   Il **l'**a écout**é.**
Il a écouté **sa radio.**   Il **l'**a écout**ée.**
Il a écouté **Paul et toi.**   Il **vous** a écout**és.**
Il a écouté **Marie et Alice.**   Il **les** ont écout**ées.**

In the passé composé, the past participle agrees in gender and number with a preceding *direct* object pronoun. No agreement is made with a preceding indirect object: *Il a téléphoné **à Paul et à moi.** Il **nous** a téléphoné.*

Vous souvenez-vous?

Y est aussi un pronom. Il remplace toutes les prépositions sauf *de* + objet ou lieu.

Je rentre **au bureau.**   J'**y** rentre.
Je réponds **à la question.**   J'**y** réponds.
Je cache le jouet **derrière cette boîte.**   J'**y** cache le jouet.

---

[1]Remember that when *en* or *y* is used with the singular imperative of *aller* or of *-er* verbs, the *s* reappears and there is liaison: *Tu vas → va! → vas-y!; tu empruntes → emprunte! → empruntes-en!*

Ne confondez pas *y* avec *lui* et *leur:*

Je réponds **aux lettres**.	J'y réponds.
Je répond à **Mme Gris**.	Je **lui** réponds.

Exercices

A. Répondez aux questions à la forme négative en employant le pronom complément d'objet qui convient. Suivez le modèle.

1. Est-ce que vous avez vendu les bicyclettes?
   Non, nous ne les avons pas vendues.

2. Est-ce qu'elle a trouvé la nouvelle boutique de mode?
3. Est-ce que tu as vu le film russe?
4. Est-ce que nous avons mis les chemises vertes?
5. Est-ce que j'ai écrit la carte postale?
6. Est-ce que la vendeuse a accueilli les jeunes filles?
7. Est-ce qu'ils ont raccourci le pantalon à carreaux?
8. Est-ce qu'on a échangé le pull à col roulé?
9. Est-ce que vous avez allongé leurs jupes?

B. Répondez aux questions en employant le pronom complément d'objet qui convient: *lui* ou *leur*. Suivez le modèle.

1. Tu n'as pas téléphoné à ta sœur?
   Mais si, je lui ai téléphoné.

2. Vous n'avez pas écrit à vos copains?
3. Ils n'ont pas répondu au médecin?
4. Je n'ai pas donné mon sac à dos à ma cousine?
5. Elles n'ont pas dit "non" aux petites filles?
6. Nous n'avons pas parlé à la serveuse?
7. Cette blouse à fleurs n'a pas convenu à Cécile?
8. Tu n'as pas offert un jour férié à tes employés?
9. Elle n'a pas donné un coup de main à ses parents?

C. Répondez aux questions en employant le pronom complément d'objet qui convient: *me, te, nous* ou *vous*. Suivez le modèle.

1. Est-ce qu'on me parle?   *Oui, on te parle.*

2. Est-ce qu'on nous écoute?
3. Est-ce qu'on vous regarde?
4. Est-ce qu'on m'accompagne?
5. Est-ce qu'on te cherche?
6. Est-ce qu'on m'a vu?
7. Est-ce qu'on t'a aidée?
8. Est-ce qu'on t'a accueillie?
9. Est-ce qu'on vous a écrit?
10. Est-ce qu'on nous a regardés?
11. Est-ce qu'on m'a répondu?

D. Refaites les phrases en employant le pronom *y*. Suivez le modèle.

1. J'ai répondu à la question du professeur.
   J'y ai répondu.

2. Vous avez vu de beaux tableaux au musée.
3. Quand nous allons à la campagne, nous prenons la voiture.

4. Elle n'a pas trouvé en ville les chaussures qu'elle voulait.
5. Il n'a pas acheté beaucoup de choses au marché.
6. Si tu regardes bien, tu trouveras la pompe au sous-sol.
7. Nous faisons attention aux choix que vous faites.
8. Vous travaillez dans l'atelier de M. Legros?
9. Ils vont se retrouver devant ce monument-là.

Combinaisons de pronoms compléments d'objet

1. In French, as in English, a sentence may have more than one object pronoun:

Je te prêterai le crayon.	Je te le prêterai.
J'ai vendu mon vélo à Marc.	Je le lui ai vendu.
J'ai vu mon ami à Paris.	Je l'y ai vu.
J'ai envoyé ce gâteau à mes parents.	Je le leur ai envoyé.
J'ai donné du thé à mon amie.	Je lui en ai donné.

When there are two object pronouns in a sentence, they occur in the following order:

me te nous vous	come before	le la les	come before	lui leur	come before	y en

2. Again, in the passé composé, the past participle agrees in gender and number with a preceding direct object pronoun:

Tu as montré les photos à Luc?	Oui, je les lui ai montrées.
Il a conduit la dame à sa place?	Oui, il l'y a conduite.

3. In negative commands, the object pronouns come before the verb and occur in exactly the same order as in a statement.

Ne vends pas la voiture à Guy.	Ne la lui vends pas!
Ne donnez pas d'argent aux enfants!	Ne leur en donnez pas!

4. Now look at the following:

Donnez-moi mon foulard à pois!	Donnez-le-moi!
Lance la balle à ton père!	Lance-la-lui!
Offrons des fleurs à nos amis!	Offrons-leur-en!

In affirmative commands, object pronouns follow the verb and are connected by hyphens. When there are two object pronouns in an affirmative command, they occur in the following order:

le la les	come before	moi nous lui leur	come before	y en

In affirmative commands before y and en, moi becomes m':

Donnez-moi des bonbons!	Donnez-m'en!

Exercices

A. Répondez aux questions d'après le modèle.

1. On nous les montre? *Non, on ne nous les montre pas.*

2. Elle me la donne?   5. Elles te le prêtent?
3. Vous nous les apportez?   6. Il vous les vend?
4. Ils vous l'offrent?   7. Elle vous les emballe?

B. Refaites l'exercice ci-dessus au passé composé d'après le modèle.

1. On nous les montre? *Non, on nous les a déjà montrés.*

C. Répondez aux questions d'après le modèle.

1. Je leur donne des chemisiers? *Oui, tu leur en donnes.*

2. Il lui montre la porcelaine?   5. Vous leur écrivez le poème?
3. Tu leur empruntes les disques?   6. Elle te doit de l'argent?
4. J'y apporte les tricots?   7. Nous vous vendons du prêt-à-porter?

D. Remplacez les mots en italique par le pronom qui convient. Suivez le modèle.

1. Donnez-nous *cet argent!* *Donnez-le-nous!*

2. Présente-lui *ta camarade!*   6. Décrivez-nous *le paysage!*
3. Montrons-leur *les chemisiers!*   7. Apporte-lui *son filet!*
4. Demandons-leur *des enveloppes!*   8. Passez-moi *du sel et du poivre!*
5. Expliquez-moi *le problème!*   9. Racontons-leur *des histoires!*

E. Refaites l'exercice ci-dessus à la forme négative. Suivez le modèle.

1. Donnez-nous *cet argent!* *Ne nous le donnez pas!*

Vérifiez vos progrès

Refaites les phrases en employant deux pronoms compléments d'objet. Suivez le modèle.

1. Envoyez le paquet à votre frère!
   Envoyez-le-lui!

2. Empruntons la clef à nos voisins!
3. Prête de l'argent à Georges et à moi!
4. Montrons nos achats à nos parents!
5. Apporte les cahiers aux élèves!
6. Demandez de la glace à la serveuse!
7. Accueillons les enfants dehors!
8. Posez ces questions à Marie!

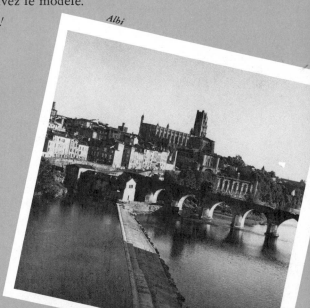

Albi

Le nettoyage à sec

Parlons de vous

1. Décrivez les vêtements que vous portez aujourd'hui.   2. Quel temps fait-il? Quand il fait très froid, que portez-vous? Et quand il fait très chaud? Comment est le climat chez vous? Il est doux?   3. Avez-vous un journal? Si oui, qu'est-ce que vous notez dedans?   4. Aujourd'hui peu de gens écrivent de longues lettres intéressantes. Franchement, la plupart des gens préfèrent téléphoner à quelqu'un plutôt que de lui écrire une lettre. Qu'en pensez-vous? Aimez-vous bavarder au téléphone? Aimez-vous aussi écrire des lettres? A qui est-ce que vous écrivez? Où habitent-ils?

THÈME

Etudiez le paragraphe suivant. Puis, en l'employant comme modèle, mettez le paragraphe anglais en français.

Modèle:—Ton pantalon à rayures te va bien, Paule. Où est-ce que tu l'as trouvé?
   —Je l'ai acheté cet hiver dans la boutique de mode où je travaillais le samedi. On vendait surtout du prêt-à-porter, mais il y avait aussi des vêtements des grands couturiers comme Pierre Cardin et Yves St-Laurent. Un jour, une dame est entrée pour acheter un cadeau de Noël pour sa fille. Je l'ai accueillie d'un sourire et je lui ai dit: "Bonjour, madame." Elle m'a demandé si on vendait des pantalons à patte d'éléphant. "Non, on n'en a pas, mais on a des centaines de pantalons à rayures. Quelles couleurs préférez-vous?" "J'aime bien les pantalons bleu foncé ou bleu clair. Montrez-m'en trois ou quatre, s'il vous plaît. Je vais prendre un chemisier à manches longues aussi." Elle a choisi un pantalon comme celui-ci, parce qu'elle aimait bien ce bleu marine. Je le lui ai emballé, et puis j'ai décidé d'acheter le même pantalon pour moi.

Thème:—Your plaid skirt looks nice on you, Jeanne. Where did you buy it?
   —I found it last year in a department store near where I used to eat lunch. They *(on)* sold mainly cotton and woolen clothes, but there were also silk and lace dresses. One afternoon, I went there to look for some clothes on sale. The saleswoman greeted me with a saccharine smile and said to me: "May I help you?" I asked her if there were any turtleneck sweaters on sale. "No, I don't have any more of them, but I still have some pretty wool, velvet, and corduroy skirts. What size are you?" "I'm a size 40. Give me several of them, please. I'll go try

them on in the dressing room." I picked out this skirt because I liked its bright colors. The saleswoman wrapped it up for me, and I went back home to shorten it.

AUTO-TEST

A. Dans chaque phrase, mettez un des verbes à l'imparfait et l'autre au passé composé. Suivez le modèle.

1. Ils vont au stade quand il commence à pleuvoir.
   Ils allaient au stade quand il a commencé à pleuvoir.
2. Pendant que je fais des courses, il prépare le dîner.
3. Je regarde les pull-overs et les tricots quand Sara quitte le rayon.
4. Pendant qu'elle est dans la boutique, elle perd ses lunettes de soleil.
5. Pendant qu'ils déjeunent, les enfants vont dehors.
6. Puisqu'il y a trop de monde, nous n'achetons pas de bottes.
7. Nous ne lavons pas nos vêtements pendant que nous sommes à hôtel.
8. Tu écoutes l'opéra quand le prof téléphone.

B. Refaites les phrases en employant le pronom qui convient. Suivez les modèles.

1. Elle a pris du dessert?
   Oui, elle en a pris.
2. Vous avez choisi les chaussures rouges?
   Oui, nous les avons choisies.

3. Ils ont écrit à leurs sœurs?
4. J'ai répondu à sa question?
5. Tu as mis ton chemisier à rayures?
6. Elle a acheté cette jupe en laine en solde?
7. Vous êtes allé souvent à Montréal?
8. A-t-elle vu les colliers de Mme Tremblay?
9. Est-ce qu'elles ont commandé des croque-monsieur?
10. A-t-il regardé la porcelaine?

C. Répondez aux questions d'après le modèle.

1. Est-ce que tu as vendu ta bicyclette à Catherine?
   Non, je ne la lui ai pas vendue.

2. Est-ce que le vendeur a montré les cravates à Marc et à Jean?
3. Est-ce que nous avons donné une calculatrice à votre père?
4. Est-ce que tu as prêté ce stylo à bille à Marie et à moi?
5. Est-ce qu'ils ont acheté leurs fournitures scolaires dans cette papeterie-là?
6. Est-ce que j'ai rendu le pantalon à patte d'éléphant au vendeur?
7. Est-ce qu'il a envoyé les paquets à ses amis français?
8. Est-ce que vous avez lu les histoires aux enfants?

COMPOSITION

Ecrivez une composition sur des courses ou des achats que vous devez faire de temps en temps pour vous-même ou pour vos parents.

POSTES

| PARIS SEULEMENT | AUTRES DESTINATIONS |

LEVEES

JOURS OUVRABLES

NE JETER DANS CETTE BOITE
NI GROSSES LETTRES NI IMPRIMES

Casablanca

TELEGRAPHE   POSTE   TELEPHONE

Quatrième Leçon

Les collectionneurs de timbres

Patrick Mineur et Nadine Rivière ont récemment fait connaissance. Au cours d'une conversation, ils ont appris qu'ils étaient tous les deux philatélistes* enthousiastes. Nadine a une belle collection de timbres européens. Patrick, par contre, collectionne exclusivement les timbres des pays d'expression française.*
5 Un jour il apporte un de ses albums au lycée pour le montrer à sa nouvelle amie. Dans cet album, il a collé les timbres marocains* que sa grand-mère lui avait envoyés.

PATRICK   Voici mes timbres marocains. Ma grand-mère me les envoyait. Elle habitait Casablanca et on s'écrivait souvent. Elle essayait toujours de
10   mettre un timbre différent sur chaque enveloppe. Elle le faisait exprès pour moi.

NADINE   C'était très gentil de sa part. Ta collection est presque complète.

PATRICK   Oui, mais les timbres sont tous oblitérés, alors que les tiens ne le sont pas. Les tiens valent beaucoup plus sans doute.

15 NADINE   Oblitérés ou non, ces timbres-ci sont tous en bon état. J'aime surtout ceux à dessin géométrique. Ils ressemblent aux tapis de Perse.

PATRICK   Aux tapis de Rabat* plutôt!

NADINE   Et celui-là était pour le "Festival National du Folklore de Marrakech."*

PATRICK   Oui, c'est un grand festival folklorique annuel. Nous y sommes allés
20   une fois. J'étais très jeune mais je m'en souviens bien parce que c'était très amusant.

NADINE   Ta collection est extraordinaire, tu sais. J'ai très peu de timbres nord-africains.

PATRICK   Veux-tu troquer tes doubles contre quelques-uns des miens?

25 NADINE   Volontiers! Et puis si tu veux on pourrait aller ensemble au marché aux timbres, avenue Marigny.* Je pensais y aller dimanche.

PATRICK   Je voudrais bien t'accompagner dimanche. Tu sais, je crois que tu es aussi timbré que moi.

Notes culturelles

les philatélistes: La philatélie est très populaire en France. Beaucoup de Français regardent une collection de timbres non seulement comme un passe-temps agréable, mais aussi comme un excellent investissement. Dans les bureaux de poste, il y a des guichets exprès pour les philatélistes où on peut voir tous les nouveaux timbres. Il y a même un beau musée postal à Paris.

les pays d'expression française: Ce sont les pays où on parle français. En Afrique du Nord, le français est une langue officielle en Algérie et au Maroc — c'est-à-dire, on emploie le français aussi bien que l'arabe dans les écoles, dans les journaux, dans les émissions de radio et de télévision.

marocain, -e: Pays arabe, le royaume du Maroc est situé en Afrique du Nord. Jusqu'en 1956 le pays était gouverné par la France — et la région de Tanger, dans le nord, par l'Espagne. Cette année-là, le Maroc est devenu indépendant. Casablanca en est la ville principale; Rabat en est la capitale.

les tapis de Rabat: Une des industries les plus importantes du Maroc est la fabrication à la main de tapis en laine.

le Festival National du Folklore de Marrakech: Pour préserver la culture traditionnelle du pays, le gouvernement marocain organise chaque printemps ce festival, qui a lieu à Marrakech, ancienne capitale du pays. Le festival attire des milliers de touristes chaque année.

avenue Marigny: Cette rue se trouve entre l'avenue des Champs-Elysées et le Palais de l'Elysée, où habite le président de la République Française. Les philatélistes s'y assemblent tous les jeudis et dimanches pour acheter, vendre et troquer des timbres.

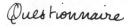

Questionnaire

1. Est-ce que Patrick et Nadine se connaissent depuis longtemps?   2. Pourquoi est-ce qu'ils deviennent rapidement amis? Quelle sorte de collection a Nadine? Et Patrick, quelle sorte de collection a-t-il?   3. Comment est-ce que Patrick a collectionné tant de timbres marocains?   4. Pourquoi est-ce qu'il croit que la collection de Nadine vaut plus que la sienne?   5. Que vont faire les deux jeunes gens dimanche?   6. Et vous, est-ce que vous êtes philatéliste? Si oui, est-ce que vous collectionnez les timbres francais? les timbres des pays d'expression française? d'expression anglaise? les timbres oblitérés ou non oblitérés? Parlez de votre collection.   7. Si vous n'êtes pas philatéliste, est-ce que vous collectionnez quelque chose? des pièces de monnaie ("coins"), par exemple, ou des poupées ("dolls")?

GLOSSAIRE

NOMS

l'album *m.* album album
l'Algérie *f.* Algeria
l'arabe *m.* Arabic
la collection collection

le collectionneur, la collectionneuse collector
la culture culture, way of life
le dessin design; drawing

le double duplicate
l'émission *f.* broadcast
l'état *m.* condition
l'expression *f.* expression
le folklore folklore
l'investissement *m.* investment
le Maroc Morocco
un millier (de) about a thousand

le passe-temps pastime
la Perse Persia (Iran)
la philatélie stamp collecting
   philatéliste *m.&f.* philatelist,
      stamp collector
le président president
le royaume kingdom *rwajom*

VERBES

s'assembler to get together, to
   assemble
attirer to attract
collectionner to collect

coller to stick, to glue
s'écrire to write each other
préserver to keep, to preserve
troquer (contre) to trade (for)

troquer qch contre qch.

ADJECTIFS

algérien, -ienne Algerian
annuel, -le annual
extraordinaire extraordinary,
   unusual
géométrique geometric
gouverné, -e governed

marocain, -e Moroccan
oblitéré, -e canceled
officiel, -le official
timbré, -e nutty, nuts *(resonant) foxpelen, fou*
traditionnel, -le traditional

MOTS-OUTILS ET EXPRESSIONS

à dessin + *adj.* with such and such a
   design, in such and such a pattern
à la main by hand
alors que while *= tandis que*
au cours de in the course of, through
   (+ *time*)
c'est-à-dire that is to say, in other
   words
contre against
de ma (ta, sa, etc.) part of me (you,
   him, her, etc.), on my (your, his,
   her) part *behalf —*

exclusivement exclusively, only,
   just
exprès on purpose, deliberately,
   just
par contre on the other *hand*
quelques-uns, quelques-unes (de)
   some (of), a few (of)
sans doute doubtless, surely
tout, tous, toutes all, everything;
   everyone[1]
volontiers gladly, willingly

A vous. Vous voulez en-
voyer un paquet et une lettre. Vous allez à la poste,
alors. Imaginez le dialogue
entre vous et l'employé de
poste.

---

[1]You have learned the word *tout (toute, tous, toutes)* as an adjective followed by a determiner and
noun: *Il parle tout le temps; Où sont toutes ses nièces?* The masculine singular and both plural forms
are also used as pronouns. In this case, the *s* of *tous* is pronounced [tus]. *Tout est bien qui finit bien;
C'est tout; Au revoir, vous tous; Vous croyez tous que vous savez tout.*

Etude de mots

Synonymes: Choisissez le synonyme du mot en italique. Puis employez ce mot dans une phrase.

1. *exclusivement:* autrement évidemment exprès seulement
2. *au cours de:* avant là-dedans par ici pendant
3. *sans doute:* après tout donc peut-être sûrement
4. *volontiers:* à temps avec plaisir merci soudain
5. *alors que:* aussitôt que dès que parce que tandis que

Mots associés 1: Complétez chaque phrase en employant un mot dérivé du mot en italique.

1. Est-ce que ces messieurs ont fait *connaissance?* Oh, oui, ils se _____.
2. Vous êtes *philatéliste?* Non, la _____ ne m'intéresse pas du tout.
3. Pierre a une très belle *collection* de jouets du 19ᵉ siècle. C'est un _____ sérieux. Sa sœur cadette _____ des timbres et de vieilles cartes postales.
4. Ma collection comprend trois ou quatre *mille* timbres. Lui aussi, il a des _____ de timbres.
5. Je n'étudie pas le *folklore,* mais j'aime bien la musique et les danses _____.
6. D'après la *tradition* populaire, le Père Noël apporte des cadeaux pour les petits enfants. Aux Etats-Unis il est _____ de mettre une grande chaussette à côté de la cheminée; en France on y laisse ses chaussures.
7. Chaque *année,* au mois de novembre, nous nous réunissons. C'est une réunion _____.
8. Un pays gouverné par un *roi* est un _____.

Mots associés 2: Dans chacune des paires suivantes vous connaissez déjà un des deux mots. Il ne faut pas apprendre les autres, mais notez comment un nom en *-iss-* peut être dérivé d'un verbe en *-ir / -iss-.*

investir → l'investissement   raccourcir → le raccourcissement
rougir → le rougissement   atterrir → l'atterrissage
jaunir → le jaunissement   grossir → le grossissement

Mots à plusieurs sens: Complétez les phrases en employant le même mot pour chaque groupe.

1. *(a)* Le Delaware a été la première colonie à devenir un _____.
   (b) Tous ses vêtements étaient en mauvais _____.
2. *(a)* Il n'aime pas faire de la peinture, mais il aime bien dessiner. Il fait de très beaux _____.
   (b) Cette jeune femme enseigne le _____ industriel.

Mots à ne pas confondre: Vous connaissez beaucoup de mots qui veulent dire "to meet." Ne les confondez pas. *Rencontrer* et *se rencontrer* veulent dire "to meet by chance" *(Elles se sont rencontrées en ville hier. C'était tout à fait par hasard, car elles n'avaient pas pris rendez-vous.).* Retrouver, rejoindre, se retrouver et se rejoindre veulent dire "to meet again, to get together again" *(Maintenant que nous nous sommes retrouvés, nous devons nous rejoindre de temps en temps).* Se réunir veut dire "to have a meeting" *(Ils se réunissent tous les jeudis soirs).* Faire la connaissance de veut dire "to make s.o.'s acquaintance"; *faire connaissance* veut dire "to make each other's acquaintance" (*Alice et moi, **nous avons fait connaissance hier, mais elle n'a pas encore fait la connaissance de** mes parents*). Maintenant, écrivez six phrases en employant six mots ou expressions qui veulent dire "to meet."

Notez que *tandis que* et *alors que* veulent dire "while," c'est-à-dire, *mais: Elle va au marché aux timbres alors que (tandis que) moi, je dois rester à la maison. Pendant que,* par contre, veut dire "while," c'est-à-dire, *en même temps que: Elle va au marché aux timbres pendant que je fais le ménage.*

Notez que *contre* est un antonyme de *pour: Qui n'est pas pour le gouvernement doit être contre le gouvernement.* En anglais, cependant, on emploie le mot "for" après le verbe "to trade," tandis qu'en français on emploie *contre* après *troquer.* Regardez, par exemple, cette phrase d'une histoire de Colette (1873–1954), célèbre écrivain français, auteur de *Gigi: "Elle avait troqué . . . sa courte robe de petite fille contre une jupe longue."*

EXPLICATIONS I

Se disputer
Se ressembler

Les verbes pronominaux

1. Review the present tense of reflexive—or pronominal—verbs:

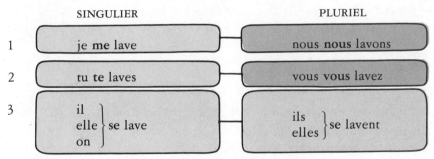

SINGULIER	PLURIEL
1	je **me** lave	nous **nous** lavons
2	tu **te** laves	vous **vous** lavez
3	il / elle / on } se lave	ils / elles } se lavent

Remember that before a vowel sound, *me, te,* and *se* become *m', t',* and *s': je m'habille, tu t'appelles, il s'endort, elles s'arrêtent.*

2. Note that the position of reflexive pronouns in negative sentences is the same as that of any object pronoun: *Il **ne se** réveille **pas**; Nous **ne nous** assemblons **pas**; Elles **ne se** couchent **pas**.*

3. Remember that when reflexive pronouns are used in the infinitive following another verb, the reflexive pronoun refers back to the subject of the sentence: ***Je vais me lever** à 8 h.; **Elles viennent de se** coucher.*

4. Look at the following:

Ne te dépêche **pas!**	Dépêche-**toi!**
Ne nous levons **pas!**	Levons-**nous!**
Ne vous arrêtez **pas!**	Arrêtez-**vous!**

As with any command, the subject pronoun is dropped. In the affirmative command, the reflexive pronoun *te* becomes *toi.*

5. Most verbs used in reflexive constructions can also be used in nonreflexive ones:

Je lave le chien.	*I'm washing the dog.*
Je me lave.	*I'm washing (myself).*
Vous brossez la robe.	*You're brushing the dress.*
Vous vous brossez les dents.[1]	*You're brushing your teeth.*
Elle lève le rideau.	*She's raising the curtain.*
Elle se lève.	*She's getting up.*

Note that the French reflexive pronouns may correspond to the English pronouns "myself," "ourselves," etc., though we don't always use these pronouns in English.

6. Pronominal verbs can also be used in sentences where we might use "each other" in English. This is called "reciprocal" use:

Ils se ressemblent.	*They look alike.*
Nous nous connaissons bien.	*We know each other well.*
On s'écrit souvent.	*We write (each other) often.*

A vous. Le réveil vient de sonner. Parlez de ce que vous faites maintenant pour vous préparer pour l'école.

7. Many pronominal verbs do not have any obvious English equivalent:

Où se trouve Biarritz?	*Where's Biarritz?*
Tu te souviens de lui?	*Do you remember him?*
Je me charge des collections.	*I'm taking charge of the collections.*

Exercices

A. Répondez à la forme négative. Suivez le modèle.

1. Je me brosse les dents. Et lui?   *Il ne se brosse pas les dents.*

2. Elle s'en va tout de suite. Et vous?
3. Il se lève de bonne heure. Et elles?
4. Vous vous réveillez tard le mercredi. Et moi?
5. Elles se trompent de route. Et nous?
6. Tu te diriges vers la sortie. Et eux?
7. Je me couche avant minuit. Et elle?
8. Ils se fâchent si l'autobus arrive en retard. Et vous?
9. Nous nous habituons à la manette du frein. Et toi?

B. Mettez les phrases à la forme affirmative de l'impératif. Suivez le modèle.

1. Ne te promène pas là-bas!   *Promène-toi là-bas!*

2. Ne vous peignez pas maintenant!
3. Ne nous arrêtons pas devant la vitrine!
4. Ne vous lavez pas les mains!
5. Ne te brosse pas les cheveux!
6. Ne nous bronzons pas!
7. Ne vous habillez pas dans la salle de bains!

[1]When referring to parts of the body, the French usually use the definite determiner.

Agadir

C. Refaites les phrases en employant la forme du verbe pronominal qui convient. Suivez le modèle.

1. Elles *(se parler)* au téléphone.   *Elles se parlent au téléphone.*

2. Serge et moi nous ne *(se comprendre)* pas.
3. Est-ce qu'on va *(se retrouver)* à midi?
4. Ils *(s'aimer)* bien.
5. Mon frère et moi nous *(se disputer)* assez souvent.
6. Est-ce que Monique et Charles *(se téléphoner)* le samedi soir?
7. Elles *(s'écrire)* de temps en temps.
8. Où est-ce que nous *(se réunir)?*
9. Chaque été, les touristes *(s'assembler)* à Marrakech pour le festival de folklore.

D. Refaites les phrases en substituant la forme correcte du verbe entre parenthèses pour l'expression en italique. Suivez le modèle.

1. Qu'est-ce qui *se trouve* là-bas? (se passer)
   Qu'est-ce qui se passe là-bas?

2. Ils *assistent* au théâtre. (s'amuser)
3. Nous n'*allons* pas au match demain soir. (se rendre)
4. Je *prends l'autobus* quand je suis en retard. (se dépêcher)
5. Tu espères *faire une promenade* sur les quais? (se promener)
6. Il n'*emploie* pas ces outils. (se servir de)
7. Est-ce que vous *partez?* (se mettre en route)
8. Elles *restent* au lit quand elles sont malades. (se reposer)
9. J'*oublie* son adresse à Bordeaux. (se souvenir de)
10. L'avion *atterrit à* Roissy. (s'approcher de)

Le passé composé des verbes pronominaux

1. Remember that reflexive verbs form their passé composé with *être:*

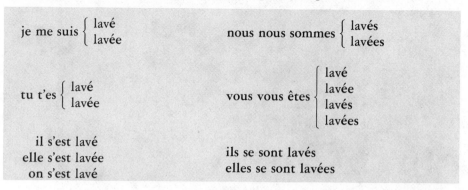

je me suis $\begin{cases} \text{lavé} \\ \text{lavée} \end{cases}$ nous nous sommes $\begin{cases} \text{lavés} \\ \text{lavées} \end{cases}$

tu t'es $\begin{cases} \text{lavé} \\ \text{lavée} \end{cases}$ vous vous êtes $\begin{cases} \text{lavé} \\ \text{lavée} \\ \text{lavés} \\ \text{lavées} \end{cases}$

il s'est lavé   ils se sont lavés
elle s'est lavée   elles se sont lavées
on s'est lavé

Note that the reflexive pronoun comes before the form of *être*. Here the reflexive pronoun is a *direct object pronoun,* and because it precedes the verb, the past participle must agree with it in number and gender.

2. In the negative, the same pattern is followed as with other object pronouns. The *ne* precedes the reflexive pronoun and the *pas* follows the form of *être:*

Ils se sont réveillés.   Ils ne se sont pas réveillés.
Elle s'est couchée.   Elle ne s'est pas couchée.

3. Look at the following:

Elle s'est peignée.   *but:* Elle s'est peigné les cheveux.
Ils se sont lavés.   *but:* Ils se sont lavé la figure.

In the sentences on the right, the reflexive pronoun is an *indirect object pronoun.* Thus the past participle does *not* agree with it. In these cases, the direct objects are *les cheveux* and *la figure.* Since they follow the verb, the participle does not agree with them.

4. Remember that some verbs are followed by a direct object *(aimer quelqu'un; rencontrer quelqu'un);* others can be followed by *à* and require an indirect object *(écrire à quelqu'un; téléphoner à quelqu'un).* When the former type is used reciprocally in the passé composé, the past participle agrees with the preceding direct object:

Nous nous sommes $\begin{cases} \text{regardés.} \\ \text{regardées.} \end{cases}$ *We looked at each other.*
Elles se sont rencontrées en ville.   *They met in town.*

When a verb that requires an indirect object is used reciprocally in the passé composé, the past participle is invariable, unless a direct object does precede it:

Nous nous sommes téléphoné.   *We phoned each other.*
Ils se sont écrit des lettres.   *They wrote each other letters.*
but: Les lettres qu'ils se sont   *The letters they wrote each other were*
écrites étaient longues.   *long.*

Exercices écrit

A. Répondez aux questions selon le modèle. Faites attention à l'accord du participe passé.

1. Est-ce que tu dois te rendre au musée?
   Non, je me suis déjà rendu(e) au musée.

2. Est-ce qu'elle doit se mettre au travail?
3. Est-ce que vous devez vous laver les cheveux?
4. Est-ce qu'ils doivent se charger de l'album?
5. Est-ce que tu dois t'arrêter à la boutique de mode?
6. Est-ce qu'on doit se servir de ce dessin?
7. Est-ce qu'elles doivent se lever?
8. Est-ce qu'ils doivent se diriger vers la porte d'embarquement?
9. Est-ce que je dois me présenter à cette dame?
10. Est-ce que vous devez vous reposer un peu?

B. Mettez les phrases au passé composé. Faites attention à l'accord du participe passé. Suivez les modèles.

1. Ils s'écrivent souvent de longues lettres.
   Ils se sont souvent écrit de longues lettres.
2. Elles se rencontrent en banlieue.
   Elles se sont rencontrées en banlieue.

3. Roger et Robert se parlent après les cours.
4. Claire et Judith s'invitent de temps en temps.
5. Ces étudiants ne se téléphonent pas ce soir.
6. Elles se mettent en route pour Orléans.
7. Françoise et Patrick s'aiment beaucoup.
8. Pourquoi est-ce que ces gens se disputent?
9. Mon oncle et moi nous nous écrivons des cartes postales pendant nos vacances.

Casablanca

Vérifiez vos progrès ✓

Mettez les verbes entre parenthèses à la forme qui convient. Employez le présent s'il n'y a pas d'autre indication.

Ce soir mon frère Henri et ses amis *(se téléphoner—p.c.)* après le dîner. Ensuite ils *(se rendre—p.c.)* au cinéma qui *(se trouver)* dans la rue de la Huchette. Ma mère *(se fâcher—p.c.)* parce que mon frère était en retard. Alors, voici ce qui *(se passer—p.c.)* quand il a ouvert la porte:

MAMAN   Te voilà enfin! Où est-ce que tu es allé ce soir?

HENRI   Nous *(se retrouver—p.c.)* au cinéma. Puis après le film, nous *(s'arrêter—p.c.)* dans un café pour boire un Coca. Nous *(s'amuser—p.c.)* beaucoup.

MAMAN   Tu ne *(se souvenir)* pas de tes devoirs? Tu vas *(se mettre au travail)* tout de suite. *(Se dépêcher—imperative)*.

HENRI   Tu *(se tromper)*, maman. C'est un jour férié demain. Tu ne *(se rappeler)* pas?

MAMAN   Bon, d'accord. Je *(se tromper—p.c.)* de jour. Je *(se coucher)* maintenant. N'oublie pas de *(se brosser—inf.)* les dents avant de *(se coucher—inf.)!*

LECTURE

La "Sultan Attalba"*

Après un silence qui avait duré longtemps, Michèle Bérenger a enfin reçu une lettre de son correspondant marocain, Saïd Deressa. Ils s'écrivent tous les deux depuis l'âge de 12 ans—et ils ont maintenant 17 ans—mais ils ne se sont jamais rencontrés. Avant de recevoir la lettre, Michèle s'inquiétait[1] un peu, car d'habi-
5   tude Saïd lui écrit toutes les six semaines. Voilà la lettre.

Fez,* le 18 novembre

Chère Michèle,

Je sais que tu vas me gronder.[2] Franchement, tu n'aurais pas tort. Excuse-moi de ne pas t'avoir écrit, mais avec les examens, les vacances, et puis la rentrée, le
10   temps s'est écoulé[3] très rapidement. Malgré[4] toutes ces excuses, cependant, j'ai honte[5] et je regrette mon silence.

Dans ta dernière lettre—si tu t'en souviens toujours!—tu m'as demandé de décrire quelques-unes des fêtes typiquement marocaines. Si ce n'est pas trop tard j'aimerais te parler de ce qu'on appelle la fête du *Sultan Attalba,* qui veut
15   dire en français "le roi des étudiants." Cette fête a lieu ici à Fez au mois d'avril et je peux t'en parler avec un peu d'autorité, car mon frère aîné, Mohamed, qui est étudiant à l'université, y a joué le rôle principal ce printemps.

Chaque année, les étudiants choisissent un "roi" qui règne[6] pendant quinze jours. C'est mon frère qui a été élu[7] cette année (et il veut être encore traité[8] comme
20   un roi à la maison . . .). Le roi a, bien sûr, tout un royaume composé d'une "armée,"[9] de "sujets,"[10] de "ministres," et ainsi de suite, et au cours des deux semaines, on entend beaucoup de discours[11] farfelus.[12] Souvent il y a même des concours[13] littéraires où l'on donne un prix[14] à l'étudiant qui invente l'histoire la plus farfelue. Le gouvernement participe aussi à la fête et le "roi" peut, par
25   exemple, demander aux chefs[15] politiques des faveurs pour les universités. Tout le monde s'amuse bien pendant ces quinze jours.

Tu te demandes sans doute si c'est un fait[16] historique ou une légende qui est à l'origine de cette fête. Probablement c'est un peu des deux. On dit qu'un homme qui était très riche—et assez méchant—s'est déclaré roi de Taza, une ville
30   ancienne située à l'est de Fez, près de l'Algérie. Ses sujets devaient lui apporter des cadeaux chaque année. Finalement, un étudiant à l'université de Fez, qui

---

[1]s'inquiéter: *to worry*	[7]élu, -e: *elected*	[12]farfelu, -e: *far-fetched*
[2]gronder: *to scold*	[8]traiter: *to treat*	[13]le concours: *contest*
[3]s'écouler: *to go by*	[9]l'armée *(f.)*: *army*	[14]le prix: *(here) prize*
[4]malgré: *in spite of*	[10]le sujet: *subject*	[15]le chef: *(here) leader*
[5]avoir honte: *to be ashamed*	[11]le discours: *speech*	[16]le fait: *fact*
[6]régner: *to reign*		

s'appelait Rachid, a décidé qu'il pourrait renverser[17] ce faux roi. Il a organisé
ses camarades à l'université et au lieu d'envoyer au roi des malles remplies de[18]
cadeaux, on lui a envoyé des malles pleines d'étudiants. Au palais,[19] les étudiants
35 sont sortis des malles et ils ont attaqué le roi et ses gardes. L'étudiant Rachid
a ensuite été couronné.[20] On dit que la famille qui règne au Maroc aujourd'hui
descend de la dynastie établie[21] par Rachid. C'est donc par reconnaissance[22] que
les habitants de notre ville ont établi cette fête, qui date de 1664.

Je parie qu'il n'y a rien de pareil[23] en France! Si oui, j'espère que tu me le racon-
40 teras dans ta prochaine lettre.

Je m'arrête ici, car mes devoirs m'attendent. J'espère recevoir une réponse bientôt—comme ça je saurai que tu m'auras pardonné.

Très amicalement,[24]

Saïd

Notes culturelles

*la "Sultan Attalba": C'est-à-dire, la fête du Sultan Attalba.
*Fez: Cette ville, située dans le nord du Maroc, était autrefois la capitale du
pays. Elle est toujours un grand centre religieux et culturel. Aujourd'hui, avec
une population de 217.000 habitants, la ville se trouve au centre de la seule
région vraiment agricole ("agricultural") du pays. La plus grande partie du Maroc,
composée de montagnes ou de désert, est peu arable.

À propos...

1. Où habite le correspondant de Michèle Bérenger? Depuis combien de temps
se connaissent-ils? Quand est-ce qu'ils se sont rencontrés? 2. Pourquoi Saïd
a-t-il attendu si longtemps avant de répondre à la dernière lettre de Michèle?
A votre avis, est-ce que ce sont de bonnes excuses? 3. Que veut dire la "Sultan
Attalba"? Quand cette fête a-t-elle lieu? Où donc? Qu'est-ce qu'on fait pour
fêter la Sultan Attalba? 4. Quelle est l'origine de cette fête? Qu'est-ce qui
s'est passé quand les étudiants sont sortis des malles? Qui était Rachid? 5. Est-
ce que vous connaissez d'autres fêtes comme la Sultan Attalba? Décrivez-les!
Par exemple, pouvez-vous décrire comment on fête le mardi gras à la Nouvelle-
Orléans ou à Nice? 6. Presque tout le monde aime jouer un rôle et faire
semblant d'être quelqu'un d'autre. Par exemple, la veille de la Toussaint, le 31
octobre, les enfants aux Etats-Unis mettent des costumes et des masques et ils
vont de porte en porte. Pourquoi? Pouvez-vous raconter l'origine de cette fête
ou de certaines autres fêtes?

---

[17]renverser: *to overthrow*
[18]remplir de: *to fill with*
[19]le palais: *palace*

[20]couronner: *to crown*
[21]établir: *to establish*
[22]la reconnaissance: *grati-*

tude
[23]pareil, -le: *similar*
[24]amicalement: *fondly*

Agadir

EXPLICATIONS II

La possession

1. Remember that two ways to express possession are the use of a possessive determiner, or *à* before an emphatic pronoun, a noun, or a person's name:

C'est mon mouchoir.	Il est à moi.	*It's mine.*
C'est ta cravate.	Elle est à toi.	*It's yours.*
C'est sa bague.	⎰Elle est à lui.	*It's his.*
	⎱Elle est à elle.	*It's hers.*
C'est la veste de Marc.	Elle est à Marc.	*It's Marc's.*
C'est notre réveil.	Il est à nous.	*It's ours.*
Ce sont vos sacs.	Ils sont à vous.	*They're yours.*
Ce sont leurs filets.	⎰Ils sont à eux. ⎱	*They're theirs.*
	⎱Ils sont à elles.⎰	
C'est l'auto de mes amis.	Elle est à mes amis.	*It's my friends'.*

2. Another way of expressing "mine," "yours," "theirs," etc., is to use a possessive pronoun:

J'ai ton savon—pas le mien.	*I have your soap—not mine.*
Voici ta lampe. Où est la mienne?	*Here's your lamp. Where's mine?*

Just as in English, possessive pronouns are used to contrast ownership and to avoid repeating a noun. The possessive pronouns agree in number and gender with the nouns they replace:

to replace a masculine singular noun:	to replace a feminine singular noun:	to replace a masculine plural noun:	to replace a feminine plural noun:
le mien	la mienne	les miens	les miennes
le tien	la tienne	les tiens	les tiennes
le sien	la sienne	les siens	les siennes
le nôtre	la nôtre	les nôtres	
le vôtre	la vôtre	les vôtres	
le leur	la leur	les leurs	

A vous. Chaque personne dans la classe doit mettre deux ou trois choses dans une boîte énorme. Ensuite, il faudra les rendre aux propriétaires ("owners"). D'abord, vous poserez la question "C'est à toi (lui, elle, Jean, Marie, etc.)?" En répondant, on devra employer des pronoms possessifs: "Oui, c'est le mien (sien, etc.)" ou "Non, ce n'est pas le mien, c'est le sien," etc.

3. Look at the following:

Je me suis coupé à la main.	*I cut **my** hand.*
Il s'est cassé la jambe.	*He broke **his** leg.*
Elle a les yeux bleus.	*She has **blue** eyes.*
Tu as les cheveux gris.	*You have **gray** hair.*

The French usually use the definite determiner, not the possessive determiner, with parts of the body.

4. The third person possessive adjectives *sa, son, ses* and *leur, leurs* and the 3 sing. and pl. possessive pronouns do not always indicate the identity of the owner:

J'ai troqué mes timbres contre les siens.	*I traded my stamps for **his** (or **hers**).*
Je colle ses timbres dans son album.	*I'm sticking **his** (or **her**) stamps in **his** (or **her**) album.*

To clarify this, one may add *à* + disjunctive pronoun to a phrase that includes a possessive adjective:

J'ai troqué mes timbres contre ses timbres { à lui. / à elle.

Je colle ses timbres dans son album { à lui. / à elle.

This construction is often used for emphasis:

C'est **mon** dessin à moi!	*That's **my** drawing!*
C'est **ton** travail à toi!	*That's **your** job!*

Vous souvenez-vous?

Le pronom démonstratif, comme les autres pronoms, s'accorde avec le nom qu'il remplace:

	MASC.	FEM.
SING.	celui	celle
PL.	ceux	celles

On ajoute -ci et -là pour distinguer ("to distinguish") entre ce qui est proche et ce qui est loin et pour indiquer "the former" et "the latter":

Quel chemisier as-tu acheté?   J'ai acheté celui-ci.

Marc et Jeanne ont passé leurs   Celle-ci a pris de belles photos;
     vacances ensemble en Grèce.   celui-là n'a rien photographié.

On emploie le pronom démonstratif devant une proposition ("clause") relative:

Tu connais le monsieur là-bas?   Celui qui parle au prof?

Cette chemise est en coton.   Celle que j'ai vue hier était en soie.

Exercices

A. Donnez deux réponses aux questions en employant d'abord *à* avec un pronom tonique ("disjunctive") et ensuite un pronom possessif. Suivez le modèle.

1. C'est le tapis de ton oncle?
   Oui, il est à lui.
   Oui, c'est le sien.

2. Ce sont vos dessins?
3. C'est ta calculatrice?
4. C'est notre album?
5. Ce sont les stylos à bille de Martin?
6. Ce sont les collections de Nadine et de Patrick?
7. C'est l'enveloppe de Valérie?
8. C'est leur émission?

B. Répondez deux fois aux questions. Suivez le modèle.

1. A qui sont ces pneus? A Margot ou à Claude?
   Ce sont ses pneus à elle.
   Ce sont ses pneus à lui.

2. A qui est cette sacoche? A Bernard ou à toi?
3. A qui sont ces tableaux? A Suzanne ou à nous?
4. A qui sont ces règles à calcul? A Jacques ou à tes amies?
5. A qui est ce peigne? A toi ou à moi?
6. A qui sont ces chemisiers? A Denis ou à tes frères?

C. Traduisez les phrases suivantes.

1. Her hair is blond.
2. He brushed his teeth.
3. My eyes are green.
4. They shook hands.
5. You (*sing.*) broke your arm.
6. She cut her finger.

D. Lequel préférez-vous? Répondez aux questions en employant les pronoms démonstratifs convenables. Suivez le modèle.

1. Des fruits ou des pâtisseries?
   Je préfère celles-ci à ceux-là.
   ou: *Je préfère ceux-là à celles-ci.*

2. Des cravates à rayures ou des cravates à pois?
3. Un citron pressé ou une orangeade?

4. Des pièces ou des romans?
5. Un vélo ou une moto?
6. Du beurre ou de la confiture pour votre pain?
7. De la laine ou du coton?
8. Les chemises à manches courtes ou les chemises à manches longues?
9. Les cheminées ou le chauffage central?
10. Les hamsters ou les souris blanches?
11. Des dessins ou des peintures?

Vérifiez vos progrès

Récrivez les phrases en employant un pronom possessif et —où possible— un pronom démonstratif. Suivez le modèle.

1. La robe de Catherine est en laine.
   La sienne est en laine.
   Celle de Catherine est en laine.

2. Les timbres de Renée et d'Albert sont oblitérés.
3. Mes collections sont moins bonnes.
4. Le vélo de Madeleine grince.
5. Ton taille-crayon est ancien.
6. Les étudiants de M. Vigo sont assez enthousiastes.
7. Notre tapis est un peu sale.
8. Le pneu de Marianne est à plat.
9. Les outils de David se trouvent en bas.

Nabeul, Tunisie

Parlons de vous

1. Quel est votre passe-temps préféré? Est-ce que vous collectionnez quelque chose? Etes-vous photographe? poète? 2. Ça coûte souvent très cher d'avoir une collection de timbres ou de pièces de monnaie. Par contre, on peut collectionner des choses qui coûtent très peu ou qui ne coûtent rien du tout. Pouvez-vous en donner des exemples? 3. Aimez-vous visiter des musées? Lequel aimez-vous le mieux? Aimez-vous les musées d'art? les musées d'histoire naturelle? les aquariums? les planétariums? Parlez un peu d'une visite que vous avez faite à un musée.

THÈME

Etudiez le paragraphe français suivant. Puis, en l'employant comme modèle, mettez le paragraphe anglais en français.

Modèle: Hier soir, nous avons regardé une émission sur le Maroc, un pays d'expression française qui se trouve en Afrique du Nord. Ce programme a présenté le folklore marocain et la culture traditionnelle du pays. Je connaissais déjà le Maroc parce que j'ai deux cousines qui habitent là-bas—l'une à Marrakech et l'autre à Casablanca. Celle qui habite Marrakech s'appelle Colette. Nous nous écrivons souvent. Voici deux photos d'elle. Celle-ci est plus récente. Comme tu vois, Colette a les yeux

Marché rural au Maroc

bleus comme les miens et comme ceux de mon frère, mais ses yeux à elle sont plus clairs.

L'été dernier, j'ai voulu me rendre à Marrakech pour le festival annuel de folklore. J'ai téléphoné à mon père et je lui ai demandé de me prêter de l'argent pour le voyage. "C'est ton idée à toi! Alors, charge-toi de trouver de l'argent!" m'a-t-il répondu. Je me suis mise au travail, et j'ai pu aller au Maroc quand même. Je suis aussi têtue que mon père, vous voyez!

Thème: Last Tuesday, I visited the Musée Postal of Paris, which is located on boulevard de Vaugirard. This museum has attracted thousands of stamp collectors because its collections are really extraordinary. I was already acquainted with stamp collecting because I have two brothers who are (stamp) collectors—one who has an album of North African stamps and another who collects just French stamps. The one who collects French stamps is named Henri. We always have a good time together. Here are two picutres of him. That one is older. As you see, Henri has brown hair like yours and like your sister's, but his hair is darker.

Last night, my brothers and some of their friends got together at our house to show each other their stamps. Henri asked a friend (f.) to trade some duplicates for his. They were bent over their albums all evening.

"That's my stamp! Wash your hands before looking at it!" he told her. The girl got angry, and they argued with each other. She's as nutty as he is!

AUTO-TEST

A. Répondez aux questions suivantes. Puisque vos réponses seront personnelles, elles ne se trouvent pas à la fin du livre. Vous devrez les vérifier en parlant avec votre professeur.

1. A quelle heure du matin vous réveillez-vous?
2. Qu'est-ce qu'on fait avant de se coucher?
3. Est-ce que vous vous disputez souvent avec vos amis?
4. Où se trouve la cantine dans votre école?
5. Quand est-ce que vous aimez vous reposer?
6. Où est-ce que vous vous rendez à 4 h. de l'après-midi?
7. Est-ce que vous vous amusez aux matchs de football américain?

B. Répondez aux questions selon le modèle. Employez le passé composé du verbe entre parenthèses et faites attention à l'accord du participe passé.

1. Qu'est-ce que Patrick a fait ce matin? (se rendre à l'école)
   Il s'est rendu à l'école.

2. Pourquoi est-ce que Monique est à l'hôpital? (se casser le bras)
3. Pourquoi est-ce que Valérie quitte la table? (ne pas se laver les mains)
4. Qu'est-ce que les spectateurs ont fait à 8 heures? (s'assembler au théâtre)
5. Où es-tu allé hier soir? (se promener en ville)
6. Qu'est-ce que Chantal et Sophie ont fait samedi? (s'amuser au cinéma)
7. Pourquoi n'as-tu pas réussi à réparer le vélo? (ne pas se servir du tournevis)
8. Pourquoi sont-elles arrivées en retard? (se tromper de train)
9. Pourquoi est-ce que Diane est rentrée? (ne pas s'habituer à la vie en Suède)
10. Quand est-ce que les Vautrin sont partis? (se mettre en route à midi)

C. Remplacez les mots en italique par le pronom possessif qui convient. Suivez le modèle.

1. Est-ce que vous préférez *mes collections* ou *celles de Bernard?*
   Est-ce que vous préférez les miennes ou les siennes?

2. Il ne va pas troquer *son album* contre *tes albums.*
3. Est-ce que *vos dessins* sont aussi extraordinaires que *mes dessins?*
4. Je crois que *le folklore des Marocains* est plus intéressant que *notre folklore.*
5. *Les timbres d'Hélène* sont oblitérés alors que *ceux de Martin et de Nathalie* ne le sont pas.
6. *Nos traditions* ne sont sans doute pas aussi anciennes que *celles de la France.*

COMPOSITION

Ecrivez une composition sur une visite que vous avez faite à un musée.

Place de la Bourse* (DX). — Aménagée de 1730 à 1755, d'après les plans des architectes Gabriel père et fils, encadrée par les quais aux façades uniformes, elle constitue un magnifique ensemble architectural. Au centre de la place, fontaine des Trois Grâces.

Par la rue Philippart, gagner la place du Parlement bordée d'immeubles Louis XV. L'itinéraire qui suit, permet de parcourir un vieux quartier de Bordeaux. On admirera les façades et balcons du 18e s.

Par la rue du Faubourg St-Pierre, la rue des Bahutiers et la place du Palais, on gagne la Porte Cailhau.

Porte Cailhau (DX). — Cette porte restaurée au 19e s. est le seul vestige du palais de l'Ombrière, siège du sénéchal pendant le Moyen Age. Son nom évoque les « cailloux » accumulés à ses pieds par la Garonne qui servaient à lester les navires. En 1495, après la bataille de Fornoue, la porte fut transformée en arc de triomphe ou des Salinières pour Charles VIII. On dépasse la porte de Bourgogne ou des Salinières et gagner la place Canteloup. Prendre à droite le quai Richelieu; tourner rue des Faures et gagner la basilique St-Michel.

Tour St-Michel* (DY). — Visite du 15 mars au 31 août, de 10 h à 12 h et 15 h à 19 h; le reste de l'année, de 15 h à 18 h; en cas d'absence de la gardienne s'adresser au 3, rue Andronne. Entrée : 2 F pour la tour; 2 F pour le caveau.

C'est le clocher isolé de la basilique St-Michel. Les Bordelais en sont fiers car c'est le plus haut du Midi. Avec ses 114 m (cathédrale de Rouen 151 m), il en laisse loin derrière lui les (18e s.) due à Jacques-Ange Gabriel;

BORDEAUX CENTRE

Map street index:

Albret (Cours d')	CXY
Als-Lorraine (Crs)	CDX 4
Bahutiers (R. des)	DX 5
Bouffard (R.)	CX 8
Chapeau-Rouge (Cours)	DX 16
Clemenceau (Crs)	CVX
Comboat (R.Ed.)	CX 24
Docteur-Nancel-Pénard (R.)	CX
Duffour (R.)	CXY 26
Duberglier (R.)	CXY 27
Esprit-des-Lois (R.)	CXY 33
Frères-Bonie (R.)	DY 37
Gaspard-Ph. (R.)	CX
Intendance (Cours)	DV
J.-Jaurès (Pl.)	CX 58
Montbazon (R.)	DX 66
Philippart (Pl.)	CX 73
République (R.)	CDXY
Ste-Catherine (R.)	CV
Tournon (Allées de)	CV
Tourny (Allées de)	CDY
Victor-Hugo (Crs)	CDY
30-Juillet (Crs du)	CV 88

50 m de la tour Pey Berland. De la première plate-forme (58 m), la tour St-Michel offre au touriste, ayant du jarret et du souffle, un beau panorama qui fait oublier les 228 marches à gravir. L'autre curiosité de la tour St-Michel, unique en France, mais d'un macabre accentué, est le « caveau des Momies » installé dans la crypte de la tour.

Contre les murs de la crypte circulaire sont adossés soixante-dix cadavres humains. Ils ont été exhumés, au 18e s., du cimetière St-Michel dont le sol avait la propriété de conserver les corps. Le rite de la visite n'a guère changé depuis la description qu'en a faite Théophile Gautier, au temps du Romantisme. Le guide fait assister à une sorte de défilé de spectres parcheminés. Tout en donnant sur ces cadavres la blessure du général tué en duel, montre les contorsions des cheveux, met le doigt dans la bouche empoisonnée par les champignons, soulève un sein desséché, pince une oreille, etc. La lumière du jour paraît plus douce au sortir de ce funèbre caveau.

Basilique St-Michel* (DY). — La construction de la basilique St-Michel commença en 1350, mais la longueur des travaux explique son allure du 15e s. En 1940, les bombardements endommagèrent l'édifice et détruisirent les vitraux. Aujourd'hui restauré, l'ensemble surprend par ses grandes dimensions. A l'intérieur, tribune d'orgue et chaire du 18e s. La chaire faite d'acajou et de panneaux de marbre, est surmontée d'une statue de saint Michel terrassant le dragon. Les vitraux modernes derrière le maître-autel sont dus à Max Ingrand.

A partir de 1475, commença la construction des chapelles latérales. Dans la chapelle Ste-Catherine, première du bas-côté droit, sainte Ursule abrite sous son manteau de nombreux personnages. S'arrêter devant le riche retable du 16e s. dans la chapelle St-Joseph.

En continuant la rue des Faures, gagner le cours Victor-Hugo.

Grosse cloche (DY). — C'est une ancienne porte à laquelle les Bordelais sont très attachés. Élevée au 15e s., elle s'ouvrait sur l'enceinte et faisait partie du beffroi, aujourd'hui détruit. Celui-ci jouait un rôle important. A l'intérieur : de là partait le signal des vendanges. Quand le roi voulait punir Bordeaux, il faisait enlever la cloche et les horloges. Prendre l'étroite rue St-James qui passe sous la grosse cloche, jusqu'à la place F. Laffargue puis la rue des Ayres, gagner la rue Ste-Catherine, centre commercial de Bordeaux.

Place de la Comédie (CX). — C'est le cœur de Bordeaux. Le Grand Théâtre occupe la place d'un temple gallo-romain dont les derniers vestiges furent détruits sur l'ordre de Louis XIV après une des nombreuses révoltes de la ville. Des marches du Grand Théâtre, le touriste aura la perspective des allées de Tourny et verra le monument des Girondins qui se dresse sur l'esplanade des Quinconces.

Grand Théâtre* (CDX). — Visite accompagnée tous les jours en août à 9 h, 10 h, 11 h, 15 h et 16 h. Le reste de l'année, le samedi à 15 h et le dimanche à 10 h 30.

C'est un des plus beaux de France. Il a été édifié de 1773 à 1780 sur l'ordre du gouverneur, le duc de Richelieu, par l'architecte Victor Louis. Sur la place de la Comédie, il présente une belle colonnade dont l'entablement compte douze grandes statues de muses et de déesses.

Les proportions sont très harmonieuses et la décoration de la salle est d'une élégance et d'une sobriété remarquables. Elle est couverte d'une coupole peinte par Roganeau d'après les cartons de Robin. Son acoustique est une des grandes réussites du genre. L'architecte Garnier a trouvé si heureux le double escalier et sa coupole qu'il en a adopté le principe pour l'Opéra de Paris. Un foyer richement décoré et un vestibule à seize colonnes complètent cette œuvre originale.

(D'après cliché Photo Industrielle du Sud-Ou...)
Grand Théâtre de Bordeaux.

LES MUSÉES ET LA CATHÉDRALE ST-ANDRÉ

visite : 3 h

Partir de la place de la Comédie. Emprunter les allées de Tourny puis, à gauche, le... Clemenceau.

Place Gambetta (CX). — Ancienne place Dauphine, célèbre par les maisons Louis XV qui la bordent. Pendant la Révolution, cette place vit s'élever l'échafaud de B... Passer devant la porte Dijeaux (« des Juifs », ou « de Jupiter », selon les so... prendre la rue Bouffard.

Musée des Arts Décoratifs, du Moyen Age au 18e s. (CX). — Visite de 14... Fermé le mardi. Entrée : 1,50 F (gratuite les jours fériés, dimanches et mercredis). Installé dans le bel hôtel de Lalande construit par Laclotte en 1779. On y voi... collections de céramique européenne, ferronnerie, argenterie, verrerie, émaux, ... 16e au 18e s., et des collections d'histoire locale.

Hôtel de ville (CX). — Pour visiter, s'adresser au bureau d'accueil, à gauche (entrée IV), de 8 h 30 à 17 h. Fermé le samedi. Il occupe l'ancien palais épiscopal, construit au 18e s. pour l'achèvement, pri... Bel escalier. Salons ornés de beaux lambris d'époque. Salle à manger avec grisai...

Cinquième Leçon

Au pair* à Bordeaux*

Brigitte Müller est une Suisse de dix-sept ans qui vient de Bâle,* une ville située dans la région allemande du pays. Depuis quelques semaines elle travaille au
pair chez les Legendre à Bordeaux. Elle compte y passer six mois avant de rentrer chez elle. Elle ne reçoit pas de salaire, mais elle est logée et nourrie en
5 échange du travail qu'elle fait dans la maison. C'est une excellente occasion pour
perfectionner son français. Pour l'instant, elle a rempli ses tâches et elle est assise dans la cuisine où elle lit le journal que sa mère lui envoie chaque semaine.
Quelques secondes après qu'elle a commencé sa lecture, Paul Legendre—le cadet de la famille—s'assied à côté d'elle.

10 PAUL   Qu'est-ce que tu lis là?

BRIGITTE   Le journal. Il faut tout t'expliquer!

PAUL   Je me demandais s'il se passait quelque chose de nouveau dans le
monde. Je ne peux pas comprendre l'allemand.

BRIGITTE   L'article que je lisais n'est pas très gai. On craint que septante per-
15   sonnes soient mortes dans une avalanche dans les montagnes . . .

PAUL   Quelle sorte de personnes?!

BRIGITTE   Je n'en sais rien, moi!

PAUL   Mais qu'est-ce que tu viens de dire?

BRIGITTE   J'ai dit que . . . Ah! J'ai dit "septante." C'est un nombre. En France
20   vous dites "soixante-dix."

PAUL   C'est curieux!

BRIGITTE   En Suisse romande* on dit "octante" pour "quatre-vingts" et "nonante" pour "quatre-vingt-dix." On le dit aussi en Belgique.

PAUL   Mais c'est drôle!

25 BRIGITTE   Pas tellement. En fait, ces formes sont plus proches des formes latines.* Tu devrais le savoir, puisque tu étudies le latin à l'école.

PAUL   Etudier une langue ne veut pas toujours dire qu'on la parle.

BRIGITTE   Dans ton cas, tu as certainement raison.

Notes culturelles

au pair: Souvent les jeunes filles européennes travaillent "au pair" dans les pays étrangers—même quelquefois en Amérique. Elles sont nourries et logées et, en échange, elles font le ménage et aident à faire la cuisine. C'est considéré comme un très bon moyen de voyager sans grande dépense. C'est aussi un bon moyen d'apprendre une langue étrangère. (Jusqu'ici les garçons ne travaillent pas au pair.)

Bordeaux: Cette ville de 271.000 habitants est un grand port situé sur la Garonne, un des quatre grands fleuves de France, très près de la côte atlantique, dans le sud-ouest du pays. Les vins qui viennent de la région de Bordeaux sont très célèbres.

Bâle: Cette ville (en anglais, "Basel") se trouve dans le nord-ouest de la Suisse. Elle a 213.000 habitants. La plupart des grandes sociétés pharmaceutiques de l'Europe ont leur siège à Bâle.

la Suisse romande: La Suisse a quatre langues officielles: le français, l'allemand, l'italien et le romanche (un dialecte roman parlé dans les Grisons, un canton—c'est-à-dire, un état suisse—qui se trouve entre l'Autriche et l'Italie). Les régions où la langue principale est le français s'appellent la "Suisse romande"; Genève et Lausanne s'y trouvent. Bâle, Berne (la capitale du pays) et Zurich sont dans la "Suisse alémanique," où la langue principale est l'allemand, bien entendu. Ailleurs—à Lugano, par exemple—on parle italien.

les formes latines: Les langues romanes—le français, l'italien, l'espagnol, le portugais, le roumain—dérivent du latin antique. Les langues germaniques—le norvégien, le suédois, le danois, l'allemand, le hollandais, le flamand, l'anglais (et le vieil anglais, ou l'anglo-saxon)—dérivent d'une forme très ancienne de l'allemand.

Questionnaire

1. Que fait Brigitte à Bordeaux? Elle est française?   2. Est-ce qu'elle espère rester longtemps chez les Legendre?   3. Pourquoi ne reçoit-elle pas de salaire?   4. Pourquoi accepte-t-elle de travailler sans salaire?   5. Est-ce que vous saviez déjà que les noms des nombres n'étaient pas les mêmes dans tous les pays d'ex-

pression française? 6. Est-ce que vous avez étudié le latin? Quelles langues est-ce que vous avez étudiées? Lesquelles est-ce que vous voudriez étudier? Pourquoi? 7. Est-ce que vous pouvez donner des mots anglais qui sont dérivés du latin? du grec? de l'allemand? Choisissez une quinzaine de mots anglais et vérifiez leur dérivation dans un dictionnaire. Choisissez trois préfixes—par exemple, *auto-, sub-, inter-, pre-, post-*—vérifiez leurs sens et expliquez à vos camarades de classe comment ces préfixes changent le sens d'un mot.

GLOSSAIRE

NOMS

l'avalanche *f.* avalanche
le canton canton, Swiss state
le cas case
le chiffre number, digit, figure
la dépense expense, expenditure
l'échange *m.* exchange
le fait fact
la forme form
la lecture reading
le logement lodging, room
le moyen means, way
le nombre number

la nourriture nourishment, food, board
le romanche Romansh
le roumain Romanian
le salaire salary
la seconde second
le siège main office, headquarters
la Suisse romande French-speaking Switzerland
la tâche task, chore
le troc trade

VERBES

s'asseoir to sit down
se demander to wonder
dériver de to derive from
échanger (contre) to exchange (for)

perfectionner to perfect
remplir to fill; to fill out; to fulfill
loger to room, to lodge, to live
nourrir to feed

ADJECTIFS

antique ancient
considéré, -e (comme) considered
curieux, -euse curious, odd, unusual
gai, -e cheerful
germanique Germanic

latin, -e Latin
pharmaceutique pharmaceutical
proche nearby
roman, -e Romance

MOTS-OUTILS ET EXPRESSIONS

ailleurs elsewhere
après que after
au pair au pair
bien entendu of course
dans ce cas in that case

en échange de in exchange for
en fait in fact
il se passe quelque chose something is happening[1]
jusqu'ici until now

[1]Note that this is simply another way of saying *quelque chose se passe.*

Etude de mots

Synonymes: Les mots dans chaque groupe ne veulent pas dire exactement la même chose. Ce sont quand même des synonymes. Employez chacun des mots dans une phrase.

1. l'emploi   la tâche   le travail
2. antique   ancien
3. proche   voisin
4. bien entendu   bien sûr   certainement   sûrement
5. cependant   quand même   tout de même   toutefois
6. agréable   amusant   gai
7. un instant   une minute   un moment   une seconde

Mots associés: Complétez chaque phrase en employant un mot qui dérive du mot en italique.

1. Pourquoi est-ce que ta mère reste debout? Elle ne va pas *s'asseoir?* Les autres femmes sont _____.
2. On ne peut pas *perfectionner* ce qui est déjà _____.
3. Ton frère est toujours à la bibliothèque. Il doit aimer *lire.* A mon avis, la _____ est un passe-temps très agréable.
4. Qu'est-ce que je dois *faire?* Tu dois nous dire les _____.
5. Vous voulez *troquer* ces cartes-là contre celles-ci? Non, je ne veux pas faire un _____.
6. Elle a *échangé* le foulard à rayures contre un foulard à pois? Non, la boutique a refusé de faire un _____.
7. Il ne *demande* pas les faits aux autres. Je _____ pourquoi.
8. Il faut se *loger* selon ses moyens. Oui, mais je voudrais quand même un _____ clair et assez grand.
9. Ce monsieur est très malade. On essaie de le *nourrir,* mais il ne peut même pas prendre de la _____.

Mots à plusieurs sens: Complétez les phrases en employant le même mot pour chaque groupe.

1. *(a)* Le conducteur doit s'asseoir sur le _____ avant, évidemment.
   (b) Clermont-Ferrand est le _____ de la société Michelin.
2. *(a)* Comment?! Tu ne sais pas _____ jusqu'à vingt?! Et tu _____ sur tes doigts?!
   (b) Nous sommes arrivés il y a huit jours et nous _____ partir le 21.
3. *(a)* Garçon! Ce verre est vide. Veuillez le _____.
   (b) Tu te reposes, Guillaume? Pourquoi est-ce que tu ne _____ pas tes tâches?
   (c) S'il vous plaît, monsieur, _____ ce questionnaire.
4. *(a)* Vous posez trop de questions. Vous êtes beaucoup trop _____, les filles.
   (b) Tu as vu ce bonhomme qui vient de frapper à cette porte? Quel type _____!

Mots à ne pas confondre: L'adjectif *roman, -e* veut dire en anglais "Romance": *Le français est une langue romane.* L'adjectif *romain, -e* veut dire "Roman": *L'empire romain n'a pas duré longtemps.* L'adjectif *roumain, -e* veut dire "Romanian";

Cours de latin
au lycée Henri IV

le roumain est la langue parlée par *les Roumains: Le roumain est une langue romane.* *Le romanche* est une langue parlée dans une petite région de la Suisse; en anglais on dit "Romansh." On n'emploie le mot *romand, -e* qu'en parlant de la partie de la Suisse où les habitants parlent français: *Nous sommes allés en Suisse romande.* C'est une forme du mot *roman* qu'on a longtemps employé par analogie avec *allemand: La Suisse alémanique, c'est la partie du pays où on parle allemand; la Suisse romande, c'est la partie où on parle une langue romane — le français.*

Le mot *le nombre* veut dire "number" en général: *On emploie des nombres tous les jours — et non seulement dans les cours de maths. Le numéro,* cependant, est le nombre qu'on donne à quelque chose pour le rendre unique ou différent des autres choses dans une série ("series"). On parle, par exemple, du numéro d'une maison, de téléphone, d'une page d'un livre, d'un billet, d'une place dans un théâtre, etc. *Le chiffre* veut dire "figure, digit": *A Paris, les numéros de téléphone ont sept chiffres.*

Le mot *ailleurs* veut dire "elsewhere, somewhere else": *Il fait trop chaud ici en juillet; allons ailleurs.* Le mot *d'ailleurs* veut dire "besides": *Cette chambre n'est ni grande ni confortable. D'ailleurs, elle coûte trop cher.*

EXPLICATIONS I

Le verbe s'asseoir

	SINGULIER	PLURIEL
1	je m'assieds	nous nous asseyons
2	tu t'assieds	vous vous asseyez
3	il elle on } s'assied	ils elles } s'asseyent

IMPÉRATIF: **assieds-toi! asseyons-nous! asseyez-vous!**
PARTICIPE PASSÉ: **assis**
PARTICIPE PRÉSENT: **s'asseyant**
IMPARFAIT: **s'assey-** (je m'asseyais, etc.)
FUTUR/CONDITIONNEL: **s'assiér-** (je m'assiérai/je m'assiérais, etc.)
SUBJONCTIF: **s'assey-** (que je m'asseye, etc.)

Exercice

Remplacez les verbes par la forme qui convient du verbe *s'asseoir*. Attention au temps du verbe! Suivez le modèle.

1. Nous nous reposons sur le banc.
   Nous nous asseyons sur le banc.

2. Elle s'est arrêtée près du sentier. *s'est assise*
3. Je me coucherai après cette émission. *m'assiérai*
4. Ils étaient juste devant l'écran. *s'asseyaient*
5. Lave-toi tout de suite! *Assieds-toi*
6. Elles dînent à la terrasse. — *s'asseyent*
7. Marcherez-vous sur la pelouse? *assiérez-vous*
8. Il n'attend pas en face de la fontaine. *ne s'assied pas*

A vous. Vous êtes au cinéma. Le film va bientôt commencer. Tout à coup, vous voyez une copine qui entre et vous vous levez pour attirer son attention. Le monsieur derrière vous n'est pas content parce qu'il ne peut pas voir l'écran. Imaginez le dialogue.

Le passif

1. Look at the following:

   fut. Le vent **poussera** les bateaux.   *The wind **will push** the boats.*
   Les bateaux **seront** poussés par le   *The boats **will be pushed** by the*
   vent.   *wind.*

   prés. La neige **couvre** les tentes.   *The snow **covers** the tents.*
   Les tentes **sont** couvertes de   *The tents **are covered** with snow.*
   neige.

   p.c. Elle **a rempli** son verre.   *She **filled** her glass.*
   Son verre a été rempli.   *Her glass **was filled**.*

   Imparfait → imparfait

   The first sentence of each pair shows the active construction: the agent (or doer) + verb + object. In the second sentence, the emphasis is on the object, and the passive construction is used: subject/object + form of *être* + past participle of verb + agent. The object of the active construction becomes the subject of the passive construction, and the past participle agrees with it in gender and number. Note in the third example that, just as in English, the agent is not always mentioned in the passive construction.

2. The passive construction is used much less often in French than in English. It is used only when the agent is known or is explicitly stated. When the agent is not known, a reflexive construction or the pronoun *on* and the active construction are used:

   Le vin se vend en bouteilles.
   On vend le vin en bouteilles.   *Wine is sold in bottles.*

   These constructions are often encountered in set expressions or in posted signs:

   Ça ne se fait pas.   *That just isn't done.*
   Ici on parle anglais.   *English spoken here.*

s'écriver
comment est-ce que ça s'écrit ?

Exercices

A. Refaites les phrases en employant le passif. Attention au temps des verbes!
Suivez le modèle.

1. Albert Camus a écrit *L'Etranger*.
   L'Etranger a été écrit par Albert Camus.

2. Les mouches gênent les campeurs. *sont gênés par les mouches*
3. Le vent a cassé la fenêtre. *a été cassée par le vent*
4. Ce jeune ingénieur a dessiné ces deux ponts. *ont été dessinés par ce jeune...*
5. L'aubergiste accueille les touristes. *sont accueillis par l'aubergiste.*
6. Le gouvernement a organisé un festival de folklore. *a été organisé par le gouv.*
7. Tous les enfants chanteront cette chanson. *sera chantée par tous les enfants*
8. L'avocat vérifiera les dépenses. *seront vérifiées par l'avocat.*
9. D'habitude mon père fait les repas. *sont faits par mon père.*
10. Les représentants vous ont bien conseillé. *vous avez été bien conseillé par...*

B. Refaites chaque phrase deux fois en employant d'abord *on*, puis un verbe
pronominal. Suivez le modèle.

1. Les photos ne sont pas collées dedans.
   On ne colle pas les photos dedans.
   Les photos ne se collent pas dedans.

2. La bouillabaisse est faite avec différentes sortes de poissons. *On fait... bouillabaisse... la bouillabaisse se fait...*
3. Ces journaux sont lus à l'étranger. *On lit... Ces journaux se lisent*
4. Cet accident n'est pas facilement expliqué. *On explique cet accident... cet accident s'explique*
5. Les doubles peuvent être échangés. *on peut échanger les doubles... Les doubles peuvent s'échanger —*
6. Des timbres sont vendus dans toutes les postes. *on vend... Des timbres se vendent*
7. Ces chemisiers à manches courtes sont vus dans toutes les vitrines. *on voit... ces chemisiers se voient*
8. Regarde! La porte est fermée. *On ferme la porte — La porte se ferme*
9. Les lampes sont allumées. *On allume les lampes — Les lampes s'allument*

Vérifiez vos progrès p. 387

A. Refaites les phrases en employant le passif au
passé composé. Suivez le modèle.

1. Les Dupuy ont peint la maison.
   La maison a été peinte par les Dupuy.

2. Apollinaire a écrit le poème "Annie."
3. Sa mère a envoyé ces paquets.
4. Les enfants ont essuyé ces fenêtres.
5. Napoléon a construit ce monument-ci.
6. On a appelé cette région la "Suisse romande."
7. Vincent a découvert l'argent.
8. Albert a achevé la lecture.
9. Cette société a fabriqué nos bicyclettes.

Genève

B. Traduisez chaque phrase en employant l'indication entre parenthèses. Suiv
le modèle.

1. This isn't done in France. *(verbe pronominal)*
   Ça ne se fait pas en France.

2. Striped pants are sold in this department. *(le pronom on)*
3. Look! The door is opening very, very slowly. *(verbe pronominal)*
4. Those documentaries aren't shown *(jouer)* any more. *(le pronom on)*
5. French and Arabic are spoken in Algeria and Morocco. *(le pronom on)*
6. Today supermarkets are found even in the villages. *(verbe pronominal)*
7. These wines are drunk after dinner. *(verbe pronominal)*
8. That isn't said any more. *(verbe pronominal)*

LECTURE

La Suisse

Parmi les pays européens, il y en a un qui nous semble avoir toujours vécu[1] da
la paix[2] et la tranquillité; ce pays, c'est la Suisse. Ce paradis est connu pour
son air pur, la beauté de ses montagnes et de ses vallées, ses eaux claires, sa
verdure,[3] ses maisons propres et accueillantes aux fenêtres fleuries.[4] La Suisse
5 c'est aussi le pays de l'harmonie, qui règne[5] dans les paysages et aussi chez les
habitants.

La Suisse est une confédération de 22 cantons qui ressemblent plus ou moins
aux états des Etats-Unis ou aux provinces canadiennes. Chaque canton a son
propre gouvernement, chacun avec ses propres pouvoirs.[6] La Suisse a quatre
10 langues officielles: l'allemand, le français, l'italien et le romanche (qui est une
langue dérivée du latin comme le français et l'italien). Dans chaque région du
pays on ne parle généralement qu'une seule langue: par exemple, à Genève on
parle français, à Berne et à Zurich on parle allemand. Pourquoi y a-t-il quatre
langues en Suisse? C'est parce que la Suisse n'était pas un seul pays à l'origine[7]
15 mais un regroupement[8] de petits états dont les habitants n'avaient pas la même
origine culturelle et linguistique.

En effet, après le morcellement[9] de l'empire de Charlemagne,* ce qu'on appelle
aujourd'hui la Suisse était partagée[10] en un grand nombre d'états — de cantons —
qui étaient sous la domination de souverains[11] étrangers. C'est ainsi qu'à la fin
du treizième siècle, trois cantons de langue allemande (les cantons d'Uri, de
Nidwald et de Schwyz), qui étaient sous la domination de l'Autriche, ont décidé
de se réunir. Ainsi ils pourraient mieux lutter[12] pour leurs libertés tradition-
nelles. (C'est de cette époque[13] que date la légende de Guillaume Tell. Celui-ci,

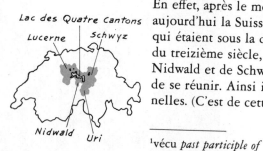

Lac des Quatre Cantons
Lucerne   *Schwyz*
Nidwald *Uri*

Cinquième
Leçon

90

[1]vécu *past participle of*
  vivre: *to live*
[2]la paix: *peace*
[3]la verdure = couleur verte
  des arbres, des herbes
[4]fleuri, -e = décoré de
  fleurs

[5]régner: *to reign*
[6]le pouvoir: *power*
[7]à l'origine: *originally*
[8]le regroupement: *group-
  ing*
[9]le morcellement: *breaking
  up, parcelling out*

[10]partager: *to divide*
[11]le souverain, la souve-
  raine: *sovereign, ruler*
[12]lutter: *to fight*
[13]l'époque *(f.): time, era,
  epoch*

qui avait refusé de saluer[14] l'Autrichien qui gouvernait le canton qu'il habitait,
25 a été condamné[15] à une terrible épreuve.[16] Il devait essayer de traverser d'une
flèche[17] de son arbalète[18] une pomme placée sur la tête de son jeune fils. Guil-
làume Tell s'est soumis à[19] l'épreuve, dont il est sorti victorieux. Il est devenu
un des héros suisses et il représente parfaitement ces gens qui sont prêts à tout
pour préserver leur liberté.)

30 Au cours des siècles plusieurs cantons se sont joints aux[20] trois premiers, car
seule l'unité des cantons pouvait préserver leur indépendance. La petite armée[21]
suisse était crainte de tous les pays européens, et elle a connu de nombreuses
victoires. Mais si les cantons suisses s'étaient unis[22] pour s'opposer et résister
aux pays voisins, la situation est devenue plus délicate quand les conflits[23] ont
35 cessé avec l'extérieur. L'union des cantons allait-elle durer? Au seizième siècle
les cantons ont connu de nombreuses guerres de religion entre les catholiques
et les protestants. Heureusement, la confédération comprenait bien la nécessité
de la tolérance. C'est pourquoi chaque canton a gardé, de siècle en siècle, sa
propre religion et sa propre langue. Cette tolérance générale et ce respect des
40 droits[24] de chaque canton a amené peu à peu la confédération à être neutre.[25] En
effet, au cours des siècles les divers cantons avaient établi[26] des alliances avec
différents pays étrangers. La Confédération Helvétique* a décidé donc d'être
neutre pour ne pas diviser[27] les cantons en cas de conflit avec l'extérieur. Ainsi,
la Suisse a réussi à garder son indépendance et sa neutralité et a pu finir de s'unifier
45 dans le calme.

Certains ont reproché à[28] la Suisse d'être restée neutre pendant le conflit contre
le nazisme en 1939–1945. Mais la neutralité ne signifie[29] pas le désintérêt[30]
de la condition humaine. Par exemple, après la bataille[31] de Solférino* un Suisse,
Henri Dunant,* qui avait soigné des blessés[32] au cours du combat, a proposé
50 à un général français de créer[33] une organisation internationale pour porter secours aux blessés, en cas de guerre. La plupart des pays ont donné leur accord
et la Croix-Rouge internationale a été créée en 1864. Cette organisation a démon-
tré[34] que la Suisse est un pays toujours prêt à aider les autres pays sans participer
à leurs guerres.

55 Un des avantages de la neutralité de la Suisse est aussi qu'elle peut servir de[35]
nation conciliatrice[36] dans les pourparlers[37] internationaux. Rappelons que Genève
a été le siège de la Société des Nations,* précurseur de l'Organisation des Nations
Unies, qui n'a pas pu empêcher la Deuxième Guerre Mondiale. C'est aussi à
Genève que se sont réunies les conférences internationales qui ont mis fin à
60 plusieurs conflits récents, par exemple, à la longue guerre d'Indochine* entre la
France et le Viet-Nam entre 1946 et 1954.

[14]saluer: *to salute*
[15]condamner: *to sentence*
[16]l'épreuve (*f.*): *test, ordeal*
[17]la flèche: *arrow*
[18]l'arbalète (*f.*): *bow*
[19]se soumettre à: *to submit to*
[20]se joindre à: *to join*
[21]l'armée (*f.*): *army*
[22]s'unir: *to unite*

[23]le conflit: *conflict*
[24]le droit: *right*
[25]neutre: *neutral*
[26]établir: *to establish*
[27]diviser: *to divide*
[28]reprocher à: *to reproach*
[29]signifier = *vouloir dire*
[30]le désintérêt: *disinterest*
[31]la bataille: *battle*

[32]le blessé, la blessée: *wounded (person)*
[33]créer: *to create*
[34]démontrer: *to demonstrate*
[35]de: (*here*) *as*
[36]conciliateur, -trice: *peacemaking*
[37]les pourparlers (*m.pl.*): *talks, negotiations*

Pays neutre et libre, la démocratie la plus ancienne du monde, la Suisse est un pays qui a connu peu de troubles à l'intérieur de ses frontières.[38] L'expérience lui a montré que la liberté religieuse et la diversité culturelle devaient s'étendre[39] au niveau[40] politique et c'est pourquoi la politique de la Suisse est basée sur la décentralisation. Pays neutre, démocratique, modèle de la décentralisation, riche de son histoire et des leçons qu'elle en a tirées,[41] la Suisse est un pays sans histoires.

65

Notes culturelles

Charlemagne: L'empire de Charlemagne (742–814) était immense et comprenait des pays qui sont maintenant la France, l'Allemagne, la Suisse, l'Autriche et la plus grande partie de l'Italie. Après sa mort son empire a été divisé en trois parties, dont l'une comprenait la plupart de ce qui est aujourd'hui la France.

la Confédération Helvétique: En Suisse elle-même le nom du pays est Helvétie ("Helvetia"). Les gens qui y habitaient à l'origine s'appelaient les Helvètes.

la bataille de Solférino: Cette bataille a eu lieu le 24 juin 1859. Napoléon III avait entrepris ("undertaken") une guerre, avec l'aide des Italiens, contre les Autrichiens qui occupaient le nord de l'Italie. Cette victoire française leur a coûté cher: il y a eu 17.000 morts français et 22.000 morts autrichiens.

Henri Dunant: Ce grand philanthrope suisse (1828–1910) a reçu le Prix Nobel de la Paix en 1901.

la Société des Nations: Cette organisation internationale, créée en 1919 au lendemain de la Première Guerre Mondiale, voulait établir une paix universelle et permanente. La S.D.N. a transmis sa mission à l'Organisation des Nations Unies—l'O.N.U.—(dont le siège se trouve à New York) avant de disparaître ("disappear") en 1947.

la guerre d'Indochine: Pendant la Deuxième Guerre Mondiale, après la défaite ("defeat") française, le Japon a saisi ("seized") le Viet-Nam. Après la guerre, la France, qui possédait ("owned") plusieurs territoires en Indochine, a essayé de rétablir sa souveraineté, et le Viet-Nam a refusé de s'y soumettre. Après une guerre qui a duré de 1946 à 1954, la France a dû quitter l'Indochine.

À propos...

1. Décrivez la Suisse. 2. Qu'est-ce que c'est qu'un canton? Combien de langues parle-t-on en Suisse? Pourquoi tant de langues? 3. Pourquoi les cantons d'Uri, de Nidwald et de Schwyz ont-ils décidé de se réunir? 4. Racontez la légende de Guillaume Tell. 5. Pourquoi la Suisse est-elle devenue très tôt un pays neutre? Qu'est-ce qui s'est passé—et qu'est-ce qui ne s'est pas passé—à cause de cette neutralité? 6. Qui était Henri Dunant? Qu'a-t-il fait? Qu'est-ce qui l'a mené à le faire? 7. La diversité culturelle a été très importante pour la Suisse. Aux Etats-Unis on n'a pas souvent essayé de préserver les cultures des gens qui y ont émigré. Les immigrés ("immigrants") ont dû plutôt s'assimiler. Qu'en pen-

A vous. Regardez la photo à la page 93. Imaginez le dialogue entre la petite fille qui veut tout faire et tout voir et son père qui veut s'asseoir un petit moment.

Cinquième
Leçon

92

[38]la frontière: *border*   [40]le niveau: *level*   [41]tirer (de): *to draw (from)*
[39]s'étendre: *to extend*

sez-vous? D'où sont venus vos propres ancêtres? Ont-ils rencontré des difficultés parce qu'ils faisaient partie d'une culture étrangère et qu'ils ne s'étaient pas encore assimilés? Parlez de ces difficultés.

EXPLICATIONS II

Les verbes suivis de l'infinitif

1. These verbs can be followed by a verb in the infinitive:

aimer	J'aime danser.
aimer mieux	Tu aimes mieux rester assis.
aller	Il va se lever.
compter	Elle compte faire la grasse matinée.
désirer	On désire bavarder un peu.
devoir	Nous devons écouter le prof.
espérer	Vous espérez sortir ce soir?
falloir	Il faut rester à la maison.
pouvoir	Ils peuvent se réunir.
préférer	Elles préfèrent ne pas y aller.
savoir	Je sais faire la cuisine.
venir	Tu viens nous voir?
vouloir	On veut faire le ménage?

Do you remember the meaning of these expressions: *laisser tomber (Il a laissé tomber la balle), aller chercher (Tu es allé chercher ton billet?), venir chercher (Viens me chercher vers 7 h. 30)?*

2. These verbs are followed by *à* when they are used before an infinitive:

aider à	Je l'aide à nettoyer le pare-brise.
apprendre à	Tu apprends à conduire la voiture?
commencer à	Il commence à neiger.
continuer à	Elle continue à faire du ski.
encourager à	On les encourage à perfectionner leur travail.
s'habituer à	Nous nous habituons à accueillir les inconnus.
hésiter à	Vous hésitez à déranger vos voisins?
inviter à	Ils nous invitent à les accompagner.
parvenir à	Elles parviennent à restaurer les peintures.
recommencer à	Il recommence à pleuvoir.
réussir à	Elle a réussi à trouver les bonbons qu'on avait caché.

3. These verbs require *de* when they are used before an infinitive:

accepter de	J'accepte de rester debout.
achever de	Tu achèves de raccourcir toutes tes jupes.
s'arrêter de	Il s'arrête de travailler.[1]
avoir besoin de	Elle a besoin de voir un médecin.
avoir envie de	On a envie de faire un long voyage.
avoir l'occasion de	Nous avons eu l'occasion de dormir à la belle étoile.

[1]*S'arrêter de* means "to stop *doing* something"; *s'arrêter pour* means "to stop (in order) *to do* something": *Je m'arrête de travailler quand il s'arrête pour bavarder.*

avoir peur de	Vous avez peur de plonger.
avoir le temps de	Ils ont le temps de nager.
cesser de	Elles ne cessent pas de nous parler.
se charger de	Je me charge de faire les lits.
choisir de	Tu choisis de remplir toutes ces tâches-là?
conseiller de	Il me conseille de regarder le plan.
craindre de	Elle craint de se perdre en ville.
décider de	On décide de remonter dans l'autobus.
décourager de	Nous le décourageons d'y entrer.
demander de	Vous me demandez de réparer les essuie-glaces?
se dépêcher de	Ils se dépêchent de vérifier l'huile.
dire de	Elles t'ont dit de ne pas gaspiller ton argent.
empêcher de	Je l'ai empêché de m'acheter un cadeau trop cher.
essayer de	Tu essaies de garer ta voiture?
faire semblant de	Il fait semblant de ne pas en avoir profité.
finir de	Elle finit de leur raconter une histoire.
offrir de	On a offert d'aller chercher les paquets.
oublier de	Nous avons oublié de faire nos courses.
permettre de	Vous me permettez de parler?
promettre de	Ils nous ont promis de venir.
refuser de	Elles refusent d'aller à son secours.
valoir la peine de	Ça ne vaut pas la peine d'emballer ces choses-là.

Remember that when *venir* is followed by *de* + infinitive it changes meaning:

Je viens les voir.	*I'm coming to see them.*
Je viens de les voir.	*I just saw them.*

4. Look at the following sentences:

Il { conseille / demande / dit / permet / promet } à Jean de répondre. He { advises / asks / tells / permits / promises } Jean to answer.

These five verbs can be followed by both an indirect object and an infinitive. It may be helpful to think of these verbs as *conseiller (demander, dire, permettre, promettre) à quelqu'un de faire quelque chose.*

Exercices

A. Répondez aux questions en employant les indications entre parenthèses. Suivez le modèle.

1. Qu'est-ce que vous aimez faire? (sortir avec des amis)
   Nous aimons sortir avec des amis.

2. Qu'est-ce que vous espérez faire? (maigrir)
3. Qu'est-ce qu'il faut faire? (écouter la musique)
4. Qu'est-ce que vous comptez faire? (lire le journal)

5. Qu'est-ce qu'ils savent faire? (jouer de la guitare)
6. Qu'est-ce que je vais faire? (essuyer la vaisselle)
7. Qu'est-ce qu'il peut faire? (enseigner la chimie)
8. Qu'est-ce que tu dois faire? (rester à la maison)
9. Qu'est-ce qu'il vient faire? (parler aux élèves)
10. Qu'est-ce que vous voulez faire? (organiser une surprise-party)

B. Remplacez les mots en italique par la préposition *à* et les indications entre parenthèses. Suivez le modèle.

1. J'apprends *le français.* (jouer du violon)
   J'apprends à jouer du violon.

2. Nous commençons *nos devoirs.* (nettoyer la cuisine)
3. Elles s'habituent *aux grosses dépenses.* (passer de longs examens)
4. Tu invites les Dupont *au concert.* (dîner au restaurant)
5. Vous apprenez *ces chansons.* (jouer aux échecs)
6. Elles commencent *le match de tennis.* (débarrasser la table)
7. Nous l'aidons *quand il neige.* (habiller le bébé)
8. Je suis parvenu *à l'entrée.* (escalader le sentier)

C. Refaites les phrases en employant les indications entre parenthèses. Employez toujours la préposition *de.* Suivez le modèle.

1. Marie sort ce soir. (avoir envie)
   Marie a envie de sortir ce soir.

2. L'enfant monte l'escalier. (essayer)
3. Le professeur annonce l'examen. (oublier)
4. Ce petit garçon tombe de son vélo. (avoir peur)
5. Elle s'arrête à la boucherie. (avoir le temps)
6. Nous faisons le ménage aujourd'hui. (promettre)
7. Je nettoie la salle de bains. (finir)
8. Nous nous reposons cet après-midi. (choisir)
9. Ils sont malades. (faire semblant de)
10. Ils arrivent avant midi. (accepter)

D. Complétez les phrases en employant la préposition *à* ou *de* où nécessaire.

1. Nous promettons *(à, de,–)* Blanche *(à, de,–)* l'accompagner à la piscine.
2. Le professeur permet *(à, de,–)* Thomas *(à, de,–)* sortir de la salle de classe.
3. L'hôtesse de l'air demande *(à, de,–)* Georges *(à, de,–)* lui montrer son billet.
4. Papa dit *(à, de,–)* Jean *(à, de,–)* monter dans sa chambre.
5. Nous espérons *(à, d',–)* apprendre *(à, de,–)* jouer de la contrebasse.
6. Elles offrent *(à, de,–)* m'aider *(à, de,–)* préparer le goûter.
7. Nous avons décidé *(à, de,–)* commencer *(à, de,–)* lire le chapitre.
8. Il faut *(à, de,–)* s'arrêter *(à, de,–)* parler quand le juge entre.
9. Elle se charge *(à, de,–)* finir *(à, de,–)* nettoyer le premier étage.
10. Elles veulent *(à, d',–)* essayer *(à, d',–)* organiser la fête.
11. Nous avons oublié *(à, de,–)* demander *(à, de,–)* Louis *(à, de,–)* se dépêcher.

Vérifiez vos progrès

Ecrivez d'abord deux phrases où vous emploierez la construction: verbe + infinitif. Ensuite écrivez cinq phrases où vous emploierez la construction: verbe + *à* + infinitif et cinq phrases où vous emploierez la construction: verbe + *de* + infinitif. Enfin écrivez deux phrases où vous emploierez la construction: verbe + *à* (quelqu'un) + *de* + infinitif. Puisque les réponses ne se trouvent pas à la fin du livre, vous devrez les vérifier en parlant avec votre professeur.

Parlons de vous

1. Est-ce que vous voudriez travailler au pair? Pourquoi? Où voudriez-vous aller? 2. Est-ce que vous connaissez quelqu'un qui travaille ou qui a travaillé au pair? Qu'a-t-elle dit de son travail? 3. Avez-vous un emploi? Le week-end? En été? Si vous avez un emploi, que faites-vous? Décrivez vos tâches. 4. Quand vous pensez à la Suisse, à quoi pensez-vous? aux Alpes, peut-être? aux sports d'hiver? Aimez-vous les sports d'hiver? Lesquels? Aimez-vous faire du ski ou de l'alpinisme? Aimez-vous patiner? Parlez un peu de ce que vous aimez faire en hiver.

THÈME

Etudiez le paragraphe français suivant. Puis, en l'employant comme modèle, mettez le paragraphe anglais en français.

Modèle: —Bonjour, John. Est-ce que tu as passé un bon été?
    —Oui, j'ai travaillé en Belgique pour la société pharmaceutique de mon oncle.
    —Alors, tu pouvais continuer tes études de français.
    —Ah, non! J'étais à Anvers, dans le nord de la Belgique, où on parle flamand.
    —L'allemand?

la Flandre

—Non, le flamand. C'est une langue germanique qui est parlé dans une grande partie de la Belgique—et aussi en Flandre, une région de la France située dans le nord, à côté de la Belgique. Mais, bien entendu, mon oncle et ma tante parlaient surtout anglais.

—Tu étais bien payé?

—Oui, et on me donnait mes repas et une chambre aussi.

—Qu'est-ce que tu faisais comme travail?

—Je devais faire un peu de tout—écrire des lettres, emballer des paquets et ainsi de suite. Il fallait aussi traduire des lettres en anglais.

—Tu avais le temps de voyager?

—Oui, chaque week-end j'ai essayé de faire une petite excursion. Je te conseille de chercher un emploi où on te permettra de travailler et de t'amuser à la fois.

Thème:—Hi, Thérèse. Did you have a good vacation?

—Yes, I worked as an au pair girl in Switzerland.

—So you were able to perfect your German.

—Oh, no. I was in Saint-Moritz, in eastern Switzerland, where they speak Romansh.

—Romanian?

—No, Romansh. It's a Romance language that's spoken in les Grisons, which is a Swiss canton located between Austria and Italy. But the family with whom I was lodging knew how to speak French, of course.

—Did they *(on)* pay you well?

—No, I was given room and board[1] in exchange for my chores in the house.

—What kind of work were you doing?

—I had to do the housework and prepare the meals. I also had to watch *(garder)* the children.

—Did you have an opportunity to have fun?

—Yes, almost every weekend I managed to go skiing. I advise all my friends to find a job where people *(on)* won't prevent them from learning and having fun, too.

AUTO-TEST

A. Refaites les phrases en employant la forme pronominale du verbe. Suivez le modèle.

1. On ne porte plus les vestes à carreaux.
   Les vestes à carreaux ne se portent plus.

2. On ne dit pas ça.
3. On ne vend plus cette sorte de robe.
4. On ne voit pas ça souvent.
5. On vend les billets à ce guichet.
6. On ne fait jamais ça au Mexique.

[1]The French will read: "I was lodged and fed."

7. On n'entend plus ces vieilles chansons.
8. Comment appelle-t-on ce machin?

B. Refaites les phrases en employant le passif. Faites attention au temps des verbes et suivez les modèles.

1. Elle a coupé des douzaines de tranches de jambon.
   Des douzaines de tranches de jambon ont été coupées.

2. On a guéri ce jeune homme à la clinique.
3. Je n'oublierai jamais son amabilité.
4. Cela ne comprend pas le pourboire.
5. Je n'ai pas servi les pâtisseries.
6. Nous garons la voiture près du musée.
7. Elle enverra les lettres par avion.
8. On a cassé le miroir?
9. Ils expliqueront tous ces exemples?
10. Tu as vite réparé le moteur.

C. Répondez aux questions en employant les indications entre parenthèses. Suivez le modèle.

1. De quoi est-ce que tu as besoin? (se dépêcher)
   J'ai besoin de me dépêcher.

2. Qu'est-ce qu'elles veulent? (faire votre connaissance)
3. A quoi est-ce qu'il est parvenu? (resserrer la vis)
4. Vous désirez? (essayer ces complets bleu marine)
5. De quoi te charges-tu? (apporter la nourriture)
6. Qu'est-ce que vous avez oublié? (rendre la clef à la concierge)
7. Qu'est-ce qu'elle me demande? (aller chercher une baguette)
8. Qu'est-ce qu'ils apprennent? (jouer au golf)
9. A quoi est-ce que tu t'habitues? (parler français)
10. Qu'est-ce qu'il t'a dit? (ne pas doubler)

COMPOSITION

Ecrivez une composition sur un emploi que vous avez eu ou que vous voudriez avoir.

Sixième Leçon

Au Jeu de Paume

Didier Crillon et Maud Bercy passent la matinée au musée du Jeu de Paume,* où se trouvent les collections[1] impressionnistes du Louvre. On y voit les œuvres de tous les grands artistes qui se rattachent à cette école de peintres.* Maud s'arrête devant un tableau de Mary Cassatt*—*Jeune Femme Cousant.*

5   MAUD   Regarde, Didier! Je ne savais pas qu'il y avait des Américains parmi les impressionnistes!

       DIDIER   Et tu seras également étonnée quand tu apprendras qu'Alfred Sisley était anglais.

       MAUD   Mais je suis sûre que je comprendrai beaucoup mieux quand tu m'auras

10   tout expliqué.

       DIDIER   Bon. Pour commencer, Mary Cassatt n'était pas vraiment un peintre impressionniste, mais elle était amie avec ces peintres-là, surtout avec Degas.

       MAUD   Alors, c'est pour reconnaître ces liens d'amitié qu'on la compte parmi

15   les impressionnistes?

       DIDIER   Non, il ne s'agit pas de leur amitié. Même à l'époque, elle exposait ses tableaux avec les impressionnistes.

       MAUD   Est-ce qu'elle a fait beaucoup de tableaux?

       DIDIER   Oui, mais je crois que la plupart de ses tableaux sont maintenant dans

20   des musées aux Etats-Unis. Pendant longtemps, elle était pourtant plus célèbre en France que dans son pays natal. Elle a même reçu la légion d'honneur* en 1904.

       MAUD   On peut voir beaucoup de différences entre tous ces tableaux.

       DIDIER   C'est vrai. Chacun de ces peintres a travaillé d'une façon différente.

25   Sisley et Pissarro, par exemple, aimaient peindre dehors pour saisir l'effet de la lumière. Cézanne s'intéressait aux formes géométriques. Degas voulait saisir le mouvement sur ses tableaux.

       MAUD   Dis donc! Tes connaissances en art sont vraiment impressionnantes!

       DIDIER   Non . . . Elles sont plutôt impressionnistes!

---

[1]This word is usually in the plural when speaking of a museum, whose "collection" is often a combination of several collections.

Notes culturelles

le Jeu de Paume: Construit en 1862 par Napoléon III, ce bâtiment est situé dans un coin du jardin des Tuileries, près de la place de la Concorde. C'était, à l'origine, une sorte de gymnase où on jouait à la paume. (Ce jeu, ancêtre du tennis moderne, était autrefois un sport très répandu en France.) Depuis 1947, les collections impressionnistes du Louvre y sont exposées.

L'expression "le jeu de paume" a une signification historique. Le roi Louis XVI, sachant que certains députés étaient contre la monarchie, leur avait interdit d'entrer dans la salle où d'habitude ils se réunissaient. Ils sont donc allés dans la salle du jeu de paume de Versailles où, le 20 juin 1789, ils ont juré de "ne pas se séparer avant d'avoir donné une Constitution à la France." Ce serment qu'ils ont prêté est connu jusqu'à nos jours comme "le serment du Jeu de Paume." Six semaines plus tard, le 5 août, les députés ont donné au monde la célèbre Déclaration des Droits de l'Homme. Pour la première fois les Français ont obtenu l'égalité devant la loi.

l'impressionnisme: Les peintres impressionnistes—dont les plus connus sont Claude Monet (1840–1926), Alfred Sisley (1839–1899), Camille Pissarro (1830–1903), Edouard Manet (1832–1883), Paul Cézanne (1839–1906), Edgar Degas (1834–1917), Auguste Renoir (1841–1919) et Berthe Morisot (1841–1895)—essayaient surtout de montrer l'effet de la lumière sur tout ce qu'on voit. La lumière du soleil, qui change de moment en moment selon la saison et l'heure du jour, nous donne à chaque instant une impression visuelle différente. Le nom de cette école dérive du titre d'un tableau de Monet, *Impression: Soleil levant* (1874).

Mary Cassatt: Née en Pennsylvanie, Mary Cassatt (1845–1926) a passé la plus grande partie de sa vie en France, où elle était allée en 1872 pour faire ses études de peinture. Elle a étudié aussi en Italie, en Espagne et en Belgique. C'est en Belgique qu'elle a fait la connaissance de Degas, qui est devenu son guide. Parmi les chefs-d'œuvre de Cassatt il y a beaucoup de portraits de mères avec leurs enfants.

C'est en partie grâce à Mary Cassatt que les impressionnistes sont devenus célèbres. Elle connaissait un grand nombre d'Américains assez riches qui s'intéressaient à l'art et elle leur a parlé de ses collègues avec enthousiasme. De cette façon, ses amis ont commencé à acheter les tableaux des impressionnistes.

la légion d'honneur: Napoléon Bonaparte a établi l'ordre de la légion d'honneur en 1802 pour récompenser ceux dont le service militaire ou civil avait aidé la nation.

Sixième
Leçon

QUESTIONNAIRE

1. Qu'est-ce qui se trouve au Jeu de Paume?   2. Pourquoi est-ce que Maud est surprise de voir la *Jeune Femme Cousant?*   3. Pourquoi est-ce que les tableaux de Mary Cassatt sont exposés avec ceux des vrais impressionnistes?   4. Comment est-ce que Cassatt a aidé les impressionnistes?   5. Quels sont les peintres impressionnistes les plus connus? Avez-vous vu quelques-uns de leurs tableaux ou des photos de ces tableaux? Lesquels? Vous pouvez les décrire?   6. Vous avez vu des tableaux de Mary Cassatt? Si oui, où est-ce que vous les avez vus?

Les avez-vous aimés? Vous souvenez-vous de leurs titres? 7. Est-ce que vous aimez l'art impressionniste? Pouvez-vous expliquer ce que les impressionnistes essayaient de faire?

GLOSSAIRE

NOMS

l'amitié *f.* friendship
l'ancêtre *m.* ancestor
le bâtiment building
le chef-d'œuvre, *pl.* les chefs-d'œuvre masterpiece
collègue *m.&f.* colleague
les connaissances *f.pl.* knowledge
la constitution constitution
la déclaration declaration
le député deputy, representative[1]
le droit right; law
l'effet *m.* effect
l'égalité *f.* equality
l'enthousiasme *m.* enthusiasm
l'époque *f.* time, epoch, era
la façon way
    d'une (de cette) — in a (in that) way
l'honneur *m.* honor

l'impression *f.* impression
l'impressionnisme *m.* Impressionism
impressionniste *m.&f.* Impressionist
le lien tie, bond
la loi law
la monarchie monarchy
le mouvement movement
l'œuvre *f.* work
l'ordre *m.* order
l'origine *f.* origin
le portrait portrait
la salle auditorium, meeting room
le serment oath
le service service
la signification meaning, significance

VERBES

s'agir de *(3 sing. only)* to be a question of, to concern
coudre to sew[2]
établir to establish, to begin
exposer to exhibit
interdire to forbid[3]
s'intéresser à to be interested in
jurer to swear

obtenir to get, to obtain[4]
se rattacher à to belong to, to be part of
récompenser to repay, to recompense
saisir to seize, to hold, to catch
se séparer to separate, to break up; to adjourn

---

[1]Like *le professeur* and *le médecin*, *le député* can refer to either a man or a woman. Today, *un député* is a member of la Chambre des Députés and is the equivalent of a congressman or congresswoman in the U.S.

[2]The verb *coudre* is irregular *(je couds, tu couds, il/elle/on coud; nous cousons, vous cousez, ils/elles cousent)*. Since it is not often used, you need not learn how to conjugate it. You should, however, know the infinitive form, *coudre*, and the present and past participles: *cousant* and *cousu*. Note that the nouns *la couture* and *le couturier, la couturière* are derived from this verb. Today's fashion designer was thus once simply a person who sewed.

[3]*Interdire* is conjugated like *dire*, except for the 2 pl. form: *vous interdisez*. Note that it is *interdire à qqn de faire qqch.*

[4]*Obtenir* is conjugated like *venir*, but forms its passé composé with *avoir*.

ADJECTIFS

ami, -e on friendly terms
civil, -e civil
construit, -e built
historique historic, historical

impressionniste Impressionist
natal, -e native
répandu, -e widespread, popular
visuel, -le visual

MOTS-OUTILS ET EXPRESSIONS

à l'origine originally
également equally; also
fixement intently
grâce à thanks to

pourtant however
prêter serment to give one's oath,
to swear
regarder fixement to stare

Etude de mots

Synonymes: Les expressions suivantes sont des synonymes. Employez chaque expression dans une phrase.

1. se rattacher à   faire partie de
2. aussi   également
3. à l'origine   d'abord
4. connu   répandu
5. payer   récompenser
6. intéresser qqn   s'intéresser à
7. la signification   le sens
8. l'époque   le temps

Mots associés 1: Faites des phrases en employant un adjectif qui dérive de chaque verbe ou nom.

1. construire   3. naître   5. surprendre   7. l'histoire
2. intéresser   4. aimer   6. l'enthousiasme   8. la géométrie

Mots associés 2: Tous ces mots sont des synonymes: *cependant, pourtant, toutefois, quand même, tout de même, mais.* Notez qu'en anglais il y a aussi beaucoup de mots et d'expressions qui sont des synonymes de "however": "but, yet, nonetheless, nevertheless, anyhow, anyway, even so, all the same," etc.

Mots à plusieurs sens: Au singulier, *la connaissance* veut dire "acquaintance" ou "understanding": *Il a fait la connaissance de plusieurs députés; Sa connaissance du problème nous a beaucoup aidés.* Au pluriel, cela veut dire "ce qu'on a appris," ou "knowledge": *Ses connaissances des faits étaient tout à fait impressionnantes.*

Mots à ne pas confondre: Ne confondez pas les mots suivants. Notez les exemples et puis employez chaque mot en italique dans une phrase.

1. *entre/parmi* Ce sont des synonymes, mais on ne peut pas employer *parmi* en parlant de deux choses seulement. Dans ce cas-là on doit employer *entre.*
2. *jurer/prêter serment* Il est très impoli de jurer, vous savez. Mais quand on prête serment on jure quelquefois sur la Bible.
3. *l'œuvre/le travail* Ce travail a été difficile, mais il en valait la peine. Regardez l'œuvre qui en a résulté.

Devant le Palais de Justice

4. *le droit / la loi* Pour devenir avocat il faut étudier le droit ("the Law"), c'est-à-dire, toutes les lois de la nation. Le célèbre auteur Montesquieu (1689–1755) a écrit: "La liberté est le droit ("the right") de faire tout ce que les lois permettent." Pensez-y!

5. *merci / grâce à* Merci mille fois, monsieur. Grâce à vous, nous exposerons nos œuvres au Salon le mois prochain.

6. *impressionnant / impressionniste* Cela ne m'impressionne pas. Ce que je trouve impressionnant, ce sont ses connaissances des tableaux impressionnistes au Jeu de Paume.

EXPLICATIONS I

Le futur

1. Review the formation of the future tense:

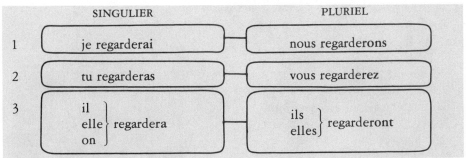

	SINGULIER		PLURIEL
1	je regarderai		nous regarderons
2	tu regarderas		vous regarderez
3	il elle on } regardera		ils elles } regarderont

2. Remember that for regular *-er*, *-ir*, and *-ir/-iss-* verbs, the future stem is the infinitive: *regarder-*, *dormir-*, *finir-* (*tu dormiras, il finira*, etc.).

3. For verbs ending in *-re* except *être* and *faire*, the future stem is the infinitive minus the final *-e: vendr-, mettr-, prendr-, boir-, lir-, écrir- (je vendrai, tu mettras, il prendra, nous boirons*, etc.).

4. The following verbs show stem changes in both the present and the future:

INFINITIVE	PRESENT	FUTURE STEM	FUTURE
acheter	il achète	achèter-	j'achèterai
achever	il achève	achèver-	tu achèveras
geler	il gèle	gèler-	il gèlera
(se) lever	il (se) lève	(se) lèver-	elle se lèvera
mener[1]	il mène	mèner-	nous mènerons
employer	il emploie	emploier-	j'emploierai
ennuyer	il ennuie	ennuier-	tu ennuieras
essayer	il essaie	essaier-	il essaiera
essuyer	il essuie	essuier-	nous essuierons
nettoyer	il nettoie	nettoier-	vous nettoierez
payer	il paie	paier-	ils paieront
(s')appeler	il (s')appelle	(s')appeller-	j'appellerai
jeter	il jette	jetter-	tu jetteras
se rappeler	il se rappelle	(se) rappeller-	il se rappellera

5. The following verbs show stem changes in the present tense, but use the infinitive as the future stem:

INFINITIVE	PRESENT	FUTURE
accélérer	il accélère	j'accélérerai
espérer	il espère	tu espéreras
préférer	il préfère	il préférera
répéter	il répète	nous répéterons
suggérer	il suggère	vous suggérerez

Exercices

A. Mettez les phrases au futur. Suivez le modèle.

1. Elle regarde les chefs-d'œuvre impressionnistes.
   Elle regardera les chefs-d'œuvre impressionnistes.

2. Nous nous séparons à 10 h.
3. Ils prêtent serment au roi.
4. Le député montre la constitution à ses collègues.
5. Vous vous intéressez à ces œuvres?
6. Il ne s'agit donc pas d'une loi?
7. Est-ce que tu sers de la bière?
8. Elles exposent les portraits de leurs ancêtres.
9. Ils établissent une usine près de l'autoroute.

[1]*Amener, emmener,* and *(se) promener* also follow this pattern.

B. Refaites les phrases au futur. Suivez le modèle.

1. Ils n'ont entendu que les serments.
   Ils n'entendront que les serments.

2. Tu n'as pas vendu ces vieux chemisiers?
3. Nous nous sommes souvent écrit cette année.
4. Elle n'a pas compris la signification de cette déclaration.
5. Elles ont lu les poèmes de Senghor.
6. Ils ont repris le travail avec enthousiasme.
7. Est-ce que le bébé est né vers la fin de l'année?
8. La directrice a interdit aux élèves de jouer au football dans la cour.
9. Nous avons reconnu un grand nombre des représentants.
10. Elle a dit non, bien entendu.

C. Remplacez le verbe par la forme convenable du futur du verbe entre parenthèses. Suivez le modèle.

1. Il achève le portrait. (acheter)
   Il achètera le portrait.

2. Nous devons déjeuner à midi. (préférer)
3. Ils choisissent un nouveau titre pour le film. (suggérer)
4. Je me lève avant 7 h. (se promener)
5. Il ne neige pas ce soir. (geler)
6. Tu paies l'addition? (jeter)
7. Vous nettoyez la table après le repas. (essuyer)
8. Je préfère partir avant minuit. (espérer)
9. Le professeur emploie le mot trois fois. (répéter)
10. Vous tournez ici. (accélérer)
11. Non, tu n'appelles pas tes amies. (ennuyer)

Le futur avec si et après quand, lorsque, dès que, aussitôt que

1. Remember that sentences containing *si* clauses have two parts: (1) the clause introduced by *si* and (2) the "result clause." If the verb in the result clause is in the *present,* the *imperative,* or the *future,* the verb in the *si* clause must be in the present:

S'ils ont assez d'argent, ils voyagent.	*If they have enough money, they travel.*
Si tu as le temps, viens me voir.	*If you have the time, come see me.*
Si elle arrive à temps, elle nous téléphonera.	*If she arrives in time, she'll phone us.*

2. However, after *quand, lorsque, dès que,* and *aussitôt que,* the verb is in the future because it is implied that the action will take place in the future. In English we use the present:

Je lui ferai une visite **quand il rentrera** de l'hôpital.	*I'll visit him **when he gets home** from the hospital.*

Elle s'arrêtera au marché **lorsqu'elle** aura le temps.	*She'll stop at the market **when she has** the time.*
Nous partirons **aussitôt que** tout le monde sera prêt.	*We'll leave **as soon as** everyone is ready.*
Faisons une promenade **dès qu'il** cessera de neiger.	*Let's take a walk **as soon as** it stops snowing.*

3. Now compare the following:

Je fais le ménage **lorsque** ma mère n'est pas à la maison.	*I **do** the housework **when** my mother **isn't** home.*
Je ferai le ménage **lorsque** ma mère ne sera pas à la maison.	*I'll **do** the housework **when** my mother **isn't** home.*
Quand il la voit, il lui dit bonjour.	*When he sees her, he says hello.*
Quand il la verra, il lui dira bonjour.	*When he sees her, he'll say hello.*

A vous. Vous vous promenez avec des amis lorsque vous voyez cette artiste à l'autre côté de la rue. Vous traversez la rue. Parlez de ses tableaux avec elle ou avec vos amis.

The first sentence in each pair describes a repeated or habitual action, so the present tense is used. The second sentence implies a future action, so the future tense is used.

A St-Tropez, sur la Côte d'Azur

Vous souvenez-vous?

Les verbes suivants sont irréguliers au futur:

INFINITIF	RADICAL	FUTUR
aller	ir-	j'irai
s'asseoir	s'assiér-	tu t'assiéras
avoir	aur-	il aura
cueillir[1]	cueiller-	nous cueillerons
devoir	devr-	vous devrez
envoyer	enverr-	ils enverront
être	ser-	elles seront
faire	fer-	on fera
falloir	faudr-	il faudra
pleuvoir	pleuvr-	il pleuvra
pouvoir	pourr-	je pourrai
recevoir	recevr-	tu recevras
renvoyer	renverr-	il renverra
savoir	saur-	elle saura
valoir	vaudr-	il vaudra
venir[2]	viendr-	nous viendrons
voir	verr-	vous verrez
vouloir	voudr-	on voudra

Exercices

A. Complétez les phrases en employant la forme convenable du verbe entre parenthèses. Suivez le modèle.

1. Si tu *(passer)* la journée au parc, apporte un déjeuner.
   Si tu passes la journée au parc, apporte un déjeuner.
2. Si elle *(s'arrêter)* à la boutique, elle sera en retard.
3. Il faudra écouter cette émission si on *(vouloir)* entendre la musique de Debussy.
4. S'il *(neiger)*, restez à l'intérieur!
5. Si ce portrait *(valoir)* beaucoup d'argent, nous le vendrons à un collectionneur.
6. Nous devrons peindre la salle entière si ses murs *(être)* sales.
7. Si le service *(être)* bon, nous retournerons à ce restaurant.
8. Si vous *(savoir)* réparer cette machine, réparez-la, s'il vous plaît.
9. Si le directeur du musée *(s'intéresser)* à mes tableaux, on les exposera le mois prochain.

B. Refaites les phrases au futur. Suivez le modèle.

1. Elle va à la porte quand elle entend la sonnette.
   Elle ira à la porte quand elle entendra la sonnette.
2. Jean fait une mauvaise impression lorsqu'il commence à jurer.

---

[1]*Accueillir* and *recueillir* follow this pattern.
[2]All verbs ending in *-tenir* and *-venir* follow this pattern.

3. Ils font une randonnée aussitôt qu'il ne pleut plus.
4. Dès que les nuages ne la cachent plus, vous voyez la lune.
5. Ça vaut la peine de visiter le Louvre quand on est à Paris.
6. Lorsque tu arrives à Genève, mes cousins t'accueillent à la gare.
7. Je m'assieds aussitôt que le film commence.
8. Aussitôt que nous sommes prêts, nous descendons pour le petit déjeuner.
9. Quand il va à St-Malo il voit le vieux port.
10. Dès que le feu passe au vert on peut se mettre en route.

Vérifiez vos progrès

A. Refaites les phrases en substituant la forme correcte du verbe entre parenthèses. Suivez le modèle.

1. J'accompagnerai les enfants au théâtre. (emmener)
   J'emmènerai les enfants au théâtre.

2. Elles se réveilleront à 8 h. 30. (se lever)
3. Nous ne laverons ni le plancher ni le plafond. (nettoyer)
4. Est-ce qu'il pleuvra demain? (geler)
5. Tu téléphoneras au médecin. (appeler)
6. Elle mettra le pantalon à rayures. (essayer)
7. Ils diront la bonne réponse. (répéter)
8. Est-ce que vous irez sur les quais? (se promener)
9. Je ne garderai pas la balle. (jeter)

B. Complétez les phrases en employant la forme correcte (présent ou futur) du verbe entre parenthèses. Suivez le modèle.

1. Tu verras le match quand tu *(aller)* au stade.
   Tu verras le match quand tu iras au stade.

2. Si nous *(acheter)* un album, nous pourrons y coller nos timbres.
3. Aussitôt qu'elles ont débarrassé la table, je *(faire)* la vaisselle.
4. Dites-moi le problème si vous *(vouloir)*.
5. Il sera plus étonné lorsqu'il *(apprendre)* l'origine de ce mouvement.
6. S'ils ne *(cueillir)* pas les fraises maintenant, demain ce sera trop tard.
7. Dès que les cours *(reprendre)*, je n'ai plus de temps pour m'amuser.
8. Elles *(s'asseoir)* quand elles trouvent leurs places.
9. Maman se fâche toujours si nous *(se disputer)*.
10. Je le reconnaîtrai dès que je le *(voir)*.
11. Il reviendra à Amiens, sa ville natale, lorsqu'il *(avoir)* assez d'argent.
12. Si tu veux voir quelques nouveaux dessins, tu *(devoir)* lire les revues de mode.

LECTURE

Paris et les immigrés[1]

Paolo Da Silva et sa famille habitent Champigny-sur-Marne,* dans la banlieue sud-est de Paris. Ses parents sont des ouvriers immigrés* qui se sont installés[2] en France il y a une vingtaine d'années. Ils sont venus du Portugal, mais Paolo est né en France. Au lycée, son professeur d'histoire a récemment demandé aux
5 élèves de faire des exposés[3] et de choisir eux-mêmes les sujets.[4] Paolo, qui plus tard veut continuer ses études aux Beaux-Arts,* a décidé de parler des immigrés qui sont devenus célèbres dans le domaine littéraire et artistique. Il a fait beaucoup de recherches[5] pour son travail, car il sait que ses camarades vont lui poser des questions.

10 Aujourd'hui, c'est le jour de son exposé, et Paolo est très nerveux de parler devant toute la classe. "J'espérais vous parler de quelques grands artistes, nés à l'étranger, qui ont beaucoup contribué[6] à la vie artistique française. Mais il y en avait tant—de l'époque de François Ier, qui a attiré à sa cour[7] des poètes et des peintres italiens, y compris Léonard de Vinci,* jusqu'à nos jours. Alors, j'ai
15 décidé de me borner[8] à un seul: Pablo Picasso.

"Pablo Picasso est un des rares artistes à avoir connu la gloire et la richesse[9] pendant sa vie. C'était un artiste de génie[10] aux mains magiques: tout ce qu'il touchait devenait immédiatement un trésor[11] pour lequel les amateurs[12] d'art et les musées étaient prêts à offrir des sommes[13] énormes."

20 MARIE   Combien de tableaux est-ce qu'il a peints?
PAOLO   Les livres que j'ai lus parlent de plus de 10.000 toiles[14] importantes et un nombre fabuleux de dessins et de croquis.[15] Il ne faut pas oublier que Picasso était aussi sculpteur et qu'il nous a laissé des céramiques et des estampes,[16] sans compter des décorations de théâtre, des costumes
25   de ballets, et même une pièce de théâtre qu'il a écrite. Sa capacité de travail était aussi grande que son talent.
ROGER   Est-ce vrai que Picasso était millionnaire mais qu'il n'aimait pas dépenser[17] d'argent?
PAOLO   En effet Picasso, par son travail, a acquis[18] une fortune immense. Mais,
30   comme beaucoup d'artistes, il avait eu des débuts difficiles. Il fréquentait, par exemple, un restaurant espagnol près de son atelier. Quand il n'avait pas d'argent pour payer son addition, il prenait un crayon et improvisait sur la nappe en papier un dessin qu'il signait. Plus tard, lorsqu'il est devenu riche, il n'avait jamais d'argent sur lui quand il
35   voyageait. Il savait qu'en quelques minutes il pouvait, grâce à ses mains, obtenir une somme considérable.

REPUBLIQUE FRANÇAISE

FRANÇOIS Iᵉ PAR JEAN CLOUET

---

[1]immigré, -e: *immigrant*
[2]s'installer: *to settle*
[3]l'exposé (*m.*): *oral report*
[4]le sujet: *subject*
[5]la recherche: *research*
[6]contribuer: *to contribute*
[7]la cour: (*here*) *court*

[8]se borner: *to limit oneself*
[9]la richesse: *wealth*
[10]le génie: *genius*
[11]le trésor: *treasure*
[12]l'amateur (*m.*) = le collectionneur, la collectionneuse

[13]la somme: *sum*
[14]la toile: *canvas*
[15]le croquis: *sketch*
[16]l'estampe (*f.*): *print*
[17]dépenser: *to spend*
[18]acquérir = obtenir

DENIS	Picasso était portugais d'origine?
PAOLO	Non, il est né à Malaga en Espagne en 1881. (Entre parenthèses,[19] son prénom[20] et le mien veulent dire tous les deux Paul.) Son père, qui était professeur de dessin, lui a donné très tôt le goût[21] de la peinture. Après des études à l'Académie d'Art de Barcelone, le jeune Pablo quitte son pays natal pour s'installer à Paris, le grand centre artistique d'Europe. Il tombe amoureux de[22] Montmartre* et y habite pauvrement et en bohème.[23] Il devient vite célèbre grâce à ses peintures qui sont une véritable révolution.
ALICE	L'été dernier j'ai visité un musée à Antibes* qui porte son nom et qui ne contient que ses œuvres.
PAOLO	J'ai oublié de mentionner que vers la fin de sa vie — il est mort en 1973 — Picasso s'est installé sur la Côte d'Azur. Il a rendu célèbre la petite ville de Vallauris en apprenant aux[24] potiers[25] de la région à faire une poterie artistique. Cet homme de génie n'a jamais oublié ses origines modestes; homme du peuple, il a toujours aidé les humbles et les pauvres. C'est grâce à lui que les poteries de Vallauris ont acquis une réputation mondiale. Pour conclure[26] mon exposé sur Picasso je voudrais souligner[27] son attachement à son pays d'origine et son engagement politique. Pour protester contre la dictature[28] fasciste de Franco, il a refusé de rentrer en Espagne ou même d'y remettre les pieds. L'émotion qu'a provoquée[29] en lui la terrible Guerre Civile d'Espagne* nous a donné son plus fameux tableau, le "Guernica," qui témoigne de[30] la destruction presque totale d'une ville du pays basque* sous les bombes de "volontaires"[31] allemands.
CLAIRE	Tu peux nous dire quelque chose sur Marc Chagall? C'était aussi un immigré.
PAOLO	Je sais qu'il est né en Russie en 1887, mais qu'il a passé la plus grande partie de sa vie en France. Il a reçu une bourse[32] qui lui a permis d'étudier dans notre pays et de rencontrer les grands peintres installés à Paris. Lui aussi s'est installé dans le Midi,[33] à Vence près de Nice. Il était déjà très âgé[34] quand il a dessiné les célèbres vitraux[35] de l'hôpital Hadassa à Jérusalem et le beau plafond de l'Opéra à Paris.

A la fin du cours, les élèves félicitent Paolo.

DENIS	C'était très bien, tu sais, ton exposé sur Picasso. Cela me donne envie d'aller à une exposition de peinture.

40

45

50

55

60

65

70

---

[19]entre parenthèses: *by the way*
[20]le prénom: *first name*
[21]le goût: *taste*
[22]amoureux, -euse de: *in love with*
[23]en bohème: *as a Bohemian. Gypsies were thought to have come from Bohemia (now part of Czechoslovakia). Struggling artists and*

writers who seem to have no roots and to be indifferent to social conventions are sometimes called Bohemians.*
[24]apprendre à qqn = enseigner à qqn
[25]le potier: *potter*
[26]conclure: *to conclude*
[27]souligner: *to underline*
[28]la dictature: *dictatorship*

[29]provoquer: *to provoke*
[30]témoigner de: *to bear witness to*
[31]le volontaire: *volunteer*
[32]la bourse: *scholarship, grant*
[33]le Midi = le sud de la France
[34]âgé, -e = vieux
[35]le vitrail: *stained glass window*

PAOLO   Samedi après-midi nous pourrons nous rendre à une nouvelle exposition qui ouvre au Centre Pompidou.* Tu veux?

75   DENIS   Bien sûr.

Notes culturelles

Champigny-sur-Marne: Cette ville de 71.000 habitants, située sur la rive gauche de la Marne, a été le site d'une terrible bataille entre les Français et les Prussiens pendant la Guerre de 1870.

les ouvriers immigrés: Depuis les années 60 en France, beaucoup d'étrangers viennent s'installer dans le pays pour y travailler. Il y a en particulier des Algériens, des Espagnols et des Portugais. Ces derniers choisissent le plus souvent de chercher du travail dans la région parisienne. Si les parents immigrés ont de temps en temps le mal du pays, les enfants sont d'habitude totalement intégrés ("integrated") et considèrent la France comme leur pays.

les Beaux-Arts: L'Ecole Nationale Supérieure des Beaux-Arts est une des Grandes Ecoles. L'admission se fait par un concours très difficile. Les étudiants qui y sont reçus se destinent à l'architecture ou au dessin.

Léonard de Vinci: Ce grand artiste, né en 1452, était peintre, sculpteur, architecte, ingénieur et savant ("scholar"). Invité en France par le roi François Ier, il est mort en 1519 au château de Clos-Lucé, près d'Amboise, dans la vallée de la Loire.

Les poteries de Vallauris

Montmartre: Situé dans le nord de Paris, Montmartre est un des sites touristiques préférés des étrangers qui viennent à Paris. C'est là que se trouvent le Sacré-Cœur, beaucoup de boîtes de nuit ("nightclubs") et la place du Tertre, où de nombreux artistes viennent faire des tableaux sous l'œil admiratif ("admiring") des touristes.

Antibes: C'est une ville de 48.000 habitants sur la Côte d'Azur. Antibes est très près de Grasse, qui est le centre de l'industrie française du parfum.

la Guerre Civile d'Espagne: En 1936, le général Francisco Franco (1892 – 1975) s'est mis à la tête d'un mouvement d'insurrection dirigé contre le gouvernement républicain (c'est-à-dire, contre le gouvernement de la République Espagnole). Après plusieurs mois de combats auxquels les pays voisins ont participé plus ou moins indirectement (les Allemands et les Italiens ont aidé Franco; les Anglais, les Français et les Russes ont aidé le gouvernement républicain), Franco a pris le pouvoir ("power"). Sa dictature a duré de 1939 jusqu'à sa mort ("death").

le pays basque: Il y a trois provinces basques en Espagne. Les gens qui y habitent parlent une langue tout à fait différente des autres langues européennes et ils ont leur propre culture. Il y a aussi le pays basque français, situé dans les Pyrénées occidentales. Les villes de Bayonne et de Biarritz, sur la côte de l'Atlantique, se trouvent dans le pays basque français.

le Centre Pompidou: Appelé également le Centre Beaubourg, c'est le nouveau Centre National d'Art et de Culture qu'on a construit à Beaubourg, un des plus vieux quartiers de Paris. Les Parisiens — et surtout les habitants du vieux quartier pittoresque — ont eu beaucoup de mal ("trouble") à s'habituer à cette grande structure moderne et vivement colorée. Le Centre Pompidou, ouvert en 1977, est le plus grand musée d'art moderne du monde. Il contient aussi une bibliothèque publique énorme, un Centre de Création Industrielle et un Centre de Recherche Musicale. Le centre a été nommé ainsi en hommage à Georges Pompidou (1911 – 1974), Président de la République Française de 1969 à 1974, qui s'est beaucoup intéressé à l'art moderne.

A vous. Vous êtes au musée, et vous voyez cette sculpture. A quoi pensez-vous en la regardant?

Au Musée Picasso, Antibes

A propos ...

1. Qu'est-ce que c'est qu'un immigré? D'où sont venus les Da Silva? Que font-ils? 2. De qui Paolo a-t-il décidé de parler? Pourquoi? 3. Picasso a-t-il fait beaucoup de tableaux? A-t-il fait d'autres choses? 3. A votre avis, pourquoi Picasso n'aimait-il pas dépenser d'argent? 4. D'où est venu Picasso? Que faisait son père comme profession? Pourquoi le jeune Pablo est-il allé en France? 5. Où s'est-il installé vers la fin de sa vie? Comment a-t-il rendu célèbre la ville de Vallauris? 6. Connaissez-vous quelques tableaux ou quelques dessins de Picasso? Pouvez-vous les décrire? Connaissez-vous quelques œuvres de Chagall? Pouvez-vous en discuter? 7. Il y a eu un assez grand nombre d'immigrés en France qui sont devenus célèbres. Il y a, par exemple, des Polonais (Frédéric Chopin, Marie Curie), des Russes (Chagall, Vassili Kandinsky), des Irlandais (James Joyce, Samuel Beckett), des Allemands (Giacomo Meyerbeer, Jacques Offenbach, Heinrich Heine), des Italiens (Giacomo Rossini, Amedeo Modigliani), des Espagnols (Picasso, Juan Gris), des Hollandais (Vincent Van Gogh), des Belges (César Franck), des Américains (Mary Cassatt, Gertrude Stein, James

Devant le Centre Pompidou

Baldwin, Josephine Baker). Choisissez un de ces immigrés — ou un autre que vous connaissez — et faites un exposé de cinq minutes au sujet de cette personne.

EXPLICATIONS II

C'est et il est

1. Remember that *c'est* and *ce sont* are used before a proper noun, an emphatic pronoun, or a noun preceded by any kind of determiner:

C'est Robert.   Ce sont les députés.
C'est moi.   C'est ma collègue.
C'est une avalanche.   Ce sont des portraits célèbres.

Before a possessive pronoun:

C'est sa collection? Oui, c'est la sienne.
Ce sont tes gants? Non, ce ne sont pas les miens.

Before an adjective referring to an idea that has already been expressed:

Il faut se dépêcher. C'est vrai.
Tout le monde était là. C'était extraordinaire.

Before a superlative:

C'est la plus grande ville du monde.
Ce sont les bâtiments les plus modernes de la rive droite.

2. *Il est, elle est, ils sont,* and *elles sont* are used before an *unmodified* noun referring to a profession, religion, or nationality:

Il est dentiste.
but: C'est un bon dentiste.

Elles sont avocates.
but: Ce sont des avocates importantes.

Before *à* + emphatic pronoun expressing possession:

Ces cahiers sont à moi.

Ils sont à moi.

Before a descriptive adjective or adverb:

Tu connais ce type?
Vous comprenez la leçon?
Ils ont trouvé le musée?

Il est français.
Elle est facile.
Il n'est pas loin d'ici.

3. Look at the following:

Il est intéressant de collectionner les photos.
Il était bon de faire du cheval.

C'est un passe-temps intéressant de collectionner les photos.
C'était une bonne idée de faire du cheval.

Both *il est* and *c'est* can be used to introduce an infinitive phrase. In those cases, *il est* is used immediately before an adjective; *c'est* is used when there is an indefinite determiner + adjective + noun.

Exercices   p55

A. Repondez aux questions, en employant d'abord *il est, elle est, ils sont, elles sont* + *à* + un pronom disjoint. Ensuite répondez en employant *c'est* ou *ce sont* + un pronom possessif. Suivez le modèle.

1. A qui sont ces sacoches? (toi)
   Elles sont à moi.
   Ce sont les miennes.

2. A qui est cet atelier? (Marc) Il est à lui. C'est le mien

3. A qui sont ces jupes en velours? (Diane et Maud) Elles sont à elles

4. A qui est ce dessin? (vous) Il est à vous. Ce sont les leurs
   C'est le vôtre

5. A qui sont ces serviettes? (Pierre et Jean-Jacques) Elles sont à eux

6. A qui est cette calculatrice? (Nathalie) Elle est à Ce sont les leurs

7. A qui sont ces albums? (nous) Ils sont à nous C'est la sienne

8. A qui est cet anorak? (ton camarade) Il est à lui Ce sont les nôtres
   C'est le sien.

B. Répondez aux questions en employant *c', il, elle, ils* ou *elles* et l'imparfait du verbe *être* selon les indications entre parenthèses. Suivez les modèles.

1. Est-ce que le théâtre se trouvait au coin? (près d'ici)
   Oui, il était près d'ici.

2. Est-ce que Laure réparait les vélos? (une bonne mécanicienne)
   Oui, c'était une bonne mécanicienne.

3. Est-ce que tu as acheté ce chemisier à un bon prix? (en solde)

4. Est-ce que les enfants ont aimé le Guignol? (des spectateurs enthousiastes)

5. Est-ce que l'appartement vous a convenu? (clair et grand)
6. Est-ce que tu as connu Michel en Amérique? (un homme charmant)
7. Est-ce que le film vous a semblé intéressant? (un film curieux)
8. Est-ce que Serge a changé de métier? (couturier)
9. Est-ce que tu as étudié l'histoire de la France du dix-neuvième siècle?
    (une belle époque)
10. Est-ce que Jeanne est venue de Genève? (suisse)

C. Complétez les phrases en employant *c'* ou *il,* selon le cas.

1. _Il_ était facile de traduire cet article grâce à ce bouquin.
2. _Il_ est important d'étudier l'histoire d'art.
3. _Il_ est impressionnant de voir un beau coucher de soleil.
4. _C'_ est un problème de trouver un cadeau pour chacun.
5. _Il_ était passionnant d'assister à un match de football.
6. _Il_ est impoli de regarder fixement les inconnus.
7. _C'_ était un bon choix de visiter Dakar.
8. _Il_ est étonnant d'apprendre que cette histoire n'est pas vraie.
9. _C'_ est un grand honneur pour moi de recevoir ce portrait.

Le plus-que-parfait

1. Review the formation of the pluperfect. Remember that the French use the imperfect forms of *avoir* or *être* + the past participle. Its English equivalent is "had" + verb. For example, "I had finished":

p 149 cond.
p 168 cond.
passé

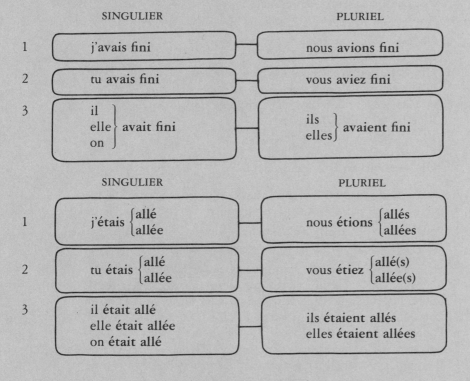

	SINGULIER	PLURIEL
1	j'avais fini	nous avions fini
2	tu avais fini	vous aviez fini
3	il elle } avait fini on	ils elles } avaient fini

	SINGULIER	PLURIEL
1	j'étais { allé / allée	nous étions { allés / allées
2	tu étais { allé / allée	vous étiez { allé(s) / allée(s)
3	il était allé elle était allée on était allé	ils étaient allés elles étaient allées

Lesson
6

117

Jeune fille vendant des gâteaux basques, Biarritz

2. In the pluperfect, the rules for agreement of the past participle are the same as for the passé composé:

Elles se couchaient?   Non, **elles s'étaient** déjà **couchées.**
Tu lavais la vaisselle?   Non, **je l'avais** déjà **lavée.**
Vous lisiez les poèmes?   **Nous les avions** déjà **lus.**

Exercices

A. Refaites les phrases au plus-que-parfait. Suivez le modèle.

    1. Vous ne lisiez jamais le journal.
       Vous n'aviez jamais lu le journal.

    2. On s'assemblait au stade.
    3. Ils revenaient à 4 h. 15.
    4. Elle travaillait avec beaucoup d'enthousiasme.
    5. Elles s'amusaient bien.
    6. Ils établissaient le mouvement impressionniste.
    7. Il ne faisait jamais de fautes.
    8. Ils parlaient des liens d'amitié.
    9. Ils s'écrivaient en été.
   10. Elle se rattachait à ce mouvement.

B. Répondez aux questions en employant le plus-que-parfait. Remplacez les mots en italique par un pronom complément d'objet. Suivez le modèle.

    1. Pourquoi est-ce qu'elle n'a pas acheté *les jupes?* (la semaine passée)
       Parce qu'elle les avait achetées la semaine passée.

    2. Pourquoi est-ce qu'ils ne sont pas descendus *à Vence?* (l'année dernière)
    3. Pourquoi est-ce que tu n'as pas exposé *les tableaux?* (vendredi)
    4. Pourquoi est-ce que vous n'êtes pas allé *au Japon?* (l'été passé)
    5. Pourquoi est-ce qu'elles ne vendaient pas *leur voiture?* (hier)
    6. Pourquoi est-ce qu'il n'écrivait pas son thème? (mardi)
    7. Pourquoi est-ce que tu n'es pas montée au grenier? (la semaine dernière)
    8. Pourquoi est-ce qu'il n'a pas apporté les provisions? (ce matin)

Vérifiez vos progrès

Complétez les phrases en employant *c'* ou *il*, selon le cas.

Sophie et Roger regardent les photos qu'elle a prises du Tour de France cet été.

SOPHIE   Celle-ci, ___*c'*___ est une photo de quelques cyclistes. Tu connais cet homme à gauche? _____ est belge.

ROGER   Comment s'appelle-t-il?

SOPHIE   Eddy Merckx. _____ était le cycliste le plus célèbre du monde il y a quelques années.

ROGER   _____ est surtout intéressant de regarder la foule autour des cyclistes. Est-ce que tout le village était là?

SOPHIE   Bien sûr. _____ était comme un jour de fête. Il y avait des milliers de touristes et beaucoup de journalistes.

ROGER   Est-ce que _____ est une bonne idée d'aller voir le Tour de France?

SOPHIE   Seulement si on a retenu une chambre un an en avance!

ROGER   Alors _____ est plus facile de lire les articles sur le Tour dans les journaux.

SOPHIE   _____ est ça.

Parlons de vous

1. Les pays du Nouveau Monde sont des pays d'immigrés. Avant l'arrivée des Espagnols, des Portugais et, un peu plus tard, des Français et des Anglais, il n'y avait que des Indiens qui y habitaient. Qu'est-ce qui s'est passé quand peu à peu les Européens se sont installés en Amérique? Qu'est-ce qu'ils ont donné aux Indiens en échange des terres qu'ils avaient saisies? Que pensez-vous de ce qu'ont fait les Européens à cette époque-là? 2. Faites un portrait verbal d'un de vos ancêtres. D'où est-il ou d'où est-elle venu(e)? Quand? A quel âge? Pourquoi est-il (est-elle) venu(e) en Amérique? Qu'est-ce qu'il (elle) avait fait avant de quitter son pays natal? Et après? Faites un arbre généalogique de votre famille et faites un exposé de cinq minutes à ce sujet.

THÈME

Etudiez le paragraphe français suivant. Puis, en l'employant comme modèle, mettez le paragraphe anglais en français.

Modèle: Cher Pierre,

Ce matin tu étais déjà parti quand je suis venu te parler de notre voyage. Voici nos projets. Nous passerons la nuit dans le motel près de Madison où nous avons logé l'été dernier. Si nous nous mettons en route de bonne heure, nous arriverons à Chicago à 11 h. Lorsque nous arriverons, nous déjeunerons et ensuite nous irons à l'Art Institute pour voir ses collections de tableaux japonais. C'est une des collections les plus célèbres du monde. Tu verras, c'est formidable! On passera toute une journée au musée. Comme ça on pourra examiner quelques autres collections qui s'y trouvent. A ce soir!

Michel

TOUR DE FRANCE 1977

SUR TF1

Le 64 ème Tour de France est parti de Fleurance.
Au cœur de l'Armagnac le 1 er juillet prologue (le 30 juin). Il se termine à Paris le dimanche 24 juillet sur les Champs-Elysées.

- 4.000 Kms à parcourir en 22 étapes avec des incursions hors des frontières françaises qui mèneront les coureurs en Espagne, en Belgique, en Allemagne Fédérale, en Suisse et en Italie...
Un Tour de France 77 qui sera à l'heure européenne.

Pour les passionnés du cyclisme TF1 a prévu :
1) Un résumé quotidien d'une durée de 12 minutes, vers 19H45.
2) 12 arrivées d'étapes en Direct vers 15 H 50 (à 2 exceptions près, le mardi 5 juillet et le vendredi 8 juillet).
3) 9 tribunes en direct « Face au tour » réuniront hors Eurovision journalistes et coureurs pendant 10 minutes.

Chartres

Thème: Dear Jeanne,

You had already gone to bed when I arrived to tell you our vacation plans. Here is my suggestion. Let's spend Monday night at that little inn near Chartres where we had dinner last year. If we leave Chartres the day after around 8:00, we will be in Paris before noon. As soon as everyone is ready, we'll go to the Jeu de Paume to see its collection of Impressionist paintings. It's one of the best collections in the world. You'll see, it's really impressive! We'll spend the whole afternoon at the museum, because there are so many paintings to see. I hope that we'll be able to go back to the museum on Wednesday. That way we'll have a chance to see almost all the great works that are exhibited there. Till Monday!

Elisabeth

AUTO-TEST

A. Complétez les phrases comme vous voulez en employant la forme et le temps du verbe qui conviennent: le présent, l'impératif ou le futur.

1. Si on s'intéresse aux tableaux impressionnistes, . . .
2. Quand vous irez à Paris, . . .
3. Dès qu'il neige, . . .
4. Si tu veux passer l'été en Europe, . . .
5. Quand je reçois une mauvaise note, . . .
6. Lorsque j'obtiendrai mon diplôme, . . .
7. Aussitôt que nous serons à la campagne, . . .
8. S'il pleut demain, . . .
9. Quand tu apprendras à parler français, . . .
10. Lorsqu'on travaille au pair, . . .

B. Complétez les phrases en employant *c', ce, il, elle, ils* ou *elles,* selon le cas.

1. Ce portrait est à toi? Non, _____ n'est pas le mien. _____ est à Denis.
2. Le Centre Pompidou? _____ est un bâtiment impressionnant. _____ est passionnant d'y voir la peinture et la sculpture modernes.
3. Qui était Albert Camus? _____ était un écrivain célèbre, né en Algérie. _____ est connu pour ses romans et pour ses pièces.
4. Est-ce que cette époque était importante dans l'histoire de la France? Oui, à mon avis _____ était l'époque la plus intéressante.
5. Comment s'appelle votre collègue? _____ M. Schweitzer. _____ est suisse. _____ est un artiste extraordinaire.
6. A qui sont ces collections? _____ sont à Sophie, je crois. _____ ne sont pas les nôtres.
7. Est-ce que cette tâche est difficile? Oui, _____ est une tâche difficile, mais _____ n'est pas ennuyeuse.

C. Ecrivez la phrase en substituant la forme convenable du verbe entre paren-thèses: le passé composé ou le plus-que-parfait.

1. Quand je suis rentré, elle *(déjeuner)* et je devais manger tout seul.
2. Les amis s'étaient déjà séparés quand nous *(arriver)*.

3. Elle ne voulait pas m'accompagner au musée parce qu'elle *(voir)* ces dessins.

4. Cet artiste *(finir)* de peindre son chef-d'œuvre quand il est mort.

5. Leur mère *(interdire)* aux enfants de sortir, alors ils sont restés à la maison.

6. Les Etats-Unis avaient obtenu leur indépendance quand la France *(donner)* au monde la Déclaration des Droits de l'Homme.

7. Le prof s'est fâché puisque mon camarade *(ne pas lire)* la lecture.

COMPOSITION

Ecrivez une composition sur un de vos ancêtres.

HUCHETTE, 23, rue de la Huchette (place St-Michel). 326-38-99. Mᵒ St-Michel. Soir. 20h45 (sf dimanche). Pl. : 20,60 à 35 F. Loc. de 15h à 22h (sauf dim.) (6 j.).

IONESCO
6 700ᵉ ● 20ᵉ année

Micheline BONA (Mme Smith), Marie HER-MES (Mme Martin), Gérard THIRION (M. Smith), J.-Pierre DUCOS (le pompier), Paul VERVISCH (M. Martin), Odette BARROIS (la bonne, dans une pièce de E. Ionesco, mise en scène de N. Bataille :

LA CANTATRICE CHAUVE

Yves-Marc GILBERT (le professeur), Odette BARROIS (la bonne), Nicole VASSEL (l'élève), dans une pièce de E. Ionesco :

LA LEÇON

Septième Leçon

La cantatrice chauve

Antoine Rossi se passionne pour le théâtre. Au lycée, on va bientôt monter une pièce d'Eugène Ionesco*—*La Cantatrice chauve.** Antoine va jouer le rôle de Mr. Smith, ce qui est le rôle principal. Cet après-midi, Thérèse Morel, qui va jouer le rôle de Mrs. Smith, est venue chez les Rossi. Elle et Antoine sont en
5   train de répéter.

ANTOINE	"J'ai une petite fille, ma petite fille, elle habite avec moi, chère Madame. Elle a deux ans, elle est blonde, elle a un œil blanc et un œil rouge, elle est très jolie, elle s'appelle Alice, chère Madame."
THÉRÈSE	"Quelle bizarre coïncidence! moi aussi j'ai une petite fille, elle a 10 deux ans, un œil blanc et un œil rouge, elle est très jolie et s'appelle Alice, cher Monsieur!"
ANTOINE	"Comme·c'est curieux et quelle coïncidence! et bizarre! c'est peut-être la même, chère Madame."[1]
COLETTE	*(la petite sœur d'Antoine, criant d'en haut)* A qui est-ce que tu parles, 15 Antoine?
ANTOINE	A ma femme.
COLETTE	A qui donc?
ANTOINE	A ma femme—à Thérèse.
COLETTE	*(bouche bée, elle descend l'escalier)* Vous vous êtes mariés? Mais qu'est-ce 20 que maman va dire?
ANTOINE	Non, non! Thérèse joue le rôle de ma femme dans la pièce qu'on monte.
THÉRÈSE	C'est une drôle de pièce. Elle s'appelle *La Cantatrice chauve.*
COLETTE	C'est un drôle de titre!
25 THÉRÈSE	Oui. C'est ce qu'on appelle le "Théâtre de l'Absurde."* Par exemple, les Smith sont dans leur salon et quelqu'un sonne à la porte. Mais Mrs. Smith ne veut pas répondre. Elle dit que lorsqu'on entend sonner, cela veut dire que personne n'est là.
ANTOINE	Et on parle d'une famille où tout le monde—grands-parents, parents, 30 enfants, cousins—s'appelle Bobby Watson.
COLETTE	Mais qui est la cantatrice? Dites-moi ce qu'elle fait, elle.

---

[1]From *La Cantatrice chauve* by Eugène Ionesco. © Editions Gallimard.

ANTOINE   Elle ne fait rien. Un des personnages demande si la cantatrice chauve
           va bien, et un autre répond qu'elle n'a pas changé de coiffure.
COLETTE   C'est tout? Mais c'est complètement absurde!
35 THÉRÈSE ⎫ Justement!
    ANTOINE ⎭

Notes culturelles

Eugène Ionesco: Né en Roumanie en 1912, Eugène Ionesco est un dramaturge
dont la renommée est mondiale. Son père était roumain, sa mère française.
Peu de temps après sa naissance, sa famille s'est installée à Paris, ce qui explique pourquoi le français est sa première langue. Sa famille est ensuite retournée en Roumanie en 1926 et il y a fait ses études. Pendant plusieurs années, il a enseigné le français dans un lycée à Bucarest. En 1938, avec sa femme,
il est allé en France afin de poursuivre ses études de littérature française. Depuis cette époque, il habite la France. Parmi ses pièces les plus connues on doit
mentionner *La Leçon* (1951), *Les Chaises* (1952) et *Rhinocéros* (1960).

La Cantatrice chauve: Cette pièce est la première qu'Ionesco a publiée. Il en
a conçu l'idée lorsqu'il a commencé à étudier l'anglais, car les phrases qu'il
était obligé d'apprendre par cœur lui semblaient absurdes. Il pensait qu'il
avait écrit une tragédie qui démontrait la faiblesse du langage. Quand il a
montré la pièce à ses amis, ils l'ont trouvée très drôle—une espèce de comédie.
La Cantatrice chauve a été montée pour la première fois en 1950. A l'origine
le titre de la pièce était *L'Heure anglaise.* Pendant une répétition, un acteur a
mal dit une parole—au lieu de dire "l'institutrice blonde" il a dit "la cantatrice chauve"—d'où le titre.

le Théâtre de l'Absurde: Ce terme s'applique à un groupe de dramaturges dont
les plus célèbres sont Arthur Adamov (1908–1970), Samuel Beckett (1906–   )
et Ionesco. Aucun d'entre eux n'est français de naissance; Adamov est né en
Russie et Beckett en Irlande. Mais tous les trois écrivent leurs œuvres en
français. (Beckett écrit ses pièces et ses romans en français, puis il les traduit
lui-même en anglais. Il a reçu le Prix Nobel en 1969. Sa pièce la plus connue
est sans aucun doute *En attendant Godot,* écrit en 1953.) Les œuvres de ces
auteurs décrivent un monde qui manque de logique. Pour la plupart, leurs
pièces n'ont pas d'action bien définie. C'est ce manque d'action, cependant, qui
donne de la signification aux pièces, car les auteurs essaient ainsi de montrer
que l'action est inutile dans la vie et que la vie elle-même n'a aucune signification.

Questionnaire

1. Dans quelle pièce est-ce qu'Antoine va jouer? Où est-ce qu'on va la monter?
2. Est-ce qu'Antoine et Thérèse jouent des rôles importants? Pourquoi Thérèse
est-elle venue chez les Rossi cet après-midi? 3. Pourquoi Colette est-elle surprise quand elle descend l'escalier? 4. Sans répéter les faits que Thérèse et
Antoine expliquent à Colette, est-ce que vous pouvez donner des exemples de
choses absurdes dans *La Cantatrice chauve* (dans la partie que les deux jeunes
acteurs répètent au début, par exemple)? 5. Aimez-vous le théâtre? Quelles

pièces avez-vous vues? C'était récemment? 6. Avez-vous lu des pièces "absurdes"? Lesquelles? Préférez-vous les comédies ou les tragédies? Pourquoi?

GLOSSAIRE

NOMS

l'action *f.* action; plot
la cantatrice opera singer, diva[1]
la coiffure hairstyle
la coïncidence coincidence
la comédie comedy
   dramaturge *m.&f.* playwright
l'espèce *f.* kind, type
la faiblesse weakness
l'instituteur *m.*, l'institutrice *f.*
   elementary school teacher
l'Irlande *f.* Ireland

le langage language *(in general)*
la logique logic
le manque lack
la naissance birth
la parole word
le personnage character
la renommée renown
la répétition rehearsal
la Roumanie Romania
le terme term
la tragédie tragedy

VERBES

s'appliquer à to apply to
concevoir to imagine, to
   conceive of[2]
démontrer to demonstrate
s'installer to settle down
manquer de to lack
se marier (avec) to marry

mentionner to mention
se passionner pour to like very
   much, to be enthusiastic about
pleurer to cry, to cry for
poursuivre to pursue[3]
publier to publish
répéter to rehearse

ADJECTIFS

absurde absurd
bizarre odd, weird, strange
chauve bald
défini, -e definite, defined

inutile useless
obligé, -e obliged
utile useful

MOTS-OUTILS ET EXPRESSIONS

afin de + *inf.* in order to
aucun, -e (de) none, not one, not
   any[4]
bouche bée open-mouthed, amazed[5]

de naissance by birth
drôle de + *noun* funny, odd
monter une pièce to put on a play

---

[1]Though *la cantatrice* means a female opera star or, as one says in Italian, *diva,* the title of Ionesco's play is usually translated as *The Bald Soprano.*
[2]The verb *concevoir* is conjugated like *recevoir.*
[3]All of the forms of *poursuivre* are presented in Lesson 12, along with those of *suivre.* For the moment you need only know its infinitive form.
[4]*Aucun, -e* is a negative pronoun or adjective and is used with *ne: Aucune de ces paroles n'est démodée; Elle n'a connu aucun dramaturge.*
[5]Though used as an adjective, this expression is invariable.

Etude de mots

Synonymes: Refaites les phrases en employant un synonyme du mot ou de l'expression en italique.

1. Pourquoi restes-tu debout, grand-papa? Tu ne veux pas t'*installer* dans ce fauteuil?
2. Comment?! Une cantatrice *sans cheveux?!* C'est très *curieux,* ça!
3. Ils ont acheté ce vieux bâtiment *pour* le restaurer.
4. Quand elle a refusé de publier ces œuvres-là, ses collègues — *étonnés* — l'ont regardée.
5. Beckett, Ionesco, Sartre, Camus sont des *auteurs de pièces.*
6. On *est obligé d'*obtenir un permis avant de conduire une voiture.
7. D'après leur constitution, ils ont une *sorte* de monarchie.
8. *Pas une* des lois ne s'applique à moi. A mon avis, elles n'ont *pas de* signification.

Antonymes: Complétez chaque phrase en employant un antonyme du mot ou de l'expression en italique.

1. Pourquoi est-ce que tu me donnes ce mouchoir? Je *ris!* Je ne _____ pas!
2. Madame, pourquoi est-ce que vous riez? Ce n'est pas *une comédie.* C'est une

   _____.
3. Est-ce que vous croyez que ce sont des termes *utiles?* Pas du tout! Ils sont tout à fait _____.
4. Ce monsieur dit qu'il est *raisonnable* de dire qu'il n'y a pas d'égalité devant la loi. Mais c'est _____!

Mots associés: Les mots dans chaque groupe sont associés. Faites des phrases en employant chaque mot.

1. chanter / la chanson / le chanteur, la chanteuse / la cantatrice
2. la coiffure / le salon de coiffure / le coiffeur, la coiffeuse
3. répéter / la répétition
4. naître / la naissance
5. manquer / le manque
6. se marier avec / le mari / marié, -e
7. se passionner pour / passionné, -e par / passionnant, -e
8. montrer / démontrer
9. la faiblesse / faible
10. l'action / l'acteur, l'actrice

Mots à plusieurs sens: Complétez les phrases en employant le même verbe pour chaque groupe.

1. (*a*) On va monter la pièce le week-end prochain. Nous devons la _____ encore une fois.

   (*b*) Pardon, monsieur. Je n'ai pas entendu la question. Vous pouvez la _____?
2. (*a*) Dépêchons-nous! Je veux attraper l'express de 8 h. 10. Quoi? Il est déjà parti? Je l'ai _____?

   (*b*) Il a tout ce qu'il veut — le logement, la nourriture, sa propre télé, sa petite bibliothèque. Il ne _____ de rien.

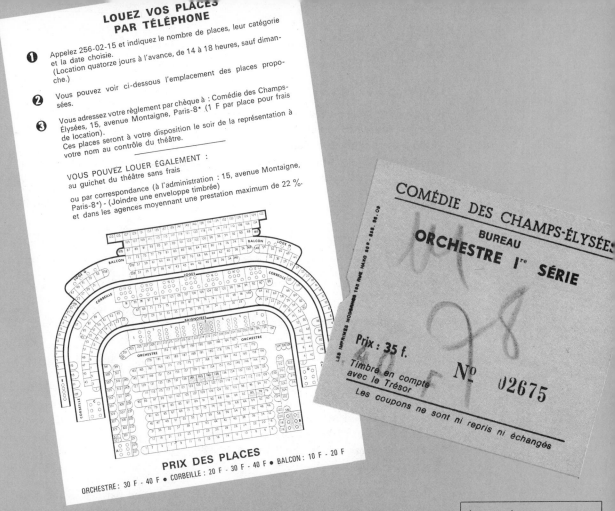

Mots à ne pas confondre: *La personne* veut dire "homme, femme ou enfant; quelqu'un." *Le personnage* est une personne dans une œuvre littéraire (dans une pièce, un roman, etc.).

On emploie le mot *la langue* pour parler d'un système d'expression d'un groupe de personnes; par exemple, *la langue française* ou *les langues romanes ou germaniques*. On emploie le mot *le langage* pour parler de "language" en général ou des façons de s'exprimer ("expressing oneself") dans une langue particulière. En voici des exemples: "Studying a language is worthwhile," *L'étude d'une langue en vaut la peine;* "Language study is interesting," *L'étude du langage est intéressante;* "My uncle speaks an outdated language," *Mon oncle parle un langage démodé;* "Sanskrit was not a spoken language," *Le sanskrit n'était pas une langue parlée.*

Le mot et *le terme* sont des synonymes. Par exemple, on peut dire "Quel est le sens de ce terme" ou "Quel est le sens de ce mot?" On n'emploie *la parole*, cependant, qu'en parlant du langage parlé. On peut écrire ou dire *un mot;* on peut seulement dire ou prononcer *une parole.* Une chanson a aussi des paroles.

Faites attention! Le verbe *pleurer* veut dire "to cry" ou "to cry for." Le faux ami *crier* veut dire "to shout."

A vous. Avez-vous vu une pièce ou un film récemment? Avec qui êtes-vous allé? Quels acteurs y jouaient? Racontez l'intrigue ("plot").

EXPLICATIONS I

Le passé simple

1. You have learned that the passé composé is used to express an action that began and ended in the past. There is another past tense in French, called the *passé simple*, that also describes a completed action. You will see the passé simple in literary, historical, or journalistic texts. It is not used in conversational French.

2. Verbs whose infinitives end in *-er* follow this pattern in the passé simple:

Aller is like reg. er verbs

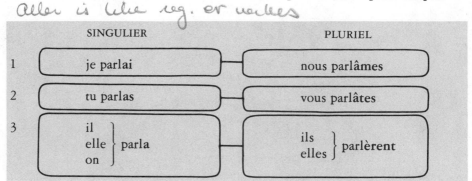

	SINGULIER	PLURIEL
1	je parlai	nous parlâmes
2	tu parlas	vous parlâtes
3	il elle on } parla	ils elles } parlèrent

The *-er* of the infinitive is dropped, and the endings *-ai, -as, -a; -âmes, -âtes, -èrent* are added to the stem. In all forms except the 3 pl., the passé simple stems for verbs like *commencer* and *manger* are *commenç-* and *mange-: je commençai, tu mangeas,* etc. In the 3 pl., their stems are *commenc-* and *mang-: ils commencèrent, elles mangèrent.*

3. Regular *-ir, -ir/-iss-*, and *-re* verbs all follow the same pattern in the passé simple. The infinitive ending is dropped to form the stem, and the endings *-is, -is, -it; -îmes, -îtes, -irent* are added:

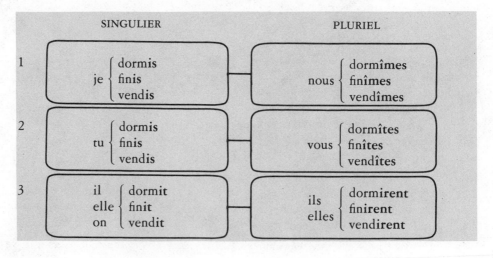

	SINGULIER	PLURIEL
1	je { dormis / finis / vendis	nous { dormîmes / finîmes / vendîmes
2	tu { dormis / finis / vendis	vous { dormîtes / finîtes / vendîtes
3	il elle on { dormit / finit / vendit	ils elles { dormirent / finirent / vendirent

4. Certain irregular verbs have the same passé simple endings as *-ir* and *-re* verbs. Most also have irregular stems:

INFINITIF	PASSÉ SIMPLE STEM[1]	PASSÉ SIMPLE
s'asseoir	s'ass-	je m'assis
conduire	conduis-	tu conduisis
cueillir	cueill-	il cueillit
dire	d-[2]	nous dîmes
écrire	écriv-	vous écrivîtes
faire	f-	ils firent
mettre	m-	je mis
peindre	peign-	tu peignis
prendre	pr-	il prit
rire	r-[2]	nous rîmes
voir	v-	vous vîtes

5. Most irregular verbs whose past participles end in *-u* add the passé simple endings (*-s, -s, -t; -ˆmes, -ˆtes, -rent*) to the past participle. For example, *lire:*

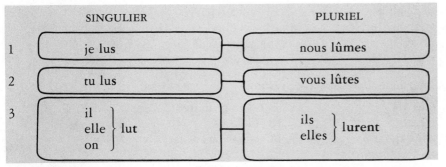

	SINGULIER	PLURIEL
1	je lus	nous lûmes
2	tu lus	vous lûtes
3	il / elle / on lut	ils / elles lurent

Other verbs you know that follow this pattern in the passé simple are:

INFINITIF	PARTICIPE PASSÉ	PASSÉ SIMPLE
avoir	eu	j'eus
boire	bu	tu bus
connaître	connu	il connut
croire	cru	nous crûmes
devoir	dû[3]	vous dûtes
falloir	fallu	il fallut
pleuvoir	plu	il plut
pouvoir	pu	elles purent
recevoir	reçu	je reçus
savoir	su	tu sus

---

[1]In each instance, all similar verbs follow the same pattern. For example, all verbs ending in *-uire* follow the pattern of *conduire; accueillir* and *recueillir* follow the pattern of *cueillir,* etc.

[2]Note that in the 1, 2, and 3 sing. forms, *dire* and *rire* are identical in the present and the passé simple: *je dis, tu dis, il dit; je ris, tu ris, il rit.* This is also true of *-ir/-iss-* verbs.

[3]The accent appears only in the 1 and 2 pl. of the passé simple; *nous dûmes,* but *je dus.*

Lesson
7

INFINITIF	PARTICIPE PASSÉ	PASSÉ SIMPLE
valoir	valu	il valut
vouloir	voulu	nous voulûmes

6. Certain verbs are completely irregular in the passé simple:

être: je fus, tu fus, il fut; nous fûmes, vous fûtes, ils furent

mourir: je mourus, tu mourus, il mourut; nous mourûmes, vous mourûtes, ils moururent

naître: je naquis, tu naquis, il naquit; nous naquîmes, vous naquîtes, ils naquirent

venir:[1] je vins, tu vins, il vint; nous vînmes, vous vîntes, ils vinrent

Exercices

A. Donnez le passé composé des verbes suivants.

1. ils regardèrent
2. nous choisîmes
3. elle mourut
4. je naquis
5. tu conduisis
6. vous cueillîtes
7. il valut
8. vous allâtes
9. elles dirent
10. vous vîtes
11. nous retînmes
12. je reconnus
13. nous crûmes
14. il fallut
15. nous craignîmes
16. tu sus

B. Donnez l'infinitif des verbes suivants.

1. elle put
2. je revins
3. nous eûmes
4. ils voulurent
5. tu fus
6. vous rejoignîtes
7. on rit
8. il fit
9. elles promirent
10. tu reçus
11. vous vous assîtes
12. il plut
13. elle décrivit
14. je compris
15. elles burent
16. nous dûmes

C. Retournez à la lecture de la sixième leçon, "Paris et ses immigrés." Ecrivez le premier paragraphe (lignes 1–9) en employant le passé simple au lieu du passé composé. Ensuite, écrivez la note culturelle (page 114) au sujet de ("about") la Guerre Civile d'Espagne en employant le passé simple au lieu du passé composé.

Vérifiez vos progrès

A la fin du livre vous trouverez un extrait ("extract") du grand roman de Victor Hugo, *Les Misérables*. Ecrivez les six premiers paragraphes de cet extrait, qui s'appelle "Le Forçat et l'évêque," en employant le passé composé au lieu du passé simple.

---

[1] All verbs ending in *-venir* and *-tenir* form their passé simple in the same way.

LECTURE

Molière

La célèbre Comédie-Française est connue aussi sous le nom de "maison de Molière." Ce n'est pas parce qu'on n'y joue que des pièces de ce grand dramaturge français ni parce que ce théâtre a été construit pour honorer sa mémoire. En effet, le hall[1] de la Comédie-Française contient, outre[2] le buste de Molière
5 (1622–1673), ceux des autres grands dramaturges de la période classique de la littérature française: Corneille, Racine et Voltaire.* Non, la Comédie-Française est véritablement[3] la maison de Molière parce que celui-ci est un des auteurs dramatiques les plus joués dans ce théâtre et parce qu'il fut un des plus aimés des acteurs. Le roi Louis XIV aimait beaucoup les pièces de Molière et il admirait leur auteur. Alors, en 1680, sept ans après la mort de Molière, le roi
10 réunit sa troupe d'acteurs avec deux autres et les installa dans un théâtre. Ainsi fut fondée[4] la Comédie-Française.

Qui était Molière exactement? Il naquit à Paris en 1622 sous le nom de Jean-Baptiste Poquelin. Quand il était jeune, son grand-père l'emmenait souvent au
15 théâtre. Après des études chez les Jésuites au Collège de Clermont,* le jeune Poquelin, attiré par le théâtre, abandonna la charge[5] de tapissier[6] du roi* que son père lui avait cédée,[7] prit le pseudonyme "Molière" et devint acteur.

Au dix-septième siècle la vie de comédien[8] n'était pas facile. Non seulement on risquait de[9] mourir de faim, mais cette profession était très mal vue par la
20 société. L'Eglise excommuniait[10] les acteurs—c'est-à-dire, elle leur interdisait de communier[11]—et ne leur permettait pas d'être enterrés[12] en terre sainte.[13] (Molière reçut une sépulture[14] chrétienne après sa mort, mais il ne l'aurait pas eue si Louis XIV lui-même n'était pas intervenu.[15])

Les débuts du grand dramaturge furent difficiles. Il se joignit à[16] un groupe de
25 comédiens et, avec eux, il fonda une troupe, l'Illustre Théâtre. Mais, sans protecteur officiel et avec les maigres revenus[17] de ses représentations,[18] une troupe d'acteurs avait beaucoup de difficulté à survivre. Au bout de peu de temps, Molière fut mis en prison pour dettes.[19] Il put en sortir avec le secours d'amis et, s'engageant dans une troupe de comédiens ambulants,[20] il parcourut[21] la
30 France. Au début Molière était acteur et directeur de cette troupe. Il jouait diverses pièces: des tragédies de Corneille, mais surtout des comédies et même des farces, car c'était le genre[22] de représentation qui attirait le public. Mais ce fut pendant ses pérégrinations à travers la France que Molière se mit d'abord à adapter les pièces d'autrui[23] et, ensuite, à écrire les siennes. Enfin Molière et

---

[1]le hall: *lobby*
[2]outre: *besides*
[3]véritablement = *vraiment*
[4]fonder: *to found*
[5]la charge: *office, official position*
[6]le tapissier, la tapissière: *decorator*
[7]céder: *to leave, to hand down*
[8]le comédien, la comé-

dienne = l'acteur, l'actrice
[9]risquer de: *to risk*
[10]excommunier: *to excommunicate*
[11]communier = participer à la communion
[12]enterrer: *to bury*
[13]saint, -e: *holy*
[14]la sépulture: *burial*
[15]intervenir: *to intervene*

[16]se joindre à: *to join*
[17]le revenu: *revenue*
[18]la représentation: *performance*
[19]la dette = ce qu'on doit à qqn
[20]ambulant, -e: *traveling*
[21]parcourir: *to travel through*
[22]le genre = l'espèce
[23]autrui = les autres

ses collègues montèrent des pièces à Paris et, ayant connu un certain succès,
purent obtenir la protection—et le soutien[24] financier[25]—de plusieurs princes.
La gloire de la troupe fut consacrée[26] par le soutien officiel de Louis XIV, le
"Roi Soleil," qui donna à Molière plusieurs pensions en sa qualité "d'excellent[27]
poète comique."

35

Mais avec le succès et la célébrité commencèrent les ennuis[28] du dramaturge.
Ses pièces ne faisaient pas plaisir à tout le monde et beaucoup de spectateurs
se sentaient[29] ridiculisés.[30] En effet Molière montrait les défauts[31] de ses contemporains[32] et s'en moquait[33] avec beaucoup d'humour.

40

Ainsi, dans *l'Avare,* l'auteur ridiculise Harpagon,* un vieil homme très riche
qui ne pense qu'à l'argent et qui laisse sa propre famille dans la pauvreté. Dans
Tartuffe il dénonce l'hypocrisie d'un homme qui se sert de la religion pour
obtenir l'argent d'un homme riche et crédule.[34] Ce personnage à la fois désagréable et amusant essaie en même temps de se marier avec la fille de son protecteur. Comme les défauts et les faiblesses de l'humanité sont les mêmes au
cours des siècles, les pièces de Molière sont éternelles et auront toujours du
succès.

45

50

Auteur dramatique de vrai génie,[35] Molière était aussi un excellent acteur. Il ne
faut pas oublier qu'il jouait dans ses pièces et, lorsqu'il décrivait ses personnages principaux, il avait toujours en vue la façon dont il allait les représenter
et les jouer sur la scène.[36] Le dernier rôle qu'il joua fut celui d'Argan, l'hypo-
chondriaque du *Malade imaginaire.* Le soir de la quatrième représentation, Molière
tomba véritablement malade sur la scène et mourut pendant la nuit. (Dans le
hall de la Comédie-Française on peut voir encore le fauteuil dans lequel le
grand acteur était assis quand il devint malade.)

55

Molière représente donc l'homme de théâtre complet. Acteur et directeur, il
partagea[37] la vie des comédiens. Auteur, il conçut et développa une certaine
notion du comique.[38] Philosophe[39] et artiste de génie, il amena ses contemporains
et tous ses spectateurs éventuels à une meilleure connaissance d'eux-mêmes et
de la condition humaine.

60

Notes culturelles

Corneille, Racine et Voltaire: Pierre Corneille (1606–1684) et Jean Racine
(1639–1699) écrivirent des tragédies. On peut dire que Corneille fut le créa-
teur de la tragédie classique que Racine, qui vint un demi-siècle plus tard,
perfectionna. Les personnages de Corneille poursuivent la gloire et entre-
prennent ("undertake") de grandes actions pour défendre leur honneur. Sa pièce
la plus connue est *Le Cid.* Racine décrit des héros et des héroïnes qui devien-

ORTE SAINT-MARTIN, 16, boul. Saint-
in. 607-37-53. (Soir. 20 h 30, mat. sam. à
. Relâche dimanche). Loc. de 11 h à
30. (Pl. 15 F à 45 F. Etud. 20 F).

LE TARTUFFE
de Molière
Mise en scène de Roger Planchon

TARTUFFE de Molière
en scène de Roger Planchon. Avec :
Borgeaud, Jean Bouise, Jacques Debary,
e Dompietrini, Arlette Gilbert, Gérard
umat, Lucienne le Marchand, Claude Lo-
Patrice Nesse, Roger Planchon, Luc Po-
Michel Raskine, Isabelle Sadoyan.

[24]le soutien: *support*
[25]financier, -ière: *financial*
[26]consacrer: *to confirm*
[27]en sa qualité de: *for being*
[28]l'ennui (m.): *nagging problem*
[29]se sentir: *to feel*

[30]ridiculiser: *to ridicule*
[31]le défaut: *fault, failing*
[32]le contemporain, la contemporaine: *contemporary*
[33]se moquer de: *to make fun of*
[34]crédule: *gullible*

[35]le génie: *genius*
[36]la scène: *(here) stage*
[37]partager: *to share*
[38]le comique = ce qui est comique
[39]philosophe (m.&f.): *philosopher*

VOLTAIRE

RACINE

CORNEILLE

nent les victimes de leurs passions. Sa pièce la plus connue est *Phèdre*. Voltaire (1694–1778), dont la vie et l'œuvre seront décrites à la Leçon 9, est aujourd'hui surtout célèbre pour ses satires de la société et des institutions de son temps. Mais, pendant sa propre vie, il obtint ses plus grands succès par ses pièces de théâtre. Celles-ci ne sont pas vraiment classiques et aujourd'hui elles semblent assez démodées.

le Collège de Clermont: C'était un des établissements scolaires les plus prestigieux de Paris. A cette époque toutes les écoles étaient contrôlées par certains ordres religieux, par exemple les Dominicains et les Jésuites. Fondé en 1550, le Collège de Clermont est devenu le lycée Louis-le-Grand, un des lycées les plus célèbres de Paris.

tapissier du roi: C'était un grand honneur d'obtenir une charge royale. Le tapissier du roi, qui décorait les salles des palais ("palace"), avait le droit d'entrée à la cour ("royal court").

Harpagon: Aujourd'hui certains des noms des personnages principaux des pièces de Molière sont le synonyme d'un défaut ou d'un vice. Par exemple, un harpagon est un avare; un tartuffe est un hypocrite.

A propos ...

1. Qui étaient Corneille et Racine? 2. Comment la Comédie-Française a-t-elle été fondée? Qui l'a fondée? Pourquoi? 3. Que faisait le père de Molière comme métier? Molière ne voulait pas suivre ce métier. Alors qu'est-ce qu'il a décidé de faire plutôt? 4. Comment était la vie de comédien à cette époque-là? Racontez les débuts de l'acteur-dramaturge Molière. 5. Pourquoi les pièces de Molière ne faisaient-elles pas plaisir à tout le monde? 6. Comment s'appelle une personne qui a beaucoup d'argent mais qui essaie de garder tout ce qu'elle a? 7. Pendant la vie de Molière, qui jouait la plupart des rôles principaux dans ses pièces? Lequel jouait-il quand il est tombé malade? 8. Est-ce que vous avez assisté à une représentation d'une pièce classique—une pièce de Shakespeare, par exemple? Si oui, à laquelle? Est-ce que vous pouvez en raconter l'action? Si vous n'avez pas vu une pièce de Shakespeare, est-ce que vous avez vu un des films qu'on a faits de quelques-unes de ses pièces—*Hamlet, Othello, Richard III, Roméo et Juliette, Henri V, Le Marchand de Venise, Le Songe d'une nuit d'été*? Si oui, parlez-en. Sinon, est-ce que vous voudriez en voir?

> *A vous.* Vous êtes le metteur en scène d'une pièce qu'on va bientôt monter à votre école. Parlez d'une répétition où le rideau ne marche pas, l'un des acteurs oublie son rôle, etc.

EXPLICATIONS II

Il y a et depuis

1. Remember that passé composé + *il y a* + an expression of time is the equivalent of "ago":

Elle a étudié à Paris il y a un an.	*She studied in Paris a year ago.*
Il est parti d'ici il y a une heure.	*He left here an hour ago.*

2. Look at the following:

Il y a
Ça fait } une heure qu'il est parti.   *It's been an hour since he left.*
Voilà

Il y a (ça fait; voilà) + expression of time + *que* + passé composé indicate that something began and ended in the past. These expressions imply "since."

3. Now compare the following:

Il y a un an qu'elle étudie ici. ⎫
Ça fait un an qu'elle étudie ici. ⎬ *She's been studying here for a year.*
Elle étudie ici depuis un an. ⎭

but: Elle a étudié ici pendant un   *She studied here for a year.*
an.

Il y a, ça fait, and *depuis* + expression of time + *que* + present tense indicate that something began in the past and is still going on. *Pendant* + passé composé indicate that an action began and ended in the past. All these expressions are the equivalent of "for."

4. *Il y a, ça fait,* and *depuis* can also be used with the *imperfect* to indicate how long something *had* been going on when something else occurred:

Il y avait un an qu'elle étudiait à   *She **had been studying** in Paris for a*
  Paris quand son frère est arrivé.   *year when her brother arrived.*

Ça faisait une heure qu'il dormait   *He **had been sleeping** for an hour*
  quand on a sonné.   *when someone rang.*

Je parlais depuis cinq minutes   *I **had been talking** for five minutes*
  quand le prof m'a remarqué.   *when the teacher noticed me.*

5. Note the following:

Depuis quand étudiez-vous   J'étudie le français **depuis septembre.**
  le français?

Depuis combien de temps   J'étudie le français **depuis trois ans.**
  étudiez-vous le français?

To ask the particular question "since when" or "since what time," *depuis quand* is used, and the answer will be a specific date or expression of time. To ask the general question "how long," *depuis combien de temps* is used, and the answer will indicate a length of time.

Exercices

A. Répondez deux fois à chaque question en employant *ça fait* et *voilà*. Suivez le modèle.

  1. Le metteur en scène est parti il y a cinq minutes?
    Oui, ça fait cinq minutes qu'il est parti.
    Oui, voilà cinq minutes qu'il est parti.

  2. Ils ont monté la pièce il y a un mois?
  3. Tu as fait les achats il y a trois heures?
  4. Ils ont visité la Roumanie il y a six mois?
  5. Cette cantatrice a chanté à l'opéra il y a une semaine?
  6. La répétition a commencé il y a un quart d'heure?
  7. Vous m'avez téléphoné il y a quelques instants?
  8. L'instituteur s'est marié il y a une huitaine de jours?
  9. On a publié cette comédie il y a trois ans?

B. Répondez deux fois à chaque question en employant *depuis* et *il y a* avec les indications entre parenthèses. Suivez le modèle.

1. Ça fait deux mois qu'elle travaille ici? (trois semaines)
   Non, elle travaille ici depuis trois semaines.
   Non, il y a trois semaines qu'elle travaille ici.

2. Ça fait trente minutes que vous répétez la pièce? (une heure)
3. Ça fait vingt ans que M. Leblanc est chauve? (dix ans)
4. Ça fait deux mois qu'il a son permis de conduire? (presque six mois)
5. Ça fait longtemps que cette nouvelle actrice joue le rôle principal? (quelques jours)
6. Ça fait une semaine qu'il lit la tragédie? (deux jours)
7. Ça fait une demi-heure que tu m'attends? (quinze minutes)
8. Ça fait quinze ans qu'ils habitent l'Irlande? (dix-sept ans)
9. Ça fait longtemps que ce dramaturge écrit des pièces si bizarres? (un an)

Rue Mouffetard, Paris

C. Combinez les deux phrases selon le modèle.

1. Ils bavardent depuis deux heures. Ensuite on téléphone.
   Ils bavardaient depuis deux heures quand on a téléphoné.
   Il y avait deux heures qu'ils bavardaient quand on a téléphoné.
   Ça faisait deux heures qu'ils bavardaient quand on a téléphoné.

2. Il fait de l'anglais depuis quelques mois. Ensuite il conçoit l'idée de *La Cantatrice chauve.*
3. Nous frappons à la porte depuis cinq minutes. Ensuite on nous répond.
4. L'enfant pleure depuis quelques minutes. Ensuite sa mère revient.
5. Elle porte cette coiffure depuis deux ans. Puis elle se coupe les cheveux.
6. Ils sont à Nice depuis une quinzaine de jours. Ensuite leur cousine arrive.
7. Elle y fait ses études depuis cinq ans. Ensuite elle devient institutrice.
8. Il se passionne pour la culture japonaise depuis longtemps. Ensuite il visite le Japon.

D. Posez des questions en employant *depuis quand* ou *depuis combien de temps* selon le cas. Suivez les modèles.

1. J'habite la Roumanie depuis 1968.
   Depuis quand est-ce que tu habites la Roumanie?
2. Ils jouent au volleyball depuis une heure.
   Depuis combien de temps est-ce qu'ils jouent au volleyball?

3. Nous travaillons chez Michelin depuis dix ans.
4. Françoise Sagan écrit des romans depuis 1954.
5. Je connais les paroles de la chanson depuis hier.
6. Nous faisons du camping depuis trois semaines.
7. Elle porte des lunettes depuis quelques années.
8. Il reste là, bouche bée, depuis l'entrée de cette actrice.
9. Je suis à l'hôpital depuis deux jours.
10. Ils se promènent depuis midi.
11. Nous connaissons Bruno depuis 1975.

12. Je me passionne pour le Théâtre de l'Absurde depuis le jour où j'ai vu *En attendant Godot.*

Les pronoms relatifs: <u>qui</u>, <u>que</u>, <u>lequel</u>, <u>dont</u>, <u>où</u>

1. Review the use of the relative pronouns *qui* and *que* with subordinate clauses:

Voici l'actrice. Elle va jouer le rôle principal.	Voici l'actrice **qui** va jouer le rôle principal.
Ce sont les films de Truffaut. Ils m'intéressent.	Ce sont les films de Truffaut **qui** m'intéressent.
Voici le roman. J'espère le publier.	Voici le roman **que** j'espère publier.
Les livres étaient très utiles. Nous les avons lus hier.	Les livres **que** nous avons lus hier étaient très utiles.

Note that *qui* is used as the subject of a verb and *que* as the object of a verb. When *que* introduces a subordinate clause, the past participle must agree in gender and number with the preceding direct object.

2. Remember that when a subordinate clause begins with a preposition, *qui* is used to refer to people and a form of *lequel* is used to refer to things:

Je parlais à mon amie. Elle s'appelle Anne.	L'amie **à qui** je parlais s'appelle Anne.
La comédie était en français. Nous y avons assisté.	La comédie **à laquelle** nous avons assisté était en français.

Note that *lequel* contracts with *à* and *de:*

à + lequel = **auquel**	de + lequel = **duquel**
à + laquelle = **à laquelle**	de + laquelle = **de laquelle**
à + lesquels = **auxquels**	de + lesquels = **desquels**
à + lesquelles = **auxquelles**	de + lesquelles = **desquelles**

3. When *de* + *qui* or *de* + a form of *lequel* would be used to introduce a subordinate clause, they are usually replaced by *dont:*

L'enfant est au parc. Je parlais de lui.	L'enfant **dont** je parlais est au parc.
Ce sont des chiens méchants. J'en ai peur.	Ce sont les chiens méchants **dont** j'ai peur.
Voilà la jeune fille. Vous avez lu sa composition.	Voilà la jeune fille **dont** vous avez lu la composition.

Note that when *dont* is used to mean "whose," the word order is the reverse of the English word order:

Voilà la jeune fille **dont vous avez lu la composition.**	*There's the girl **whose composition you read.***
C'est le poème **dont tu connais l'auteur?**	*Is this the poem **whose author you know?***

4. When prepositions referring to a place (such as *sur, dans,* and *à*) + a form of *lequel* might be used to introduce a subordinate clause, they are usually replaced by *où:*

Elle voulait visiter la ville **où** elle est née.	*She wanted to visit the town **where** she was born.*
Je parie que les bottes sont dans le placard **où** je les ai mises.	*I'll bet the boots are in the closet **where** I put them.*

Note also that *où* is used to mean "when" with expressions of time:

C'était l'époque **où** j'étais étudiant.	*It was the period **when** I was a student.*
Il est parti au moment **où** elle est arrivée.	*He left at the very moment **when** she arrived.*

Exercices

A. Combinez les deux phrases en employant *qui, que* ou *dont.* Suivez le modèle.

1. Jeanne joue un personnage. Il est très bizarre.
   Jeanne joue un personnage qui est très bizarre.

2. Voici les chemisiers. Vous les avez achetés hier.
3. Cette calculatrice est à moi. Paul s'en sert.
4. On répète la pièce. Elle est drôlement absurde.
5. La vendeuse était impolie. Nous nous souvenons d'elle.
6. Les outils sont à la cave. Tu les cherchais.
7. Ce pantalon est en solde. Marc en a envie.
8. La cantatrice entre dans la salle. Il s'agit d'elle.
9. Voilà les albums. Je les avais perdus.
10. Ce lion n'est pas grand. Vous en avez peur.

B. Refaites les phrases selon les modèles.

1. Il a parlé avec cette représentante.
   Où est la représentante avec qui il a parlé?
2. J'ai vu mes copains près de la banque.
   Où est la banque près de laquelle j'ai vu mes copains?

3. Ils se sont amusés à ce festival.
4. Elle a parlé à ce professeur.
5. Vous avez travaillé avec ce concierge.
6. Ils se sont cachés derrière ces bâtiments.

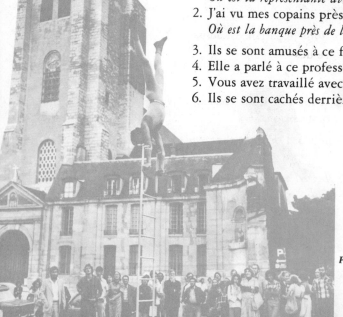

Place St-Germain-des-Prés

7. Il a déjeuné avec ces femmes.
8. Elles se sont intéressées à quelques romans.
9. L'enfant s'est assis sur un banc cassé.
10. Tu t'es dirigé vers cette sortie.
11. Vous avez garé la voiture devant cet hôtel.
12. Nous avons mangé près de cet arbre.

C. Choisissez le pronom relatif qui convient. Suivez le modèle.

1. Ils sont entrés à l'instant (*que, où, dont*) l'émission a commencé.
   Ils sont entrés à l'instant où l'émission a commencé.

2. Est-ce que vous connaissez le dramaturge (*qui, que, lequel*) a écrit cette tragédie?
3. Voici la jeune fille (*laquelle, qui, dont*) le frère cadet était malade.
4. Je me suis dirigé vers le coin (*lequel, où, qui*) il m'attendait.
5. Décris-moi les différentes espèces de fleurs (*de qui, que, dont*) tu as vues au parc.
6. C'est le film au milieu (*duquel, dont, laquelle*) nous sommes partis.
7. Il n'y a aucun médicament pour la maladie (*qu', dont, de laquelle*) elle souffre.
8. C'est son manque de logique (*lequel, qui, que*) le rend si difficile.
9. Vous avez oublié l'adresse de l'auberge (*où, que, duquel*) il a retenu une chambre.
10. L'impressionnisme est un terme (*que, auquel, qui*) s'applique à un groupe de peintres (*lesquels, que, qui*) travaillaient vers la fin du dix-neuvième siècle.

Vérifiez vos progrès

A. Répondez aux questions en employant *il y a, depuis, pendant, voilà* ou *ça fait*. Puisque vos réponses seront personnelles, elles ne se trouvent pas à la fin du livre. Vous devrez les vérifier en parlant avec votre professeur.

1. Depuis quand est-ce que vous étudiez le français?
2. Pendant combien de temps avez-vous étudié hier soir?
3. Depuis combien de temps travaillez-vous sur vos devoirs?
4. Quand est-ce que vous avez commencé à faire des maths?
5. Pendant combien de temps étiez-vous en vacances l'été passé?
6. Depuis quand est-ce que vous habitez ici?
7. Depuis combien de temps étudiez-vous cette leçon-ci?
8. Quand est-ce que vous êtes né?
9. Pendant combien de temps avez-vous regardé la télé hier soir?
10. Depuis combien de temps êtes-vous élève de cette école?

B. Traduisez ces phrases.

1. There's the beauty shop I spoke to you about.
2. Describe the man she married.
3. Tell me the name of the woman he's working for.
4. Do you remember the title of the film he mentioned?
5. It was in the month of August that we went on vacation.

6. Is that the author whose book we're publishing?

7. My brother doesn't like the pies that I made.

Parlons de vous

1. Est-ce qu'on monte des pièces à votre lycée? Si oui, est-ce que vous y avez participé? Qu'est-ce que vous avez fait? Quel travail est-ce que vous avez fait afin d'aider à monter la pièce? 2. Est-ce que vous voudriez être acteur? Pourquoi? Au temps de Molière c'était une vie très difficile. Les acteurs n'étaient pas toujours aimablement accueillis. Est-ce que vous croyez que la vie d'un acteur ou d'un chanteur ou même d'un auteur ou dramaturge est nécessairement facile ou agréable aujourd'hui? A votre avis, quels seraient les aspects les plus agréables de cette sorte de profession? Quels aspects seraient les plus désagréables?

THÈME

Etudiez les paragraphes suivants. Puis, en les employant comme modèle, mettez les paragraphes anglais en français. Vous pouvez, si vous voulez, employer le passé composé au lieu du passé simple.

Lycéens marocains, Casablanca

Modèle: Depuis trois siècles, les tragédies de Jean Racine sont comptées parmi les plus grandes pièces du théâtre français. Dans un langage à la fois simple et élégant, l'auteur décrit les passions, les faiblesses et les peines de l'homme. Selon Racine, nous sommes gouvernés par nos passions, qui nous rendent aveugles.

Racine commença à écrire ses pièces à l'époque où il était étudiant à Paris. Ses deux premières tragédies furent jouées par un groupe d'acteurs dont Molière fut le directeur. Elles furent accueillies avec enthousiasme par les spectateurs, et Racine devint très rapidement un des dramaturges les plus célèbres et les plus joués de son temps. Il continua à écrire des pièces pendant vingt ans. Enfin il quitta le théâtre pour devenir l'historien officiel du roi. *Phèdre,* qui ne fut pas beaucoup aimée à cette époque, est aujourd'hui considérée comme son chef-d'œuvre.

Thème: About thirty years ago, the Theater of the Absurd was born in France among a group of playwrights, of whom the most famous are Samuel Beckett, Eugène Ionesco, and Arthur Adamov. In their plays, they describe a world that lacks logic and order. According to these authors, action is useless because life has no meaning.

Beckett started writing novels, poems, and plays during the Second World War. His first published works were the novel *Molloy* and the play *En attendant Godot,* which Beckett himself translated into English. This play was put on in Paris in 1953, and Beckett was soon recognized as one of the most important writers of his era. Since that time, he has continued to live in France, where he has written other novels, and also plays for radio, television, and the theater. It is interesting that Beckett, like Ionesco and Adamov, was born abroad—in his case, in Ireland—but chose to live in France and to write in French.

AUTO-TEST

A. Refaites les phrases en employant le passé composé des verbes en italique.

1. Quand Mary Cassatt *vint* en France elle *fit* la connaissance de plusieurs jeunes artistes.
2. On peut dire que la Révolution Française *commença* en 1789 quand les Parisiens *prirent* la Bastille.
3. Dix rois de France *eurent* le nom Charles; le dernier *naquit* en 1757 et *mourut* en 1836.
4. Nous *vîmes* les dessins qu'elles *firent*.

B. Répondez deux fois à chaque question. Suivez le modèle.

1. Depuis combien de temps est-ce que tu m'attends? (quelques minutes)
   Je vous attends depuis quelques minutes.
   Il y a quelques minutes que je vous attends.
2. Depuis combien de temps est-ce qu'elles cherchent leurs amies? (une heure)
3. Depuis combien de temps est-ce que tu collectionnes des œuvres d'art? (longtemps)
4. Depuis combien de temps est-ce qu'on étudie les tragédies grecques? (des siècles)
5. Depuis combien de temps est-ce qu'il se passionne pour le Théâtre de l'Absurde? (plusieurs années)
6. Depuis combien de temps est-ce que vous habitez la banlieue? (une dizaine d'années)
7. Depuis combien de temps est-ce qu'on répète la pièce? (presque six heures)
8. Depuis combien de temps est-ce qu'elle porte cette coiffure curieuse? (huit jours)

C. Complétez les phrases en employant le pronom relatif qui convient.

1. Ionesco écrit des pièces _qui_ sont à la fois drôles et tristes.
2. Voilà le tableau _que_ tout le monde a mentionné.
3. Le restaurant _où_ nous allons déjeuner mercredi est loin de la maison.
4. On monte une bonne pièce cette semaine au théâtre _dont_ je t'ai parlé hier.
5. C'est la dame avec _qui_ elle faisait de la plongée sous-marine.
6. Les questions _auxquelles_ tu as répondu étaient faciles mais assez bizarres.
7. Jacques Prévert a écrit le poème _auquel_ je pensais.
8. Il est parti au moment _où_ les lumières se sont éteintes.

COMPOSITION

Ecrivez une composition sur une pièce que vous avez vue ou que vous avez montée ou aidé à monter.

cirque

CENTRE GEORGES-POMPIDOU Rue Rambuteau, angle rue Saint-Merri. Mº Rambuteau, Hôtel-de-Ville. Loc 278.77.42 et 277.88.40 Pl : 24 et 40 F. Etud, Cartes Vermeilles : 16 F. Enfants : 10 F. Soir 20h. Mat Mer, Sam, Dim 15h30. Relâche Dim soir et Lun. Nou-veau spectacle 77 du Cirque Gruss à l'ancienne : 15 numéros présentés par le Nouveau Carré Silvia Mon-fort.

NOUVEAU CIRQUE DE PARIS. Ecole Nationale du cirque. Terre-Plein Henri IV. 887.74.31. 278.30.40. Mº Saint-Paul. Pl : 30 et 40 F. Enfants : 10 F. Mer 22, Sam 25, 15h, 20h30 ; Jeu 23, Ven 24, 20h30 ; Dim 26, 17h. Spectacle avec Pierre Etaix, Annie Fratellini, Alexandre Bouglione, Les Romanis, Christiansen, B. Clary, Valérie.

L'Hôtel de Ville sur la rive droite

La Conciergerie, sur l'Ile de la Cité. (Marie Antoinette, entre autres, a passé ses derniers jours dans cette ancienne prison.)

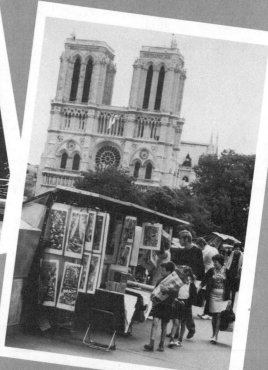

Huitième Leçon

Le long des quais

Les Parisiens ont la réputation d'être de grands flâneurs. Il est certain qu'à Paris
il y a de nombreux lieux qui vous invitent à faire des promenades. Les quais
de la Seine* sont un endroit préféré des flâneurs parisiens, car c'est là que se
trouvent les boîtes des bouquinistes.* On peut s'y promener lentement en ad-
5   mirant les belles vues sur la cathédrale de Notre-Dame* et en jetant un coup
d'œil sur les marchandises des bouquinistes: livres d'occasion, affiches, cartes
postales, cartes anciennes. Même si l'on[1] ne s'intéresse pas aux livres d'occasion
ou aux vieilles choses, il est toujours amusant de regarder les autres flâneurs, car
les quais attirent des originaux.

10 Annie Lejeune et son camarade Serge Gautier ont décidé de flâner un peu cet
après-midi, malgré le temps pluvieux et frais de l'hiver parisien. Après être montés à la tour sud de Notre-Dame—d'où la vue était sensationnelle, même sous le
ciel gris—ils sont redescendus et maintenant ils traversent le Petit Pont* pour
remonter le quai St-Michel.*

15 SERGE   Tu veux jeter un coup d'œil sur les boîtes des bouquinistes?

      ANNIE   Puisqu'il ne pleut plus, je veux bien. Est-ce que tu cherches quelque
               chose en particulier?

      SERGE   Non, mais j'aime bien fouiller dans leurs boîtes. C'est mon passe-temps
               préféré.

20 ANNIE   Regarde! Ces livres-là sont très beaux—reliés en cuir et tous en parfait
               état. Mais aujourd'hui je ne crois pas qu'on trouve des aubaines à Paris.

      SERGE   Ni nulle part ailleurs en France! Ni dans le monde entier, probable-
               ment.

      ANNIE   Regardons plutôt les cartes postales. J'adore ces belles cartes anciennes.
25   Tu les aimes?

      SERGE   Je les trouve très jolies, en effet. *(Annie en tient cinq dans les mains.)*
               Tu les prends toutes?

      ANNIE   Mais non, voyons! Elles coûtent trop cher. J'aime surtout ces deux cartes-
               là qui montrent des vues de Paris. Mais à ce prix-là, je devrais y ré-
30   fléchir un peu, tu sais.

---

[1]In more formal styles of French, especially in written texts, *l'* may be inserted before *on*. It has no
meaning.

SERGE   Tiens! Regarde ce type! Une veste vert vif, une chemise rose, une cra-
         vate à rayures jaunes et rouges . . . C'est incroyable!
ANNIE   Bizarre, mais pas incroyable. Toutefois il n'a pas l'air d'un clochard.
SERGE   C'est un savant peut-être. Il a le nez dans un livre en même temps qu'il
35   choisit ses vêtements. Il a sans doute de l'argent; il examine ces belles
         vieilles éditions qui coûtent si cher.
ANNIE   C'est une véritable édition rare lui-même! Mais revenons à nos mou-
         tons.* Il y a encore d'autres belles cartes postales dans cette boîte.
SERGE   D'accord. Tes cartes sont sûrement plus jolies à voir que notre Mon-
40   sieur l'Arc-en-ciel.

Notes culturelles

les quais de la Seine: La Seine divise Paris en deux parties. Les quais par-
courent tout le long du fleuve au centre de la ville. Les arbres des quais aident
à créer un lieu de promenade très agréable.

les bouquinistes: Ce terme s'applique uniquement aux marchands de livres
d'occasion—surtout à ceux qui tiennent une boîte sur les quais de la Seine. A
l'origine, le mot "bouquin" signifiait "vieux livre." Aujourd'hui, dans la langue
de tous les jours, c'est simplement un synonyme de "livre."

Notre-Dame: Cette magnifique cathédrale située sur l'Ile de la Cité, la plus
grande des deux petites îles au milieu de la Seine, a été construite entre 1163
et 1345. C'est une véritable merveille d'architecture. La tour sud s'élève à 69
mètres, et si l'on monte à son sommet, on peut voir tout Paris. Notre-Dame
est considérée comme le centre de Paris. C'est le "kilomètre zéro" des routes
nationales. C'est-à-dire, quand on parle de la distance de tel ou tel endroit
jusqu'à Paris, c'est de la place devant la cathédrale que l'on parle.

le Petit Pont: On a bâti le Petit Pont actuel en 1853, mais le premier pont qui
était à cet endroit avait été construit par les Romains. Il y a une trentaine de
ponts qui traversent la Seine à Paris. Le plus ancien est le Pont Neuf, achevé
en 1604, qui relie l'Ile de la Cité aux deux rives du fleuve.

le quai St-Michel: Ce quai qui se trouve sur la rive gauche est un des endroits
préférés des étudiants. Il pourrait être considéré comme l'entrée du Quartier
Latin, le quartier de Paris où se trouvent la Sorbonne, plusieurs Grandes Ecoles
(l'Ecole des Beaux-Arts, l'Ecole Polytechnique) et les célèbres lycées Henri IV,
Louis-le-Grand et St-Louis.

revenons à nos moutons: L'expression signifie "let's get back to business, let's
get back to the subject." Elle vient de *La Farce de Maître Pathelin,* une pièce
écrite vers l'année 1465. Dans cette comédie, l'avocat Pathelin conseille à Agnelet, un jeune berger, de faire la bête et de ne rien dire sauf "bèèè" quand on
lui pose des questions pendant le procès. A la fin, quand Pathelin veut qu'Agnelet lui paie ce qu'il lui doit, Agnelet continue à répondre comme un mouton.

Questionnaire

1. Est-ce que les Parisiens se promènent beaucoup? Pourquoi?   2. Pourquoi vou-
drait-on visiter les boîtes des bouquinistes même si l'on ne cherchait rien?

3. Qu'est-ce que Serge et Annie ont fait avant d'aller au quai St-Michel? 4. Tout de suite Annie trouve quelque chose qui l'intéresse. Qu'est-ce que c'est? Elle en achètera combien peut-être? Pourquoi doit-elle y réfléchir? 5. Pourquoi Serge appelle-t-il le monsieur qu'ils ont vu "Monsieur l'Arc-en-ciel"? 6. Et vous, est-ce que vous aimez les cartes anciennes? les livres anciens? Il y a des bouquinistes dans votre ville? Si oui, aimez-vous fouiller dans leurs boîtes? Est-ce que vous connaissez quelqu'un qui collectionne les vieux livres? Si oui, où est-ce qu'il achète ses livres?

GLOSSAIRE

NOMS

l'arc-en-ciel *m.* rainbow
l'architecture *f.* architecture
l'aubaine *f.* bargain
le berger, la bergère shepherd, shepherdess
la boîte stall
  bouquiniste *m.&f.* second-hand bookseller
la cathédrale cathedral
le clochard, la clocharde tramp, bum
le cuir leather
la distance distance

l'édition *f.* edition
le flâneur, la flâneuse person who loves to stroll
le lieu; *pl.* lieux place
la marchandise merchandise
la merveille marvel
l'original *m.*, l'originale *f.* eccentric, oddball
le procès trial
la réputation reputation
le savant, la savante scholar
le sommet top, summit
la tour tower

VERBES

admirer to admire
bâtir to build
courir to run[1]
créer to create
diviser to divide
s'élever to rise, to soar
fouiller (dans) to search, to look (through)

parcourir to cover (a distance)
réfléchir à to think about
relier to join together, to connect; to bind
signifier to mean, to signify
tenir to hold, to keep[2]

ADJECTIFS

actuel, -le present, current, up-to-date
incroyable incredible, unbelievable
nombreux, -euse numerous
nul, nulle no[3]

pluvieux, -euse rainy
rare rare
rose pink
tel, telle such a, such
véritable veritable, real

---

[1]The verbs *courir* and *parcourir* are irregular. Their conjugation is presented later in the lesson.
[2]The verb *tenir* is conjugated like *venir*, but forms its passé composé with *avoir*.
[3]The adjective *nul, nulle* requires *ne: Je ne vois nulle aubaine; Nul savant n'était à la bibliothèque.*

d'occasion second-hand, used
en particulier in particular
faire la bête to play the fool
il est there is, there are[1]
le long de along
   tout — all along, the entire length of

malgré despite, in spite of
nulle part nowhere, not anywhere[2]
  — ailleurs nowhere else
probablement probably
simplement simply
uniquement solely, only

Etude de mots

Synonymes 1: Refaites les phrases en employant un synonyme du mot ou de l'expression en italique.

1. *Pensez* à vos paroles avant de parler.
2. Ils *construisent* un nouveau siège ailleurs.
3. *Il y a* des tâches que personne ne veut remplir.
4. Pourquoi est-ce que tu *gardes* cet album sur les genoux?
5. Tu voudrais *te promener* un peu? Volontiers!
6. Ce langage ne *veut* rien *dire!*
7. Tu n'auras *aucune* dépense — ni pour le logement, ni pour la nourriture.
8. Les émissions *d'aujourd'hui* ne valent rien.
9. Quel *lieu* tranquille pour un pique-nique!
10. L'avion *monte* dans le ciel.

Synonymes 2: Les mots suivants sont plus ou moins des synonymes. Faites des phrases en employant ces mots.

1. seulement   simplement   uniquement   exclusivement   juste
   ne . . . que
2. aucun, -e   nul, -le   pas de

Mots associés 1: Complétez chaque phrase en employant un mot dérivé du mot en italique.

1. Qu'est-ce qu'on *bâtit* là-bas? Ce sont les _____ d'une ferme, je crois.
2. Vous aimez *flâner?* Oui, nous sommes des _____ enthousiastes.
3. Le metteur en scène *croit* qu'il sait tout. C'est _____! Le dramaturge, par contre, jure qu'il ne *sait* rien, mais c'est un _____ quand même.
4. Que *signifie* cette expression? A mon avis, elle manque entièrement de _____.
5. Il *pleuvait* beaucoup pendant que nous étions en Irlande. Est-ce que le printemps est une saison _____ là-bas?
6. Son oncle, qui est juge, a récemment reçu un grand *nombre* d'honneurs. Il a de _____ collègues qui disent que personne ne connaît la loi aussi bien que lui.
7. "*Tel* père, *tel* fils." Il y a peu de proverbes qui soient _____ répandus.
8. Après la pluie, on peut souvent voir de belles couleurs dans le *ciel.* C'est un _____.

---

[1]The use of *il est* as a synonym of *il y a* is largely literary and would be heard only in a formal speech or lecture.
[2]*Nulle part* is a negative expression used with *ne: Ils ne se rencontrent nulle part.*

Au lycée Henri IV

Mots associés 2: Les mots dans chaque groupe sont associés. Faites des phrases en employant chaque mot.

1. le bouquin   le/la bouquiniste
2. courir   le coureur/la coureuse   le champ de courses   la course à pied   la voiture de course   faire des courses
3. le marché   le marchand/la marchande   la marchandise
4. le lieu   au lieu de   avoir lieu

Mots à plusieurs sens: Vous savez que *la boîte* veut dire "box." Ce mot s'applique aussi aux grosses boîtes dans lesquelles les bouquinistes gardent leur marchandise.

Le mot *relier* signifie "to tie together." Par exemple, on peut *relier un bouquin en cuir,* ce qui en anglais se dirait "to bind a book in leather." Une route *relie* deux villes et un pont *relie* les deux rives d'une rivière, ce qui en anglais se dirait "to connect."

Mots à ne pas confondre: Faites attention!

1. Un touriste peut faire *le tour* d'un endroit. Mais pour faire – ou mieux, bâtir – *une tour,* il faut être ingénieur.
2. Est-ce que vous avez eu *l'occasion* d'essayer une de ces voitures *d'occasion?*
3. A l'époque *actuelle,* il n'y a pas de *vrai* manque de talent dans cet orchestre.
4. Tu devras *courir* très vite si tu veux *parcourir* une telle distance avant midi.
5. *La moitié* de ces flâneurs seront partis avant cinq heures *et demie.*

Notez que *se lever* veut dire "to get up, to rise": Si on est assis, on peut *se lever.* Le soleil *se lève* aussi. Et le rideau *se lève* quand la pièce commence. *S'élever* veut dire "to rise, to soar": Un avion ou un oiseau peut *s'élever.* Les bâtiments et les tours *s'élèvent* aussi. Et les cris et la musique. Et les prix *s'élèvent* aussi, malheureusement!

EXPLICATIONS I

Les verbes comme <u>courir</u>

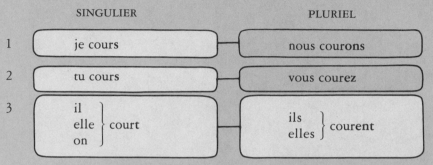

	SINGULIER	PLURIEL
1	je cours	nous courons
2	tu cours	vous courez
3	il elle } court on	ils elles } courent

IMPÉRATIF: **cours! courons! courez!**
PARTICIPE PASSÉ: **couru**
PARTICIPE PRÉSENT: **courant**
IMPARFAIT: **cour-** (je **courais**, etc.)
FUTUR/CONDITIONNEL: **courr-** (je **courrai**, etc./je **courrais**, etc.)
SUBJONCTIF: **cour-** (que je **coure**, etc.)
PASSÉ SIMPLE: **couru-** (je **courus**, nous **courûmes**, etc.)

Note that in all forms except the passé composé and the future/conditional, *courir* is conjugated like a simple *-ir* verb. All verbs ending in *-courir*, such as *parcourir*, follow the same pattern.

Exercice

Refaites les phrases en employant la forme convenable de *courir* ou de *parcourir*. Notez que le verbe *parcourir* doit être suivi d'un objet direct; le verbe *courir* n'est pas suivi d'un objet. Suivez le modèle.

1. Elle *a vite marché* jusqu'au sommet.
   Elle a vite couru jusqu'au sommet.

2. Je *me dépêcherai* si je suis en retard.

3. Il *se promène* tout le long des quais.

4. Nous *nous mettrons vite en route* quand le feu passera au vert.

5. Est-ce que vous *vous promeniez* tout à l'heure?

6. Ils *ont vu* le sud de l'Italie.

7. Elles *conduisent leurs voitures* sur le boulevard.

8. Nous *ferons du cyclisme* au stade.

9. Tu *n'avais jamais traversé* le pays?

10. Les garçons sont rentrés chez eux en *chantant*.

Aux Galeries Lafayette

Le conditionnel

1. The conditional is the equivalent of "would" + verb in English. It is formed by adding the imperfect endings to the future stem:

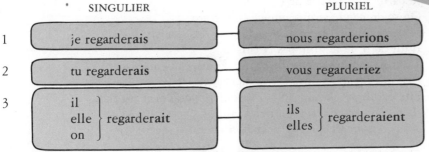

	SINGULIER	PLURIEL
1	je regarderais	nous regarderions
2	tu regarderais	vous regarderiez
3	il elle on } regarderait	ils elles } regarderaient

2. For *-er, -ir,* and *-ir/-iss-* verbs, the future/conditional stem is the infinitive. For all verbs whose infinitives end in *-re* (except *être* and *faire*), the future/conditional stem is the infinitive minus the final *-e.*

3. Verbs that have irregular future stems have this same stem in the conditional. For example: *aller → ir- → j'irais; avoir → aur- → tu aurais; devoir → devr- → il devrait,* etc.[1]

4. For verbs whose infinitives end in *-yer* and for most stem-changing verbs, the spelling and/or pronunciation change also occurs in the future/conditional stem:

INFINITIF	PRÉSENT	FUTUR/CONDITIONNEL
essayer	il essaie	essaier-
appeler	il appelle	appeller-
jeter	il jette	jetter-
acheter	il achète	achèter-

5. For stem-changing verbs like *espérer,* the infinitive serves as the future/conditional stem: *j'espérerais, nous préférerions.*

6. Remember that sentences containing *si* have two parts. If the verb in the *si* clause is in the present, the verb in the result clause must be in the present, the imperative, or the future. If the verb in the *si* clause is in the imperfect, the verb in the result clause must be in the conditional:

Si j'avais le temps, je parcourrais la Grèce et la Yougoslavie.
If I had time, I'd travel through Greece and Yugoslavia.

Si vous y réfléchissiez un peu, vous pourriez faire tout le travail ici.
If you thought about it a little, you could do all the work here.

A vous. Parlez de vos lectures préférées. Si vous aviez le temps, est-ce que vous liriez davantage ("more")? Quelles sortes de choses?

---

[1]Remember that in the conditional, *devoir* means "should," *pouvoir* means "could," and *vouloir* means "would like."

Exercices

A. Refaites les phrases en employant le passé composé et le conditionnel. Suivez le modèle.

1. Elle dit qu'elle viendra.
   Elle a dit qu'elle viendrait.

2. Je parie qu'il fera la bête.
3. On se demande si tu emmènes ton frère.
4. Je pense qu'ils se promènent le long des quais.
5. Il dit qu'il ne nettoie pas la cuisine.
6. Tu crois que les agents de police fouillent la maison?
7. Ils espèrent que vous avez de la chance.
8. Elle explique que nous ne trouvons pas de fleurs roses.
9. Ils répètent qu'il faut monter à la tour.
10. Nous répondons qu'elle doit aller chez Berthe.

B. Refaites les phrases en employant l'imparfait et le conditionnel. Suivez le modèle.

1. Si ce bouquiniste a des éditions rares, j'en achèterai peut-être.
   Si ce bouquiniste avait des éditions rares, j'en achèterais peut-être.

2. Si tu escalades cette haute colline, tu verras de vraies merveilles de l'autre côté.
3. Si nous trouvons de telles aubaines, nous essaierons d'en profiter.
4. Sara choisira des livres d'occasion si elle en trouve quelques-uns.
5. Il créera un chef-d'œuvre si tu lui donnes les outils.
6. Elle se réveillera de bonne heure si elle a un réveil.
7. Si tu cesses de bricoler, je pourrai réparer la machine.
8. Si les prix sont plus bas, ils vendront la moitié de ces marchandises-là.
9. Il n'y aura pas de clochards près du pont s'il y a assez d'agents.
10. Vous préférerez des livres reliés en cuir si vous pouvez en trouver?

Vous souvenez-vous?

1. Pour dire "to," "at" ou "in":

Avec le nom d'une ville, on emploie *à:*

Elle reste à **Cannes**.	*She's staying **in Cannes**.*
Sont-ils descendus **au Havre?**[1]	*Did they get off **at Le Havre**?*

Avec le nom d'un pays féminin ou avec un continent, on emploie *en:*

Elles voyagent **en Irlande**.	*They're traveling **in Ireland**.*
Ils sont allés **en Amérique du Nord**.	*They went **to North America**.*

Avec le nom d'un pays masculin, on emploie *au* ou *aux:*

Tu vas **au Canada?**	*Are you going **to Canada**?*
Ils nous accompagnent **aux Pays-Bas**.	*They're going with us **to the Netherlands**.*

[1]Cette ville s'appelle Le Havre; *à + le → au Havre.*

2. Pour dire "from":

Avec le nom d'un pays féminin, d'une ville ou d'un continent, on emploie *de:*

Elle arrive **de Bordeaux.**	*She's arriving **from Bordeaux.***
Nous partirons **d'Allemagne.**	*We're leaving **from Germany.***
Ils rentrent **d'Amérique du Sud.**	*They're returning **from South America.***

Avec le nom d'un pays masculin, on emploie *du* ou *des:*

Ils reviennent **du Mexique.**	*They're coming back **from Mexico.***
Tu rentres **des Etats-Unis?**	*Are you returning **from the U.S.?***

3. Pour indiquer ("indicate") la possession, on emploie *de* + le déterminant défini:

Bruxelles est la capitale **de la Belgique.**	*Brussels is the capital **of Belgium.***
Le Mali est sur la côte ouest **de l'Afrique.**	*Mali is on the west coast **of Africa.***
Miami est dans la partie sud **des Etats-Unis.**	*Miami is in the southern part **of the U.S.***

Exercices

A. Répondez aux questions en employant la préposition qui convient: *à, au, aux* ou *en.* Suivez le modèle.

1. Où vont-ils l'année prochaine? (l'Angleterre et les Pays-Bas)
   Ils vont en Angleterre et aux Pays-Bas.

2. Où sont-elles descendues la semaine dernière? (Nice)
3. Où veut-il passer l'été? (le Japon ou la Chine)
4. Où as-tu fait du camping? (l'Espagne et le Portugal)
5. Où a-t-elle conduit sa voiture? (Montréal)
6. Où préférez-vous voyager? (l'Amérique centrale)
7. Où sont-ils nés? (le Danemark)
8. Où vont-elles travailler? (La Rochelle)
9. Où ira-t-il au mois d'août? (l'Algérie et le Maroc)
10. Où feras-tu du ski? (la Suisse ou l'Autriche)

B. Répondez aux questions en employant la forme de la préposition *de* qui convient. Suivez le modèle.

1. Est-ce qu'ils arrivent de Suède? (le Danemark)
   Non, ils arrivent du Danemark.

2. Est-ce qu'elle vient des Etats-Unis? (le Canada)
3. Est-ce que vous partez de New York? (Boston)
4. Est-ce que Dakar est la capitale de la Côte d'Ivoire? (le Sénégal)
5. Est-ce qu'elles rentrent de Russie? (l'Australie)
6. Est-ce que Marrakech est une ville d'Algérie? (le Maroc)
7. Est-ce que tu es venu de Norvège? (la Suède)
8. Est-ce qu'il partira de Pologne? (la Roumanie)
9. Est-ce que vous êtes rentrés de Londres? (Copenhague)

Vérifiez vos progrès

Refaites les phrases au conditionnel en y ajoutant une proposition ("clause") qui commence avec *si*. Puisqu'il n'y aura pas une seule réponse correcte, vous devrez vérifier vos réponses en parlant avec votre professeur. Par exemple:

1. Il va passer la journée en banlieue.

Il passerait la journée en banlieue $\begin{cases} \textit{s'il avait le temps.} \\ \textit{si vous l'accompagniez.} \\ \textit{si sa sœur y habitait encore.} \end{cases}$

2. Nous allons parcourir une grande distance.
3. De nombreux bâtiments vont s'élever le long du quai.
4. La bergère va emmener ses moutons dans la vallée.
5. Ils vont admirer l'arc-en-ciel.
6. Je vais m'asseoir dehors malgré le mauvais temps.
7. Nous allons bientôt achever nos études d'architecture.
8. Elle va tenir l'enfant par la main.
9. Je vais réfléchir au procès.
10. Tu vas t'installer à l'étranger?

LECTURE

La vie estudiantine[1] au Moyen Age[2]

La plupart des touristes qui viennent à Paris vont surtout visiter la rive gauche de la Seine, où ils passent des heures à se promener dans le Quartier Latin. Pourquoi choisissent-ils le Quartier Latin? Ce n'est pas le seul endroit de Paris où se trouvent de vieux monuments ou des sites intéressants. Si la rive gauche
5 attire beaucoup de monde, c'est parce que l'atmosphère y est très vivante[3] et pittoresque. En effet, ce quartier sert de rendez-vous aux[4] étudiants. C'est là que se trouvent plusieurs des lycées les plus célèbres (les lycées Louis-le-Grand et Henri IV) où vont les jeunes Français qui préparent les concours d'entrée aux Grandes Ecoles.* Il y a aussi de Grandes Ecoles — par exemple, l'Ecole des Beaux-
10 Arts et l'Institut d'Etudes Politiques ("Sciences-Po") — et trois branches de l'université de Paris, y compris la célèbre Sorbonne, fondée[5] en 1253. Le long des rues principales du Quartier Latin — le boulevard Saint-Mjchel et le boulevard Saint-Germain — les librairies, les magasins de disques, les cafés et les cinémas se succèdent.[6] Le Quartier Latin appartient aux[7] étudiants; c'est un des centres cul-
15 turels et intellectuels de Paris. En a-t-il toujours été ainsi?

Le Quartier Latin remonte au Moyen Age. A l'époque, la capitale était loin d'avoir les dimensions qu'elle a actuellement. Elle n'était qu'une petite ville aux ruelles[8] étroites entourée de remparts.[9] "La Cité" et "l'Université" consti-

---

[1]estudiantin, -e = des étudiants
[2]le Moyen Age: *Middle Ages*
[3]vivant, -e = animé
[4]servir de rendez-vous à:

to serve as a meeting place for
[5]fonder: *to found*
[6]se succéder: *to follow one after another*

[7]appartenir à: *to belong to*
[8]la ruelle = petite rue très étroite
[9]le rempart: *rampart, fortified wall*

tuaient[10] les deux centres principaux de la ville. Située au milieu de la Seine,
20 l'Ile de la Cité (où se trouve la cathédrale de Notre-Dame) était le centre du
pouvoir[11] politique, judiciaire et religieux et contenait le palais[12] des rois (ce
qui est aujourd'hui le beau Palais de Justice). L'Université, sur la rive gauche,
constituait le centre de la vie intellectuelle. C'est en effet au treizième siècle
que les écoles de Paris se regroupèrent pour former l'Université et que celle-ci
25 put prendre son essor,[13] en particulier grâce à l'aide de Robert de Sorbon.* L'Université devint rapidement très célèbre dans toute l'Europe et commença à attirer
les étudiants étrangers qui y arrivèrent en grand nombre afin de poursuivre leurs
études. Comme la plupart des étudiants n'étaient pas riches, des collèges furent
créés pour les héberger.[14] C'est ainsi qu'une vie estudiantine naquit sur la rive
30 gauche et que le Quartier Latin vit le jour.[15]

Pourquoi le Quartier "Latin"? C'est parce que dans les écoles on utilisait[16] uniquement le latin. C'était la langue de l'Eglise, qui contrôlait l'éducation, et des
savants. Les maîtres et les étudiants devaient parler exclusivement le latin.

Les étudiants du Moyen Age étaient-ils plus sérieux que ceux de notre époque?
35 En réalité, la jeunesse[17] était très turbulente.[18] Les étudiants se battaient[19] souvent entre eux; ils dérangeaient les gens dans la rue, et faisaient les mêmes es-
piègleries[20] que les étudiants de nos jours. Les marchands établis dans le Quartier Latin s'en plaignaient,[21] mais cela ne changeait rien. Leurs cours finis, les
jeunes gens se rendaient en bandes dans les tavernes et ils troublaient[22] l'ordre
40 public. Certains s'amusaient à voler[23] les enseignes[24] des tavernes ou des boutiques; d'autres transportaient des statues dans un autre quartier de la ville. La
police était souvent obligée d'intervenir.

Parmi tous ces étudiants, il y en avait qui étaient de véritables mauvais garçons,
dont l'un est devenu poète célèbre, considéré actuellement comme un des plus
45 grands poètes français. Il s'appelait François Villon. C'est le premier écrivain
français qui a exprimé[25] ses propres pensées[26] sur des thèmes personnels—le
sens de l'existence, par exemple, et la fragilité de la vie.

Villon naquit en 1431. A l'université de Paris il devint un étudiant turbulent,
comme l'étaient certains de ses camarades, et il abandonna ses études. Un jour
50 il se disputa avec un prêtre;[27] ils se battirent et Villon tua[28] son adversaire. Crai-
gnant la prison, Villon quitta Paris et commença une vie errante.[29] C'est à ce
moment-là qu'il écrivit ses premiers poèmes, dans lesquels il raconta ses aventures. Grâcié,[30] le poète revint à Paris. Mais dès son retour il recommença à fréquenter les tavernes et, avec ses anciens camarades, il décida de voler de l'argent.
55 Les jeunes voleurs furent découverts et Villon dut de nouveau s'enfuir.[31]

On a très peu de documents sur la vie de Villon, mais on sait qu'il fut emprisonné à Meung-sur-Loire, une petite ville près d'Orléans, et que le roi, Louis XI,

Orléans

[10]constituer: *to constitute*	[17]la jeunesse: *youth*	[24]l'enseigne (f.): *sign*
[11]le pouvoir: *power*	[18]turbulent, -e: *wild, unruly*	[25]exprimer: *to express*
[12]le palais: *palace*	[19]se battre: *to fight*	[26]la pensée: *thought*
[13]prendre son essor: *to develop rapidly*	[20]l'espièglerie (f.): *prank*	[27]le prêtre: *priest*
[14]héberger = loger	[21]se plaindre de: *to complain about*	[28]tuer: *to kill*
[15]voir le jour = naître	[22]troubler = déranger	[29]errant, -e: *wandering*
[16]utiliser = employer	[23]voler: *to steal*	[30]grâcier = pardonner
		[31]s'enfuir: *to flee*

Fin de l'année scolaire, Lorient (Bretagne)

A vous. Parlez des costumes que ces élèves portent. Est-ce qu'il y a une journée où on peut s'habiller comme on veut à votre lycée? A quelle occasion?

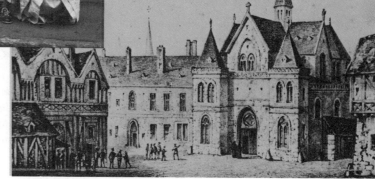

La Sorbonne en 1550

le grâcia. Mais encore une fois, il assista à un combat entre ses amis et quelques étudiants en droit. On arrêta Villon et, coupable[32] ou non, il fut torturé et con-
60 damné à mort.[33] C'est en prison qu'il composa sa célèbre "Ballade des pendus,"[34] dans laquelle le condamné, se voyant déjà mort, demande pardon aux générations à venir: "Frères humains qui après nous vivez,[35]/N'ayez les cœurs contre nous endurcis."[36] On ne pendit pas le poète. On le bannit[37] plutôt de Paris pour dix ans. C'était en 1462; il avait 32 ans. C'est tout ce que l'on sait de Villon.
65 On ne sait pas ce qu'il devint ensuite.

Malgré sa courte carrière de poète—ses œuvres connues ont été écrites dans une période de huit ans seulement—Villon reste le symbole du jeune homme doué mais turbulent. S'il reçut l'éducation traditionnelle des étudiants du Moyen Age, il n'en garde pas la trace dans ses poèmes. Il nous apparaît[38] comme un
70 jeune homme des temps modernes. Il aimait rire et s'amuser, et loin de représenter une certaine vue austère du Moyen Age, il personnifie la jeunesse et l'aventure.

La jeunesse est simplement plus ou moins la même au cours des siècles. Et le Quartier Latin, qui a bien sûr changé dans son aspect extérieur, garde toujours
75 ce climat estudiantin animé qu'il avait il y a cinq cents ans.

[32]coupable: *guilty*
[33]la mort: *death*
[34]le pendu, la pendue:

hanged man, hanged
woman
[35]vivre: *to live*

[36]endurci, -e: *hardened*
[37]bannir: *to banish*
[38]apparaître = sembler

Notes culturelles

les Grandes Ecoles: Il y a une cinquantaine de Grandes Ecoles en France, et elles sont très renommées. On ne peut entrer dans une des Grandes Ecoles que par un examen très difficile qu'on appelle "le concours" ou "le concours d'entrée." Le nombre d'étudiants qui y sont reçus est très limité. En général, les étudiants se destinent à des carrières ("career") administratives, techniques ("technical") ou militaires.

Robert de Sorbon: Sorbon (1201–1274) était chapelain du roi Louis IX (Saint-Louis). C'était grâce à son influence qu'on a fondé le collège qui porte son nom —la Sorbonne, dont il fut le premier directeur. A cette époque, un collège était une école où des maîtres et des étudiants pauvres étaient logés et nourris. Depuis ce temps-là, la Sorbonne est devenue un des centres universitaires les plus importants du monde.

À propos ...

1. Pourquoi les touristes vont-ils visiter la rive gauche de la Seine? Qu'est-ce qui s'y trouve?   2. Quelles sont les deux rues principales du Quartier Latin? Qu'est-ce qui s'y trouve?   3. Quelles étaient les deux parties principales de Paris au Moyen Age? Décrivez-les.   4. Qui était Robert de Sorbon? Qu'a-t-il fait?   5. Comment étaient les étudiants du Moyen Age? Que faisaient-ils pour s'amuser?   6. Qui était François Villon? Quand est-il né? Que connaît-on sur sa vie?   7. Est-ce que vous connaissez d'autres gens qui, comme Villon, ont mené une mauvaise vie mais qui ont laissé quand même une œuvre importante? Parlez de ces gens et de ce qu'ils ont fait.   8. On dit qu'on est le fils de ses œuvres—c'est-à-dire, qu'on est ce qu'on fait. Qu'en pensez-vous?

EXPLICATIONS II

Les pronoms relatifs ce qui, ce que, ce dont, ce à quoi

1. The relative pronouns *qui, que,* and *dont* are used in a subordinate clause where the antecedent was expressed in the main clause. The relative pronouns *ce qui, ce que,* and *ce dont* are also used in subordinate clauses, but only when the antecedent has *not* been expressed. Compare the following:

Il parle **du manteau qui** est dans le placard.	*He's talking about **the coat that's in** the closet.*
Il parle de **ce qui** est dans le placard.	*He's talking about **what's** in the closet.*
Il aime beaucoup **les bouquins que** tu as achetés.	*He likes **the books** you bought very much.*
Il aime beaucoup **ce que** tu as acheté.	*He likes **what** you bought very much.*
Vous voulez me montrer **les chemisiers dont** vous aviez envie?	*Do you want to show me the shirts that you wanted?*
Vous voulez me montrer **ce dont** vous aviez envie?	*Do you want to show me **what you** wanted?*

Note that *ce qui* replaces a subject and is always followed by a singular verb. *Ce que* replaces an object, and *ce dont* replaces *de* + object. Note, too, that they can be used to begin a sentence:

Ce que tu me dis est incroyable.   *What you're telling me is unbelievable.*
Ce dont elle discute est très   *What she's discussing is very important.*
important.

2. The relative pronoun *ce à quoi* is used with certain verbs that require *à* before an object. Like *ce qui, ce que,* and *ce dont, ce à quoi* is used only when there is no expressed antecedent in the main clause:

Voici **les poèmes auxquels** je   *Here are **the poems** I was thinking*
pensais.   *about.*
Voici **ce à quoi** je pensais.   *Here's **what** I was thinking about.*

Exercices

A. Complétez les phrases en employant *qui, que, dont, ce qui, ce que* ou *ce dont.* Suivez le modèle.

    1. As-tu vu _____ il tenait à la main?
    As-tu vu ce qu'il tenait à la main?

    2. Regarde le travail incroyable _____ elle a fait!
    3. Il t'a expliqué _____ il avait besoin.
    4. Vous ont-elles montré les éditions _____ sont toujours chez le bouquiniste?
    5. C'est un véritable chef-d'œuvre _____ il a créé!
    6. Est-ce que tu sais _____ divise les deux pays?
    7. Elle ne m'a pas démontré _____ elle parlait.
    8. C'est cet endroit _____ les flâneurs préfèrent.
    9. _____ m'ennuie, c'est ce temps pluvieux.
    10. Voilà le savant _____ les journaux ont récemment beaucoup parlé.

B. Répondez aux questions en employant "Voilà . . ." et *ce qui, ce que, ce dont* ou *ce à quoi.* Suivez le modèle.

    1. Qu'est-ce qu'ils bâtissent?   *Voilà ce qu'ils bâtissent.*

    2. A quoi pense-t-elle?   7. A quoi s'applique ce terme?
    3. Qu'est-ce qu'il disait?   8. Qu'est-ce qu'il a réparé?
    4. De quoi s'agit-il?   9. De quoi se sert-elle?
    5. Qu'est-ce qui leur ferait plaisir?   10. A quoi s'intéressent-ils?
    6. Qu'est-ce que cela signifie?   11. Qu'est-ce qu'elles tiennent?

Vérifiez vos progrès

Traduisez les phrases suivantes.

1. They brought what he needed.
2. We don't understand what she's thinking of.
3. What interests me is (*c'est*) modern architecture.
4. Tell (*sing.*) him what you like to look at.

5. I asked them what they remembered.
6. We climbed to the top, which was incredible.
7. You (*pl.*) probably didn't hear what I said.
8. We don't yet know what happened.
9. No one was looking through the used books, which is quite rare.

Parlons de vous

1. Les Parisiens ont la réputation d'être flâneurs. En effet, la flânerie ("strolling") est un de leurs passe-temps préférés. Aimez-vous flâner? Y a-t-il des endroits dans votre ville qui vous invitent à faire de longues promenades? Où ça? 2. Y a-t-il de beaux parcs où l'on peut passer un après-midi tranquille en faisant un pique-nique, peut-être, ou en se reposant sur l'herbe? Vous aimez passer de tels après-midi? Y a-t-il des parcs avec de bons terrains de sports? De quels sports? A quoi est-ce qu'on y joue? au tennis? au football? au golf, peut-être? A Paris il y a le magnifique Bois de Boulogne qui contient non seulement des jardins, des fontaines, des lacs, des terrains de sports, et ainsi de suite, mais aussi des restaurants, un Musée des Arts et Traditions Populaires, un zoo et deux grands champs de courses: l'hippodrome de Longchamp et l'hippodrome d'Auteuil. Y a-t-il un tel parc dans votre ville? Si oui, décrivez-le. Sinon, décrivez ce qu'un tel parc contiendrait si vous pouviez vous-même en créer un.

THÈME

Etudiez le paragraphe suivant. Puis, en l'employant comme modèle, mettez le paragraphe anglais en français.

Modèle: A Dakar
> —Où est-ce que vous aimeriez aller ce matin?
> —Si j'avais le temps, je voudrais visiter l'immense marché traditionnel de Kaolack. Mais puisqu'une telle excursion en voiture prendrait trop de temps, je crois que ce qui me ferait le plus grand plaisir serait d'aller au Village des Artisans. Je n'y suis pas encore allée.
> —Moi non plus.
> —De toute façon, on devrait commencer à chercher quelques souvenirs. C'est bientôt la date de notre départ.
> —A quelle sorte de souvenirs est-ce que vous pensiez?
> —Ce que je cherche depuis notre arrivée, c'est une sculpture sénégalaise assez bon marché. On m'a dit que l'on trouve toutes sortes de belles marchandises dans ce village-là.

Thème: In Paris
> —What would you like to do today?
> —If it weren't so nice out, I'd go to the Louvre. But since it's no longer raining, I think what I'd like most would be to stroll along the quais. I haven't looked through the booksellers' stalls in a long time.
> —That's a good idea.
> —We could finally go get a present for Mom. It'll soon be her birthday, you know.

—But would you want to buy her a used book?

—What I'd look for would be a rare edition bound in leather. But I'm afraid that one doesn't find many bargains anymore—even among the second-hand booksellers in Paris.

—Nor anywhere else in France!

AUTO-TEST

A. Combinez les deux phrases en employant *si*, l'imparfait et le conditionnel. Suivez le modèle.

1. Je n'ai rien à faire. Je regarde le journal télévisé.
   Si je n'avais rien à faire, je regarderais le journal télévisé.

2. Il fait beau. Nous courons dans le parc.
3. Ils font une promenade dans le Bois de Boulogne. Nous allons avec eux.
4. Elle te le demande. Tu dois le faire.
5. Il commence à neiger. Vous partez avant le lever du soleil.
6. Nous trouvons le ballon. Nous vous le jetons.
7. Elles ne prennent pas l'autobus. Elles viennent ici avec leurs cousines.
8. Vous me prêtez quinze francs. Je vous les rends tout de suite.
9. Nous réussissons à emballer ce paquet. Nous pouvons l'envoyer à La Rochelle cet après-midi.

B. Complétez les phrases en employant la préposition qui convient: *à, au, aux, en* ou *dans*.

1. Nous ne sommes jamais allés _____ Londres.
2. Le Maroc se trouve _____ le nord de l'Afrique, _____ l'ouest de l'Algérie.
3. Elle reste _____ Allemagne pour travailler au pair.
4. Ils ne veulent aller ni _____ Pays-Bas ni _____ Belgique.
5. On peut descendre _____ Marseille ou _____ Havre.

C. Complétez les phrases en employant le pronom relatif qui convient: *ce qui, ce que, ce à quoi* ou *ce dont*.

1. Je me suis demandé *ce qui* se passait quand j'ai vu les médecins.
2. *Ce que* vous cherchez n'est pas là.
3. Je te dirai *ce à quoi* je pensais.
4. Nous ne savons pas *ce que* nous pouvons faire maintenant.
5. *Ce à quoi* elle réfléchit ne sera pas facile à expliquer.
6. Nous voudrions faire *ce qui* lui fera plaisir.
7. Il leur a déjà demandé *ce dont* il aura besoin pour le voyage.

COMPOSITION

Ecrivez une composition sur votre passe-temps préféré.

Quelques passe-temps préférés des Parisiens.
(Notez que les égouts *veut dire "sewers.")*

Jean-Paul Sartre

Simone de Beauvoir

ODEON - QUARTIER LATIN

AUX ABEILLES D'OR, 12, rue Royer-Collard.
325-74-21. Mo Luxembourg. Spéc. végétariennes
ACROPOLE, 3, r. de l'Ecole-de-Médecine. 326-
88-90. F. merc. Spéc. grecques.
LA CHANDELLE ET LA BROUETTE (d), 41, rue
Descartes (5e). 325-41-10. Amb. piano-guitare.
Grillades.
LA CHOPE D'ALSACE (c), 4, Carrefour de
l'Odéon. 326-67-76. Ouvert très tard t.l.j.
Choucroute. Baeckenoff. (c), pl. St-André-des-
LE CLOU DE PARIS (c). 326-73-46. Jusqu'à 2h du
Arts - 1, rue Danton. française et roumaine. Glaces
mat. Cuis. Terrasse.
Berthillon. (d), 1, rue de l'Ecole-Polytechnique 325-
L'ECOLE (d), en haut de la Montagne Ste-Geneviève) 325-
95-77. Grill au feu de bois, formule à 21 F.
LES FEMMES SAVANTES (b), 8, rue Suger.
633-13-16. Ouv. le dim. Ouv. de 19h à 2h.
Chants et guitares:
LE GRAND SERAIL (b), 7, rue St-Séverin. 325-
50-02. F. lundi. Spéc. orientales : mezzes liba-
nais, kebbé, hommos, chiche taouk, kabab,
méchoui. Déj., dîners, soupers amb. musicale.
LA GRILLERIE (d), 3, rue du Petit-Pont (5e).
633-08-32. Déjeuners. Dîners aux chandelles.
HIPPOPOTAMUS (c), 9, rue Lagrange. 033-
Proposition Menu 23 F et Carte. Ouvert dimanche. Ouvert
13-99, Bar Grill. Ouvert 24 F
jusqu'à 1h du matin. Suggestion (Carref.
LA MENANDIERE, 12, rue de l'Eperon.
Odéon). 033-44-30. Déjeuners, Diners aux
chandelles.
LA MURAILLE DE JADE (c), 5, rue de l'Ancienne-Comédie. 633-63-18. Spéc. chinoises et
vietnamiennes. Cuis. cantonaise à la vapeur
LE PETIT DISCOPHAGE, 31-33, rue des Ecoles. Dan 31-41. F. dim. Rest.-Cabaret brésilien.
Diner spect. 60 F (vin et serv. en sus). Ven.
sam. 70 F
LE REQUIN CHAGRIN (b), place de la Contrescarpe. 033-18-87. Spéc. réunionnaises. Déjeuners cuis. française. 18 et 30 F t.c. Din.
et soupers aux chandelles. Ouv. ts l j. jrs.
ROTISSERIE SAINT-SEVERIN (d), 6, rue Saint-
Séverin. Odé. 69-69. Déj. en musique, dîners
aux chandelles. T.l.j. 2 suggestions de menus
24 F. (b), 7, rue St-Séverin. 325-
soupers aux chandel-
e d'ambiance
13e siècle

Neuvième Leçon

Aux Deux Magots

En sortant du Théâtre de France,* Catherine Javal et son ami Gilbert Caumain ont décidé d'aller Aux Deux Magots.* Cela leur semble tout à fait à propos, car ils viennent d'assister à une nouvelle mise en scène des *Mains sales* de Jean-Paul Sartre.* Ce dernier[1] a passé beaucoup de temps dans ce café. Là, avec son
5 amie Simone de Beauvoir* et d'autres collègues, Sartre a passé des heures à discuter de ses propres idées et théories et de celles d'autrui. En fait, il y écrivait ses œuvres. Si la philosophie qu'on appelle l'existentialisme n'est pas née aux Deux Magots, elle y a certainement mûri.

GILBERT   Ce que j'aime — et ce qui me surprend — surtout chez Sartre, c'est
10   qu'il ne s'est jamais borné à décrire la vie dans ses œuvres litté-
                raires et philosophiques. Il a toujours agi.

CATHERINE   Oui, c'était un homme vraiment engagé. Mais au fond, ça fait partie
                de toute la tradition française. Depuis toujours nos grands écri-
                vains s'occupent aussi bien de politique que de littérature. Si tu y
15   réfléchissais un peu, tu serais moins surpris.

GILBERT   En effet, la littérature a souvent eu une influence sur la société.
                Quand on pense à Rousseau ou à Voltaire . . .*

CATHERINE   Mais il ne faut pas remonter au dix-huitième siècle pour en citer
                des exemples. Pense à Saint-Exupéry!* Sans mentionner Sartre et
20   Beauvoir, bien entendu.

GILBERT   Oui, d'accord. C'est une chose à laquelle je n'ai pas beaucoup ré-
                fléchi.

CATHERINE   Et pourtant c'est un sujet auquel tu aurais dû penser puisque tu
                t'intéresses tant à la politique. Tu aurais mieux apprécié tes cours
25   de littérature. La politique et la littérature forment une sorte de
                couple mal assorti qui, malgré tout, s'entend merveilleusement
                bien.

GILBERT   Eh bien, c'est comme nous, quoi?

CATHERINE   Tu parles!

---

[1]Ce dernier = celui-ci.

Notes culturelles

*le Théâtre de France: Ce théâtre se trouve place de l'Odéon, près du jardin du Luxembourg. A travers les années, ce théâtre a changé plusieurs fois de nom. A l'origine c'était le Théâtre Français—la salle où jouaient les acteurs de la Comédie-Française. Mais cette troupe a déménagé en 1792 et s'est installée rue de Richelieu, sur la rive droite, où elle se trouve actuellement. A cette époque-là, le Théâtre Français est devenu l'Odéon, puis, après un siècle et demi, la Salle Luxembourg. C'est seulement depuis 1959 qu'on l'appelle le Théâtre de France. Depuis 1946 ce théâtre se spécialise dans les œuvres du vingtième siècle.

*Aux Deux Magots: Ce café célèbre se trouve dans le Quartier Latin, sur le boulevard Saint-Germain. Depuis très longtemps les cafés du quartier servent de lieux de réunion pour les grands artistes, écrivains, philosophes, penseurs, etc.

*Jean-Paul Sartre: Le nom de cet écrivain est lié à la philosophie existentialiste, selon laquelle l'individu est ce qu'il fait. On existe, mais on n'est rien sans agir. Alors, on a non seulement le droit, mais aussi la responsabilité de choisir et de suivre son propre chemin. Ce qui importe, c'est sa manière de se conduire, son "engagement."

Sartre (1905–1980) a créé beaucoup d'œuvres littéraires et théâtrales qui illustrent sa philosophie. Parmi ses romans il faut citer La Nausée (1938) et Les Chemins de la liberté (1945). Les Mouches (1942), Huis clos (1944) et Les Mains sales (1948) comptent parmi ses meilleures pièces. (Le titre de cette dernière pièce exprime un aspect de la pensée existentialiste: Pour être il faut agir et il faut donc être toujours prêt à "se salir les mains.")

Sartre a été aussi l'auteur de plusieurs œuvres philosophiques et d'un beau livre autobiographique, Les Mots (1964). En 1964 il a refusé le prix Nobel de littérature.

*Simone de Beauvoir: Née en 1908, Beauvoir est surtout connue pour son long roman Les Mandarins (1954), qui a obtenu le prix Goncourt, le prix littéraire le plus recherché en France, et pour ses mémoires publiés entre 1958 et 1963. Elle a aussi écrit un essai très célèbre sur la condition des femmes, Le Deuxième Sexe. Beauvoir a joué un rôle très actif dans la vie politique de la France et a travaillé pour le mouvement pour la libération de la femme en France et ailleurs.

*Rousseau et Voltaire: Jean-Jacques Rousseau (1712–1778) et François-Marie Arouet, dit Voltaire (1694–1778), ont écrit tous les deux des œuvres qui ont eu une très grande influence sur leur propre siècle et sur le siècle suivant. Ce sont de véritables géants de la littérature mondiale.

Rousseau, suisse de naissance (il est né à Genève), a écrit des œuvres importantes au sujet de l'enseignement et de la meilleure façon d'élever les enfants (Emile, 1762) et sur la société et ses origines (Du contrat social, 1762). Son autobiographie, Les Confessions, a été publiée quatre ans après sa mort.

Rousseau croyait que la nature est parfaite et que, dans un état naturel, tout va bien. Selon Rousseau, dès que la première personne a dit: "C'est ma propriété à moi. Cela m'appartient," cela a été le commencement de tous les maux que nous connaissons. Il a écrit: "Vous oubliez que les fruits sont à tous et que la terre n'est à personne." Et aussi, dans son *Contrat social:* "L'homme est né libre et partout il est dans les fers." Ce sont deux citations assez importantes, car elles expriment parfaitement quelques idées qui commençaient à mûrir à cette époque-là et qui mèneraient enfin aux Révolutions américaine et française.

La lecture de cette leçon donne des renseignements sur la vie de Voltaire.

Saint-Exupéry: Antoine de Saint-Exupéry (1900–1944) a écrit plusieurs romans. Ceux qui sont peut-être les plus célèbres sont *Vol de nuit* (1931), *Terre des hommes* (1939) et *Pilote de guerre* (1943). Dans *Vol de nuit,* par exemple, il a décrit quelques-unes de ses propres expériences quand il était pilote d'un avion postal en Amérique du Sud. Pilote d'essai, Saint-Exupéry a été aussi le premier à faire des vols sur la ligne Toulouse-Casablanca-Dakar.

Beaucoup d'élèves connaissent son histoire pour enfants, *Le Petit Prince* (1943). Beaucoup d'adultes aiment également ce petit livre charmant.

Vers la fin de la Deuxième Guerre Mondiale, en 1944, Saint-Exupéry est mort au cours d'un vol de reconnaissance au-dessus de la mer Méditerranée.

Questionnaire

1. Qu'est-ce que Catherine et Gilbert ont fait ce soir? Ils sont maintenant au café Aux Deux Magots. Pourquoi cela leur semble-t-il à propos? 2. Qu'est-ce que Gilbert aime surtout chez Sartre? Qu'en dit Catherine? De quelle tradition parle-t-elle? 3. Pouvez-vous citer des écrivains qui sont — ou qui ont été — "engagés"? Est-ce qu'il y en a aux Etats-Unis ou au Canada ou est-ce exclusivement une tradition française? 4. Avez-vous remarqué des rapports entre la littérature et la politique? Connaissez-vous des romans qui ont eu une grande influence sur la société? Connaissez-vous, par exemple, le roman de Harriet Beecher Stowe qui s'appelle en français *La Case* ("cabin") *de l'oncle Tom?* Parlez un peu, si vous le pouvez, de l'influence que ce livre a eue sur la société américaine pendant la dizaine d'années avant la Guerre Civile de 1861–1865. Pouvez-vous citer d'autres exemples de romans ou d'écrivains qui ont eu une grande influence politique?

GLOSSAIRE

NOMS

l'adulte *m.&f.* adult
l'aspect *m.* aspect
l'autobiographie *f.* autobiography
la citation quotation
la condition condition
la confession confession
le contrat contract
le couple couple
    le — mal assorti mismatched pair, odd couple
l'engagement *m.* commitment to

and active involvement in a cause
l'enseignement *m.* education, teaching
l'essai *m.* essay; test, trial
l'existentialisme *m.* existentialism
l'expérience *f.* experience
le fer iron
    dans les —s in irons (enslaved or imprisoned)
le géant giant

l'individu *m.* individual
l'influence *f.* influence
la libération liberation
la liberté liberty
la littérature literature
le mal; *pl.* les maux evil, harm;
   pain, sickness
la manière manner, way
les mémoires *m.pl.* memoirs
la mise en scène production (of a
   play)
la mort death
la nature nature
la nausée nausea

la pensée thought
le penseur thinker
   philosophe *m.&f.* philosopher
la politique politics
le prix prize
la propriété property
le quartier quarter, district
la responsabilité responsibility
la révolution revolution
la société society
le sujet subject
la théorie theory
la troupe troupe

VERBES

agir to act
appartenir à to belong to[1]
apprécier to appreciate
se borner à to limit oneself to
citer to quote, to cite, to mention
se conduire to conduct oneself, to
   behave
élever to raise, to bring up[2]
s'entendre to get along, to agree
exister to exist
exprimer to express
former to form
illustrer to illustrate

importer to matter, to be important
lier to tie, to link together
mûrir to mature, to ripen
s'occuper de to be concerned with,
   to attend to
remonter to go back to, to date
   back to
renseigner to inform
salir to dirty, to get sth. dirty
   se —to get (oneself) dirty
servir de to serve as, to act as
se spécialiser dans to specialize in

ADJECTIFS

assorti, -e matching, assorted
   bien (mal) —well (mis)matched
autobiographique autobiographical
dit, -e called, nicknamed
engagé, -e deeply involved, committed
existentialiste existentialist

littéraire literary
merveilleux, -euse marvelous
philosophique philosophical
politique political
recherché, -e sought after
théâtral, -e theatrical

MOTS-OUTILS ET EXPRESSIONS

à huis clos in private
à propos appropriate
   mal — inappropriate
actuellement now, today, currently

au fond basically, deep down, in fact
au sujet de about
autrui others
partout everywhere

[1]The verb *appartenir* is conjugated like *venir*, but forms its passé composé with *avoir*.
[2]*Elever* is a stem-changing verb that follows the pattern of *lever*.

Etude de mots

Synonymes 1: Choisissez le synonyme du mot en italique. Puis employez ce mot dans une phrase.

1. *la manière:* le chemin   l'espèce   la façon   le manque
2. *la condition:* le conducteur   la crevaison   l'état   la panne
3. *le mal:* la malle   la mort   la peine   le procès
4. *apprécier:* aimer   s'élever   parvenir   poursuivre
5. *appartenir à:* s'appliquer à   être à   s'intéresser à   convenir à
6. *agir:* achever   concevoir   se conduire   obtenir
7. *citer:* établir   grincer   mentionner   recueillir
8. *aujourd'hui:* à propos   actuellement   à l'origine   à temps
9. *au fond:* ailleurs   en fait   exprès   plutôt

Synonymes 2: Refaites les phrases en employant un synonyme du mot ou de l'expression en italique.

1. Rousseau, Sartre, Beauvoir—tous les trois ont écrit des *livres autobiographiques.*
2. Nous sommes allés à la crémerie acheter des fromages *variés.*
3. Les droits *des autres* ne l'intéressent pas du tout.
4. Je cherchais des bouquins *sur* l'existentialisme.
5. Il y avait *un homme et sa femme* assis sur ce banc.

Antonymes: Les paires suivantes sont des antonymes. Faites des phrases en employant chaque mot.

1. dans les fers /libre
2. nulle part/partout
3. la foule/l'individu
4. la mort/la naissance
5. nettoyer/salir
6. se disputer/s'entendre

Mots associés 1: Faites des phrases en employant un adjectif dérivé de chaque verbe ou nom.

1. salir
2. s'occuper de
3. importer
4. l'autobiographie
5. la littérature
6. la nature
7. la merveille
8. le théâtre

Mots associés 2: Maintenant, faites des phrases en employant les verbes dont les noms suivants sont dérivés.

1. la forme
2. l'expression
3. l'élève
4. l'action
5. la pensée
6. l'enseignement
7. le renseignement
8. la citation

Mots associés 3: Faites des phrases en employant chacun des verbes suivants—d'abord dans un sens non-pronominal, ensuite dans un sens pronominal.

1. agir/s'agir de
2. élever/s'élever
3. conduire/se conduire
4. servir de/se servir de
5. salir/se salir
6. entendre/s'entendre

Mots à plusieurs sens: Complétez les phrases en employant le même mot pour chaque groupe.

1. (a) Ma tante est représentante. Elle travaille pour la _____ Peugeot.
   (b) Nous faisons de l'anthropologie cette année. Le prof se spécialise dans les _____ que l'on trouve en Polynésie: à Tahiti, à Bora Bora, etc.

A vous. Vous êtes au café avec une amie. Discutez le choix de boisson, etc., avec votre amie et le garçon (ou la serveuse).

Place de la Contrescarpe, Paris

2. *(a)* Jean-Paul Sartre n'a pas accepté le _____ littéraire le plus recherché du monde.
   (b) Savez-vous le _____ de ses livres d'occasion?
3. *(a)* Mon cousin est pilote. Il essaie de nouveaux avions. Il fait des vols d'_____.
   (b) Avant la fin de l'année scolaire, nous devons tous écrire des _____ au sujet de l'engagement politique.
4. *(a)* Après être descendu, il a dû _____ l'escalier pour aller chercher son sac à dos.
   (b) Pour parler intelligemment à ce sujet, il faut _____ à l'œuvre elle-même.

L'expression *à propos* veut dire "appropriate." N'oubliez pas que l'on peut l'employer aussi pour signifier "by the way."

Mots à ne pas confondre: Notez que les verbes *agir, servir* et *jouer* peuvent tous signifier "to act" en anglais. Ce ne sont pas, cependant, des synonymes:
agir: "Nous sommes nés pour agir," a écrit Montaigne, le célèbre écrivain du seizième siècle, dans un de ses essais. Cela veut dire tout simplement que nous ne pouvons pas ne rien faire. Pour mûrir, pour devenir des individus, nous devons faire quelque chose, c'est-à-dire, nous devons *agir* ("to act").
servir: Quand nous avons visité la cathédrale de Chartres, une jeune femme merveilleusement bien renseignée nous a *servi de* guide ("to act as").
jouer: Vous devez répéter la pièce si vous voulez bien *jouer* votre rôle ("to act, to play").

Attention! Ceux qui vont se marier l'un avec l'autre sont des *fiancés*. Ils ne sont pas *engagés*. Notez aussi qu'on emploie le mot *couple* pour parler de deux personnes: *Ce mari et cette femme forment un beau couple, n'est-ce pas?* Le mot *la paire* s'emploie pour parler de choses: *Elle portait une paire de lunettes de soleil, un pull gris foncé et une paire de gants mal assortis.*

EXPLICATIONS I

Le futur antérieur

1. The future perfect is formed by using the future form of *avoir* or *être* and the past participle of the main verb. Its English equivalent is "will have" + verb:

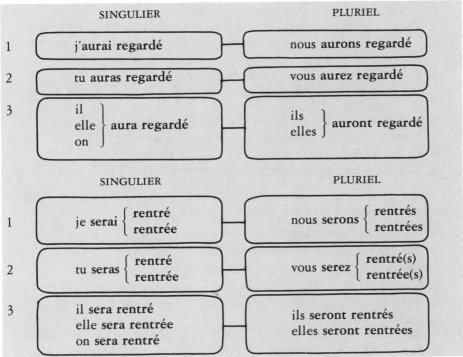

	SINGULIER		PLURIEL
1	j'aurai regardé		nous aurons regardé
2	tu auras regardé		vous aurez regardé
3	il elle } aura regardé on		ils elles } auront regardé

	SINGULIER		PLURIEL
1	je serai { rentré rentrée		nous serons { rentrés rentrées
2	tu seras { rentré rentrée		vous serez { rentré(s) rentrée(s)
3	il sera rentré elle sera rentrée on sera rentré		ils seront rentrés elles seront rentrées

2. In the future perfect, the rules for agreement of the past participle are the same as for the passé composé and the pluperfect:

Elles se sont peignées? | Elles **se seront peignées** avant de sortir.
Elles ont trouvé la citation dont j'aurai besoin? | Elles **l'auront trouvée** quand tu arriveras.
Il a préparé les contrats? | Il **les aura préparés** avant ce soir.

3. Note the following:

Lorsqu'il **aura obtenu** son permis de conduire, il achètera une voiture. | *When he gets his driver's license, he'll buy a car.*

Je te rejoindrai **dès que** les spectateurs **seront partis**. | *I'll join you as soon as the audience has left.*

The future perfect is often used in a subordinate clause after *quand, lorsque, dès que,* and *aussitôt que* to describe an action that will have taken place before the future action in the main clause. In English we usually use the present or the past tense.

Exercices

A. Mettez les phrases au futur antérieur en y ajoutant les mots entre parenthèses. Suivez le modèle.

1. Il parcourra une assez grande distance. (avant le coucher du soleil)
   Il aura parcouru une assez grande distance avant le coucher du soleil.

2. Je citerai ce philosophe. (une dizaine de fois)
3. On s'occupera de la mise en scène. (avant de commencer à répéter)
4. Nous étudierons plusieurs problèmes de la société moderne. (avant d'achever ce cours)
5. Il exprimera ses pensées à huis clos. (j'en suis sûr)
6. On devra se spécialiser dans la littérature du 20ᵉ siècle. (avant d'avoir cet emploi)
7. Ce café servira de lieu de réunion. (pour les artistes du quartier)
8. Je renseignerai les passagers. (que le vol sera retardé)
9. Tu t'assiéras. (quand le garçon apportera le gâteau)
10. Elle illustrera l'autobiographie de cet écrivain. (avant de la publier)

B. Répondez aux questions en employant le futur antérieur et le pronom complément d'objet qui convient. Suivez le modèle.

1. As-tu lu leur confession? (avant demain)
   Non, mais je l'aurai lue avant demain.

2. Ont-ils écrit leurs essais? (avant vendredi)
3. Es-tu descendu à Marseille? (avant la semaine prochaine)
4. Avez-vous discuté cette théorie de l'origine de la société? (avant son départ)
5. A-t-on étudié la Révolution Française? (avant la fin de l'année scolaire)
6. Se sont-elles lavé les mains? (avant le déjeuner)
7. Avez-vous acheté la propriété? (avant Noël)
8. Ont-ils accepté le prix? (avant l'année prochaine)
9. As-tu exprimé tes pensées à ce sujet? (avant la fin de la réunion)
10. As-tu lu ses mémoires? (avant l'examen)

Le conditionnel passé

1. The past conditional is formed by using the conditional form of *avoir* or *être* and the past participle of the main verb. Its English equivalent is "would have" + verb.

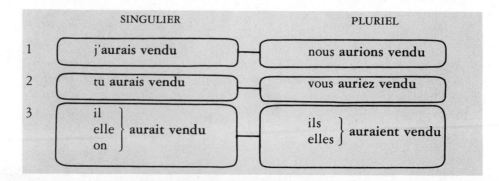

	SINGULIER	PLURIEL
1	j'aurais vendu	nous **aurions vendu**
2	tu aurais vendu	vous **auriez vendu**
3	il elle on } aurait vendu	ils elles } **auraient vendu**

Le boulevard St-Germain

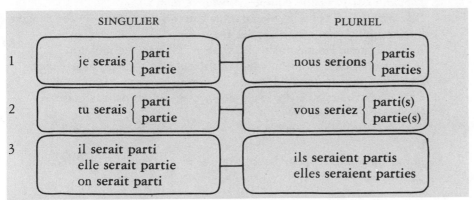

	SINGULIER	PLURIEL
1	je serais { parti / partie	nous serions { partis / parties
2	tu serais { parti / partie	vous seriez { parti(s) / partie(s)
3	il serait parti / elle serait partie / on serait parti	ils seraient partis / elles seraient parties

2. The past conditional follows the same rules for agreement of the past participle as the other compound past tenses you have learned:

Ils se réveilleraient?   Ils se seraient réveillés?
Elle quitterait **la politique?**   Elle l'aurait quittée?
Tu vendrais **les voitures?**   Tu les aurais vendues?

3. You have learned that when a result clause is in the conditional, the *si* clause
is in the imperfect. Similarly, when a result clause is in the past conditional,
the *si* clause is in the pluperfect:

S'il étudiait la lecture, il   S'il avait étudié la lecture, il aurait
   saurait la réponse.   su la réponse.
Tu ferais du ski s'il neigeait. **Tu aurais fait** du ski s'il avait neigé.
Si j'avais de la chance, j'irais   Si j'avais eu de la chance, je serais allé
   en France.   en France.

Exercices

A. Refaites les phrases au conditionnel passé en employant un pronom complément d'objet *(lui, leur, en* ou *y)*. Suivez le modèle.

1. J'exprimerais mon avis aux auteurs eux-mêmes.
Je leur aurais exprimé mon avis.

2. Ils flâneraient sur les quais.
3. Tu ne téléphonerais pas à tes copains? Pourquoi?
4. Préférerait-elle répondre au prof à huis clos?
5. Ils ne se borneraient pas à cet aspect du problème.
6. Je me promènerais dans le Quartier Latin malgré le mauvais temps.
7. N'écririez-vous pas à ce couple?
8. En tout cas, il ne réfléchirait pas à ses responsabilités.
9. Nous poserions des questions aux représentants.
10. Selon ses amis, elle ne s'occuperait pas de ces théories démodées.

B. Refaites les phrases au plus-que-parfait et au conditionnel passé. Suivez le modèle.

1. Il renseignerait les spectateurs s'il était ici.
Il aurait renseigné les spectateurs s'il avait été ici.

2. J'appartiendrais à cette équipe si j'avais le temps.
3. Il se promènerait plus souvent dans la nature s'il y avait moins de dangers.
4. Si elle publiait ses mémoires, les liriez-vous?
5. Ils se saliraient les mains s'ils essayaient de réparer le moteur.
6. Si nous nous entendions mieux, nous serions un couple mieux assorti.
7. J'agirais d'une manière différente si je savais la cause du problème.
8. Cela m'importerait peu si je ne me spécialisais pas dans la musique moderne.
9. Si tous les maux n'existaient pas, est-ce que nous mènerions une meilleure vie?
10. Je me passionnerais pour la politique si je n'étais pas obligée d'étudier mes leçons.

Pour lire

Vous savez déjà qu'on se sert du conditionnel pour être plus poli:

Je **voudrais** un verre de lait.	*I'd like a glass of milk.*
Est-ce que **vous pourriez** me donner un coup de main?	*Could you give me a hand?*

Le passé du conditionnel s'emploie aussi pour indiquer ("indicate") que certains renseignements n'ont pas été vérifiés. Cela s'emploie surtout dans les journaux:

La reine **aurait parlé** avec le président des Etats-Unis.	*It is reported that the queen spoke with the President of the U.S.*

Le conditionnel et le passé du conditionnel du verbe *dire* s'emploient souvent comme synonyme du verbe *ressembler à:*

Quel temps affreux! **On dirait** l'hiver.	Quel temps affreux! Ce temps ressemble à celui de l'hiver.
Il faisait de beaux tableaux! **On aurait dit** Picasso.	Il faisait de beaux tableaux! Ils ressemblaient à ceux de Picasso.

Vérifiez vos progrès

A. Refaites les phrases en employant le futur et le futur antérieur. Suivez le modèle.

1. Lorsque les pommes *(mûrir)*, nous *(faire)* une tarte.
   Lorsque les pommes auront mûri, nous ferons une tarte.

2. Quand elles *(essayer)* les jupes, je suis certaine qu'elles n'*(hésiter)* plus.
3. Je t'en *(donner)* la moitié aussitôt que je *(finir)* de servir les autres.
4. Vous *(s'installer)* à la campagne dès que vous *(construire)* votre villa.
5. Lorsqu'ils *(quitter)* l'université, ils *(se marier)*.
6. Quand tu *(remonter)*, tu *(être)* obligé de nettoyer ta chambre.
7. Elles *(monter)* la pièce aussitôt qu'elles la *(répéter)* assez de fois.
8. Dès qu'il *(recevoir)* la marchandise, il nous *(téléphoner)*.

B. Complétez les phrases suivantes. Puisque vos réponses seront personnelles, elles ne se trouvent pas à la fin du livre. Vous devrez les vérifier en parlant avec votre professeur.

1. Si j'avais eu assez d'argent l'été dernier . . .
2. Si mes ancêtres n'étaient pas venus en Amérique . . .
3. Si Christophe Colomb n'avait pas découvert le Nouveau Monde . . .
4. Si nous étions nés à l'époque de Napoléon . . .
5. Si ma famille s'était installée en France . . .
6. Si je m'étais mieux conduit . . .
7. Si les Américains avaient choisi d'avoir une monarchie . . .

HOTEL DU TOURISME
ENTIÈREMENT RÉNOVÉ
✻ NOUVELLE NORME
Parking face à l'Hôtel
Téléphone inter-urbain
dans toutes les chambres

Hôtel

Près de la Gare
42, PLACE VOLTAIRE
36000 CHATEAUROUX

Téléphone : 34-17-44

— R. C. 60 A 1407 —

Voltaire

Propriétaire : P. MICHEL

LECTURE

Voltaire

Parmi les grands écrivains français, il en est certains dont le nom évoque[1] une image ou une anecdote célèbre. Si vous demandez à un écolier[2] de vous parler de Voltaire, il décrira un homme maigre, qui porte une perruque[3] et un éternel sourire moqueur.[4] Si vous demandez à quelqu'un qui passe dans la rue qui était
5 Voltaire, il vous répondra probablement: un écrivain célèbre, un grand penseur, un auteur de contes[5] satiriques très amusants. Un autre, plus facétieux, vous dira que c'est le nom d'une station de métro, d'un boulevard, d'une place. Mais

---

[1]évoquer: *to evoke*
[2]l'écolier, l'écolière = élève de l'école primaire
[3]la perruque: *peruke, wig*
[4]moqueur, -euse: *mocking*
[5]le conte: *short story*

certainement peu de Français sont si peu renseignés sur ce géant de la littérature française.

10 Voltaire a été un des plus grands écrivains du dix-huitième siècle; il joua un rôle très important dans "le siècle des lumières."* Il a beaucoup contribué[6] au nouvel esprit[7] qui s'est formé au cours du siècle et qui mena à la contestation de[8] l'Ancien Régime* et, sans doute, à la Révolution elle-même. En alertant l'opinion publique sur les injustices et les abus[9] de pouvoir,[10] il ouvrit la voie[11]
15 aux changements[12] politiques et sociaux qui transformèrent la France et menèrent à une certaine liberté, égalité et fraternité (la devise[13] de la Révolution et de la République Française).

François-Marie Arouet, dit Voltaire, naquit à Paris en 1694. Il appartenait à une famille de la haute bourgeoisie.* Elève brillant mais turbulent,[14] le jeune Fran-
20 çois obéit à[15] son père et commença ses études de droit, mais il ne s'y appliqua guère.[16] Il s'intéressa sérieusement à la littérature et publia des poèmes, des pièces de théâtre et des œuvres satiriques critiquant[17] des personnages importants de son temps. A cause de cette dernière activité on le mit à la Bastille, la prison royale de Paris. Quand il en sortit, il prit le nom de plume[18] de Voltaire, qui
25 est un anagramme de son vrai nom: Arouet le jeune.*

Voltaire eut son premier grand succès à l'âge de 22 ans, quand sa première tragédie, *Œdipe,* fut jouée à la Comédie-Française. Les succès littéraires qui suivirent le rendirent célèbre, ce qui lui permit de faire la connaissance des membres de la noblesse[19] dont l'un, le chevalier de Rohan, qui appartenait à une des plus
30 grandes familles de France, essaya de l'humilier. Voltaire, pour ne pas perdre son honneur, voulut se battre[20] en duel contre Rohan. Mais à cette époque un noble ne répondait pas au défi[21] d'un roturier,[22] et l'écrivain fut encore emprisonné à la Bastille. C'était ainsi que Voltaire apprit que la célébrité importait peu. Elle n'apportait certainement pas l'égalité. Un bourgeois, célèbre ou non, ne
35 pouvait s'opposer à un noble puisque la noblesse avait tous les droits et tous les privilèges.

Voltaire demanda sa libération. On accepta de le libérer, mais lui, il dut accepter de quitter la France. Il choisit de s'exiler en Angleterre, le seul pays d'Europe où, à cette époque, il y avait une certaine liberté d'expression et où la
40 bourgeoisie était arrivée à un certain niveau[23] d'égalité par rapport à[24] la noblesse. Voltaire y resta trois ans.

De retour[25] en France en 1729, Voltaire recommença à écrire des pièces, mais la publication de ses *Lettres philosophiques** en 1734 le força de nouveau à quitter la capitale. (Dans ces lettres, inspirées de son séjour en Grande Bretagne, il

---

[6]contribuer: *to contribute*
[7]l'esprit *(m.): spirit, mind, frame of mind*
[8]la contestation de: *opposition to*
[9]l'abus *(m.): abuse*
[10]le pouvoir: *power*
[11]la voie: *way*
[12]le changement: *change*
[13]la devise: *motto*

[14]turbulent, -e: *unruly*
[15]obéir à: *to obey*
[16]ne . . . guère: *hardly*
[17]critiquer: *to criticize*
[18]le nom de plume = le pseudonyme (lit., *pen name*)
[19]la noblesse: *nobility*
[20]se battre: *to fight*

[21]le défi: *challenge*
[22]le roturier, la roturière = personne qui n'est pas noble
[23]le niveau: *level*
[24]par rapport à: *in relation to*
[25]de retour = après être rentré

45 critique certains aspects de l'Ancien Régime.) Il se réfugia[26] en Lorraine, mais
ne cessa jamais son intense activité littéraire. Même pendant ses longs séjours
ailleurs, ses pièces continuaient à avoir un immense succès à Paris et à l'âge de
cinquante ans il fut élu[27] à l'Académie Française.*

En 1750 Frédéric II* de Prusse, qui s'intéressait beaucoup aux arts et à la lit-
50 térature et qui était lui-même poète et musicien, invita Voltaire à se rendre à sa
cour.[28] Voltaire répondit à cette invitation en s'installant en Prusse, où il fut
aimablement accueilli, car Frédéric était enchanté d'avoir à sa cour un écrivain
si doué et si spirituel.[29] On raconte qu'un jour le roi voulait inviter Voltaire à
souper[30] avec lui à son palais[31] "Sans Souci."* Il lui envoya l'invitation suivante:

$$\frac{P}{Venez} \quad à \quad \frac{Ci}{Sans}$$

55

Pouvez-vous lire le message? "Venez souper ('sous P') à Sans Souci ('sous Ci')."
Voltaire répondit ainsi: "G. a.," ce qui se lit "G grand, a petit" (c'est-à-dire, "J'ai
grand appétit.")

Mais en 1753 Voltaire se disputa avec un des savants que le roi avait attirés à
60 la cour. Frédéric et Voltaire ne s'entendirent plus, se fâchèrent et celui-ci,
blessé[32] et déçu, rentra en France.

Passant de disgrâces en faveurs, Voltaire continua quand même de publier ses
œuvres dans lesquelles il laissait parler son esprit satirique. Il décida de s'installer dans un château, à Ferney, près de la Suisse, ce qui lui permettrait d'aller
65 rapidement dans ce pays en cas de danger. Pendant cette dernière période de
sa carrière[33] littéraire, il écrivit de nombreux pamphlets pour alerter l'opinion
publique sur les abus de pouvoir et sur certaines injustices officielles. Il composa aussi *Candide* (1759), son conte le plus célèbre. Dans cette petite histoire
il s'agit d'une satire de la philosophie du grand penseur allemand Gottfried
70 Leibniz. Même après avoir éprouvé[34] trente-six* sortes de maux—y compris des
guerres, des pestes[35] et le terrible tremblement de terre[36] du 1er novembre 1755
dans lequel 60.000 habitants de Lisbonne moururent—Candide, héros naïf,
croit toujours en la philosophie leibnizienne selon laquelle "tout est pour le
mieux dans le meilleur des mondes possibles."

75 Malgré une santé de plus en plus fragile, l'écrivain continua son activité et tra-
vailla jour et nuit à ses œuvres satiriques. (Parmi les nombreux tableaux représentant Voltaire, il en est un où on le voit en bonnet et chemise de nuit, dictant[37]
ses pensées à son secrétaire.) A l'âge de 83 ans, Voltaire, malade, retourna à
Paris et reçut un accueil enthousiaste. Deux mois plus tard, le 30 mai 1778,
80 épuisé[38] par la maladie, il mourut.

Quelle a été l'influence de Voltaire sur son siècle? Il a été sans doute un précurseur des idées de la Révolution Française. Il demandait la liberté pour tous;

Ferney

---

[26]se réfugier: *to take refuge*
[27]élu, -e: *elected*
[28]la cour: *court*
[29]spirituel, -le: *witty*
[30]souper = A cette époque,
ce mot signifiait "dîner."
Actuellement, on l'em-
ploie d'habitude pour
parler d'un repas—sou-
vent léger—pris au
cours d'une soirée ou
après un spectacle.
[31]le palais: *palace*
[32]blesser: *to wound*
[33]la carrière: *career*
[34]éprouver: *to experience*
[35]la peste: *plague*
[36]le tremblement de terre:
earthquake
[37]dicter: *to dictate*
[38]épuiser: *to exhaust*

Statue de Voltaire par Houdon, Théâtre Français, Paris

il voulait l'abolition de l'esclavage.[39] Il voulait l'égalité de tous devant la loi et l'abolition de la torture. Il réclamait[40] la tolérance religieuse et demandait la
85 séparation de l'Eglise et de l'Etat. Il demandait la liberté de pensée et d'expression. Voltaire a en effet joué un rôle très important dans le domaine social et humanitaire.

La Révolution Française a reconnu en Voltaire un des philosophes qui ont le plus contribué au changement social. En 1791, treize ans après sa mort, le gouverne-
90 ment révolutionnaire décida que le Panthéon à Paris devrait recevoir "les cendres[41] des grands hommes de l'époque de la liberté française." Voltaire en était un. C'est ainsi que les Français rendirent le suprême hommage à un des plus grands penseurs du siècle des lumières et un des écrivains les plus brillants et spirituels de tous les temps.

Neuvième
Leçon

[39]l'esclavage *(m.): slavery*   [40]réclamer: *to insist upon*   [41]la cendre: *ash*

Notes culturelles

le siècle des lumières: Ainsi s'appelle le dix-huitième siècle en Europe. A cette époque on commença à mettre en question les principales bases de la société, c'est-à-dire la monarchie et l'Eglise catholique. En même temps, les penseurs et les écrivains de l'époque commencèrent à croire fortement aux progrès de l'humanité et de la science. En anglais ce siècle s'appelle "the Age of Enlightenment."

l'Ancien Régime: On appelle "Ancien Régime" l'organisation politique et sociale de la France sous la monarchie jusqu'à la Révolution de 1789.

la haute bourgeoisie: A cette époque, un bourgeois était une personne qui n'était ni noble ni prêtre ("priest") et qui ne travaillait pas de ses mains (ouvrier, agriculteur, etc.), mais qui avait pourtant de l'argent et de la propriété. La bourgeoisie correspond à ce qu'on appelle en anglais "the middle class"; la haute bourgeoisie à "the upper middle class."

Arouet le jeune: Voltaire s'appelait François-Marie Arouet. Le nom "Arouet le jeune" servait à exprimer la distinction entre François et son père. Au dix-huitième siècle, comme aux siècles précédents, le "U" était écrit comme un "V" et le "J" s'écrivait comme "I"; alors Arouet le jeune s'écrivait "Arovet le ieune." Certains pensent que Voltaire choisit ce pseudonyme en gardant certaines lettres et en les changeant de place; "Arovet l. i." pourrait ainsi devenir "Voltaire."

Lettres philosophiques: En grec, le mot "philosophe" signifie ami de la sagesse ("wisdom"). Le philosophe du siècle des lumières voulait servir l'humanité en l'aidant à faire des progrès sociaux et scientifiques.

l'Académie Française: Créée en 1635 par le cardinal de Richelieu, un des plus grands hommes d'Etat de France, l'Académie comprend toujours exactement quarante membres, dits "les Immortels." Leur tâche est de préparer un dictionnaire de la langue française. L'Académie existe toujours et compte parmi ses membres quelques-uns des écrivains, des philosophes, des historiens et des savants les plus connus du monde.

Frédéric II: Né à Berlin, Frédéric (1712–1786) fut roi de Prusse—c'est-à-dire, de ce qui est aujourd'hui la partie nord de l'Allemagne et la partie ouest de la Pologne—pendant 46 ans. Grand général et grand administrateur, ce fut aussi un collectionneur d'art et un ami des artistes et des écrivains. Il attira en Prusse non seulement Voltaire, mais plusieurs savants français. Frédéric, que l'on appelle Frédéric le Grand, fut un des géants du dix-huitième siècle.

Sans Souci: Le français était la langue officielle de plusieurs cours royales européennes—de celles de Prusse et de Russie, par exemple. Le nom bien à propos que Frédéric donna à son palais veut dire en anglais "without a care" ou "carefree."

trente-six: On emploie ce nombre pour parler d'un grand nombre indéterminé. En anglais on dirait "umpteen" ou "dozens."

À propos ...

1. Voltaire est un des écrivains les plus connus. Qu'est-ce qui vient à l'esprit quand on entend ce nom?   2. Quelle profession M. Arouet voulait-il que son fils choisisse? Celui-ci a-t-il essayé d'obéir à son père? Que s'est-il passé plutôt?

3. Comment Voltaire a-t-il appris que la célébrité importait peu? 4. Pourquoi Voltaire est-il allé en Angleterre? Combien de temps y est-il resté? Que s'est-il passé après son retour en France? 5. Qui était Frédéric II? Pourquoi Voltaire a-t-il passé trois ans à Berlin? 6. Racontez l'anecdote de l'invitation que Voltaire a reçue du roi. Aimez-vous de tels jeux de mots? En connaissez-vous d'autres? Si oui, montrez-les à vos camarades de classe. 7. Quand Voltaire est-il rentré en France? Pourquoi donc? 8. Comment Voltaire a-t-il passé ses dernières années? 9. On peut dire que ce philosophe a été un précurseur de la Révolution Française. Expliquez pourquoi. Qu'a-t-on fait après sa mort pour lui rendre hommage? 10. La France a son Panthéon où se trouvent les cendres de Voltaire, de Jean-Jacques Rousseau, de Victor Hugo et d'autres grands hommes. A Westminster Abbey, à Londres, on trouve des monuments élevés à la mémoire de plusieurs grands écrivains anglais. A votre avis, pourquoi ne rend-on jamais de tels hommages aux grands écrivains et penseurs des Etats-Unis? Il n'y a pas, par exemple, aux Etats-Unis un seul centre littéraire et politique comme Paris ou Londres. Est-il possible que le manque d'une telle capitale intellectuelle explique le manque d'hommage officiel rendu à nos géants littéraires? Où serait notre Panthéon si nous en avions un? Qui aurait été choisi pour de tels hommages?

EXPLICATIONS II

Les pronoms indéfinis

1. You are already familiar with several indefinite pronouns:

En France **on** parle français.	In France **they** speak French.
Chacun son tour!	**Everyone** in turn!
Ces cravates coûtent dix francs **chacune**.	These ties cost ten francs **each**.
Quelqu'un a sonné.	**Someone** rang.
Elle s'intéresse aux problèmes d'**autrui**.	She's interested in the problems of **others**.

2. You are also familiar with the indefinite pronoun *quelques-uns (quelques-unes)* meaning "some, some people, any, a few":

Quelques élèves sont venus.	**Quelques-uns** sont venus.
Quelques chaises sont en bas.	**Quelques-unes** sont en bas.

Quelques-un(e)s can also be used in combination with the object pronoun *en:*

Avez-vous lu ces livres?	Oui, j'**en** ai lu **quelques-uns**.
As-tu vu des pièces?	Oui, j'**en** ai vu **quelques-unes**.

3. *Certains (certaines)* is an indefinite pronoun meaning "some, some people, certain people":

Certains diront que j'ai tort.	**Some people** will say that I'm wrong.
Certaines parmi les actrices ont très bien joué.	**Certain of the actresses** played their roles well.

Le Panthéon

4. The pronoun *autre* is used in a wide variety of expressions. Its meaning depends on the context:

On prend ce bus? Non, on en prend un autre. — *Are we taking this bus? No, we're taking a different one.*

La pomme était bonne. Je peux en avoir une autre? — *The apple was good. Can I have another one?*

Il a peur des autres. — *He's afraid of other people.*

Two common uses of the pronoun *autre* are in the expressions *l'un(e) l'autre* and *les un(e)s les autres* which mean "each other" or "one another":

Ils se regardent l'un l'autre. — *They're looking at each other.*

J'ai présenté les femmes l'une à l'autre. — *I introduced the women to each other.*

Les élèves s'entendront bien les uns avec les autres. — *The students will get along well with one another.*

Note that if the verb requires a preposition *(présenter à, s'entendre avec)*, the preposition appears between the two indefinite pronouns *l'un* and *l'autre*.

5. You are already familiar with *tout* used as an adjective: *tout le quartier, toute la classe, tous les livres, toutes les femmes.* A form of *tout* can also be used as an indefinite pronoun meaning "all of them":

A-t-elle acheté les disques?
{ Oui, elle les a tous[1] achetés.
{ Oui, tous.

Avez-vous lu ces pièces?
{ Oui, je les ai toutes lues.
{ Oui, toutes.

Note that *tous* is used to replace a masculine plural noun, while *toutes* is used to replace a feminine plural noun and that in compound tenses the past participle agrees in gender and in number.

A form of *tout* can also be used as a subject pronoun to mean "everything" or "everyone":

Selon Candide, tout est pour le mieux. — *According to Candide, everything is for the best.*

Tous étaient très contents. — *Everyone was very happy.*

Note that *tout* meaning "everything" is invariable.

Exercices

A. Répondez aux questions en employant le pronom indéfini qui convient: *chacun(e), quelques-un(e)s, certain(e)s, tous* ou *toutes.* Suivez les modèles.

1. A-t-il écrit toutes les compositions?
   Oui, il les a toutes écrites.
2. Ont-ils acheté quelques autobiographies?
   Oui, ils en ont acheté quelques-unes.
3. Avez-vous lu tous ces mémoires?
4. A-t-elle exposé quelques tableaux?

[1]When *tous* is used as a pronoun, the *s* is pronounced [s].

5. Chaque essai était bien écrit?

6. Est-ce que certains écrivains étaient engagés?

7. As-tu visité chaque boutique?

8. Chaque citation est correcte?

9. Elles ont trouvé quelques vieilles éditions rares?

10. Certaines cantatrices avaient déjà chanté quand il est entré?

11. Vous avez cité tous ces philosophes?

12. A-t-elle demontré quelques théories?

B. Dites le contraire en employant *tout* ou *tous*. Suivez les modèles.

1. Rien n'est passionnant.   *Tout est passionnant.*

2. Personne n'est venu nous voir.   *Tous sont venus nous voir.*

3. Rien ne te gêne.

4. Personne n'a mentionné ce dramaturge.

5. Personne n'y est allé.

6. Rien ne lui importe.

7. Rien ne les intéresse.

8. Personne n'est rentré hier.

C. Répondez aux questions en ajoutant la forme qui convient de l'expression *l'un l'autre.* Suivez les modèles.

1. Qu'est-ce que les deux amies ont fait? (se disputer / avec)
   Elles se sont disputées l'une avec l'autre.

2. Qu'est-ce que les deux enfants ont fait? (se regarder)
   Ils se sont regardés l'un l'autre.

3. Qu'est-ce que René et Robert ont fait? (se téléphoner / à)

4. Qu'est-ce que Suzanne et Jean-Claude ont fait? (se marier / avec)

5. Qu'est-ce que les deux sœurs ont fait? (s'écrire / à)

6. Qu'est-ce que les professeurs et les étudiants ont fait? (se parler / à)

7. Qu'est-ce que ses cousins ont fait? (s'entendre mal / avec)

8. Qu'est-ce que les deux femmes ont fait? (s'aider)

9. Qu'est-ce que les deux équipes ont fait avant le match? (se séparer / de)

10. Qu'est-ce que les deux couples ont fait? (se présenter / à)

Agadir

Agadir

Vérifiez vos progrès

Mettez les phrases en français en employant la forme correcte des pronoms indéfinis qui conviennent.

1. Everyone read the essays.
2. The contracts? Each one is important.
3. Certain people will say that she's wrong.
4. The Duponts exchanged gifts with one another.
5. Some of her works were philosophical.
6. Someone knocked.
7. The dinner? Everything was marvelous!
8. We're very interested in the thoughts of other people.
9. Each one of the chapters describes a different era.

Montmartre

Parlons de vous

1. Dans *Candide* Voltaire s'est moqué de ("mocked") la philosophie de Leibniz. D'après celui-ci "tout est pour le mieux dans le meilleur des mondes possibles." Qu'est-ce que vous pensez de cette philosophie? Est-ce que vous pouvez en citer des exemples? 2. Est-ce que vous aimez lire les histoires amusantes comme *Candide?* Est-ce que vous aimez les mémoires ou les autobiographies? De qui avez-vous lu l'autobiographie? Est-ce que vous pouvez parler un peu de la vie de cette personne? 3. Beaucoup de gens croient qu'un artiste (peintre, auteur, compositeur, acteur, chanteur, etc.) ne doit pas s'occuper de politique. Autrement dit, certains croient qu'il est mal à propos d'être un artiste engagé. Par exemple, Monsieur X refuse d'aller voir un film dont la vedette est Madame Y parce que celle-ci a exprimé à haute voix ses idées politiques avec lesquelles Monsieur X n'est pas d'accord. Qu'est-ce que vous pensez de tout cela? Est-ce que le rôle que l'on joue dans un film peut se séparer du rôle que l'on joue dans la vie?

THÈME

Etudiez le paragraphe suivant. Puis, en l'employant comme modèle, mettez le paragraphe anglais en français.

Modèle: "Cet automne, vous allez étudier quelques-uns des romans de Balzac," a dit le professeur. "On l'appelle le Napoléon du roman français, parce qu'en 25 ans il a publié 90 romans. C'était un écrivain extraordinaire qui a fait une peinture très riche et variée de la société française de la première partie du dix-neuvième siècle. Dès que vous aurez fini la lecture de *La Cousine Bette,* nous étudierons *Eugénie Grandet.* Mais d'abord nous allons discuter d'un autre de ses romans—celui que certains appellent son chef-d'œuvre—*Le Père Goriot.* Vous l'avez tous lu l'année dernière, n'est-ce pas? Eve, que pensais-tu des filles du Père Goriot? . . . Rien? . . . Sara, comment ses filles s'appellent-elles? *(Eve et Sara se regardent l'une l'autre.)* Si vous vous étiez appliquées à votre travail, vous auriez pu répondre. Mais si personne ne peut répondre, laissez-moi vous raconter la triste histoire du pauvre Père Goriot."

Thème: "Today we're going to discuss a few of Jean-Paul Sartre's plays," said M. Renaud. "Certain people think that Sartre is the greatest French playwright of the twentieth century. He is equally a very important philosopher and has had a great influence on the philosophical and political thoughts of others. When we've finished our study of Sartre's plays, we will concern ourselves with some of his novels. But now I'm going to ask some questions about one of his plays—the one that you were supposed to have finished reading during vacation—*Les Mouches.* Paul, what is the principal idea of the play? . . . Benoît? . . . *(The boys talk to each other for a moment.)* If you had read the play, you would have known the answer. I wonder if someone would like to try to answer my question. Very well, you will all have to read the play this weekend. Monday everyone will bring me a written answer to the question."

AUTO-TEST

A. Refaites les phrases en employant *aussitôt que* et le futur antérieur. Suivez le modèle.

1. Ils n'auront plus peur si le chien part.
   Ils n'auront plus peur aussitôt que le chien sera parti.
2. Il se lèvera si le réveille sonne.
3. Nous agirons si nous comprenons notre responsabilité.
4. Tu achèteras le pain si la boulangerie est ouverte.
5. Je m'occuperai de tout si elles rentrent chez nous.
6. Nous nous entendrons mieux si tu cesses de pleurer.
7. Ils t'amèneront en ville si tu finis tes devoirs.
8. Elles iront me chercher à la gare si j'arrive à Paris.
9. Elle cueillera les cerises si elles mûrissent.
10. Je me laverai les mains si je me salis.

B. Refaites les phrases au plus-que-parfait et au conditionnel passé. Suivez le modèle.

1. Si on ne s'écrivait pas l'un à l'autre, on ne saurait pas où se réunir.
   Si on ne s'étaient pas écrit l'un à l'autre, on n'aurait pas su où se réunir.
2. Si quelqu'un répondait plus rapidement à la porte, tu ne frapperais pas si fort.
3. Si elle pensait de temps en temps aux autres, on viendrait à son secours.
4. Si vous y faisiez attention, vous ne vous couperiez pas.
5. Si quelques-uns voulaient partir avec moi, les autres pourraient vous accompagner.
6. Si nous ne prenions pas trois brioches, il pourrait en avoir une autre.
7. Si certains n'étaient pas d'accord, vous devriez leur décrire le problème.
8. S'il nous présentait l'une à l'autre, je m'en souviendrais.
9. Si tu lisais ses mémoires, tu apprécierais mieux ses théories.

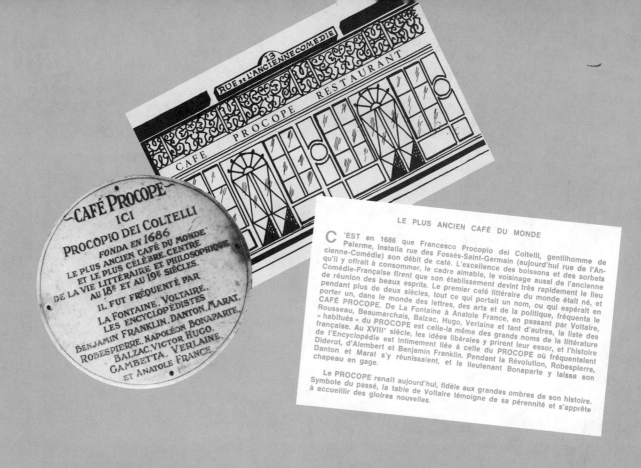

LE PLUS ANCIEN CAFÉ DU MONDE

C'EST en 1686 que Francesco Procopio dei Coltelli, gentilhomme de Palerme, installa rue des Fossés-Saint-Germain (aujourd'hui rue de l'Ancienne-Comédie) son débit de café. L'excellence des boissons et des sorbets qu'il y offrait à consommer, le cadre aimable, le voisinage aussi de l'ancienne Comédie-Française firent que son établissement devint très rapidement le lieu de réunion des beaux esprits. Le premier café littéraire du monde était né, et pendant plus de deux siècles, tout ce qui portait un nom, ou qui espérait en porter un, dans le monde des lettres, des arts et de la politique, fréquenta le CAFÉ PROCOPE. De La Fontaine à Anatole France, en passant par Voltaire, Rousseau, Beaumarchais, Balzac, Hugo, Verlaine et tant d'autres, la liste des « habitués » du PROCOPE est celle-là même des grands noms de la littérature française. Au XVIIIe siècle, les idées libérales y prirent leur essor, et l'histoire de l'Encyclopédie est intimement liée à celle du PROCOPE où fréquentaient Diderot, d'Alembert et Benjamin Franklin. Pendant la Révolution, Robespierre, Danton et Marat s'y réunissaient, et le lieutenant Bonaparte y laissa son chapeau en gage.

Le PROCOPE renaît aujourd'hui, fidèle aux grandes ombres de son histoire. Symbole du passé, la table de Voltaire témoigne de sa pérennité et s'apprête à accueillir des gloires nouvelles.

C. Complétez les phrases en employant la forme qui convient du pronom indéfini entre parenthèses.

1. Il a les livres mais il ne les ai pas _____ lus. (tout)
2. Vingt personnes seulement ont assisté à la pièce, mais _____ parmi elles sont parties avant la fin. (certain)
3. Selon ce contrat, presque _____ appartient au dramaturge. (tout)
4. Ces pamplemousses coûtent deux francs _____. (chacun)
5. _____ de ces philosophes n'ont rien publié. (quelqu'un)
6. Les étudiants sont allés au musée et ils étaient _____ très contents de l'excursion. (tout)
7. Elles ont perdu plusieurs bagues, mais la police en a retrouvé _____. (quelqu'un)
8. Elle m'a dit de cueillir des fleurs mais de ne pas les cueillir _____. (tout)

COMPOSITION

Ecrivez une composition sur une autobiographie ou une biographie que vous avez lue. Si vous préférez, vous pouvez écrire plutôt un petit essai autobiographique sur votre propre vie.

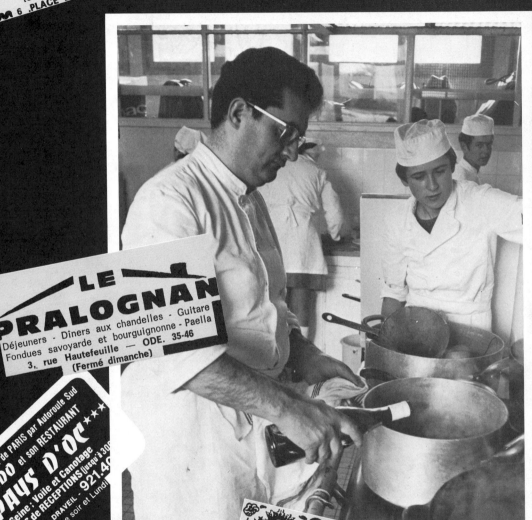

Dixième Leçon

La bonne cuisine

A la fin de l'année scolaire, Dominique Charpentier terminera ses études. Ensuite, après avoir obtenu son C.A.P.,* elle veut devenir apprentie cuisinière.*
Elle espère entrer en apprentissage à Toulouse,* où elle habite depuis toujours.
Ce soir, à table, Dominique ne mange pas beaucoup. Son père essaie d'en dé-
5   couvrir la cause.

M. CHARPENTIER	Qu'est-ce qu'il y a, Dominique? Tu ne te sens pas bien?
DOMINIQUE	Si, papa. Je n'ai pas faim, c'est tout.
M. CHARPENTIER	Qu'est-ce que tu as fait en classe aujourd'hui?
DOMINIQUE	Nous préparons des spécialités régionales cette semaine. On
10	a fait un cassoulet* toulousain aujourd'hui.
M. CHARPENTIER	Oh! j'adore ça! Ta grand-mère en faisait un qui était formi-
	dable. Si tu avais pu y goûter[1] . . .
DOMINIQUE	Papa, celui que j'ai fait n'était pas mauvais du tout, si j'ose
	dire.
15 M. CHARPENTIER	Je veux bien le croire. Et tu as dû bien y goûter, ainsi qu'à
	bien d'autres bonnes choses. Voilà pourquoi tu n'as pas d'ap-
	pétit, hein?
DOMINIQUE	C'est comme ça que l'on devient gourmet, papa.
M. CHARPENTIER	Je dirais plutôt que c'est comme ça que l'on devient gour-
20	mand, ma fille! Ne te trompe pas! Le goût ne vient pas en
	goûtant.[2]

---

[1]The verb *goûter* means "to taste"; *goûter à* means "to taste something for the very first time, to sample."
[2]Monsieur Charpentier is parodying the well-known proverb, *L'appétit vient en mangeant.*

Notes culturelles

le C.A.P.: Le Certificat d'aptitude professionnelle. Au niveau secondaire de l'enseignement, un élève qui veut apprendre un métier technique peut aller à une école technique ou commerciale. Après quelques années d'études, il passe le C.A.P. (au lieu de passer le baccalauréat, qui prépare l'entrée à l'université ou à une des Grandes Ecoles).

la cuisinière: Pendant longtemps les femmes furent exclues de ce métier. La grande cuisine fut un domaine tout à fait masculin. Aujourd'hui pourtant il y a de plus en plus de femmes qui deviennent cuisinières, car les femmes ont commencé à réclamer leurs droits. En plus, il y a même l'Association des Restauratrices-Cuisinières qui soutient les femmes qui veulent poursuivre cette carrière.

Toulouse: Cette ville est la capitale historique de la région de la France qui s'appelle le Languedoc. Elle est située dans la vallée de la Garonne, dans le sud-ouest du pays. De nos jours, c'est une ville de 380.000 habitants et un grand centre commercial et industriel. Les industries les plus importantes y sont la chimie, l'électronique et la construction aéronautique.

le cassoulet: Ce ragoût spécial se fait avec des haricots blancs, des tomates, des oignons, de la viande (de mouton et de porc), de la volaille (soit du canard, soit de l'oie), des saucisses, de l'ail, du sel, du poivre et d'autres épices. A Toulouse on y met du confit d'oie. Le foie gras est un des produits les plus importants de la région toulousaine, ce qui explique l'abondance de la volaille dans la cuisine. Les pâtés de foie gras sont vendus partout en France et ailleurs dans le monde, et il y a longtemps que les cuisiniers de la région ont développé des moyens superbes d'utiliser les restes de l'oie. Un de ces plats régionaux est le cassoulet.

Agronome et économiste qui a développé la culture de la pomme de terre

Questionnaire

1. Dominique va-t-elle bientôt achever ses études? Où les fait-elle?   2. Que fera-t-elle après qu'elle aura eu son C.A.P.?   3. Pourquoi Dominique n'a-t-elle pas faim ce soir? Son père en est-il inquiet?   4. Monsieur Charpentier aime-t-il le cassoulet?   5. Que veut dire le proverbe "L'appétit vient en mangeant"? 6. Et vous, aimez-vous faire la cuisine? Qu'est-ce que vous aimez préparer? Etes-vous bon cuisinier? Etes-vous gourmet? gourmand?   7. D'habitude, qui fait la cuisine chez vous? Est-ce que cette personne prépare des spécialités? Lesquelles?

GLOSSAIRE

NOMS

l'abondance *f.* abundance
l'appétit *m.* appetite
l'apprenti *m.*, l'apprentie *f.* apprentice
l'apprentissage *m.* apprenticeship
l'aptitude *f.* aptitude
l'association *f.* association

le baccalauréat (le bac) *lycée degree received after passing national achievement tests;* the bac
la carrière career
le cassoulet cassoulet
le certificat certificate
le chef leader, head, chief; chef

le **confit d'oie** preserved goose[1]
la **construction** construction
la **cuisine** cooking
     la **bonne**— good food
     la **grande**— gourmet cooking
le **cuisinier,** la **cuisinière** cook
le **domaine** domain, field
 l'**électronique** *f.* electronics
 l'**épice** *f.* spice
le **foie gras** foie gras, chopped liver[1]
le **gourmand,** la **gourmande** over-
    eater, food lover
le **gourmet** gourmet

le **goût** taste
le **niveau** level
 l'**oie** *f.* goose
le **plat** dish
le **produit** product
le **ragoût** stew
le **restaurateur,** la **restauratrice**
    restaurant owner
les **restes** *m.pl.* rest, remainder;
    leftovers
la **saucisse** sausage
la **spécialité** specialty
la **volaille** poultry

VERBES

développer to develop
goûter à to taste (for the first
   time), to sample
oser to dare
réclamer to demand, to insist upon

se sentir to feel (well, ill, etc.)[2]
   soutenir to sustain, to help, to aid[3]
   terminer to finish, to end
   utiliser to use, to utilize
   voler to fly

ADJECTIFS

aéronautique aeronautic
commercial, -e commercial
exclu, -e excluded
féminin, -e feminine
industriel, -le industrial
masculin, -e masculine

professionnel, -le professional
régional, -e regional
secondaire secondary
spécial, -e special
technique technical
toulousain, -e of or from Toulouse

MOTS-OUTILS ET EXPRESSIONS

à table at the table, eating
ainsi que as well as, just as
bien de a lot of[4]
de nos jours today, nowadays

en plus in addition, what's more[5]
ne . . . point not[6]
soit . . . soit either . . . or

le Périgord
(la Dordogne)

Toulouse
le Languedoc

---

[1]The geese of the Toulouse and Périgord regions are enormous. Raised especially for their liver, which is made into *pâté de foie gras* (literally, "fat liver paste"), they are force-fed and are too fatty for normal roasting. As a result, the geese are cooked and the meat is preserved in the fat. This *confit d'oie,* which can be kept for up to a year, is a basic ingredient of much of the cooking of the Toulouse and Périgord regions.

[2]*Se sentir* is a simple *-ir* verb and is conjugated like *dormir.*

[3]*Soutenir* is conjugated like *venir,* but forms its passé composé with *avoir.*

[4]Unlike most expressions of quantity, *bien de* is followed by the definite determiner: *Il a beaucoup de chance,* but: *Il a **bien de la** chance.*

[5]The *s* on *plus* is pronounced [s].

[6]*Ne . . . point* is used in the same way as *ne . . . pas,* but is most often found in literature or in certain regions of France. You need not use it, but should be able to recognize it.

Jeunes filles bretonnes

> *A vous.* Parlez de la cuisine régionale aux Etats-Unis. Est-ce qu'il y a aussi des costumes régionaux?

RESTAURANT

PETIT COIN BRETON LTÉE

SPÉCIALITÉ

CRÊPES BRETONNES

Spécialités:
- Crêpes Bretonnes
- Soupe à l'oignon
- Crêpes Farcies
- Crêpes Suzette
- Desserts Flambés

LICENCIÉ

TÉL.: 694-0758
1029, RUE ST-JEAN, QUÉBEC
G1R 1R9

Etude de mots

Synonymes: Les mots et les expressions suivants sont des synonymes. Employez chaque mot ou expression dans une phrase.

1. achever   finir   terminer
2. employer   se servir de   utiliser
3. aider   donner un coup de main à   soutenir
4. beaucoup de   bien de   nombreux, -euse
5. actuellement   aujourd'hui   de nos jours
6. d'ailleurs   en plus

Antonymes: Changez le sens de chaque phrase en employant un antonyme des mots en italique.

1. Quelle est la forme *féminine* de cet adjectif?
2. *Ni* l'un *ni* l'autre *ne* peut préparer un bon cassoulet toulousain.
3. Il y a *peu de* gourmets à la campagne.
4. Je me demande s'il y a toujours *un tel manque* de fruits sur le marché.

Mots associés 1: Faites des phrases en employant un adjectif qui dérive de chaque nom.

1. la spécialité   2. l'industrie   3. la profession   4. la région   5. la femme

Mots associés 2: Les mots et les expressions dans chaque groupe sont associés.
Faites des phrases en employant chaque mot et expression.

Place de la Contrescarpe, Paris

1. l'épice   l'épicerie
2. voler   le vol   la volaille
3. rester   les restes
4. goûter   le goût   le goûter
5. l'apprenti/l'apprentie   l'apprentissage
6. construire   la construction
7. le confit   la confiture
8. l'aéroport   aéronautique
9. ainsi   ainsi que
10. utiliser   utile   inutile
11. se spécialiser dans   la spécialité

Mots associés 3: Notez que l'on va au *restaurant* pour *se restaurer. Le restaurateur*
est celui qui tient un restaurant.

Mots associés 4: Faites des phrases en employant chacun de ces mots associés:
la carrière, la profession, le métier, le travail, l'emploi. (D'après *Le Petit Robert,* excellent dictionnaire de la langue française, *une profession* est un "métier qui a un
certain prestige par son caractère intellectuel ou artistique." *Une carrière* est un
métier ou une profession qui a des étapes ("stages") définies démontrant un
certain progrès.)

Mots à plusieurs sens: Notez que l'on *fait la cuisine* dans *la cuisine.* Celle qui
fait la cuisine est *la cuisinière.* Elle crée de bons plats sur sa nouvelle *cuisinière.*
(A propos, vous souvenez-vous de ce que veulent dire ces expressions-ci: *Saignant, à point, trop cuit* et *bien cuit?*)

Mots à ne pas confondre: Faites attention!

1. Celui qui fait la cuisine est *le cuisinier.* Celui qui dirige les cuisiniers, qui est
   à la tête des cuisiniers, c'est *le chef.* On l'appelle aussi *le chef de cuisine* ou *le
   chef cuisinier.* (Notez qu'à l'origine, le mot *chef* voulait dire "tête." Aujourd'hui
   il veut dire "chief, leader.")
2. *Un gourmet* aime la grande cuisine. *Un gourmand* aime la grande cuisine aussi.
   Mais d'habitude celui-ci en prend trop. De nos jours, le mot *gourmand* ne
   signifie pas glouton ("glutton"). Ce mot veut dire plutôt "overindulge in good
   food and wine."
3. *Une saucisse* est assez petite. *Un saucisson* doit être coupé en tranches avant
   d'être mangé. Les *hot-dogs* sont des saucisses; *le salami* est un saucisson.
4. *La vaisselle* comprend les verres, les assiettes, les tasses, les soucoupes, etc.,
   qu'on emploie dans un repas et qui doivent être lavés après. *Une assiette* est
   ce qu'on appelle en anglais "a plate" ou "a dish"; il y a, par exemple, des
   assiettes à soupe, des assiettes à dessert, etc. *Un plat,* qui est plus grand qu'une
   assiette, est un "serving dish." Mais c'est aussi ce qui est servi dans le plat—
   le plat principal, par exemple, ou *un plat régional.* Dans un restaurant, il y a
   souvent *un plat du jour.*

EXPLICATIONS I

Le subjonctif: la formation régulière et les expressions de nécessité

1. The present subjunctive of regular verbs is formed by dropping the *-ent* ending from the 3 pl. form of the present indicative and adding the appropriate endings: *-e, -es, -e; -ions, -iez, -ent.* All three singular forms and the 3 pl. form are pronounced like the 3 pl. form of the indicative:

INFINITIF: **regarder**
3 PL. INDICATIF: **ils regardent**
RADICAL ("stem") DU SUBJONCTIF: **regard-**

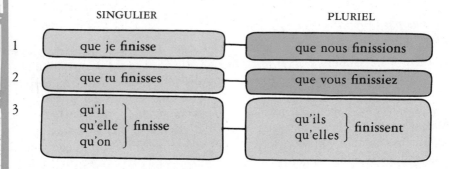

SINGULIER	PLURIEL
1 que je **regarde**	que nous **regardions**
2 que tu **regardes**	que vous **regardiez**
3 qu'il / qu'elle / qu'on } **regarde**	qu'ils / qu'elles } **regardent**

INFINITIF: **finir**
3 PL. INDICATIF: **ils finissent**
RADICAL DU SUBJONCTIF: **finiss-**

SINGULIER	PLURIEL
1 que je **finisse**	que nous **finissions**
2 que tu **finisses**	que vous **finissiez**
3 qu'il / qu'elle / qu'on } **finisse**	qu'ils / qu'elles } **finissent**

INFINITIF: **dormir**
3 PL. INDICATIF: **ils dorment**
RADICAL DU SUBJONCTIF: **dorm-**

SINGULIER · PLURIEL

1 que je **dorme** — que nous **dormions**

2 que tu **dormes** — que vous **dormiez**

3 qu'il / qu'elle / qu'on } **dorme** — qu'ils / qu'elles } **dorment**

INFINITIF: **vendre**
3 PL. INDICATIF: **ils vendent**
RADICAL DU SUBJONCTIF: **vend-**

SINGULIER · PLURIEL

1 que je **vende** — que nous **vendions**

2 que tu **vendes** — que vous **vendiez**

3 qu'il / qu'elle / qu'on } **vende** — qu'ils / qu'elles } **vendent**

2. The following verbs and verb types are regular in the subjunctive. Their six subjunctive forms are all derived from the 3 pl. form of the present indicative:

INFINITIF	3 PL. INDICATIF	SUBJONCTIF
s'asseoir	ils s'asseyent	qu'il s'asseye
les verbes en -uire	ils conduisent	qu'il conduise
les verbes comme **connaître**	ils connaissent	qu'il connaisse
les verbes comme **courir**	ils courent	qu'il coure
les verbes en -vrir et -frir	ils couvrent	qu'il couvre
les verbes en -indre	ils craignent	qu'il craigne
les verbes comme **cueillir**	ils cueillent	qu'il cueille
les verbes comme **dire**	ils disent	qu'il dise
les verbes comme **écrire**	ils écrivent	qu'il écrive
lire	ils lisent	qu'il lise
les verbes comme **mettre**	ils mettent	qu'il mette
les verbes comme **rire**	ils rient	qu'il rie

3. You know that one use of the subjunctive is after certain impersonal expressions of necessity:

Il faut que tu sortes aujourd'hui malgré la pluie.
You have to (will have to) go out today in spite of the rain.

Il est nécessaire que vous mangiez ailleurs.
You have to (will have to) eat elsewhere.

Il est important que tu te sentes bien.
It's important that you (for you to) feel well.

Il vaut mieux que nous restions à table.
It's better for us to stay at the table.

In most cases, the English equivalent can be in either the present or the future. The best English equivalent is usually clear from the context. Note that the subjunctive is always preceded by *que (qu')*.

Exercices

A. Refaites les phrases en employant l'expression entre parenthèses et le subjonctif. Suivez le modèle.

1. Nous préparons un plat toulousain ce soir. (il faut que)
   Il faut que nous préparions un plat toulousain ce soir.

2. Elle termine ses études cette année. (il est nécessaire que)
3. Je choisis ma carrière. (il faut que)
4. On dort bien la nuit. (il est important que)
5. Vous n'attendez pas la cuisinière. (il vaut mieux que)
6. Tu réclames une meilleure chambre. (il faut que)
7. Elles utilisent les restes demain. (il est important que)
8. Il ne vend pas sa voiture. (il vaut mieux que)
9. Ils servent du foie gras. (il faut que)
10. M. Derain part pour la gare. (il est nécessaire que)

B. Refaites les phrases en employant le subjonctif du verbe entre parenthèses. Suivez le modèle.

1. Il faut qu'elle *(dire)* si elle aime le confit d'oie.
   Il faut qu'elle dise si elle aime le confit d'oie.

2. Il est nécessaire que nous *(conduire)* le restaurateur chez lui.
3. Il vaut mieux que je *(permettre)* aux apprentis de goûter à la soupe.
4. Il est important que vous *(accueillir)* vos amis aimablement.
5. Il faut qu'elles *(peindre)* le salon et la salle à manger.
6. Il est nécessaire que tu *(traduire)* cet essai technique.
7. Il ne faut pas que tu *(craindre)* cet individu.
8. Il vaut mieux que nous lui *(offrir)* un cadeau plus ou moins utile.
9. Il est important que Bernard *(décrire)* le goût au chef.
10. Il faut qu'on *(s'asseoir)* près du lac.
11. Il est nécessaire que vous *(découvrir)* la cause du problème.
12. Il est important que tu *(lire)* des livres sur l'électronique.
13. Il faut que nous *(mettre)* nos ceintures de sécurité.

Ce magasin n'étant pas un libre service...
Nous vous prions de NE PAS TOUCHER
LA MARCHANDISE (Merci)

A vous. Vous n'avez pas lu l'affiche au-dessus de ces légumes, et vous en avez choisi sans attendre le vendeur. Il arrive, et il n'est pas du tout content. Imaginez le dialogue.

Le subjonctif: les expressions d'émotion et de volonté

1. The subjunctive is also used after verbs and expressions of emotion and of wishing and wanting:

Je suis content que tu nous rejoignes.	*I'm glad you're joining us.*
C'est dommage que vous ne lui téléphoniez pas.	*It's too bad you're not phoning her.*
Elle préfère que je conduise la voiture.	*She prefers that I drive the car.*

2. The following verbs of wishing and wanting take the subjunctive: *aimer mieux, demander, désirer, préférer, vouloir.*

3. The following verbs and expressions of emotion also take the subjunctive:

être content	être heureux	craindre
être désolé	être surpris	regretter
être enchanté	être triste	c'est dommage
être étonné	avoir peur	

4. Note that when the subjects of both clauses are the same, the infinitive is used. The subjunctive is used only when the subjects of the two clauses are different:

Je suis étonné de le rencontrer ici.	Je suis étonné que nous nous rencontrions ici.
Elle regrette de manquer le film.	Elle regrette que vous manquiez le film.

Lesson
10

191

Exercices

A. Combinez les deux phrases en employant le subjonctif. Suivez le modèle.

1. Il part la semaine prochaine. Je le regrette.
   Je regrette qu'il parte la semaine prochaine.

2. Elle attend l'autobus. Sa mère le préfère.
3. Anne connaît bien ses grands-parents. Sa mère le veut.
4. Vous osez réclamer un tel contrat. J'en suis étonnée.
5. On promet de terminer la construction demain. La société en est contente.
6. Tu ne crains pas le baccalauréat. J'en suis surpris.
7. Les spectateurs ne quittent pas la salle. Les acteurs en sont heureux.
8. Nous n'apprécions pas les spécialités de la maison. Le restaurateur en est désolé.
9. Elle ne parcourt pas la distance entière. C'est dommage.
10. Vous ne reconnaissez pas ces sujets. Le prof en est surpris.

B. Refaites les phrases en remplaçant le verbe en italique par la forme correcte du verbe entre parenthèses. N'oubliez pas de mettre le deuxième verbe au subjonctif. Suivez le modèle.

1. Elle *pense* que nous arrivons à midi. (aimer mieux)
   Elle aime mieux que nous arrivions à midi.

2. Tu *crois* qu'ils nous permettront d'aller au cinéma? (vouloir)
3. *J'ai l'impression* qu'il réfléchit à ce qui se passera demain. (être heureux)
4. Ma mère *dit* que j'éteins la lumière. (demander)
5. Vous *savez* que le bébé sourit. (désirer)
6. Elles *espèrent* que tu mûriras pendant ton apprentissage. (être content)
7. Il *voit* que vous interdisez aux enfants de faire du cheval. (être surpris)
8. Je *crois* qu'ils nous serviront de la volaille. (préférer)
9. Elle *dit* que tu cours trop vite. (avoir peur)

C. Combinez les deux phrases en employant la forme qui convient: l'infinitif ou le subjonctif. Suivez les modèles.

1. Ils s'entendent tellement bien. Ils en sont heureux.
   Ils sont heureux de s'entendre tellement bien.

2. Il réussit au bac. Mme Laforgue le veut.
   Mme Laforgue veut qu'il réussisse au bac.

3. Je termine mon apprentissage. Mes parents en sont contents.
4. Elles s'installent à Paris. Elles en sont enchantées.
5. Nous nous exprimons mal. Nous en avons peur.
6. Tu t'assieds à côté d'elle. Elle le préfère.
7. Il se conduit comme son frère aîné. Il le préfère.
8. Tu manges avec appétit. J'en suis heureuse.
9. Elle se salit les mains. Elle le craint.
10. Il rejoint ses camarades au lieu d'étudier. Nous en sommes surpris.

Vérifiez vos progrès

Refaites les phrases en employant les indications entre parenthèses et le subjonctif. Suivez le modèle.

1. L'apprenti a peur d'ouvrir la fenêtre. (vous)
   L'apprenti a peur que vous ouvriez la fenêtre.

2. Il faut réclamer ses droits. (elle)
3. Nous regrettons de ne pas servir de la grande cuisine. (il)
4. Il est nécessaire de développer ces idées. (nous)
5. Il vaut mieux connaître le plan de la ville avant d'y aller. (tu)
6. C'est dommage de ne pas réfléchir à ce qu'il fait. (on)
7. Elle est étonnée de voler si haut. (les oiseaux)
8. Il veut perfectionner ce plat-là. (je)
9. Je crains de ne pas trouver la bonne porte d'embarquement. (ils)
10. Elles préfèrent ne pas assister aux réunions de l'association. (vous)
11. Nous sommes désolés de perdre bien de la marchandise. (il)

LECTURE

L'Occitanie

Examinez une carte de France. Vous verrez qu'elle a la forme d'un hexagone. Pendant longtemps on enseignait aux petits Français que leur pays avait été destiné à devenir l'hexagone actuel, que ses frontières étaient "naturelles." C'était ainsi que chaque génération adoptait le mythe de la France "une et indivisible"
5 dont les citoyens[1] étaient liés par une langue unique et un esprit[2] formé par une longue histoire commune.[3] D'après ce mythe répandu, les différences entre les Français de diverses régions importaient peu. Or, il n'en est rien.[4] La France est un des pays de l'Europe qui contiennent la plus grande diversité de peuples[5] et de langues.* Certains de ses peuples, les Bretons par exemple, ont formé une nation
10 indépendante jusqu'à une date assez récente dans l'histoire. (En effet, ce n'est qu'en 1532 que la Bretagne fut rattachée au royaume de France. Plus récemment même, la Savoie, une région du sud-est de la France, à la frontière d'Italie, n'est devenue une partie de la France qu'en 1860. Et la ville de Nice, sur la Côte d'Azur, un comté[6] anciennement indépendant, a été rattachée à la France à la
15 même date.)

De nos jours une révolution tranquille mais profonde est en train de s'accomplir.[7] Certaines régions qui ont été incorporées à la France au cours des six ou sept derniers siècles—la Bretagne, l'Alsace, la Lorraine, la Corse, le pays basque dans la partie occidentale[8] des Pyrénées et l'Occitanie*—se dressent[9] contre la

---

[1]le citoyen, la citoyenne: *citizen*

[2]l'esprit *(m.): spirit, mind, frame of mind*

[3]commun, -e: *common*

[4]or, il n'en est rien = mais ce n'est pas du tout vrai

[5]le peuple = les membres d'une société ou d'une culture; tous ceux qui habitent un territoire défini et qui ont en commun un certain nombre de coutumes ("customs") et d'institutions sociales

[6]le comté = domaine d'un comte ("count")

[7]s'accomplir: *to be accomplished*

[8]occidental, -e: *western*

[9]se dresser = s'élever

Le Pont du Gard, construit
par les Romains

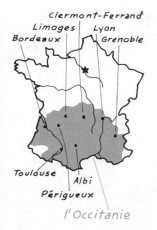

Clermont-Ferrand
Limoges   Lyon
Bordeaux   Grenoble

Toulouse   Albi
Périgueux

l'Occitanie

capitale et, redécouvrant leur individualité, réclament un certain degré d'auto-   20
nomie[10] culturelle et économique. Un récent sondage[11] montre que pour les
jeunes Français de dix-huit à vingt-cinq ans, leur province ou leur région a une
plus grande importance que la patrie.[12] Voici la question que l'on a posée aux
jeunes gens: "Il y a des gens qui se sentent surtout attachés à leur ville ou à
leur village, d'autres à leur région, d'autres à leur pays. Vous-même, qu'est-ce   25
que vous considérez comme étant le plus important pour votre vie? votre ville,
votre village? (37 pour cent ont choisi cette réponse); votre province, votre
région? (26%); la France? (21%); l'Europe? (10%); ne sait pas? (6%)."

Parmi les jeunes gens ce sentiment[13] d'appartenance à une ethnie[14] distincte se
voit fortement en Occitanie, la région située à l'est et au sud d'une ligne partant   30
de Bordeaux, passant au nord du Massif Central, descendant vers le sud et rejoi-
gnant la frontière italienne aux environs de Grenoble. Cette région couvre donc
un tiers[15] de la superficie[16] de la France. Sa population s'élève à treize million,
dont la moitié comprend un des dialectes occitans et dont deux millions de
personnes emploient la langue locale. Le terme "Occitanie" est dérivé du mot   35
oc, qui est le mot pour *oui* dans les parlers[17] de la région. Ce terme reflète[18] une
période de l'histoire quand *la langue d'oc,* dans le sud, s'opposait à *la langue d'oïl,*
dans le nord, ce dernier mot étant la façon de dire *oui* dans les parlers de la
partie nord de ce qui, aujourd'hui, est la France.

Les dialectes occitans sont très différents du français. Comme l'occitan n'est pas   40
la langue officielle des régions où il se parle, ses dialectes diffèrent beaucoup les
uns des autres. Mais la notion d'une ethnie occitane ne repose pas seulement sur
une langue commune. Elle s'appuie[19] surtout sur le souvenir d'un passé[20] glorieux
et sur une tradition culturelle partagés[21] par les provinces de langue d'oc. Revo-
yons rapidement les bases historiques et culturelles de l'Occitanie.   45

---

[10]l'autonomie *(f.)* = indépendance, droit de se
  gouverner selon ses
  propres lois
[11]le sondage: *poll*
[12]la patrie = le pays; la
  nation

[13]le sentiment: *sense, feeling*
[14]l'ethnie *(f.)* = groupe eth-
  nique
[15]le tiers: *third*
[16]la superficie: *area*

[17]le parler = langue locale,
[18]refléter: *to reflect*
[19]s'appuyer: *to lean, to rest*
[20]le passé: *past*
[21]partager: *to share*

Les régions de langue d'oc, la Provence en particulier, furent les premières à
être colonisées par les Romains. Grâce à l'influence romaine, ces régions con-
nurent un plus haut niveau de civilisation que le reste de la France. Au Moyen
Age[22] l'Occitanie était devenue une région très prospère[23] et, par sa position
50   géographique stratégique entre la Méditerranée et l'Atlantique, elle avait de
nombreuses relations commerciales avec les pays du Proche Orient.[24] Région
riche, héritière[25] directe des traditions artistiques de la Grèce et de Rome an-
tiques, l'Occitanie connut plus tôt que les pays du Nord—la Francie (à l'origine
le pays du peuple que nous appelons les Francs et, plus tard, la région autour de
55   Paris), l'Angleterre et l'Allemagne—un brillant développement culturel. Elle
connut aussi le premier grand mouvement littéraire de l'Occident, la poésie[26]
des troubadours. Ceux-ci étaient des poètes qui employaient une forme littéraire
de l'occitan.* Un des grands thèmes des troubadours était l'amour courtois.[27]
Pour mériter[28] l'amour de sa dame, le chevalier[29] devait atteindre[30] un haut niveau
60   de perfection morale. L'amour courtois reposait aussi sur l'égalité entre l'homme
et la femme, qui fut une des marques[31] de la société occitane. Contrairement
aux[32] femmes de la Francie, la femme occitane avait le droit d'hériter[33] l'argent
et la propriété, et un grand nombre d'Occitanes atteignirent la plus haute distinction comme chefs politiques et même militaires.

65   Un autre trait de la civilisation occitane était la tolérance. C'est d'ailleurs cette
qualité qui fut l'une des causes de la destruction de l'Occitanie et du déclin de
son économie et de sa culture. Les chefs des provinces occitanes montraient une
grande tolérance envers[34] ceux qui étaient différents d'eux par la pensée et la
religion. Cette tolérance s'étendait[35] aux Arabes et aux Juifs[36] persécutés dans
70   les autres états de l'Europe occidentale, ainsi qu'aux Cathares, membres d'une
secte chrétienne hérétique poursuivie par la hiérarchie de l'Eglise catholique
romaine. (Les Cathares étaient appelés aussi les Albigeois, du nom de la ville
d'Albi, près de Toulouse, où ils formaient une grande communauté.) Les Albigeois formaient une petite minorité parmi les catholiques occitans, mais la
75   majorité leur permettait quand même de pratiquer[37] leur forme hérétique de la
religion commune. Les chefs occitans refusèrent de persécuter les Albigeois, et
le pape,[38] qui voulait arrêter l'hérésie, envoya contre le comte de Toulouse, chef
de l'Occitanie, les troupes du roi de France et des grands chefs féodaux[39] du
nord de la France.

80   Pendant la première moitié du treizième siècle, l'Occitanie fut dévastée par
cette croisade[40] contre les Albigeois. Ce fut une croisade religieuse certainement,
mais ce fut aussi une guerre, dont le but[41] était la domination politique de l'Occitanie par les rois de France. La croisade albigeoise détruisit[42] la prospérité
économique d'Occitanie; le déclin rapide de son prestige culturel et de sa langue

Entrée de la synagogue,
Djerba, Tunisie

---

[22]le Moyen Age: *Middle Ages*
[23]prospère: *prosperous*
[24]le Proche Orient: *Near East*
[25]l'héritier, l'héritière: *heir, inheritor*
[26]la poésie: *poetry*
[27]courtois, -e: *courtly*

[28]mériter: *to deserve*
[29]le chevalier: *knight*
[30]atteindre: *to reach, to attain*
[31]la marque: *mark*
[32]contrairement à: *unlike*
[33]hériter: *to inherit*
[34]envers: *toward*

[35]s'étendre: *to extend*
[36]le Juif, la Juive: *Jew*
[37]pratiquer: *to practice*
[38]le pape: *pope*
[39]féodal, -e: *feudal*
[40]la croisade: *crusade*
[41]le but: *goal*
[42]détruire: *to destroy*

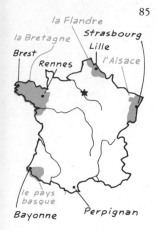

s'ensuivit.[43] Toutefois, aujourd'hui beaucoup de jeunes Occitans s'intéressent à la langue et à la culture de leur région et, par elles, ils recouvrent le passé glorieux de leur peuple.

Notes culturelles

la diversité de peuples et de langues: Il y a en France sept groupes ethniques importants parlant une langue autre que le français. Ces groupes comprennent: (1) les Basques, qui parlent une langue sans liens établis avec aucune autre langue de l'Europe; (2) les Bretons, qui parlent une langue celtique apparentée ("related") au gallois ("Welsh") et à l'irlandais; (3) les Flamands, de la région de Flandre dans le nord, dont la langue est une forme du hollandais; (4) les Alsaciens, qui parlent plusieurs dialectes allemands. Les trois autres groupes ethniques parlent des langues dérivées du latin: (5) les Corses parlent des dialectes italiens; (6) les Catalans, qui habitent les environs de Perpignan, une ville dans les Pyrénées orientales ("eastern"), parlent catalan, comme les habitants de la région de Catalogne dans le nord-est de l'Espagne; enfin (7), de nombreux habitants du sud de la France parlent des dialectes occitans.

l'Alsace . . . l'Occitanie: L'Alsace, rattachée à la France en 1648, fut cédée ("transferred, turned over") à l'Allemagne après la guerre de 1870. Redevenue française après la Première Guerre Mondiale (1918), elle fut encore rattachée à l'Allemagne pendant la Deuxième Guerre Mondiale (juin 1940–mai 1945). La Lorraine est devenue française en 1766. La vallée de la Moselle, dans le nord de la Lorraine, fit également partie de l'Allemagne (1871-1918; 1940-1945). L'île de Corse s'est rattachée à la France en 1768. Une partie du pays basque est devenue française en 1306, une deuxième partie en 1451 et la troisième partie en 1620. L'Occitanie ne fut jamais une seule région politique. Les diverses parties de l'Occitanie sont devenues françaises à travers les siècles.

l'occitan: Cette langue littéraire, appelée aussi ancien provençal, était en fait basée sur les dialectes de la région nord-ouest de l'Occitanie, entre Limoges et Toulouse. Entre 1150 et 1250 l'occitan connut une renommée internationale. Elle était connue dans toute l'Europe occidentale et elle était employée par des poètes en Espagne, en Italie et en Allemagne.

À propos . . .

1. Qu'est-ce que c'est qu'un hexagone? Décrivez l'hexagone français. 2. Quelques régions de la France sont devenues françaises assez récemment. Pouvez-vous en donner des exemples? Où se trouvent quelques-unes de ces régions? 3. En citant des chiffres, parlez du sondage qui a montré l'importance qu'a leur région pour la majorité des jeunes Français. Croyez-vous que ce soit typique des jeunes gens d'aujourd'hui? Si on vous donnait le choix—(1) ville ou village, (2) région, état ou (si vous habitez le Canada) province, (3) patrie, (4) continent, (5) ne sait pas—lequel choisiriez-vous? Pourquoi? Discutez un peu de cette question. 4. Qu'est-ce que c'est que la langue d'oc? la langue d'oïl? Y a-t-il bien des langues autres que le français parlées en France? Donnez-en des exemples. Combien de langues officielles y a-t-il aux Etats-Unis? au Canada? Ce sont les

[43]s'ensuivre = résulter de

PYRÉNÉES ATLANTIQUES

6 - 17 juillet
19 - 30 juillet

de séjour : Saint-Jean-de-Luz.

rités de vacances (en particulier activités de mer, de montagne, sports nautiques *).

res d'intérêt :

Côte Basque et son arrière-pays de Bayonne ndaye.

t-Jean-de-Luz : Ses plages, le port de pêche n trafic, ses industries, sa vie quotidienne, souvenirs historiques, ses panoramas sur la d'Argent et les Pyrénées basques.

itz, l'une des stations les plus réputées des e de l'Océan. Son musée océanographique.

nne, son port, la vieille ville - Son musée graphique.

ays Basque à travers son riche folklore, ses tions, ses villages, ses paysages de mon- e et de rivières.

rontière Franco-Espagnole et la corniche.

-Sébastien, sa plage, sa vieille ville.

marque : ces activités n'exigeront des parti- ts ni compétences spéciales ni entraînement able. Seule une stricte observance des règles écurité sera exigée.

es d'âge : 1re session : 16-18 ans.
2e session : 18-25 ans.

Séjour : 286,00 FF

age : moins de 18 ans (réd. 50 %) 100,00 FF
plus de 18 ans (réd. 30 %) 142,40 FF

seules langues parlées dans ces deux pays? 5. Parlez un peu de l'Occitanie d'il y a sept siècles. Pourquoi cette région connaissait-elle un si haut niveau de civilisation? 6. L'égalité entre les hommes et les femmes était une marque importante de la société occitane. Quelle forme cette égalité prenait-elle? Est-ce qu'elle était typique d'un pays européen à cette époque? Connaissez-vous la loi salique ("Salic")? Si oui, expliquez-la. Sinon, cherchez-la dans un dictionnaire. Que pensez-vous de cette loi? 7. Quelle était l'attitude des chefs occitans envers les minorités religieuses? Comment cette attitude est-elle devenue une des causes du déclin de la région? Est-ce que la croisade albigeoise était uniquement une guerre religieuse, ou est-ce qu'elle était aussi une guerre politique? Qu'est-ce qui s'est ensuivi?

EXPLICATIONS II

Les expressions négatives

1. Do you remember the meaning of these expressions?

Je regarde **quelque chose.**	Je **ne** regarde **rien.**
quelqu'un	personne
quelquefois (toujours)	jamais
toujours (encore)	plus
partout	nulle part
les gens	pas (point) les gens
les filles et les garçons	que les filles[1]
les filles et les garçons	ni les filles ni les garçons

2. Two other negative expressions are *ne . . . guère* and *ne . . . aucun(e)*:

Je n'ai **guère** de travail.	*I have **hardly any** work.*
Je ne le vois **guère.**	*I **hardly ever** see him.*
Il n'a **aucun** goût.	*He has **no** taste.*
Elle n'a **aucune** aptitude dans ce domaine.	*She doesn't have **any** aptitude in this field.*

The opposite of *ne . . . guère* is *beaucoup de* or *bien de.* The opposite of *aucun(e)* is *quelques, quelques-un(e)s,* or *tous (toutes).* Note that the negative adjective *aucun(e)* is always singular:

Je n'ai **guère** d'argent.	J'ai **beaucoup d'**argent.
Tu n'auras **guère de** dépenses.	Tu auras **bien des** dépenses.
Je **ne** connais **aucun de** vos amis.	Je connais **tous** vos amis.
Il **ne** reconnaît **aucune de** tes faiblesses.	Il reconnaît **quelques-unes de** tes faiblesses.

---

[1]Note that *ne . . . que* is not really negative in meaning. For example, the indefinite determiners and partitive do not become *de* after *ne . . . que: Je ne prends jamais de thé,* but: *Je ne prends que du thé.*

3. Remember that *ne . . . ni . . . ni* can be used with verbs and adjectives, as well as with nouns:

Il **ne** veut **ni** boire **ni** manger.	*He **doesn't** want to eat **or** drink.*
Tu **n'**es **ni** trop gros **ni** trop maigre.	*You're **neither** too fat **nor** too thin.*

Note, too, that the indefinite determiners and partitive are not used after *ni . . . ni:*

Je commande **du** lait et **du** thé.	Je ne commande **ni** lait **ni** thé.
Elle a **des** tantes et **des** oncles.	Elle n'a **ni** tantes **ni** oncles.

4. In compound tenses and with infinitive complements, *rien, jamais, plus, point,* and *guère* follow the same pattern as *pas.* (Remember that *point* is a literary form seldom used in speech.):

Elle n'a **rien** vu.	Elle ne va **rien** voir.
Ils n'y sont **jamais** allés.	Ils ne veulent **jamais** y aller.
Je n'ai **plus** agi.	Je ne veux **plus** agir.
Vous n'avez **guère** eu de chance.	Vous n'allez **guère** avoir de chance.

Personne, que, ni . . . ni, aucun(e), and *nulle part* come after the past participle or the infinitive:

Elle n'a vu **personne.**	Elle ne va voir **personne.**
Tu n'as lu **que** ce livre.	Tu ne veux lire **que** ce livre.
Ils n'ont choisi **ni** la saucisse **ni** le pâté.	Ils ne vont choisir **ni** la saucisse **ni** le pâté.
Je n'ai pris **aucune** valise.	Je ne peux prendre **aucune** valise.
Je ne suis allé **nulle part.**	Je ne veux aller **nulle part.**

5. *Personne, rien, ni . . . ni,* and *aucun(e)* can be the subject of a sentence, as well as the object:

Personne ne m'écoute.	*No one's listening to me.*
Rien n'est arrivé.	*Nothing happened.*
Ni mon frère **ni** ma sœur ne nous accompagneront.	*Neither my brother nor my sister will accompany us.*
Aucun d'entre vous n'est bête.	*None of you is stupid.*
Aucune de mes amies n'est venue.	*None of my friends came.*

Exercices

A. Mettez les phrases au temps passé qui convient: présent → passé composé; futur → futur antérieur; conditionnel → conditionnel passé. Suivez le modèle.

1. Il ne mentionne rien.
   Il n'a rien mentionné.

2. Je ne prendrais ni sel ni sucre.
3. Elle n'utiliserait aucune épice.
4. Mais vous ne préparerez qu'un seul plat!
5. Ils ne voleraient plus.
6. Tu ne soutiens jamais tes amis.
7. Elles ne serviraient que du foie gras.

8. Je n'aurais guère de responsabilités.
9. Tu n'apprécies rien.
10. Il ne rencontrera personne chez le bouquiniste.

B. Mettez les phrases au négatif en employant *ne . . . ni . . . ni.* Suivez le modèle.

1. Je vais employer la règle et le tournevis.
   Je ne vais employer ni la règle ni le tournevis.

2. Elle a acheté de la volaille et de la saucisse.
3. Nous voulons nager et faire du ski nautique.
4. Tu prendras du café et une brioche.
5. Elles savaient lire et écrire le chinois.
6. Vous auriez lu des romans et des poèmes dans ce cours-là.
7. Ils veulent commander de la soupe et des hors-d'œuvre.
8. Je peux comprendre et parler italien.
9. Elle va essayer cette jupe à carreaux et ce chemisier gris pâle.

C. Refaites les phrases en substituant une expression négative pour les mots en italique. Faites tous les changements ("changes") nécessaires. Suivez le modèle.

1. *Madame Taillevent* est revenue hier.
   Personne n'est revenu hier.

2. *Les restes* sont au frigo.
3. *Quelques-uns* de mes camarades ont passé le bac.
4. *Le cuisinier* goûtera à la bouillabaisse.
5. *Ces éditions* appartiennent à Jean-Pierre.
6. *Tous les* livres sont reliés en cuir.
7. *Ses idées* s'expliquent par ses études à l'étranger.
8. *Quelques-unes* de ces femmes sont apprenties.
9. *Marc* a montré de l'aptitude pour l'électronique.
10. *Tous les* mécaniciens se sont occupés du moteur.

Le passé de l'infinitif

1. The past infinitive is formed by using *après* + the infinitive of *avoir* or *être* + the past participle. It is used when the subjects of both clauses are the same:

Après avoir dîné, j'ai lu le journal.
{ *After eating dinner, I read the paper.*
{ *After I ate dinner, I read the paper.*

Après m'être installé à Lyon, je ne suis jamais plus rentré en Alsace.
{ *After settling in Lyon, I never again returned to Alsace.*
{ *After I settled in Lyon, I never again returned to Alsace.*

Après être arrivés, ils ont déjeuné.
{ *After arriving, they had lunch.*
{ *After they arrived, they had lunch.*

When the verb forms the passé composé with *être,* the past participle agrees in gender and number with the subject.

2. As is the case for compound verb forms that include the auxiliary verbs *avoir* and *être*, direct and indirect object pronouns are placed before the auxiliary verb:

Après avoir fait le lit, je suis descendu.

Après l'avoir fait, je suis descendu.

Après avoir téléphoné à nos amis, nous sommes sortis.

Après leur avoir téléphoné, nous sommes sortis.

Après avoir pris du fromage, nous avons payé l'addition.

Après en avoir pris, nous avons payé l'addition.

3. In the past infinitive, the past participle agrees in gender and number with a preceding direct object pronoun:

Marie? Après l'avoir vue chez Anne, je l'ai invitée à la surprise-party.
Les plats? Après les avoir préparés, je les ai servis.

Exercices

A. Refaites les phrases en ajoutant le passé de l'infinitif de l'expression entre parenthèses. Suivez le modèle.

1. Il est entré à l'université. (réussir au bac)
   Après avoir réussi au bac, il est entré à l'université.

2. J'ai lu *Le Mur* de Sartre. (étudier l'existentialisme)
3. Elles ont fouillé dans les boîtes des bouquinistes. (se promener)
4. Tu as préparé un cassoulet. (acheter des haricots blancs)

Rue des Rosiers, Paris   Rue Mouffetard, Paris

5. Jacques a travaillé comme cuisinier. (terminer son apprentissage)
6. Ils ont monté *La Cantatrice chauve.* (la répéter un mois entier)
7. Elle a mis la valise en bas. (descendre l'escalier)
8. Claudine devait rester à l'hôpital. (se casser le bras)
9. Vous avez reçu le certificat. (achever vos études)

B. Refaites les phrases en employant le passé de l'infinitif. Suivez le modèle.

1. Paule était contente parce qu'elle avait enfin goûté au cassoulet.
   Paule était contente d'avoir enfin goûté au cassoulet.

2. Thierry est heureux parce qu'il a terminé son stage à l'hôpital.
3. Gabrielle est mal à l'aise parce qu'elle a oublié de porter un chapeau.
4. Mathieu est triste parce qu'il s'est borné à ces tâches peu importantes.
5. Laure et Thérèse étaient heureuses parce qu'elles se sont rencontrées devant le bureau de renseignements.
6. Christophe est fatigué parce qu'il a dû faire la queue pendant longtemps.
7. Estelle est etonnée parce qu'elle est parvenue à préparer un bon ragoût.
8. Jacques est enchanté parce qu'il a fait la connaissance de Marlène.
9. Emilie était surprise parce qu'elle était arrivée de si bonne heure.
10. Jean-Patrick et Sabine sont déçus parce qu'ils ne se sont pas mieux entendus.

C. Combinez les deux phrases en employant le passé de l'infinitif. Suivez le modèle.

1. Ils ont acheté la propriété. Ensuite ils s'y sont installés.
   Après avoir acheté la propriété, ils s'y sont installés.

2. Elle a lu l'essai. Ensuite elle a cité l'auteur en classe.
3. Nous sommes montés à la tour. Ensuite nous avons pris des photos.
4. Vous avez resserré les vis. Ensuite vous avez vérifié la manette du frein.
5. Elles sont nées en Corse. Ensuite elles ont déménagé.
6. Tu t'es brossé les dents. Ensuite tu t'es couché.
7. Ils ont réfléchi à la question. Ensuite ils y ont répondu.
8. J'ai obtenu mon permis de conduire. Ensuite je suis allé chercher une voiture.
9. Ils se sont mariés au mois de juin. Ensuite ils sont partis en voyage.

D. Refaites les phrases en employant le pronom complément d'objet qui convient. Suivez le modèle.

1. Après avoir mangé *une pomme,* il s'est endormi.
   Après l'avoir mangée, il s'est endormi.

2. Après être rentrée *à la villa,* maman nous a servi un goûter.
3. Elle s'est assise après avoir répondu *à la directrice.*
4. Nous sommes allés à la boucherie après avoir acheté *les tomates et les oignons.*
5. Après s'être lavé *les cheveux,* elle s'est habillée.
6. Après avoir reçu *le prix,* cet écrivain est devenu célèbre.
7. Après avoir rejoint *leurs camarades,* ils ont flâné sur le Boul' Mich'.
8. Nous avons écrit des compositions après avoir lu *les essais.*
9. Après avoir téléphoné *à ses grands-parents,* elle leur a fait une visite.

Le boulevard St-Michel

Vérifiez vos progrès

A. Refaites les phrases au négatif en employant l'antonyme du mot ou de l'expression en italique. Faites tous les changements nécessaires. Suivez le modèle.

1. Nous faisons *quelquefois* de la plongée sous-marine.
   Nous ne faisons jamais de plongée sous-marine.

2. *Quelqu'un* a sonné à la porte.
3. Elle ose *toujours* préparer des plats difficiles.
4. *Quelques-uns* de ses portraits sont au Louvre.
5. Je compte visiter *la Suisse et la Belgique.*
6. Ils ont rempli *quelques* tâches.
7. Vous avez *beaucoup de* temps libre.
8. Elles ont créé *quelque chose* d'intéressant.

B. Refaites les phrases selon le modèle.

1. Avant d'accepter d'échanger des timbres avec lui, j'ai fouillé un peu dans sa collection.
   Après avoir fouillé un peu dans sa collection, j'ai accepté d'échanger des timbres avec lui.

2. Avant de partir, les dames ont laissé un pourboire pour l'ouvreuse.
3. Avant de devenir coiffeur, M. Beauchamp a fait son apprentissage dans un salon de coiffure à New York.
4. Avant d'arriver au musée, nous avons parcouru une distance formidable.
5. Avant d'exprimer mes propres pensées à ce sujet, j'ai écouté les autres.
6. Avant de s'asseoir à table, elle s'est lavé les mains et s'est peigné les cheveux.
7. Avant de quitter Albi, il est allé au Musée Toulouse-Lautrec.
8. Avant de raccourcir le pantalon, j'ai réparé la machine.

Parlons de vous

En Occitanie, il y a plusieurs siècles, une certaine égalité existait entre les hommes et les femmes. Par exemple, plusieurs villes étaient gouvernées par des femmes. Aujourd'hui, par contre, on a dû créer une "Association des Restauratrices-Cuisinières" pour soutenir les femmes qui, longtemps exclues de ce métier, espère devenir cuisinières de restaurants. En Amérique du Nord et dans certains pays d'Europe, les femmes réclament de plus en plus l'égalité. Que pensez-vous de cette question? De quels droits les femmes en Amérique manquent-elles aujourd'hui? Comment pourraient-elles les obtenir?

THÈME

Etudiez le paragraphe suivant. Puis, en l'employant comme modèle, mettez le paragraphe anglais en français.

la Provence

Marseille

Modèle: A la terrasse d'un café à Marseille

—Salut, Brigitte! Tu as passé une bonne matinée?

—Oui. Après avoir visité le Château d'If, je suis allée voir le Vieux Port.

—Je suis contente que nous déjeunions tous ensemble, mais les autres ne sont pas encore arrivés, comme tu vois.

—J'ai peur que Georges et Alexandre ne connaissent pas encore cette partie de la ville.

—C'est vrai, sans aucun doute, mais je ne crois pas qu'on se perde ici très facilement.

Enfin, après un quart d'heure, les deux jeunes hommes arrivent. Ils sont désolés d'être en retard. "Je regrette," dit Brigitte, "mais il faut que nous commandions notre déjeuner tout de suite. Le film que nous voulons voir commence à 2 h. 15. Je ne veux pas en manquer le début. Ça ne nous laisse qu'une heure et demie pour déjeuner."

—On prend du gigot à la provençale? C'est le plat du jour.

—Non, je préfère la bouillabaisse. Et on est, après tout, à Marseille.

—D'accord. De la bouillabaisse pour tout le monde.

Thème: At the railroad station snack bar in Toulouse

—Hello, Hervé! Were you able to visit the Eglise St-Sernin this morning?

—Yes, and after going there, I went to see the sculptures at the Musée des Augustins.

—It's too bad you're leaving this afternoon. You've hardly had time to see the city's attractions.

—I'm sorry we're not staying longer. But what can you do?

—That's true. I'm sure it's important that your father finish his work in Paris.

After several minutes the waiter arrives. The boys are hungry and are happy to order their meal. "I think it's better that we eat now," says

Hervé. "The train we're taking leaves at 1:45. That only gives us an hour to eat. We don't dare wait for my father."

—Shall we have the stew? It's their specialty.
—No. Before leaving Toulouse, I think I'll have cassoulet one more time.
—Great! I'll have some, too.

AUTO-TEST

A. Refaites les phrases en employant le subjonctif du verbe entre parenthèses. Suivez le modèle.

1. Il faut que Martine (*répondre*) à ces questions.
   Il faut que Martine réponde à ces questions.

2. Il est nécessaire que tu (*mettre*) un pull-over et des gants.
3. Nos parents ne veulent pas que nous (*regarder*) tant la télé.
4. C'est dommage que l'on (*s'écrire*) seulement une fois par an.
5. Je suis triste que vous (*craindre*) mon chien.
6. Nous sommes surpris que M. Leclerc (*vendre*) déjà la maison.
7. Elle est heureuse que je (*connaître*) sa sœur aînée.
8. Il regrette que son cours ne (*reprendre*) pas tout de suite.
9. Il faut que nous (*laver*) la vaisselle avant de nettoyer le plancher.
10. Nous sommes désolés qu'il (*choisir*) une carrière dans un tel domaine.
11. Il vaut mieux que je (*participer*) au match de volleyball.
12. Je n'aime pas qu'il (*conduire*) ma nouvelle voiture.

B. Répondez aux questions en employant les antonymes des mots et des expressions en italique. Suivez le modèle.

1. Est-ce qu'elle prépare *toujours* un goûter?
   Mais non! Elle ne prépare jamais de goûter.

2. Est-ce qu'ils ont pris *des croissants et du pain grillé* ce matin?
3. Est-ce que vous avez vu *quelque chose* dans le placard?
4. Est-ce qu'ils ont monté les valises *et la serviette*?
5. Est-ce qu'on fabrique *encore* cette marque de bicyclette?
6. Est-ce que vous avez eu *bien des* bonnes notes l'année dernière?
7. Est-ce qu'ils font *toujours* la grasse matinée le week-end?
8. Est-ce que tu as voyagé *partout* en Provence?
9. Est-ce que *tout le monde* est d'accord avec ses idées politiques?
10. Est-ce qu'il a sali *tous* ses habits?

C. Combinez les deux phrases en employant le passé de l'infinitif. Suivez le modèle.

1. J'ai préparé les saucisses. Après, j'ai jeté les restes.
   Après avoir préparé les saucisses, j'ai jeté les restes.

2. Nous avons fait une longue randonnée dans les bois. Après, nous avons rejoint nos copains.
3. J'ai bu un citron pressé. Après, je n'avais plus soif.

4. J'ai pris des médicaments. Après, je me sentais mieux.
5. Je suis allé à la boucherie. Après, je me suis arrêté à la poste.
6. J'ai pleuré. Après, je me suis fâchée.
7. Elle est devenue chef d'orchestre. Après, elle a quitté Albi.
8. Ils avaient élevé de la volaille. Après, ils n'aimaient plus les œufs.
9. Nous nous sommes spécialisés dans l'électronique. Après, nous espérions
   ne jamais être sans emploi.

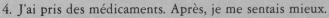

COMPOSITION

Ecrivez une composition au sujet d'un repas que vous avez pris ou que
vous avez préparé.

REPUBLIQUE DE CÔTE D'IVOIRE

ABIDJAN

25ᶠ POSTES

PREMIER ANNIVERSAIRE DE L'INDEPENDANCE 7·8·1961

REPUBLIQUE DE CÔTE D'IVOIRE

POSTE AERIENNE

100ᶠ

ADMISSION A L'ONU
20 SEPTEMBRE
1960

Onzième Leçon

Un séjour en Côte d'Ivoire*

Paul Garran s'est lié d'amitié avec un jeune Ivoirien, Maurice Kanié, avec qui il a fait ses études à la Faculté de Droit. Il y a un an qu'ils ont achevé leurs études, et Maurice est rentré à Abidjan.* Paul, qui rêve depuis longtemps d'un voyage en Afrique, s'est enfin décidé à rendre visite à son ami. Maintenant que 5 son rêve s'est réalisé, Paul a envie d'explorer tous les coins et les recoins de la capitale et de ses environs. Il s'étonne de découvrir un monde si différent du sien.

Ce matin les jeunes avocats déjeunent dans un petit restaurant avant de se mettre en route pour Dabou.* Paul n'a pas bonne mine, mais il essaie de ne pas 10 trop se plaindre.

MAURICE	Alors, tu n'as pas retrouvé ton équilibre après notre soirée à Treichville?
PAUL	Non, je suis complètement crevé.
MAURICE	Je crains que tu ressentes encore les effets de notre fameux *koutoukou.**
15 PAUL	Ah! Quelle horreur!
MAURICE	Cela ne te tuera pas. J'essaie de te montrer la vraie vie africaine, tu sais.
PAUL	D'accord, mais il faut le faire lentement, mon vieux. Et je doute qu'on doive veiller jusqu'au jour pour en éprouver une impression.
20 MAURICE	Maintenant tu comprends un peu mieux le dépaysement que j'ai éprouvé au début de mon séjour en France.
PAUL	J'aurais dû te plaindre davantage.
MAURICE	Tu exagères! Mais nous devons partir. Il nous faudra plusieurs heures pour visiter Dabou et les plantations.
25 PAUL	Je ne peux[1] me dépêcher.
MAURICE	Allez, hop! Tu pourras t'étendre sur le siège arrière de ma voiture. Mais tu risqueras alors de ne pas voir le magnifique paysage entre Abidjan et Dabou.
PAUL	Laisse-moi prendre un comprimé d'aspirine avant de partir.
30 MAURICE	Bon. Mais c'est l'air frais de la campagne dont tu as besoin. Quand tu le sentiras . . .
PAUL	Si j'ai encore la force de le respirer . . .

---

[1]The *pas* is sometimes omitted from a negative sentence that includes *pouvoir* or *savoir: Il ne sait si elle viendra demain* ("He doesn't know if she'll come tomorrow").

Notes culturelles

la Côte d'Ivoire: Ce pays, qui se trouve sur la côte ouest de l'Afrique, est une république francophone indépendante depuis 1960. L'agriculture tient une place très importante dans l'économie ivoirienne. Il y a plusieurs produits importants, tels que le café, le cacao, les ananas et les bananes. La région côtière est couverte d'une grande forêt.

Abidjan: La capitale de la Côte d'Ivoire, ce port de 360.000 habitants est une des villes principales de l'Afrique occidentale. Les quartiers y sont assez divers et reflètent l'histoire de la ville. Il y a, par exemple, le quartier qu'on appelle "le Plateau," l'actuel centre commercial, qui était jadis le quartier où demeuraient la plupart des Européens. Treichville, par contre, est un quartier indigène où on trouve des boîtes de nuit et toutes sortes de divertissements.

Dabou: Cette jolie petite ville pas loin d'Abidjan est célèbre pour son marché très animé. Un peu au delà de Dabou se trouvent de grandes plantations de palmiers et d'hévéas.

le koutoukou: Cette boisson très forte est un vin de palme, c'est-à-dire, un vin fait des branches du palmier.

Questionnaire

1. Où Maurice et Paul ont-ils fait connaissance?   2. Pourquoi Paul s'est-il décidé à aller en Afrique?   3. Comment va Paul ce matin? Pourquoi?   4. Est-ce que Maurice comprend le dépaysement de Paul? Pourquoi?   5. Où vont les jeunes hommes ce matin? Comment est-ce qu'ils y vont?   6. Paul prend un médicament. Lequel? Est-ce que Maurice croit que c'est ce qu'il lui faut? Que suggère-t-il?   7. Et vous, que faites-vous quand vous vous sentez mal? quand vous avez mal à la tête, par exemple? Que faites-vous quand vous avez de la fièvre? quand vous avez un rhume?

GLOSSAIRE

NOMS

l'agriculture *f.* agriculture
l'aspirine *f.* aspirin
la boîte de nuit nightclub
la branche branch
le cacao cacao
le comprimé tablet
le dépaysement feeling of strangeness, disorientation
le divertissement diversion, amusement
l'économie *f.* economy

l'équilibre *m.* equilibrium, balance
la faculté graduate school, (professional) school
la force strength
l'hévéa *m.* rubber tree
la palme palm branch
le palmier palm, palm tree
la plantation plantation; planting
le recoin cranny, hidden corner
la république republic
le rêve dream

VERBES

se décider à to decide to, to make up one's mind to
demeurer to live, to stay
éprouver to experience; to feel
s'étendre to stretch out
s'étonner de to be amazed at, to be astonished by
exagérer to exaggerate[1]
explorer to explore
plaindre to feel sorry for, to pity[2]
se — de to complain about

se réaliser to come true, to be fulfilled
refléter to reflect[3]
respirer to breathe
ressentir to feel *(the effects of sth. or an emotion)*[4]
rêver de to dream about
risquer (de) to risk; might
sentir to feel *(sth.)*; to smell[4]
tuer to kill
veiller to stay up

ADJECTIFS

côtier, -ière coastal
crevé, -e exhausted, dead tired
divers, -e diverse, various
fameux, -euse famous; excellent[5]
francophone French-speaking

indigène native, where the natives are
ivoirien, -ienne from the Ivory Coast
occidental, -e occidental, western
oriental, -e oriental, eastern

MOTS-OUTILS ET EXPRESSIONS

allez, hop! up and at 'em
au delà de beyond, the other side of
les coins et les recoins the ins and outs, the nooks and crannies
davantage more
jadis formerly

se lier d'amitié avec to become friendly with
rendre visite à to visit *(s.o.)*
retrouver son équilibre to recover one's balance, to get back to normal
tel que, telle que such as

Etude de mots

Synonymes: Les mots et les expressions suivants sont des synonymes. Employez chacun des mots et des expressions dans une phrase.

1. faire une visite à   rendre visite à
2. demeurer   loger
3. décider de + *inf.*   se décider à + *inf.*
4. rêver de   penser à   réfléchir à
5. s'étonner de   être étonné que
6. crevé   très fatigué

---

[1]*Exagérer* is a stem-changing verb that follows the pattern of *répéter*.
[2]*Plaindre* and *se plaindre* are conjugated like *craindre*.
[3]*Refléter* is a stem-changing verb that follows the pattern of *répéter*.
[4]*Ressentir* and *sentir* are simple *-ir* verbs and are conjugated like *dormir*.
[5]When *fameux* is used to mean "famous," it is usually in an ironic sense: *Tu te souviens de ce fameux jour quand les lumières se sont éteintes?* Its more usual meaning is "excellent," and it is commonly used to refer to food or drink. In that case, it most often comes after the noun: *C'est un cassoulet fameux, n'est-ce pas?*

7. divers   varié
8. excellent   fameux
9. jadis   autrefois

Antonymes: Complétez chaque phrase en employant un antonyme du mot ou de l'expression en italique.

1. Il vaut mieux demeurer dans une des régions plus ou moins *touristiques.* Au delà du grand parc national il n'y a que des villages _____.
2. Le seul pays d'expression française de l'Afrique *orientale* est la petite république de Djibouti, devenue indépendante en 1977. En Afrique _____ il y en a neuf: la Mauritanie, le Mali, le Sénégal, la Guinée, la Haute Volta, le Niger, la Côte d'Ivoire, le Togo et le Bénin.
3. Tu vas *te coucher* maintenant? Pourquoi est-ce que tu ne _____ pas avec moi?
4. Vous *hésitez* toujours?! Il faut que vous preniez soit l'un soit l'autre. _____ donc!
5. Quoi?! Crois-tu qu'elle *soit morte?* Tiens un miroir sous son nez pour voir si elle _____ encore.
6. Malgré tout, Mme Renaud ne t'aime pas *moins* que Pierre. Au fond, elle t'aime aussi bien que lui, sinon _____.
7. Chacun a ses *faiblesses,* mais lui, il n'a pas de _____.

Mots associés: Les mots et les expressions dans chaque groupe sont associés. Faites des phrases en employant chacun d'entre eux.

1. l'agriculture   l'agriculteur
2. le pays   le dépaysement   le mal du pays
3. la côte   côtier, -ière
4. la force   fort, -e
5. veiller   la veille   réveiller   se réveiller   le réveil   le réveillon
6. rêver   le rêve
7. plaindre   se plaindre

Mots à plusieurs sens: Notez que le verbe *sentir* a plusieurs sens. Cela signifie "to feel" *(Je sens l'eau froide)*; "to feel, to sense" *(Les animaux sentent l'arrivée de l'hiver)*; "to feel, to experience"—synonyme d'*éprouver* et de *ressentir*—*(Nous sentons de l'amitié l'un pour l'autre)*; "to smell" *(Elle sentait encore le parfum dont sa mère s'était servie)*; "to smell, to have an odor" *(Le poisson sent mauvais).*

Mots à ne pas confondre: Faites attention!

1. *L'hévéa* est l'arbre qui contient le latex dont on fait *le caoutchouc.*
2. *Un palmier* est un arbre dont la branche ou la feuille s'appelle *une palme.*
3. *L'école* veut dire "school" en général. *La faculté* est cette partie de l'université où se donne l'enseignement supérieur dans telle ou telle discipline. Il y a, par exemple, les Facultés de Droit, de Médecine, de Pharmacie, des Lettres et des Sciences. (En anglais on dirait "Arts" au lieu de Lettres.)
4. Les mots *plus* et *davantage* sont des synonymes. Celui-ci, toutefois, peut être employé seulement avec un verbe.
5. Notez qu'on emploie le verbe *éprouver* ou, moins souvent, *ressentir* en parlant des maux physiques. Par exemple, on dirait: *Dites au médecin ce que vous éprou-*

A vous. Regardez les documents à la page 211. Vous faites un voyage en avion. Dites ce qu'il faut faire pour vous préparer et pour aller à l'aéroport. Décrivez ce qui se passe dans l'avion. Qu'est-ce que vous ressentez?

vez ("Tell the doctor how you feel"); *Elle ressent les effets du médicament* ("She feels the effects of the medication"); *J'éprouvais de la nausée* ("I was feeling nauseated"). On n'emploie pas le verbe *sentir* en parlant des maux physiques; on emploie plutôt *se sentir: Je ne me sens pas bien.*

Votre Boeing 747

A bord, vous trouverez certainement matière à exercer votre don d'observation. Les impressions que procure un vol en Boeing 747, le nouveau géant de l'air, sont encore assez inédites.

Nous avons pensé qu'il vous plairait de connaître l'explication des détails que vous aurez remarqués.

Le décollage. Développant sans effort son extraordinaire puissance, votre Jet court sur la piste et dès qu'il a atteint la vitesse de décollage, s'élève rapidement. Quelques instants après le décollage vous entendrez un bruit sec et mat. Il signale que le train d'atterrissage est rentré et verrouillé. En une vingtaine de minutes, l'appareil a atteint son altitude de croisière (11 à 13 000 m). Vous n'avez aucune sensation de vitesse. Le sol, tout en bas, défile lentement et votre vue par temps clair peut s'étendre jusqu'à 300 km à la ronde. Le bruit des réacteurs est si faible que vous percevrez nettement le chuintement de l'air glissant sur le fuselage. Aucune vibration. Le calme reposant des hautes altitudes vous enveloppe de sa quiétude. Le ciel, au-dessus de vos têtes, est d'un bleu profond, caractéristique des hautes couches de la troposphère. L'avion glisse sans secousse, bien au-dessus des nuages. Et peut-être éprouverez-vous profondément ces merveilleuses sensations de puissance et d'aisance, spécifiques du vol en Boeing 747.

En vol. Vous remarquerez sûrement la flexibilité des ailes de votre avion. C'est en effet une particularité technique des Jets. Cette flexibilité correspond, pour le confort du passager, à peu près aux amortisseurs des automobiles. Elle ajoute à la douceur et au calme du vol. Vous avez souvent aperçu dans le ciel les traînées blanches que laissent derrière eux les Jets. Elles sont produites par la condensation de l'air chaud sortant des réacteurs.

L'air à l'intérieur de la cabine est pressurisé : c'est-à-dire comprimé de telle manière qu'il ait une pression correspondante à celle existant à 1800 m d'altitude.

De même le chauffage et le conditionnement d'air vous apportent une température convenable.

L'air est d'ailleurs constamment renouvelé et se trouve entièrement changé toutes les trois minutes. Vous pouvez aussi fumer, car une ventilation supplémentaire est prévue pour l'évacuation des fumées. Il est cependant déconseillé de fumer pipes et cigares dont l'odeur peut déplaire à certains passagers.

L'atterrissage. Le Boeing 747 descend assez rapidement comme tous les Jets.

Au moment de l'approche, dès que le pilote a reçu l'autorisation d'atterrir, vous entendrez un léger grondement. Il signale que le train d'atterrissage vient de sortir. Il est produit par l'air s'engouffrant dans le logement des roues. Puis vous percevrez un puissant déclic, au moment où le train se verrouille, prêt à l'atterrissage.

Alors, sur les ailes, les volets s'abaissent.

Cette manœuvre est comparable au freinage des automobiles. Puis l'avion touche le sol. Un fort grondement témoigne de la mise en marche des inverseurs de poussée qui vont permettre à l'avion de s'arrêter. Votre voyage est terminé.

Some technical details

Once aboard the Boeing 747, there is plenty to interest the observant passenger, especially if he is technically minded.

Here are some explanatory notes on a number of details which you may have remarked.

Take-off. Effortlessly developing the full power of its four jet engines, but without any vibration, the plane surges along the runway, and as soon as it has attained take-off speed it rises rapidly. A few moments after take-off you will hear a muffled click; this means that the under-carriage has been retracted and locked in place. After about twenty minutes, the aircraft reaches its cruising altitude (35,000 to 45,000 feet). You have no sensation of speed; the ground far below falls behind slowly, and in clear weather you can see up to 200 miles in all directions. The noise level is so low that you can clearly hear the swish of air against the outside of the fuselage. There is not the slightest vibration. You are enveloped in the restful calm of the upper atmosphere. The sky above is deep blue, characteristic of the upper layers of the troposphere. The clouds are far below. The Boeing 747 gives an extraordinary impression of power without effort.

In Flight. You will undoubtedly notice the flexibility of the aircraft's wings. This is a technical feature specific to jet planes. So far as passenger comfort is concerned, this flexibility has a shock absorbing effect; it contributes to smooth flight. You have often noticed, from the ground, the white exhaust trails behind jet aircraft; they are produced by the condensation of the hot air leaving the engines.

The air inside the passenger cabin is maintained at a pressure corresponding to an altitude of 5,900 feet. This means that you can breathe perfectly normally even though you are flying at 45,000 feet. A suitable temperature is maintained by the heating and air-conditioning system.

The air in the passenger cabin is entirely renewed every three minutes. You may smoke, because additional ventilation is provided to evacuate tobacco smoke. However, you are requested to refrain from smoking a pipe or cigar, whose smell may annoy your fellow passengers.

Landing. The Boeing 747 loses height rapidly, like all jet aircraft.

During the approach, as soon as the pilot has received permission to land, you will hear a slight rumbling. This means that the under-carriage has been lowered.

At the same time, the wing flaps are lowered; this has a braking effect. Then the aircraft touches down, and a loud rumbling indicates that the thrust reversers are helping to slow the plane down. Your flight is ended.

26

27

EXPLICATIONS I

Le subjonctif des verbes irréguliers

1. The stem-changing verbs like *jeter*, *lever*, and *répéter* retain their stem change in the singular and the 3 pl. subjunctive forms. Similarly, *-yer* verbs retain their spelling change from *y* to *i*:

INFINITIF	3 PL. INDICATIF	SUBJONCTIF
les verbes comme **jeter**	ils jettent	qu'il jette
les verbes comme **lever**	ils lèvent	qu'il lève
les verbes comme **répéter**	ils répètent	qu'il répète
les verbes en **-ayer**	ils essaient	qu'il essaie
les verbes en **-oyer**	ils emploient	qu'il emploie
les verbes en **-uyer**	ils essuient	qu'il essuie

Just as in the 1 and 2 pl. indicative, in the 1 and 2 pl. subjunctive forms, the pronunciation and/or spelling changes do not occur: *que nous jetions, que vous leviez, que nous répétions, que vous essayiez, que nous employions, que vous essuyiez.*

2. Remember that the subjunctive of regular verbs is formed by dropping the *-ent* ending from the 3 pl. present indicative form and adding the appropriate endings. The following verbs follow this pattern except for the 1 and 2 pl. forms, which are the same as the 1 and 2 pl. imperfect forms:

INFINITIF	3 PL. INDICATIF	1 SING. SUBJONCTIF	1&2 PL. SUBJONCTIF
boire	ils boivent	que je boive	que nous buvions / que vous buviez
concevoir	ils conçoivent	que je conçoive	que nous concevions / que vous conceviez
croire	ils croient	que je croie	que nous croyions / que vous croyiez
devoir	ils doivent	que je doive	que nous devions / que vous deviez
prendre[1]	ils prennent	que je prenne	que nous prenions / que vous preniez
recevoir	ils reçoivent	que je reçoive	que nous recevions / que vous receviez
tenir[2]	ils tiennent	que je tienne	que nous tenions / que vous teniez
venir[3]	ils viennent	que je vienne	que nous venions / que vous veniez
voir	ils voient	que je voie	que nous voyions / que vous voyiez

[1]*Apprendre, comprendre, reprendre,* and *surprendre* also follow this pattern.
[2]*Appartenir, contenir, obtenir, retenir,* and *soutenir* also follow this pattern.
[3]*Convenir, devenir, parvenir, revenir,* and *se souvenir* also follow this pattern.

3. The following irregular verbs have irregular stems in the present subjunctive:

> **aller:** que j'aille, que tu ailles, qu'il aille; que nous allions, que vous alliez, qu'ils aillent
>
> **avoir:** que j'aie, que tu aies, qu'il ait; que nous ayons, que vous ayez, qu'ils aient
>
> **être:** que je sois, que tu sois, qu'il soit; que nous soyons, que vous soyez, qu'ils soient
>
> **faire:** que je fasse, que tu fasses, qu'il fasse; que nous fassions, que vous fassiez, qu'ils fassent
>
> **falloir:** qu'il faille
>
> **pleuvoir:** qu'il pleuve
>
> **pouvoir:** que je puisse, que tu puisses, qu'il puisse; que nous puissions, que vous puissiez, qu'ils puissent
>
> **savoir:** que je sache, que tu saches, qu'il sache; que nous sachions, que vous sachiez, qu'ils sachent
>
> **valoir:** qu'il vaille, qu'ils vaillent
>
> **vouloir:** que je veuille, que tu veuilles, qu'il veuille; que nous voulions, que vous vouliez, qu'ils veuillent

Exercices

A. Refaites les phrases en employant le subjonctif du verbe entre parenthèses. Suivez le modèle.

1. Il veut que tu *(venir)* à la boîte de nuit.
   Il veut que tu viennes à la boîte de nuit.

2. Elle préfère que vous *(prendre)* deux aspirines.
3. Il faut que je *(voir)* la plantation.
4. Il vaut mieux qu'elles *(boire)* du thé.
5. C'est dommage qu'il *(devoir)* veiller toute la nuit.
6. Il est étonné que vous *(croire)* cette histoire.
7. Nous regrettons qu'elle *(ne pas recevoir)* nos lettres.
8. Ils sont contents que nous *(devenir)* avocats.
9. Elle veut que tu *(apprendre)* la langue indigène.
10. Il est important que je *(recevoir)* l'argent avant ce soir.
11. Je suis heureux que tu *(concevoir)* de meilleurs projets.
12. Il faut que nous *(retenir)* une chambre à deux lits.

B. Refaites les phrases en employant les expressions entre parenthèses et le subjonctif. Suivez le modèle.

1. Vous n'exagérez pas. (il vaut mieux que je)
   Il vaut mieux que je n'exagère pas.

2. Le berger mène ses moutons vers cette colline. (il faut que nous)
3. Nous les emmenons dans la région côtière. (je suis heureux que tu)
4. Il essaie le pantalon bleu foncé. (elle préfère que vous)
5. Vous vous levez tôt. (il est important que nous)
6. Elles appellent le médecin. (il est nécessaire qu'il)

7. Je nettoie davantage. (elle demande qu'ils)
8. Tu jettes tous ces comprimés. (c'est dommage que nous)
9. Vous essuyez l'évier. (il vaut mieux qu'André)
10. Elles se promènent sur les quais. (Ma mère est heureuse que je)
11. Le miroir reflète la lumière. (il faut que l'eau)
12. Nous élevons nos voix. (il vaut mieux que vous)

C. Refaites les phrases en employant le verbe entre parenthèses et le subjonctif. Suivez le modèle.

1. Je *sens* qu'ils ne savent pas voler. (avoir peur)
   J'ai peur qu'ils ne sachent pas voler.

2. Nous *voyons* que tu es un peu malade. (regretter)
3. Il *croit* que vous voulez nous quitter. (être triste)
4. Elles *espèrent* que Marc aura de la chance. (être content)
5. Vous *pensez* que je fais des mathématiques. (préférer)
6. Elle *dit* que son frère va à la faculté. (demander)
7. Je *crois* qu'ils peuvent retrouver leur équilibre. (être heureux)
8. Ils *ont l'impression* qu'il fait semblant d'être sourd. (être surpris)
9. Tu *remarques* qu'elle est tout à fait crevée. (craindre)
10. Je *pense* qu'elles voudront demeurer ici. (être étonné)

Le subjonctif: les expressions de possibilité, de doute et d'opinion

1. Remember that certain impersonal expressions of possibility and doubt are followed by the subjunctive:

Il est possible qu'elle ne doive pas fouiller tous les recoins.	*It's possible she doesn't (won't) have to search every cranny.*
Il est impossible que nous partions maintenant.	*It's impossible for us to leave now.*
Il se peut qu'on serve des escargots.	*It may be that they're serving (that they'll serve) snails.*
Il semble que vous ne vous sentiez pas très bien.	*It seems that you're not feeling very well.*

2. Other verbs and expressions of doubt may be followed by the subjunctive in *negative statements* and in *affirmative questions where inversion is used:*

croire
espérer
penser
être certain
être évident

être probable
être sûr
il me (te, lui, etc.) semble
trouver

Study the following pairs:

Je crois qu'elle vient demain.	Je ne crois pas qu'elle vienne demain.
Il est certain que vous êtes guéri.	Il n'est pas certain que vous soyez guéri.

Il me semble qu'elle veut rester.
Est-ce que tu trouves que le film est intéressant?

Te semble-t-il qu'elle veuille rester?
Trouves-tu que le film soit intéressant?

3. The verb *douter* takes the subjunctive in the affirmative:

Je doute que tu puisses le faire.
but: Je ne doute pas qu'il sait mon adresse.

I doubt that you can do it.
I don't doubt that he knows my address.

Exercices

A. Refaites les phrases en employant la forme qui convient: l'indicatif ou le subjonctif. Suivez les modèles.

1. Elle est certaine que vous *(ne pas sentir)* ce parfum.
   Elle est certaine que vous ne sentez pas ce parfum.
2. Il est possible qu'elle *(vouloir)* rester.
   Il est possible qu'elle veuille rester.
3. Il se peut que tu *(ressentir)* une sorte de dépaysement.
4. Il me semble que vous *(préférer)* les divertissements assez chers.
5. Pense-t-elle que son camarade *(venir)* dans cette boîte de nuit?
6. Trouves-tu que j'*(avoir)* assez de force pour faire ce travail?
7. Il est évident que vous *(rêver)*.
8. Il est probable qu'elle *(s'étendre)* sur le divan bleu.
9. Croyez-vous qu'il *(faire)* du soleil aujourd'hui?
10. Il est impossible que nous *(achever)* une révolution.
11. Je doute qu'elle *(prendre)* des comprimés.

B. Refaites les phrases à la forme interrogative pour exprimer le doute. Employez l'inversion et le subjonctif. Suivez le modèle.

1. Vous croyez qu'il se plaint de l'économie.
   Croyez-vous qu'il se plaigne de l'économie?
2. Il est certain que vous demeurez en Afrique occidentale.
3. Il te semble qu'elle éprouve du dépaysement.
4. Il est évident qu'ils ressentent de l'amitié.
5. Elle pense que nous risquons d'être en retard.
6. Il est probable qu'elles apporteront divers plats indigènes.
7. Ils espèrent que vous pourrez explorer la campagne ivoirienne.
8. Tu trouves qu'elle a raison et que nous nous trompons.
9. Vous êtes sûr qu'il se décide à tuer la pauvre vieille bête.

Brûlerie ("roasting plant") à Paris

C. Refaites les phrases à la forme négative en employant le subjonctif. Suivez le modèle.

1. Je pense que vous avez tort.
   Je ne pense pas que vous ayez tort.
2. Il lui semble qu'elle se plaint trop.
3. Nous sommes certains qu'ils explorent tous les recoins de la fôret.

4. Je trouve que le spectacle est formidable.
5. Il est évident que le rêve se réalisera.
6. Tu crois que Lise peut leur rendre visite?
7. Il est probable qu'il vient d'une république africaine.
8. Elle pense que ces hévéas énormes sont drôlement beaux.
9. Il me semble que ces palmiers vont mourir.

D. Refaites les phrases en remplaçant les verbes en italique par le subjonctif du verbe entre parenthèses. Suivez le modèle.

1. Il est possible qu'ils *retournent* dans un pays oriental. (aller)
   Il est possible qu'ils aillent dans un pays oriental.

2. Je doute qu'elle *rencontre* ses petits-fils en ville. (emmener)
3. Croit-il que vous *écriviez* la lettre? (envoyer)
4. Te semble-t-il qu'elles *comptent* rentrer bientôt? (devoir)
5. Il est impossible qu'elle *continue* à perfectionner son travail. (parvenir)
6. Penses-tu que nous *trouvions* l'occasion de le voir? (avoir)
7. Je ne suis pas certain qu'ils *préfèrent* veiller ce soir. (vouloir)
8. Il se peut que tu te *couches* très tard. (se lever)
9. Est-il probable qu'elles *voyagent* au Sénégal? (aller)
10. Il semble que nous ne *partions* pas à l'heure. (être)

Vérifiez vos progrès

Refaites les phrases en employant la forme du verbe qui convient: l'indicatif ou le subjonctif. Suivez le modèle.

1. Il se peut que vous *(prendre)* le prochain vol.
   Il se peut que vous preniez le prochain vol.

2. Je ne doute pas que vous me *(croire)*.
3. Vous semble-t-il que nous *(pouvoir)* visiter les coins et les recoins de la ville?
4. Croit-elle que les boîtes de nuit *(être)* ouvertes?
5. Il est évident que ce manteau ne me *(convenir)* pas parfaitement.
6. Est-ce que tu penses que ces hommes *(vouloir)* nous tuer?
7. Il est possible que nous *(acheter)* du cacao.
8. Je ne suis pas sûr que vous *(avoir)* la force nécessaire pour ouvrir cette valise.
9. Trouves-tu que Marguerite *(faire)* bien du ski?
10. Est-ce que vous croyez que nous *(devoir)* nous étonner de son rêve?

LECTURE

Les écrivains africains d'expression française

La semaine dernière à Dakar, Ferdinand N'Dié, auteur du *Nouveau Visage de l'Afrique* a accordé[1] une interview à notre envoyé[2] spécial, Paul Rebel. Voici des extraits[3] de leur conversation:

[1]accorder: *to grant*
[2]l'envoyé, -e: *envoy, representative*

[3]l'extrait *(m.): extract.* Cette interview est tout à fait imaginaire. Les idées y

exprimées ne sont pas, cependant, uniques à M. N'Dié.

Paul Rebel: Ferdinand N'Dié, vous êtes ce qu'on appelle un jeune auteur en vogue.[4]
Attribuez-vous votre succès à l'intérêt[5] croissant[6] pour la littérature africaine?

Ferdinand N'Dié: En un sens, oui, bien sûr. Je profite de l'intérêt du public pour
les écrivains africains de langue française. Mais, vous savez, la littérature africaine n'est tout de même pas un mouvement littéraire nouveau.

Paul Rebel: Peut-être. Mais ce mouvement ne date que du début du siècle. Et
n'est-il pas vrai que l'intérêt du public réside dans la nouveauté du mouvement?

Ferdinand N'Dié: Ne croyez pas que les pays européens soient les seuls à avoir
une littérature ancienne. La littérature africaine se retrouve dans les traditions
orales qui ont existé en Afrique pendant des siècles. Quelles étaient ces traditions orales? Tout simplement des récits,[7] des contes[8] qui se transmettaient de
bouche à oreille. Je vous accorde que cette littérature orale était limitée puisqu'elle s'adressait à un public restreint,[9] tel que le village, la tribu. Mais n'oubliez
pas qu'elle faisait partie de notre héritage culturel de la même manière que nos
danses et notre musique. On aurait pu penser que notre littérature africaine
allait prendre son essor[10] et être connue beaucoup plus tôt. Au dix-neuvième
siècle, des écrivains africains de langue française avaient déjà publié des récits
sur leurs pays. Seulement ils ont rencontré des difficultés d'édition[11] et l'ignorance totale de la critique.[12] Le monde littéraire européen s'intéressait peu aux
arts et aux artistes africains à cette époque.

Paul Rebel: Le mouvement littéraire africain, comment a-t-il commencé?

Ferdinand N'Dié: Il est né au début du siècle aux Etats-Unis, tout simplement
grâce au jazz. Des milliers de personnes se sont passionnées pour ce nouveau
mode d'expression artistique qui mettait en valeur[13] la personnalité noire. La
renommée du jazz est venue jusqu'en Europe où est né un intérêt nouveau pour
les Noirs et leur culture. Le jazz a été pour les Noirs le premier moyen de s'exprimer librement.

Paul Rebel: Alors, vous dites que c'est par le jazz que tout a commencé?*

Ferdinand N'Dié: Oui, il a mis en relief[14] un certain mode de vie et de pensée
qui était jusque-là ignoré des[15] Blancs. Ajoutez à cela le développement de l'enseignement en Afrique, et donc l'élargissement[16] du cadre[17] culturel grâce aux
possibilités qui ont été alors offertes aux jeunes Noirs de poursuivre leurs études
à un niveau avancé. Tout cela a permis le début d'une génération d'écrivains
africains.

Paul Rebel: Qu'est-ce qui s'est passé alors?

Ferdinand N'Dié: Eh bien, les premières revues africaines ont été publiées. Qu'y
avait-il dans ces revues? Des articles sur de jeunes écrivains, des observations

---

[4]en vogue = populaire à
ce moment
[5]l'intérêt *(m.): interest*
[6]croissant, -e: *growing*
[7]le récit: *narrative, account*
[8]le conte: *short story, tale*
[9]restreint, -e: *narrow, lim-
ited*
[10]prendre son essor: *to take*

off, to develop rapidly
[11]l'édition: *publishing*
[12]l'ignorance totale de la
critique: *total unaware-
ness of the critics* (c'est-à-
dire, peu de gens savaient
que ces récits avaient
été publiés)
[13]mettre en valeur: *to show*

off, to emphasize
[14]mettre en relief: *to make
prominent*
[15]ignoré, -e de = inconnu à
[16]l'élargissement *(m.): en-
largement, growth*
[17]le cadre: *framework, set-
ting*

sur certaines tribus et régions africaines, des contes, des récits. Tout cela permettait aux Européens de mieux connaître une culture dont ils n'avaient que de vagues notions. Avec l'élargissement culturel, les revendications[18] sociales et politiques ont vu le jour[19] et la lutte[20] anti-colonialiste a commencé, puisque l'Afrique était jusque-là sous la domination européenne. On assistait alors au début du mouvement d'émancipation africaine. Le mouvement a toujours été soutenu d'ailleurs par certains écrivains français qui ont aidé les jeunes intellectuels noirs. De nos jours on doit citer, par exemple, Jean-Paul Sartre. 45

Paul Rebel: Et le mouvement de la négritude* dans tout cela?

Léopold Senghor

Ferdinand N'Dié: C'est l'affirmation de la personnalité du Noir. Le mouvement 50 a été lancé[21] vers 1935 par trois jeunes écrivains noirs qui habitaient Paris: Léopold Senghor,* Aimé Césaire* et Léon Damas.* Cette première étape[22] marque le début de l'émancipation politique et culturelle de l'Afrique francophone. Le mouvement de la négritude a créé la conscience[23] d'une civilisation africaine, et les jeunes intellectuels noirs ont commencé à la glorifier. Suivant l'exemple 55 de Senghor, qui a été un des premiers à avoir chanté la beauté des Noirs et de la négritude, d'autres jeunes poètes noirs ont eux aussi chanté les louanges[24] de leur peuple[25] et de leur propre culture.

Paul Rebel: Pour en revenir au mouvement de la négritude, qu'a-t-il apporté?

Ferdinand N'Dié: Eh bien, il a permis, si vous voulez, une révolution intellec 60 tuelle en Afrique. Le mouvement a entraîné[26] la publication de revues noires et de romans. Mais il fallait d'abord affirmer la personnalité africaine. Il fallait aux intellectuels africains la conscience d'appartenir à une race particulière qui ne devait pas être soumise à[27] la culture européenne. Après, une véritable culture africaine pouvait se réaliser. 65

Paul Rebel: Vous-même, Ferdinand N'Dié, avez écrit plusieurs romans à la gloire de la culture africaine, menacée,[28] d'après vous, par la civilisation européenne.

Ferdinand N'Dié: Oui, dans mes romans j'essaie de montrer le tort que peut faire la culture blanche aux Africains. Je veux souligner[29] le fait qu'il s'agit de deux cultures extrêmement différentes et que le Noir doit lutter pour ne pas 70 perdre son propre héritage culturel. Pourquoi vouloir enseigner une philosophie contraire aux traditions noires? Pourquoi l'Africain doit-il s'assimiler à un mode de vie et de pensée qui n'est pas le sien, et dont il souffre?

Paul Rebel: Vous êtes donc un révolutionnaire?

Ferdinand N'Dié: Non, je demande plutôt le retour aux sources. Par là je veux 75 dire qu'il faut rétablir ce que j'appelle la vérité[30] noire; c'est-à-dire, la religion, les croyances,[31] la tradition vestimentaire,[32] la pensée de l'Africain et sa langue.

---

[18]la revendication: *demand*
[19]voir le jour = commencer, naître
[20]la lutte: *fight*
[21]lancer: (here) *to launch, to start*
[22]l'étape (f.): *stage*
[23]la conscience: *conscious*

ness, awareness
[24]la louange: *praise*
[25]le peuple = les membres d'une société ou d'une culture
[26]entraîner: *to involve, to bring about*
[27]soumis, -e à: *subject to,*

subservient to
[28]menacer: *to threaten*
[29]souligner: *to underline, to emphasize*
[30]la vérité: *truth*
[31]la croyance: *belief*
[32]vestimentaire: *clothing, dress*

J'écris pour aider les jeunes gens de mon pays à garder leur manière de vivre[33] africaine et à en être fiers.[34]

80 *Paul Rebel:* Comment voyez-vous les relations culturelles entre l'Afrique et l'Europe?

Ferdinand N'Dié: Je demande tout simplement la reconnaissance[35] et l'acceptation de notre héritage intellectuel et culturel. Ensuite il faut réconcilier les valeurs[36] noires avec celles des Occidentaux. Il s'agit sans aucun doute de deux

85 civilisations différentes. Mais pourquoi ne peuvent-elles pas être complémentaires? Nous ne refusons pas les techniques du monde occidental. Le progrès ne nous empêche pas de rester africains. Nous l'adapterons simplement à notre propre mode de vie.

Paul Rebel: Ferdinand N'Dié, merci.

Notes culturelles

*le jazz: Il s'agit d'un certain style de musique qui se développa dans les quartiers noirs de la Nouvelle Orléans vers le début de ce siècle. Cette musique, qui représentait également le mode d'expression artistique et culturelle des Noirs, s'étendit rapidement dans toute l'Amérique et, grâce aux soldats américains pendant la Première Guerre Mondiale, en Europe. De nombreux orchestres de jazz furent créés, et cette nouvelle musique fut une des bases de la musique moderne. Le jazz créa un certain intérêt pour la culture noire dont la danse était la principale représentation à l'époque. On peut citer, par exemple, l'énorme succès en France de la "Revue Nègre" de Joséphine Baker (une danseuse noire venue d'Amérique) dans laquelle les artistes dansaient et chantaient sur des airs de jazz.

*la négritude: Selon le Dictionnaire Robert, ce terme signifie "l'ensemble des caractères ("characteristics"), des manières de penser, de sentir propres à la race noire."

*Léopold Senghor: Né en 1906 à Joal, une ville côtière du Sénégal à quelques kilomètres au sud de Dakar, Léopold Sédar Senghor est un des écrivains et penseurs les plus importants de la littérature francophone. Après avoir fait ses études à Dakar, puis à Paris au lycée Louis-le-Grand et à la Sorbonne, il enseigna le latin et le français dans des lycées à Tours et à Paris. Il est depuis 1960 président de la République du Sénégal.

*Aimé Césaire: Né à la Martinique en 1913, Césaire fut également élève au lycée Louis-le-Grand. Poète, dramaturge, ancien professeur de littérature et homme politique—maire ("mayor") de Fort-de-France—il est l'auteur de nombreux essais et poèmes. Parmi ses œuvres il faut citer son premier recueil ("collection") de poèmes, *Cahier d'un retour au pays natal* (1939), et ses pièces, *La Tragédie du Roi Christophe* (1963) et *Une Saison au Congo* (1969).

*Léon Damas: Né à Cayenne, Guyane Française, en 1912, Damas fut l'auteur de nombreux poèmes et contes. Il fit ses études secondaires à Fort-de-France et étudia les langues orientales et la littérature à l'université de Paris, où il fit ses études à la faculté de droit. Parmi ses recueils de poèmes on compte *Pigments*

---

[33]la manière de vivre = le mode de vie   [34]fier, fière: *proud*   [36]la valeur: *value*
[35]la reconnaissance: *recognition*

(1937), *Poèmes nègres sur des airs africains* (1947) et *Graffiti* (1952). Un homme engagé comme ses collègues Senghor et Césaire, Damas est entré dans la politique après la Deuxième Guerre Mondiale et a servi comme député du département de la Guyane à l'Assemblée Nationale (1945–1951). Venu aux Etats-Unis en 1970, Damas fut professeur aux universités Georgetown et Howard à Washington, D.C. Il est mort en 1978.

À propos ...

1. Quelles sont les origines de la littérature africaine? Racontez comment cette littérature a été transmise de génération en génération.   2. Quand est-ce que les écrivains africains ont publié des œuvres pour la première fois? Que s'est-il passé? Pourquoi?   3. Comment est né le mouvement littéraire africain? Où est-il né? D'après M. N'Dié, pourquoi le jazz est-il si important?   4. L'enseignement était évidemment très important aussi pour le développement de la littérature. Mais il faut citer également les premières revues publiées en Afrique. Pourquoi étaient-elles si importantes?   5. Qu'est-ce que c'est que la négritude? Qui a lancé ce mouvement? Quand? Qu'est-ce qui s'est développé du mouvement? 6. Comment M. N'Dié décrit-il ses propres œuvres? Qu'essaie-t-il de montrer dans ses œuvres?   7. Monsieur N'Dié se croit-il un révolutionnaire? S'il ne demande pas de révolution, que demande-t-il plutôt?   8. Et vous, avez-vous lu des œuvres de quelques auteurs africains d'expression française? Lesquelles? Connaissez-vous des œuvres de la littérature noire d'expression anglaise? Parlez de ces œuvres.   9. A la fin du livre vous trouverez des extraits de l'autobiographie de Camara Laye, qui vient de Guinée, une république de l'Afrique occidentale qui se trouve au sud du Sénégal. Lisez ces extraits. Croyez-vous que ce soit un récit "noir"? Ne pourrait-il pas s'agir d'un enfant pauvre quelconque?

EXPLICATIONS II

Les prépositions à, chez, en, dans

1. With expressions of time, the preposition *en* is used to refer to months, years, and all seasons with the exception of *le printemps:*

Nous y sommes allés **en mars**.	*We went there **in March**.*
Albert Camus a obtenu le Prix Nobel **en 1957**.	*Albert Camus got the Nobel Prize in 1957.*
On rentre à l'école **en automne**.	*We go back to school **in the fall**.*
but: L'exposition a lieu **au printemps**.	*The exposition takes place **in the spring**.*

The preposition *à* is used with centuries and in the expression *au mois de:*

La Révolution Française eut lieu **au dix-huitième siècle**.	*The French Revolution took place **in the eighteenth century**.*
On va déménager **au mois de juin**.	*We're moving **in June**.*

2. Remember that *à* and *en* are used with geographical expressions: *à* with cities and with masculine countries, *en* with feminine countries and with continents:

Elles sont descendues **à** Bordeaux.	*They went down **to** Bordeaux.*
Ils ont envoyé la lettre **au** Mali.	*They sent the letter **to** Mali.*
Nous avons voyagé **en** Italie.	*We traveled **in** Italy.*
Elle est allée **en** Asie.	*She went **to** Asia.*

3. *Chez* is used with proper names and with nouns referring to professions:

Il y avait une fête **chez** Alain.	*There was a party **at** Alain's (house).*
Il faut emmener Vincent **chez le dentiste.**	*We have to take Vincent **to the dentist.***
Elle sort de **chez l'avocate.**	*She's leaving **the lawyer's** (office).*

With other locations, *à* is generally used:

Les Guérard dînent ce soir **au restaurant.**	*The Guérards are dining tonight **in the restaurant.***
J'ai pris le petit déjeuner **à la salle à manger.**	*I had breakfast **in the dining room.***

Before an indefinite determiner, *dans* often replaces *à* as a means of avoiding the sound combination of *à + un: Je dîne dans un restaurant.*

4. Study the following:

J'ai lu le roman **en deux semaines.**	*I read the novel **in two weeks.***
Les Duclos reviennent **dans deux jours.**	*The Duclos are returning **in two days.***

With expressions describing length of time or duration, *en* indicates the amount of time needed to complete an action. *Dans* indicates the amount of time that will elapse before something takes place.

Vous souvenez-vous?

Les moyens de transport: on dit voyager *en avion (en vélo, en bateau)*, mais on voyage *à pied, à bicyclette,* ou *par le train.* En général, pour les autres moyens de transport, on n'emploie la préposition *par* que pour les objets: *Il va envoyer ce paquet par avion (par bateau).*

Exercices

A. Répondez aux questions en employant *à* ou *en* et l'expression entre parenthèses. Suivez le modèle.

1. Quand est-ce que Christophe Colomb a découvert l'Amérique? (1492)
   Christophe Colomb a découvert l'Amérique en 1492.

2. Quand est-ce qu'elle a rendu visite à Hélène? (juillet)
3. Quand est-ce que tu vas explorer la région sud du pays? (l'automne)
4. Quand est-ce que Napoléon a été empereur? (le 19e siècle)
5. Quand est-ce que tes grands-parents partent en vacances? (le mois d'août)
6. Quand est-ce que les arbres commencent à devenir verts? (le printemps)
7. Quand est-ce qu'on fête Noël? (décembre)

8. Quand est-ce que Jeanne d'Arc est morte? (1431)
9. Quand est-ce que Rousseau a écrit ses mémoires? (le 18ᵉ siècle)

B. Répondez aux questions en employant *à* ou *en* et l'expression entre parenthèses. Suivez le modèle.

1. Où est-ce qu'elle compte faire ses études? (Genève)
   Elle compte faire ses études à Genève.

2. Où veulent-ils faire du camping? (les Pays-Bas)
3. Il est fameux, ce vin. Où est-ce que tu l'as trouvé? (l'Allemagne)
4. Où avez-vous envoyé le cadeau? (le Mexique)
5. Où vont-ils acheter des souvenirs? (Dakar)
6. Où as-tu visité des plantations? (la Côte d'Ivoire)
7. Où se trouve l'auberge où elle a retenu une chambre? (Toulouse)
8. Où se trouve la Chine? (l'Asie)
9. Où sont-elles descendues du train? (Montréal)

C. Répondez aux questions en employant *chez* ou *à* et l'expression entre parenthèses. Suivez le modèle.

1. Où ont-ils apporté les épices? (la cuisine)
   Ils ont apporté les épices à la cuisine.

2. Où a-t-elle passé la nuit? (Alice)
3. Où sont-ils allés pour réparer le moteur? (le mécanicien)
4. Où avez-vous rendu les livres? (la bibliothèque)
5. Où est-elle allée vérifier les dates? (la salle de documentation)
6. Où ont-elles déjeuné hier? (Mme Bernet)
7. Où a-t-il mis les bouteilles? (la cave)
8. D'où est-elle sortie? (le médecin)
9. Où vous êtes-vous arrêtés? (la terrasse d'un café)

D. Répondez aux questions en employant *en* ou *dans* et l'expression entre parenthèses. Suivez le modèle.

1. Quand est-ce que la classe va commencer? (deux heures)
   La classe va commencer dans deux heures.

2. Quand est-ce qu'elle aura rempli la tâche? (un moment)
3. Quand est-ce qu'on va fêter son anniversaire? (un mois)
4. Quand est-ce que nous allons nous réunir à Paris? (trois semaines)
5. Quand est-ce qu'il aura fini de lire le roman? (une demi-heure)
6. Quand est-ce que tu vas déménager? (six semaines)
7. Quand est-ce qu'elle espère publier son œuvre? (deux ans)
8. Quand est-ce que vous aurez fini de faire l'exercice? (quelques minutes)

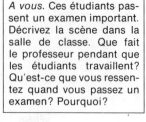

A vous. Ces étudiants passent un examen important. Décrivez la scène dans la salle de classe. Que fait le professeur pendant que les étudiants travaillent? Qu'est-ce que vous ressentez quand vous passez un examen? Pourquoi?

Les compléments de nom introduits par à, en, de

1. A noun complement is a word or phrase added to a noun that completes the noun or makes it more specific:

On a acheté de beaux verres à vin.   We bought some beautiful **wineglasses.**
Ils ont cassé **une tasse à café.**   They broke **a coffee cup.**
Il a réparé la machine à coudre.   He repaired the sewing machine.
Où sont les machines à laver?   Where are the **washing machines?**

Before a noun complement that describes a characteristic or expresses purpose, the French use à. (Note that in the plural the main noun takes the plural form). The French use à + definite determiner before a noun complement to mean "with" or "made of":

Je commanderai un sandwich   I'll order **a ham sandwich.**
  au jambon.
J'aime le canard à l'orange.   I like **duck with orange** (sauce).
Tu veux du mousse au chocolat?   Do you want **chocolate mousse?**

2. To indicate possession, content, or origin of an object, the French use the preposition de before the noun complement:

La villa de mon oncle se trouve   **My uncle's villa** is in Fréjus.
  à Fréjus.
Combien coûte un verre de vin?   How much does **a glass of wine** cost?
Voici mon nouveau tapis de Perse.   Here is my new **Persian rug.**

3. To indicate the material of which an object is made, the French use de or en:

Il a essayé **une chemise en coton.**   He tried on **a cotton shirt.**
Ils ont trouvé **des gants de cuir.**   They found some **leather gloves.**
Tu as remarqué cette belle vais-   Did you notice that beautiful **china**
  selle en porcelaine?   (those beautiful **china** dishes)?

Note that with the expression être + material, en is always used:

Cette **robe** est en laine.   This is **a wool dress.**

Exercices

A. Répondez aux questions en employant à, en ou de et l'expression entre parenthèses. Suivez le modèle.

1. Quelle tarte préférez-vous? (cerises)
   Je préfère la tarte aux cerises.

2. Quelles bottes a-t-il achetées? (cuir)
3. Quels timbres ont-ils échangés? (Mali)
4. Quel pull-over va-t-elle essayer? (laine)
5. Quelle blouse a-t-elle choisie? (coton)
6. Quelle armoire as-tu choisie? (Angleterre)
7. Quelle sorte de glace commanderont-elles? (fraises)
8. Quelle sorte de verres a-t-il achetée? (vin)
9. Quels skis a-t-il employés? (Michel)

B. Choisissez la préposition qui convient: *à, en* ou *de.*

1. Avez-vous trouvé les tasses _____ café? —Lesquelles? Celles-ci? —Non, pas celles-là. Je voudrais les tasses _____ Italie.

2. Est-ce que la voiture _____ sport ne marche plus? —Je l'ai apportée chez le garagiste _____ mon frère, mais il n'a pas réussi à découvrir la panne.

3. Est-ce que la vendeuse a déjà emballé le pantalon _____ velours? Je voudrais essayer ce pantalon _____ rayures, qui est _____ laine.

4. Est-ce que tu as commandé la tarte _____ pommes? —Oui, et je vais prendre un verre _____ lait avec mon dessert.

5. Cette jupe est-elle _____ coton? —Non, madame, vous avez là une jupe _____ soie.

6. Pourquoi a-t-il acheté ces haricots verts _____ Perpignan? Maman nous a dit d'acheter des pommes _____ terre.

7. S'il y a trop de bruit dans cette boîte _____ nuit, prenez deux comprimés _____ aspirine.

C Répondez aux questions en employant le nom et le complément de nom qui conviennent.

1. Où prend-on des repas?
2. Dans quelle chambre dort-on?
3. Où se trouvent la baignoire, la douche, le lavabo, etc.?
4. Si une seule personne retient une chambre dans un hôtel ou dans une auberge, quelle espèce de chambre demande-t-elle?
5. De quoi se sert-on pour changer de vitesse dans une voiture, une bicyclette, etc.?
6. Si on veut devenir avocat, où fait-on ses études? Et celui qui veut devenir médecin, où fait-il les siennes?
7. Comment s'appelle un tapis dont le dessin est géométrique?
8. Comment s'appelle une chemise dont les manches s'arrêtent aux coudes ("elbows")?
9. Comment s'appellent un homme et une femme qui sont dans les affaires?
10. Comment s'appellent les feux qu'on brûle pour les divertissements du quatorze juillet?
11. Avec quoi se brosse-t-on les dents?
12. A la station-service, comment s'appelle la machine qui amène l'essence du réservoir souterrain ("underground") aux voitures, aux motos, etc.
13. Comment s'appelle le terrain où l'on joue aux boules? celui où l'on joue au golf? celui où l'on fait du camping?
14. Comment s'appelle la boîte où l'on tient ses outils?
15. Comment s'appelle celui qui dirige un orchestre?
16. Comment s'appelle un sac qu'on porte sur le dos?
17. Comment s'appelle un sac dans lequel on dort à la belle étoile?
18. Comment s'appelle la salle où l'on attend l'arrivée ou le départ d'un train (dans une gare) ou d'un avion (dans un aéroport), où l'on attend son tour chez le médecin, dans un bureau quelconque, etc.?
19. Comment s'appelle la soupe qu'on fait avec des oignons?
20. Comment s'appelle un bateau qui a des voiles? Comment s'appellerait un bateau qui a un moteur?

Vérifiez vos progrès

Faites des phrases en employant les mots donnés. Où il n'y a pas de préposition suggérée, employez *à, de, en* ou *chez*. Puisque vos réponses seront personnelles, elles ne se trouvent pas à la fin du livre. Vous devrez les vérifier en parlant avec votre professeur.

1. un verre à vin/un verre de vin
   J'ai acheté douze verres à vin en Angleterre.
   Tu veux un verre de vin avec ton dîner?

2. un mouchoir en dentelle/un foulard à carreaux
3. dans deux heures/en deux heures
4. le cuisinier/la cantine
5. septembre/le mois de juin
6. Abidjan/la Côte d'Ivoire
7. hiver/printemps
8. Annette/la Belgique
9. le cuir/le velours côtelé
10. 1945/le vingtième siècle

Parlons de vous

1. Est-ce que vous avez déjà éprouvé du dépaysement? Quand? Où est-ce que vous étiez? Est-ce que quelqu'un vous a aidé? Qui donc? Qu'est-ce qui vous a aidé le plus à retrouver votre équilibre?   2. Est-ce que vous avez jamais veillé toute la nuit? Quand? Que faisiez-vous? A quelle heure est-ce que vous vous couchez d'habitude?   3. Est-ce que vous avez jamais rendu visite à quelqu'un qui habite un pays étranger? Racontez cette visite. Est-ce que quelqu'un qui habite un pays étranger vous a rendu visite? Si oui, racontez-la. Sinon, qu'est-ce que vous feriez avec un tel visiteur? Quelles parties de la ville est-ce que vous lui montreriez? Est-ce que vous exploreriez avec lui tous les coins et les recoins de la ville? Est-ce que vous feriez des excursions à la campagne? ailleurs? Où est-ce que vous iriez ensemble?

THÈME

Etudiez le paragraphe suivant. Puis, en l'employant comme modèle, mettez le paragraphe anglais en français.

Modèle: A la Nouvelle Orléans

> Deux jeunes Français, Bruno et Odile, ont été invités par le Codofil[1] à venir enseigner le français en Louisiane. Après un long voyage en avion, avec escales à New York et à Washington, les voilà à la Nouvelle Orléans, où ils ont passé quelques jours chez des cousins d'Odile. Au début de leur séjour, ils ont éprouvé une sorte de dépaysement, mais maintenant ils commencent à retrouver leur équilibre. Aujourd'hui, cependant, ils doivent aller en voiture à Grand Coteau, un petit village de

[1]Le Conseil pour le développement du français en Louisiane.

treize cents habitants à l'ouest de Baton Rouge, où ils demeureront et travailleront pendant l'année prochaine.

BRUNO   Il faut que nous soyons à Grand Coteau demain après-midi. Comment veux-tu que nous passions l'après-midi? Tu veux aller voir tes autres cousins, ceux qui habitent près de l'université?

ODILE   Je doute qu'ils soient chez eux à cette heure-ci. Il se peut même que mon cousin Charles ait des cours le samedi.

BRUNO   Tu ne crois pas que nous devions leur donner un coup de téléphone?

ODILE   Si, d'accord.

BRUNO   Tu as leur numéro de téléphone?

ODILE   Oui, dans ma valise. Je le trouverai en deux minutes. . . .

BRUNO   (*Quelques minutes plus tard*) Eh bien, tu leur as parlé? Ils étaient chez eux?

ODILE   Oui, ils nous attendent.

BRUNO   Alors, on y va tout de suite?

ODILE   Oui, mais avant d'y aller, je veux changer de robe. Celle-ci est en soie et j'aurais froid.

BRUNO   Pendant que tu mets ta robe, j'irai au café en face prendre un bol de gombo et un plat d'huîtres. Je t'attendrai là-bas.

Thème: For a long time, Eric and Laure have dreamed of spending their vacation in western Africa. Their dream has finally come true, and here they are in Abidjan, the capital of the Ivory Coast. For three days they have explored all the ins and outs of the city and its surroundings. Now they have decided to travel by train to Bouaké, a rather large town in the center of the country, where they hope to spend the weekend and from where they will go by car to the Bouna National Park in the northeast.

ERIC   It's necessary for us to be at the railroad station in four hours. Do you think we have time to visit Zana, Pierre's pen pal?

LAURE   I'm not sure he's home. It's possible he takes his vacation in the month of August. But we have to phone him, don't we? Otherwise Pierre will be disappointed.

ERIC   Don't you think it's worth the trouble to go see if he's home?

LAURE   Yes, of course.

ERIC   Has Zana finished his studies? Or is he still in medical school?

LAURE   No, no. He's interning at a hospital in Bingerville, near here. But he continues to live in Abidjan. Are you ready to go?

ERIC   Yes, but before we leave, I'd like to put on cotton pants. These are corduroy, and I'm hot.

LAURE   While you're getting dressed, I'll go have a bowl of café au lait at the restaurant downstairs. I'd like you to join me there.

ERIC   Okay. In fifteen minutes.

Onzième
Leçon

AUTO-TEST

A. Ecrivez des phrases complètes en employant la forme qui convient de chaque mot. N'oubliez pas d'employer *que* où nécessaire. Suivez le modèle.

1. il est possible/pleuvoir/ce soir
   Il est possible qu'il pleuve ce soir.

2. je ne crois pas/nous/pouvoir/répéter encore une fois
3. te semble-t-il/elle/essayer de/préparer/le dîner/sans/un réchaud
4. il doute/vous/boire/le thé/le matin
5. il se peut/les employés/nettoyer/les vitrines/avant de/ouvrir/la boutique
6. il vaut mieux/tu/tenir/les médicaments
7. crois-tu/ce livre-là/valoir/celui-ci
8. je ne suis pas sûre/elles/avoir/leurs parapluies/mais/je ne crois pas/il/faire/mauvais
9. pensent-ils/je/apprendre/les paroles de la chanson/par cœur
10. c'est dommage/ses grands-parents/vouloir/s'installer/en/l'Espagne
11. je suis désolé/il/être/crêvé/et/il/ne pas pouvoir/nous rejoindre

B. Ecrivez les phrases en employant la préposition qui convient: *à, en, chez* ou *dans*.

1. Les Parisiens partent _____ vacances _____ août.
2. On mange toujours très bien _____ les Dupont.
3. Ils ont tourné le film _____ trois semaines.
4. Vous arriverez _____ Lausanne _____ quelques heures.
5. Jean-Paul se plaint beaucoup quand il doit aller _____ le dentiste ou _____ la clinique.
6. Nous serons _____ Irlande _____ un mois.
7. On monte une nouvelle pièce _____ théâtre _____ ville.

C. Ecrivez les phrases en employant la préposition qui convient: *à, en* ou *de*.

1. Quoi! Vous lui offrez un livre _____ poche pour Noël!
2. Elle préfère les jupes _____ coton à celles _____ velours côtelé.
3. Je suis désolé que nous n'ayons plus de tartes _____ fraises.
4. Ces manteaux sont _____ cuir – pas _____ laine.
5. Si nous avons soif, ne crois-tu pas que nous devions commander de grandes verres _____ eau minérale?
6. Veut-elle que je prenne un bol _____ café _____ lait?
7. Voilà le garagiste. Là-bas, à côté de la pompe _____ essence.
8. N'oublie pas de mettre des cuillères _____ soupe et des couteaux _____ beurre quand tu mettras le couvert.

COMPOSITION

Ecrivez une composition sur ce que vous feriez si quelqu'un qui habitait un pays étranger vous rendait visite. Si vous avez déjà eu un tel visiteur, racontez sa visite.

Rendez-vous
des vins de pays.

Douzième Leçon

En Bourgogne*

C'est la saison des vendanges et les Pommier, qui habitent Dijon,* suivent la
Route du Vin.* Bien qu'ils vivent dans la région depuis l'enfance, ils aiment
faire cette excursion chaque automne, car la vue des vendangeurs et des ven-
dangeuses qui travaillent dans les vignes est toujours pittoresque. Cet automne,
5 M. et Mme Pommier sont accompagnés de leur petit-neveu Jean-Michel et de
leur petite-nièce Colette. C'est la première fois que ceux-ci voient une vendange.

la Bourgogne

Dijon

COLETTE	Est-ce que la vendange a lieu à la même date chaque année?
M. POMMIER	Plus ou moins. Elle a lieu quand le raisin est venu à matu-
10	rité. Quand le viticulteur le juge prêt à être cueilli, on en fait
	une analyse chimique afin de déterminer la date de la récolte.*
MME POMMIER	Evidemment c'est très important ici. Voilà comment beaucoup
	de gens gagnent leur vie.
JEAN-MICHEL	Qu'est-ce qui détermine si un vin sera blanc ou rouge?
15 MME POMMIER	Pour faire un vin rouge on laisse le jus fermenter avec les
	peaux. Pour faire un vin blanc, on enlève les peaux.
M. POMMIER	La vendange n'est pas faite de la même manière partout. Chaque
	région a ses propres coutumes. Ici en Bourgogne, comme vous
	le verrez, après avoir cueilli le raisin, on le met dans un panier
20	d'osier.
COLETTE	Et ailleurs?
M. POMMIER	Eh bien, en Provence les vendangeurs ont des seaux. Les Bor-
	delais emploient des cuves en bois.
MME POMMIER	En fait, chaque région a même un vocabulaire spécial pour le
25	matériel de vendange.
JEAN-MICHEL	Cela pourrait devenir un peu compliqué, n'est-ce pas?
MME POMMIER	Un peu, oui.
COLETTE	Est-ce qu'on va s'arrêter quelque part? J'ai faim.
M. POMMIER	Je cherche un champ pour faire un pique-nique.
30 MME POMMIER	Près d'une cuve quelconque?
JEAN-MICHEL	Pourquoi?
M. POMMIER	Pourquoi?! Quelle question! Afin qu'on puisse déguster un peu
	de vin! Après tout: "Repas sans vin, c'est journée sans soleil."

Notes culturelles

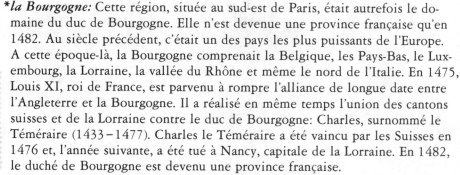

la Bourgogne: Cette région, située au sud-est de Paris, était autrefois le domaine du duc de Bourgogne. Elle n'est devenue une province française qu'en 1482. Au siècle précédent, c'était un des pays les plus puissants de l'Europe. A cette époque-là, la Bourgogne comprenait la Belgique, les Pays-Bas, le Luxembourg, la Lorraine, la vallée du Rhône et même le nord de l'Italie. En 1475, Louis XI, roi de France, est parvenu à rompre l'alliance de longue date entre l'Angleterre et la Bourgogne. Il a réalisé en même temps l'union des cantons suisses et de la Lorraine contre le duc de Bourgogne: Charles, surnommé le Téméraire (1433 – 1477). Charles le Téméraire a été vaincu par les Suisses en 1476 et, l'année suivante, a été tué à Nancy, capitale de la Lorraine. En 1482, le duché de Bourgogne est devenu une province française.

Dijon: Cette ville de 150.000 habitants, située à 309 km. au sud-est de Paris, est l'ancienne capitale de Bourgogne. Elle reste aujourd'hui la ville la plus importante de la région bourguignonne. Dijon est riche en monuments et en œuvres d'art. (Son excellent Musée des Beaux-Arts se trouve dans l'ancien palais des ducs.) Dijon est aussi un centre industriel qui a une réputation mondiale à cause de son industrie alimentaire; la moutarde et le pain d'épice sont deux spécialités dijonnaises.

la Route du Vin: Cette route s'étend d'un bout à l'autre de la Bourgogne. Tout le long de la route se trouvent des vignobles qui sont parmi les plus célèbres du monde.

la date de la récolte: Le moment précis de la vendange est très important pour déterminer le goût du vin. Au bout du compte, cependant, la qualité du cru dépend surtout des conditions météorologiques. Un même vin peut donc être excellent une année et médiocre la suivante.

Questionnaire

1. Que font les Pommier? Pourquoi? Qui les accompagne?   2. Quand est-ce que la vendange a lieu?   3. Comment sait-on que le raisin est prêt à être cueilli? 4. Comment fait-on un vin rouge? un vin blanc?   5. Est-ce que les vendangeurs suivent les mêmes traditions partout en France? Par exemple . . .   6. Pourquoi M. Pommier cherche-t-il un champ? Pourquoi en cherche-t-il un près d'une cuve? 7. "Repas sans vin, c'est journée sans soleil." Que veut dire ce vieux dicton ("saying")? Y a-t-il des choses sans lesquelles votre repas serait incomplet?

GLOSSAIRE

NOMS

l'alliance *f.* alliance
l'analyse *f.* analysis
les beaux-arts *m.pl.* fine arts
la Bourgogne Burgundy
le champ field
la coutume custom

le cru vintage, crop of grapes
la cuve vat; tub
le duc, la duchesse duke, duchess
le duché duchy, dukedom
l'enfance *f.* childhood
le Luxembourg Luxembourg

la maturité maturity, ripeness
le matériel implements, equipment,
  tools
la moutarde mustard
 l'osier *m.* wicker
le pain d'épice gingerbread
le palais palace
la peau skin
la petite-fille granddaughter[1]
la petite-nièce grandniece[1]
le petit-fils grandson[1]
le petit-neveu grandnephew[1]

la qualité quality
la récolte harvest
le seau bucket
 l'union *f.* union
la vendange grape harvest
le vendangeur, la vendangeuse
  grape picker
la vigne vine; *pl.* vines; vineyard
le vignoble wine-growing region;
  vineyards
le viticulteur winegrower
le vocabulaire vocabulary

VERBES

déguster to sample, to sip
dépendre de to depend on
déterminer to determine
enlever to remove, to take away[2]
s'étendre to extend
fermenter to ferment

juger to judge
réaliser to bring about,
  to achieve, to fulfill
rompre to break[3]
vivre to live

Fameux mes crus !
Foi du Père Paul, ils ont du bouquet et du corps.
Voulez-vous les « déguster » ?
Alors renvoyez-moi cette carte aujourd'hui même.
Vous me direz merci plus tard.

ADJECTIFS

alimentaire food
bordelais, -e of or from Bordeaux
bourguignon, -ne of or from Burgundy
chimique chemical
compliqué, -e complicated
dijonnais, -e of or from Dijon

médiocre mediocre
météorologique meteorological
précis, -e precise
puissant, -e powerful
surnommé, -e nicknamed
téméraire foolhardy, reckless
vaincu, -e conquered, vanquished

MOTS-OUTILS ET EXPRESSIONS

afin que so that, in order that
au bout du compte all things considered, when all's said and done
bien que although
de longue date longstanding
faire une analyse de to analyze, to

  do an analysis of
gagner sa vie to earn a living
quelque part somewhere, anywhere
quelconque some . . . or other
venir à maturité to ripen, to
  mature

---

[1]Like the plural forms *les grands-parents, les grands-mères,* etc.,
  these nouns form their plurals by adding *s* to both words:
  les petites-filles, les petits-neveux, etc.
[2]*Enlever* is a stem-changing verb that follows the pattern of *lever.*
[3]*Rompre* is a regular *-re* verb, except that in the 3 sing.
  present form, a *t* is added: *je romps, tu romps, il rompt;*
  nous rompons, vous rompez, ils rompent.

Marché à Honfleur, port normand près du Havre

Etude de mots

Synonymes: Les mots et les expressions suivants sont des synonymes. Employez-en chacun dans une phrase.

1. mûrir   venir à maturité
2. casser   rompre
3. puissant   fort
4. les vignes   le vignoble
5. la coutume   la tradition
6. les beaux-arts   la peinture, la sculpture, etc.
7. déguster   goûter

Antonymes: Complétez chaque phrase en employant un antonyme du mot ou de l'expression en italique.

1. Si on y *ajoute* les œufs, on ne peut pas les _____.
2. Sois *sage*, Bruno! Il n'y a rien de moins agréable qu'un enfant _____.
3. Je cherchais un vin *fameux*, mais je crois que celui-ci est vraiment _____.
4. Ces papillons *ne s'arrêtent nulle part.* Quoi? De temps en temps ils doivent s'arrêter _____ pour se reposer.
5. Ce n'est pas une connaissance *récente*, sûrement! Mais non, ils se connaissent depuis longtemps. C'est une connaissance _____.
6. C'est un royaume *faible*. Le duché voisin est beaucoup plus _____.

Mots associés 1: Complétez chaque phrase en employant un mot associé à celui qui est en italique.

1. Didi Maupin est mon *grand-père*. Moi aussi, je suis surnommé Didi, car je suis son _____.
2. J'espère que mes *enfants* passeront une _____ aussi heureuse que la mienne.
3. Dans notre labo de *chimie* nous étudions les propriétés _____ de certains produits alimentaires.
4. La femme d'un *duc* est une _____.
5. A l'origine, on employait un *panier* seulement pour porter du _____.

Mots associés 2: Les verbes suivants ont des significations assez différentes dans leurs formes pronominales et non-pronominales. Employez chaque verbe dans une phrase.

1. réaliser/se réaliser   3. plaindre/se plaindre   5. sentir/se sentir
2. diriger/se diriger   4. demander/se demander   6. passer/se passer

Mots associés 3: Il y a des adjectifs et des noms dérivés des noms de lieux français. Vous en connaissez quelques-uns; par exemple: *Paris → parisien, -ienne; Bordeaux → bordelais, -e; Dijon → dijonnais, -e; Nice → niçois, -e; Toulouse → toulousain, -e; la Bourgogne → bourguignon, -ne; la Provence → provençal, -e.* En voici quelques autres. Vous ne devez pas les apprendre par cœur, mais choisissez trois adjectifs de chacun des trois groupes et employez-les dans une phrase.

1. *Quelques régions et provinces françaises*

les Alpes → alpin, -e	le Languedoc → languedocien, -ienne
l'Alsace → alsacien, -ienne	le Limousin → limousin, -e
l'Anjou → angevin, -e	la Lorraine → lorrain, -e
l'Auvergne → auvergnat, -e	le Maine → manceau, mancelle
le Béarn → béarnais, -e	la Normandie → normand, -e
le Berry → berrichon, -onne	le Périgord → périgourdin, -e
la Bretagne → breton, -onne	la Picardie → picard, -e
la Champagne → champenois, -e	le Poitou → poitevin, -e
le Dauphiné → dauphinois, -e	les Pyrénées → pyrénéen, -ne
la Flandre → flamand, -e	la Savoie → savoyard, -e
la Franche-Comté → franc-comtois	la Touraine → tourangeau, tourangelle
la Gascogne → gascon, -e	les Vosges → vosgien, -ienne

2. *Quelques villes françaises*

Aix-en-Provence → aixois, -e
Albi → albigeois, -e
Amiens → amiénois, -e
Arles → arlésien, -ienne
Avignon → avignonnais, -e
Besançon → bisontin, -e
Biarritz → biarrot, -e
Brest → brestois, -e
Caen → caennais, -e
Cannes → cannois, -e
Chartres → chartrain, -e
Cherbourg → cherbourgeois, -e
Clermont-Ferrand → clermontois, -e
Epernay → sparnonien, -ienne
Fontainebleau → bellifontain, -e
Fréjus → fréjussien, -ienne
Grenoble → grenoblois, -e
Le Havre → havrais, -e
Lille → lillois, -e
Limoges → limougeaud, -e
Lyon → lyonnais, -e

Le Mans → manceau, mancelle
Marseille → marseillais, -e
Nancy → nancéien, -ienne
Nantes → nantais, -e
Nîmes → nîmois, -e
Orléans → orléanais, -e
Perpignan → perpignanais, -e
Poitiers → poitevin, -e
Quimper → quimpérois, -e
Reims → rémois, -e
Rennes → rennais, -e
La Rochelle → rochelais, -e
Rouen → rouennais, -e
St-Germain-en-Laye → st-germinois, -e
St-Malo → malouin, -e
Strasbourg → strasbourgeois, -e
Tours → tourangeau, tourangelle
Vence → vincien, -ienne
Versailles → versaillais, -e
Vichy → vichyssois, -e
Vincennes → vincennois, -e

3. *Quelques villes et régions étrangères*

les Antilles → antillais, -e
Bâle → bâlois, -e
Berlin → berlinois, -e
Berne → bernois, -e
Boston → bostonien, -ienne
Bruxelles → bruxellois, -e
Californie → californien, -ienne
Florence → florentin, -e
Genève → genevois, -e
Hawaii → hawaiien, -ienne
Lisbonne → lisbonnin, -e
Londres → londonnien, -ienne

Madrid → madrilène
Milan → milanais, -e
Monaco → monégasque
Montréal → montréalais, -e
Moscou → moscovite
Munich → munichois, -e
New York → new-yorkais, -e
Pékin → pékinois, -e
Philadelphie → philadelphien, -ienne
Rome → romain, -e
Texas → texan, -e
Vienne → viennois, -e

Mots à ne pas confondre: Faites attention!

1. *Compter sur* et *dépendre de* veulent dire "to depend on"; mais ces verbes ne sont pas des synonymes. *Compter sur* veut dire "to count on": *Tu peux compter sur moi; On peut compter entièrement sur la qualité de sa charcuterie.* On emploie *dépendre de,* par contre, pour parler de quelque chose sans lequel quelque chose d'autre ne pourrait pas se réaliser: *Le prix du cuir dépend de l'espèce de l'animal; La qualité de l'œuvre dépend de l'ouvrier; La date de la vendange dépend des conditions météorologiques sur lesquelles on ne peut compter.*

2. *La récolte* veut dire "harvest," qui est à la fois l'action de recueillir les produits de la terre (les fruits, les légumes, etc.) et les produits que l'on a recueillis. On emploie *la vendange* seulement pour parler de l'action de recueillir les

raisins pour la fabrication du vin ou pour parler des raisins ainsi recueillis.

3. *Casser* et *rompre* veulent dire tous les deux "to break." *Casser* s'emploie au sens propre ("literal"): *Qui casse les verres les paie; On ne fait pas d'omelette sans casser des œufs; Elle s'est cassé la jambe.* Le verbe *rompre* s'emploie le plus souvent au sens figuré ("figurative"): *Rompre une alliance, des liens, des chaînes, un serment, un silence, un charme, du pain.* Au sens propre, *casser* signifie "to shatter"; *rompre*, "to rupture, to tear."

EXPLICATIONS I

Le verbe <u>vivre</u>

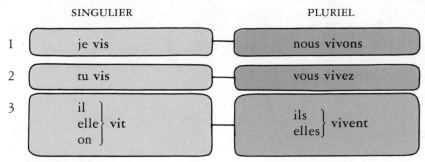

	SINGULIER	PLURIEL
1	je vis	nous vivons
2	tu vis	vous vivez
3	il elle } vit on	ils elles } vivent

IMPÉRATIF: vis! vivons! vivez!

PARTICIPE PASSÉ: vécu

PARTICIPE PRÉSENT: vivant

IMPARFAIT: viv- (je vivais, etc.)

FUTUR/CONDITIONNEL: vivr- (je vivrai, etc.; je vivrais, etc.)

SUBJONCTIF: viv- (que je vive, etc.)

PASSÉ SIMPLE: vécu- (je vécus, etc.)

The verb *suivre,* "to follow, to take," follows the same pattern as *vivre* except in its past participle *(suivi)* and in its passé simple *(je suivis,* etc.). *Poursuivre,* "to pursue," follows the same pattern as *suivre.*

Exercice

Refaites les phrases en remplaçant le verbe en italique par la forme correcte du verbe entre parenthèses. Attention au temps du verbe! Suivez le modèle.

1. Nous *prendrons* la route à gauche. (suivre)
   Nous suivrons la route à gauche.

2. Pendant leur enfance, mes petits-fils *sont allés* au Luxembourg. (vivre)
3. Le chat *courait après* les souris. (poursuivre)
4. La famille de ce viticulteur *habite la* Bourgogne depuis 50 ans. (vivre en)
5. Ils *préserveront* les coutumes du pays. (suivre)
6. Ils *auraient travaillé* très volontiers à Paris s'ils avaient trouvé un meilleur emploi. (vivre)

A vous. Parlez de l'endroit où vous vivez. Vous y avez toujours vécu? Où aimeriez-vous vivre quand vous serez adulte?

Une ferme en Suisse

7. Quel spectacle *a lieu après* celui-ci? (suivre)
8. Dans l'histoire, le vieux monsieur et sa femme ont *saisi* le petit bonhomme en pain d'épice. (poursuivre)
9. Elle *fera ses études* à Dijon pendant quelques années. (vivre)
10. Chut! Je *suis* un des jumeaux Lenoir. (suivre)

Les conjonctions suivies du subjonctif

VOCABULAIRE	
à condition que *on the condition that*	**pour que** *in order that*
à moins que *unless*	**pourvu que** *so long as, provided that*
avant que *before*	**qui que** *whoever, whomever, no matter who*
de crainte que⎫ *lest, for fear that* **de peur que**⎭	**quoi que** *whatever, no matter what*
jusqu'à ce que *until*	**quoique** *although, even though*
où que *wherever, no matter where*	**sans que** *without*

1. Although many conjunctions are followed by the indicative,[1] *afin que, bien que*, and the conjunctions listed above are always followed by the subjunctive:

Nous lui donnerons un coup de main afin qu'il finisse la récolte.

*We'll help him **so that he can finish the harvest**.*

Il faut attendre **jusqu'à ce que** le raisin vienne à maturité.

*We have to wait **until the grapes ripen**.*

On continuera à travailler **quoiqu'il** fasse déjà nuit.

*We'll continue to work **even though it's already dark out**.*

---

[1]*Parce que, tandis que, pendant que, lorsque, dès que*, and *aussitôt que*, for example, are all followed by the indicative.

2. Note that some of these conjunctions (*avant, afin, pour,* and *sans*) are used with an infinitive when the subject of both clauses is the same:

Il a quitté l'hôpital **avant de terminer** l'analyse.	*He left the hospital **before finishing** the analysis.*
Ils seront devant l'arrêt à l'heure **afin de ne pas manquer** l'autobus.	*They'll be in front of the stop on time **in order not to miss** the bus.*
Elle a dû travailler **pour gagner** sa vie.	*She had to work **in order to earn** a living.*
Ils sont partis **sans avoir déterminé** la cause du problème.	*They left **without determining** the cause of the problem.*

Pour lire

Etudiez les phrases suivantes:

Tu espères la voir **avant qu'elle ne parte.**	*You hope to see her **before she leaves.***
Nous serons obligés d'attendre à **moins qu'ils n'arrivent** à l'heure.	*We'll be forced to wait **unless they arrive** on time.*
Je crains qu'il **ne rompe** tous ses liens.	*I'm **afraid he'll break** all his ties.*
Elle a peur que nous **ne nous trompions** de chemin.	*She's **afraid we're taking the wrong** road.*

Le mot *ne* s'emploie quelquefois après les conjonctions *avant que* et *à moins que* et après les verbes *craindre* et *avoir peur.* Cet emploi de *ne* ne rend pas la phrase négative. Notez aussi que ce *ne* ne s'emploie pas après le négatif: *Je ne crains pas qu'ils soient en retard.* Ce *ne,* dit "pléonastique," se trouve surtout dans les textes littéraires.

Exercices

A. Refaites les phrases en employant la forme qui convient du verbe entre parenthèses. Suivez les modèles.

1. J'essaie de lui décrire le seau afin qu'il *(pouvoir)* le trouver.
   J'essaie de lui décrire le seau afin qu'il puisse le trouver.
2. Nous dégustons les grands crus quand nous en *(avoir)* l'occasion.
   Nous dégustons les grands crus quand nous en avons l'occasion.
3. Ils se mettront en route de bonne heure bien qu'ils *(se sentir)* très fatigués.
4. Ils examinent les vignes parce qu'ils *(vouloir)* s'assurer d'une bonne récolte.
5. Il sera heureux pourvu que vous *(réaliser)* votre rêve de devenir acteur.
6. Où qu'on *(aller)* en Bourgogne, on voit des vignobles.
7. Je réponds toujours à ses lettres aussitôt que je les *(recevoir)*.
8. Qui que vous *(être)*, il ne faut pas me parler impoliment!
9. Il espère partir pour les champs sans qu'on le *(voir)*.
10. Quand nous *(s'entendre)* bien, la vie est agréable.

11. Quoi qu'elle *(faire)*, elle ne parviendra pas à apprendre le vocabulaire.
12. Attends ici jusqu'à ce que nous *(enlever)* ce divan.

B. Combinez les deux phrases en employant la conjonction entre parenthèses et le subjonctif. Suivez le modèle.

1. Je vous paierai. Vous ferez votre mieux. (à condition que)
   Je vous paierai à condition que vous fassiez votre mieux.

2. Demandons de la moutarde dijonnaise. On servira les sandwichs au jambon. (avant que)
3. Il se plaint de son travail. Il vit bien. (bien que)
4. Je partirai. Nous mangeons tout de suite. (à moins que)
5. Elle te décrira le palais. Tu le connais déjà. (quoique)
6. Ils emmèneront leur petite-nièce. Elle peut assister à la récolte des pommes. (afin que)
7. Tu retrouveras ton équilibre. Tu te reposeras un peu. (à condition que)
8. Elles vous parleront tout de suite. Vous ne gaspillerez pas votre temps. (pour que)
9. Il bavarde toujours. Le prof le remarquera. (sans que)
10. La famille s'installe en ville. Les enfants préféreraient la campagne. (bien que)
11. Nous veillons toute la nuit. Les enfants se lèvent pour attendre l'arrivée du Père Noël. (de peur que)

C. Combinez les deux phrases en employant la conjonction entre parenthèses et la forme qui convient du verbe: le subjonctif ou l'infinitif. Suivez les modèles.

1. Il veut voir le portrait. Nous quittons le musée. (avant)
   Il veut voir le portrait avant que nous quittions le musée.
2. Elle espère passer une journée à la plage. Elle rentre à Dakar. (avant)
   Elle espère passer une journée à la plage avant de rentrer à Dakar.

3. Nous explorerons les grottes. Elle nous accompagne. (sans)
4. Ils ont étudié pendant trois ans. Ils obtiennent leurs certificats. (pour)
5. Je cherche un seau et une brosse. Je nettoierai le plancher. (afin)
6. Il doit écouter les autres. Il exprimera ses propres pensées. (avant)
7. Tu exagères le problème. Elle comprend pourquoi. (sans)
8. Elles ont apporté des paniers en osier. Nous cueillons le raisin. (pour)
9. Avez-vous écrit au duc? Vous lui avez rendu visite. (avant)
10. Elle a passé l'examen. Elle révise le vocabulaire. (sans)
11. On n'a pas enlevé les peaux. Le jus fermente. (avant)

Vérifiez vos progrès

Complétez les phrases comme vous voulez en employant la forme convenable du verbe: le subjonctif ou l'infinitif. Puisque vos réponses seront personnelles, elles ne se trouvent pas à la fin du livre. Vous devrez les vérifier en parlant avec votre professeur.

1. Son succès dépendra de lui bien que. . .
2. Nous vivrons bien où que. . .
3. Elle se mariera à moins que. . .
4. Tu dégusteras le vin avant de. . .
5. Ils réaliseront leurs projets à condition que. . .
6. Je voulais rompre le silence pour. . .
7. Ces soldats seront tués quoi que. . .
8. Je poursuivrai mes études jusqu'à ce que. . .
9. Le problème est assez compliqué quoique. . .
10. Elles ont voyagé dans la région bordelaise sans. . .

Blois, dans la vallée de la Loire

LECTURE

La technologie française

"Où est-ce que tu pars en vacances cette année, Ken?
—Je vais en Europe, en France exactement. Je vais vivre dans une famille et suivre un cours intensif de langue et de culture françaises.
—Alors, tu vas en France! Quelle chance tu as! Comme tu vas te régaler:[1] le bon
5 vin rouge, le camembert, les pâtisseries! Dis, en rentrant, tu pourrais me rapporter[2] du parfum."

Ces quelques[3] mots échangés pendant une conversation entre deux jeunes Américains reflètent bien l'idée que beaucoup d'étrangers se font[4] de la France. Qui n'a jamais entendu de telles paroles? Bien sûr, la France, c'est le pays du bon
10 vin, de la baguette croustillante,[5] des trois cents variétés de fromages, le pays des grands parfumeurs et des grandes maisons de couture. Mais ce n'est pas seulement cela. Les Français ont toujours montré de grandes qualités inventives et, surtout depuis 1960, la France connaît un grand essor[6] technologique.

Le talent inventif des Français se résume[7] par le dicton,[8] "Impossible n'est pas
15 français." Les savants français ont obtenu une réputation plus qu'honorable par leurs découvertes: Lavoisier en chimie; Coulomb, Ampère et les Curie en physique; Pasteur et, plus récemment, Lwoff, Jacob et Monod en médecine.*
Parmi les Français qui se sont distingués[9] dans la technologie, mentionnons le philosophe-savant du dix-septième siècle Blaise Pascal qui, à l'âge de dix-huit
20 ans, inventa la première machine à calculer; Etienne Lenoir et Alphonse Beau de Rochas, qui inventèrent le premier moteur à explosion,[10] et Jacques Daguerre,

---

[1]se régaler = manger bien, manger ce qu'on aime
[2]rapporter: *to bring back*
[3]quelques: *(here) few*
[4]se faire = *(here)* avoir

[5]croustillant, -e: *crisp*
[6]l'essor *(m.)* = le développement
[7]se résumer: *to be summed up*

[8]le dicton: *saying*
[9]se distinguer: *to distinguish oneself*
[10]le moteur à explosion: *internal combustion engine*

Nice   Grasse

Nicéphore Niepce et Louis Lumière, qui contribuèrent considérablement au développement de la photographie.*

L'ingéniosité[11] française se manifeste aussi par la débrouillardise — le fameux
25 "Système D" — c'est-à-dire, l'art de trouver la solution d'un problème, technique ou autre, par l'inspiration du moment et avec les moyens du bord.[12] C'est grâce au Système D, par exemple, qu'Auguste Pénaud, inspiré tout simplement par le vol des oiseaux, inventa en 1871 le premier aéroplane français. Un gouvernail[13] placé à l'arrière — à la queue[14] — de l'engin[15] en assurait la stabilité. De moteur?
30 Point. La machine se propulsait[16] comme les oiseaux au moyen d'ailes[17] actionnées[18] par de simples bandes de caoutchouc. Cet aéroplane bizarre réussit tout de même à s'élever dans l'air et vola sur une distance de quarante mètres. En plus, quelques années avant l'essai des frères Wright, Clément Ader construisit une machine propulsée par un moteur à vapeur[19] qui parcourut une distance de
35 trois cents mètres. (Le nom de l'engin d'Ader était *Avion*, d'où la désignation actuelle de tout aéroplane — un avion.)

[11]l'ingéniosité *(f.): ingenuity*
[12]les moyens du bord: *any means at hand*
[13]le gouvernail: *rudder*

[14]la queue: *tail*
[15]l'engin *(m.)* = la machine
[16]se propulser: *to be propelled*

[17]l'aile *(f.): wing*
[18]actionner: *to activate*
[19]le vapeur: *steam*

Mais la France n'est pas seulement le berceau[20] des inventeurs; c'est aussi un des premiers pays de l'Europe du point de vue des réalisations[21] technologiques, en particulier dans le domaine des transports.[22] De nos jours, le train reste
40 le moyen de transport préféré des Français. D'une part,[23] les voyages en avion coûtent très cher et, d'autre part, si l'on part en voiture pendant les jours fériés et les vacances, on risque de se trouver dans les encombrements[24] et les embouteillages. C'est pourquoi la S.N.C.F. (Société Nationale des Chemins de Fer[25] Français) essaie constamment d'améliorer[26] les conditions de voyage. Sa ponctua-
45 lité est légendaire, et ses trains sont parmi les plus rapides du monde grâce à un réseau[27] presque totalement électrifié et à un matériel superbe. Par exemple, *le Mistral** parcourt la distance Paris-Nice à raison de[28] 132 km/h. Des turbotrains relient Paris et la côte normande à une vitesse de 160 km/h, et la S.N.C.F. est en train de développer un aérotrain qui pourra atteindre[29] une
50 vitesse de 300 km/h. L'aérotrain se déplace[30] sur un coussin[31] d'air sans toucher un rail unique. C'est donc l'absence de friction qui permet à ce train d'aller plus vite même que les avions à hélices.[32] De nombreux pays étrangers (y compris les Etats-Unis) ont acheté le nouveau matériel ferroviaire[33] français pour le mettre en service sur leurs propres réseaux. Mentionnons enfin que des métros
55 construits par des ingénieurs français ont été installés à Montréal et à Tokyo.

Depuis quelques mois également, les techniciens français ont développé un système tout à fait révolutionnaire qui va permettre de transporter des icebergs de l'Antarctique dans des pays qui se trouvent à des milliers de kilomètres du Pôle Sud. En effet, certains pays manquent d'eau et en Arabie, par exemple,
60 le système de dessalement[34] de l'eau de mer est extrêmement coûteux,[35] car c'est le seul moyen pour obtenir de l'eau douce[36] dans ce pays. Evidemment le transport d'un iceberg pose d'énormes problèmes, mais les experts français ont finalement trouvé la solution. L'iceberg sera isolé[37] de la chaleur[38] par une technique spéciale et il sera tiré[39] par un grand remorqueur[40] auquel il faudra
65 six ou sept mois pour atteindre l'Arabie. Le transport des icebergs sera sans doute la solution pour beaucoup de pays qui chaque année connaissent les graves problèmes qui résultent d'un manque d'eau.

Mais les progrès techniques et les réalisations technologiques françaises ne suscitent[41] pas toujours des éloges.[42] Deux d'entre eux ont récemment provoqué
70 des discussions, de grands débats et même des manifestations violentes. C'est le cas particulièrement du Super-Phénix, un surgénérateur[43] nucléaire que l'E.D.F. (l'Electricité de France) construit près de Grenoble. Les écologistes français craignent un accident catastrophique pour les régions voisines. Les écologistes

la Normandie

Nice

---

[20]le berceau: *cradle*
[21]la réalisation: *achievement*
[22]le transport: *transportation; transporting*
[23]d'une part: *on the one hand*
[24]l'encombrement (*m.*): *congestion*
[25]le chemin de fer: *railroad*
[26]améliorer: *to improve*
[27]le réseau: *network, line*
[28]à raison de: *at the rate of*

[29]atteindre: *to reach, to attain*
[30]se déplacer = voyager
[31]le coussin: *cushion*
[32]l'hélice (*f.*): *propeller*
[33]ferroviaire: *railroad*
[34]le dessalement: *desalinization, removal of salt*
[35]coûteux, -euse = cher
[36]doux, douce: (*here*) *fresh*

[37]isolé, -e: *isolated*
[38]la chaleur = état de ce qui est chaud
[39]tirer: *to pull, to draw*
[40]le remorqueur: *barge*
[41]susciter: *to cause, to call forth*
[42]l'éloge (*m.*): *praise*
[43]le surgénérateur: *supergenerator*

75 américains connaissent également les débats qu'a suscités le supersonique franco-britannique, Concorde. Si cette grande réalisation de l'industrie aéronautique française permet de réduire[44] les distances par sa vitesse de Mach 2, elle pose le problème du bruit, une des plus grandes nuisances de notre époque. Elle remet aussi en question le grave problème de la pollution stratosphérique. En plus, elle est très coûteuse et risque de créer d'énormes déficits à la ligne
80 nationale, Air France, des déficits que les finances publiques devront combler.[45]

Quoi qu'il en soit,[46] la technologie française progresse de plus en plus et entre maintenant en compétition avec les autres pays industriels du monde. Il est donc probable que l'image traditionnelle de la France changera pour les générations futures.

Notes culturelles

Lavoisier en chimie . . . Monod en médecine: Antoine de Lavoisier (1743–1794), dit le père de la chimie moderne, étudia la composition de l'air et découvrit le rôle de l'oxygène dans les combustions et dans la respiration. On lui doit la nomenclature chimique. Charles de Coulomb (1736–1806) et André Ampère (1775–1836) contribuèrent à nos connaissances sur l'électricité et l'électromagnétisme. Leurs contributions ont été commémorées par des unités ("units") électriques qui portent leurs noms. Pierre Curie (1859–1906) et Marie Curie (1867–1934) découvrirent le radium. Ils reçurent le Prix Nobel de physique en 1903; Madame Curie reçut le Prix Nobel de chimie en 1911. Leur fille, Irène Joliot-Curie (1897–1956), et son mari, Frédéric Joliot-Curie (1900–1958), démontrèrent l'existence du neutron et découvrirent la radioactivité artificielle. Ils reçurent le Prix Nobel de chimie en 1935, et Frédéric fut le premier haut-commissaire à l'Energie atomique (1946–1950). Louis Pasteur (1822–1895) démontra que les fermentations étaient dues à l'action de micro-organismes et inventa une méthode de conservation des bières—la pasteurisation. Il étudia la maladie des vers à soie et réalisa des vaccins contre le charbon ("anthrax") et la rage ("rabies"). Il créa la science de la microbiologie. Le célèbre Institut Pasteur, établi en 1888, poursuit son œuvre dans le domaine des sciences biologiques. André Lwoff (1902–   ), François Jacob (1920–   ) et Jacques Monod (1910–1976) reçurent le Prix Nobel de physiologie et médecine en 1965 pour leur travail dans le domaine de la biologie moléculaire. Ils ont fait leurs recherches à l'Institut Pasteur, dont Monod fut le directeur général de 1971 jusqu'à sa mort.

Blaise Pascal . . . la photographie: C'est à Blaise Pascal (1623–1662), grand mathématicien et physicien, que l'on doit la loi de la pression ("pressure") atmosphérique, la théorie des probabilités et la presse hydraulique. Alphonse Beau de Rochas (1815–1893) conçut le cycle du moteur à quatre temps ("four-cycle motor") et Etienne Lenoir (1822–1900) prit le premier brevet ("patent") de moteur à explosion en 1860. Jacques Daguerre (1787–1851) perfectionna l'invention de la photographie, dont Niepce (1765–1833) avait été l'inventeur.

Douzième
Leçon

[44]réduire: *to reduce*
[45]combler: *to make up*

[46]quoi qu'il en soit: *whatever the case*

Gare de Lyon, Paris

Il obtint les premiers "daguerréotypes" en 1838. Louis Lumière (1864–1948) et son frère Auguste (1862–1954) inventèrent le cinématographe — c'est-à-dire, la caméra — en 1895. Ils écrivirent de nombreuses œuvres sur la photographie en couleurs.

le Mistral: Ce train célèbre comprend même un wagon-boutique, un salon de coiffure et un wagon-restaurant qui sert de la grande cuisine. Parmi les trains français particulièrement notables, on compte *le Train Bleu,* qui est le train de nuit entre Paris et la Côte d'Azur, *le Capitole* (Paris-Toulouse) et *l'Aquitaine* (Paris-Bordeaux).

A propos ...

1. A quoi pensent la plupart des gens quand on dit "la France"? A quoi pensez-vous?   2. Choisissez un des savants mentionnés dans le troisième paragraphe et parlez un peu de ce qu'il a fait.   3. Qu'est-ce que c'est que le "Système D"?
4. Qui était Clément Ader? Qu'a-t-il fait?   5. Pourquoi les trains de la S.N.C.F. sont-ils si célèbres?   6. Expliquez comment on va transporter des icebergs en Arabie. Pourquoi veut-on le faire?   7. Qu'est-ce que c'est que le Super-Phénix? Et le Concorde? Pourquoi ces réalisations ont-elles suscité des débats et des manifestations? Que pensez-vous de telles réalisations? Croyez-vous que les progrès vaillent les maux qui peuvent en résulter?   8. "Impossible n'est pas français" ou, si vous voulez, "vouloir, c'est pouvoir." Discutez de ces proverbes et donnez-en des exemples.

EXPLICATIONS II

Le passif avec de et par

VOCABULAIRE

détester *to hate, to detest*   respecter *to respect*

1. You are already familiar with the use of the preposition *par* to express the agent in passive constructions:

   Le raisin a été **cueilli par les vendangeurs.**
   *The grapes were **picked by the grape harvesters.***

2. *Par* is generally used to express the agent, particularly when the verb refers to an action rather than to a state or condition. Compare the following:

   La ville est **entourée par les soldats.**
   *The city is **surrounded by the soldiers.***

   La ville est **entourée de montagnes.**
   *The city is **surrounded by mountains.***

   Note that in the first sentence *entourer* refers to an action, and the agents are clear (*les soldats*). In the second sentence, *entourer* refers to a state, and *montagnes* is not a clear agent.

3. *De* is used with the following types of verbs, most of which refer to states or conditions rather than to actions:

   Verbs of judgment: *admirer, aimer, connaître, craindre, détester, préférer, respecter*
   Verbs of sensation: *entendre, voir*
   Verbs implying accompaniment or limitation: *accompagner, couvrir, entourer, remplir, suivre*

   Note, however, that even for verbs that often use *de* to introduce the agent, a distinction is possible between *de* and *par*:

   La voiture a été **couverte de feuilles.**
   *The car was **covered with leaves.***

   La voiture a été **couverte par le garagiste.**
   *The car was **covered by the garage owner.***

Exercices

A. Refaites chacune des phrases en employant une construction active. Attention au temps du verbe! Suivez le modèle.

1. *Le Mur* a été écrit par Jean-Paul Sartre.
   Jean-Paul Sartre a écrit Le Mur.

2. Les vignes sont soignées par les vendangeurs.
3. L'alliance a été rompue par le roi de France.
4. Les bateaux à voiles seront poussés par le vent.

---

5. Cette sculpture a été faite par un sculpteur célèbre.
6. Les pièces ont été montées par les étudiants.
7. La région sera explorée par les voyageurs.
8. Le raisin est jugé par le viticulteur.
9. Les portraits ont été dessinés par Renoir.
10. Le cassoulet sera préparé par le chef lui-même.

B. Refaites les phrases en employant une construction passive. Suivez le modèle.

1. Tous les soldats admiraient le duc.
   Le duc était admiré de tous les soldats.

2. Tous les marchands craignaient son chien.
3. Tous les vendangeurs connaissaient le viticulteur et sa femme.
4. Les gourmets aiment la grande cuisine.
5. Certains employés respectent son goût.
6. Tous les spectateurs admiraient les arcs-en-ciel.
7. Les flâneurs préfèrent ces endroits.
8. Quelques-uns des habitants ne connaissent pas ces recoins-là.
9. Tous les rois européens craignaient la révolution.

C. Complétez les phrases en employant le mot qui convient, *de* ou *par*.

1. Les verres seront bientôt remplis _____ une boisson que vous n'avez jamais dégustée.
2. Les explications sont toujours suivis _____ plusieurs exercices.
3. Le fauteuil de papa a été couvert _____ ses peintres.
4. La vedette était entourée _____ ses fanas.
5. Cet excellent ragoût a été accompagné _____ un vin.
6. Le rôti de porc était entouré _____ légumes.
7. Avant que nous nous asseyions, les verres à eau seront remplis _____ ce garçon.
8. Le seau est tout à fait couvert _____ sable.
9. Les danseurs de la classe de deuxième seront suivis _____ notre proviseur.
10. Sa peau était couverte _____ un médicament.

Vérifiez vos progrès

Refaites chacune des phrases en employant une construction passive. Attention au temps du verbe et à l'accord du participe passé. Suivez le modèle.

1. Sophie a fait le pain d'épice.
   Le pain d'épice a été fait par Sophie.

2. Les nuages couvraient le ciel.
3. Les peintres ont enlevé les rideaux et les tapis.
4. Les vendangeurs respectent le viticulteur.
5. Tous les enfants connaissent ce jeu.
6. Son père a jeté les peaux.
7. Ma mère m'accompagnera.
8. Tous les élèves craignent le proviseur.
9. L'industrie alimentaire a rendu Dijon célèbre.

10. Un grand spectacle suivra le dîner.
11. Cet enfant-là a mis les pierres dans le seau.

Parlons de vous

1. Est-ce que vous avez participé à une récolte? Où donc? Racontez ce que vous avez fait.   2. Est-ce que vos grands-parents vivent toujours? Si oui, est-ce qu'ils habitent près de chez vous? Faisiez-vous des excursions avec eux pendant votre enfance? Où est-ce que vous êtes allés?   3. Parlez un peu de votre enfance. Décrivez votre famille. Parlez des bêtes que vous aviez, de vos passe-temps préférés, des jeux auxquels vous aimiez participer. C'était une enfance heureuse?   4. Et vos propres enfants, quelle sorte d'enfance voulez-vous qu'ils aient? une enfance comme la vôtre ou différente de la vôtre? En quoi sera-t-elle différente?

THÈME

Etudiez le paragraphe suivant. Puis, en l'employant comme modèle, mettez le paragraphe anglais en français.

Modèle: C'est la saison des vacances et les Béjart assistent à un concert au Palais des Papes ("popes") à Avignon. Les Béjart ont vécu à Avignon il y a quelques années, et ils font des efforts pour y retourner chaque année afin d'assister au célèbre festival. Ce soir, après le concert, les Béjart décident de se promener un peu. Il est neuf heures du soir et ils n'ont pas encore dîné, mais bien qu'ils commencent à avoir faim, ils continuent leur promenade jusqu'au sommet d'une belle colline pas loin du palais. De là, ils peuvent voir le pont St-Bénézet, connu de tout le monde par la belle chanson folklorique, "Sur le pont d'Avignon." Après quelques moments, Mme Béjart demande de partir pour qu'ils ne soient pas en retard pour le dîner. Alors, ils redescendent la longue rue étroite. Juste avant dix heures ils entrent dans le restaurant où ils ont retenu une table et où ils sont accueillis par la restauratrice, une amie de très longue date.

Thème: It's the season of grape harvests, and the Naulets are following the Route du Vin in Burgundy. They have lived in the Dijon area for twenty years, and they count on making this automobile trip every autumn. Therefore, they don't risk getting lost even though they have neither guidebook nor road map. This year, the Naulets have decided to visit M. Longet, a winegrower whom they have known since childhood. Provided it isn't too late when they arrive at his vineyard, they know that he will want them to sample some of his better vintages. The sky is covered with black clouds and, although it is rather cool out, the grape pickers continue to work in the fields. Almost all the wicker baskets are filled with grapes, and they hope to finish their work before it rains.

Le Palais des Papes

Avignon

AUTO-TEST

A. Ecrivez les phrases au présent et au futur. Suivez le modèle.

1. Nous avons vécu près de la mer.
   Nous vivons près de la mer. Nous vivrons près de la mer.

2. Les chiens m'ont suivi partout.
3. Elle a poursuivi ses études à la faculté de droit.
4. Tu as vécu dans la région parisienne?
5. Avez-vous suivi la même route?
6. L'agent de police a poursuivi ces deux types jusqu'au bout de la rue.
7. J'ai vécu avec mes grands-parents.

B. Complétez chaque phrase en employant la conjonction qui convient.

1. Nous voulons nettoyer le salon *(avant que, qui que, quoi que)* nos amis arrivent.
2. Elles nous donneront les clefs *(jusqu'à ce que, pour que, sans que)* nous les leur demandions.
3. Je demeurerai ici *(à condition que, bien que, pourvu que)* je sache depuis longtemps que je risque d'être tué.
4. Vous parlez très bien le français, *(afin que, à moins que, quoi que)* vous disiez.
5. *(A moins que, Où que, Sans que)* tu ailles, nous ne t'oublierons jamais.
6. Vous pouvez rester ici *(à condition qu', à moins qu', de crainte qu')* il y ait une chambre libre.
7. Nous partons de bonne heure *(afin que, quoique, sans que)* nous puissions arriver à Dijon avant le coucher du soleil.
8. *(De peur qu', Quoi qu', Quoiqu')* il dise, n'y fais pas attention!
9. *(A moins que, Bien que, Pourvu que)* tu achètes les billets aujourd'hui, nous ne pourrons pas assister au concert.

C. Répondez aux questions en employant la construction passive et les indications entre parenthèses. Suivez les modèles.

1. Qui déteste ces pâtisseries? (tous les enfants)
   Ces pâtisseries sont détestées de tous les enfants.
2. Qui a construit cet immeuble? (mon oncle)
   Cet immeuble a été construit par mon oncle.

3. Qui admire ces tableaux modernes? (presque tout le monde)
4. Qui a écrit ces comédies? (Molière)
5. Qui a entendu ce bruit? (M. Duclos)
6. Qui a vu l'arc-en-ciel? (presque tous les habitants de la ville)
7. Qui accompagne Mme Latour? (quelques voisins)
8. Qui craint l'eau? (ceux qui ne savent pas nager)
9. Qui aimait le professeur de chimie? (tous ses élèves)

COMPOSITION

Ecrivez une composition sur la vie que vous espérez offrir à vos propres enfants.
Décrivez en même temps le monde de l'an 2000.

Agadir, Maroc

Montmorillon (Poitou)   Auray (Bretagne)

Treizième Leçon

La classe de géographie

Monsieur Marigny, professeur de géographie, est bien aimé de la plupart de
ses élèves. Il a la réputation d'être sympathique mais parfois un peu distrait.
En vérité, il faut dire qu'il la mérite. Aujourd'hui, par exemple, dans la classe
de première,* on commence l'étude des départements français d'outre-mer. Mon-
5   sieur Marigny décide de présenter le sujet d'une manière tout à fait différente.

M. MARIGNY   Ce matin je voudrais commencer en vous posant une devinette.
              Tout le monde est prêt?

LES ÉLÈVES   Oui, monsieur.

M. MARIGNY   Je pense à une région française où l'industrie la plus importante
10   est la pêche . . .

LES ÉLÈVES   { C'est la Normandie!
              { C'est la Bretagne!
              { La région autour de La Rochelle!
              { C'est la région marseillaise!

15 M. MARIGNY Voyons, attendez que je finisse la description! Cette région se
              trouve assez loin de la Normandie et de la Bretagne. Elle a pourtant
              été fréquentée des marins et des pêcheurs normands et bretons
              (il y a longtemps, bien entendu!). Il s'agit d'un endroit qui a
              moins de 6.000 habitants.

20 UN ÉLÈVE   Ça doit être tout petit!

M. MARIGNY   Oui, c'est un petit archipel.

UNE ÉLÈVE   Mais où est-ce qu'on trouve un archipel qui soit loin de la Nor-
              mandie et de la Bretagne mais qui soit à la fois en France?

M. MARIGNY   C'est à vous de me le dire. Mais je me demande si j'ai dit que
25   cette région se trouvait en France.

UNE ÉLÈVE   Il s'agit donc d'un territoire d'outre-mer!

M. MARIGNY   Bravo! Vous êtes sur la bonne piste! Mais c'est un département.
              Qui peut deviner la région dont je parle?

UN ÉLÈVE   Est-ce que cet archipel se trouve au sud de la Terre-Neuve?

30 M. MARIGNY Oui. Mais maintenant c'est vous qui posez la devinette! Voulez-
              vous me dire le nom de ce département?

UN ÉLÈVE   Je suppose que vous parlez de Saint-Pierre-et-Miquelon.*

M. MARIGNY   Très bien! Très bien!

UNE ÉLÈVE   Mais, monsieur, vous nous avez dit lundi que vous alliez nous
35   parler de Saint-Pierre-et-Miquelon ce matin.

M. MARIGNY	Et je ne vous ai pas menti, vous voyez. Nous avons bien commencé notre discussion, non? Et qui peut citer des îles qui, à l'époque coloniale, appartenaient à la France?
UNE ÉLÈVE	Eh bien, il y avait l'Ile Maurice,* Haïti et Madagascar.
40 UN ÉLÈVE	N'oubliez pas la Réunion et . . .
M. MARIGNY	Ah! mais j'ai dit "appartenaient." Jadis. La Réunion appartient toujours à la France, n'est-ce pas? En fait, c'est une vraie partie de la France, car c'est un département d'outre-mer comme la Martinique, la Guadeloupe et Saint-Pierre-et-Miquelon.

Notes culturelles

la classe de première: En France, l'enseignement secondaire comprend sept ans d'études divisés en deux cycles. En général, les élèves commencent le premier cycle à l'âge de onze ou douze ans. Ce cycle (les classes de sixième, cinquième, quatrième et troisième) dure quatre ans. On suit ce cycle dans un collège, qui correspond plus ou moins au "junior high" ou "middle school." Un collégien ou collégienne qui arrête ses études après la classe de troisième doit réussir à un examen qu'on appelle le "brevet d'études du premier cycle" (B.E.P.C.). Les autres entrent dans le second cycle, qui dure trois ans et dont les classes s'appellent seconde, première et terminale. Ce deuxième cycle est pour ceux qui espèrent poursuivre leurs études au niveau universitaire. En terminale on prépare le baccalauréat—le bac—un examen national extrêmement difficile auquel il faut réussir afin d'entrer dans une université ou dans une des Grandes Ecoles. (Il faut ajouter que ceux qui ne réussissent pas au brevet ou qui ne comptent pas aller à l'université peuvent être admis, après la classe de troisième, dans une école technique ou commerciale. On peut également entrer en apprentissage.)

Saint-Pierre-et-Miquelon: Ce département français en Amérique du Nord comprend un archipel de huit petites îles. Déjà au seizième siècle ces îles étaient fréquentées par des pêcheurs français, et le premier fort français y fut installé vers 1670. Aujourd'hui la pêche de la morue y est la principale industrie. On y élève aussi des visons et des renards argentés.

l'Ile Maurice: Cette île, qui s'appelait Ile de France, est située dans l'Océan Indien au nord-est de la Réunion. C'est aujourd'hui un pays indépendant. Française de 1715 à 1814, elle appartenait à l'Angleterre jusqu'à 1968 et est maintenant un membre du Commonwealth. En anglais, on l'appelle "Mauritius."

Questionnaire

1. Qui est M. Marigny? Quelle sorte de réputation a-t-il? 2. De quoi discute-t-on dans la classe de première aujourd'hui? Comment le professeur décide-t-il de présenter le sujet? 3. Citez quelques-unes des régions de la France où l'on trouve un grand nombre de pêcheurs. 4. Comment les élèves de la classe de géographie ont-ils pu deviner le sujet des questions du professeur? Est-ce que celui-ci mérite sa réputation d'homme distrait? 5. Après avoir lu le dialogue et la deuxième note culturelle, qu'est-ce que vous savez au sujet de Saint-Pierre-et-Miquelon? 6. Quelles autres îles appartenaient à la France? 7. Et vous,

Treizième
Leçon

avez-vous visité cet archipel? Avez-vous visité d'autres îles? Si oui, lesquelles? Décrivez-les. 8. Beaucoup de grandes villes se sont établies à l'origine sur des îles ou des péninsules. Pouvez-vous en citer quelques-unes? Savez-vous pourquoi elles s'y sont établies? Sinon, pouvez-vous deviner pourquoi?

GLOSSAIRE

NOMS

l'archipel *m.* archipelago, group of islands
l'argent *m.* silver
le brevet brevet, final exam after collège
le collège collège, junior high or middle school
le collégien, la collégienne student in a collège
le cycle cycle, stage
la description description
la devinette guessing game, riddle

la discussion discussion
le fort fort
le mensonge lie
la morue cod
la pêche fishing
le pêcheur, la pêcheuse fisherman, person fishing
le renard fox
la Terre-Neuve Newfoundland
la vérité truth
le vison mink

Quimper (Bretagne)

VERBES

admettre to admit, to let in[1]
deviner to guess
fréquenter to frequent, to go often to
mentir to lie[2]

mériter to deserve
pêcher to fish
supposer to suppose[3]

ADJECTIFS

admis, -e admitted
argenté, -e silver, silver-colored
breton, -ne Breton, of or from Brittany
colonial, -e colonial
général, -e general

normand, -e Norman, of or from Normandy
second, -e second
sympathique likable, nice
terminal, -e final
universitaire university

MOTS-OUTILS ET EXPRESSIONS

bravo! splendid!
en général in general
en vérité in truth, in fact
extrêmement extremely, very

outre beyond
outre-mer overseas
parfois sometimes
tout very, entirely

---

[1]*Admettre is conjugated like* mettre.
[2]*Mentir is a simple -ir verb and is conjugated like* dormir.
[3]*Like* croire, penser, *etc., when* supposer *is in the negative or interrogative it is followed by the subjunctive:* Je suppose qu'il sera admis, *but:* Je ne suppose pas qu'il soit admis; Supposez-vous qu'elle soit admise?

Etude de mots

Synonymes: Les mots et les expressions suivants sont des synonymes. Employez-en chacun dans une phrase.

1. fréquenter   aller souvent à
2. admettre   laisser entrer   recevoir   accueillir
3. sympathique   aimable   agréable
4. parfois   quelquefois   de temps en temps
5. au delà de   outre

Antonymes: Les antonymes *la vérité* et *le mensonge* font partie de plusieurs expressions et citations célèbres. Par exemple, reconnaissez-vous celle-ci: "Jurez de dire la vérité, toute la vérité, rien que la vérité"? Il y a aussi le proverbe qui dit: "La vérité sort de la bouche des enfants."

Le célèbre poète et diplomate Alphonse de Lamartine (1790–1869) a écrit: "Le mensonge m'a toujours été . . . impossible." Anatole France (1844–1924), auteur du *Crime de Sylvestre Bonnard*, de *l'Ile des pingouins* et du *Livre de mon ami*, qui a reçu le prix Nobel de littérature (1921), a écrit: "La vérité passe[1] la renommée." Et Jean-Jacques Rousseau (1712–1778) a commencé sa longue œuvre autobiographique, *Les Confessions,* avec ces mots-ci: "Je forme une entreprise[2] qui n'eut jamais d'exemple et dont l'exécution n'aura point d'imitateur. Je veux montrer à mes semblables[3] un homme dans toute la vérité de la nature; et cet homme sera moi." Dans sa courte introduction à ses *Confessions* Rousseau a écrit: "Voici le seul portrait d'homme, peint exactement d'après nature et dans toute sa vérité, qui existe et qui probablement existera jamais." Jean-Jacques Rousseau, comme vous le voyez, croyait que lui seul connaissait bien la vérité, tandis que les autres n'essayaient même pas de la découvrir.

---

[1]C'est-à-dire, "vaut mieux que."   [3]C'est-à-dire, "aux autres; à ceux qui me ressemblent."
[2]C'est-à-dire, "je compte faire."

Cour du lycée Henri IV

Mots associés: Les mots et les expressions dans chaque groupe sont associés.
Faites des phrases en employant chacun d'entre eux.

1. deviner   la devinette
2. décrire   la description
3. discuter de   la discussion
4. pêcher   la pêche   le pêcheur, la pêcheuse
5. mentir   le mensonge
6. terminer   terminal, -e
7. la colonie   colonial, -e
8. l'université   universitaire
9. l'argent   argenté, -e
10. le collège   le collégien, la collégienne

Mots à plusieurs sens: Complétez les phrases en employant
le même mot pour chaque groupe.

1. *(a)* Le campeur qui voudrait du poisson pour son dîner
    doit se passionner pour la _____.
   (b) Je n'aime ni les poires ni les abricots, mais j'adore les _____.
2. *(a)* Après que tu auras donné l'_____ à la caissière, elle emballera tes paquets
    et elle te les rendra avec ta monnaie.
   (b) Chez la duchesse on emploie toujours de la vaisselle d'_____.

Agadir, Maroc

Mots à ne pas confondre: Faites attention!

1. *Le poisson* est ce qu'on prend—ou espère prendre—quand on *pêche. La pêche*
   est un métier et un passe-temps extrêmement répandu dans le monde.
2. On emploie l'expression *à l'étranger* pour parler de tout pays autre que celui
   où l'on se trouve. On n'emploie l'expression *outre-mer* qu'en parlant d'un
   endroit au delà d'une mer.
3. *Deuxième* et *second* signifient tous les deux, en anglais, "second." On peut se
   servir de l'un ou de l'autre pour parler de quelque chose qui vient après une
   autre chose de la même sorte. Cependant, on emploie plutôt *second* quand
   il n'y a que deux choses: *la seconde moitié, le Second Empire, un billet de seconde
   classe, un article de second choix.* Notez que le *c* se prononce comme [g]: [səgɔ̃].

EXPLICATIONS I

Le subjonctif dans les propositions subordonnées: le doute

1. Look at the following pairs of sentences:

Je cherche **l'homme qui sait**
   la vérité.

Il y a **un pêcheur qui connaît**
   mieux la rivière.

Je cherche **un homme qui sache**
   la vérité.

Y a-t-il **un pêcheur qui connaisse**
   mieux la rivière?

The relative clause in the first sentence of each pair is in the indicative, because the antecedent in both cases definitely exists (there *is* a man who knows
the truth; there *is* a fisherman who knows the river better). The relative clause

in the second sentence of each pair is in the subjunctive, because the antecedent in both cases is indefinite or may not even exist (there *may be no one* who knows the truth; there *may be no fisherman* who knows the river better).

2. Doubt or uncertainty about the existence of the antecedent is often found in negative or interrogative expressions involving the following verbs: *connaître, trouver, exister, il y a,* and *avoir:*

Connais-tu quelqu'un qui puisse nous aider?	*Do you know anyone who can help us?*
Existe-t-il un sentier qui soit moins étroit?	*Is there a path that is less narrow?*
Il n'y a pas d'élève qui sache la réponse.	*There isn't a student who knows the answer.*
Avez-vous un ami qui veuille nous accompagner?	*Do you have a friend who wants to come with us?*

3. Certain other verbs or expressions of wishing and wanting may also take the subjunctive in the relative clause where there is doubt about the existence or attainability of the antecedent: *avoir besoin de, avoir envie de, chercher, vouloir:*

Ils cherchent un mécanicien qui sache réparer la voiture.	*They're looking for a mechanic who will know how to repair the car.*
J'ai besoin de quelqu'un qui puisse me renseigner.	*I need someone who can give me information.*

Exercices

A. Posez des questions d'après les réponses données. Employez le subjonctif. Suivez le modèle.

1. Je connais des collégiens qui veulent passer leurs vacances en Provence.
   Connais-tu des collégiens qui veuillent passer leurs vacances en Provence?

2. Il existe des gens qui mentent tous les jours.
3. Elles ont un ami qui est également distrait.
4. Il y a un cycle d'enseignement qui comprend quatre ans d'études.
5. Il existe un homme qui sait répondre à cette devinette.
6. Elle connaît quelqu'un qui n'a pas peur de la vérité.
7. Il y a un archipel qui ne compte pas la pêche parmi ses industries principales.
8. Il existe un fort à Terre-Neuve qui mérite d'être visité.
9. Tu as un camarade qui reconnaît toutes ses fautes.
10. Nous connaissons un étudiant qui poursuit ses études en France.

B. Refaites les phrases au négatif. Suivez le modèle.

1. Il existe des îles qui sont plus belles.
   Il n'existe pas d'îles qui soient plus belles.

2. Il y a des manteaux de vison qui coûtent moins cher.
3. Il connaît des gens qui fréquentent cette boîte de nuit.
4. Il y a quelqu'un qui prend de la morue.

5. Il existe des apprentis qui ont beaucoup de talent.
6. Je connais un pêcheur qui vit dans la région côtière.
7. Il y a des couples qui sont mieux assortis.
8. Il existe des penseurs qui expriment mieux leurs théories.
9. Il y a un prix qui est plus recherché.

C. Refaites les phrases en mettant les verbes entre parenthèses au subjonctif.
Suivez le modèle.

1. Nous voudrions une chambre qui *(être)* plus claire.
   Nous voudrions une chambre qui soit plus claire.

2. Elle cherche un collège qui *(admettre)* les élèves étrangers.
3. J'ai besoin d'un médicament qui *(pouvoir)* me guérir.
4. Ils veulent trouver quelqu'un qui *(traduire)* de l'anglais en français.
5. Nous cherchons un metteur en scène qui *(valoir)* ces deux cents mille francs.
6. Il voudrait se présenter à quelqu'un qui *(faire)* partie de l'équipe de football.
7. Je cherche quelqu'un qui *(revenir)* ce soir.
8. Elle a besoin d'une cuisinière qui *(savoir)* faire de la grande cuisine.
9. Nous espérons trouver une voiture qui *(ne pas être)* si élégante.

A vous. Vous êtes en vacances à Point-à-Pitre. Vous vous perdez dans les rues. Demandez à l'agent de vous aider à retrouver votre hôtel.

Point-à-Pitre, Guadeloupe

Vérifiez vos progrès

Refaites les phrases en mettant les verbes entre parenthèses à la forme qui convient: l'indicatif ou le subjonctif. Suivez le modèle.

1. Je cherche un collège qui *(ne pas être)* trop loin d'ici.
   Je cherche un collège qui ne soit pas trop loin d'ici.

2. Il y a quelqu'un qui *(rompre)* le silence.
3. Il ne connaît aucun touriste qui *(ressentir)* les effets du climat.
4. Il n'y a rien qui lui *(faire)* plaisir.
5. Nous cherchons le seau qui *(appartenir)* à ce petit enfant.
6. Ils ont besoin d'un plombier qui *(savoir)* réparer l'évier.
7. Nous avons envie de trouver un marchand qui *(vendre)* des manteaux de renard argenté.
8. Y a-t-il quelqu'un ici qui *(pouvoir)* deviner la réponse?
9. Connaît-elle le chemin qui *(mener)* au fort?
10. Il n'existe pas d'endroit qui *(convenir)* mieux à la pêche.

LECTURE

Toussaint Louverture: Fondateur[1] de la nation haïtienne

Autrefois, certains pays européens, dont l'Angleterre et la France en particulier, possédaient[2] de nombreuses colonies. Au cours des siècles, ces colonies européennes devinrent des états indépendants et les empires coloniaux disparurent.[3] Chacun sait que la lutte[4] d'un peuple[5] pour sa liberté et pour son indépendance ne se fait pas sans peine. Aussi, un peuple ne lutte pas pour son indépendance que lorsqu'il y a une personne, douée à la fois de courage et de sagesse[6] extraordinaires, qui réussit à mobiliser les forces morales d'un peuple. Cette personne était, pour Haïti, Toussaint Louverture.

Parlons d'abord de l'histoire de ce pays qui partage[7] avec la République Dominicaine une des grandes îles de l'archipel des Antilles située à l'entrée du Golfe du Mexique. Christophe Colomb fut le premier Européen à arriver dans cette île, qu'il appela Isla Española, "l'Ile espagnole" (aujourd'hui, Hispaniola), en 1492. Petit à petit les Espagnols vinrent dans l'île pour exploiter ses richesses[8]— l'or,[9] surtout. Les Indiens arawaks qui habitaient Hispaniola furent mal traités.[10] Pour réduire[11] la souffrance[12] des Indiens devenus esclaves,[13] un moine[14] espagnol, Las Casas, proposa d'importer des esclaves africains achetés sur la Côte de la Guinée (c'est ainsi que s'appelait alors la côte occidentale de l'Afrique). Ceux-ci furent mis à la place des Indiens dans les plantations de sucre établies dans l'île. Grâce à la traite[15] des Noirs,* Hispaniola devint une colonie très riche.

[1]le fondateur, la fondatrice: *founder*
[2]posséder = avoir
[3]disparaître: *to disappear*
[4]la lutte: *struggle, fight*
[5]le peuple = les membres d'une société ou d'une culture
[6]la sagesse: *wisdom*
[7]partager: *to share*
[8]la richesse: *wealth;* (pl.) *riches*
[9]l'or (m.): *gold*
[10]traiter: *to treat*
[11]réduire: *to reduce*
[12]la souffrance: *suffering*
[13]l'esclave (m.&f.): *slave*
[14]le moine: *monk*
[15]la traite: *slave trade*

Port-au-Prince, Haïti

20   Hispaniola servait aussi de lieu de réunion aux flibustiers,* des Français en particulier, qui, de leur base sur l'Ile de la Tortue au nord-ouest d'Hispaniola,
attaquaient les navires[16] espagnols remplis d'or et d'argent. Bientôt les Français
s'établirent dans la partie ouest de l'île (ce qui est aujourd'hui Haïti). En 1697
la France prit officiellement possession de ce territoire et lui donna le nom
25   de Saint-Domingue.

Les Français imitèrent[17] les Espagnols et installèrent le système des grandes
plantations de sucre, de café, d'indigo, etc. Parce que les premiers blancs qu'ils
recrutèrent[18] en France ne purent supporter[19] le lourd travail et le climat
sous-tropical, les planteurs commencèrent à importer des esclaves noirs. Très
30   vite, par ce système économique cruel, Saint-Domingue devint la plus riche
des colonies européennes au Nouveau Monde. La distribution des produits
tropicaux en Europe et la traite des esclaves enrichirent les marchands des ports
de la Manche et de l'Atlantique. Au dix-huitième siècle Saint-Domingue méritait
bien sa réputation de "Perle[20] des Antilles."

35   Quand la Révolution commença en France en 1789, ses conséquences furent
vite ressenties dans la colonie. Elle apporta des idées subversives à l'égard de[21]
l'ordre établi. Les esclaves croyaient que le gouvernement révolutionnaire
romprait leurs lourdes chaînes. Les affranchis[22] espéraient obtenir l'égalité avec
les blancs. En plus, les Anglais et les Espagnols voyaient dans cette situation
40   une belle occasion de s'emparer d'un[23] riche territoire. L'Angleterre voulait
s'assurer du contrôle de toutes les îles des Antilles, et l'Espagne voulait reprendre la partie occidentale d'Hispaniola qu'elle avait dû céder[24] à la France
à la fin du siècle précédent. Il y eut, en effet, une alliance entre les nations
européennes pour lutter contre le gouvernement révolutionnaire de Paris. Elles
45   craignaient les idées subversives de la Révolution et la force militaire du plus
puissant pays de l'Europe.

[16]le navire: *ship*
[17]imiter: *to imitate*
[18]recruter: *to recruit*
[19]supporter: *to withstand*
[20]la perle: *pearl*
[21]à l'égard de: *with regard to*
[22]l'affranchi, -e: *freed person*
[23]s'emparer de: *to seize*
[24]céder: *to transfer, to turn (sth.) over*

C'est alors qu'apparut[25] Toussaint Louverture, l'un des trois grands héros de l'indépendance haïtienne.* Né en 1743, Toussaint de Bréda, dit Louverture, était un ancien esclave auquel son maître, reconnaissant sa grande intelligence,
50 avait donné de l'instruction. Le père de Toussaint avait été guérisseur sur la plantation Bréda. Il avait en conséquence une certaine autorité sur les autres esclaves. Toussaint, qui s'attira l'estime[26] de son maître, devint enfin le régisseur[27] de la plantation. Sa carrière militaire commença quand il avait 45 ans. Neuf ans plus tard, Toussaint commandait une force de 4.000 anciens esclaves. Tous-
55 saint luttait pour la fin de l'esclavage[28] et l'égalité de tous les habitants de Saint-Domingue—blancs, noirs et mulâtres.[29] Il établit d'abord une alliance avec les Espagnols pour lutter contre les grands planteurs. Puis, lorsque le gouvernement révolutionnaire déclara l'abolition de l'esclavage en 1794, il aida les troupes de la Révolution à chasser[30] les Anglais et les Espagnols de Saint-Domingue. Bientôt
60 Toussaint, excellent chef militaire et diplomate, se trouva à la tête des forces révolutionnaires et il fut nommé général en chef de la colonie.

En 1793, suivant l'exemple de la déclaration des Droits de l'Homme de 1789 (voir à la page 102), Toussaint avait publié un manifeste[31] adressé aux esclaves: "Je suis Toussaint Louverture . . . Je veux que la liberté et l'égalité règnent[32]
65 à Saint-Domingue. Je travaille à les faire exister . . . Unissez-vous à[33] nous, frères, et combattez avec nous pour la même cause." Plus tard, le chef noir écrivit à Bonaparte pour lui présenter la nouvelle constitution de la colonie: Sa lettre commença ainsi: "Le premier des Noirs au premier des Blancs." Mais pour Napoléon, qui portait à cette époque le titre de Premier Consul, l'intérêt[34] éco-
70 nomique de la bourgeoisie française était plus important que l'intérêt des habitants de Saint-Domingue. Sollicité[35] par les anciens propriétaires[36] de plantations et par les marchands de la métropole,[37] Bonaparte refusa la constitution de Tous-saint. Il voulait aussi s'assurer d'une base militaire pour défendre la Louisiane, qui appartenait encore à la France.

75 En 1802 Bonaparte envoya une formidable expédition militaire pour reprendre la colonie. Plutôt que de se rendre,[38] Toussaint commanda à ses soldats de brûler la ville du Cap Français (aujourd'hui, le Cap Haïtien), la capitale, avant son occupation par les forces françaises. Pourtant, après de violents combats, Tous-saint dut se rendre au Général Leclerc, commandant des troupes de la métropole.
80 Le "premier des Noirs" fut emmené en France et emprisonné au fort de Joux, près de la frontière suisse entre Lausanne et Besançon. Il y mourut en 1803. Sur le navire qui l'emmenait loin de sa terre natale, Toussaint déclara: "En me renversant,[39] on n'a abattu[40] à Saint-Domingue que le tronc d'arbre[41] de la liberté

[25]apparaître: *to appear*
[26]l'estime (*f.*): *esteem, high opinion*
[27]le régisseur: *overseer*
[28]l'esclavage (*f.*): *slavery*
[29]mulâtre (*m.&f.*): *mulatto*
[30]chasser: *to drive out*
[31]le manifeste = déclaration par laquelle un groupe ou une per-sonne exprime ce qu'il croit et expose ou décrit son programme
[32]régner: *to rule, to reign*
[33]s'unir à: *to unite with*
[34]l'intérêt (*m.*): *interest*
[35]solliciter: *to urge*
[36]propriétaire (*m.&f.*): *owner*
[37]la métropole: *mother country*
[38]se rendre: *to surrender*
[39]renverser: *to overthrow, to overturn*
[40]abattre: *to knock down*
[41]le tronc d'arbre: *tree trunk*

des Noirs; il repoussera[42] par les racines[43] parce qu'elles sont profondes[44] et
nombreuses."

La prophétie[45] de Toussaint se réalisa. Ses lieutenants—Jean-Jacques Dessalines,
Henri Christophe et Alexandre Pétion*—reprirent[46] les armes. Décimées[47] par
la fièvre jaune, les forces de Bonaparte furent vaincues et la France quitta Saint-
Domingue. Le 1er janvier 1804 Dessalines proclama l'indépendance du pays
auquel il donna le nom d'Haïti, un mot arawak qui voulait dire "terre élevée"
ou "montagne." Malheureusement, plus de dix ans de luttes et de troubles avaient
ruiné les bases économiques du pays et décimé sa population. En outre,[48] les suc-
cesseurs de Toussaint se montrèrent des despotes qui voulaient rivaliser avec[49]
la grandeur de la cour de Napoléon, l'empereur des Français. Dessalines et son
successeur Christophe se proclamèrent empereur. Gouvernée donc par une longue
série[50] de despotes, la deuxième république du Nouveau Monde et la première
république noire du monde ne se releva jamais des ruines de sa période révolutionnaire. Aujourd'hui elle demeure la nation la plus pauvre d'Amérique.

Mais son fondateur ne fut jamais oublié. Héros et victime des combats de son
peuple pour obtenir l'indépendance, Toussaint Louverture, ancien esclave, est
devenu Toussaint le Fondateur, le véritable père de la nation haïtienne.

Notes culturelles

*la traite des Noirs: Pour cultiver les plantations de leurs colonies en Amérique
et dans l'Océan Indien, les Anglais, les Français, les Espagnols et les Portugais
achetaient des esclaves importés surtout de la côte occidentale de l'Afrique.
L'Angleterre, la France et les Pays-Bas participaient au trafic des esclaves. On
achetait les esclaves en Afrique occidentale pour les revendre dans les colonies.
Ensuite, les navires ("ships") transportaient les produits des plantations (sucre,
café, etc.) en Europe. Ces marchandises étaient revendues avec un énorme profit
par les marchands européens. Ce trafic "triangulaire" était la source de la
richesse des ports de la Manche ("English Channel") et de l'Atlantique: Le Havre,
St-Malo, Nantes, La Rochelle, Bordeaux. Ainsi les régions de l'ouest de l'Afrique furent dévastées par la traite des Noirs. En effet, on croit que plus de vingt
millions de Noirs furent déportés dans des conditions horribles.

*les flibustiers: C'étaient des pirates qui attaquaient les navires qui rentraient
des riches colonies espagnoles pleins de marchandises précieuses. Sur la côte
nord-ouest d'Hispaniola il existait des colonies d'aventuriers ("adventurers"),
principalement français, qu'on appelait les boucaniers. Ce nom est dérivé du
mot le boucan ("barbecue"), le feu sur lequel les boucaniers faisaient cuire
(faire cuire: "to cook") la viande qu'ils vendaient aux flibustiers.

*les héros de l'indépendance haïtienne: Deux autres anciens esclaves sont con-
sidérés, avec Toussaint Louverture, comme les fondateurs de la nation haïtienne:
Jean-Jacques Dessalines (1758–1806) et Henri Christophe (1767–1820). Ils

---

[42]repousser: *to grow again*
[43]la racine: *root*
[44]profond, -e: *deep*
[45]la prophétie: *prophecy*

[46]reprendre: *(here) to take
up again*
[47]décimer: *to decimate, to
wipe out*

[48]en outre: *what's more*
[49]rivaliser avec: *to compete
with, to rival*
[50]la série: *series*

Le Palais national, Place Louverture, Port-au-Prince

étaient tous les deux lieutenants de Toussaint et poursuivirent la lutte contre les troupes françaises après l'emprisonnement de leur chef en 1802. Dessalines devint chef d'Haïti en 1804 et se donna le titre d'empereur. Il se transforma bientôt en un chef autocratique. Il massacra la plupart des blancs qui étaient restés en Haïti et força tous les anciens esclaves, sauf les soldats, à travailler sur les plantations. Il mourut assassiné.

L'esclave d'un officier naval français, Henri Christophe succéda à Dessalines et adopta le même type de gouvernement autocratique. Lui aussi se proclama empereur. Après une révolte, Christophe se suicida en se tirant ("shooting") dans la tête une balle d'argent, fabriquée tout exprès dans ce but ("purpose").

*Alexandre Pétion: Membre de la classe des affranchis mulâtres, Pétion (1770–1818) lutta pour le gouvernement révolutionnaire aux côtés de Toussaint, Dessalines et Christophe. Il se fâcha avec Toussaint et alla en France. Il revint avec l'expédition Leclerc, mais rejoignit les forces révolutionnaires quand Toussaint fût arrêté. Après la déclaration de l'indépendance haïtienne, il se sépara de Dessalines et de Christophe et établit une république indépendante dans l'ouest du pays, c'est-à-dire, dans la région de Port-au-Prince, la capitale actuelle d'Haïti. Il devint président de cette république et gouverna d'une manière moins autocratique que Dessalines et que Christophe. C'est Pétion qui donna à la République d'Haïti sa constitution.

À propos ...

1. Où se trouve Haïti? Qui habitait cette île avant l'arrivée de Christophe Colomb? Qu'est-ce qu'ils sont devenus?   2. Pourquoi les Espagnols ont-ils importé des esclaves de la Côte de la Guinée?   3. Quand les Français ont-ils pris possession de la partie ouest d'Hispaniola? Quel nom lui ont-ils donné? 4. Pourquoi les Français ont-ils importé des esclaves noirs?   5. Pourquoi Saint-Domingue méritait-il le nom "Perle des Antilles"?   6. Comment les conséquences de la Révolution Française étaient-elles ressenties aux Antilles?   7. Qui était Toussaint Louverture? Parlez un peu de sa vie.   8. Pourquoi Napoléon a-t-il refusé la constitution de Toussaint Louverture? Que s'est-il passé après? 9. L'auteur dit que la prophétie de Toussaint s'est réalisée. Quelle a été cette prophétie? Comment s'est-elle réalisée?   10. Que pensez-vous de la prophétie de Toussaint? Croyez-vous que l'on puisse empêcher "l'arbre de la liberté" de pousser ou, abattu, de repousser?

EXPLICATIONS II

Le participe présent

1. The present participle is the equivalent of the English verb + "-ing." It is formed by dropping the *-ons* from the 1 pl. form of the present tense and adding the ending *-ant*. For example: *finir → nous finissons → finissant; commencer → nous commençons → commençant; manger → nous mangeons → mangeant; prendre → nous prenons → prenant.*

With the present participle of reflexive verbs, the reflexive pronoun agrees with the subject of the sentence:

Je réfléchissais au problème en m'endormant.	*I thought about the problem **while falling asleep.***
En se promenant dans la rue, il a rencontré un ami.	***Walking** in the street, he met a friend.*

Three verbs have irregular present participles:

avoir → ayant   être → étant   savoir → sachant

2. The most common use of the present participle is to show that two actions are being performed simultaneously by the same subject. When used in this way, the present participle is usually preceded by *en:*

Nous avons parlé ensemble **en attendant** le début du film.	*We spoke together **while waiting** for the film to start.*
Il est sorti **en fermant** la porte derrière lui.	*He went out, **closing** the door behind him.*

Note that if the actions are not performed by the same subject, *en* cannot be used:

Je l'ai trouvé **mourant** de faim.	*I found him **dying** of hunger.*
Nous l'avons entendue **appelant** au secours.	*We heard her **calling** for help.*

> *A vous.* Vous êtes très énergique et vous faites toujours deux choses à la fois. Donnez une liste des activités que vous faites en même temps. Par exemple, *Je regarde la télé en dînant, j'écoute la radio en faisant mes devoirs,* etc.

In such cases the present participle corresponds to a relative clause: *Je l'ai trouvé qui mourait de faim.*

3. The expression *tout en* + present participle may be used to emphasize the fact that two actions are taking place simultaneously:

Tout en nous **parlant**, la vendeuse a emballé la chemise.	*As she **spoke** to us, the saleswoman wrapped up the shirt.*
Il faisait ses devoirs, **tout en écoutant** la radio.	*He did his homework **while listening** to the radio.*

The expression *tout en* + present participle can also be used to replace *bien que* or *quoique* + subjunctive:

Tout en sachant la vérité, elle nous la cache.	**Bien qu'elle sache** la vérité, elle nous la cache.
Tout en me souriant, il refuse de me parler.	**Quoiqu'il** me sourie, il refuse de me parler.

4. Another use of the present participle is to show the means by which something is accomplished:

On allume les lumières **en pressant** ce bouton.	*You turn on the lights **by pressing** this button.*
En prenant le train, vous y arriverez plus tôt.	***By taking** the train, you'll get there sooner.*

5. The present participle is often used to derive adjectives. As an adjective, it agrees in number and gender with the noun it modifies:

Ils ont une collection **impressionnante** de tableaux modernes.	*They have an **impressive** collection of modern paintings.*
Hélène nous a raconté une histoire **étonnante**.	*Hélène told us an **amazing** story.*
Tu as les mains **brûlantes** de fièvre.	*Your hands are **burning** with fever.*

Note that a present participle is considered an adjective and agrees with the noun it modifies *only* when it describes a state or condition. When a present participle describes an action, it is considered a verb and does not agree with the noun:

L'année **suivante**, nous sommes allés à Montréal.	***The following year**, we went to Montréal.*
but: **Suivant** l'exemple de notre guide, nous nous sommes assis.	***Following** the example of our guide, we sat down.*
Je cherche une chambre avec l'eau **courante**.	*I'm looking for a room with **running** water.*
but: **Courant** très vite, elle a pu attraper le chien.	***Running** very fast, she was able to catch the dog.*

Exercices

A. Refaites les phrases en employant le participe présent au lieu de l'expression avec *pendant que*. Suivez le modèle.

1. Il regardait la télévision pendant qu'il prenait son dîner.
   Il regardait la télévision en prenant son dîner.

2. Je suis tombé pendant que je patinais.
3. Vous avez cassé un verre pendant que vous faisiez la vaisselle.
4. Elles respiraient de l'air frais pendant qu'elles se promenaient à la plage.
5. Elle rêvait de son enfance pendant qu'elle dormait.
6. On servait des hors-d'œuvre pendant qu'on attendait le déjeuner.
7. Nous nous sommes trompés de ligne pendant que nous changions de train.
8. Elle a visité cette île pendant qu'elle explorait l'archipel.
9. Ils regardaient les bateaux pendant qu'ils bavardaient sur le quai.

B. Combinez les phrases en employant *tout en* et le participe présent. Suivez le modèle.

1. J'étudiais mon rôle. Je faisais le ménage en même temps.
   J'étudiais mon rôle tout en faisant le ménage.

2. Elle frappait à la porte. Elle cherchait sa clef en même temps.
3. Vous admiriez le paysage. Vous conduisiez votre voiture en même temps.
4. Nous parlions de nos projets. Nous mangions notre dessert en même temps.
5. Je pensais à mes vacances. J'écoutais mon prof en même temps.
6. Nous nous parlions. Nous nous occupions de nos enfants en même temps.
7. Tu écoutais la musique. Tu finissais tes tâches en même temps.
8. Marianne chantait. Elle s'habillait en même temps.

C. Refaites les phrases en substituant *tout en* et le participe présent. Suivez le modèle.

1. Bien qu'elle travaille quarante heures par semaine, Paulette continue ses études.
   Tout en travaillant quarante heures par semaine, Paulette continue ses études.

2. Quoique tu détestes la vedette, tu acceptes d'aller voir le film.
3. Bien qu'ils aient l'air sérieux, ils racontent des histoires très drôles.
4. Bien qu'il soit très jeune, il connaît bien son métier.
5. Quoique vous connaissiez le problème, vous hésitez à agir.
6. Bien que vous sachiez la réponse, vous ne dites rien.
7. Quoiqu'elle veuille aller au théâtre, elle décide plutôt de se coucher de bonne heure.

Port de St-Pierre

D. Répondez aux questions en employant *en* et le participe présent. Suivez le modèle.

1. Comment est-ce qu'on apprend à danser?
   C'est en dansant qu'on apprend à danser.

2. Comment est-ce qu'on apprend à conduire?

La Loire

3. Comment est-ce qu'on apprend à nager?
4. Comment est-ce qu'on apprend à peindre?
5. Comment est-ce qu'on apprend à traduire?
6. Comment est-ce qu'on apprend à écrire?
7. Comment est-ce qu'on apprend à lire?
8. Comment est-ce qu'on apprend à plonger?
9. Comment est-ce qu'on apprend à coudre?

E. Traduisez les phrases en employant le participe présent. Faites l'accord avec le sujet *quand il le faut*.

1. The following year, she went to Corsica.
2. Following the custom of the country, we removed our shoes before entering the house.
3. You (*tu*) saw a flying saucer?
4. Flying below the clouds, we were able to see cars on the road.
5. The novel tells the surprising story of Jeanne d'Arc.
6. Surprising her family, Lise announced she was going to get married.
7. The movie describes the exciting life of le marquis de Lafayette.
8. That movie theater always plays amusing films.

La forme composée du participe passé

Study the following:

Ayant visité la Terre-Neuve, ils ont décidé de partir pour St-Pierre-et-Miquelon.	*Having visited Newfoundland, they decided to leave for St-Pierre-et-Miquelon.*
Etant rentré à 10 h., j'ai manqué le dîner.	*Having returned at 10:00, I missed dinner.*

The present perfect participle is the equivalent of the English "having" + the past participle of the verb. It can be used where *puisque* or *après avoir (être)* would be used, but only when the subject of both clauses is the same:

Puisqu'elle était partie en retard,
Etant partie en retard, ⎫ elle a manqué le train.

Après avoir terminé son travail,
Ayant terminé son travail, ⎫ il est rentré chez lui.

Note that the rules for agreement of the present perfect participle are the same as those for other compound tenses.

Exercices

Refaites les phrases en employant la forme composée du participe passé. Suivez le modèle.

1. Après être descendus en Corse, nous avons visité Ajaccio.
   Etant descendus en Corse, nous avons visité Ajaccio.

2. Après avoir acheté de nouveaux timbres, elle les a collés dans son album.

3. Puisque nous avions marché toute la matinée, nous nous sommes arrêtés dans un café.
4. Puisqu'il s'était cassé la jambe, il ne voulait plus faire du ski nautique.
5. Après avoir rendu visite à mes grands-parents, je me suis dirigé vers le métro.
6. Puisqu'elle était arrivée en avance, elle a dû attendre les autres.
7. Puisque nous avions terminé notre apprentissage, nous étions prêts à aller chercher des emplois.
8. Après s'être couchée, Juliette ne voulait plus recevoir des coups de téléphone.
9. Après avoir fait ses valises, il s'est reposé avant d'aller à la gare.
10. Puisqu'ils s'étaient rencontrés en ville, ils ont décidé de déjeuner ensemble.
11. Après s'être installée à Grenoble, elle a été admise à la faculté des beaux-arts.
12. Après s'être déjà sali en changeant de pneu, il a décidé de ne pas téléphoner à la station-service quand la voiture est tombée en panne.

Vérifiez vos progrès

Traduisez les phrases en employant la forme convenable: le participe présent ou la forme composée du participe passé.

1. While discussing overseas territories, the teacher mentioned St-Pierre-et-Miquelon.
2. Walking along the river, Michèle met a former neighbor.
3. Being quite tired, I slept late Thursday.
4. Having sampled several red wines, they judged this one the best.
5. Renée listened to the radio while fishing.
6. Although she knows the truth, she pretends not to know it.
7. Refusing to lie, he said that he had broken the bowl and killed the fish.
8. Turn to the following page.
9. Having already visited Newfoundland, she decided to go instead to Quebec.
10. Because we went out before 8:00, we missed the broadcast.

Parlons de vous

Au début de ses *Confessions,* Jean-Jacques Rousseau a écrit: "Je ne suis fait comme aucun de ceux que j'ai vus; j'ose croire n'être fait comme aucun de ceux qui existent. Si je ne vaux pas mieux, au moins je suis autre." Que pensez-vous de cette citation? Quelle signification a-t-elle pour vous?

THÈME

Etudiez le paragraphe suivant. Puis, en l'employant comme modèle, mettez le paragraphe anglais en français.

Modèle: Au bureau de tourisme

—Bonjour, monsieur. Je cherche quelqu'un qui puisse me donner des renseignements sur Saint-Pierre-et-Miquelon. Avez-vous un employé qui connaisse un peu ces îles?

—Ayant visité les îles il y a quelques années, je peux moi-même vous renseigner, madame.

—D'abord, quelle est la meilleure façon d'y aller?

—*(réfléchissant quelques instants)* Voyons, je crois que la façon la plus simple serait de prendre un vol direct Paris-Montréal, puis un autre avion de Montréal à Sydney en Nouvelle-Ecosse et de là un petit avion pour aller à Saint-Pierre. Il y a aussi un bateau reliant Sydney et Saint-Pierre, mais vous y arriverez plus vite en prenant l'avion.

—Tout en rendant visite à ma petite-nièce à Saint-Pierre, j'aimerais voir l'île de Miquelon aussi. Existe-t-il un bateau qui relie les deux îles?

—Oui, bien sûr. Et Miquelon vaut bien la visite, car on y trouve des endroits charmants.

Thème: Vacation plans

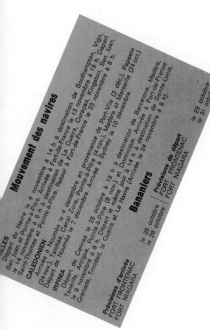

—Hello, ma'am. We need some books about Haiti that can help us make our vacation plans. Do you know of a good guidebook that isn't too expensive?

—Having been to Haiti several times, I can perhaps help you myself. What do you wish to know?

—Well, leaving from Paris, what is the simplest way to go to Port-au-Prince?

—*(looking at the timetables)* There is no direct flight between Paris and Haiti. So you have to *(il faut)* take a plane from Paris to Pointe-à-Pitre in Guadeloupe, then a plane to Port-au-Prince. There are also several ways to go by boat from Guadeloupe to Haiti, which is a very interesting excursion. But you risk losing several days by taking a boat.

—While visiting Haiti, we'd like to see some other islands in the area. So we'd be delighted to take a boat. Is there a boat that goes from Guadeloupe to Haiti with a stop at Saint-Martin?

—I think so. And that's a very interesting island, of which one part belongs to France and the other to the Netherlands. And it has only 8.500 inhabitants, 5.000 of whom live in Le Marigot, the French part of the island.

AUTO-TEST

A. Refaites les phrases en mettant le verbe entre parenthèses au subjonctif. Suivez le modèle.

1. J'ai envie d'habiter un pays où il *(faire)* toujours chaud et beau.
   J'ai envie d'habiter un pays où il fasse toujours chaud et beau.

2. Elle veut leur emprunter des romans qui *(être)* intéressants mais courts.

3. Y a-t-il des magnétophones qui *(marcher)* mieux que celui-là?

4. Nous cherchons un médecin qui *(pouvoir)* nous guérir sans trop de médicaments.

5. J'ai besoin d'une robe qui ne me *(grossir)* tant.

6. Connaissez-vous quelqu'un qui (*savoir*) lire le chinois ou le japonais?
7. Ils cherchent une école où l'on (*apprendre*) à faire de la sculpture et de la peinture.
8. As-tu un pull-over qui (*être*) moins grand et qui me (*convenir*) un peu mieux?
9. Ces dames voudraient trouver une personne qui (*connaître*) bien la route et qui ne (*conduire*) pas trop vite.

B. Complétez les phrases en employant le participe présent du verbe entre parenthèses. Attention! Il faudra parfois faire l'accord avec un nom ou un pronom. Suivez les modèles.

1. Il aime chanter en (*faire*) la vaisselle.
   Il aime chanter en faisant la vaisselle.
2. Elles ont dit que la discussion était vraiment (*étonner*).
   Elles ont dit que la discussion était vraiment étonnante.
3. Tout en (*se plaindre*) de ton manque d'argent, tu continues à dépenser sans penser.
4. Quand je l'ai vue, elle était (*souffrir*) d'une maladie bizarre.
5. (*Bricoler*) du matin au soir, il a appris à réparer toutes sortes de machines.
6. En (*entrer*) dans un magasin ou un marché quelconque, il faut dire bonjour à tout le monde.
7. La semaine (*suivre*) nous descendrons sur la Côte d'Azur.
8. C'est en (*lire*) que la plupart des gens apprennent à bien écrire.
9. (*Rentrer*) du stade, j'ai vu les Leclerc.
10. Elle écrivait des poèmes tout à fait (*surprendre*).
11. Il a retenu une chambre avec l'eau (*courir*).

C. Refaites les phrases en employant la forme qui convient du plus-que-parfait au lieu de la forme composée du participe passé. Suivez le modèle.

1. Ayant changé de pneu, ils ont pu se remettre en route.
   Puisqu'ils avaient changé de pneu, ils ont pu se remettre en route.
2. Etant arrivés en avance, nous avons pris quelque chose au buffet de la gare.
3. Ayant achevé ses études secondaires, elle a cherché un emploi dans une banque en banlieue.
4. Etant entrées après les autres, elles n'ont pas compris ce qui se passait.
5. Ayant déjà pressé le bouton une douzaine de fois, nous nous sommes demandé si la sonnette marchait.
6. Etant montés au dernier étage sans trouver leur appartement, nous sommes redescendus.
7. Les ayant connus depuis l'enfance, nous n'avions plus peur de leurs bêtes.
8. M'étant arrêté au coin, je n'ai pas vu la foule devant le grand magasin.

COMPOSITION

Ecrivez une composition au sujet soit d'une province de la France soit d'un département ou d'un territoire d'outre-mer.

Ferme sur la péninsule de Gaspé, au Québec. C'est ici que Jacques Cartier débarqua en 1534.

Quatorzième Leçon

Les Franco-américains de la Nouvelle-Angleterre*

Lucien Rossignol est étudiant à l'université du Maine. Il est né à Waterville, Maine, et comme beaucoup d'habitants de la Nouvelle-Angleterre, il est d'origine franco-canadienne.* Du côté paternel, les arrière-grands-parents de Lucien ont émigré aux Etats-Unis vers le début de ce siècle. Ils étaient originaires de
5 Caraquet* au Nouveau-Brunswick.* Du côté maternel, ses grands-parents ont quitté Beauceville* au Québec pour s'installer près de Waterville. Le maintien de leur héritage culturel franco-canadien de la part des Franco-américains de la Nouvelle-Angleterre après trois ou quatre générations pourrait surprendre. Pourtant, ce maintien d'une culture francophone se manifeste aussi en Louisiane,
10 et il s'explique par l'histoire des communautés francophones dans ces deux régions des Etats-Unis.

Aujourd'hui, Lucien parle de sa famille et de ses origines avec Marie Levasseur, une amie québécoise qui, comme lui, fait ses études à l'université du Maine.

MARIE   En émigrant aux Etats-Unis, tes ancêtres voulaient sans doute améliorer
15   leur situation économique.

LUCIEN   Oui, et ils envisageaient une vie plus sûre pour leurs enfants.

MARIE   Mes grands-parents me disaient qu'à cette époque la vie était très difficile chez nous.

LUCIEN   En effet. Du côté de mon père, mon arrière-grand-père était bûcheron.
20   Ici il a trouvé un emploi dans une fabrique de papier. Il travaillait plus souvent et moins dur que dans les Maritimes.* Et mon grand-père maternel, qui était employé de ferme, travaille depuis son arrivée dans une filature de coton.

MARIE   Ce n'est pas un travail très facile non plus!

25 LUCIEN   D'accord, mais on y est mieux payé que dans une ferme.

MARIE   Ce que je trouve formidable, c'est que chez toi on se sert toujours du français en famille. On employait le français quand tu allais à l'école?

LUCIEN   A l'école primaire, oui. Je suis allé dans une école catholique où la plupart des religieuses étaient d'origine franco-canadienne aussi. L'enseignement était donné souvent en français.
30

MARIE   Et pour tes études secondaires?

LUCIEN   Là, la plupart des matières étaient enseignées en anglais.

MARIE   J'ai remarqué toutefois que tes frères cadets et ta sœur hésitent à parler français devant moi.

35   LUCIEN   Ne t'inquiète pas. C'est parce qu'ils ne vont pas à l'école française. Mais ils parlent assez bien le français et chez nos parents québécois et acadiens on les comprend facilement.

MARIE   Je suppose que vous avez gardé quelques coutumes franco-canadiennes?

LUCIEN   Bien sûr. A Noël, par exemple, nous assistons toujours à la messe de

40   minuit et ensuite, pour le réveillon, nous prenons de la tourtière.* Nous sommes fiers d'avoir conservé ces anciennes traditions.

MARIE   Vous êtes plus québécois que nous autres!

LUCIEN   Non, nous sommes de vrais Franco-américains!

Notes culturelles

*la Nouvelle-Angleterre: Les états près de la frontière québécoise ont été marqués de l'influence française. Dans certaines régions du New York, du Maine, du Vermont, du Massachusetts et ailleurs en Nouvelle-Angleterre, la plupart des gens ont des ancêtres francophones—soit québécois ou acadiens, soit français. Dans certaines régions de la Nouvelle-Angleterre, la langue et les traditions ont survécu jusqu'à nos jours. Pour maintenir cet héritage culturel, des programmes d'enseignement bilingues ont été établis dans un certain nombre de groupements scolaires ("school districts").

*franco-canadien: Cet adjectif s'applique à tous les groupes francophones du Canada, non seulement aux Québécois. Dans toutes les provinces canadiennes il y a des Francophones.

*Caraquet: Cette petite ville de 1.500 habitants, située sur la baie de Caraquet, fut fondée vers 1770 par des pêcheurs bretons. La pêche y est encore l'industrie principale. (Notez que le t se prononce comme si le mot s'épelait "Caraquette.")

*le Nouveau-Brunswick: Cette province se trouve, avec la Nouvelle-Ecosse, dans la région qui s'appelait autrefois l'Acadie, la première colonie française en Amérique du Nord. Lorsque l'Acadie passa sous le contrôle d'Angleterre, vers 1750, beaucoup d'Acadiens en furent chassés pour avoir refusé de jurer fidélité à la couronne anglaise. Le résultat fut que beaucoup d'Acadiens s'installèrent en Nouvelle-Angleterre et en Louisiane. (Aujourd'hui, les descendants de ceux-ci s'appellent les Cajuns.) Ceux qui sont restés au Nouveau-Brunswick sont devenus citoyens anglais, puis citoyens canadiens d'expression française, mais ils ont toujours conservé la langue et les coutumes de leurs ancêtres acadiens. C'est un groupe francophone tout à fait distinct des Québécois.

*Beauceville: Cette petite ville se trouve à 90 km. au sud-est du Québec. L'industrie laitière y est très importante. Il y a aussi de nombreux chantiers forestiers.

*les Maritimes: On appelle le Nouveau-Brunswick, la Nouvelle-Ecosse, et l'Ile du Prince-Edouard les Provinces maritimes, ou tout simplement les Maritimes.

*la tourtière: C'est un plat très répandu au Canada francophone. Il s'agit d'une tourte à la viande—ou du porc ou du bœuf coupé en dés. La recette varie un peu de région en région, mais c'est une spécialité très populaire et le plat traditionnel de Noël dans tout le Canada francophone.

Questionnaire

1. D'où vient Lucien Rossignol? De quelles provinces canadiennes ses ancêtres sont-ils venus? 2. Pourquoi ses grands-parents maternels et ses arrière-grands-parents paternels ont-ils quitté le Canada? Quels avaient été leurs métiers au Canada? Quelles sortes d'emplois ont-ils trouvés lorsqu'ils sont venus aux Etats-Unis? 3. Où Lucien a-t-il appris le français? Le parlait-il seulement à la maison? Pourquoi? 4. Comment l'héritage franco-canadien se manifeste-t-il chez les Rossignol? 5. Racontez l'histoire des Acadiens. Dans quelle région du Canada habitaient-ils? Pourquoi un si grand nombre d'Acadiens ont-ils émigré aux Etats-Unis? Où se sont-ils installés? Ceux qui sont restés au Canada, que sont-ils devenus?

> *A vous.* Parlez un peu de la diversité des gens aux Etats-Unis, et de son effet sur le pays. Vous savez peut-être quelques faits sur l'héritage de votre famille? Parlez-en.

GLOSSAIRE

NOMS

l'Acadie *f.* Acadia
l'arrière-grand-mère *f.* great-grandmother
l'arrière-grand-père *m.* great-grandfather
les arrière-grands-parents *m.pl.* great-grandparents
le bœuf beef
le bûcheron woodcutter, lumberjack
le chantier work area, yard
    le — forestier lumberyard; lumber camp
le citoyen, la citoyenne citizen
la communauté community
le contrôle control
la couronne crown
le dé die, cube
le descendant, la descendante descendant
la fabrique factory, mill
    la — de papier paper mill

la fidélité allegiance, fidelity
la filature textile mill
la frontière border
la génération generation
l'héritage *m.* heritage
la matière subject, matter
le maintien maintenance, maintaining
le Nouveau-Brunswick New Brunswick
la Nouvelle-Ecosse Nova Scotia
les parents *m.pl.* relatives
la part part, portion, share
    de la — de qqn of someone, on someone's part
la recette recipe; receipt
la religieuse nun
le résultat result
la situation situation
la tourte à la viande meat pie
la tourtière meat pie *(Canada)*

VERBES

améliorer to improve
chasser to banish, to drive out, to chase out; to hunt
conserver to preserve

émigrer to emigrate; to migrate
envisager to envisage, to imagine
épeler to spell[1]
fonder to found, to establish

---

[1]*Epeler* is a stem-changing verb that follows the pattern of *jeter*.

s'inquiéter de to worry about[1]
maintenir to maintain[2]
se manifester to be manifested
marquer (de) to mark (by, with)

noter to note, to notice
survivre à to survive[3]
varier to vary

ADJECTIFS

acadien, -ienne Acadian
bilingue bilingual
catholique Catholic
culturel, -le cultural
distinct, -e distinct
dur, -e hard
économique economic
fier, fière proud
forestier, -ière forest, forested

franco-canadien, -ienne French
  Canadian
laitier, -ière dairy
maternel, -le maternal
originaire (de) native (of), originally
  (from)
paternel, -le paternal
primaire primary
sûr -e secure

MOTS-OUTILS ET EXPRESSIONS

couper en dés to dice, to cube
en famille at home, among the family

nous (vous) autres we (you)[4]
ou . . . ou either . . . or

Etude de mots

Synonymes: Les mots et les expressions suivants sont des synonymes. Employez-
en chacun dans une phrase.

1. améliorer   perfectionner   rendre meilleur
2. émigrer   quitter son pays
3. établir   fonder   créer
4. noter   remarquer
5. maintenir   conserver   garder   tenir
6. le citoyen, la citoyenne   l'habitant, l'habitante
7. la fabrique   l'usine
8. la matière   le sujet
9. la condition   l'état   la situation
10. difficile   dur
11. en famille   à la maison
12. ou . . . ou   soit . . . soit

Mots associés 1: Complétez chaque phrase en employant un mot associé à celui
qui est en italique.

1. Je *m'inquiète* de sa santé. Franchement, je crains qu'il soit très malade. Regarde!
   Même le médecin a l'air _____.

---

[1]*S'inquiéter* is a stem-changing verb that follows the pattern of *répéter.*
[2]*Maintenir* is conjugated like *venir,* but forms its passé composé with *avoir.*
[3]*Survivre* is conjugated like *vivre.*
[4]The French use the expressions *nous autres* and *vous autres* to emphasize that they are speaking of one
group rather than another: *Nous autres, nous partons* ("**We're** leaving!"); *Vous autres Américains, vous
prenez peu souvent du pain frais* ("**You Americans** seldom have fresh bread.").

2. Il est évident qu'aucun des passagers ne *vit* encore. Personne n'aurait pu _____ à un tel accident.
3. A *l'origine* ses parents habitaient la Nouvelle-Ecosse. Ses parents à elle étaient _____ du Nouveau-Brunswick.
4. Certains disent que l'homme *descend* du singe. D'autres disent qu'ils sont _____ d'Adam et d'Eve. Qu'en dites-vous?
5. J'ai *reçu* toute cette vaisselle de mon arrière-grand-mère. Et la plupart des plats qui sont servis dedans sont préparés selon ses _____. C'était une cuisinière formidable!
6. Je ne bois jamais de *lait*, mais j'adore les produits _____, tels que le fromage et le beurre.
7. Cet enfant est né en Espagne et il a émigré à l'âge de six ans. Alors, il parle parfaitement deux *langues*. Il est tout à fait _____.
8. Vous dites qu'il faut qu'on *maintienne* la constitution. D'accord. Mais n'oubliez pas que les anciens rois d'Europe croyaient que le _____ de la monarchie était très important.
9. Nous espérons passer nos vacances près d'une *forêt*. Il y a beaucoup de régions _____ au Canada.

Mots associés 2: Les mots et les expressions dans chaque groupe sont associés. Faites des phrases en employant chacun d'eux.

1. marquer de   la marque
2. chasser   la chasse   le chasseur, la chasseuse
3. fabriquer   la fabrication   la fabrique
4. la religion   la religieuse
5. améliorer   meilleur, -e
6. le contrôle   la tour de contrôle   le contrôleur
7. le bûcheron   la bûche de Noël
8. arrière   les arrière-grands-parents
9. la culture   culturel, -le
10. l'économie   économique

Et que voudrait dire *les arrière-petits-enfants?* Faites une phrase en employant ce mot.

Mots à plusieurs sens: Complétez les phrases en employant le même mot pour chaque groupe.

1. (a) Nous sommes la quatrième génération de la famille qui habite le Canada. Nos ancêtres ont _____ de France il y a un siècle.
   (b) Au printemps les oiseaux _____ vers le nord.
2. (a) En automne mon père et ma mère _____ le cerf et le canard. Nous autres enfants, nous préférons _____ les papillons.
   (b) Si les enfants vous dérangent, il faut que vous les _____ dehors.
3. (a) Après que j'aurai payé le caissier, il me donnera mon paquet, ma monnaie et une _____.
   (b) Notez cette citation du célèbre écrivain André Maurois (1885–1967): "Ils avaient des goûts communs ("common") et des métiers différents: c'est la _____ même de l'amitié." Employez vos propres mots pour expliquer la pensée de Maurois.

4. (a) Mon père et ma mère sont mes _____.
   (b) Ce garçon-là qui joue aux boules est un de mes _____, un cousin en fait, le fils aîné de ma tante Louise.

Mots à ne pas confondre: Ne confondez pas *la partie* et *la part.* Par exemple, *Si vous comptez faire partie de notre équipe, soyez prêt à payer votre part.* Ou: *Pour ma part, je trouve cette partie du cycle très difficile à comprendre.* Notez que *faire partie de* signifie "to be part of"; *prendre part à* signifie "to take part in."

EXPLICATIONS I

Les verbes se taire et plaire

1. The verb *se taire* means "to be quiet":

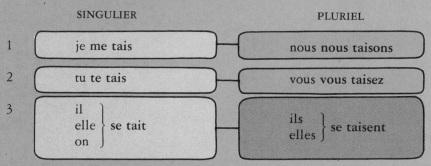

SINGULIER	PLURIEL
1	je me tais	nous nous taisons
2	tu te tais	vous vous taisez
3	il elle } se tait on	ils elles } se taisent

IMPÉRATIF: **tais-toi! taisons-nous! taisez-vous!**
PARTICIPE PRÉSENT: **se taisant**
PARTICIPE PASSÉ: **tu**
IMPARFAIT: **se tais- (je me taisais, etc.)**
FUTUR/CONDITIONNEL: **se tair- (je me tairai/je me tairais, etc.)**
SUBJONCTIF: **se tais- (que je me taise, etc.)**
PASSÉ SIMPLE: **se tu- (je me tus, etc.)**

2. The verb *plaire à,* meaning "to please," is used principally in the 3 sing. and pl. forms: *il plaît, ils plaisent.* With the exception of the 3 sing. form of the present tense, which requires a circumflex, *plaire* follows the pattern of *se taire.*

3. *Plaire à* always takes an indirect object. It means someone or something is pleasing *to* someone: *Cela plaira à papa; La tourte à la viande lui a plu.*

Vieille photo du marché Bonsecours, Montréal

Exercice

Remplacez les verbes en italique par la forme convenable de *plaire* ou de *se taire*.
Faites attention au temps du verbe! Suivez le modèle.

1. Cette sorte de communauté leur *convient très bien.* (plaire)
   Cette sorte de communauté leur plaît.

2. Nous *ne parlerons pas* si tu continues à faire du bruit. (se taire)
3. Cela nous *ferait plaisir* de dîner en famille. (plaire)
4. Il faut que *vous cessiez de parler.* (se taire)
5. Les élèves *ne disaient rien* pendant que le professeur lisait les résultats. (se taire)
6. Votre recette pour faire la tourtière nous *a surpris.* (plaire)
7. *Ne t'inquiète pas!* L'infirmière peut t'entendre. (se taire)
8. Notre visite à la fabrique de papier nous *intéresse* beaucoup. (plaire)
9. Je préfère que tu *t'endormes.* (se taire)
10. Les spectateurs *sont restés assis* quand la pièce a commencé. (se taire)

Le subjonctif passé

1. You have learned the present subjunctive and some of its uses. There is also
   a past tense of the subjunctive that is equivalent to the passé composé in the
   indicative. Study the following examples:

Pensez-vous qu'ils aient épelé le mot correctement?	Do you think **they spelled** the word right?
Je suis content qu'elles soient rentrées ce soir.	I'm happy **that they've come home** tonight.
Quoique tu te sois bien reposé, tu sembles fatigué.	**Although you rested** well, you seem tired.

   The English equivalent of the past subjunctive is usually the same as that of
   the passé composé. The meaning will generally be clear from the context.
   The past subjunctive follows the same rules with regard to usage as the present subjunctive.

2. The past subjunctive is formed by using the present subjunctive of *avoir* or
   être and the past participle of the main verb:

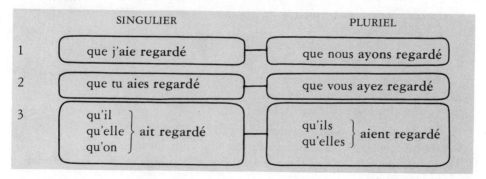

SINGULIER	PLURIEL
1 que j'aie regardé	que nous ayons regardé
2 que tu aies regardé	que vous ayez regardé
3 qu'il / qu'elle / qu'on } ait regardé	qu'ils / qu'elles } aient regardé

Place Bonaventure, Montréal

SINGULIER	PLURIEL
1 que je **sois venu(e)**	que nous **soyons venu(e)s**
2 que tu **sois venu(e)**	que vous **soyez venu(e)(s)**
3 qu'il **soit venu** qu'elle **soit venue** qu'on **soit venu**	qu'ils **soient venus** qu'elles **soient venues**

SINGULIER	PLURIEL
1 que je me **sois couché(e)**	que nous nous **soyons couché(e)s**
2 que tu te **sois couché(e)**	que vous vous **soyez couché(e)(s)**
3 qu'il se **soit couché** qu'elle se **soit couchée** qu'on se **soit couché**	qu'ils se **soient couchés** qu'elles se **soient couchées**

3. The rules for agreement of the past participle with the past subjunctive are the same as for any other past tense:

Hélène? Il se peut qu'elle **soit arrivée** à l'heure.
Les descriptions? Nous sommes heureux que vous les **ayez lues.**
Mon arrière-grand-mère? Il est possible qu'elle se **soit mariée** avec un descendant du roi.

Exercices

A. Répondez aux questions en employant l'expression entre parenthèses et le subjonctif passé. Suivez le modèle.

1. Ils se sont installés au Nouveau-Brunswick? (il est possible que)
   Il est possible qu'ils se soient installés au Nouveau-Brunswick.

2. Elle a émigré? (il se peut que)
3. Vous avez noté la différence? (je ne suis pas sûr que)
4. Ils ont chassé les habitants? (je ne crois pas)
5. Les problèmes politiques du pays se sont manifestés dans l'économie? (il semble que)
6. Il y a eu beaucoup de différences culturelles entre les deux pays? (nous doutons que)
7. Il a fondé cette filature? (je ne pense pas que)
8. Vous vous êtes trompé de ligne? (je suis désolé que)
9. Tu as épelé le mot correctement? (elle ne croit pas que)
10. Ils sont revenus à la frontière? (il se peut que)

B. Refaites les phrases au subjonctif passé en employant les expressions entre parenthèses. Suivez le modèle.

1. Je doute qu'ils émigrent du Québec. (l'année dernière)
   Je doute qu'ils aient émigrés du Québec l'année dernière.

2. Il se peut qu'elle doive couper le bœuf en dés. (hier)
3. Penses-tu qu'ils passent la soirée en famille? (dimanche dernier)
4. Elle ne croit pas qu'on maintienne toutes les traditions. (à travers les siècles)
5. C'est dommage que tu ne puisses pas pêcher. (samedi dernier)
6. Il est possible que vous rencontriez un bûcheron dans la forêt. (de temps en temps)
7. Nous sommes étonnés qu'ils reviennent à Montréal. (il y a trois jours)
8. Il se peut qu'elles envisagent un résultat différent. (l'année dernière)
9. Je ne pense pas que tu améliores la situation en te taisant. (ce matin)
10. Te semble-t-il que je m'occupe trop de ces matières? (pendant le procès)

C. Refaites les phrases en mettant le verbe entre parenthèses au subjonctif passé. Suivez le modèle.

1. Bien qu'ils *(manger)* le bœuf, il ne leur a pas plu.
   Bien qu'ils aient mangé le bœuf, il ne leur a pas plu.

2. Nous les rejoindrons pourvu qu'elles *(ne pas quitter)* l'auberge.
3. J'ai émigré avant qu'on *(fonder)* l'école bilingue.
4. Quoique l'héritage *(survivre)* jusqu'à nos jours, il risque de ne pas durer plus longtemps.
5. Elles sont sorties sans que nous les *(remarquer)*.
6. Ils se sont couchés à onze heures, avant que leurs parents *(revenir)*.
7. Elle ne servira le dessert que jusqu'à ce que tu *(finir)* la tourtière.

8. Bien que ses arrière-grands-parents *(s'installer)* en Nouvelle-Angleterre, son grand-père voulait rentrer au Canada.
9. Je n'ai pas compris les explications, quoique je les *(lire)* une douzaine de fois.
10. Elle leur a donné la réponse à la devinette avant qu'ils *(pouvoir)* y réfléchir.

Vérifiez vos progrès

Refaites les phrases en employant le temps du verbe qui convient: le passé composé ou le subjonctif passé. Suivez les modèles.

1. Il me semble qu'ils *(survivre)* à l'accident.
   Il me semble qu'ils ont survécu à l'accident.
2. Elle a peur que tu *(perdre)* la recette.
   Elle a peur que tu aies perdu la recette.

3. Nous sommes sûrs qu'elles *(prêter)* serment de fidélité.
4. Vous semble-t-il que nous *(s'écrire)* assez souvent?
5. Il ne pense pas que tu *(garder)* ces coutumes québécoises.
6. Il est probable qu'elles *(rester)* en Louisiane.
7. Je crains qu'elles *(tomber)* dans l'eau.
8. Il se peut qu'il *(retrouver)* son équilibre.
9. Crois-tu qu'on *(pouvoir)* marcher jusqu'au chantier?
10. Il est évident que les prix *(varier)* selon la situation économique.
11. Il se peut qu'il *(mentir)* en te disant que personne n'était là.

LECTURE

Les Québécois

Si on vous posait la question: après Paris, quelle est la deuxième grande ville francophone, sauriez-vous répondre? Eh bien, il s'agit de Montréal, qui se trouve au Canada, dans la province de Québec. Et si l'on vous demandait aussi: à qui appartenait le Canada? . . . Vous sauriez peut-être que c'est un Français, Jacques
5 Cartier, qui prit possession du Canada au nom du roi François Iᵉʳ au seizième siècle. Au siècle suivant, Samuel de Champlain fonda la ville de Québec, et les Français en petit nombre vinrent s'établir dans leur première colonie au Nouveau Monde, une colonie qu'ils baptisèrent la Nouvelle-France.* Mais la France préférait les riches îles à sucre des Antilles à ces "quelques arpents de neige,"* et
10 après la défaite[1] de la France dans la Guerre de Sept Ans en 1763 (que les manuels[2] français d'histoire appellent la Guerre Franco-Indienne), Louis XIV céda[3] la Nouvelle-France à l'Angleterre pour s'assurer de la possession de la Guadeloupe, de la Martinique et de Saint-Domingue (Haïti). Vers la fin du dix-huitième siècle, la Nouvelle-France fut divisée en Haut-Canada (l'Ontario) et
15 en Bas-Canada[4] (le Québec). En 1867, l'Angleterre créa la Fédération Cana-

[1]la défaite: *defeat*
[2]le manuel: *textbook*
[3]céder: *to turn (sth.) over*
[4]Dans ce cas, *haut* et *bas*
veulent dire "upper" et "lower"

dienne, qui comprenait les provinces de la Nouvelle-Ecosse, du Nouveau-Brunswick, de l'Ontario et du Québec.*

De nos jours, le Québec a une population de six millions d'habitants qui sont les descendants de 60.000 colons[5] français. Le Québec étant un état nord-américain,
20 les Québécois, bien qu'ils soient de culture française, vivent dans une civilisation américaine. Leur manière de vivre est semblable[6] à celle qu'on trouve aux Etats-Unis: de grosses voitures, de grands réseaux[7] d'autoroutes, etc., mais leurs racines[8] sont françaises. Les Québécois ont gardé un attachement sentimental à la France. Ils disent qu'ils ont une mère, la France, et une belle-mère,[9] l'Angle-
25 terre.

Outre des liens culturels étroits, les Québécois et les Français sont unis[10] par une langue commune.[11] En effet, environ[12] 80 pour cent de la population du Québec est de langue française. Le français employé par les Québécois cultivés est peu différent de la langue courante[13] des Français du même niveau social.
30 Toutefois, on retrouve dans les régions rurales de la province et dans les milieux populaires[14] des grandes villes des variétés qui s'éloignent du[15] français qu'emploieraient les Québécois en parlant avec leurs divers cousins francophones. Mais ces différences linguistiques ne se distinguent[16] guère de celles que l'on retrouve dans les provinces françaises. Ces différences régionales se sont peut-
35 être mieux maintenues au Québec à cause d'un plus grand isolement[17] de Paris. En France, les variétés régionales du nord* du pays ont été progressivement absorbées par le français de la capitale. Comme c'est le cas pour les variétés belges et romandes du français, le français parlé au Québec contient également certains traits locaux.* Ainsi pour se laver on se sert d'*une débarbouillette* au lieu
40 d'un gant de toilette;[18] tandis qu'un Français fait des courses ou des achats ou même du shopping, un Québécois *magasine.* Dans les deux cas le mot québécois peut sembler plus logique puisque *magasiner* fait penser à[19] *magasin,* et le mot *débarbouillette* est dérivé du verbe *se débarbouiller,* un synonyme de "se laver la figure." En plus, entourés des anglophones du Canada et des Etats-Unis, les Qué-
45 bécois sont beaucoup plus exposés aux anglicismes que leurs cousins français, et ils sont plus conscients[20] du besoin de s'en défendre; ainsi au Québec mangera-t-on[21] *un chien chaud* plutôt qu'*un hot dog.*

Après la cession[22] de la Nouvelle-France à l'Angleterre en 1763, les Canadiens francophones devinrent un peuple[23] colonisé. Bien que les chefs britanniques
50 n'aient pas essayé d'éradiquer[24] la langue et la culture françaises, l'industrie et

A vous. Que pensez-vous de la politique? Avez-vous déjà participé à une campagne électorale ("election campaign")? Y-a-t-il des élections à votre école? Qu'en pensez-vous?

---

[5]le colon: *colonist*
[6]semblable: *similar*
[7]le réseau: *network*
[8]la racine: *root*
[9]la belle-mère: *stepmother; mother-in-law*
[10]unir: *to unite*
[11]commun, -e: *common*
[12]environ: *about*
[13]courant, -e: *day-to-day, ordinary*
[14]le milieu populaire: *working-class section*

[15]s'éloigner de: *to get farther away from*
[16]se distinguer: *to be distinguishable, to be different*
[17]l'isolement (m.): *isolation*
[18]le gant de toilette: *fingerless terry cloth mitt used instead of a washcloth*
[19]faire penser à: *to call to mind*
[20]conscient, -e: *aware, conscious*

[21]When *ainsi* comes at the beginning of a phrase, the verb and its subject are often inverted.
[22]la cession = action de céder
[23]le peuple = les membres d'une société ou d'une culture
[24]éradiquer: *to eradicate, to wipe out*

le commerce passèrent en leurs mains. La plupart des Franco-canadiens vécurent à la campagne, à l'écart du[25] développement économique du Canada. Toutefois, isolés[26] des conquérants[27] anglophones, ils purent conserver leur héritage culturel et leur langue. L'église catholique joua un grand rôle dans ce maintien de l'identité culturelle franco-canadienne; l'université Laval à Québec et l'université de Montréal furent fondées par des ordres religieux.

Au cours des décennies[28] qui suivirent la Deuxième Guerre Mondiale, la province de Québec éprouva ce qu'on appelle la "révolution tranquille,"* qui lui permit de rejoindre les autres provinces de la Confédération dans les domaines industriel et commercial. La population commença à quitter la campagne pour les grandes villes, en particulier Montréal. C'est aussi pendant cette période que les Franco-canadiens prirent conscience de[29] leur individualité et que le nationalisme québécois se précisa.[30] L'amélioration du niveau de vie et le développement économique encouragèrent le sentiment national. Pour les Québécois de la période qui suivit la révolution tranquille, la notion de "survie[31] de la race française" ne signifiait plus rien, ou du moins elle était démodée, puisqu'une culture spécifiquement québécoise s'était développée.

Depuis plusieurs années le Québec connaît un intense renouveau[32] intellectuel dans la littérature, la chanson et le cinéma. Les Québécois y exposent la complexité de leurs problèmes; ils y affirment aussi leur identité culturelle en soulignant[33] ce qui les distingue des autres peuples francophones. En particulier, certains écrivains choisissent d'écrire en joual (ce mot dérivé de la prononciation locale de *cheval*), une forme de la langue populaire parlée.

Les Québécois croient que dans un continent anglophone de culture américaine, ils doivent créer un environnement spécial. Un Québécois sur[34] cinq n'est pas francophone. Il est d'origine anglaise ou il fait partie d'une des minorités ethniques (italienne, grecque, etc.). Les membres de ces minorités ethniques choisissent de parler la langue majoritaire[35] dans la Confédération Canadienne et sur le continent nord-américain, c'est-à-dire l'anglais, bien que cette langue soit minoritaire dans la province elle-même. Le problème de la langue constitue[36] une des principales préoccupations du gouvernement québécois. Les Québécois de langue anglaise et les sociétés américaines et anglo-canadiennes contrôlent en effet l'économie québécoise, et la position de leur langue est donc dominante. En 1977 le gouvernement du Québec adopta une loi qui fit du français l'unique langue officielle de la province. Tous les enfants qui ne pouvaient démontrer une pratique[37] courante de l'anglais devaient fréquenter une école de langue française. Autrement dit, tous les enfants des immigrés[38] non-anglophones durent apprendre le français, plutôt que l'anglais, comme deuxième langue. Cette loi marqua une étape[39] importante dans l'évolution politique du Québec. La province

[25]à l'écart de = à une certaine distance de

[26]isolé, -e: *isolated*

[27]le conquérant, la conquérante: *conqueror*

[28]la décennie = période de dix ans

[29]prendre conscience de = devenir conscient de

[30]se préciser = devenir plus clair

[31]la survie: *survival*

[32]le renouveau: *renewal, revival*

[33]souligner: *to underline,*
to emphasize

[34]sur: (here) *out of, in*

[35]majoritaire: *of the majority*

[36]constituer: *to constitute*

[37]la pratique: *use*

[38]l'immigré, -e: *immigrant*

[39]l'étape (*f.*): *step, stage*

Stages très intensifs.
Nous enseignons notre langue
comme nous l'avons apprise: vite.

stage de 75 heures · plein temps : 2 semaines · mi-temps : 4 semaines.
3 stages pour un programme complet.

BERLITZ

LANGUES VIVANTES

OPERA · 742 17 39 · NATION · 341 22 85 · PANTHÉON · 633 08 77 · BOIS DE BOULOGNE · 500 15 97
VERSAILLES · 950 08 70 · ST-GERMAIN-EN-LAYE · 963 76 00 · ÉVREUX · 772 40 95

90   abandonnait l'ancienne politique de bilinguisme officiel. Bien que la Confédération Canadienne soit un état officiellement bilingue, le français est très peu
employé hors du[40] Québec, et le nombre de francophones diminue[41] dans les
autres provinces. (La plupart des Canadiens capables de se servir des deux
langues officielles sont francophones d'origine. La plupart des anglophones n'ap-
95   prennent pas volontiers le français.) Les Québécois francophones pensaient que
si seulement elle était officiellement monolingue — tout en assurant à la minorité
anglophone de certains droits — la province de Québec pourrait garantir[42] le
maintien de la langue française au Canada et la survie de la culture associée à
cette langue.

100   Mais certains dirigeants[43] québécois pensent que la langue et la culture de la
majorité ne peuvent survivre qu'à l'intérieur d'un état souverain.[44] Alors ils
cherchent une plus grande indépendance économique et politique pour leur
province. Au lieu de la Confédération actuelle, ils voudraient une association
d'états souverains basée sur le modèle du Marché Commun* de l'Europe de
105   l'ouest. Mais tout changement[45] de statut[46] politique aurait de sérieuses conséquences pour le Québec. Sur le plan[47] économique, ce nouvel état souverain
ne serait-il pas forcé de dépendre davantage des Etats-Unis? Déjà les trois-quarts
des échanges commerciaux de la province se font avec son voisin géant du sud.
Le Québec, état souverain, peut-il donc survivre? L'identité culturelle québécoise
110   et la langue française ne peuvent-elles pas survivre si le Québec conserve son
statut politique actuel? Voici certaines des questions que se posent les Québécois et auxquelles ils devront répondre dans les années à venir.

---

[40]hors de: *outside of*   = chef   [46]le statut: *status*
[41]diminuer: *to diminish*   [44]souverain, -e: *sovereign,*   [47]sur le plan = dans le
[42]garantir: *to guarantee*   *independent*   domaine
[43]le dirigeant, la dirigeante   [45]le changement: *change*

Notes culturelles

*la Nouvelle-France: Jacques Cartier (1491–1557) prit possession du Québec en 1534. Ce ne fut que 74 ans plus tard que Samuel de Champlain (1567–1635) persuada à Henri IV d'y établir une colonie. Ce fut la première colonie permanente française en Amérique du Nord.

*quelques arpents de neige: Un arpent est une ancienne mesure française qui remonte aux Gaulois ("Gauls"). C'est plus ou moins un are ("acre"). Ce terme s'emploie toujours au Québec et dans certaines régions de la Louisiane. Ce fut Voltaire qui, dans *Candide,* se servit de ces mots pour décrire le Canada. La citation complète: "Vous savez que ces deux nations [la France et l'Angleterre] sont en guerre pour quelques arpents de neige vers le Canada, et qu'elles dépensent pour cette belle guerre beaucoup plus que tout le Canada ne vaut."

*les provinces de la Nouvelle-Ecosse . . . et du Québec: Aujourd'hui la Confédération Canadienne comprend aussi les provinces suivantes: le Manitoba (qui s'y unit en 1870), la Colombie-Britannique (1871), l'Ile du Prince-Edouard (1873), l'Alberta et la Saskatchewan (1905) et la Terre-Neuve (1949). Environ ("about") un million de francophones vivent dans ces autres provinces du Canada, dont 600.000 dans l'Ontario, 250.000 au Nouveau-Brunswick et 80.000 en Nouvelle-Ecosse.

*les variétés régionales du nord: Dans le sud de la France, les variétés régionales appartiennent à l'occitan, une langue qui se distingue du français. (Voir la lecture de la Dixième Leçon.)

*certains traits locaux: Vous souvenez-vous, par exemple, qu'en Belgique et en Suisse romande on dit *septante, octante* et *nonante* pour soixante-dix, quatre-vingts et quatre-vingt-dix?

*la révolution tranquille: Il s'agit du développement économique rapide du Québec entre 1945 et 1970. L'expansion industrielle et commerciale fut accompagnée de la modernisation de l'enseignement et d'une plus grande participation des hommes et des femmes politiques québécois au gouvernement fédéral à Ottawa (la capitale).

*le Marché Commun: C'est le nom que l'on donne à la communauté économique européenne qui comprend la Belgique, le Danemark, la France, la Grande-Bretagne, l'Irlande, l'Italie, le Luxembourg, les Pays-Bas et la République Fédérale Allemande. Ces pays sont unis par des liens économiques et culturels, et il existe même un Parlement européen.

À propos ...

1. Qui a pris possession du Canada pour la France? Quand? Quand la première colonie a-t-elle été fondée? Qui était le roi de France à cette époque?   2. Quand Louis XIV a-t-il cédé la Nouvelle-France à l'Angleterre? Pourquoi?   3. A l'origine, que comprenait la Fédération Canadienne?   4. De quelle façon les Québécois et les Français d'aujourd'hui sont-ils liés?   5. Il existe des différences régionales de langue entre le français parlé au Québec et le français parlé en France. Donnez-en des exemples. Pourquoi ces différences existent-elles?   6. Pourquoi l'anglais est-il devenu la langue dominante même au Québec? Comment la culture franco-canadienne a-t-elle pu se maintenir au cours des deux derniers siècles?
7. Qu'est-ce que c'est que la "révolution tranquille"? Pourquoi la notion de "sur-

vie de la race française" est-elle démodée pour les Québécois de nos jours?
8. Qu'est-ce que c'est que le joual? D'où ce mot est-il dérivé? 9. Depuis 1977
le Québec est officiellement monolingue. Expliquez la loi que le gouvernement
du Québec a adoptée en 1977 à ce sujet. Pourquoi cette loi marque-t-elle une
étape si importante dans le développement politique du Québec? 10. Croyez-
vous que le statut politique du Québec change bientôt? Croyez-vous que le Québec puisse survivre comme état indépendant? Pourquoi?

EXPLICATIONS II

Le subjonctif dans les propositions subordonnées: le superlatif

Study the following pairs:

C'est le seul livre qu'il a lu.

C'est le dernier examen que nous
   passons cette année.

C'est le seul bon livre qu'il ait lu.

C'est le dernier examen difficile que
   nous passions cette année.

In the first sentence of each pair, the speaker is stating a fact, so the indicative
is used. In the second sentence of each pair, the speaker is expressing an opinion,
so the subjunctive is used. Relative clauses preceded by a superlative, or by
such modifiers as *premier, dernier, seul, unique, ne . . . que, peu de,* or *pas beaucoup
de* require the subjunctive when an opinion is being expressed:

Ce sont les gens les plus gentils
   que je connaisse.

*They are the **nicest** people **I know**.*

C'était la meilleure pièce que
   nous ayons jamais vue.

*It was the **best play we** ever saw.*

C'est le premier produit qui
   lui ait plu.

*That's the **first product that's
   pleased him**.*

Il n'y a que moi qui sache
   faire de bonnes tartes.

*I'm the **only one who knows how**
   to make good pies.*

Il y a peu de métiers qui soient
   aussi durs que celui-là.

*There are **few professions that are**
   as hard as that one.*

Exercices

A. Transformez les phrases en employant le superlatif et
le subjonctif passé. Faites attention à l'accord du
participe passé. Suivez le modèle.

  1. Il a achevé une tâche difficile.
     C'est la tâche la plus difficile qu'il ait achevée.

  2. Elle a éprouvé des peines affreuses.
  3. Nous avons rencontré des gens sympathiques.
  4. J'ai vu de bons résultats.
  5. Vous avez écrit un essai compliqué.
  6. Ils ont goûté un vin excellent.
  7. Tu as lu un roman amusant.

8. Elles ont visité de grandes fabriques.
9. J'ai vu une belle couronne.
10. On a écouté des disques sensationnels.
11. Nous avons pris un mauvais repas.

B. Refaites les phrases en employant le temps convenable du verbe entre parenthèses: le passé composé ou le subjonctif passé. Suivez les modèles.

1. Ce sont les seuls représentants qui *(travailler)* ici.
   Ce sont les seuls représentants qui ont travaillé ici.

2. C'est la première génération qui *(vouloir)* conserver les vieilles traditions.
   C'est la première génération qui ait voulu conserver les vieilles traditions.

3. C'est la meilleure récolte qu'on *(faire)* depuis longtemps.
4. C'est la dernière parole qu'il *(prononcer)*.
5. Il y a peu de restaurants qui nous *(plaire)* autant que celui-là.
6. C'est la seule chose qu'on *(pouvoir)* faire.
7. C'est la jeune fille la plus adroite qui *(faire)* partie de notre équipe.
8. Il y avait très peu de gens qui *(survivre)* à cette fièvre.
9. C'est la plus mauvaise tourtière que nous *(manger)!*
10. C'était la seule communauté qu'ils *(visiter)*.
11. Il n'y avait que toi qui *(savoir)* faire un bon bœuf bourguignon.
12. Il y avait peu d'examens qui *(être)* aussi faciles que celui-là.

Vérifiez vos progrès

Traduisez les phrases suivantes.

1. That's the best meat pie I've had.
2. She's the only student who doesn't want to play boules.
3. There are very few inhabitants who have become bilingual.
4. That's the first generation that emigrated from Nova Scotia.
5. Those are the only citizens who have improved their communities.
6. He's the proudest father that I know.
7. They are the only relatives that we found in the area.
8. It's the hardest work he's done.
9. That's the last primary school I visited.
10. Is that the first French-Canadian recipe you (pl.) have tried?

Parlons de vous

1. Avez-vous visité le Canada? Si oui, quelle partie du pays avez-vous visitée? Si vous avez visité le Québec, l'avez-vous trouvé très différent des Etats-Unis? très différent des autres provinces canadiennes? Racontez votre séjour au Canada. 2. Il y a beaucoup de pays officiellement bilingues dans le monde. Donnez-en des exemples. Il y a également des régions des Etats-Unis qui sont—pas officiellement, bien sûr—bilingues. Pouvez-vous en donner des exemples? Miami, peut-être? Chicago? San Antonio? Des parties du Texas, du Nouveau-Mexique, de l'Arizona, de la Californie? Croyez-vous que l'espagnol doive être une langue officielle dans ces régions-là? Pourquoi? 3. Connaissez-vous l'histoire de la Tour de Babel? Racontez-la. Que pensez-vous de cette histoire? A-t-elle peut-être de la signification pour notre époque? 4. Savez-vous ce qu'est l'espéranto? Sinon, cherchez la signification de ce mot dans un dictionnaire ou dans une encyclopédie. Que pensez-vous des idées de Ludovic Zamenhof?

THÈME

Modèle: Une leçon de cuisine

—Allô? Ici Gilbert Boucher. Est-ce que Roger est là?

—Je ne crois pas qu'il soit encore rentré du bureau. Laissez-moi jeter un coup d'œil en bas. Attendez un instant!

—*(après un long silence)* Allô? Ici Roger. C'est toi, Gilbert?

—Oui, je t'appelle pour te demander si tu as appris quelques recettes pendant ton stage en Louisiane. Mes amis américains viennent dîner chez nous demain soir. Je voudrais les impressionner en préparant une spécialité de Louisiane.

—*(ayant réfléchi un peu)* Le meilleur plat que j'aie appris à faire là-bas c'était le poulet gombo. C'est une espèce de ragoût de volaille fait avec des tomates, des oignons, d'autres légumes et plusieurs épices servi avec du riz. Je te donnerai la recette au bureau demain matin.

—Merci, bien. Dis . . . C'est long à faire?

—Non. En fait, c'est une des recettes les plus simples que je connaisse. Cela te plaira, j'en suis sûr.

Thème: The telephone call

—Hello? This is Marie Duchamp. I'd like to speak to Mireille.

—It may be that she's left, Marie. I'll go see. Hold the line, please.

—*(after a few moments)* Hello. Mireille here. Is that you, Marie?

—Yes, I'm phoning you to ask if you know a good French-Canadian recipe. Catherine, my Quebecois cousin, is going to visit me this weekend, and I hope to surprise her by making a dish that she knows. That should please her.

—*(having been quiet for a few seconds)* The most typical Quebecois dish that I know of is *tourtière.* It's a kind of meat pie made with diced pork or beef. I'll bring you the recipe at school tomorrow.

—Thanks a lot. Say . . . Is it difficult to make?

—In my opinion, there are very few recipes that are as easy. Don't worry!

AUTO-TEST

A. Complétez les phrases en employant le verbe qui convient—*plaire* ou *se taire*—et le temps du verbe indiqué entre parenthèses. Suivez le modèle.

1. Je ne crois pas que ces fleurs _____ à sa tante. *(subjonctif passé)*
   Je ne crois pas que ces fleurs aient plu à sa tante.

2. Les collégiens _____ dès que le professeur est entré dans la salle de permanence. *(passé composé)*

3. Si vous ne _____ pas, il faudra que vous sortiez. *(présent de l'indicatif)*

4. Si elles aimaient la musique espagnole, ces disques leur _____ beaucoup. *(conditionnel)*

5. Réponds-moi, s'il te _____! Pourquoi faut-il que je _____? *(présent de l'indicatif/présent du subjonctif)*

6. Nous croyons que le nouveau film qu'il tourne _____ à presque tout le monde. *(futur)*

7. Si elle _____ tout de suite, elle n'aurait pas été renvoyée à la maison. *(plus-que-parfait)*

8. Ils doutent que la serviette _____ à leur frère. *(présent du subjonctif)*

9. Tout le monde _____ pendant que le nouvel avion décollait pour la première fois. *(imparfait)*

B. Refaites les phrases en employant l'expression "je suis triste que" et le subjonctif passé. Suivez le modèle.

1. Paul s'est marié avec Lisette.
   Je suis triste que Paul se soit marié avec Lisette.

2. Christiane a abîmé ses nouvelles bottes.

3. Vous n'avez pas pris de vinaigrette.

4. Elles ne se sont pas présentées plus tôt.

5. Pascal et Xavier n'ont pas survécu à l'accident de voiture.

6. Nous n'avons pas pu jouer au tennis samedi.

7. Vous vous êtes inquiétés des résultats de l'examen.

8. Tu n'as pas préparé de pâté de foie gras.

9. Il a oublié le livre de recettes de son arrière-grand-mère.

C. Refaites les phrases en employant la forme qui convient du verbe entre
parenthèses: l'indicatif ou le subjonctif. Suivez les modèles.

1. En vérité, vous êtes la seule personne que je *(connaître)* ici.
   En vérité, vous êtes la seule personne que je connais ici.
2. Il y a très peu de gens qui *(être)* contents.
   Il y a très peu de gens qui soient contents.

3. C'est le premier foulard qui te *(convenir)*.
4. C'est le seul endroit où l'on *(vendre)* encore ces paniers d'osier.
5. Il dit que ce sont les meilleurs amis qu'il *(avoir)* au monde.
6. Il n'y a pas de livre qui *(être)* plus intéressant que tous les autres.
7. C'est la dernière lettre que tu *(devoir)* écrire ce soir.
8. Ce plombier est le seul qui *(faire)* parfaitement son travail.
9. Les tableaux de Monet sont les meilleurs qu'on *(pouvoir)* voir au Musée
   du Jeu de Paume.
10. Il n'y a que les manteaux de vison qui *(être)* vraiment chauds.
11. C'est la première fois que vous *(avoir épelé)* ce mot correctement.

COMPOSITION

Ecrivez une composition qui commence par cette phrase: "Les Etats-Unis doivent
être un pays bilingue" ou bien "Les Etats-Unis doivent rester un pays monolingue."

Boulevard Haussmann, derrière l'Opéra

Quinzième Leçon

Paris — américanisation ou modernisation?

Partout en France il y a des gens qui se plaignent que la bonne vieille vie française disparaît. Certains disent que c'est la soi-disant américanisation du monde
qui en est la cause. D'autres, plus objectifs peut-être, se rendent compte que des
changements s'effectuent partout — aux Etats-Unis aussi bien qu'en France. Ils
5 constatent que les changements sont probablement plus perceptibles en France
parce que celle-ci a des traditions plus anciennes que les Etats-Unis. Ce soir, Bénédicte Labrie et son père discutent des effets de la modernisation sur Paris.
Bénédicte étudie la planification.* Sa sœur cadette, Maryse, les écoute avec intérêt.

M. LABRIE	On ne parle que des changements à Paris. Mais Paris n'est pas la
10		France toute entière.
BÉNÉDICTE	Mais il faut reconnaître que la région parisienne est le centre
	économique du pays.
MARYSE	Dans quel sens, Bénédicte? Evidemment toutes les usines ne sont
	pas à Paris.
15 BÉNÉDICTE	Il ne s'agit pas des usines uniquement. N'oubliez pas les institu-
	tions financières, la gestion des grandes sociétés, etc.*
M. LABRIE	Mais on fait des efforts pour décentraliser l'industrie et les af-
	faires.* Il devient plus avantageux d'installer les usines en province.
MARYSE	Et dans certaines régions touristiques il y a davantage de Parisiens
20		possédant des résidences secondaires qu'il y a d'habitants.
M. LABRIE	En effet, le contraste entre Paris et la province s'efface de plus
	en plus.
BÉNÉDICTE	Ce que tu dis est vrai, papa. Mais cette absence de différence
	marquée entre la ville et la campagne se retrouve dans de nom-
25		breux pays.
M. LABRIE	Bien sûr, c'est un sujet rebattu de dire que grâce à la télé et à la
	facilité des voyages, le monde devient plus petit, mais c'est vrai
	tout de même.
BÉNÉDICTE	Mais il me paraît évident que malgré tout, nous conservons notre
30		caractère national.
MARYSE	Vivent les traditions françaises!
M. LABRIE	Parfois je me demande si nous conservons le caractère de notre
	architecture. Je ne suis pas certain que tous ces ravalements* ren-
	dent nos bâtiments plus beaux. Et quant aux tours* . . .
35 BÉNÉDICTE	Mais il faut que Paris s'adapte au monde moderne, coûte que coûte.
	Cela ne veut pas dire que notre ville perde ses charmes. La con-

gestion de la ville est affreuse, et on ne peut plus laisser aller les choses. Mais je n'ai pas à te faire comprendre que les malheurs de notre ville sont nombreux.

40 M. LABRIE   Non. Tout le monde est d'accord là-dessus. Je te rappelle seulement que le malheur des uns fait le bonheur des autres. Il y en a certainement qui profitent bien de ces malheurs-là. J'espère que ceux qui vivront à l'avenir seront ceux qui en tireront le plus grand profit.

Notes culturelles

la planification: Cette science a pour objet l'établissement de programmes économiques dont non seulement les buts à atteindre, mais aussi les diverses étapes qui mèneront aux buts, sont clairement et soigneusement décrits. La planification n'existe en France que depuis la fin de la Deuxième Guerre Mondiale.

les institutions financières, . . . etc.: La plupart des banques et des sociétés françaises ont leur siège à Paris. Pour cette raison, la région parisienne est véritablement le centre de gestion des affaires en France. Les services administratifs du gouvernement, les transports, les télécommunications et le commerce sont aussi centralisés à Paris. En plus, un Français sur six vit dans la région parisienne.

pour décentraliser les affaires: En 1965, le gouvernement a mis en œuvre un plan—dit le schéma directeur—qui vise à décongestionner Paris avant l'an 2000. Le schéma directeur comprend un plan pour créer de nouvelles villes autour de la capitale afin d'améliorer non seulement la situation de Paris, mais aussi celle de ses habitants. On veut leur donner accès à des logements et à des conditions de travail plus agréables ainsi qu'à des parcs et à d'autres loisirs.

tous ces ravalements: En 1959, le gouvernement français a remis en vigueur une loi de 1852 qui exige le ravalement des façades une fois tous les dix ans. La plupart des propriétaires ont agi conformément à la loi et il y a, en conséquence, des bâtiments qui avaient été noirs pendant longtemps qui ont maintenant l'air tout neuf. Chaque année le préfet désigne quels bâtiments de tel ou tel quartier devront être ravalés.

quant aux tours: On appelle les hauts bâtiments à Paris des "tours." Les bâtiments à très nombreux étages—comme ceux de New York ou de Chicago—s'appellent des "gratte-ciel."

Le restaurant le plus haut de Paris.

Déjeunez, dînez, soupez avec Paris à vos pieds au Ciel de Paris, le restaurant du 56e étage de la tour Montparnasse.

Ouvert jusqu'à 2 h du matin. Parking sous la tour.

538.52.35

Le Ciel de Paris

Questionnaire

1. Pourquoi la "bonne vieille vie française" disparaît-elle? Y a-t-il de tels changements ailleurs? Où, par exemple?   2. Qu'étudie Bénédicte? Que comprend cette matière?   3. Dans quel sens est-il vrai que la région parisienne est le centre économique du pays?   4. Est-on d'accord que le contraste entre Paris et la province s'efface? Pourquoi s'efface-t-il?   5. Monsieur Labrie s'intéresse à l'architecture. Qu'en dit-il?   6. Croyez-vous que M. Labrie soit un peu pessimiste? Doute-t-il que tout aille bien? Pourquoi?   7. Pouvez-vous expliquer le proverbe français, "Le malheur des uns fait le bonheur des autres"?

8. Comment est votre ville? Y a-t-il, par exemple, beaucoup de circulation? Comment est la circulation aux heures de pointe? Combien d'habitants y a-t-il dans votre ville? Décrivez la situation en général. 8. A votre avis, quelle sera la situation des grandes villes du monde en l'an 2000?

GLOSSAIRE

NOMS

l'absence *f.* absence, lack
l'accès *m.* access
l'américanisation *f.* Americanization
l'avenir *m.* future
le bonheur happiness
le but goal
le caractère character
le changement change
le charme charm
le commerce business, commerce
la congestion congestion
le contraste contrast
l'établissement *m.* establishment
l'étape *f.* stage, step
la façade façade, front (of a building)
la facilité ease, facility
la gestion administration or management of a business
le gratte-ciel; *pl.* les gratte-ciel
   skyscraper
l'institution *f.* institution

l'intérêt *m.* interest
le loisir leisure; *pl.* leisure-time
   activities
le malheur misfortune, trouble, unhappiness
la modernisation modernization
l'objet *m.* object
le plan plan
la planification economic planning
le préfet prefect; administrative
   head of a *département*
propriétaire *m.&f.* owner, property owner, landlord
la raison reason
le ravalement cleaning of the walls
   of a building; sand-blasting
la résidence secondaire summer or
   weekend home
la science science
les télécommunications telecommunications
le transport transport, transporting;
   pl. transportation

VERBES

s'adapter à to adapt to
atteindre to attain, to reach[1]
avoir à + *inf.* to have to
centraliser to centralize
constater to see, to notice, to discover
décentraliser to decentralize
décongestionner to decongest, to clear
désigner to designate
disparaître to disappear[2]
effacer to erase, to wipe out
   s'— to disappear

s'effectuer to be accomplished, to be brought about
exiger to require, to demand
installer to put up, to install
paraître to appear, to seem[2]
posséder to own[3]
rappeler to remind
ravaler to clean or repair the walls of a building
se retrouver to be found again; to be also found
tirer to take, to draw, to pull
viser à to aim to, to aim for

ADJECTIFS

administratif, -ive administrative
avantageux, -euse advantageous
financier, -ière financial
marqué, -e marked, noticeable
neuf, neuve new

tout neuf, toute neuve brand new
objectif, -ive objective
perceptible perceptible
rebattu, -e hackneyed
soi-disant so-called[4]

MOTS-OUTILS ET EXPRESSIONS

conformément à in conformity with, according to
coûte que coûte no matter what, at all cost
davantage de more
en conséquence as a result, in consequence
mettre en œuvre to put into opera-

tion, to put into effect
quant à as to, as for
remettre en vigueur to reinstate, to to put back in force
se rendre compte de (que) to realize (that)
sur (+ *number*) out of, in
tirer profit de to benefit from

---

[1]*Atteindre* is conjugated like *peindre.*

[2]*Disparaître* and *paraître* are conjugated like *connaître.* Like *il me (te, etc.) semble,* the expression *il paraît* is followed by the subjunctive when it is used interrogatively or negatively: *Il paraît qu'il a raison,* but: *Paraît-il qu'il ait raison?*

[3]*Posséder* is a stem-changing verb that follows the pattern of *répéter.*

[4]*Soi-disant* is an invariable adjective.

Casablanca, Maroc

Etude de mots

Synonymes 1: Les mots et les expressions suivants sont des synonymes. Employez-en chacun dans une phrase.

1. s'adapter à   s'habituer à
2. exiger   réclamer
3. constater   noter   remarquer   voir   découvrir
4. disparaître   s'effacer
5. paraître   sembler   avoir l'air de
6. atteindre   arriver à
7. avoir   posséder
8. avoir à   devoir   être obligé de
9. s'effectuer   être réalisé
10. le loisir   le repos
11. l'étape   le niveau
12. l'absence   le manque
13. marqué, -e   perceptible
14. conformément à   selon
15. coûte que coûte   à tout prix
16. quant à moi   pour ma part
17. plus de   davantage de

Sarlat (Dordogne)

A vous. Dans ces deux photos (pp. 292–293), on voit un mélange ("mixture") de l'ancien et du moderne. Parlez-en. Croyez-vous que les changements technologiques soient toujours avantageux? Pourquoi?

Synonymes 2: Les mots *neuf* et *nouveau* sont plus ou moins des synonymes. Pourtant on emploie le mot *neuf* exclusivement pour parler de quelque chose qui vient d'être fabriqué ou qu'on n'a pas encore utilisé (*La couturière lui fait une robe neuve; Demain on peindra les murs de notre maison neuve*). Le mot *nouveau*, par contre, peut signifier "moderne" (*Ce soi-disant savant n'emploie que des termes nouveaux*) ou "inconnu" (*C'est pour elle une situation nouvelle*) ou même "autre" ou "second" (*Ils connaissent l'Ancien et le Nouveau Testament; Ils font de nouveaux efforts pour atteindre leur but*).

Mots associés 1: Complétez chaque phrase en employant un adjectif dérivé du nom en italique.

1. Il écrit avec *facilité*. Pour sa sœur aussi c'est un travail _____.
2. Voilà le résultat de la *modernisation* — la congestion, les embouteillages, trop de camions! Je déteste les temps _____.
3. A mon avis, il leur a donné de puissantes *raisons* pour ne pas faire la guerre. Mais j'ai peur que nos chefs soient plus téméraires que _____.
4. Sa nièce a du *charme*, sans aucun doute. Et vous constaterez que Monique est aussi _____ qu'elle.
5. Son père est dans le *commerce*. C'est pourquoi elle se spécialise dans le droit _____.

Mots associés 2: Les mots et les expressions dans chaque groupe sont associés. Faites des phrases en employant chacun.

1. changer de   le changement   échanger contre   l'échange   en échange
2. établir   l'établissement
3. intéresser   s'intéresser à   l'intérêt   intéressant, -e
4. décentraliser   centraliser   le centre   central

5. décongestionner   la congestion
6. la propriété   le/la propriétaire   propre
7. le malheur   malheureusement   le bonheur   heureusement
8. la façade   en face de

Mots à plusieurs sens: Complétez les phrases en employant le même mot.

1. *(a)* Avant de nous mettre en route, nous devrons examiner un _____ de la ville.

   (b) Il est très fier de son _____ d'action. Il a passé des semaines à le perfectionner.

Mots à ne pas confondre: Faites attention!

1. *Le bout* veut dire "end": *Il s'est coupé au bout du doigt; Allez tout droit jusqu'au bout de la rue; On a parcouru le pays d'un bout à l'autre. Le but veut dire "goal": Elle a atteint son but par petites étapes; Ils ont gagné le match par deux buts à un; Il vaut mieux qu'on aille droit au but, sans détour.* Comprenez-vous ces deux termes de football et de hockey: *la ligne de but, le gardien de but?*

2. *Le caractère* veut dire "personnalité" ou "caractéristique"; *le personnage* veut dire "personne importante" ou "personne dans une œuvre littéraire." *Monsieur Giraud est un personnage très connu dans notre ville, mais c'est un homme sans caractère; Les personnages de ses romans ne sont jamais gais, mais ont plutôt des caractères sérieux et même un peu froids.*

3. *Le projet* veut dire "plan." D'après le Dictionnaire Robert, c'est "l'image d'une situation, d'un état que l'on pense atteindre." *Le plan* veut dire également "plan." Mais un plan est toujours soigneusement préparé en détail et peut comprendre plusieurs projets.

4. Le verbe *désigner* veut dire "to designate." C'est un synonyme de *marquer* ou de *montrer.* Voici, par exemple, une citation de l'écrivain Jules Romains (1885–1972), auteur de poèmes, de pièces de théâtre, d'essais et de romans: "Du petit doigt, elle désignait un endroit sur la carte." Le verbe *dessiner*, par contre, veut dire "to design, to draw": *Il désignait l'endroit que je devais dessiner en le marquant d'un X.*

5. N'oubliez pas que *réaliser* veut dire "to bring about, to achieve, to fulfill": *Ils ont réalisé leur plan; J'espère que tu réaliseras des économies; Il paraît que tous ses rêves se réalisent.* L'expression *se rendre compte de* (ou *que*) veut dire "to realize": *Je me rends compte qu'il est très fier de son héritage; Elle s'est rendu compte de mon dépaysement et a fait son mieux pour me soutenir; Ils se rendent compte que leurs idées ne se réalisent pas.*

Rue des Patriarches, Paris

EXPLICATIONS I

Le subjonctif dans les propositions indépendantes

You know that the imperative forms are the 2 sing. and 1 and 2 pl. forms of the present indicative used without the subject pronouns. Now look at the following subjunctive commands:

Qu'il **sorte** tout de suite!	*Have him leave immediately!*
Que le dîner **soit** prêt avant 8 h.!	*Have dinner ready before 8:00!*
Qu'elles **fassent** le travail maintenant!	*Let them do the work now!*

The 3 sing. and 3 pl. present subjunctive forms can also be used to give a command. Except with certain set expressions, these forms are always preceded by *que*. Here are two common exceptions:

Vive la France!	*Long live France!*
Soit![1]	*So be it!*

Exercice

Refaites les phrases en employant le subjonctif. Suivez le modèle.

1. Il doit s'adapter aux traditions.
   Qu'il s'adapte aux traditions!
2. Elles doivent atteindre leurs buts.
3. Elle doit admettre la vérité.
4. Ils doivent deviner la réponse.
5. Les changements doivent s'effectuer coûte que coûte.
6. Le préfet doit centraliser les affaires.
7. Elle doit faire des efforts.
8. Les citoyens doivent exiger la planification.
9. La ville doit conserver tout son charme.
10. Il doit perfectionner son travail.
11. Les spectateurs doivent montrer un peu d'enthousiasme.

Le verbe faire suivi de l'infinitif

1. Look at the following:

Nous **peignons** le couloir.	*We're painting the hall.*
Nous **faisons peindre** le couloir.	*We're having the hall painted.*
Elle **faisait** la robe.	*She was making the dress.*
Elle **faisait faire** la robe.	*She was having the dress made.*
Le jus de raisin **fermentera**.	*The grape juice will ferment.*
Cela **fera fermenter** le jus.	*That will make the juice ferment.*

Faire followed by another verb in the infinitive means "to have something done" or "to cause something to happen." This is called "causative *faire*."

Honfleur (Normandie)

---

[1]The subjunctive, with its implication of hoping and wanting and its polite command forms, is commonly used in prayers. The French for "amen," for example, is *ainsi soit-il.*

2. Note the following:

Il a fait écrire les élèves. He **had the students write.**
Faites écrire les élèves! **Have the students write!**

Faire + infinitive + person means "to have someone do something."[1]

3. Study the use of the direct object pronoun with causative *faire:*

Nous faisons peindre le couloir. Nous le faisons peindre.
Elle faisait faire la robe. Elle la faisait faire.

Il fera fermenter le jus. Il le fera fermenter.
Il a fait écrire les élèves. Il les a fait écrire.

Note that the direct object pronoun precedes the conjugated form of *faire.*
There is no agreement of the past participle.

4. Now look at the following:

Il a fait visiter sa cave à son He **had his neighbor visit his wine**
voisin. **cellar.**
On a fait prêter serment de fidé- They **had the new citizens take an**
lité aux nouveaux citoyens. **oath** of allegiance.

When *faire* + infinitive + object is followed by *à* + person it means "to have
someone do something." In such cases, *par* is sometimes substituted for *à*
to avoid confusion:

Il fera écrire la lettre à l'avocate. ⎰He'll **have the lawyer write** the letter.
 ⎨He'll **have the letter written to the law-**
 ⎱**yer.**
but: Il fera écrire la lettre par He'll **have the lawyer write** the letter.
l'avocate.

5. An indirect object pronoun can be used in place of *à* or *par* + noun. It, too,
precedes the conjugated form of *faire.*

Il fait visiter sa cave à son voisin. Il lui fait visiter sa cave.
On a fait prêter serment de fidé- On leur a fait prêter serment de
lité aux nouveaux citoyens. fidélité.
Il fera écrire la lettre par l'avo- Il lui fera écrire la lettre.
cate.

Exercice

A. Refaites les phrases en employant *faire* et l'infinitif. Faites attention au temps
du verbe. Suivez le modèle.

1. Les apprentis ont préparé une tourte à la viande.
   Les apprentis ont fait préparer une tourte à la viande.

2. Nous remplirons les verres à vin.

[1]Note that the verb *rendre* can also mean "to make (someone or something)." That construction, however, can be followed only by an adjective: *Leur malheur à eux nous rendra tristes; Ce résultat le rend
heureux.*

3. Elle promènera son chien.
4. Les chefs ont centralisé le gouvernement.
5. Ils ravalent la façade de ce gratte-ciel.
6. On construisait une nouvelle fabrique de boutons près de l'autoroute.
7. Elles constatent le contraste entre les deux plans.
8. Peignons le salon et la salle à manger!
9. Le propriétaire installe des meubles tout neufs.

A vous. Vous traversez la frontière franco-italienne. Imaginez le dialogue entre vous et le douanier ("customs agent").

B. Refaites les phrases en employant le pronom complément d'objet direct qui convient. Suivez le modèle.

1. Nous avons fait bâtir cet immeuble.
   Nous l'avons fait bâtir.

2. Elle fera éteindre la lumière.
3. Fais écrire les essais!
4. La reine n'a pas fait explorer la région.
5. Tu leur as fait visiter la cathédrale?
6. Je faisais réparer les freins.
7. Il ne fera pas améliorer les transports.
8. Elles ont fait servir du ragoût.
9. On voudrait faire remettre la loi en vigueur.
10. Je ferai expliquer les projets.

C. Refaites les phrases en employant le pronom complément d'objet indirect qui convient. Suivez le modèle.

1. Madame Thibodeaux a fait écrire la lettre par sa secrétaire.
   Madame Thibodeaux lui a fait écrire la lettre.

2. Nous faisons vérifier l'huile par le pompiste.
3. Il fera préparer le cassoulet par le chef.
4. Vous avez fait comprendre l'histoire aux enfants.
5. Marc a fait attraper la balle par le chien.
6. Monsieur Duval fait vendre la voiture par son frère.
7. Maman fera nettoyer le salon par Valérie.
8. J'ai fait lever le rideau à l'infirmier.
9. Nous faisons fouiller dans les tiroirs par les enfants.

Les douanes ("customs") à la frontière franco-italienne

Vérifiez vos progrès

Traduisez les phrases suivantes en employant d'abord le subjonctif (numéros 1–5) et ensuite *faire* et l'infinitif (numéros 6–10).

1. Let the changes be accomplished right away!
2. Let him finish the analysis tomorrow!
3. Let the owner write to me today!
4. Have her shorten the skirt!
5. Let them (*f.*) profit from it!
6. The author had the giant disappear.
7. Make (*pl.*) him act according to reason.
8. I'll have the recipe sent to your friends this afternoon.
9. She had the class rehearse the comedy.
10. They'll have the visitors sample the wine.

LECTURE

L'Amérique vue par les Français

America, America, l'Amérique, l'Amérique, la Californie, la Californie. Ces mots ne font pas partie de la page d'écriture[1] d'un jeune écolier.[2] Si vous étiez français, vous les chanteriez. Pourquoi? Parce que ce sont les paroles de chansons qui ont eu beaucoup de succès en France.

N'en doutez pas, d'autres chansons sur les Etats-Unis auront autant de[3] succès.   5
C'est probablement parce que l'Amérique a toujours fasciné[4] les Français et plus particulièrement les jeunes. En effet, 50 pour cent des chansons diffusées[5] par les radios françaises sont en anglais ou en "américain," et ces dernières sont celles qui ont le plus de succès. Cette fascination des jeunes pour les Etats-Unis est d'ailleurs une des raisons de l'américanisation de la France. Qui n'a pas son   10
T-shirt de "l'university of Alaska" ou d'ailleurs et son jean délavé?[6]

Ainsi chaque pays se fait-il une idée de la vie et des habitants des autres pays. Pour un Français, les Américains sont grands, blonds; ils ont des cheveux courts et ils mâchent[7] éternellement leur chewing-gum—c'est peut-être pour cela qu'ils ont un beau sourire et de belles dents blanches, bien sûr—ils ont les yeux bleus   15
et ils respirent la santé, car ils sont très sportifs.

Quelles sont leurs habitudes[8] alimentaires?[9] Eh bien, les Américains boivent beaucoup de lait car ils se préoccupent de la diététique[10] et ils savent que le lait est un aliment[11] qui leur convient parfaitement. Bien sûr, au supermarché les Américains ne prennent que des aliments emballés sous cellophane et ils se   20
nourrissent de glaces et de produits surgelés.[12] Il ne faut pas oublier non plus

---

[1]l'écriture (*f.*): *writing*
[2]l'écolier, l'écolière = élève de l'école primaire
[3]autant de: *as much*
[4]fasciner: *to fascinate*

[5]diffuser: *to broadcast*
[6]délavé, -e: *faded*
[7]mâcher: *to chew*
[8]l'habitude (*f.*): *habit*
[9]alimentaire: (*here*) *eating*

[10]la diététique: *nutrition*
[11]l'aliment (*m.*): *food, food item*
[12]surgelé, -e: *fast frozen*

qu'ils consomment[13] des tonnes de hamburger avec du ketchup. A ce propos[14] les Français pensent que les Américains se nourrissent très mal, ou du moins qu'ils ne sont pas de fins[15] gourmets. Pourtant il faut avouer[16] qu'à Paris et dans
25 les grandes villes on mange de plus en plus sur le pouce[17] dans des "Wimpy Bars" ou d'autres cafétérias[18] à la "McDonald" et que les hamburgers et "salad-bowls" ne sont plus inconnus des Français.

Comment les familles américaines occupent-elles leurs loisirs? Les femmes vont dans des clubs et ont une vie très active. Les hommes tondent[19] la pelouse et
30 font du golf. Quant aux enfants, ils sont toujours pleins de vie. Ils peuvent faire tout ce qu'ils veulent, et dans la belle cuisine ultra-moderne de leurs parents, ils ouvrent sans arrêt le frigo pour boire du lait ou du Coca et manger des sand-wichs. Ce procédé,[20] vrai ou faux, étonne les Français qui ne laissent pas leurs enfants aussi libres et sont plus sévères avec eux. Les Français pensent que dans
35 une famille américaine les enfants sont rois, parce que leurs parents ont peur de leur donner des complexes. Cette peur des complexes d'ailleurs tient une place importante dans la vie américaine, ainsi que la peur des microbes, d'où la nourriture pré-emballée.

Ces images vous font peut-être rire car vous savez ce qui est vrai et ce qui ne
40 l'est pas. Et pourtant si les Français ont de telles idées sur les Américains, c'est parce qu'ils ont vu des exemples de leur vie dans les feuilletons[21] américains qui paraissent très souvent à la télévision française. En effet, les gens ont toujours tendance[22] à généraliser ce qu'ils voient dans les films et à se faire une idée qui n'est pas toujours la bonne. Ainsi juste après la Deuxième Guerre Mondiale, les
45 Américains ressemblaient tous à Gary Cooper ou à John Wayne; maintenant ils ressemblent tous à Paul Newman ou à Robert Redford. L'Amérique pour les Français, c'est les westerns avec les cow-boys et les Indiens. (Pendant longtemps les premiers étaient ceux qui savaient faire respecter la justice, mais depuis plusieurs années, il y a eu un changement d'opinion chez les Français, qui ont
50 pris conscience[23] eux aussi de la tragédie des Indiens.) L'Amérique, c'est aussi les grands espaces[24] de l'Ouest avec de beaux paysages sauvages[25] et des déserts remplis de cactus. Qui n'a pas rêvé de voir ces visages[26] formidables sculptés dans les montagnes du Dakota du Sud?

Pour un Français, l'Amérique est aussi le pays du gigantisme que ce soit[27] du
55 point de vue du territoire ou du point de vue des réalisations[28] techniques. Le concept de la grande ville avec ses gratte-ciel immenses fait un peu peur au Français. A New York, l'Empire State Building avec ses 102 étages est un exem-ple de ce gigantisme dont personne ne voudrait en France où tout est à échelle réduite[29] et présente une certaine harmonie. New York pour les Français est

---

[13]consommer: *to consume*
[14]à ce propos: *in this regard*
[15]fin, -e = élégant
[16]avouer: *to agree, to admit*
[17]sur le pouce = sans as-siette et debout
[18]le cafétéria: établissement où l'on mange sur le

pouce; *fast-food restau-rant*
[19]tondre: *to mow*
[20]le procédé = façon d'agir
[21]le feuilleton: *serial, series*
[22]la tendance: *tendency*
[23]prendre conscience: *to become aware*

[24]l'espace (m.): *space*
[25]sauvage: *wild*
[26]le visage = la figure
[27]que ce soit: *whether*
[28]la réalisation: *achievement*
[29]à échelle réduite: *on a reduced scale*

McDonald's aux Champs-Elysées

60 une espèce de ville-champignon[30] dont les super-structures sont à la fois attirantes par leur curiosité esthétique et effrayantes[31] par leur taille.

Pays du gigantisme, l'Amérique est aussi le pays du gadget. Le goût des Américains pour les choses pratiques[32] ou fonctionnelles surprend les Français, qui restent étonnés devant ces appareils[33] qui changent les programmes de télévision
65 alors que le spectateur peut rester dans son fauteuil; ou bien cet autre appareil qui permet d'ouvrir la porte de son garage tout en restant dans sa voiture. Tous ces gadgets amusent les Français, qui considèrent les Américains comme de grands enfants qui aiment avoir des jouets. Peut-être êtes-vous surpris que les Français remarquent ces choses, car vous y êtes habitués depuis votre en-
70 fance. Mais ces images représentent quelque chose d'amusant et de sympathique à la fois.

Les Français connaissent-ils les Américains? En France, à la télévision, on voit beaucoup d'émissions sur les Etats-Unis, des reportages[34] et des documentaires en particulier, et le Français a une idée précise des Américains. L'Amérique c'est
75 le pays du progrès et des grandes réalisations spatiales.[35] Si c'est un Français qui a imaginé qu'un jour les hommes iraient dans la lune,* ce sont les Américains qui ont réalisé cet exploit. L'Amérique c'est une certaine manière de vivre et une civilisation impressionnante, mais effrayante par certaines de ses réalisations scientifiques. Pour les Français, l'Amérique est aussi un pays neuf où la réussite[36]
80 sociale doit être facile car les gens entreprenants[37] peuvent y réussir. L'Amérique est en quelque sorte[38] un mythe: le mythe du grand, du neuf et de l'aventureux.

Note culturelle

un Français . . . dans la lune: Cyrano de Bergerac (1619–1655), écrivain français, s'intéressa beaucoup à l'astronomie et aux sciences en général. Il écrivit *l'Histoire comique des Etats et Empires de la lune,* où il exprima ses idées révolu-

---

[30]le champignon: *mushroom*
[31]effrayant, -e = qui fait peur
[32]pratique: *practical*
[33]l'appareil *(m.)* = *(here)* la machine
[34]le reportage: *report*
[35]spatial, -e: *in space*
[36]la réussite = le succès
[37]entreprenant, -e: *enterprising*
[38]en quelque sorte: *to some extent*

tionnaires dans les domaines scientifique et religieux. Bien que son héros voyage dans la lune, il s'agit dans cette histoire plus d'une critique des croyances ("beliefs") et des institutions de son époque que d'une véritable épopée ("epic") interplanétaire. Deux siècles plus tard, Jules Verne (1828–1905) créa un genre nouveau: celui du roman scientifique. Verne fut plus ou moins un prophète de génie ("genius"), car plusieurs des objets extraordinaires qu'il envisagea sont devenus des réalisations de la science: la télévision, par exemple, et les sous-marins. Parmi ses romans les plus célèbres on peut citer *De la Terre à la lune, Vingt Mille Lieues sous les mers,* dont l'action se passe dans un sous-marin, et *Le Tour du monde en quatre-vingts jours.*

À propos ...

1. "Chaque pays se fait une idée de la vie et des habitants des autres pays." C'est vrai? Quelle idée vous faites-vous de la vie en France? Existe-t-il un Français et une Française typique? Si oui, décrivez-les. Existe-t-il un Américain et une Américaine typique? Décrivez-les du point de vue d'un Français.   2. Quelle sorte d'image les films américains donnent-ils de la vie en Amérique? Cette image reflète-t-elle la vie comme elle est (ou comme elle était)? Si ce n'est pas une image exacte, est-ce meilleure ou pire que la vérité?   3. Est-il vrai que l'Amérique est le "pays du gigantisme"? Comment?   4. Croyez-vous qu'on ait besoin d'essayer d'améliorer l'image que les Européens, les Africains, les Asiatiques—et même nos voisins canadiens et latino-américains—ont des Etats-Unis? Pourquoi? Si oui, que feriez-vous afin de l'améliorer? Croyez-vous que nous soyons de bons voisins pour les Canadiens, les Mexicains, etc.? Discutez un peu de ce sujet.

EXPLICATIONS II

Le complément de l'infinitif

1. Study the following sentences:

J'entends partir la voiture.	*I hear the car leaving.*
Elle regardait disparaître le soleil.	*She was watching the sun disappear.*
Ils ont laissé passer les coureurs.	*They let the runners go by.*

The following verbs require an inversion of the infinitive and its object in French: *amener, écouter, emmener, entendre, envoyer, laisser, regarder, sentir, voir.*

2. Note the position of direct object pronouns in sentences using an infinitive complement:

J'entends chanter la cantatrice.	Je l'entends chanter.
Emmenez danser vos cousines!	Emmenez-les danser!
Elles ont entendu chanter les nouvelles chansons.	Elles les ont entendu chanter.

In these constructions, the direct object pronoun precedes the conjugated verb rather than the infinitive.

Exercices

A. Répondez aux questions en employant le passé composé des verbes entre parenthèses et l'infinitif. Suivez le modèle.

1. Est-ce que l'avion a décollé? *(regarder)*
   Oui, on a regardé décoller l'avion.

2. Est-ce que les roues ont grincé? (entendre)
3. Est-ce que ses parents se sont assis? (emmener)
4. Est-ce que les camions ont quitté la frontière? (voir)
5. Est-ce que les touristes s'y sont reposés? (laisser)
6. Est-ce que les citoyens s'en sont plaints? (entendre)
7. Est-ce que le temps a changé? (sentir)
8. Est-ce que les institutions se sont effacées? (laisser)
9. Est-ce que le chasseur a visé avant de tirer? (voir)
10. Est-ce que les visiteurs sont entrés? (écouter)

B. Répondez aux questions en employant les pronoms compléments d'objet direct qui conviennent. Suivez le modèle.

1. Est-ce qu'elle voit sortir les élèves?
   Oui, elle les voit sortir.

2. Est-ce que vous écouterez parler les bûcherons?
3. Est-ce qu'ils ont entendu sonner le concierge?
4. Est-ce que tu regardais jouer l'équipe?
5. Est-ce qu'elles enverront chercher les plans?
6. Est-ce que nous amenons dîner nos parents?
7. Est-ce qu'il laisserait partir les enfants?
8. Est-ce que vous sentez brûler le rôti?
9. Est-ce qu'elle verra tourner les films?

Le discours indirect

1. Indirect discourse is the reporting of a statement, a question, or a command without using quotation marks. Study the following pairs:

"Vos idées **sont rebattues**," nous a-t-il dit.	Il nous a dit que nos idées **étaient rebattues**.
J'ai expliqué: "On **a ravalé** la façade."	J'ai expliqué qu'on **avait ravalé** la façade.
"Cette étape **sera difficile**," a-t-elle ajouté.	Elle a ajouté que cette étape **serait difficile**.
Ils ont répondu: "Elle **aura rempli** la tâche avant ce soir."	Ils ont répondu qu'elle **aurait rempli** la tâche avant ce soir.

The first sentence in each pair is in quotation marks, or direct discourse. The second sentence in each pair contains the same introductory subject and verb, but the quotation is now a clause introduced by *que*. Notice that when the introductory clause is in the passé composé, there are sometimes differences in the subordinate clause, depending upon whether it is stated as direct or indirect discourse. There may be differences in verb tense, in the subject pronoun, and in any possessive pronouns. The changes are identical to what they would be in English:

INTRODUCTORY CLAUSE	SUBORDINATE CLAUSE *(Direct Discourse)*	SUBORDINATE CLAUSE *(Indirect Discourse)*
passé composé	present	imperfect
	passé composé	pluperfect
	future	conditional
	future perfect	past conditional
	imperfect ⟶	
	pluperfect ⟶	
	conditional ⟶	
	past conditional ⟶	

2. If the introductory clause is in the present tense, then the verb in the following clause would be the same in either direct or indirect discourse. For example:

"Je téléphone à Paul," répond-elle.
Je dis: "Si j'allais en Italie, je ne **manquerais** pas d'acheter des objets en cuir."

Elle répond qu'elle **téléphone** à Paul.
Je dis que si j'allais en Italie, je ne manquerais pas d'acheter des objets en cuir.

3. Questions asked with indirect discourse follow the same pattern as do statements. Note the use of relative pronouns and of *si:*

Ils m'ont demandé: "Est-ce que vous vendez votre collection?"
Elles lui ont demandé: "Qu'est-ce qui se passe?"
Je t'ai demandé: "Qu'est-ce que tu as constaté?"

Ils m'ont demandé si je vendais ma collection.
Elles lui ont demandé ce qui se passait.
Je t'ai demandé ce que tu avais constaté.

4. Note the following:

Elle nous a dit: "Parlez à haute voix!"

"Jette-moi la balle!" m'a-t-il crié.

"Ne vous levez pas!" lui ai-je répété.[1]

Elle nous a dit de parler à haute voix.

Il m'a crié de lui jeter la balle.

Je lui ai répété de ne pas se lever.

In indirect discourse, commands are always expressed as *de* + infinitive.

Pour lire

Etudiez les phrases suivantes:

Peut-être sortiront-ils demain.
Aussi a-t-il illustré sa théorie.
Sans doute préfère-t-elle rester ici.

Perhaps they will go out tomorrow.
Then he illustrated his theory.
No doubt she prefers to remain here.

Surtout dans la langue écrite, il y a très souvent l'inversion du sujet après les expressions suivantes: *ainsi, aussi* (qui, dans ce cas, signifie "alors" ou "donc"), *encore, peut-être, sans doute, à peine* ("scarcely"). Remarquez que cela ne rend pas la phrase interrogative.

Exercices

A. Refaites les phrases en employant le discours indirect. Faites tous les changements nécessaires. Suivez le modèle.

1. Elle m'a dit: "Cela paraîtra bizarre."
   Elle m'a dit que cela paraîtrait bizarre.

2. Il répond: "Je ne veux pas chasser de renards."
3. Tu as ajouté: "Elle ne s'est pas rendu compte de sa faute."
4. Ils lui ont dit: "Nous aurons ravalé la façade ouest du gratte-ciel avant l'hiver."
5. Vous avez dit: "Ils pouvaient constater le contraste."
6. Elles m'ont répondu: "Il s'adaptera aux changements."
7. Nous répétons: "Il aurait fallu décongestionner la ville."
8. Il a annoncé: "Ils passent tous les week-ends dans leur résidence secondaire."
9. J'ai dit: "Ces malheurs disparaîtront grâce à ce que tu fais maintenant."
10. Elle nous a répondu: "Vous tirerez grand profit de tout cela."
11. Tu dis: "Il vaudrait mieux exiger plus de loisir."
12. Elles ont remarqué: "Ils ont fait un voyage en Grèce."

B. Refaites les phrases en employant le discours direct. Suivez le modèle.

1. Elle nous a demandé ce qui allait se passer.
   Elle nous a demandé: "Qu'est-ce qui va se passer?"

2. Il m'a demandé si je pourrais réaliser mon rêve.

[1]Note that in writing, the subject pronoun and the 1 sing. form of *avoir* can be inverted.

3. Je lui ai demandé ce qu'il avait réclamé hier.
4. Vous nous avez demandé ce qui aurait plu à nos amis.
5. Ils leur ont demandé si elles s'inquiétaient de l'avenir.
6. On m'a demandé ce qui s'était effectué dans cet établissement.
7. Tu lui as demandé s'il préférerait mettre ce plan en œuvre.
8. Elles nous ont demandé ce qu'elles devraient étudier pour suivre une carrière dans les télécommunications.
9. Je t'ai demandé ce qui avait marqué cette génération.
10. Il vous a demandé si la propriétaire de votre appartement possédait d'autres bâtiments aussi.

C. Refaites les phrases en employant l'infinitif. Suivez le modèle.

1. "Epelez le mot sans hésiter!" nous a-t-il dit.
   Il nous a dit d'épeler le mot sans hésiter.

2. "Reprends ton travail!" m'a-t-elle crié.
3. "Occupe-toi du problème!" lui répondons-nous.
4. "Ne vous salissez pas les mains!" leur ai-je dit.
5. "Réveille-toi à 7 h.," a-t-on dû lui répéter.
6. "Achetez de la viande!" nous disent-ils.
7. "Décris-moi les gratte-ciel!" m'a-t-il dit.
8. "Ne vous couchez pas si tard!" lui ai-je répété.
9. "Achève la lecture avant son retour!" a-t-elle dit.
10. "Ne vous servez pas de ces outils!" leur ont-ils suggéré.

Les trains comportant des voitures-lits sont indiqués spécialement pages 2 à 16 sur un fond de couleur bleue et...
par un numéro en tête de colonne. La couleur est indiquée dans toute la largeur de la colonne-horaire, uniquement...
hauteur des villes effectivement desservies.
Les tableaux ci-après indiquent, pour chaque numéro :
— les parcours des voitures-lits ;
— les types de places offertes qui peuvent être les suivantes :

Compartiment occupé par	Supplément voiture-lit	Tarif fer
1 voyageur	Single (S)	1re classe
1 voyageur	Spécial (Sp)	1re classe
2 voyageurs	Double (D)	1re classe
2 voyageurs	Touriste (T2)	2e classe
3 voyageurs	Touriste (T3)	2e classe

Numéros	Parcours	Types
1	PARIS-ZURICH-INNSBRUCK ou INNSBRUCK-ZURICH-PARIS (Arlberg-Express).	S, D.
1	PARIS-WIEN,	S, D.
2	PARIS-WIEN-BUDAPEST-BUCURESTI, les lundis, mercredis et vendredis au départ de PARIS.	S, D.
3	PARIS-MUNCHEN-SALZBURG ou (Orient-Express).	S, D.
	SALZBURG-MUNCHEN-PARIS	

---

18 VOITURES-LITS (TRANS EURO NUIT)

Numéros	Parcours	Types de places
4	WIEN-PARIS,	
	BUCURESTI-BUDAPEST-WIEN-PARIS, les mercredis, vendredis et dimanches à l'arrivée à PARIS.	S, D, T3.
5	PARIS-FRANKFURT (ne circule pas du 13-VII au 26-VIII).	Sp, T2.
6	PARIS-FRANKFURT (ne circule pas du 12-VII au 25-VIII).	Sp, T2.
7	PARIS-BERLIN-MOSKVA.	Sp.
8	PARIS-KOBENHAVN ou KOBENHAVN-PARIS (Nord-Express).	Sp, T2.
9	PARIS-KOBENHAVN, du 24-VI au 27-VIII au départ de PARIS,	S, D, T3.
	PARIS-HAMBURG en dehors de cette période.	S, D, T3.
10	PARIS-HANNOVER ou HANNOVER-PARIS.	S, D, T3.
11	KOBENHAVN-PARIS, du 26-VI au 29-VIII à l'arrivée à PARIS.	S, D, T3.
12	MOSKVA-BERLIN-PARIS.	S, D, T3.
13	PARIS-LONDON ou LONDON-PARIS, via DUNKERQUE. Ne comporte pas de couchettes. (Night-Ferry).	
14	PARIS-BREST, jusqu'au 23-VI et à partir du 11-IX au départ de PARIS.	S, D.
15	BREST-PARIS, jusqu'au 25-VI et à partir du 13-IX à l'arrivée à PARIS.	Sp, T2.
16	PARIS-QUIMPER, du 25-VI au 10-IX.	Sp, T2.
17	QUIMPER-PARIS, du 25-VI au 11-IX.	Sp,T2.
18	PARIS-BORDEAUX-IRUN.	Sp, T2.
19	HENDAYE-BORDEAUX-PARIS. Horaire retardé du 24-VI au 12-IX. Se renseigner.	Sp, T2.
20	(Hendaye)-IRUN-MADRID.	
21	PARIS-MADRID ou MADRID-PARIS (La Puerta del Sol, possibilité de billets à prix globaux).	S, Sp, D.
22	PARIS-TARBES ou TARBES-PARIS (Pyrénées-Express).	
23	PARIS-HENDAYE-IRUN (Ibéria-Express).	S, D, T2.
24	HENDAYE-PARIS (Ibéria-Express).	S, D, T2.
25	MADRID-IRUN (Hendaye).	S, D, T2, T3. (1)
26	PARIS-TOULOUSE ou TOULOUSE-PARIS (L'Occitan).	S, Sp, D, T2, T3. (1)
		S, D.
		T2.

(1) Certains types de places sont temporaires.

---

19 VOITURES-LITS (TRANS EURO NUIT)

Numéros	Parcours	Types de places
26	PARIS-BARCELONA ou BARCELONA-PARIS. Ne comporte pas de couchettes (Bar... Talgo, possibilité de billets à prix globaux).	S, D, T4.(1)
27	PARIS-PERPIGNAN-PORT-BOU (Côte Vermeille).	Sp, T2.
	CERBERE-PERPIGNAN-PARIS (Paris-Côte Vermeille).	Sp, T2.
28	PARIS-BEZIERS ou BEZIERS-PARIS.	S, Sp, D, T2, T3.
29	PARIS-GRENOBLE-PARIS.	S, D, T3.
30	PARIS-VENTIMIGLIA ou VENTIMIGLIA-NICE-PARIS. Ne comporte pas de couchettes (Le Train Bleu).	S, Sp, D, T2, T3. (2)
31	PARIS-NICE ou NICE-PARIS (Le Phocéen).	S, Sp, D, T3.
32	PARIS-TOULON-HYERES ou HYERES-TOULON-PARIS.	S, Sp, D, T2, T3.
	PARIS-MARSEILLE ou MARSEILLE-PARIS (Flandre-Riviera).	S, Sp, D, T2, T3.
33	BRUXELLES : départ 19 h 07 - PARIS-Nord-NICE-VENTIMIGLIA (Riviera).	S, Sp, D, T2, T3.
34	CALAIS-Mme : départ 19 h 30 - PARIS-Nord-NICE-VENTIMIGLIA (Flandre).	S, Sp, D.(2)
35	VENTIMIGLIA-NICE-PARIS-Nord-CALAIS-Mme : arrivée 11 h 10	S, Sp, D, T2, T3.
36	VENTIMIGLIA-NICE-PARIS-Nord-BRUXELLES : arrivée 10 h 50.	S, Sp, D, T2, T3.
	MILANO-ROMA.	S, D.
37	TORINO-ROMA ou ROMA-TORINO.	
38	PARIS-ROMA ou ROMA-PARIS (Le Palatino, possibilité de billets à prix globaux).	Sp, D.
39	PARIS-FIRENZE ou FIRENZE-PARIS (Roma-Express).	Sp, T2.
40	PARIS-TORINO, jusqu'au 23-VI et à partir du 4-IX.	S, D.
41	PARIS-ROMA ou ROMA-PARIS (Roma-Express).	Sp, T2.
42	TORINO-GENOVA.	Sp, T2.
43	ROMA-ANNECY-ST-GERVAIS ou ST-GERVAIS-ANNECY-PARIS.	S, D, T3.
44	PARIS-GENEVE, ne circule pas du 24-VI au 11-IX au départ de PARIS.	
45	PARIS-GENEVE, ne circule pas du 25-VI au 12-IX au départ de GENEVE.	
46	GENEVE-PARIS.	
47	PARIS-VENEZIA ou VENEZIA-PARIS (Simplon-Express).	

(1) Compartiment occupé par 4 voyageurs. Accessible avec un billet de 2e classe.
(2) Certains types de places sont temporaires.

---

20 VOITURES-LITS (TRANS EURO NUIT)

Numéros	Parcours	Types de places
	PARIS-VENEZIA ou VENEZIA-PARIS (Lombardie-Express).	S, Sp, D, T2, T3. (1)
48	PARIS-VENEZIA ou VENEZIA-PARIS.	S, D, T3.
49	CALAIS-Mme : départ 19 h 30 - PARIS-VENEZIA.	S, D, T3.
50	VENEZIA-CALAIS-Mme : arrivée 11 h 10.	
51	BRUXELLES-BASEL-MILANO-ROMA ou ROMA-MILANO-BASEL-BRUXELLES (Italia-Express).	S, D, T3.
		Sp, T2.
52	QUIMPER-LYON, les mardis, jeudis et samedis du 25-VI au 10-IX.	S, D, T3.
53	LYON-QUIMPER, les lundis, mercredis et vendredis du 24-VI au 9-IX.	S, D, T3.
54	GENEVE-HENDAYE-IRUN.	S, D, T3.
55	GENEVE-NICE.	S, D, T3.
56	GENEVE-NICE-VENTIMIGLIA ou VENTIMIGLIA-NICE-GENEVE.	Sp, T2.
57	STRASBOURG-NICE-VENTIMIGLIA ou VENTIMIGLIA-NICE-STRASBOURG.	
	SAARBRUCKEN-METZ-NICE, les vendredis du 27-V au 17-VI et tous les jours du 23-VI...	Sp, T2.
58	METZ-NICE, jusqu'au 22-VI (sauf les 27-V, 3, 10 et 17-VI) et à partir du 18-IX.	Sp, T2.
	NICE-METZ-SAARBRUCKEN, les 30-V, 5, 12 et 19-VI et tous les jours du 24-VI au 18-IX.	Sp, T2.
	NICE-METZ, jusqu'au 23-VI (sauf les 30-V et 5, 12, 19-VI) et à partir du 19-IX.	Sp, T2.
59	HENDAYE-NICE-VENTIMIGLIA.	
60	NANTES - BORDEAUX - NICE - VENTIMIGLIA ou VENTIMIGLIA - NICE - BORDEAUX-NANTES.	S, D, T3.
61	VENTIMIGLIA-NICE-HENDAYE-IRUN.	S, D, T3.
62	ROMA-NICE ou NICE-ROMA.	S, D, T3.
63		

(1) Certains types de places sont temporaires.

L'OCCITAN train de nuit PARIS ⟷ TOULOUSE

Vérifiez vos progrès

Dans le passage suivant, adapté de *L'Enfant noir* de Camara Laye, vous allez transformer cette citation directe en discours indirect. Commencez votre travail par les mots "Son père lui a dit que," et employez la troisième personne. N'oubliez pas de faire tous les changements nécessaires.

Mon père m'a dit:

—Chacun suit son destin; les hommes n'y peuvent rien changer. Tes oncles aussi ont étudié. Moi, je n'ai pas eu leur chance, et moins encore la tienne. Mais maintenant que cette chance est devant toi, mon fils, il faut la saisir. Tu as su saisir la précédente; tu dois saisir celle-ci aussi. Il reste dans notre pays tant de choses à faire . . . Oui, tu devrais aller en France; à mon avis, c'est la meilleure idée. On aura besoin ici d'hommes comme toi. Quand tu auras achevé tes études, tu reviendras aider ton pays.

Parlons de vous

1. Quels sont vos projets de vacances? Allez-vous rester chez vous? Si oui, que ferez-vous afin de vous amuser? Aurez-vous un emploi? Si oui, quelle sorte d'emploi? Pouvez-vous décrire vos tâches? 2. Si vous ne restez pas chez vous, où irez-vous? Que ferez-vous là? 3. Décrivez un jour typique d'été. 4. Comptez-vous poursuivre vos études de français? Pourquoi? Si oui, qu'est-ce que vous espérez étudier l'année prochaine dans votre cours de français? Quels aspects du cours avez-vous aimés le mieux cette année-ci? Quels aspects ont été les moins intéressants ou les moins utiles? 5. Voudriez-vous apprendre d'autres langues étrangères? Lesquelles? Pourquoi?

THÈME

Etudiez le paragraphe suivant. Puis, en l'employant comme modèle, mettez le paragraphe anglais en français.

Modèle: En 1965, le gouvernement français a mis en œuvre un plan—le soi-disant schéma directeur—dont le but est de décongestionner Paris avant l'an 2000. On compte créer de nouvelles villes autour de la capitale, ce qui encouragera les grandes sociétés à ne pas établir leurs bureaux et leurs usines à Paris. Monsieur Carnot, chef d'une assez grande société qui fabrique des meubles, vient de recevoir une lettre.

M. CARNOT *(lisant la lettre)* ". . . nous serons prêt à vous offrir certaines conditions que vous trouverez très avantageuses." *(parlant à son fils)* Ecoute, Pierre. On me dit que le gouvernement sera prêt à nous offrir certaines conditions avantageuses si nous acceptons de déménager.

SON FILS Et cela t'intéresse sans doute?

M. CARNOT Si on pouvait en tirer profit? Ça vaut certainement la peine d'examiner leur plan. Mais je dois partir bientôt en voyage d'affaires. Alors, je veux que tu ailles voir M. Saulois cet après-midi. Fais-lui téléphoner pour avoir

Lesson
15

307

plus de renseignements. Qu'il prenne rendez-vous avec ces gens-là pour lundi ou mardi. Tu comprends?

SON FILS   Bon. D'accord.

M. CARNOT   On peut gagner sa vie aussi bien en banlieue qu'en ville.

Thème: In 1959, the French government put back in force a law of 1852 which requires the cleaning of the fronts of buildings once every ten years. Each year the prefect of each department designates which buildings owners must have cleaned. Madame Legendre, who owns an old apartment building in Cannes, has just opened a letter from the prefect, whose offices are in Grasse.

MME LEGENDRE   *(reading the letter)* "We had your apartment building examined on January 3. In conformity with the law of 1852, we are requiring, . . . etc., . . . etc." Darn!

That evening she is talking to her daughter about the letter.

HER DAUGHTER   What did they say, Mom?

MME LEGENDRE   They said they had examined our apartment building and were requiring that I have it cleaned before the end of the year.

HER DAUGHTER   Isn't that going to be very expensive?

MME LEGENDRE   Yes, and I'm very much worried about it. If we could make them change their minds. But I have to spend the week in Paris. Tomorrow I'd like you to talk to M. Rivière, the lawyer. Have him write a letter to the prefect to ask for more time. Let him write the letter as soon as possible. Okay?

HER DAUGHTER   Of course.

MME LEGENDRE   I hope this can be accomplished without too much trouble.

Fermeture Annuelle de la Pharmacie

du 1ᵉ AOÛT

au 31 AOÛT

POUR TOUS RENSEIGNEMENTS   PHARMACIES DE GARDE :

AUTO-TEST

A. Refaites les phrases en employant le pronom complément d'objet direct qui convient. Puis refaites-les en employant le pronom complément d'objet indirect qui convient. Enfin, refaites-les en employant ensemble les deux pronoms compléments. Suivez le modèle.

1. Elle a fait fermer la porte par Marie.
   Elle l'a fait fermer par Marie.
   Elle lui a fait fermer la porte.
   Elle la lui a fait fermer.

2. Il a fait expliquer le problème par Guillaume.
3. Je ferai regarder le moteur par le mécanicien.
4. Elle avait fait remarquer les peintures préhistoriques à ses élèves.
5. Nous faisons effacer le tableau à Marthe et à Madeleine.
6. Ils feront aller chercher de nouveaux oreillers à Claudine et à toi.

7. Chaque année vous faites établir leurs buts par les collégiens.
8. Nous avons fait escalader ce sentier aux Eclaireurs.
9. Tu fais faire les lits par Patrick et par moi?

B. Refaites les phrases en employant le subjonctif dans des propositions in-
   dépendantes. Suivez le modèle.

1. J'espère que ce propriétaire fera nettoyer sa pelouse.
   Qu'il fasse nettoyer sa pelouse!

2. J'espère que le roi vit.
3. J'espère qu'elle te comprend.
4. J'espère qu'on la met en œuvre aussitôt que possible.
5. J'espère que ta mère retiendra une assez grande table.
6. J'espère que Marie-France enlève les restes.
7. J'espère qu'il ne rompt pas son serment.
8. J'espère que Louis ne nous plaint pas trop.
9. J'espère que les cerises mûriront bientôt.

C. A la fin du livre vous trouverez un extrait ("extract") du roman de Victor
   Hugo, *Les Misérables*. Refaites le neuvième paragraphe ("Voici. Je m'appelle
   Jean Valean . . ." jusqu'à "Je paierai.") en employant le discours indirect.
   Commencez ainsi: "Il a dit qu'il s'appelait Jean Valjean; qu'il était un galérien,
   et qu'il avait passé dix-neuf ans au bagne." (A propos du style indirect, il
   est préférable de garder le mot *que* pendant les trois ou quatre premières
   phrases. Après, il ne faut pas l'employer.)

COMPOSITION

Ecrivez une composition sur vos
projets de vacances.

Lectures

Enfance et Jeunesse

Le Corbeau[1] et le renard

JEAN DE LA FONTAINE

La Fontaine (1621–1695) wrote more than 240 poems based on the traditional fables of Aesop and of others. Many of these have become a standard element in French education and have been memorized by school children for generations. The memorization of "Le Corbeau et le renard" is the point of departure in the play by Feydeau which follows the fable.

Maître Corbeau, sur un arbre perché,[2]
    Tenait en son bec[3] un fromage.
Maître Renard, par l'odeur alléché,[4]
    Lui tint à peu près ce langage:[5]
5   "Hé! bonjour, Monsieur du Corbeau,[6]
Que vous êtes joli! que vous me semblez beau!
    Sans mentir, si votre ramage[7]
    Se rapporte à[8] votre plumage,
Vous êtes le phénix des hôtes[9] de ces bois."
10 A ces mots le Corbeau ne se sent pas de[10] joie;
    Et, pour montrer sa belle voix,
Il ouvre un large bec, laisse tomber sa proie.[11]
Le Renard s'en saisit,[12] et dit: "Mon bon Monsieur,
    Apprenez que tout flatteur[13]
15   Vit aux dépens de[14] celui qui l'écoute.
Cette leçon vaut bien un fromage sans doute."
    Le Corbeau honteux[15] et confus,[16]
Jura, mais un peu tard, qu'on ne l'y prendrait plus.

---

[1]le corbeau: *crow*
[2]percher: *to perch*
[3]le bec: *beak*
[4]allécher = attirer en promettant quelque plaisir
[5]lui . . .ce langage = lui a parlé en employant cette espèce de langage
[6]*The fox flatters the crow by addressing him as if he belonged to the nobility* (as in *"de La Fontaine"*). *The English equivalent here might be "Sir Crow."*
[7]le ramage: *bird's song, warbling*
[8]se rapporter à = ressembler à
[9]le phénix des hôtes = l'oiseau le plus rare; un oiseau unique
[10]ne pas se sentir de: *to be beside oneself with*
[11]la proie: *prey*
[12]se saisir de = se faire maître de
[13]le flatteur, la flatteuse: *flatterer*
[14]aux dépens de: *at the expense of*
[15]honteux, -euse = qui a honte
[16]confus, -e: *embarrassed*

Fiancés en herbe[1]

GEORGES FEYDEAU

Georges Feydeau (1862–1921) was a master of the type of light farce that the French call vaudevilles. *Several of his plays, including the classic* Occupe-toi d'Amélie!, *are in the repertory of the Comédie-Française and are regularly revived in London, New York, and elsewhere.* Fiancés en herbe *is an amusing child's-eye view of the adult world. Reading the play aloud will help to reveal Feydeau's mastery of comic dialogue.*

Personnages

RENÉ	onze ans
HENRIETTE	neuf ans

(Une salle d'étude quelconque.[2] René et Henriette sont tous les deux assis vis-à-vis[3] l'un de l'autre, à la table de travail qui occupe le milieu de la scène. Au fond,[4] une fenêtre avec des rideaux blancs. Mobilier[5] "ad libitum."[6] Sur la table des papiers, des livres de classe, des plumes[7] et de l'encre.[8]

Au lever du rideau, ils apprennent leur leçon les oreilles dans leurs mains et marmottent[9] entre leurs dents: "Maître corbeau sur un arbre perché. . .maître corbeau sur un arbre perché. . .").

HENRIETTE *(après un temps relevant la tête):* Ah! que c'est ennuyeux! Ça ne veut pas entrer[10] . . .

RENÉ: Moi, ça commence! . . . Je sais jusqu'à "fromage": "tenait dans son bec un fromage."

5   HENRIETTE: Deux lignes! . . . déjà! . . .

RENÉ: Oui, et toi?

HENRIETTE: Moi, je commence un peu à savoir le titre.

RENÉ: Oh! tu verras, ça n'est pas très difficile. . .c'est très bête cette fable-là. . . c'est pour les petits enfants. . .mais on la retient[11] facilement.

10   HENRIETTE: Dis donc, tu les aimes, toi, les fables de La Fontaine?

RENÉ *(bon enfant[12]):* Oh! non. . .ça n'est plus de mon âge!

HENRIETTE *(naïvement):* Qui est-ce qui les a faites, les fables de La Fontaine?

RENÉ *(très carré[13]):* Je ne sais pas! . . . il n'a pas de talent.

HENRIETTE *(avec conviction):* Non! . . . D'abord pourquoi est-ce que ça s'appelle
15   les fables de La Fontaine?

Fiancés en herbe *by Georges Feydeau. Reprinted by permission of Le Bélier Prisma-Mame.*

[1]*en herbe* = qui n'a pas encore mûri

[2]*This play was written in the 1890's, when many rich families had their children privately tutored at home. A room would be set aside as a* "schoolroom." *This stage direction might be rendered in English as "a typical study room."*

[3]*vis-à-vis* = en face

[4]*au fond: in the background*

[5]*le mobilier* = l'ameublement

[6]*ad libitum* = *(latin)* ad lib., au choix, comme vous voulez

[7]*la plume: feather pen,* fountain pen

[8]*l'encre (f.): ink*

[9]*marmotter: to mumble*

[10]*entrer* = c'est-à-dire, entrer dans la tête; *to sink in*

[11]*retenir: (here) to retain*

[12]*bon enfant* = faisant semblant d'être plus vieux et plus sage qu'il ne l'est

[13]*carré, -e: straightforward*

RENÉ: Pour rien . . . c'est un mot composé[14]. . . comme dans la grammaire,
"rez-de-chaussée, arc-en-ciel, chou-fleur."

HENRIETTE: Haricots verts.[15]

RENÉ: Parfaitement!

20 HENRIETTE: Eh bien! moi j'aurais appelé ça "Fables des Animaux" plutôt que
Fables de La Fontaine . . . parce qu'il y a tout le temps des animaux . . .
et qu'il n'y a presque pas de fontaines. Voilà!

RENÉ: C'est évident . . . et on devrait le dire à l'auteur.

HENRIETTE: Ah! l'auteur, ce qu'il aurait fait de mieux, c'est de ne pas les écrire,
25 ses fables! car enfin c'est à cause de lui qu'il faut les savoir, s'il ne les avait
pas faites, on n'aurait pas à les apprendre . . . Et puis, à quoi ça sert-il,[16] les
fables?

RENÉ: Ah bien! ça vous apprend[17] quelque chose.

HENRIETTE: Ah! par exemple, je voudrais bien savoir ce que nous apprend *Le
30 Corbeau et le Renard?*

RENÉ: Mais cela t'apprend qu'il ne faut pas parler aux gens quand on a du fromage dans la bouche.

HENRIETTE: C'est que c'est vrai[18] . . . Oh! je n'aurais jamais trouvé ça toute
seule . . . Quelle bonne idée ont eue nos parents de nous mettre chez la
35 même institutrice . . . comme ça nous travaillons ensemble . . . c'est bien
plus facile.

RENÉ: Oui . . . il n'y a que l'institutrice qui ne me plaît pas . . . c'est une pares-
seuse . . . elle ne veut pas se donner la peine de faire nos devoirs.

HENRIETTE: Qu'est-ce que tu veux, nos parents lui donnent raison![19]

40 RENÉ: Et puis elle est cafarde![20] Toujours: "Moussié René![21] cé hêtre pas ti tout
très pien, fous pas safoir son lezon! Ché tirai cette chosse hà moussié papa!"
et alors papa me prive de[22] dessert. Elle est très embêtante!

HENRIETTE *(tragique):* Ah! ça n'est pas rose, la vie!

RENÉ: Oh! non . . . sans compter que depuis quelques jours je suis très per-
45 plexe.[23]

HENRIETTE: Perplexe?

RENÉ: Oui, c'est un mot de papa . . . ça veut dire perplexe, quoi![24]

HENRIETTE: Ah! bon . . . et pourquoi es-tu . . . ce que tu dis?

RENÉ: Je crois que papa a l'intention de me marier.[25]

50 HENRIETTE: Toi?

RENÉ: Oui . . . je ne sais pas . . . tu connais la marquise d'Engelure, l'amie de

---

[14]composé, -e: *compound;*
c'est-à-dire, un mot
composé de deux ou
trois mots

[15]Ce n'est pas un mot composé; ce sont plutôt
deux mots: *green beans*

[16]à quoi ça sert-il: *what's
the use of*

[17]apprendre = *(here)* enseigner

[18]c'est que c'est vrai =
comme c'est vrai!

[19]donner raison à = croire
qu'on a raison

[20]le cafard, la cafarde: *sneak;
tattle-tale*

[21]*René is imitating the teacher's German accent. Note
that the teacher uses the
basic, infinitive forms
and mispronounces the
words. In good French
this would be: "Mon-*
sieur René! ce n'est pas
du tout très bien [que]
vous ne savez pas votre
leçon! Je dirai cette
chose à Monsieur votre
papa!"

[22]priver de: *to deprive of*

[23]perplexe: *perplexed*

[24]quoi = *(here)* vous voyez;
n'est-ce pas

[25]marier: *to marry (s.o.) off
(or to)*

*Affiche de Charles Verneau
pour La Dame de chez Maxim,
une pièce par Feydeau*

*Affiche d'Auguste Leymarie
pour le film La Dame de chez Ma
(vers 1923–24)*

maman . . . tu sais, qui renifle[26] tout le temps . . . Figure-toi[27] qu'elle a
acheté une petite fille! Alors j'ai entendu papa qui lui disait: "Ce sera une
jolie petite femme pour mon fils!" Moi j'ai pas osé dire "Ah! flûte!"[28] parce
que papa n'aime pas ça, mais il me dégoûte,[29] ce marmot,[30] je ne peux pas
le conduire dans le monde! Il bave[31] encore! . . . Ah! si cela avait été toi
seulement . . .

HENRIETTE: Moi!

RENÉ: Oh! oui, toi . . . je ne dirais pas non . . . j'ai de l'amitié pour toi, j'ai de
l'amour.

HENRIETTE: A quoi[32] voit-on qu'on a de l'amour?

RENÉ: C'est pas malin[33] . . . Il y a trente-six manières. Nous jouons ensemble,
par exemple! tu me casses mon cerceau[34] . . . je ne te donne pas de coups
de pied[35] . . . ça prouve que j'ai de l'amour . . .

HENRIETTE: Et quand c'est des claques?[36]

RENÉ: Oh! c'est la même chose.

HENRIETTE: Mais alors j'ai eu souvent de l'amour, moi . . . Il y a eu beaucoup
d'enfants qui m'ont cassé mes jouets . . . et je ne leur donnais pas de coups[37]
. . . parce qu'ils étaient plus forts que moi! . . . je ne savais pas que c'était
de l'amour!

RENÉ: Henriette! si tu voulais nous marier ensemble?

HENRIETTE: Ah! je ne peux pas . . . j'ai promis.

RENÉ: Toi!

HENRIETTE: Oui, j'ai promis à papa que je l'épouserai.[38]

RENÉ: Mais on n'épouse pas son père! . . .

HENRIETTE: Pourquoi donc? . . .

RENÉ: Parce qu'il est de votre famille.

HENRIETTE: Quoi! il a bien épousé maman! il me semble que c'est bien de sa
famille.

RENÉ: Ah! oui, mais ça, c'est permis . . . on peut épouser sa femme!

HENRIETTE: Maintenant tu sais, si papa veut! moi je ne demande pas mieux.

RENÉ: Oh! tu verras comme je serai un bon mari . . . jamais je ne donne des
coups, moi . . . ou très rarement! Mais tu ne peux pas espérer, n'est-ce
pas? . . .

HENRIETTE: C'est évident . . . Papa lui-même m'en donne des claques quand
je ne suis pas sage! ainsi!

RENÉ: Mais oui, ça c'est la vie . . .

HENRIETTE: Dis donc, mais pour ça il faut que papa veuille . . . s'il ne veut pas
que je devienne ta femme, s'il tient à ce que[39] je sois la sienne . . .

RENÉ (avec une certaine importance): Ma chère, vous êtes une enfant! Quand vous
aurez comme moi onze ans, que[40] vous aurez l'expérience de la vie, vous

---

[26]renifler: *to sniffle*
[27]se figurer = *imaginer*
[28]flûte! = *zut!*
[29]dégoûter: *to disgust*
[30]le marmot: *kid*
[31]baver: *to drool*
[32]à quoi = *comment*
[33]c'est pas malin = *ce n'est*

pas difficile
[34]le cerceau: *hoop*
[35]le coup de pied: *kick*
[36]la claque: *slap*
[37]le coup: *blow*
[38]épouser = *se marier avec*
[39]tenir à (ce que) = *vouloir*
(que)

[40]que = (here) quand. *Very
often, when* quand *would
be used to introduce con-
secutive subordinate
clauses, the second one
is introduced instead by*
que *(though the mean-
ing remains the same).*

ne direz plus des enfantillages[41] pareils![42]

HENRIETTE: Ah! vraiment, monsieur! Alors, je suis un bébé tout de suite!

95   RENÉ: Non! mais tu es jeune! . . . Eh bien! tu sauras que quand même on pourrait[43] épouser son père . . . et ça je ne crois pas que ce soit possible! . . .
je ne vois pas d'exemple; en tout cas, il n'y a pas moyen lorsqu'il a déjà une
femme.

HENRIETTE: Quelle femme?

RENÉ: Ta maman . . .

100   HENRIETTE: Oh! maman . . . c'est pas une femme, c'est maman!!!

RENÉ: Ça ne fait rien! Ça compte tout de même! Et vois donc ce que ça ferait!
Si tu épousais ton papa, tu deviendrais la maman de ton petit frère . . .

HENRIETTE: C'est vrai pourtant . . . et je deviendrais ma maman aussi à moi!
puisque je serais la femme de papa . . . et que je suis sa fille!

105   RENÉ: Il n'y aurait plus moyen de s'y reconnaître!

HENRIETTE: Oui, mais me vois-tu ma maman à moi! Ce que[44] je me gâterais![45]

RENÉ: Oui, mais enfin du moment que ta maman vit, tout ça tombe dans l'eau[46] . . .

HENRIETTE: Alors il faudrait que maman soit veuve[47] pour que je puisse épouser
papa?

110   RENÉ: Au contraire, il faudrait que ce soit ton papa qui soit veuf . . .

HENRIETTE: Oui! enfin maman serait partie au ciel . . . Oh! pauvre maman . . .
Oh! comme le monde est méchant, il veut que la femme meure[48] pour qu'on
puisse se marier avec son mari . . . Oh! c'est mal, c'est très mal! . . .

RENÉ (la prenant dans ses bras): Voyons, ma petite Henriette, calme-toi . . . sois
115   un homme comme moi . . . je ne pleure jamais, regarde . . . et tiens, je te
dis, épouse-moi . . . c'est ce qu'il y a de mieux! . . . Avec moi il n'y a pas
besoin que personne meure . . . et puis tu verras . . . je serai si gentil! . . .

HENRIETTE: Oh! oui, tu es gentil, toi . . . et je veux tout ce que tu voudras . . .
Eh bien, quand?

120   RENÉ: Quand quoi?

HENRIETTE: Quand veux-tu que nous nous mariions?

RENÉ: Ah! dame,[49] il faudra que nous en parlions à nos parents.

HENRIETTE: Oh! non, nous leur dirons après!

RENÉ: Pourquoi pas avant? . . . ce serait plus convenable . . .

125   HENRIETTE: Oui, mais s'ils disent non?

RENÉ: Pourquoi veux-tu qu'ils disent non? D'abord, moi, quand je suis sage,
papa ne me refuse rien!

HENRIETTE: Je ne te dis pas![50] mais moi je suis d'avis d'attendre que ce soit
fait . . . et s'ils se fâchent, d'abord il sera trop tard! Et puis nous répondrons
130   que nous croyions le leur avoir dit!

RENÉ: Ou plutôt que n'ayant pas osé leur dire, nous leur avons écrit . . . alors,
qu'ils n'auront peut-être pas reçu la lettre!

---

[41]l'enfantillage (m.) = manière d'agir ou de s'expri-
mer qui ne convient
qu'aux enfants
[42]pareil, -le: similar
[43]quand même on pourrait
= même si l'on pouvait

[44]ce que = (here) comme
[45]gâter: to spoil
[46]tomber dans l'eau: (here)
to go down the drain
[47]le veuf, la veuve: widower,
widow

[48]meure = 3 sing. subjunctive of mourir
[49]dame! = eh bien!
[50]je ne te dis pas = je ne
doute pas que c'est
vrai

HENRIETTE: C'est cela! sur le dos de[51] la poste . . . v'lan![52]

RENÉ: Ah oui, mais voilà! M. le curé[53] . . . et M. le maire![54] . . . ils connaissent
135   papa . . . alors ils ne voudront peut-être pas . . .

HENRIETTE: Qu'est-ce que ça nous fait, M. le maire et M. le curé? . . . marions-
nous d'abord, nous leur dirons aussi après . . .

RENÉ: Ah! mais non, on se marie toujours devant M. le maire.

HENRIETTE: Ah! ça c'est parce qu'on veut bien! il se marie bien sans nous, lui!
140   . . . nous pouvons en faire autant![55] Nous n'avons qu'à faire mettre sur du
papier: J'ai l'honneur de vous faire part du[56] mariage de René avec Henriette . . . et ça suffira!

RENÉ: Tu crois? . . .

HENRIETTE: Mais oui! Qu'est-ce que tu veux que ça fasse aux autres? C'est nous
145   qui nous marions après tout! ça n'est pas eux!

RENÉ: C'est clair! Ah! par exemple, quand on doit s'épouser, on échange des
bagues. Je te donne la mienne . . . tu me donnes la tienne. C'est ça qui fait
le mariage . . .

HENRIETTE: Oui? . . . Ah mais je n'ai pas de bagues, moi.

150 RENÉ: Ni moi non plus . . . *(Frappé d'une[57] idée)* Oh! attends! je sais où il y en a.
(Il grimpe[58] sur une chaise près de la fenêtre.)

HENRIETTE: Eh bien! qu'est-ce que tu fais? Tu vas tomber.

RENÉ: Laisse donc . . . je vais chercher des anneaux![59] Il y en a aux rideaux! . . .
(Descendant) Là, en voilà deux! Tant pis,[60] je les ai arrachés![61]

---

[51]sur le dos de: *blame (it) on*
[52]v'lan!: *wham!*
[53]le curé: *curate, parish
priest*
[54]le maire: *mayor*
[55]en faire autant = faire la

même chose
[56]faire part de = annoncer
[57]frappé de: *(here) struck by*
[58]grimper: *to climb up*
[59]l'anneau *(m.): ring.* Une
bague *is a ring worn on*

the finger; un anneau *is
a generic word for any
kind of ring (including*
une bague).
[60]tant pis: *too bad*
[61]arracher: *to tear*

155 HENRIETTE: Oh! regarde donc . . . ils sont trop grands pour mon doigt.

RENÉ: Tu mettras ça à ton pouce . . . Là, prends une bague et moi une autre . . . Et maintenant mettons-nous à genoux sur nos chaises comme à l'église. (*Ils apportent tous deux sur le devant de la scène*[62] *leurs chaises qu'ils placent sur le même plan,*[63] *les dossiers*[64] *face au public, et s'agenouillent.*[65])

160 HENRIETTE: Là, c'est-il comme ça?

RENÉ: Voilà! Donne-moi ta bague . . . bien! Je te donne la mienne . . . très bien! . . . Eh bien! voilà, nous sommes mariés . . .

HENRIETTE: Vraiment! c'est pas plus difficile que ça?

RENÉ: Maintenant tu es ma femme, tu portes mon nom . . .

165 HENRIETTE: Comment! je ne m'appelle plus Henriette . . . je m'appelle René? . . .

RENÉ: Mais oui, madame René!

HENRIETTE: Ah! que c'est drôle! Madame René! moi! Ah! allons-nous être heureux! D'abord nous n'apprenons plus de fables! Tu en apprendras si tu veux parce que l'homme doit travailler pour la femme! mais pas moi! Et puis tu

170 me mèneras au théâtre! Aux premières, comme papa et maman à l'Opéra! . . . à Guignol!

RENÉ: Hum! Guignol! Guignol! Je n'aime pas beaucoup qu'on voie ma femme dans tous ces endroits-là! Et puis tout cela dépend! si papa me met au collège? . . .

175 HENRIETTE: Tu es mon mari! j'irai avec toi!

RENÉ: On n'y reçoit pas les dames . . . et moi, tu comprends, il faut que j'y aille, si je veux être militaire.[66]

HENRIETTE: Militaire, toi!

RENÉ: Oui! je veux me mettre[67] général, comme mon oncle!

180 HENRIETTE: Eh bien! alors, je me ferai cantinière[68] . . . on les reçoit là, les dames.

RENÉ: Je ne te dis pas! Mais non! c'est assez d'un militaire dans un ménage.[69]

HENRIETTE: Dis donc et tu me donneras des diamants,[70] des voitures, des joujoux![71]

185 RENÉ: Ah! moi je veux bien! mais c'est cher tout ça!

HENRIETTE: Oh! bien, nous sommes riches! Et puis nos parents nous donneront! Qu'est-ce que nous avons enfin?

RENÉ: Moi, j'ai dix francs d'un côté, vingt-cinq francs que mon oncle m'a donnés, quarante-huit sous[72] dans ma tirelire[73] et soixante-quinze centimes dans ma

190 poche![74]

HENRIETTE: Oh! Oh! dix francs tu dis, et quarante-huit sous . . . Qu'est-ce que ça fait dix francs et quarante-huit sous . . . dix et quarante-huit?

RENÉ: Cinquante-huit . . . tu sais avec les dix c'est très facile.

HENRIETTE: Bon! Dix et quarante-huit, cinquante-huit quoi? Sous ou francs?

195 RENÉ: Ah bien . . . je ne sais pas . . . francs, ça vaut toujours mieux.

---

[62]sur le devant de la scène: *downstage, to the front of the stage*

[63]sur le même plan = au même niveau

[64]le dossier: *back (of a chair)*

[65]s'agenouiller = se mettre à genoux

[66]le militaire = le soldat

[67]me mettre = devenir

[68]la cantinière = (jusqu'à la Première Guerre Mondiale) femme qui tenait une cantine militaire

[69]le ménage: *household*

[70]le diamant: *diamond*

[71]le joujou: *trinket, bauble*

[72]le sou = cinq centimes

[73]la tirelire: *piggy bank*

[74]la poche: *pocket*

HENRIETTE: Tiens, comptons chacun de notre côté . . . *(Ils écrivent sur leurs ardoises.*[75]*)* Tu dis dix francs, vingt-cinq francs, quarante-huit sous et soixante-quinze centimes, et moi j'ai neuf francs.

RENÉ: Bien . . . *(Ils comptent chacun sur leur ardoise.)*

200 HENRIETTE: 9 et 5, 14.

RENÉ: 0 et 5 cinq.

HENRIETTE: 14 et 8 . . . 15 et? . . .

RENÉ: 13.

HENRIETTE: 15 et 13 . . . 31.

205 RENÉ: Et 18 . . .

HENRIETTE: Et 18 . . . *(Comptant sur ses doigts)* 63, 64, 65. *(Ils continuent à compter en marmottant.)*

HENRIETTE: Et 9 . . . 133 . . .

RENÉ: 26 et 4 . . . 35.

210 HENRIETTE: 156 . . . et 8, 153.

RENÉ: Là, ça y est! Je trouve 97, et toi?

HENRIETTE: Moi, je trouve 859.

RENÉ: Oh! nous devons nous être trompés?

HENRIETTE: Oui! . . . comment ça se fait? Ah! bien . . . je sais pourquoi! Toi

215 tu as commencé l'addition par en haut et moi par en bas! Voilà!

RENÉ: Ah! c'est ça! . . . je commencerai toujours par en bas! On trouve bien plus!

HENRIETTE: Enfin tu vois, nous voilà tout à fait riches, nous pouvons donc prendre un petit hôtel[76] . . . et là nous recevons![77] On m'appelle "madame":

220 *(Minaudant*[78]*)* Ah! madame, monsieur votre mari va bien? —Mais très bien, madame . . . il sera bien désolé de ne pas vous avoir vue . . . justement il est sorti aujourd'hui! Il est allé à la guerre. —Ah! vraiment? Et vos enfants? —Mes enfants vont très bien. —Ils doivent être grands? —Je crois bien! ma toute chère, l'aîné a huit ans. —Comme ça grandit![79] Et il y a longtemps

225 que vous êtes mariée? —Il y a six mois, chère madame, il y a six mois! et patati! et patata![80] *(Parlé*[81]*)* Ah! ce sera amusant de faire la dame! . . .

RENÉ: Et puis il y a le voyage de noces[82] . . . On s'en va tous les deux tout seuls! sans la gouvernante[83] alors! On est des hommes . . . et on va très loin . . . en Italie . . . en Turquie . . .

230 HENRIETTE: A Saint-Cloud![84]

RENÉ: Si l'on veut . . . Ah! c'est beau d'être libres! De n'avoir plus à obéir à[85] personne . . . nous pouvons faire tout ce que nous voulons maintenant que nous sommes mariés.

HENRIETTE: Et d'abord plus de leçons!

235 RENÉ: Plus de devoirs! plus rien . . . *(Ils envoient promener*[86] *leurs livres et leurs*

---

[75]l'ardoise *(f.): slate*
[76]l'hôtel: *(here) mansion*
[77]recevoir = accueillir des visiteurs; donner des réceptions
[78]minauder: *to mince*
[79]grandir: *to grow*

[80]et patati! et patata!: *yak-kety-yak*
[81]parlé = c'est-à-dire, elle cesse de minauder
[82]le voyage de noces: *honey-moon*
[83]la gouvernante: *governess*

[84]Saint-Cloud se trouve en banlieue parisienne. C'est un endroit préféré des enfants à cause de son parc magnifique.
[85]obéir à: *to obey*
[86]envoyer promener = jeter

cahiers.) Et quand notre institutrice viendra, nous lui dirons: Mademoiselle, nous n'avons plus besoin de vous . . .

HENRIETTE: Et allez donc l'institutrice! *(Chantant)* Dansons la Capucine![87]

RENÉ ET HENRIETTE *(dansant en rond[88]):* Dansons la Capucine!

240   Y a pas[89] de pain chez nous,

                                     Y en a chez la voisine . . .

(On entend du bruit dans les coulisses.[90])

HENRIETTE: Ah! mon Dieu![91] qu'est-ce que c'est?

RENÉ: C'est l'institutrice, c'est mademoiselle Schlumann!

245 HENRIETTE: Ah! mon Dieu, et nous ne savons pas nos leçons!

RENÉ: Ah! bien, nous allons en recevoir![92] Vite dépêchons-nous! *(Ils prennent chacun leur livre de fables, et se mettent à répéter comme au lever du rideau:)*

RENÉ ET HENRIETTE: Maître corbeau sur un arbre perché . . . maître corbeau sur un arbre perché! . . .

RIDEAU

---

[87]la Capucine = danse d'enfants
[88]en rond: *in a circle*
[89]y a pas = il n'y a pas

[90]dans les coulisses: *offstage, in the wings*
[91]Dieu: *God. This oath is*

not as strong in French as in English.
[92]en recevoir: *to get it*

L'Enfant noir

CAMARA LAYE

Camara Laye (1924–1980) was one of the first African writers from south of the Sahara to achieve world recognition. Lonely and haunted by memories of his native village in Guinea, Laye wrote L'Enfant noir *while an engineering student in Paris. The book was published in 1953. In this final chapter, the young Camara Laye, who had already spent four years away from home attending high school in the capital city of Conakry, prepares to leave once again—this time, for Paris.*

[. . .] Avant mon départ de Conakry, le directeur de l'école m'avait fait appeler et m'avait demandé si je voulais aller en France pour y achever mes études. J'avais répondu oui d'emblée[1]—tout content, j'avais répondu oui!—mais je l'avais dit sans consulter mes parents, sans consulter ma mère. Mes oncles, à Conakry, 5 m'avaient dit que c'était une chance unique et que je n'eusse pas mérité de respirer si je ne l'avais aussitôt[2] acceptée. Mais qu'allaient dire mes parents, et ma mère plus particulièrement? Je ne me sentais aucunement rassuré.[3] J'attendis que

---

Abridged from L'Enfant noir *by Camara Laye. Reprinted by permission of Librairie Plon.*

[1]d'emblée = tout de suite
[2]aussitôt *(here)* = tout de suite

[3]aucunement rassuré: *in no way reassured*

nos effusions[4] se fussent un peu calmées, et puis je m'écriai,[5] — je m'écriai comme si la nouvelle[6] devait ravir[7] tout le monde:

10 —Et ce n'est pas tout: le directeur se propose de m'envoyer en France!

—En France? dit ma mère.

Et je vis son visage[8] se fermer.

—Oui. Une bourse[9] me sera attribuée;[10] il n'y aura aucun frais[11] pour vous.

—Il s'agit bien de frais! dit ma mère. Quoi! tu nous quitterais encore?

15 —Mais je ne sais pas, dis-je.

Et je vis bien — et déjà je me doutais[12] bien — que je m'étais fort avancé,[13] fort imprudemment[14] avancé en répondant "oui" au directeur.

—Tu ne partiras pas! dit ma mère.

—Non, dis-je. Mais ce ne serait pas pour plus d'une année.

20 —Une année? dit mon père. Une année, ce n'est pas tellement long.

—Comment? dit vivement[15] ma mère. Une année, ce n'est pas long? Voilà quatre ans que notre fils n'est plus jamais près de nous, sauf pour les vacances, et toi, tu trouves qu'une année ce n'est pas long?

—Eh bien . . . commença mon père.

25 —Non! non! dit ma mère. Notre fils ne partira pas! Qu'il n'en soit plus question!

---

[4]l'effusion (f.): demonstra-
    tion of affection
[5]s'écrier = dire d'une
    voix forte
[6]la nouvelle: piece of news
[7]ravir: to thrill

[8]le visage = la figure
[9]la bourse: scholarship
[10]attribuer: to award to, to
    confer on
[11]le frais = dépense

[12]se douter: to suspect
[13]s'avancer: to go too far
[14]imprudemment = témé-
    rairement
[15]vivement = rapidement

—Bon, dit mon père; n'en parlons plus. Aussi bien cette journée est-elle la journée de son retour et de son succès: réjouissons-nous![16] On parlera de tout cela plus tard.

30   Nous n'en dîmes pas davantage, car les gens commençaient d'affluer[17] dans la concession,[18] pressés de me fêter.

Tard dans la soirée, quand tout le monde fut couché, j'allai rejoindre mon père sous la véranda de sa case:[19] le directeur m'avait dit qu'il lui fallait, avant de faire aucune démarche,[20] le consentement[21] officiel de mon père et que ce
35   consentement devrait lui parvenir dans le plus bref délai.[22]

—Père, dis-je, quand le directeur m'a proposé de partir en France, j'ai dit oui.

—Ah! tu avais déjà accepté?

—J'ai répondu oui spontanément.[23] Je n'ai pas réfléchi, à ce moment, à ce
40   que mère et toi en penseriez.

—Tu as donc bien envie d'aller là-bas? dit-il.

—Oui, dis-je. Mon oncle Mamadou m'a dit que c'était une chance unique.

—Tu aurais pu aller à Dakar; ton oncle Mamadou est allé à Dakar.

—Ce ne serait pas la même chose.

45   —Non, ce ne serait pas la même chose . . . Mais comment annoncer cela à ta mère?

—Alors tu acceptes que je parte? m'écriai-je.

—Oui . . . oui, j'accepte. Pour toi, j'accepte. Mais tu m'entends: pour toi, pour ton bien![24]

50   Et il se tut un moment.

—Vois-tu, reprit-il, c'est une chose à laquelle j'ai souvent pensé. J'y ai pensé dans le calme de la nuit et dans le bruit de l'enclume.[25] Je savais bien qu'un jour tu nous quitterais: le jour où tu as pour la première fois mis le pied à l'école, je le savais. Je t'ai vu étudier avec tant de plaisir, tant de passion[26] . . . Oui, de-
55   puis ce jour-là, je sais; et petit à petit, je me suis résigné.

—Père! dis-je.

—Chacun suit son destin,[27] mon petit; les hommes n'y peuvent rien changer. Tes oncles aussi ont étudié. Moi—mais je te l'ai déjà dit: je te l'ai dit, si tu te souviens quand tu es parti pour Conakry—moi, je n'ai pas eu leur chance et
60   moins encore la tienne . . . Mais maintenant que cette chance est devant toi, je veux que tu la saisisses; tu as su saisir la précédente, saisis celle-ci aussi, saisis-la bien! Il reste dans notre pays tant de choses à faire . . . Oui, je veux que tu ailles en France; je le veux aujourd'hui autant que[28] toi-même: on aura besoin ici sous peu[29] d'hommes comme toi . . . Puisses-tu ne pas nous quitter pour
65   trop longtemps! . . .

Nous demeurâmes un long bout de temps sous la véranda, sans mot dire et à regarder la nuit; et puis soudain mon père dit d'une voix cassée:

—Promets-moi qu'un jour tu reviendras?

[16]se réjouir: *to rejoice*
[17]affluer: *to flow*
[18]la concession = la propriété
[19]la case: *cabin*
[20]la démarche: *step*

[21]le consentement: *consent*
[22]dans le . . . délai = aussitôt que possible
[23]spontanément = sans hésiter
[24]le bien: *good, welfare*

[25]l'enclume (f.): *anvil*
[26]la passion = l'enthousiasme
[27]le destin: *destiny*
[28]autant que: *as much as*
[29]sous peu = bientôt

—Je reviendrai! dis-je.

70 —Ces pays lointains[30] . . . dit-il lentement.

Il laissa sa phrase inachevée; il continuait de regarder la nuit. Je le voyais, à la lueur[31] de la lampe-tempête,[32] regarder comme un point dans la nuit, et il fronçait les sourcils[33] comme s'il était mécontent[34] ou inquiet de ce qu'il y découvrait.

75 —Que regardes-tu? dis-je.

—Garde-toi de jamais tromper[35] personne, dit-il; sois droit dans ta pensée et dans tes actes; et Dieu[36] demeurera avec toi.

Puis il eut comme un geste de découragement et il cessa de regarder la nuit.

Le lendemain, j'écrivis au directeur que mon père acceptait. Et je tins la
80 chose secrète pour tous, je n'en fis la confidence qu'à Kouyaté. Puis je voyageai dans la région. J'avais reçu un libre-parcours[37] et je prenais le train aussi souvent que je voulais. Je visitai les villes proches; j'allai à Kankan qui est notre ville sainte.[38] Quand je revins, mon père me montra la lettre que le directeur du collège technique lui avait envoyée. Le directeur confirmait mon départ et dési-
85 gnait l'école de France où j'entrerais; l'école était à Argenteuil.

—Tu sais où se trouve Argenteuil? dit mon père.

—Non, dis-je, mais je vais voir.

J'allai chercher mon dictionnaire et je vis qu'Argenteuil n'était qu'à quelques kilomètres de Paris.

90 —C'est à côté de Paris, dis-je.

Et je me mis à rêver à[39] Paris: il y avait tant d'années qu'on me parlait de Paris! Puis ma pensée revint brusquement[40] à ma mère.

Gargouille de la cathédrale de Notre-Dame

---

[30]lointain, -e: *distant*
[31]la lueur = lumière faible
[32]la lampe-tempête: *hurricane lamp*
[33]froncer les sourcils: *to frown*

[34]mécontent, -e = pas content
[35]tromper: *to deceive, to cheat*
[36]Dieu: *God*

[37]le libre-parcours: *pass*
[38]saint, -e: *holy*
[39]rêver à = penser vaguement à
[40]brusquement = soudain

—Est-ce que ma mère sait déjà? dis-je.

—Non, dit-il. Nous irons ensemble le lui annoncer.

95   —Tu ne voudrais pas le lui dire seul?

—Seul? Non, petit. Nous ne serons pas trop de deux! Tu peux m'en croire.

Et nous fûmes trouver ma mère. Elle broyait[41] le mil[42] pour le repas du soir. Mon père demeura un long moment à regarder le pilon[43] tomber dans le mortier:[44] il ne savait trop par où commencer; il savait que la décision qu'il apportait ferait
100 de la peine à ma mère, et il avait, lui-même, le cœur lourd; et il était là à regarder le pilon sans rien dire; et moi, je n'osais pas lever les yeux. Mais ma mère ne fut pas longue à pressentir[45] la nouvelle: elle n'eut qu'à nous regarder et elle comprit tout ou presque tout.

—Que me voulez-vous? dit-elle. Vous voyez bien que je suis occupée!

105 Et elle accéléra la cadence du pilon.

—Ne va pas si vite, dit mon père. Tu te fatigues.

—Tu ne vas pas m'apprendre à piler[46] le mil? dit-elle.

Et puis soudain elle reprit avec force:

—Si c'est pour le départ du petit en France, inutile de m'en parler, c'est non!

110 —Justement, dit mon père. Tu parles sans savoir: tu ne sais pas ce qu'un tel départ représente pour lui.

—Je n'ai pas envie de le savoir! dit-elle.

Et brusquement elle lâcha[47] le pilon et fit un pas[48] vers nous.

—N'aurai-je donc jamais la paix?[49] dit-elle. Hier, c'était une école à Conakry;
115 aujourd'hui, c'est une école en France; demain . . . Mais que sera-ce demain? C'est chaque jour une lubie[50] nouvelle pour me priver de[51] mon fils! . . . Ne te rappelles-tu déjà plus comme le petit a été malade à Conakry? Mais toi, cela ne te suffit pas: il faut à présent que tu l'envoies en France! Es-tu fou?[52] Ou veux-tu me faire devenir folle? Mais sûrement je finirai par devenir folle! . . . Et
120 toi, dit-elle en s'adressant à moi, tu n'es qu'un ingrat![53] Tous les prétextes te sont bons pour fuir[54] ta mère! Seulement, cette fois, cela ne va plus se passer comme tu l'imagines: tu resteras ici! Ta place est ici! . . . Mais à quoi pensent-ils dans ton école? Est-ce qu'ils se figurent[55] que je vais vivre ma vie entière loin de mon fils? Mourir loin de mon fils? Ils n'ont donc pas de mère, ces gens-
125 là? Mais naturellement ils n'en ont pas: ils ne seraient pas partis si loin de chez eux s'ils en avaient une!

Et elle tourna le regard[56] vers le ciel, elle s'adressa au ciel:

—Tant d'années déjà, il y a tant d'années déjà qu'ils me l'ont pris! dit-elle. Et voici maintenant qu'ils veulent l'emmener chez eux! . . .

130 Et puis elle baissa[57] le regard, de nouveau elle regarda mon père:

—Qui permettrait cela? Tu n'as donc pas de cœur?

—Femme! femme! dit mon père. Ne sais-tu pas que c'est pour son bien?

---

[41]broyer: *to grind*
[42]le mil: *grain*
[43]le pilon: *pestle*
[44]le mortier: *mortar*
[45]pressentir = deviner
[46]piler = broyer
[47]lâcher = laisser tomber,

cesser de tenir
[48]le pas: *step*
[49]la paix: *peace*
[50]la lubie: *foolish notion*
[51]priver de: *to deprive of*
[52]fou, folle: *crazy*

[53]l'ingrat, l'ingrate: *ingrate*
[54]fuir: *to flee, to run away from*
[55]se figurer = supposer
[56]le regard: *gaze*
[57]baisser: *to lower*

—Son bien? Son bien est de rester près de moi! N'est-il pas assez savant comme il est?

135   —Mère . . . commençai-je.

Mais elle m'interrompit[58] violemment:

—Toi, tais-toi! Tu n'es encore qu'un gamin[59] de rien du tout![60] Que veux-tu aller faire si loin? Sais-tu seulement comment on vit là-bas? . . . Non, tu n'en sais rien! Et, dis-moi, qui prendra soin de[61] toi? Qui réparera tes vêtements? Qui

140   te préparera tes repas?

—Voyons, dit mon père, sois raisonnable: les Blancs ne meurent[62] pas de faim!

—Alors tu ne vois pas, pauvre insensé,[63] tu n'as pas encore observé qu'ils ne mangent pas comme nous? Cet enfant tombera malade; voilà ce qui arrivera! Et moi alors, que ferai-je? Que deviendrai-je? Ah! j'avais un fils, et voici que je

145   n'ai plus de fils!

Je m'approchai d'elle, je la serrai[64] contre moi.

—Eloigne-toi![65] cria-t-elle. Tu n'es plus mon fils!

Mais elle ne me repoussait[66] pas: elle pleurait et elle me serrait étroitement contre elle.

150   —Tu ne vas pas m'abandonner, n'est-ce pas? Dis-moi que tu ne m'abandonneras pas?

Mais à présent elle savait que je partirais et qu'elle ne pourrait pas empêcher mon départ, que rien ne pourrait l'empêcher; sans doute l'avait-elle compris dès que nous étions venus à elle: oui, elle avait dû voir cet engrenage[67] qui, de l'école

155   de Kouroussa, conduisait à Conakry et aboutissait à[68] la France; et durant[69] tout le temps qu'elle avait parlé et qu'elle avait lutté,[70] elle avait dû regarder tourner l'engrenage: cette roue-ci et cette roue-là d'abord, et puis cette troisième, et puis d'autres roues encore, beaucoup d'autres roues peut-être que personne ne voyait. Et qu'eût-on fait pour empêcher cet engrenage de tourner? On ne pou-

160   vait que le regarder tourner, regarder le destin tourner: mon destin était que je parte! Et elle dirigea sa colère[71]—mais déjà ce n'était plus que des lambeaux[72] de colère—contre ceux qui, dans son esprit,[73] m'enlevaient à[74] elle une fois de plus:

—Ce sont des gens que rien jamais ne satisfait,[75] dit-elle. Ils veulent tout!

165   Ils ne peuvent pas voir une chose sans la vouloir. [. . .]

C'est ainsi que se décida mon voyage, c'est ainsi qu'un jour je pris l'avion pour la France. Oh! ce fut un affreux déchirement![76] Je n'aime pas m'en souvenir. J'entends encore ma mère se lamenter, je vois mon père qui ne peut retenir ses larmes,[77] je vois mes sœurs, mes frères . . . Non, je n'aime pas me rappeler ce

170   que fut ce départ: je me trouvai comme arraché à[78] moi-même!

---

[58]interrompre: *to interrupt*

[59]le gamin, la gamine = petit enfant

[60]de rien de tout = sans importance

[61]prendre soin de = soigner

[62]meurent = *3 pl. present of* mourir

[63]l'insensé, l'insensée:

fool

[64]serrer: *to hold tight*

[65]s'éloigner = s'en aller

[66]repousser: *to push away*

[67]l'engrenage (*m.*): *meshing of gears; series of events*

[68]aboutir à: *to end up in*

[69]durant = pendant

[70]lutter: *to fight*

[71]la colère: *anger*

[72]le lambeau: *shred*

[73]l'esprit (*m.*): *mind*

[74]à: (*here*) *from*

[75]satisfaire: *to satisfy*

[76]le déchirement: *wrench, tearing away*

[77]la larme: *tear*

[78]arracher à: *to tear away from*

A Orly

A Conakry, le directeur de l'école m'avertit[79] que l'avion me déposerait[80] à Orly.

—D'Orly, dit-il, on vous conduira à Paris, à la gare des Invalides;[81] là, vous prendrez le métro jusqu'à la gare Saint-Lazare, où vous trouverez votre train
175   pour Argenteuil.

Il déplia[82] devant moi un plan du métro et me montra le chemin que j'aurais à faire sous terre. Mais je ne comprenais rien à ce plan, et l'idée même de métro me demeurait obscure.

—Est-ce bien compris? me demanda le directeur.
180   —Oui, dis-je.

Et je ne comprenais toujours pas.

—Emportez[83] le plan avec vous.

Je le glissai[84] dans ma poche.[85] Le directeur m'observa un moment.

—Vous n'avez rien de trop sur vous, dit-il.
185   Je portais des culottes[86] de toile[87] blanche et une chemisette[88] à col[89] ouvert, qui me laissait les bras nus;[90] aux pieds, j'avais des chaussures découvertes[91] et des chaussettes blanches.

—Il faudra vous vêtir[92] plus chaudement là-bas: en cette saison, les journées sont déjà froides.

---

[79]avertir: *to warn*
[80]déposer: *to let off*
[81]la gare des Invalides: *terminal for the shuttle bus between the city and Orly*
[82]déplier: *to unfold*

[83]emporter: *to take (away)*
[84]glisser: *to slip*
[85]la poche: *pocket*
[86]la culotte: *knee pants*
[87]la toile: *cloth*
[88]la chemisette = chemise

à manches courtes
[89]le col: *collar*
[90]nu, -e: *bare*
[91]découvert, -e *(here)* = ouvert
[92]se vêtir = s'habiller

Salle d'examen, l'université de Paris

190   Je partis pour l'aéroport avec Marie et mes oncles; Marie qui m'accompagnerait jusqu'à Dakar où elle allait poursuivre ses études. Marie! Je montai avec elle dans l'avion et je pleurais, nous pleurions tous. Puis l'hélice[93] se mit à tourner, au loin mes oncles agitèrent la main[94] une dernière fois, et la terre de Guinée commença à fuir, à fuir . . .

195   —Tu es content de partir? me demanda Marie, quand l'avion ne fut plus loin de Dakar.

   —Je ne sais pas, dis-je. Je ne crois pas.

   Et quand l'avion se posa[95] à Dakar, Marie me dit:

   —Tu reviendras?

200   Elle avait le visage baigné[96] de larmes.

   —Oui, dis-je; oui . . .

   Et je fis encore oui de la tête, quand je me renfonçai[97] dans mon fauteuil, tout au fond du fauteuil, parce que je ne voulais pas qu'on vît[98] mes larmes. "Sûrement, je reviendrais!" Je demeurai longtemps sans bouger,[99] les bras croisés,[100]

205   étroitement croisés,pour mieux comprimer[101] ma poitrine . . .

   Plus tard, je sentis une épaisseur[102] sous ma main: le plan du métro gonflait[103] ma poche.

---

[93]l'hélice *(f.): propeller*
[94]agiter la main: *to wave*
[95]se poser = atterrir
[96]baigner: *to bathe*
[97]se renfoncer: *to sink down*

[98]vît: *3 sing. imperfect subjunctive of* voir
[99]bouger: *to move*
[100]croiser: *to cross*
[101]comprimer: *to squeeze*

[102]l'épaisseur *(f.): thickness, something thick*
[103]gonfler: *to fill, to make (sth.) swell*

La Dame en blanc

ANATOLE FRANCE

Anatole France was the nom de plume of Anatole François Thibault (1844–1924), who in his day was one of the most highly regarded and widely read writers in the world. A member of l'Académie Française, he was also the recipient of the Nobel Prize for Literature in 1921. Among his best-known works are Le Crime de Sylvestre Bonnard *(1881),* L'Ile des pingouins *(1908),* Les Dieux ont soif *(1912), and* Le Livre de mon ami *(1885). In the latter book, he presents fictitious reminiscences of childhood and youth. The following selection is Chapter II of* Le Livre de mon ami.

En ce temps-là, deux dames habitaient la même maison que nous, deux dames vêtues[1] l'une tout de blanc, l'autre tout de noir.

Ne me demandez pas si elles étaient jeunes: cela passait ma connaissance.[2] Mais je sais qu'elles sentaient bon et qu'elles avaient toute sorte de délicatesses.[3]
5 Ma mère, fort occupée et qui n'aimait pas à voisiner,[4] n'allait guère chez elles. Mais j'y allais souvent, moi, surtout à l'heure du goûter, parce que la dame en noir me donnait des gâteaux. Donc, je faisais seul mes visites. Il fallait traverser la cour. Ma mère me surveillait[5] de sa fenêtre, et frappait sur les vitres[6] quand je m'oubliais trop longtemps à contempler[7] le cocher[8] qui pansait[9] ses chevaux.
10 C'était tout un travail de monter l'escalier à rampe de fer,[10] dont les hauts de-

---

"La Dame en blanc" from Livre de mon ami *by Anatole France. Reprinted by permission of Editions Calmann-Lévy.*

[1]vêtir = habiller
[2]passer la connaissance de qqn: *to be beyond*

s.o.'s understanding
[3]la délicatesse: *refinement, delicacy*
[4]voisiner = fréquenter ses voisins
[5]surveiller = observer attentivement

[6]la vitre: *windowpane*
[7]contempler = regarder
[8]le cocher: *coachman*
[9]panser = soigner un animal; *to groom*
[10]la rampe de fer: *iron handrail*

grés[11] n'avaient point été faits pour mes petites jambes. J'étais bien payé de ma peine dès que j'entrais dans la chambre des dames; car il y avait là mille choses qui me plongeaient dans l'extase.[12] Mais rien n'égalait[13] les deux magots[14] de porcelaine qui se tenaient assis sur la cheminée,[15] de chaque côté de la pendule.[16]

15 D'eux-mêmes, ils hochaient[17] la tête et tiraient la langue.[18] J'appris qu'ils venaient de Chine et je me promis d'y aller. La difficulté était de m'y faire conduire par ma bonne.[19] J'avais acquis la certitude[20] que la Chine était derrière l'Arc de Triomphe, mais je ne trouvais jamais moyen de pousser jusque-là.

Il y avait aussi, dans la chambre des dames, un tapis à fleurs, sur lequel je

20 me roulais[21] avec délices,[22] et un petit canapé[23] doux[24] et profond,[25] dont je faisais tantôt un bateau, tantôt[26] un cheval ou une voiture. La dame en noir, un peu grasse,[27] je crois, était très douce et ne me grondait[28] jamais. La dame en blanc avait ses impatiences et ses brusqueries,[29] mais elle riait si joliment! Nous faisions bon ménage[30] tous les trois, et j'avais arrangé dans ma tête qu'il ne vien-

25 drait jamais que moi dans la chambre aux magots. La dame en blanc, à qui je fis part de[31] cette décision, se moqua bien un peu de[32] moi, à ce qu'il me sembla; mais j'insistai et elle me promit tout ce que je voulus.

Elle promit. Un jour pourtant, je trouvai un monsieur assis dans mon canapé, les pieds sur mon tapis et causant[33] avec mes dames d'un air satisfait.[34] Il leur

30 donna même une lettre qu'elles lui rendirent après l'avoir lue. Cela me déplut,[35] et je demandai de l'eau sucrée parce que j'avais soif et aussi pour qu'on fît attention à moi. En effet, le monsieur me regarda.

—C'est un petit voisin, dit la dame en noir.

—Sa mère n'a que celui-là, n'est-il pas vrai? reprit le monsieur.

35 —Il est vrai, dit la dame en blanc. Mais qu'est-ce qui vous a fait croire cela?

—C'est qu'il a l'air d'un enfant bien gâté,[36] reprit le monsieur. Il est indiscret et curieux. En ce moment, il ouvre des yeux comme des portes cochères.[37]

C'était pour le mieux voir. Je ne veux pas me flatter,[38] mais je compris admirablement, après la conversation, que la dame en blanc avait un mari qui était

40 quelque chose dans un pays lointain,[39] que le visiteur apportait une lettre de ce mari, qu'on le remerciait de son obligeance,[40] et qu'on le félicitait[41] d'avoir été nommé[42] premier secrétaire. Tout cela ne me contenta[43] pas et, en m'en allant, je refusai d'embrasser la dame en blanc, pour la punir.[44]

Ce jour-là, au dîner, je demandai à mon père ce que c'était qu'un secrétaire.

---

[11]le degré: (here) step

[12]l'extase (f.): ecstasy

[13]égaler: to equal

[14]le magot: oriental figurine

[15]le cheminée: (here) mantel

[16]la pendule: clock

[17]hocher: to shake

[18]tirer la langue: to stick one's tongue out

[19]la bonne: nursemaid

[20]acquérir la certitude = devenir certain

[21]se rouler: to roll around

[22]les délices (f.pl.) = le plaisir

[23]le canapé = le divan

[24]doux, douce: (here) soft

[25]profond, -e: deep

[26]tantôt. . .tantôt = à tel moment. . .à un autre moment

[27]gras, grasse = gros

[28]gronder: to scold

[29]la brusquerie: moment of brusqueness

[30]le ménage: household

[31]faire part de = annoncer

[32]se moquer de = rire de

[33]causer = bavarder

[34]satisfaire: to satisfy

[35]déplaire à: to displease

[36]gâter: to spoil

[37]la porte cochère: carriage gate, coachhouse door

[38]se flatter: to brag

[39]lointain, -e: distant

[40]l'obligeance (f.) = amabilité

[41]féliciter: to congratulate

[42]nommer = désigner

[43]contenter = rendre content

[44]punir: to punish

45 Mon père ne me répondit point, et ma mère me dit que c'était un petit meuble[45] dans lequel on range[46] des papiers. Conçoit-on cela? On me coucha, et les monstres, avec un œil au milieu de la joue,[47] défilèrent[48] autour de mon lit en faisant plus de grimaces que jamais.

Si vous croyez que je pensai le lendemain au monsieur que j'avais trouvé
50 chez la dame en blanc, vous vous trompez; car je l'avais oublié de tout mon cœur, et il n'eût tenu qu'à lui d'être à jamais effacé[49] de ma mémoire. Mais il eut l'audace[50] de se représenter chez mes deux amies. Je ne sais si ce fut dix jours ou dix ans après ma première visite. J'incline à croire aujourd'hui que ce fut dix jours. Il était étonnant, ce monsieur de prendre ainsi ma place. Je l'exa-
55 minai, cette fois, et ne lui trouvai rien d'agréable. Il avait des cheveux très brillants,[51] des moustaches noires, des favoris[52] noirs, un menton[53] rasé[54] avec une fossette[55] au milieu, la taille fine,[56] de beaux habits, et sur tout cela un air de contentement. Il parlait du cabinet[57] du ministre des Affaires étrangères, des pièces de théâtre, des modes et des livres nouveaux, des soirées, et des bals[58]
60 dans lesquels il avait vainement cherché ces dames. Et elles l'écoutaient! Etait-ce une conversation, cela? Et ne pouvait-il parler comme faisait avec moi la dame en noir, du pays où les montagnes sont en caramel, et les rivères en limonade?

Quand il fut parti, la dame en noir dit que c'était un jeune homme charmant. Je dis, moi, qu'il était vieux et qu'il était laid. Cela fit beaucoup rire la dame
65 en blanc. Ce n'était pas risible,[59] pourtant. Mais voilà, elle riait de ce que je disais ou bien elle ne m'écoutait pas parler. La dame en blanc avait ces deux défauts,[60] sans compter un troisième qui me désespérait:[61] celui de pleurer, de pleurer, de pleurer. Ma mère m'avait dit que les grandes personnes ne pleuraient jamais. Ah! c'est qu'elle n'avait pas vu comme moi la dame en blanc, tombée
70 de côté sur un fauteuil, une lettre ouverte sur ses genoux, la tête renversée[62] et son mouchoir sur les yeux. Cette lettre (je parierais aujourd'hui que c'était une lettre anonyme) lui faisait bien de la peine. C'était dommage, car elle savait si bien rire! Ces deux visites me donnèrent l'idée de la demander en mariage. Elle me dit qu'elle avait un grand mari en Chine, qu'elle en aurait un petit sur le
75 quai Malaquais;[63] ce fut arrangé, et elle me donna un gâteau.

Mais le monsieur aux favoris noirs revenait bien souvent. Un jour que la dame en blanc me contait[64] qu'elle ferait venir pour moi de Chine des poissons bleus, avec une ligne pour les pêcher, il se fit annoncer et fut reçu. A la façon dont nous nous regardâmes, il était clair que nous ne nous aimions pas. La dame
80 en blanc lui dit que sa tante (elle voulait dire la dame en noir) était allée faire une emplette[65] aux *Deux Magots*. Je voyais les deux magots sur la cheminée et je ne concevais pas qu'il fallût sortir pour leur acheter quoi que ce fût. Mais il se présente tous les jours des choses si difficiles à comprendre! Le monsieur ne

---

[45]le meuble: *piece of furniture*
[46]ranger: *to arrange*
[47]la joue: *cheek*
[48]défiler: *to parade, to march*
[49]il n'eût tenu. . .effacé = c'était à lui de s'effacer pour toujours
[50]l'audace *(f.): nerve*

[51]brillant, -e: *shiny*
[52]les favoris *(m.pl.): sideburns*
[53]le menton: *chin*
[54]raser: *to shave*
[55]la fossette: *cleft*
[56]la taille fine: *narrow waist*
[57]le cabinet = le bureau
[58]le bal: *ball, dance*

[59]risible = amusant
[60]le défaut: *fault*
[61]désespérer: *to drive to distraction*
[62]renverser: *to throw back*
[63]sur le quai Malaquais = c'est-à-dire, là où elle demeurait
[64]conter = dire, raconter
[65]l'emplette *(f.)* = l'achat

parut nullement affligé de[66] l'absence de la dame en noir, et il dit à la dame en

85　blanc qu'il voulait lui parler sérieusement. Elle s'arrangea avec coquetterie[67]
dans sa causeuse[68] et lui fit signe qu'elle l'écoutait. Cependant il me regardait et
semblait embarrassé.

　　—Il est très gentil, ce petit garçon, dit-il enfin, en me passant la main sur la
tête; mais . . .

90　　　—C'est mon petit mari, dit la dame en blanc.

　　—Eh bien! reprit le monsieur, ne pourriez-vous le renvoyer à sa mère? Ce
que j'ai à vous dire ne doit être entendu que de vous.

　　Elle lui céda.[69]

　　—Chéri, me dit-elle, va jouer dans la salle à manger, et ne reviens que quand

95　je t'appellerai. Va, chéri!

　　J'y allai le cœur gros.[70] Elle était pourtant très curieuse, la salle à manger,
à cause d'un tableau à horloge[71] qui représentait une montagne au bord de la
mer avec une église, sous un ciel bleu. Et quand l'heure sonnait, un navire[72]
s'agitait[73] sur les flots,[74] une locomotive avec ses voitures sortait d'un tunnel et

100　un ballon s'élevait dans les airs. Mais, quand l'âme[75] est triste, rien ne peut lui
sourire. D'ailleurs, le tableau à horloge restait immobile. Il paraît que la locomotive, le navire et le ballon ne partaient que toutes les heures, et c'est long,
une heure! Du moins,[76] ce l'était en ce temps-là. Par bonheur, la cuisinière vint
chercher quelque chose dans le buffet et, me voyant tout triste, me donna des

105　confitures qui charmèrent[77] les peines de mon cœur. Mais, quand je n'eus plus
de confitures, je retombai dans le chagrin.[78] Bien que le tableau à horloge n'eût
pas encore sonné, je me figurais[79] que des heures et des heures s'amoncelaient[80]
sur ma triste solitude. Par moments, il me venait de la chambre voisine quelques éclats[81] de la voix du monsieur; il suppliait[82] la dame en blanc, puis il sem-

110　blait en colère[83] contre elle. C'était bien fait. Mais n'en finiraient-ils donc jamais?
[. . .] Enfin, n'y pouvant plus tenir,[84] je m'avançai[85] sans bruit jusqu'à la porte
qui donnait accès dans la chambre aux magots et je haussai[86] le bras pour atteindre le bouton. Je savais bien que je faisais une action indiscrète et mauvaise; mais cela même me donnait une espèce d'orgueil.[87]

115　　J'ouvris la porte et je trouvai la dame en blanc debout contre la cheminée.
Le monsieur, à genoux à ses pieds, ouvrait de grands bras comme pour la prendre.
Il était plus rouge qu'une crête[88] de coq; les yeux lui sortaient de la tête. Peut-
on se mettre dans un état pareil?[89]

　　—Cessez, monsieur, disait la dame en blanc, qui était plus rose que de cou-

120　tume et très agitée[90] . . . Cessez, puisque vous me dites que vous m'aimez; cessez . . . et ne me faites pas regretter . . .

　　Et elle avait l'air de le craindre et d'être à bout de forces.

---

[66]nullement affligé de: *not
　at all upset by*
[67]avec coquetterie: *co-
　quettishly, flirting*
[68]la causeuse: *loveseat*
[69]céder à: *to give into*
[70]gros, grosse = (*here*) lourd
[71]l'horloge (*f.*): *clock*
[72]le navire: *ship*
[73]s'agiter: *to toss*

[74]le flot: *wave*
[75]l'âme (*f.*): *soul*
[76]du moins: *at least*
[77]charmer: *to comfort*
[78]le chagrin = le malheur
[79]se figurer = supposer
[80]s'amonceler: *to pile up,
　to accumulate*
[81]l'éclat (*m.*) = le bruit
[82]supplier: *to beg, to plead*

　with
[83]en colère = fâché
[84]tenir à: (*here*) *to stand*
[85]s'avancer: *to move for-
　ward*
[86]hausser = lever
[87]l'orgueil (*m.*): *pride*
[88]la crête: *comb*
[89]pareil, -le: *similar*
[90]agité, -e: *agitated*

Il se releva vite en me voyant, et je crois bien qu'il eut un moment l'idée de me jeter par la fenêtre. Mais elle, au lieu de me gronder comme je m'y attendais,[91] me serra[92] dans ses bras en m'appelant son chéri.

M'ayant emporté[93] sur le canapé, elle pleura longtemps et doucement sur ma joue. Nous étions seuls. Je lui dis, pour la consoler, que le monsieur aux favoris était un vilain[94] homme et qu'elle n'aurait pas de chagrin si elle était restée seule avec moi, comme c'était convenu. Mais, c'est égal,[95] je trouvai que les grandes personnes étaient quelquefois bien drôles.

A peine[96] étions-nous remis,[97] que la dame en noir entra avec des paquets. Elle demanda s'il n'était venu personne.

—Monsieur Arnould est venu, répondit tranquillement la dame en blanc; mais il n'est resté qu'une seconde.

Pour cela, je savais bien que c'était un mensonge; mais le bon génie[98] de la dame en blanc, qui sans doute était avec moi depuis quelques instants, me mit son doigt invisible sur la bouche.

Je ne revis plus M. Arnould, et mes amours avec la dame en blanc ne furent plus troublées; c'est pourquoi, sans doute, je n'en ai pas gardé le souvenir. Hier encore, c'est-à-dire après plus de trente ans, je ne savais pas ce qu'elle était devenue.

Hier, j'allai au bal du ministre des Affaires étrangères. Je suis de l'avis de lord Palmerston,[99] qui disait que la vie serait supportable[100] sans les plaisirs. Mon travail quotidien[101] n'excède ni mes forces, ni mon intelligence, et j'ai pu parvenir à m'y intéresser. Ce sont les réceptions officielles qui m'accablent.[102] Je savais qu'il serait fastidieux[103] et inutile d'aller au bal du ministre; je le savais et j'y allai, parce qu'il est dans la nature humaine de penser sagement et d'agir d'une façon absurde.

A peine étais-je entré dans le grand salon, qu'on annonça l'ambassadeur de * * * et madame * * *. J'avais rencontré plusieurs fois l'ambassadeur, dont la figure fine porte l'empreinte[104] de fatigues qui ne sont point toutes dues aux travaux de la diplomatie.[105] Il eut, dit-on, une jeunesse[106] orageuse[107] et il court sur son compte,[108] dans les réunions d'hommes, plusieurs anecdotes galantes.[109] Son séjour en Chine, il y a trente ans, est particulièrement riche en aventures qu'on aime à conter à huis clos en prenant le café. Sa femme, que je n'avais pas l'honneur de connaître, me sembla passer la cinquantaine.[110] Elle était tout en noir; de magnifiques dentelles enveloppaient admirablement sa beauté passée, dont l'ombre[111] s'entrevoyait[112] encore. Je fus heureux de lui être présenté; car j'estime infiniment[113] la conversation des femmes âgées. Nous causâmes de mille

---

[91]s'attendre à: *to expect*
[92]serrer: *to hold tight*
[93]emporter: *to carry off*
[94]vilain, -e: *beastly*
[95]c'est égal = malgré tout
[96]à peine: *hardly*
[97]remettre = établir de nouveau
[98]le bon génie: *guardian angel*
[99]lord Palmerston (1784–1865), premier minis-

tre de l'Angleterre (1855–1865)
[100]supportable: *endurable*
[101]quotidien, -ienne: *daily*
[102]accabler: *to wear out*
[103]fastidieux, -ieuse: *exhausting*
[104]l'empreinte (*f.*): *sign, imprint*
[105]la diplomatie: *diplomacy*
[106]la jeunesse: *youth*
[107]orageux, -euse: *stormy*

[108]il court sur son compte: *they tell about him*
[109]galant, -e: *of amorous intrigues*
[110]passer la cinquantaine = avoir plus de cinquante ans
[111]l'ombre (*f.*): *shadow*
[112]s'entrevoir = être vu indistinctement
[113]estimer infiniment: *to value most highly*

Rue Mouffetard, Paris

160   choses, au son des violons qui faisaient danser les jeunes femmes, et elle en vint
à[114] me parler par hasard du temps où elle logeait dans un vieil hôtel du quai
Malaquais.

     — Vous étiez la dame en blanc! m'écriai-je.[115]

     — En effet, monsieur, me dit-elle; je m'habillais toujours en blanc.

165   — Et moi, madame, j'étais votre petit mari.

     — Quoi! monsieur, vous êtes le fils de cet excellent docteur Nozière? Vous
aimiez beaucoup les gâteaux. Les aimez-vous encore? Venez donc en manger
chez nous. Nous avons tous les samedis un petit thé intime.[116] Comme on se
retrouve!

170   — Et la dame en noir?

     — C'est moi qui suis aujourd'hui la dame en noir. Ma pauvre tante est morte
l'année de la guerre. Dans les derniers temps de sa vie elle parlait souvent de
vous.

     Tandis que nous causions ainsi, un monsieur à moustache et à favoris blancs
175 salua[117] respectueusement[118] l'ambassadrice,[119] avec toutes les grâces raides[120] d'un
vieux beau. Il me semblait bien reconnaître son menton.

     — Monsieur Arnould, me dit-elle, un vieil ami.

---

[114]en venir à = finir par
[115]s'écrier = dire d'une
    voix forte
[116]intime: *intimate*

[117]saluer: *to salute*
[118]respectueusement: *re-
    spectfully*
[119]l'ambassadrice *(f.)* =

femme de l'ambassa-
deur
[120]raide: *stiff*

Trois Leçons

Pour faire le portrait d'un oiseau

Jacques Prévert

The early writing of Jacques Prévert (1900–1977) was mostly for the movies, of which his best-known is the classic Les Enfants du paradis *(1943). His literary reputation was established with the publication of his book of poems entitled* Paroles *(1946), from which the following selection is taken. Note that, just as in a recipe, the author uses the infinitive forms of verbs rather than imperatives.*

Peindre d'abord une cage
avec une porte ouverte
peindre ensuite
quelque chose de joli
5   quelque chose de simple
quelque chose de beau
quelque chose d'utile
pour l'oiseau
placer ensuite la toile[1] contre un arbre
10   dans un jardin
dans un bois
ou dans une forêt
se cacher derrière l'arbre
sans rien dire
15   sans bouger[2] . . .
Parfois l'oiseau arrive vite
mais il peut aussi bien mettre de longues années
avant de se décider
Ne pas se décourager
20   attendre
attendre s'il le faut pendant des années
la vitesse ou la lenteur[3] de l'arrivée

"Pour faire le portrait d'un oiseau" by Jacques Prévert from Paroles. © Editions Gallimard. Reprinted by permission.

[1]la toile: *canvas*
[2]bouger: *to move*
[3]la lenteur: *slowness*

Place des Vosges, Paris

       de l'oiseau n'ayant aucun rapport
       avec[4] la réussite[5] du tableau
25 Quand l'oiseau arrive
       s'il arrive
       observer le plus profond silence
       attendre que l'oiseau entre dans la cage
       et quand il est entré
30 fermer doucement la porte avec le pinceau[6]
       puis
       effacer un à un tous les barreaux[7]
       en ayant soin de[8] ne toucher aucune des plumes[9] de l'oiseau
       Faire ensuite le portrait de l'arbre
35 en choisissant la plus belle de ses branches
       pour l'oiseau
       peindre aussi le vert feuillage[10] et la fraîcheur[11] du vent
       la poussière[12] du soleil
       et le bruit des bêtes de l'herbe dans la chaleur[13] de l'été
40 et puis attendre que l'oiseau se décide à chanter
       Si l'oiseau ne chante pas
       c'est mauvais signe
       signe que le tableau est mauvais
       mais s'il chante c'est bon signe
45 signe que vous pouvez signer
       alors vous arrachez[14] tout doucement
       une des plumes de l'oiseau
       et vous écrivez votre nom dans un coin du tableau.

---

[4]n'ayant . . . avec: *having nothing to do with*
[5]la réussite = le succès
[6]le pinceau: *paintbrush*
[7]le barreau: *bar*

[8]avoir soin de: *to be careful*
[9]la plume: *feather*
[10]le feuillage: *foliage*

[11]la fraîcheur: *coolness*
[12]la poussière: *dust*
[13]la chaleur: *heat*
[14]arracher = enlever

Le Bourgeois gentilhomme

MOLIÈRE

The following selection is from Act II, Scene iv of Le Bourgeois gentilhomme *(1670). One of Molière's wittiest and liveliest plays, it tells the story of M. Jourdain, a merchant who finds himself rich and successful but lacking the education and culture necessary for him to gain acceptance by the nobility. In the following scene, he is talking with the tutor whom he has hired to give him at least the appearance of culture and sophistication. Note that in those days the term "philosophy" was used to speak of all branches of learning requiring rational study and understanding. It included languages and the sciences. (For information on Molière, see* lecture, *Lesson 7.)*

MAÎTRE DE PHILOSOPHIE: Venons à notre leçon. [. . .] Que voulez-vous apprendre?

M. JOURDAIN: Tout ce que je pourrai, car j'ai toutes les envies du monde d'être savant; et j'enrage que mon père et ma mère ne m'aient pas fait bien étudier
5   dans toutes les sciences, quand j'étais jeune.

M. DE PHILOSOPHIE: Ce sentiment est raisonnable: *Nam sine doctrina vita est quasi mortis imago.* Vous entendez[1] cela, et vous savez le latin sans doute?

M. JOURDAIN: Oui, mais faites comme si je ne le savais pas. Expliquez-moi ce que cela veut dire.

10 M. DE PHILOSOPHIE: Cela veut dire que *Sans la science, la vie est presque une image de la mort.*

M. JOURDAIN: Ce latin-là a raison.

M. DE PHILOSOPHIE: N'avez-vous point quelques principes,[2] quelques commencements des sciences?

15 M. JOURDAIN: Oh! oui, je sais lire et écrire. [. . .]

M. DE PHILOSOPHIE: Que voulez-vous donc que je vous apprenne?[3]

M. JOURDAIN: Apprenez-moi l'orthographe.[4]

M. DE PHILOSOPHIE: Très volontiers.

M. JOURDAIN: Après vous m'apprendrez l'almanach, pour savoir quand
20   ,il y a de la lune et quand il n'y en a point.

M. DE PHILOSOPHIE: Soit.[5] Pour bien suivre votre pensée et traiter[6] cette matière en[7] philosophe, il faut commencer, selon l'ordre des choses, par une exacte connaissance de la nature des lettres et de la différente manière de les prononcer toutes. Et là-dessus j'ai à vous dire que les lettres sont divisées en
25   voyelles,[8] ainsi dites voyelles parce qu'elles expriment la voix; et en consonnes, ainsi appelées consonnes parce qu'elles sonnent avec les voyelles, et ne font que[9] marquer les diverses articulations des voix. Il y a cinq voyelles ou voix: A, E, I, O, U.

M. JOURDAIN: J'entends tout cela.

30 M. DE PHILOSOPHIE: La voix A se forme en ouvrant fort la bouche: A.

M. JOURDAIN: A, A. Oui.

Molière par Mignard

---

[1]entendre = *(here)* comprendre
[2]le principe: *principle*
[3]apprendre = *(here)* enseigner
[4]l'orthographe *(f.): spelling*
[5]soit = bon, d'accord
[6]traiter: *to treat*
[7]en = *(here)* comme
[8]la voyelle: *vowel*
[9]ne font que: *all they do is*

M. DE PHILOSOPHIE: La voix E se forme en rapprochant[10] la mâchoire[11] d'en bas de celle d'en haut: A, E.

M. JOURDAIN: A, E, A, E. Ma foi! oui. Ah! que cela est beau!

35 M. DE PHILOSOPHIE: Et la voix I en rapprochant encore davantage les mâchoires l'une de l'autre, et écartant[12] les deux coins de la bouche vers les oreilles: A, E, I.

M. JOURDAIN: A, E, I, I, I, I. Cela est vrai. Vive la science!

M. DE PHILOSOPHIE: La voix O se forme en rouvrant les mâchoires, en rappro-
40 chant les lèvres[13] par les deux coins, le haut et le bas: O.

M. JOURDAIN: O, O. Il n'y a rien de plus juste. A, E, I, O, I, O. Cela est admi-rable! I, O, I, O.

M. DE PHILOSOPHIE: L'ouverture[14] de la bouche fait justement comme un petit rond[15] qui représente un O.

45 M. JOURDAIN: O, O, O. Vous avez raison, O. Ah! la belle chose que de savoir quelque chose!

M. DE PHILOSOPHIE: La voix U se forme en rapprochant les dents sans les join-dre[16] entièrement, et allongeant[17] les deux lèvres en dehors, les approchant aussi l'une de l'autre sans les joindre tout à fait: U.

50 M. JOURDAIN: U, U. Il n'y a rien de plus véritable: U.

M. DE PHILOSOPHIE: Vos deux lèvres s'allongent comme si vous faisiez la moue:[18] d'où vient que si vous la voulez faire à quelqu'un et vous moquer de[19] lui, vous ne sauriez lui dire que[20] U.

M. JOURDAIN: U, U. Cela est vrai. Ah! que[21] n'ai-je étudié plus tôt pour savoir
55 tout cela!

M. DE PHILOSOPHIE: Demain nous verrons les autres lettres, qui sont les con-sonnes.

M. JOURDAIN: Est-ce qu'il y a des choses aussi curieuses qu'à celles-ci?

M. DE PHILOSOPHIE: Sans doute. La consonne D, par exemple, se prononce en
60 donnant du bout de la langue[22] au-dessus des dents d'en haut: Da.

M. JOURDAIN: Da, Da. Oui. Ah! les belles choses! les belles choses!

M. DE PHILOSOPHIE: L'F en appuyant[23] les dents d'en haut sur la levre de des-sous: Fa.

M. JOURDAIN: Fa, Fa. C'est la vérité. Ah! mon père et ma mère, que je vous
65 veux de mal!

M. DE PHILOSOPHIE: Et l'R en portant le bout de la langue jusqu'au haut du palais;[24] de sorte qu'étant frôlée[25] par l'air qui sort avec force, elle lui cède[26] et revient toujours au même endroit, faisant une manière[27] de tremble-ment:[28] Rra.

---

[10]rapprocher = mettre plus près
[11]la mâchoire: *jaw*
[12]écarter: *to spread*
[13]la lèvre: *lip*
[14]l'ouverture (*f.*) = action d'ouvrir, état de ce qui est ouvert
[15]le rond: *circle*
[16]joindre: *to join (things)*
[17]allonger = étendre

[18]faire la moue: *to pout, to purse one's lips*
[19]se moquer de: *to mock*
[20]vous ne sauriez . . . que = vous n'auriez besoin que de lui dire
[21]que = (*here*) pourquoi
[22]la langue: *tongue*
[23]appuyer = presser
[24]le palais: *palate (Note that*

this is a trilled r, *not the uvular* r *that is usual in French speech.)*
[25]de sorte qu'étant frôlée: *in such a way that, be-ing pushed*
[26]céder: *to give way to*
[27]la manière = (*here*) l'es-pèce
[28]le tremblement: *trembling*

M. Jourdain
et le Maître
de philosophie

70 M. JOURDAIN: R, R, Ra; R, R, R, R, R, Ra. Cela est vrai. Ah! l'habile²⁹ homme
que vous êtes! et que j'ai perdu de temps! R, R, R, Ra.

M. DE PHILOSOPHIE: Je vous expliquerai à fond³⁰ toutes ces curiosités.

M. JOURDAIN: Je vous en prie.³¹ Au reste, il faut que je vous fasse une confidence. Je suis amoureux³² d'une personne de grande qualité, et je souhaite-
75 rais³³ que vous m'aidassiez³⁴ à lui écrire quelque chose dans un petit billet³⁵
que je veux laisser tomber à ses pieds.

M. DE PHILOSOPHIE: Fort bien.

M. JOURDAIN: Cela sera galant,³⁶ oui.

---

²⁹habile: *clever*
³⁰à fond: *in depth*
³¹je vous en prie: *(here) I beg you*
³²amoureux, -euse: *in love*

with
³³souhaiter: *to wish*
³⁴aidassiez = *2 pl. imperfect subjunctive of* aider *(a tense rarely used in*

speaking)
³⁵le billet = *(here) courte lettre*
³⁶galant, -e: *courteous, gallant*

M. DE PHILOSOPHIE: Sans doute. Sont-ce des vers[37] que vous lui voulez écrire?

80 M. JOURDAIN: Non, non. Point de vers.

M. DE PHILOSOPHIE: Vous ne voulez que de la prose?

M. JOURDAIN: Non, je ne veux ni prose ni vers.

M. DE PHILOSOPHIE: Il faut bien que ce soit l'un ou l'autre.

M. JOURDAIN: Pourquoi?

85 M. DE PHILOSOPHIE: Par la raison, Monsieur, qu'il n'y a pour s'exprimer que la prose ou les vers.

M. JOURDAIN: Il n'y a que la prose ou les vers?

M. DE PHILOSOPHIE: Non, Monsieur: Tout ce qui n'est point prose est vers; et tout ce qui n'est point vers est prose.

90 M. JOURDAIN: Et comme l'on parle, qu'est-ce que c'est donc que cela?

M. DE PHILOSOPHIE: De la prose.

M. JOURDAIN: Quoi! quand je dis: "Nicole, apportez-moi mes pantoufles,[38] et me donnez[39] mon bonnet de nuit," c'est de la prose?

M. DE PHILOSOPHIE: Oui, Monsieur.

95 M. JOURDAIN: Par ma foi! il y a plus de quarante ans que je dis de la prose sans que j'en susse[40] rien, et je vous suis le plus obligé du monde de m'avoir appris cela. Je voudrais donc lui mettre dans un billet: Belle Marquise, vos beaux yeux me font mourir d'amour; mais je voudrais que cela fût[41] mis d'une manière galante, que cela fût tourné gentiment.[42]

100 M. DE PHILOSOPHIE: Mettez que les feux de ses yeux réduisent[43] votre cœur en cendres;[44] que vous souffrez nuit et jour pour elle les violence d'un . . .

M. JOURDAIN: Non, non, non, je ne veux point tout cela; je ne veux que ce que je vous ai dit: Belle Marquise, vos beaux yeux me font mourir d'amour.

M. DE PHILOSOPHIE: Il faut bien étendre un peu la chose.

105 M. JOURDAIN: Non, vous dis-je, je ne veux que ces seules paroles-là dans le billet, mais tournées à la mode, bien arrangées comme il faut. Je vous prie de me dire un peu, pour voir, les diverses manières dont on les peut mettre.[45]

M. DE PHILOSOPHIE: On les peut mettre premièrement comme vous avez dit: Belle Marquise, vos beaux yeux me font mourir d'amour. Ou bien: D'amour

110 mourir me font, belle Marquise, vos beaux yeux. Ou bien: Vos yeux beaux d'amour me font, belle Marquise, mourir. Ou bien: Mourir vos beaux yeux, belle Marquise, d'amour me font. Ou bien: Me font vos yeux beaux mourir, belle Marquise, d'amour.

M. JOURDAIN: Mais de toutes ces façons-là, laquelle est la meilleure?

115 M. DE PHILOSOPHIE: Celle que vous avez dite: Belle Marquise, vos beaux yeux me font mourir d'amour.

M. JOURDAIN: Cependant je n'ai point étudié, et j'ai fait cela tout du premier coup.[46] Je vous remercie de tout mon cœur, et vous prie de venir demain de bonne heure.

120 M. DE PHILOSOPHIE: Je n'y manquerai pas.

---

[37]le vers: *line of poetry*
[38]la pantoufle: *slipper*
[39]Aujourd'hui: donnez-moi
[40]susse = *1 sing. imperfect subjunctive of* savoir

[41]fût = *3 sing. imperfect subjunctive of* être
[42]gentiment = d'une manière gentille; *genteelly*
[43]réduire: *to reduce*

[44]la cendre: *ash*
[45]Aujourd'hui: on peut les mettre
[46]tout du premier coup = tout de suite

La Leçon

Eugène Ionesco

In this scene from La Leçon, *Eugène Ionesco demolishes the science of arithmetic, showing that even the most logical of disciplines crumbles in the face of reality. Who is the more absurd, the student or her teacher? Or is it the science itself which is absurd when it states that she doesn't have two ears or ten fingers? (For information on Ionesco, see p. 124.)*

LE PROFESSEUR: Supposez que vous n'avez qu'une seule oreille.

L'ÉLÈVE: Oui, après?

LE PROFESSEUR: Je vous en ajoute une, combien en auriez-vous?

L'ÉLÈVE: Deux.

5 LE PROFESSEUR: Bon. Je vous en ajoute encore une. Combien en auriez-vous?

L'ÉLÈVE: Trois oreilles.

LE PROFESSEUR: J'en enlève une . . . Il vous reste . . . combien d'oreilles?

L'ÉLÈVE: Deux.

LE PROFESSEUR: Bon. J'en enlève encore une, combien vous en reste-t-il?

10 L'ÉLÈVE: Deux.

LE PROFESSEUR: Non. Vous en avez deux, j'en prends une, je vous en mange une,[1] combien vous en reste-t-il?

L'ÉLÈVE: Deux.

LE PROFESSEUR: J'en mange une . . . une.

15 L'ÉLÈVE: Deux.

LE PROFESSEUR: Une.

L'ÉLÈVE: Deux.

LE PROFESSEUR: Une.

L'ÉLÈVE: Deux.

20 LE PROFESSEUR: Une!

L'ÉLÈVE: Deux!

LE PROFESSEUR: Une!!!

L'ÉLÈVE: Deux!!!

LE PROFESSEUR: Une!!!

25 L'ÉLÈVE: Deux!!!

LE PROFESSEUR: Une!!!

L'ÉLÈVE: Deux!!!

LE PROFESSEUR: Non. Non. Ce n'est pas ça. L'exemple n'est pas, n'est pas convaincant.[2] Ecoutez-moi.

30 L'ÉLÈVE: Oui, monsieur.

LE PROFESSEUR: Vous avez . . ., vous avez . . ., vous avez . . .

L'ÉLÈVE: Dix doigts! . . .

LE PROFESSEUR: Si vous voulez. Parfait. Bon. Vous avez donc dix doigts.

L'ÉLÈVE: Oui, monsieur.

35 LE PROFESSEUR: Combien en auriez-vous, si vous en aviez cinq?

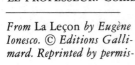

Le professeur et l'élève

From La Leçon *by Eugène Ionesco. © Editions Gallimard. Reprinted by permis-* sion.

[1]*je vous en mange une: I eat one of yours*

[2]*convaincant, -e: convincing*

L'ÉLÈVE: Dix, monsieur.

LE PROFESSEUR: Ce n'est pas ça!

L'ÉLÈVE: Si, monsieur.

LE PROFESSEUR: Je vous dis que non!

40 L'ÉLÈVE: Vous venez de me dire que j'en ai dix . . .

LE PROFESSEUR: Je vous ai dit aussi, tout de suite après, que vous en aviez cinq!

L'ÉLÈVE: Je n'en ai pas cinq, j'en ai dix.

LE PROFESSEUR: Procédons[3] autrement . . . Limitons-nous aux nombres de un à cinq, pour la soustraction[4] . . . Attendez, mademoiselle, vous allez voir.

45 Je vais vous faire comprendre. (*Le Professeur se met à écrire sur un tableau noir imaginaire. Il l'approche de l'élève qui se retourne[5] pour regarder.*) Voyez, mademoiselle . . . (*Il fait semblant de dessiner au tableau noir, un bâton;[6] il fait semblant d'écrire au-dessous le chiffre 1: puis deux bâtons sous lesquels il fait le chiffre 2, puis en dessous le chiffre 3, puis quatre bâtons au-dessous desquels il*

50 *fait le chiffre 4.*) Vous voyez . . .

L'ÉLÈVE: Oui, monsieur.

LE PROFESSEUR: Ce sont des bâtons, mademoiselle, des bâtons. Ici, c'est un bâton; là ce sont deux bâtons; là trois bâtons, puis quatre bâtons, puis cinq bâtons. Un bâton, deux bâtons, trois bâtons, quatre et cinq bâtons, ce sont des nom-

55 bres. Quand on compte des bâtons, chaque bâton est une unité,[7] mademoi-selle . . . Qu'est-ce que je viens de dire?

L'ÉLÈVE: "Une unité, mademoiselle! Qu'est-ce que je viens de dire?"

LE PROFESSEUR: Ou des chiffres! Ou des nombres! Un, deux, trois, quatre, cinq, ce sont des éléments de la numération, mademoiselle.

60 L'ÉLÈVE (*hésitante*): Oui, monsieur. Des éléments, des chiffres, qui sont des bâtons, des unités et des nombres . . .

LE PROFESSEUR: A la fois . . . C'est-à-dire, en définitive,[8] toute l'arithmétique elle-même est là.

L'ÉLÈVE: Oui, monsieur. Bien, monsieur. Merci, monsieur.

65 LE PROFESSEUR: Alors, comptez, si vous voulez, en vous servant de ces éléments . . . additionnez[9] et soustrayez[10] . . . [. . .]

L'ÉLÈVE: On peut soustraire deux unités de trois unités, mais peut-on soustraire deux deux de trois trois? et deux chiffres de quatre nombres? et trois nombres d'une unité?

70 LE PROFESSEUR: Non, mademoiselle.

L'ÉLÈVE: Pourquoi, monsieur?

LE PROFESSEUR: Parce que, mademoiselle.

L'ÉLÈVE: Parce que quoi, monsieur? [. . .]

LE PROFESSEUR: Il en est ainsi, mademoiselle. Ça ne s'explique pas. Ça se com-

75 prend par un raisonnement[11] mathématique intérieur. On l'a ou on ne l'a pas.

L'ÉLÈVE: Tant pis![12]

LE PROFESSEUR: Ecoutez-moi, mademoiselle, si vous n'arrivez pas à comprendre

---

[3]procéder: *to proceed*

[4]la soustraction: *subtraction*

[5]se retourner: *to turn around*

[6]le bâton: *vertical line*

[7]l'unité (*f.*): *unit*

[8]en définitive = tout bien considéré, au bout du compte

[9]additionner: *to add*

[10]soustraire: *to subtract*

[11]le raisonnement: *reasoning*

[12]tant pis: *too bad*

profondément[13] ces principes,[14] [. . .] vous n'arriverez jamais à faire cor-
80 rectement un travail de polytechnicien.[15] Encore moins ne pourra-t-on vous
charger[16] d'un cours à l'Ecole Polytechnique, ni à la maternelle supérieure.[17]
Je reconnais que ce n'est pas facile, c'est très, très abstrait[18] . . . évidemment . . . mais comment pourriez-vous arriver [. . .] à calculer[19] mentalement combien font, et ceci est la moindre[20] des choses pour un ingénieur
85 moyen[21] — combien font, par exemple, trois milliards[22] sept cent cinquante-
cinq millions neuf cent quatre-vingt-dix-huit mille deux cent cinquante et
un, multiplié par cinq milliards cent soixante-deux millions trois cent trois
mille cinq cent huit?
L'ÉLÈVE *(très vite):* Ça fait dix-neuf quintillions trois cent quatre-vingt-dix quadril-
90 lions deux trillions huit cent quarante-quatre milliards deux cent dix-neuf
millions, cent soixante-quatre mille cinq cent huit . . .
LE PROFESSEUR *(étonné):* Non, je ne pense pas. Ça doit faire dix-neuf quintillions
trois cent quatre-vingt-dix quadrillions, deux trillions huit cent quarante-
quatre milliards deux cent dix-neuf millions cent soixante-quatre mille cinq
95 cent neuf . . .
L'ÉLÈVE: Non . . . Cinq cent huit . . .
LE PROFESSEUR *(de plus en plus étonné, calcule mentalement):* Oui, vous avez raison
. . . le produit est bien . . . *(Il bredouille*[23] *inintelligiblement.)* . . . quintillions, quadrillions, trillions, milliards, millions . . . *(Distinctement.)* . . .
100 cent soixante-quatre mille cinq cent huit . . . *(Stupéfait.*[24]*)* Mais comment
le savez-vous, si vous ne connaissez pas les principes du raisonnement arithmétique?
L'ÉLÈVE: C'est simple. Ne pouvant me fier à[25] mon raisonnement, j'ai appris par
cœur tous les résultats possibles de toutes les multiplications possibles . . .

---

[13]profondément: *deep down*
[14]le principe: *principle*
[15]le polytechnicien, la poly-
  technicienne = étudiant
  à l'Ecole Polytechni-
  que

[16]charger: *to put in charge*
[17]la maternelle supérieure:
  advanced nursery school
[18]abstrait, -e: *abstract*
[19]calculer: *to calculate*
[20]moindre: *least*

[21]moyen, -enne = ordinaire
[22]le milliard: *billion*
[23]bredouiller: *to jabber*
[24]stupéfaire = étonner
[25]se fier à: *to trust, to have
  faith in*

Courage et Sacrifice

Le Dormeur du val[1]

Arthur Rimbaud

Arthur Rimbaud (1854 – 1891) was a brilliant student who at seventeen submitted his work to the established poet, Paul Verlaine. At the latter's invitation, he left his home in Charleville, near the Belgian border, and went to Paris. Although he wrote few poems, his work had a great influence on modern poetry. His two published works both appeared in 1873, when he was only nineteen: Une Saison en enfer *and* Les Illuminations, *the latter a collection of prose poems. At twenty-one he began a life of travel and adventure throughout Europe and North Africa and as far east as Java. In 1891, a tumor on the knee required the amputation of one leg. He died later that year in Marseille.*

C'est un trou[2] de verdure[3] où chante une rivière
Accrochant[4] follement[5] aux herbes des haillons[6]
D'argent; où le soleil, de la montagne fière,
Luit:[7] c'est un petit val qui mousse[8] de rayons.[9]

5 Un soldat jeune, bouche ouverte, tête nue,[10]
Et la nuque[11] baignant[12] dans le frais cresson[13] bleu,
Dort; il est étendu dans l'herbe, sous la nue,[14]
Pâle dans son lit vert où la lumière pleut.

Les pieds dans les glaïeuls,[15] il dort. Souriant comme
10 Sourirait un enfant malade, il fait un somme:[16]
Nature, berce-le[17] chaudement: il a froid.

Les parfums ne font pas frissonner[18] sa narine;[19]
Il dort dans le soleil, la main sur sa poitrine
Tranquille. Il a deux trous rouges au côté droit.

---

[1]le val = la vallée
[2]le trou: *hole*
[3]la verdure = couleur verte de l'herbe, des feuilles, etc.
[4]accrocher: *to hang up*
[5]follement: *crazily*
[6]le haillon: *rag*

[7]luire: *to shine*
[8]mousser: *to sparkle*
[9]le rayon: *sunbeam*
[10]nu, -e: *bare*
[11]la nuque: *back of the neck*
[12]baigner: *to bathe*
[13]le cresson: *watercress*
[14]la nue = le nuage

[15]le glaïeul: *gladiolus*
[16]faire un somme: *to take a nap*
[17]bercer: *to rock*
[18]frissonner: *to stir, to quiver*
[19]la narine: *nostril*

Au centre du désert

ANTOINE DE SAINT-EXUPÉRY

Antoine de Saint-Exupéry was a professional aviator and writer who used the theme of flight as the basis for his stories of heroic struggles against nature and one's own human weaknesses. In 1939, while flying a military reconnaissance mission over the lower Nile, Saint-Exupéry and his radio mechanic, Prévot, lost their way and were forced to land at night in the middle of the desert. In this excerpt from his book Terre des hommes, *the author recounts their tale of survival and their ultimate rescue by a wandering bedouin. (For additional information on Saint-Exupéry, see p. 163.)*

Nous décidons, au coucher du soleil, de camper.[1] Je sais bien que nous devrions marcher encore; cette nuit sans eau nous achèvera.[2] Mais nous avons emporté[3] avec nous les panneaux[4] de toile[5] du parachute. Il faut étendre nos pièges à rosée,[6] une fois encore, sous les étoiles.

5 Mais au Nord, le ciel est ce soir pur de nuages. Mais le vent a changé de goût. Il a changé aussi de direction. Nous sommes frôlés[7] déjà par le souffle[8] chaud du désert. C'est le réveil du fauve![9] Je le sens qui nous lèche[10] les mains et le visage[11] . . .

Mais si je marche encore je ne ferai pas dix kilomètres. Depuis trois jours,
10 sans boire, j'en ai couvert plus de cent quatre-vingts . . .

Mais à l'instant de faire halte:[12]

—Je vous jure que c'est un lac, me dit Prévot.

—Vous êtes fou![13]

—A cette heure-ci, au crépuscule,[14] cela peut-il être un mirage?

15 Je ne réponds rien. J'ai renoncé, depuis longtemps, à[15] croire mes yeux. Ce n'est pas un mirage, peut-être, mais alors, c'est une invention de notre folie.[16] Comment Prévot croit-il encore?

—C'est à vingt minutes,[17] je vais aller voir . . .

Cet entêtement[18] m'irrite.[19]

20 —Allez voir, allez prendre l'air . . . c'est excellent pour la santé. Mais s'il existe votre lac, il est salé,[20] sachez-le bien. Salé ou non, il est au diable.[21] Et par-dessus tout il n'existe pas.

Prévot, les yeux fixes,[22] s'éloigne[23] déjà. Je les connais ces attractions sou-

---

"Au centre du désert" from Terre des hommes *by Antoine de Saint-Exupéry. Copyright 1939 by Editions Gallimard. Reprinted by permission.*

[1]camper: *to make camp*
[2]achever = *(here)* tuer
[3]emporter: *to bring away, to carry away*
[4]le panneau: *panel*
[5]la toile: *cloth*
[6]le piège à rosée: *dew-catcher (to collect drink-*

ing water)
[7]frôler = toucher légère-ment en passant
[8]le souffle: *breath*
[9]le fauve: *wild beast*
[10]lécher: *to lick*
[11]le visage = la figure
[12]faire halte = s'arrêter
[13]fou, folle: *crazy*
[14]le crépuscule = le cou-cher du soleil
[15]renoncer à = cesser ex-près de

[16]la folie: *folly, madness*
[17]à vingt minutes: *twenty minutes away*
[18]l'entêtement = qualité d'une personne têtue
[19]irriter: *to irritate*
[20]salé, -e: *salty*
[21]au diable = très loin
[22]les yeux fixes = regardant fixement
[23]s'éloigner = s'en aller, partir

veraines![24] Et moi je pense: "Il y a aussi des somnambules[25] qui vont se jeter
droit sous les locomotives." Je sais que Prévot ne reviendra pas. Ce vertige[26] du
vide[27] le prendra et il ne pourra plus faire demi-tour.[28] Et il tombera un peu
plus loin . . . Et il mourra de son côté et moi du mien. Et tout cela a si peu
d'importance!

Je n'estime[29] pas d'un très bon augure[30] cette indifférence qui m'est venue.
Mais j'en profite pour écrire une lettre posthume, à plat ventre[31] sur les pierres.
Ma lettre est très belle, très digne.[32] J'y prodigue[33] de sages conseils.[34] J'éprouve
à la relire un vague plaisir de vanité. On dira d'elle: "Voilà une admirable lettre
posthume! Quel dommage qu'il soit mort!" [. . .]

Je songe à Prévot qui ne revient pas. Je ne l'ai pas entendu se plaindre une
seule fois. C'est très bien. Il m'eût été insupportable[35] d'entendre geindre.[36] Prévot est un homme.

Ah! à cinq cents mètres de moi le voilà qui agite[37] sa lampe! Il a perdu mes
traces! je n'ai pas de lampe pour lui répondre, je me lève, je crie, mais il n'entend
pas . . .

Une seconde lampe s'allume à deux cents mètres de la sienne, une troisième
lampe. Mon Dieu, c'est une battue[38] et l'on me cherche.

Je crie:

—Ohé!

Mais on ne m'entend pas.

Les trois lampes poursuivent leurs signaux d'appel.[39] Je ne suis pas fou ce
soir. Je me sens bien. Je suis en paix.[40] Je regarde avec attention. Il y a trois
lampes à cinq cents mètres.

—Ohé!

Mais on ne m'entend toujours pas.

Alors je suis pris d'une courte panique. La seule que je connaîtrai. Ah! je
puis[41] encore courir: "Attendez . . . Attendez . . ." Ils vont faire demi-tour! Ils
vont s'éloigner, chercher ailleurs, et moi je vais tomber sur le seuil[42] de la vie,
quand il était des bras pour me recevoir! . . .

—Ohé! Ohé!

—Ohé!

Ils m'ont entendu. Je suffoque[43] mais je cours encore. Je cours dans la direction de la voix: "Ohé!" J'aperçois[44] Prévot et je tombe.

—Ah! Quand j'ai aperçu toutes ces lampes!

—Quelles lampes?

---

[24]souverain, -e: *compelling*
[25]somnambule (*m.&f.*):
personne qui marche
pendant son sommeil
[26]le vertige: *vertigo, dizzi-
ness*
[27]le vide: *void, empty space*
[28]faire demi-tour *to turn
around*
[29]estimer = juger
[30]l'augure (*m.*): *omen*

[31]à plat ventre = sur le
ventre
[32]digne: *dignified*
[33]prodiguer = offrir généreusement
[34]le conseil: *counsel, advice*
[35]insupportable: *unbearable*
[36]geindre: *to whine*
[37]agiter: *to shake, to wave*
[38]la battue: *in a hunting
party, a group that beats*

*the bush to drive the
prey out*
[39]l'appel (*m.*) = action
d'appeler
[40]la paix: *peace*
[41]je puis = je peux
[42]le seuil: *threshold*
[43]suffoquer = ne pas pouvoir respirer
[44]apercevoir = remarquer,
voir

60   C'est exact, il est seul. Cette fois je n'éprouve aucun désespoir,[45] mais une sourde colère.[46]

—Et votre lac?

—Il s'éloignait quand j'avançais.[47] Et j'ai marché vers lui pendant une demi-heure. Après une demi-heure il était trop loin. Je suis revenu. Mais je suis sûr
65   maintenant que c'est un lac . . .

—Vous êtes fou, absolument[48] fou. Ah! pourquoi avez-vous fait cela? . . . Pourquoi?

Qu'a-t-il fait? Pourquoi l'a-t-il fait? Je pleurerais d'indignation, et j'ignore[49] pourquoi je suis indigné.[50] Et Prévot m'explique d'une voix qui s'étrangle:[51]
70   —J'aurais tant voulu trouver à boire . . . Vos lèvres[52] sont tellement blanches!

Ah! ma colère tombe . . . Je passe ma main sur mon front,[53] comme si je me réveillais, et je me sens triste. Et je raconte doucement:

—J'ai vu, comme je vous vois, j'ai vu clairement, sans erreur possible, trois lumières . . . Je vous dis que je les ai vues, Prévot!
75   Prévot se tait d'abord:

—Eh oui, avoue-t-il[54] enfin, ça va mal.

La terre rayonne[55] vite sous cette atmosphère sans vapeur d'eau.[56] Il fait déjà très froid. Je me lève et je marche. Mais bientôt je suis pris d'un insupportable tremblement.[57] Mon sang[58] déshydraté[59] circule très mal, et un froid glacial
80   me pénètre,[60] qui n'est pas seulement le froid de la nuit. Mes mâchoires[61] claquent[62] et tout mon corps[63] est agité de soubresauts.[64] Je ne puis plus me servir d'une lampe électrique tant ma main la secoue.[65] Je n'ai jamais été sensible[66] au froid, et cependant je vais mourir de froid, quel étrange[67] effet de la soif!

J'ai laissé tomber mon caoutchouc quelque part, las[68] de le porter dans la
85   chaleur.[69] Et le vent peu à peu empire.[70] Et je découvre que dans le désert il n'est point de refuge. Le désert est lisse[71] comme un marbre.[72] Il ne forme point d'ombre[73] pendant le jour, et la nuit il vous livre[74] tout nu[75] au vent. Pas un arbre, pas une haie,[76] pas une pierre qui m'eût abrité.[77] Le vent me charge comme une cavalerie en terrain découvert. Je tourne en rond pour le fuir.[78] Je me couche
90   et je me relève. Couché ou debout je suis exposé à ce fouet[79] de glace. Je ne puis courir, je n'ai plus de forces, je ne puis fuir les assassins et je tombe à genoux, la tête dans les mains, sous le sabre! [. . .]

Je ne sens plus le froid, à condition de ne pas remuer[80] un muscle. Alors

---

[45]le désespoir: *despair*
[46]la colère: *anger*
[47]avancer: *to advance*
[48]absolument: *absolutely*
[49]ignorer = ne pas savoir
[50]indigné, -e: *indignant*
[51]s'étrangler: *to strangle*
[52]la lèvre: *lip*
[53]le front: *forehead*
[54]avouer = admettre
[55]rayonner: *to radiate heat*
[56]la vapeur d'eau: *steam*
[57]le tremblement: *trembling*
[58]le sang: *blood*

[59]déshydraté, -e: *dehydrated*
[60]pénétrer: *to penetrate*
[61]la mâchoire: *jaw*
[62]claquer: *to clack, to chatter*
[63]le corps: *body*
[64]le soubresaut: *jump, jitter*
[65]secouer = agiter
[66]sensible: *sensitive*
[67]étrange = bizarre, curieux
[68]las, lasse = fatigué
[69]la chaleur = état de ce

qui est chaud
[70]empirer = devenir plus mauvais
[71]lisse: *smooth*
[72]le marbre: *marble*
[73]l'ombre (f.): *shade*
[74]livrer: *to deliver, to hand over*
[75]nu, -e: *naked*
[76]la haie: *hedge*
[77]abriter: *to shelter*
[78]fuir: *to flee*
[79]le fouet: *whip*
[80]à condition . . . remuer: *so long as I don't move*

j'oublie mon corps endormi sous le sable. Je ne bougerai[81] plus, et ainsi je ne
95 souffrirai plus jamais. D'ailleurs véritablement l'on souffre si peu . . . Il y a
derrière tous ces tourments,[82] l'orchestration de la fatigue et du délire.[83] Et tout
se change en livres d'images, en conte de fées[84] un peu cruel . . . Tout ce
torrent d'images m'emporte, je le sens, vers un songe[85] tranquille; les fleuves
se calment dans l'épaisseur[86] de la mer.

100   Adieu, vous que j'aimais. Ce n'est pas ma faute si le corps humain ne peut
résister trois jours sans boire. Je ne me croyais pas ainsi prisonnier des fontaines.
Je ne soupçonnais[87] pas une aussi courte autonomie.[88] On croit que l'homme
peut s'en aller devant soi.[89] On croit que l'homme est libre . . . On ne voit pas
la corde qui le rattache[90] au puits,[91] qui le rattache comme un cordon ombilical,
105 au ventre de la terre. S'il fait un pas[92] de plus, il meurt.[93]

A part[94] votre souffrance[95] je ne regrette rien. Tout compte fait,[96] j'ai eu la
meilleure part. Si je rentrais, je recommencerais. J'ai besoin de vivre. Dans les
villes il n'y a plus de vie humaine.

Il ne s'agit point ici d'aviation. L'avion, ce n'est pas une fin, c'est un moyen.
110 Ce n'est pas pour l'avion que l'on risque sa vie. Ce n'est pas non plus pour sa
charrue[97] que le paysan[98] laboure.[99] Mais, par l'avion, on quitte la ville et leurs
comptables,[100] et l'on retrouve une vérité paysanne.

On fait un travail d'homme et l'on connaît des soucis[101] d'homme. On est
en contact avec le vent, avec les étoiles, avec la nuit, avec le sable, avec la mer.
115 On attend l'escale comme une terre promise, et l'on cherche sa vérité dans les
étoiles.

Je ne me plaindrai pas. Depuis trois jours, j'ai marché, j'ai eu soif, j'ai suivi
des pistes dans le sable, j'ai fait de la rosée mon espérance.[102] J'ai cherché à
joindre[103] mon espèce, dont j'avais oublié où elle logeait sur la terre. Et ce sont
120 des soucis de vivants. Je ne regrette rien. J'ai joué, j'ai perdu. C'est dans l'ordre
de mon métier. Mais, tout de même, j'ai respiré le vent de la mer.

Ceux qui l'ont goûté une fois n'oublient pas cette nourriture. N'est-ce pas
mes camarades? Et il ne s'agit pas de vivre dangereusement. Cette formule[104]
est prétentieuse. Les toréadors ne me plaisent guère. Ce n'est pas le danger que
125 j'aime. C'est la vie. [. . .]

Nous avons mangé un peu de raisin le premier jour. Depuis trois jours, une
demi-orange et une moitié de madeleine.[105] Avec quelle salive eussions-nous
mâché[106] notre nourriture? Mais je n'éprouve aucune faim, je n'éprouve que la

---

[81]bouger = remuer
[82]le tourment: *torment*
[83]le délire: *delirium*
[84]le conte de fées: *fairy
tale*
[85]le songe = le rêve
[86]l'épaisseur (f.): *thickness*
[87]soupçonner: *to suspect*
[88]l'autonomie (f.) = liberté, indépendance
[89]s'en aller devant soi =
poursuivre ses propres
buts

[90]rattacher: *to attach*
[91]le puits: *well*
[92]le pas: *step*
[93]meurt = *3 sing. pres. of*
mourir
[94]à part: *apart from, other
than*
[95]la souffrance = peine
[96]tout compte fait = au
bout du compte
[97]la charrue: *plow*
[98]le paysan, la paysanne:
peasant

[99]labourer: *to work (land),
to turn over (ground)*
[100]comptable (m.&f.): ac-
countant
[101]le souci: *care*
[102]l'espérance (f.): *hope, ex-
pectation*
[103]joindre = se rejoindre à
[104]la formule = expression
[105]la madeleine = espèce
de petit gâteau
[106]mâcher: *to chew (1 pl.
pluperfect subjunctive)*

soif, j'éprouve les effets de la soif. Cette gorge dure. Cette langue[107] de plâtre.[108]
130 Ce raclement[109] et cet affreux goût dans la bouche. Ces sensations-là sont nouvelles pour moi. Sans doute l'eau les guérirait-elle, mais je n'ai pas de souvenirs
qui leur associent ce remède. La soif devient de plus en plus une maladie et de
moins en moins un désir.

Il me semble que les fontaines et les fruits m'offrent déjà des images moins
135 déchirantes.[110] J'oublie le rayonnement[111] de l'orange, comme il me semble avoir
oublié mes tendresses.[112] Déjà peut-être j'oublie tout.

Nous nous sommes assis, mais il faut repartir. Nous renonçons aux longues
étapes. Après cinq cents mètres de marche nous croulons[113] de fatigue. Et j'éprouve
une grande joie à m'étendre. Mais il faut repartir. [. . .]

140 Hier, je marchais sans espoir.[114] Aujourd'hui, nous marchons parce que nous
marchons. Ainsi des bœufs sans doute, au labour.[115] Je rêvais hier à des paradis
d'orangers.[116] Mais aujourd'hui, il n'est plus, pour moi, de paradis. Je ne crois
plus à l'existence des oranges. [. . .]

Et cependant, qu'ai-je aperçu? Un souffle d'espoir a passé sur moi comme
145 une risée[117] sur la mer. Quel est le signe qui vient d'alerter mon instinct avant
de frapper ma conscience? Rien n'a changé, et cependant tout a changé. [. . .] Je
regarde Prévot. Il est frappé du même étonnement que moi mais il ne comprend
pas non plus ce qu'il éprouve.

Je vous jure qu'il va se passer quelque chose . . .

150 Je vous jure que le désert s'est animé.[118] Je vous jure que cette absence,
que ce silence sont tout à coup plus émouvants[119] qu'un tumulte de place publique . . .

Nous sommes sauvés,[120] il y a des traces dans le sable! . . .

Ah! nous avions perdu la piste de l'espèce humaine, nous étions tranchés
155 d'avec[121] la tribu, nous nous étions retrouvés seuls au monde, oubliés par une
migration universelle, et voici que nous découvrons, imprimés[122] dans le sable,
les pieds miraculeux de l'homme.

— Ici, Prévot, deux hommes se sont séparés . . .

— Ici, un chameau[123] s'est agenouillé[124] . . .

160 Et cependant, nous ne sommes point sauvés encore. Il ne nous suffit pas
d'attendre. Dans quelques heures, on ne pourra plus nous secourir.[125] La marche[126]
de la soif, une fois la toux[127] commencée, est trop rapide. Et notre gorge . . .

Mais je crois en cette caravane, qui se balance[128] quelque part, dans le désert.

Nous avons donc marché encore, et tout à coup j'ai entendu le chant du coq.
165 Prévot m'a saisi le bras:

---

[107]la langue: *tongue*
[108]le plâtre: *plaster*
[109]le raclement: *scraping*
[110]déchirant, -e: *heart-rend-ing, excruciating*
[111]le rayonnement: *radiance, brilliance*
[112]les tendresses (f.pl.): *caresses, moments of affection*
[113]crouler: *to collapse*

[114]l'espoir (m.): *hope*
[115]au labour = en labourant
[116]l'oranger (m.): *orange tree*
[117]la risée = vent qui s'élè-ve soudain
[118]s'animer: *to come alive*
[119]émouvant, -e: *moving*
[120]sauver: *to save*
[121]trancher d'avec: *to cut off from*
[122]imprimer: *to print, to im-*

print
[123]le chameau: *camel*
[124]s'agenouiller = se mettre à genoux
[125]secourir = aider, soute-nir, venir au secours de
[126]la marche: *progress*
[127]la toux: *cough*
[128]se balancer: *to sway*

—Vous avez entendu?

—Quoi?

—Le coq!

—Alors . . . Alors . . .

170 Alors, bien sûr, imbécile, c'est la vie.

J'ai une dernière hallucination; celle de trois chiens qui se poursuivaient. Prévot qui regardait aussi, n'a rien vu. Mais nous sommes deux à tendre[129] les bras vers ce Bédouin. Nous sommes deux à user[130] vers lui le souffle de nos poitrines. Nous sommes deux à rire de bonheur! . . .

175 Mais nos voix ne portent pas à trente mètres. Nos cordes vocales sont déjà sèches. Nous nous parlions tout bas l'un à l'autre, et nous ne l'avions même pas remarqué!

Mais ce Bédouin et son chameau, qui viennent de se démasquer[131] de derrière le tertre,[132] voilà que lentement, lentement, ils s'éloignent. Peut-être cet

180 homme est-il seul. Un démon cruel nous l'a montré et le retire[133] . . .

Et nous ne pourrions plus courir!

Un autre arabe apparaît de profil sur la dune. Nous hurlons,[134] mais tout bas. Alors, nous agitons les bras et nous avons l'impression de remplir le ciel de signaux immenses. Mais ce Bédouin regarde toujours vers la droite . . .

185 Et voici que, sans hâte,[135] il a amorcé[136] un quart de tour. A la seconde même

---

[129]tendre: *to stretch, to reach*

[130]user: *to exhaust, to use up*

[131]se démasquer: *to come into view*

[132]le tertre: *mound*

[133]retirer: *to pull back*

[134]hurler = crier

[135]sans hâte = sans se dépêcher

[136]amorcer = commencer

où il regardera vers nous, il aura déjà effacé en nous la soif, la mort et les mirages. Il a amorcé un quart de tour qui, déjà, change le monde. Par un mouvement de son seul buste,[137] par la promenade de son seul regard,[138] il crée la vie, et il me paraît semblable[139] à un dieu[140] . . .

190   C'est un miracle . . . Il marche vers nous sur le sable, comme un dieu sur la mer . . .

Ľarabe nous a simplement regardés. Il a pressé, des mains, sur nos épaules, et nous lui avons obéi.[141] Nous nous sommes étendus. Il n'y a plus ni races, ni langages, ni divisions . . . Il y a ce nomade pauvre qui a posé sur nos épaules

195 des mains d'archange.[142]

Nous avons attendu, le front dans le sable. Et maintenant, nous buvons à plein ventre, la tête dans la bassine, comme des veaux.[143] Le Bédouin s'en effraie[144] et nous oblige, à chaque instant, à nous interrompre.[145] Mais dès qu'il nous lâche,[146] nous replongeons notre visage dans l'eau.

200   Ľeau!

Eau, tu n'as ni goût, ni couleur, ni arome, on ne peut pas te définir,[147] on te goûte, sans te connaître. Tu n'es pas nécessaire à la vie; tu es la vie. Tu nous pénètres d'un plaisir qui ne s'explique point par les sens.[148] Avec toi rentrent en nous tous les pouvoirs[149] auxquels nous avions renoncé. Par ta grâce,[150]

205 s'ouvrent en nous toutes les sources[151] taries[152] de notre cœur.

Tu es la plus grande richesse[153] qui soit au monde, et tu es aussi la plus délicate, toi si pure au ventre de la terre. On peut mourir sur une source d'eau magnésienne.[154] On peut mourir à deux pas d'un lac d'eau salée. On peut mourir malgré deux litres de rosée qui retiennent en suspens[155] quelques sels. Tu n'ac-

210 ceptes point de mélange,[156] tu ne supportes point d'altération, tu es une ombrageuse[157] divinité.

Mais tu répands[158] en nous un bonheur infiniment[159] simple.

Quant à toi qui nous sauves, Bédouin de Lybie,[160] tu t'effaceras cependant à jamais de ma mémoire. Je ne me souviendrai jamais de ton visage. Tu es ľHom-

215 me et tu m'apparais[161] avec le visage de tous les hommes à la fois. Tu ne nous as jamais dévisagés[162] et déjà tu nous as reconnus. Tu es le frère bien-aimé. Et, à mon tour, je te reconnaîtrai dans tous les hommes.

Tu m'apparais baigné[163] de noblesse[164] et de bienveillance,[165] grand Seigneur[166] qui as le pouvoir de donner à boire. Tous mes amis, tous mes ennemis

220 en toi marchent vers moi, et je n'ai plus un seul ennemi au monde.

---

[137]le buste: *torso*
[138]la promenade . . . regard = le mouvement de ses yeux
[139]semblable: *similar*
[140]le dieu: *god*
[141]obéir à: *to obey*
[142]l'archange (*m.*): *archangel*
[143]le veau: *calf*
[144]s'effrayer de = craindre, avoir peur de
[145]s'interrompre = s'arrêter

[146]lâcher: *to let go*
[147]définir: *to define*
[148]le sens: *(here) sense*
[149]le pouvoir: *power*
[150]la grâce: *(here) grace*
[151]la source: *spring*
[152]tari, -e = sec, sans eau
[153]la richesse: *thing of value*
[154]magnésien, -ienne = qui contient du magnésium
[155]en suspens: *suspended*
[156]le mélange: *mixing*

[157]ombrageux, -euse: *jealous*
[158]répandre: *to spread*
[159]infiniment: *infinitely*
[160]la Lybie: *Lybia*
[161]apparaître: *to appear*
[162]dévisager = regarder fixement
[163]baigner: *to bathe*
[164]la noblesse: *nobility*
[165]la bienveillance: *benevolence*
[166]le Seigneur: *Lord*

Madame Curie

EVE CURIE

Eve Curie was the younger daughter of Pierre and Marie Curie. In this selection from the biography of her mother, she recounts how her parents sacrificed a potential fortune by making an ethical decision on behalf of science rather than a selfish one for their own welfare. We are all the beneficiaries of that fateful decision. (For additional information on the Curies, see p. 242.)

Quelque temps avant que ne se developpât, en France et à l'étranger, le traitement[1] industriel du radium, les Curie ont pris une décision à laquelle ils attachent fort peu d'importance mais qui influera grandement[2] sur le reste de leur vie.

5 En purifiant la pechblende, en isolant[3] le radium, Marie a inventé une technique et créé un procédé[4] de fabrication.

Or,[5] depuis que les effets thérapeutiques du radium sont connus, l'on recherche[6] partout les minerais[7] radioactifs. Des exploitations[8] sont en projet[9] dans plusieurs pays, particulièrement en Belgique et en Amérique. Toutefois 10 les usines ne pourront produire le "fabuleux métal" que lorsque leurs ingénieurs connaîtront le secret de la préparation du radium pur.

Ces choses, Pierre les expose à sa femme, un dimanche matin, dans la petite maison du boulevard Kellermann. Tout à l'heure, le facteur a apporté une lettre venant des Etats-Unis. Le savant l'a lue attentivement, l'a repliée,[10] et posée[11] 15 sur son bureau.

—Il faut que nous parlions un peu de notre radium, dit-il d'un ton paisible.[12] Son industrie va prendre une grande extension, c'est maintenant certain. Voici justement une lettre de Buffalo: des techniciens, désireux de créer une exploitation en Amérique, me prient[13] de les documenter.[14]

20 —Alors? dit Marie, qui ne prend pas un vif[15] intérêt à la conversation.

—Alors nous avons le choix entre deux solutions. Décrire sans aucune restriction les résultats de nos recherches,[16] ainsi que les procédés de purification . . .

Marie a un geste d'approbation, et elle murmure:

—Oui, naturellement.

25 —Ou bien, continue Pierre, nous pouvons nous considérer comme les propriétaires, les "inventeurs" du radium. Dans ce cas, avant de publier de quelle manière tu as opéré[17] pour traiter la pechblende, il faudrait breveter[18] cette tech-

A droite: Eve Curie Labouisse

From Madame Curie *by Eve Curie.* © 1939 *by The Odyssey Press. Reprinted by permission of The Bobbs-Merrill Company, Inc., and Editions Gallimard.*

[1]le traitement: *processing, treatment*

[2]influer grandement = avoir une grande influence

[3]isoler: *to isolate*

[4]le procédé: *process*

[5]or = mais

[6]rechercher = chercher à découvrir, essayer d'obtenir

[7]le minerai: *ore*

[8]l'exploitation *(f.): mining, working of a mine*

[9]en projet: *planned*

[10]replier: *to refold*

[11]poser = mettre

[12]paisible = tranquille, calme

[13]prier: *to beg*

[14]documenter = donner des documents à qqn afin de le renseigner à un sujet

[15]vif, vive: *lively*

[16]les recherches *(f.pl.): research*

[17]opérer: *to operate, to work*

[18]breveter: *to patent*

nique et nous assurer des droits sur la fabrication du radium dans le monde.

Il fait un effort pour préciser,[19] d'une façon objective, la situation. Ce n'est
pas sa faute si, en prononçant des mots qui lui sont peu familiers: "breveter,"
"nous assurer des droits," sa voix a eu une inflexion de mépris[20] à peine[21] perceptible.

Marie réfléchit pendant quelques secondes. Puis elle dit:

—C'est impossible. Ce serait contraire à l'esprit[22] scientifique.

—Je le pense aussi, dit Pierre, mais je ne veux pas que nous prenions cette
décision à la légère.[23] Notre vie est dure; elle menace[24] de l'être toujours. Et
nous avons une fille . . . peut-être aurons-nous d'autres enfants. Pour eux, pour
nous, ce brevet représenterait beaucoup d'argent, la richesse.[25]

Il mentionne encore, avec un petit rire, la seule chose à laquelle il lui soit
cruel de renoncer:

—Nous pourrions avoir aussi un beau laboratoire.

Marie considère posément[26] l'idée du gain, de la récompense matérielle.
Presqu'aussitôt elle la rejette:[27]

—Les physiciens publient toujours intégralement[28] leurs recherches. Si notre
découverte[29] a un avenir commercial, c'est là un hasard dont nous ne saurions
profiter. Et le radium va servir à guérir des malades. Il me paraît impossible
d'en tirer un avantage.

Elle n'essaie nullement de convaincre[30] son mari. Elle devine qu'il n'a parlé
du brevet que par scrupule.[31] Les mots qu'elle prononce avec une entière sûreté
expriment leur sentiment à tous deux, leur infaillible[32] conception du rôle de
savant.

Dans un silence, Pierre répète, comme un écho, la phrase de Marie:

—Ce serait contraire à l'esprit scientifique.

Il est soulagé.[33] Il ajoute, comme s'il réglait[34] une question de détail:

—J'écrirai donc ce soir aux ingénieurs américains en leur donnant les renseignements qu'ils demandent.

---

[19]préciser: *to go into details
about*
[20]le mépris: *scorn, contempt*
[21]à peine: *hardly, scarcely*
[22]l'esprit (*m.*): *mind, spirit*
[23]à la légère = légèrement
[24]menacer: *to threaten*
[25]la richesse: *wealth*

[26]posément = calmement,
lentement
[27]rejeter: *to reject*
[28]intégralement = com-
plètement
[29]la découverte = ce qu'on
a découvert

[30]convaincre: *to convince*
[31]le scrupule: *desire to do
the right thing*
[32]infaillible: *infallible*
[33]soulager: *to relieve*
[34]régler: *to take care of, to
settle*

Gros plans[1] de requins[2]

Jacques-Yves Cousteau

Jacques-Yves Cousteau, born in 1910, is a world-renowned oceanographer whose books about marine life, its discovery and exploration, are popular everywhere. In this excerpt from Le Monde du silence, *he recounts what happened when he and his friend Dumas (Didi) tried to film a shark close up.*

A peine[3] avons-nous fait quelques mètres, que nous tombons sur un requin de deux mètres cinquante à trois mètres de longueur,[4] d'une espèce que nous n'avons encore jamais rencontrée. Il est d'une netteté[5] impressionnante, gris clair, bien propre, un vrai bibelot.[6] Nous nageons hardiment[7] vers lui, persuadés qu'il
5   va se sauver[8] comme tous les autres; mais il ne bat pas en retraite.[9] Au-dessus de son dos nage un poisson de vingt centimètres, rayé[10] de blanc et de noir, sans doute le fameux poisson pilote. Nous approchons encore, jusqu'à nous trouver à trois mètres de lui. C'est ahurissant![11] Autour du requin, rangés[12] comme par un étalagiste,[13] sont une dizaine de ces poissons pilotes.
10   Il y en a de tout petits, d'autres longs comme le doigt; ils sont là comme une parure[14] de fête, ils épousent[15] le rythme de l'animal, restant à quelques centimètres de lui. Ils ne donnent pas l'impression de le suivre, ils font partie de lui comme des appendices. Le plus petit de tous, un pilote grand comme l'ongle[16] du pouce, frétille[17] juste devant le museau[18] du requin et reste miracu-
15   leusement en place pendant que la bête avance[19] . . .
Le beau requin gris ne marque aucune appréhension.[20] Je me réjouis d'avoir[21] enfin l'occasion de filmer un requin dans d'excellentes conditions. Je me mets presque dans la peau d'un metteur en scène, donnant mes indications[22] par signes à Dumas, qui partage la vedette[23] avec le squale[24] gris. Je filme le requin avec
20   Didi devant, puis avec Didi derrière. Mon camarade suit l'animal, l'approche, le prend par la queue,[25] partagé[26] entre le désir de tirer fort pour déranger le bel équilibre[27] d'une vitrine, et la crainte qu'il ne se retourne[28] pour mordre.[29] Il lâche donc prise[30] et calque[31] ses évolutions[32] sur celles du requin.

"Gros plans de requins" from Le Monde du silence *by J.-Y. Cousteau and F. Dumas. Reprinted by permission of Fondation Cousteau.*

[1]le gros plan: *closeup*
[2]le requin: *shark*
[3]à peine: *hardly, scarcely*
[4]la longueur: *length*
[5]la netteté = caractère de ce qui est clairement visible
[6]le bibelot: *ornament*
[7]hardiment = témérairement
[8]se sauver: *to get away*
[9]battre en retraite: *to beat a retreat*
[10]rayé, -e = qui a des rayures
[11]ahurissant, -e = étonnant
[12]ranger: *to arrange*
[13]l'étalagiste (m.): *window-dresser, display artist*
[14]la parure: *jewelry, adornment*
[15]épouser: *to espouse, to join in*
[16]l'ongle (m.): *nail*
[17]frétiller: *to wriggle*
[18]le museau: *nose, snout, muzzle*
[19]avancer: *to move forward, to advance*
[20]l'appréhension (f.) = peur, crainte
[21]se réjouir de: *to rejoice in*
[22]l'indication (f.): *cue*
[23]partager la vedette: *to share top billing*
[24]le squale = le requin
[25]la queue: *(here) tail*
[26]partager = *(here)* diviser
[27]l'équilibre (m): *equilibrium, balance*
[28]se retourner: *to turn around*
[29]mordre: *to bite*
[30]lâcher prise = cesser de tenir
[31]calquer: *to copy closely*
[32]les évolutions (f.pl.): *series of movements*

Lectures

Il lui faut nager aussi vite qu'il en est capable pour ne pas se laisser dis-
25 tancer[33] par l'animal qui, lui, avance presque sans bouger.[34] Moi, je pivote au
centre du jeu et, passé la première admiration, je commence à sentir le danger.
La bête n'a pas l'air de s'intéresser beaucoup à nous, mais son petit œil immobile
nous fixe.

Notre requin gris nous a peu à peu entraînés[35] à vingt mètres de profon-
30 deur.[36] Alors Dumas pointe son doigt vers le bas. Apparaissant[37] dans le bleu
sombre,[38] à la limite de la visibilité, deux autres requins montent lentement vers
nous. Ils sont beaucoup plus grands, ils dépassent[39] quatre mètres. Ils sont plus
effilés,[40] plus bleus, plus sauvages[41] d'apparence. Ils s'installent au-dessous de nous.

Notre vieil ami, le requin gris, se rapproche de nous, réduisant[42] le rayon[43]
35 des cercles qu'il décrit. Mais il paraît toujours maniable.[44] Le mécanisme, qui le
faisait tourner autour de nous comme les aiguilles[45] d'une montre, semblait au
point. Nous étions parvenus, jusqu'ici, à maîtriser[46] notre peur, nous n'y pensions
plus. L'apparition[47] des deux grands bleus nous rappelle durement à la réalité.

Nous nous creusons[48] désespérément[49] la mémoire, Dumas et moi, pour y
40 retrouver des conseils[50] sur la manière d'effrayer[51] les requins. "Gesticulez,"[52]
dit un sauveteur;[53] et nous faisons de grands gestes désordonnés.[54] Nous avons
un peu honte: le gris n'a pas daigné[55] sourire. "Envoyez-leur un jet de bulles,"[56]
dit un scaphandrier.[57] Dumas attend que le requin ait atteint le point le plus
proche de sa trajectoire et souffle[58] de toutes ses forces: le requin ne réagit pas.
45 "Criez aussi fort que possible," dit un auteur. Nous poussons des hurlements[59]
jusqu'à perdre la voix. Le requin paraît sourd. Il a l'air de savoir ce qu'il veut:
le temps travaille pour lui.

Il se produit[60] alors un petit incident affreux. Le minuscule poisson pilote,
qui nage devant le museau du requin, s'envole[61] de son perchoir[62] et frétille vers
50 Dumas. Il papillonne[63] tout contre son masque et mon ami secoue[64] la tête comme pour se débarrasser d'un moustique. Mais en vain. Dumas se sent marqué,
il est devenu une succursale[65] du requin. Je sens mon camarade se rapprocher
instinctivement de moi. Je vois sa main chercher son poignard de ceinture et
dégainer.[66] Au-delà du couteau et de la caméra, le requin gris s'éloigne[67] un peu,
55 comme pour prendre son élan,[68] se retourne, et vient droit sur nous.

---

[33]se laisser distancer: *to be
outdistanced, to fall be-
hind*
[34]bouger: *to move*
[35]entraîner = tirer, emmener
[36]la profondeur: *depth*
[37]apparaître: *to appear*
[38]sombre = foncé
[39]dépasser: *to exceed*
[40]effilé, -e: *slender and
tapered*
[41]sauvage: *savage, wild*
[42]réduire: *to reduce*
[43]le rayon: *(here) radius,
range*
[44]maniable: *manageable*
[45]l'aiguille (f.): *hand (of a*

clock)
[46]maîtriser = se rendre
maître de, contrôler
[47]l'apparition (f.): *appearance*
[48]se creuser: *to dig deeply
in*
[49]désespérément: *desperate-
ly*
[50]le conseil: *counsel, advice*
[51]effrayer = faire peur à
[52]gesticuler = faire des
gestes
[53]le sauveteur: *lifeboat op-
erator*
[54]désordonné, -e: *wild, crazy*
[55]daigner: *to deign*

[56]la bulle: *bubble*
[57]le scaphandrier: *deep-sea
diver*
[58]souffler: *to blow*
[59]pousser des hurlements
= crier
[60]se produire = se passer
[61]s'envoler: *to flee*
[62]le perchoir: *perch*
[63]papillonner: *to flutter*
[64]secouer: *to shake*
[65]la succursale: *branch, annex, dependency*
[66]dégainer: *to unsheathe,
to draw*
[67]s'éloigner: *to move away*
[68]prendre son élan: *to take
off, to make one's leap*

Sans réfléchir, je brandis[69] la caméra comme un bouclier,[70] j'appuie[71] sur le levier de déclenchement[72] et je me trouve en train de filmer la bête qui fonce sur[73] moi. Le museau plat[74] ne cesse de grandir; bientôt il n'y a plus au monde qu'une gueule.[75] La colère[76] m'envahit.[77] De toutes mes forces, je pousse la caméra
60 en avant et frappe en plein[78] sur le museau. Je sens le déplacement d'eau d'un grand coup[79] de queue, un corps[80] lourd passe près de moi en un éclair,[81] et le requin se retrouve à quatre mètres, indemne,[82] inexpressif, décrivant lentement autour de nous sa ronde obstinée.[83]

Les deux requins bleus montent sans cesse et entrent dans la danse. Il est
65 grand temps de rentrer. Nous faisons surface et sortons nos têtes de l'eau. Horreur! le bateau est à trois cents mètres et a perdu notre trace. Nous agitons frénétiquement les bras, mais le bateau ne répond pas. Nous flottons[84] en surface, avec la tête en dehors; c'est la meilleure méthode pour se faire dévorer[85] . . .

Je regarde vers le bas: les trois requins se dirigent vers nous en une at-
70 taque concertée. Nous plongeons et nous leur faisons front;[86] ils reprennent leur manœuvre d'encerclement. Tant que[87] nous sommes à deux ou trois mètres de profondeur, ils hésitent à s'approcher de nous. Nous esquissons[88] une retraite vers le bateau. Malheureusement, sans point de repère,[89] il est impossible de faire dix mètres en ligne droite.[90]

75 Nous pensons avant tout à nos jambes et improvisons une formation défensive en restant côte à côte, mais tête-bêche,[91] afin que chacun de nous puisse surveiller[92] les pieds de l'autre. A tour de rôle,[93] l'un de nous monte en flèche[94] vers la surface et agite les bras pendant quelques secondes, tandis que l'autre le protège[95] en adoptant une attitude aussi agressive que possible. . .

80 Nous sommes presque à bout de force; le froid nous gagne. J'estime[96] qu'il y a plus d'une demi-heure que nous sommes sous l'eau. Bientôt notre provision d'air sera épuisée[97]. . .

Mais l'attitude des requins change. Ils s'agitent, font un dernier tour de piste et disparaissent. Nous n'y pouvons croire. Nous nous regardons. Une om-
85 bre[98] passe sur nous: c'est le canot de sauvetage[99] du bateau. Les requins se sont enfuis[100] à son approche.

Nous nous laissons tomber sur le bateau. Notre équipage[101] est presque aussi ému[102] que nous. L'embarcation[103] avait perdu la trace de nos bulles et était partie à la dérive.[104] Nous avons peine à croire que nous avons passé seule-
90 ment vingt minutes dans l'eau!

---

[69]brandir: *to brandish*
[70]le bouclier: *shield*
[71]appuyer = presser
[72]le levier de déclenchement: *release lever*
[73]foncer sur: *to rush at*
[74]plat, -e: *flat*
[75]la gueule = bouche d'un animal
[76]la colère: *anger*
[77]envahir = remplir
[78]en plein = exactement
[79]le coup: *blow*
[80]le corps: *body*
[81]l'éclair (*m.*): *flash*

[82]indemne: *unharmed*
[83]la ronde obstinée: *never-ending circle*
[84]flotter: *to float*
[85]dévorer: *to devour*
[86]faire front à: *to face*
[87]tant que = puisque
[88]esquisser = commencer à faire
[89]le point de repère: *reference point, landmark*
[90]droit, -e: *(here) straight*
[91]tête-bêche: *upside down toward each other*
[92]surveiller = regarder

[93]à tour de rôle = chacun son tour
[94]en flèche: *like an arrow*
[95]protéger: *to protect*
[96]estimer = croire
[97]épuiser: *to exhaust*
[98]l'ombre (*f.*): *shadow*
[99]le canot de sauvetage: *lifeboat*
[100]s'enfuir = s'envoler
[101]l'équipage (*m.*): *crew*
[102]ému, -e: *moved*
[103]l'embarcation = petit bateau, canot
[104]à la dérive: *adrift*

Champion olympique

B. CACÉRÈS

In this excerpt from his book on the 1952 Helsinki Olympics, La Quinzième Olympiade, *Bénigno Cacérès narrates the exciting and very humorous conclusion of the 400-meter free-style swimming race.*

Pour la finale olympique, Jean Boiteux est parmi les favoris.[1] Les Français désirent sa victoire. Jamais encore nous n'avons remporté[2] le titre olympique du 400 mètres. Il y a de l'espoir,[3] d'autant plus que[4] la veille, en demi-finale, Boiteux a pulvérisé en 4′ 33″ 1/10 le record olympique à 1/10 de seconde du
5 meilleur temps mondial. Mais comment triompher d'une coalition où se sont trouvés réunis d'aussi extraordinaires champions? Quand on a dix-neuf ans, il y a de quoi[5] être intimidé. Boiteux ne semble nullement soucieux.[6] Il sourit comme s'il s'agissait de parcourir ce 400 mètres en séance d'entraînement,[7] et fait même un galop[8] d'essai en attendant le départ.
10 Dans la tribune[9] officielle, M. Boiteux s'agite,[10] Madame cache ses yeux derrière ses lunettes noires. Minville, l'entraîneur, dans un coin, fume[11] son chapelet[12] de cigarettes.

Chaque champion prend place devant son couloir.[13] Boiteux occupe la ligne[14] quatre entre ses plus dangereux rivaux: l'Américain Ford Konno et le Suédois
15 Ostrand; il pourra donc surveiller[15] l'un et l'autre.

C'est le départ: au coup de pistolet,[16] l'eau semble se mettre en mouvement. Boiteux, Ford Konno et Ostrand prennent immédiatement une imperceptible avance,[17] ils virent[18] ensemble trois fois. Aux deux cents mètres, Ostrand est légèrement lâché.[19] Avant les cent cinquante mètres, Boiteux démarre, lâche
20 Konno et vire aux trois cents mètres avec une franche[20] longueur[21] d'avance. Les Français délirent,[22] hurlent[23] le nom de Boiteux. Tout le monde est debout et la piscine olympique d'Helsinki devient propriété française. Boiteux maintient son avance jusqu'aux trois cent cinquante mètres. C'est le dernier virage.[24] Il suffit de parcourir les cinquante mètres de la piscine et c'est l'arrivée. Alors dans un
25 effort désespéré,[25] Konno se lance à la poursuite du Français et peu à peu remonte.[26] Les Français continuent de hurler: "Boiteux! Boiteux!," et se penchent

---

"Champion olympique" from La Quinzième Olympiade *by B. Cacérès published by Editions de Seuil. Reprinted by permission of Georges Borchardt, Inc.*

[1]le favori, la favorie: *favorite*
[2]remporter = gagner
[3]l'espoir *(m.): hope*
[4]d'autant plus que = pour la raison que
[5]de quoi = des raisons de
[6]soucieux, -euse = inquiet

[7]la séance d'entraînement: *training session*
[8]le galop: *sprint*
[9]la tribune: *viewing stand*
[10]s'agiter: *to fidget*
[11]fumer: *to smoke*
[12]le chapelet: *chain*
[13]le couloir: *(here) lane*
[14]la ligne = *(here)* le couloir
[15]surveiller = observer attentivement
[16]le coup de pistolet: *pistol shot*

[17]l'avance *(f.): lead*
[18]virer = tourner, changer de direction
[19]lâcher: *to leave behind*
[20]franc, franche: *clear*
[21]la longueur: *length*
[22]délirer: *to be delirious*
[23]hurler = crier
[24]le virage = action de tourner, changement de direction
[25]désespéré, -e: *desperate*
[26]remonter: *(here) to catch up*

audacieusement[27] pour regarder le bassin[28] olympique. Boiteux est toujours en tête. Tout en nageant, il regarde Konno, qui, petit à petit, se rapproche dangereusement et semble maintenant à même hauteur.[29] Dans un dernier effort, un

30 dernier sprint, où il met tout lui-même, Boiteux touche le premier le bord[30] du bassin avec une demi-longueur d'avance sur Konno. En 4′ 30″ 7/10, il a battu[31] une nouvelle fois le record olympique. Chacun de nous a réellement[32] gagné. A ce moment, un homme descend de la tribune officielle, bouscule[33] tout sur son passage, y compris le service d'ordre,[34] et se jette tout habillé dans le bassin

35 olympique sans même perdre son béret. M. Boiteux père embrasse son fils dans l'eau et a toutes les peines du monde à remonter sur le terrain ferme[35] malgré l'aide de son champion olympique.

Les photographes se précipitent[36] et les Français expliquent par gestes à leurs voisins que tout ceci est très normal et qu'ils n'ont rien vu s'ils ne connais-

40 sent pas les us[37] et coutumes de la bonne ville de Toulouse, capitale, comme chacun sait, des bonnes manières.

Le record olympique étant pulvérisé, le drapeau français monte au mât[38] central, tandis que l'orchestre improvise sur l'air de "la Marseillaise."

Renovateur des Jeux Olympiques

[27]audacieusement = témérairement
[28]le bassin = la piscine
[29]la hauteur = le niveau
[30]le bord: *edge, rim*
[31]battre: *to break*
[32]réellement = vraiment
[33]bousculer = pousser
[34]le service d'ordre = per-

sonnes qui assurent l'ordre à des réunions, des spectacles, etc.
[35]le terrain ferme: *firm ground*, "terra firma"
[36]se précipiter = se dépêcher
[37]les us (*m.pl.*): ce qui se fait dans tel ou tel

lieu; la manière de vivre. Ce mot ne s'emploie aujourd'hui que dans l'expression "les us et coutumes." Notez que le *s* se prononce: [ys].
[38]le mât: *mast, pole*

La Politique

Monsieur Blink

MICHEL TREMBLAY

In this short story the young Canadian author Michel Tremblay (born, 1942) satirizes the awesome power of advertising in the area of politics.

Monsieur Blink était stupéfait.[1] Quelle était donc cette plaisanterie?[2] Qui avait osé . . . Devant lui, sur le mur de bois longeant[3] la rue des Cèdres, une immense affiche était collée et, au milieu de cette affiche, monsieur Blink lui-même "se" souriait. Au-dessus de sa photo, en lettres majuscules[4] grosses comme 5 ça, une phrase renversante,[5] une phrase qui fit sursauter[6] monsieur Blink, était imprimée[7] en rouge violent: "Votez pour monsieur Blink, le candidat de l'avenir!"

Monsieur Blink enleva ses lunettes, les essuya nerveusement, les remit sur son nez et regarda l'affiche de nouveau.

10 La peur le prit. Il se mit à courir et s'engouffra dans[8] le premier autobus qui vint à passer. "Non, c'est impossible, se disait monsieur Blink, j'ai rêvé! Il faut que j'aie rêvé! Moi, candidat?"

Depuis des semaines on parlait de ces fameuses élections. On disait que ces élections-là seraient sûrement les élections les plus importantes du siècle. 15 Les deux grands partis[9] du pays allaient se livrer une lutte[10] à mort, c'était certain.

Monsieur Blink tremblait. Il essaya de lire son journal, mais il ne parvint pas à fixer son esprit[11] sur les petits caractères noirs qui lui semblaient des mouches en délire[12] plutôt que des lettres.

Depuis des semaines, on parlait de ces fameuses élections. "Voyons, j'ai dû mal voir!" Les élections les plus importantes du siècle. Sûrement les élections

---

"Monsieur Blink" from Contes pour buveurs attardés *by Michel Tremblay, 1966. Reprinted by permission of Editions du Jour, Inc.*
[1]stupéfaire = étonner
[2]la plaisanterie = la blague

[3]longer = s'étendre le long de
[4]majuscule: *capital*
[5]renverser: *to upset*
[6]sursauter: *to jump*
[7]imprimer: *to print*
[8]s'engouffrer dans: *to rush*

into, to dash into
[9]le parti: *political party*
[10]se livrer une lutte: *to give battle, to have a fight*
[11]l'esprit *(m.): mind*
[12]en délire: *delirious*

20 les plus importantes du siècle. "C'est une plaisanterie." Les élections les plus . . .
Il cria. En page centrale, l'affiche la plus grosse qu'il eût jamais vue dans un
journal, en page centrale, pleine page, il était là . . . Monsieur Blink était là
et "se" souriait. "Votez pour monsieur Blink, le candidat de l'avenir!" Il ferma
son journal et le lança par la fenêtre.

25   Juste en face de lui, un petit garçon se pencha vers sa mère et lui dit:
"Maman, regarde, le monsieur de l'affiche!" En reconnaissant monsieur Blink,
la mère du petit garçon se leva et se précipita[13] sur le pauvre homme qui crut
mourir de peur. "Monsieur Blink, s'écria[14] la dame en s'emparant des[15] mains
de l'homme, monsieur Blink, notre sauveur!"[16] Elle embrassait les mains de
30 monsieur Blink qui semblait sur le bord d'une[17] crise de nerfs.[18] "Voyons,
madame, murmura-t-il enfin, je ne suis pas votre sauveur . . ." Mais la femme
criait comme une folle:[19] "Vive monsieur Blink, notre sauveur! Vive monsieur
Blink, le candidat de l'avenir!" Tous les gens qui se trouvaient dans l'autobus
répétaient en chœur:[20] "Vive monsieur Blink . . ."

35   A une pharmacie voisine de sa demeure[21] monsieur Blink acheta des cachets[22]
d'aspirine. "Alors, lui dit le pharmacien, on fait de la politique, maintenant?" A
sa boutonnière,[23] il portait un ruban[24] bleu sur lequel était écrit en rouge . . .

    Sa concierge l'arrêta. "Monsieur Blink, lui dit-elle, vous n'auriez pas, par
hasard, un billet à me donner pour votre grand rassemblement[25] de ce soir?"
40 Monsieur Blink faillit[26] dégringoler[27] les quelques marches[28] qu'il avait montées.
Un rassemblement? Quel rassemblement? Mais voyons, il n'avait jamais été
question d'un rassemblement! "Petit cachottier[29] que vous êtes! J'aurais dû me
douter[30] qu'il se passait des choses importantes derrière cette caboche![31] Vous
pouvez vous vanter de[32] nous avoir causé toute une surprise, à mon homme et à
45 moi . . ."

    Ce soir-là, monsieur Blink ne dîna pas. D'ailleurs il l'eût voulu qu'il ne
l'eût pu.[33] Le téléphone ne cessa de sonner. Des admirateurs[34] qui voulaient
savoir à quelle heure il arriverait au grand rassemblement. Monsieur Blink crut
devenir fou. Il décrocha[35] le récepteur,[36] éteignit toutes les lumières de son ap-
50 partement, mit son pyjama et se coucha.

    La foule réclamait son sauveur à grands cris. On parlait même de défoncer[37]
la porte s'il ne répondait pas dans les dix minutes . . . La concierge dit alors
une chose terrible, une chose qui faillit produire[38] une émeute:[39] "Monsieur
Blink est peut-être malade," dit-elle à un journaliste. Dix secondes plus tard, la
55 porte de monsieur Blink était enfoncée[40] et la foule portait en triomphe son

[13]se précipiter = se lancer

[14]s'écrier = dire d'une voix forte

[15]s'emparer de = saisir

[16]le sauveur: *savior*

[17]sur le bord de: *on the verge of*

[18]la crise de nerfs: *fit of hysterics*

[19]le fou, la folle: *crazy person*

[20]le chœur: *chorus*

[21]la demeure = le logement

[22]le cachet = le comprimé

[23]la boutonnière: *button-hole*

[24]le ruban: *ribbon*

[25]le rassemblement = la réunion

[26]faillir = avoir presque fait qqch.

[27]dégringoler: *to fall off, to fall down*

[28]la marche: *step*

[29]le cachottier, la cachottière: *sneak*

[30]se douter: *to suspect*

[31]la caboche = grosse tête

[32]se vanter de: *to brag about*

[33]D'ailleurs . . . l'eût pu = Même s'il l'avait voulu, il ne l'aurait pas pu

[34]l'admirateur, l'admiratrice = celui (celle) qui admire

[35]décrocher: *to hang up*

[36]le récepteur: *receiver*

[37]défoncer: *to break down*

[38]produire: *to produce*

[39]l'émeute (f.): *riot*

[40]enfoncer: *to force open*

sauveur en pyjama. On trouva son costume bien original. Que sa publicité était donc bien faite! Quelques hommes retournèrent même chez eux pour enfiler[41] leur pyjama. Des femmes en chemises de nuit sortirent dans la rue et suivirent le cortège en chantant des cantiques.[42] Sidéré,[43] le pauvre monsieur Blink n'osait
60 pas bouger,[44] installé qu'il était sur les épaules de deux des journalistes les plus éminents du pays.

Le rassemblement fut un triomphe. Monsieur Blink ne parla pas.

Le nouveau parti, le parti du peuple,[45] le parti de monsieur Blink, éclatait[46] dans la vie politique du pays comme une bombe. On hua[47] les vieux partis et on
65 cria que l'esclavage[48] était fini, grâce à monsieur Blink. B-L-I-N-K. Blink! Blink! Hourra! Fini, les majorations d'impôt,[49] monsieur Blink allait tout arranger. Fini, le grabuge[50] politique, monsieur Blink allait tout arranger. Fini, les augmentations du coût[51] de la vie . . . Blink! Blink! Blink!

.Une seule fois monsieur Blink tenta de[52] se lever pour prendre la parole.[53]
70 Mais la foule l'acclama[54] tellement qu'il eut peur de la contrarier[55] et se rassit.[56]

On le gava de[57] champagne et monsieur Blink finit lui aussi par se croire un grand héros. En souvenir de cette soirée mémorable, monsieur Blink rapporta chez lui une gigantesque[58] banderole[59] sur laquelle était inscrit[60] en lettres de deux pieds de haut[61] . . .
75 Le lendemain, monsieur Blink était élu[62] premier ministre de son pays.

---

[41]enfiler = mettre
[42]le cantique = chant religieux
[43]sidéré, -e = stupéfait, étonné
[44]bouger: to move
[45]le peuple = membres d'une société
[46]éclater: to burst
[47]huer: to boo

[48]l'esclavage (m.): slavery
[49]la majoration d'impôt: tax increase
[50]le grabuge = la dispute
[51]le coût = ce que coûte une chose
[52]tenter de = essayer de
[53]prendre la parole = parler
[54]acclamer: to acclaim
[55]contrarier = aller contre

[56]se rasseoir = s'asseoir de nouveau
[57]gaver de: to force-feed (with)
[58]gigantesque: gigantic
[59]la banderole: pennant
[60]inscrire: to inscribe
[61]de haut: high, in height
[62]élu, -e: elected

Discours[1] sur le bicentenaire américain

FRANÇOISE GIROUD

Born in 1916, Françoise Giroud entered the work force out of necessity at the age of fourteen. While still a minor, she held jobs as a clerk, "script girl," and writer. As a member of the Resistance during the German Occupation (1940–1945), Giroud was captured and imprisoned. After the war she rose quickly in the field of journalism, first as editor of Elle, *then as co-founder and editor-in-chief of* L'Express, *France's leading weekly news magazine. In 1974, Giroud was named to the newly created cabinet-level position of Secretary of State for the Condition of Women. The following selection is a portion of the commencement address that she delivered to the graduating class of the University of Michigan at Ann Arbor in 1976.*

Je viens, vous le savez, d'un pays lointain[2] qui s'appelle la France, qui est sans doute la plus vieille nation du monde, avec la Chine, et que la plupart d'entre vous ne connaissent pas.

Je voudrais vous dire, aujourd'hui, ce que votre pays a représenté et ce qu'il
5 représente pour une Française de ma génération.

Quand j'avais votre âge, la France et la Grande Bretagne, l'empire français et l'empire britannique régnaient[3] encore sur le monde. Et, de ce monde, Paris était la capitale.

Nous avions gagné ce que vous appelez maintenant la "World War I." Et
10 qu'on appelait alors la dernière. Un tel massacre ne pouvait pas se reproduire,[4] tout le monde le répétait.

Quelquefois, en se promenant dans la campagne française, on voyait un champ de croix[5] blanches. Alors, on expliquait aux enfants que sous ces croix dormaient des soldats américains, qui étaient venus nous aider, en 1917, à libérer[6]
15 notre territoire.

Mais nous étions pleins d'orgueil[7] et de superbe.[8] Arc-boutés sur[9] leur littérature, qui était la plus riche du monde, sur leur passé, qui était le plus glorieux du monde, sur leurs vins, qui étaient les meilleurs du monde, sur leurs femmes, qui étaient les plus élégantes du monde, et sur deux mille ans d'Histoire, la plu-
20 part des Français considéraient alors les Etats-Unis comme un pays de braves garçons naïfs et un peu frustes,[10] qui mâchaient[11] du chewing-gum, qui buvaient du lait, qui avaient peur de leurs terribles épouses,[12] et qui n'avaient qu'un dieu:[13] l'Argent. N'importe quel[14] garçon un peu énergique pouvait y devenir John Rockefeller en commençant par vendre des journaux. L'Amérique était pavée
25 d'or.[15]

C'était stupide? Certainement. Mais je suis sûre qu'à l'époque la majorité des Américains avait des Français une vue aussi superficielle.

Abridged from a commencement address by Françoise Giroud from L'Express (17–23 mai 1976). Reprinted by permission of Georges Borchardt. Inc.
[1]le discours: *speech*
[2]lointain, -e: *distant*
[3]régner: *to reign, to rule*
[4]se reproduire = se passer de nouveau
[5]la croix: *cross*
[6]libérer: *to liberate, to free*
[7]l'orgueil (*m.*): *pride*
[8]la superbe: *self-assurance*
[9]arc-bouté, -e sur: *but-* tressed by, supported by
[10]fruste = impoli
[11]mâcher: *to chew*
[12]l'époux, l'épouse = le mari, la femme
[13]le dieu: *god*
[14]n'importe quel: *any*
[15]l'or (*m.*): *gold*

Ce qui est curieux, c'est que nous avons été, d'une certaine façon, plus loin les uns des autres, à cette époque, qu'en 1790.

30 Les Français du vingtième siècle, qui sont encore si fiers de la Révolution française, ne savaient pas, ne savent toujours pas, par exemple, que votre Tom Paine, l'auteur de "Common Sense," était député de la Convention en France au moment de la Révolution. Vous-mêmes, le savez-vous? Ils ne savent pas que les rédacteurs[16] de la fameuse Déclaration des droits de l'homme avaient de-

35 mandé à Thomas Jefferson, qui était alors votre ambassadeur à Paris, de corriger cette déclaration. Le saviez-vous?

Ils ne savent pas qu'une des clefs de la Bastille, dont la prise[17] a été le symbole de la Révolution française, a été donnée à George Washington en hommage et qu'elle est, aujourd'hui encore, à Mount Vernon.

40 Moi, il se trouve que[18] mon père avait été envoyé en mission par le gouvernement français auprès du[19] gouvernement américain. Il en était revenu impressionné.

Là, disait-il, était l'espoir[20] d'un monde meilleur, et les hommes assez vigoureux pour le réaliser. Là étaient la démocratie et la liberté. Là étaient la

45 puissance,[21] le dynamisme, l'endurance, la santé. Ceux qui avaient fondé l'Amérique avaient drainé toutes les énergies révolutionnaires de l'Europe, et avaient donné une issue[22] à ces énergies. Le nouveau monde dont l'Europe rêvait depuis si longtemps s'édifiait[23] sous les cieux américains.

Parce que j'ai entendu répéter cela, comme petite fille, j'ai eu peut-être,

50 avant de connaître moi-même votre pays, une vue un peu moins sommaire[24] des Etats-Unis que les autres Français de mon âge.

Mais ils semblaient si loin, à cette époque . . . Un océan nous séparait, que l'on ne franchissait[25] pas encore en avion.

Le premier choc[26] venu des Etats-Unis, que l'ensemble des[27] Français ont

55 reçu, c'est l'arrivée de Lindbergh à Paris, en 1927, après qu'il eut le premier traversé l'Atlantique en trente-trois heures et demie.

Nous avons toujours préféré l'exploit individuel à l'exploit collectif. C'en était un où le triomphe de l'audace[28] s'alliait au[29] triomphe de la technique.[30] Aujourd'hui, quand les Etats-Unis réussissent un exploit technique, quand ils

60 envoient Armstrong sur la lune, les Européens ne savent plus applaudir de bon cœur.[31] Parce qu'ils se voient trop petits, trop faibles, trop incapables de soutenir la compétition, et cela les rend maussades.[32]

Ils se conduisent comme les pères qui vieillissent[33] et qui ne supportent pas[34] de découvrir que leur fils est devenu plus fort qu'eux. [. . .]

65 J'en étais aux années 30. Elles ont été, pour beaucoup de Français, les années de la découverte d'une Amérique qu'ils ne soupçonnaient[35] pas. Celle de Scott Fitzgerald, de John Steinbeck, de Hemingway, Caldwell, Dos Passos,

---

[16]le rédacteur: *printer*
[17]la prise: *taking, capture*
[18]il se trouve que: *it so happens that*
[19]auprès de: *to*
[20]l'espoir (*m.*): *hope*
[21]la puissance: *power*
[22]l'issue (*f.*): *opening*

[23]s'édifier = s'établir, s'élever
[24]sommaire = superficiel
[25]franchir = traverser
[26]le choc: *shock*
[27]l'ensemble des = tous les
[28]l'audace (*f.*): *audacity*
[29]s'allier à: *to combine with*

[30]la technique: *the technical*
[31]de bon cœur = volontiers
[32]maussade: *surly, discontent*
[33]vieillir = devenir vieux
[34]ne pas supporter: *can't stand*
[35]soupçonner: *to suspect*

William Faulkner. Vous aviez donc des écrivains aux États-Unis, et quels écrivains! Vous aviez donc une littérature, et quelle littérature! Toute une génération d'Européens allait en être enivrée.[36] Toute la France ne lisait pas, bien sûr, mais pour celle qui lisait, ce fut une véritable révélation. Et, pour tous, il y eut un phénomène[37] encore plus important: ce fut le cinéma.

C'est un Français, Louis Lumière, qui l'avait inventé. Mais il semblait que vous ayez inventé le bon cinéma, comme nous avions inventé la bonne cuisine.

Brusquement,[38] à travers les centaines de films américains qui passaient sur nos écrans, nous entrions dans la vie américaine, et elle pénétra[39] chez nous. Nous dansions avec Fred Astaire, nous chantions avec Cole Porter, les jeunes filles étaient amoureuses de[40] Clark Gable et de Gary Cooper, et se coiffaient comme Katharine Hepburn, les jeunes gens étaient fous de[41] Myrna Loy et de Sylvia Sydney . . .

Et l'animal le plus populaire de Paris était le lion de la Metro-Goldwyn-Mayer.

À travers ces films, une image fabuleuse des États-Unis s'est répandue, aussi fausse sans doute que les images précédentes, car tout ce monde était jeune, beau, gai, heureux, bien nourri, et circulait dans des voitures gigantesques[42] et splendides comme nous n'en avions jamais vu.

L'Amérique de la Grande Dépression et des Raisins de la colère,[43] l'Amérique du New Deal était connue de beaucoup moins de Français que celle d'Ernst Lubitsch,[44] celle de Hollywood.

Ce fut le moment où beaucoup de jeunes Français commencèrent à rêver de venir voir de leurs yeux ce qu'était un gratte-ciel, et l'une de ces universités américaines d'où sortaient les champions qui gagnaient toutes les compétitions sportives. Mais nous n'avons jamais été un pays d'émigrants, ni même de voyageurs. Peut-être parce que, tous comptes faits,[45] nous étions bien chez nous. Et puis ce fut la guerre, encore la guerre, et la longue nuit d'humiliation, de malheur et de désespoir[46] où la France fut plongée.

Pour ce pays fier, et parfois arrogant, dont la civilisation avait rayonné[47] à travers le monde, qui avait une longue tradition militaire, et qui se croyait invincible, l'invasion allemande fut un désastre moral autant que[48] matériel. Les uns l'acceptèrent comme la punition[49] méritée de notre aveuglement. Les autres, dont j'étais, entrèrent dans ce qui allait s'appeler la Résistance. Mais en sachant que, pour notre pays envahi,[50] il ne pouvait y avoir qu'une chance de salut:[51] l'intervention américaine. [. . .]

Nous savions que votre pays était vigoureusement gouverné par un homme qui avait—et qui a encore—beaucoup d'admirateurs en France, F. D. Roosevelt. Nous savions aussi que vous donneriez aux Anglais les moyens matériels qui leur manquaient pour soutenir leur effort.

---

[36]enivré, -e: *drunk, inebriated*

[37]le phénomène: *phenomenon*

[38]brusquement = soudain

[39]pénétrer = entrer

[40]amoureux, -euse de: *in love with*

[41]fou, folle (de): *crazy (about)*

[42]gigantesques: *gigantic*

[43]la colère: *anger, wrath*

[44]Ernst Lubitsch (1892–1947): metteur en scène célèbre de comédies

[45]tous comptes faits = après tout

[46]le désespoir: *despair*

[47]rayonner: *to spread*

[48]autant que: *as well as*

[49]la punition: *punishment*

[50]envahir: *to invade*

[51]le salut: *salvation*

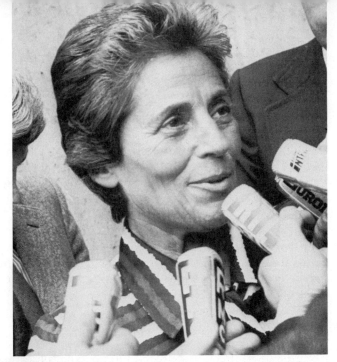

Mais il était clair qu'il fallait davantage. Et il était aussi clair que la nation américaine n'était pas disposée à faire davantage. Alliez-vous abandonner l'Europe à la tyrannie et à la barbarie[52] nazie parce que l'océan vous protégeait?[53] Alliez-
110 vous rester isolationnistes?

Certains le croyaient. Je ne l'ai jamais cru. Mais les jours ont été longs, jusqu'à ce que Pearl Harbor vous jette à votre tour dans la guerre. Les choses étaient telles que ce jour sombre[54] de l'histoire de votre pays a été un jour d'espoir pour nous. Comme nous vous avons attendus, alors, avec quelle an-
115 goisse,[55] avec quelle impatience . . . Les habitants d'un pays dont le territoire n'a pas été occupé ne peuvent pas l'imaginer.

J'étais en prison, arrêtée par les Allemands, le jour du débarquement[56] sur les côtes de Normandie. Les prisonniers ne recevaient naturellement aucune nouvelle[57] de l'extérieur.

120 Mais deux jours après, l'agitation de nos gardiens nous a fait comprendre qu'il se passait quelque chose. L'un d'eux, un vieil homme, a parlé.

En quelques minutes, la nouvelle a circulé dans la prison. Tous ceux qui savaient se sont mis à hurler[58] pour que les autres entendent: "Ils ont débarqué! Les Américains ont débarqué!"

125 L'accueil que la France a fait aux G.I., on vous l'a, je pense, souvent raconté.

L'ivresse[59] de la Libération, l'affolement[60] heureux devant ces produits dont nous avions oublié jusqu'au goût et dont vos poches[61] étaient pleines: le chocolat, les cigarettes, le lait concentré . . . Les enfants vous acclamaient,[62] les femmes vous aimaient, les hommes vous enviaient. Vous étiez les héros, vous étiez les
130 libérateurs.

---

[52]la barbarie: *barbarity*
[53]protéger: *to protect*
[54]sombre = noir, obscur
[55]l'angoisse *(f.)*: *anguish*

[56]le débarquement: *landing*
[57]la nouvelle: *piece of news*
[58]hurler = crier
[59]l'ivresse *(f.)*: *drunkenness*

[60]l'affolement *(m.)*: *bewilderment*
[61]la poche: *pocket*
[62]acclamer: *to acclaim*

Les Français de ma génération en ont été marqués pour toujours et vous en gardent une réelle reconnaissance.[63] Mais pour leurs enfants, et surtout leurs petits-enfants, c'est de l'Histoire. Ce n'est pas leur histoire.

135 Ceux que nous appelions nos libérateurs, ils les appellent des impérialistes. Ils sont fascinés[64] par l'Amérique. Ils boivent du Coca-Cola, que personnellement je trouve écœurant;[65] ils mâchent du chewing-gum. Ils portent des T-shirts où sont imprimés,[66] en grosses lettres, les noms d'universités américaines ou de clubs sportifs américains. Ils sont habillés en blue-jeans du matin au soir. A la télévision, ils raffolent des[67] feuilletons[68] policiers américains. Dans ce qu'ils 140 appellent des "snacks" ils demandent des hot-dogs et des hamburgers . . . Ils lisent "Blondie" ou "Peanuts."

Ils vous ont tout emprunté dans ce qui est apparence, y compris vos chansons et vos danses. Ils vivent en communautés quelquefois, ils se passionnent pour l'écologie, ils font des croisades[69] contre l'énergie nucléaire. Ils copient[70] 145 tout ce qui vient d'Amérique, les attitudes fécondes[71] comme les attitudes bêtes. Parce que vous avez créé l'archétype de la modernité.

Mais ils savent obscurément que ce qu'ils ne peuvent pas emprunter aux Etats-Unis, c'est le rôle moteur[72] que votre pays joue dans le monde depuis trente ans.

150 Ce rôle, les Français de ma génération l'ont observé, depuis la fin de la World War II, avec des sentiments mélangés.[73]

Il y a eu, d'abord, la bombe d'Hiroshima. Cette arme terrifiante que vous aviez [. . .] seuls entre les mains.

Mais justement parce que vous étiez les seuls à l'avoir, nous étions relative- 155 ment rassurés.[74] Et puis, après cinq années de guerre, nous ne voulions plus penser à la guerre.

L'Europe était détruite,[75] exsangue,[76] ruinée . . . Si on nous avait dit, il y a trente ans, que toutes les familles allemandes et toutes les familles françaises auraient, trente ans plus tard, une automobile, un réfrigérateur, une télévision, 160 si on nous avait dit que la Communauté européenne deviendrait la première puissance commerciale du monde, nous aurions répondu: "Vous êtes fou! Vous croyez au Père Noël! Les Américains ont tout cela parce qu'ils sont riches. Nous, nous n'avons même pas de bas nylon. Notre pain, notre viande, notre essence sont encore rationnés."

165 Alors, vous avez inventé le Plan Marshall, qui allait provoquer,[77] chez vous et chez nous, une expansion économique comme le monde n'en avait jamais connu. [. . .]

[. . .] On vous enviait, on vous imitait,[78] vous vous étiez emparés de[79] l'imagination du monde.

170 Vous apportiez un nouveau modèle de civilisation. Vous aviez le goût puri-

---

[63]la reconnaissance: *gratitude*
[64]fasciner: *to fascinate*
[65]écœurant, -e: *disgusting*
[66]imprimer: *to print*
[67]raffoler de: *to be crazy about, to be infatuated with*
[68]le feuilleton: *series*
[69]la croisade: *crusade*
[70]copier: *to copy*
[71]fécond, -e: *productive*
[72]moteur, -trice: *driving, key*
[73]mélanger: *to mix*
[74]rassurer: *to reassure*
[75]détruire: *to destroy*
[76]exsangue: *bled*
[77]provoquer = effectuer
[78]imiter: *to imitate*
[79]s'emparer de = saisir

Le 14 juillet à Sarlat (Dordogne)

tain du travail, la religion du succès et le goût moderne du bonheur. Un bonheur que vous étiez sûrs de pouvoir répandre partout. . . .

L'Europe, qu'est-ce que c'est, aujourd'hui? Une succursale[80] provinciale de l'Amérique? Le lieu de la décadence? Deux cent soixante-quinze millions d'hommes et de femmes qui semblent être pris de lassitude[81] devant l'Histoire et qui ont de moins en moins d'enfants? Ou une source encore vivante d'énergies capables de s'unir[82] pour défendre jusqu' à la mort ce qu'elle a, après tout, été la première à nommer:[83] je veux dire la liberté? [. . .]

[. . .] Nous sommes maintenant responsables de l'avenir. Et il ne faut jamais insulter l'avenir.

[. . .] Alors, je ne vous dirai pas que votre génération a rendez-vous avec la destinée. Parce qu'on peut le dire de chaque génération. Mais cela n'a jamais été plus vrai.

De la vôtre, on attend une nouvelle Déclaration des droits de l'homme, un nouveau contrat moral entre les puissants et les faibles, entre les riches et les pauvres, et même entre les hommes et les femmes.

Même ceux qui souhaitent[84] publiquement l'abaissement[85] de votre pays le redoutent[86] secrètement, parce qu'ils savent que, si vous laissiez tomber de vos mains le flambeau[87] de la liberté, il s'éteindrait peut-être pour des siècles.

Deux cents ans après votre naissance, c'est votre Renaissance que nous souhaitons bientôt saluer.[88]

---

[80]la succursale: *branch, annex*
[81]la lassitude: *fatigue*
[82]s'unir: *to unite*
[83] nommer = donner un

nom à, désigner
[84]souhaiter: *to wish for*
[85]l'abaissement (*m.*): *weakening*

[86]redouter = craindre grandement
[87]le flambeau: *torch*
[88]saluer: *to salute*

Le Nouveau Monde

Haïti, la Perle des Antilles; le Canada, quelques arpents de neige. *Here two native sons reflect on the real meaning of their homelands. (See also the* lectures, *Lessons 13 and 14).*

Pour Haïti

RENÉ DÉPESTRE

Pluie de la patrie,[1] tombe, tombe avec force
    Sur mon cœur qui brûle
    Jette ta bonne eau fraîche
    Sur mon souvenir en feu!

5   Haïti
    Il y a des centaines d'années
    Que j'écris ce nom sur du sable
    Et la mer toujours l'efface
    Et la douleur[2] toujours l'efface
10   Et chaque matin de nouveau
    Je l'écris sur le sable millénaire[3]
        de ma patience.

    Haïti
    Les années passent
15   Avec leur grand silence de mer
    Dans mes veines il y a encore du courage
    Et de la beauté pour des milliers d'années
    Mais le corps dépend de n'importe quel
        petit accident,
20   Et l'esprit[4] n'a pas l'éternité!

Derrière le marché, Port-au-Prince

"Pour Haïti" by René Dépestre from Journal d'un animal marin, 1964. *Reprinted by permission of Editions Seghers.*

[1]la patrie: *fatherland, homeland*
[2]la douleur: *suffering*

[3]millénaire = qui a mille ans
[4]l'esprit *(m.): mind, spirit*

Haïti
Toi et moi nous nous regardons
A travers la vitre[5] infinie[6]
Et dans mes yeux pleure
25   Un seul désir:
Sentir encore ta pluie
Sur ma soif de toujours
Sur ma peine de toujours!

---

[5]la vitre: *windowpane*
[6]infini, -e: *infinite*

Mon Pays

GILLES VIGNEAULT

Mon pays ce n'est pas un pays c'est l'hiver
Mon jardin ce n'est pas un jardin c'est la plaine
Mon chemin ce n'est pas un chemin c'est la neige
Mon pays ce n'est pas un pays c'est l'hiver

5   Dans la blanche cérémonie
Où la neige au vent se marie
Dans ce pays de poudrerie[1]
Mon père a fait bâtir maison
Et je m'en vais être fidèle[2]
10   A sa manière à son modèle
La chambre d'amis sera telle
Qu'on viendra des autres saisons
Pour se bâtir à côté d'elle

"Mon Pays" de Gilles
Vigneault extrait d'Avec
les vieux mots. *Nouvelles*

Editions de l'Arc, Montréal,
Québec.
[1]la poudrerie: *blowing*

snow
[2]fidèle: *faithful*

Mon pays ce n'est pas un pays c'est l'hiver
15 Mon refrain ce n'est pas un refrain c'est rafale[3]
Ma maison ce n'est pas ma maison c'est froidure[4]
Mon pays ce n'est pas un pays c'est l'hiver

De mon grand pays solitaire
Je crie avant que de me taire
20 A tous les hommes de la terre
Ma maison c'est votre maison
Entre mes quatre murs de glace
Je mets mon temps et mon espace[5]
A préparer le feu la place
25 Pour les humains de l'horizon
Et les humains sont de ma race

Mon pays ce n'est pas un pays c'est l'hiver
Mon jardin ce n'est pas un jardin c'est la plaine
Mon chemin ce n'est pas un chemin c'est la neige
30 Mon pays ce n'est pas un pays c'est l'hiver

Mon pays ce n'est pas un pays c'est l'envers[6]
D'un pays qui n'était ni pays ni patrie[7]
Ma chanson ce n'est pas ma chanson c'est ma vie
C'est pour toi que je veux posséder mes hivers . . .

---

[3]la rafale: *gust of wind*   [5]l'espace *(m.)*: *space*   côté
[4]la froidure = le temps   [6]l'envers *(m.)* = l'autre   [7]la patrie: *homeland*
    froid

Crime et Châtiment

Dernière Heure

BLAISE CENDRARS

Blaise Cendrars (1887 – 1961) was a Swiss poet, novelist, and essayist. He traveled widely, to America and the Far East, and in 1914 joined the Foreign Legion. His eagerness for movement and adventure is reflected in his poetry, which is often very dramatic and filled with almost tangible images.

OKLAHOMA, *20 janvier 1914*
Trois forçats[1] se procurent des revolvers
Ils tuent leur geôlier[2] et s'emparent des[3] clefs de la prison
Ils se précipitent[4] hors de[5] leurs cellules[6] et tuent quatre gardiens dans la cour
5   Puis ils s'emparent de la jeune sténo-dactylographe[7] de la prison
Et montent dans une voiture qui les attendait à la porte
Ils partent à toute vitesse[8]
Pendant que les gardiens déchargent leurs revolvers dans la direction des fugitifs

Quelques gardiens sautent[9] à cheval et se lancent à la poursuite des forçats
10 Des deux côtés des coups de feu[10] sont échangés
La jeune fille est blessée[11] d'un coup de feu tiré[12] par un des gardiens

Une balle frappe à mort[13] le cheval qui emportait[14] la voiture
Les gardiens peuvent approcher
Ils trouvent les forçats morts le corps[15] criblé de[16] balles

15 Mr. Thomas, ancien membre du Congrès qui visitait la prison
Félicite[17] la jeune fille

Télégramme-poème copié dans *Paris-Midi*

"Dernière Heure" from Du monde entier *by Blaise Cendrars. Reprinted by permission of Editions Denoël.*
[1] le forçat: *convict*
[2] le geôlier = concierge d'une prison; personne qui garde les prisonniers

[3] s'emparer de = saisir
[4] se précipiter = se dépêcher
[5] hors de: *outside of*
[6] la cellule: *cell*
[7] la sténo-dactylographe: *typist*
[8] à toute vitesse = aussi vite que possible

[9] sauter: *to jump*
[10] le coup de feu: *shot*
[11] blesser: *to wound*
[12] tirer: *(here) to fire*
[13] frapper à mort = tuer
[14] emporter: *to carry away*
[15] le corps: *body*
[16] cribler de: *to riddle with*
[17] féliciter: *to congratulate*

Le Forçat[1] et l'évêque[2]

VICTOR HUGO

Victor Hugo (1802–1885) is perhaps the *giant of French literature. As a poet, playwright, and novelist he met with resounding success. His* Hernani *(1831) and* Ruy Blas *(1838) were two of the first great plays of the Romantic movement and remain in the repertory of several French theatrical troupes today. He wrote numerous major collections of poems:* Les Feuilles d'automne *(1831),* Les Chants du crépuscule *(1835),* Les Voix intérieures *(1837),* Les Châtiments *(1853),* Les Contemplations *(1856), and* La Légende des siècles *(1859, 1872, 1883). Among his many novels,* Notre-Dame de Paris *(1831), with its hunchbacked hero Quasimodo, and* Les Misérables *(1862) remain especially widely read today.*

The hero of Les Misérables, *Jean Valjean, is a hunted man. The entire course of his life was determined when, as a young man, he stole a loaf of bread from a bakery window in order to feed his sister and her seven children. For this crime, he spent nineteen years in prison. Even now, when released, he continues to be hunted by the cruel Inspector Javert. The novel is an unsurpassed description of the tragic consequences of official injustice combined with ignorance and poverty. In the following selection, Jean Valjean has recently been released from prison. His yellow passport marks him as a convict, and he can find neither food nor lodging. The other characters in the scene are the bishop, Madame Magloire, his housekeeper, and Mlle Baptistine, his sister.*

La porte s'ouvrit.

Elle s'ouvrit vivement,[3] toute grande, comme si quelqu'un la poussait avec énergie et résolution.

Un homme entra.

5   Il fit un pas,[4] et s'arrêta, laissant la porte ouverte derrière lui. Il avait son sac sur l'épaule, son bâton[5] à la main, une expression rude,[6] hardie,[7] fatiguée et violente dans les yeux. Le feu de la cheminée l'éclairait.[8] Il était hideux.[9] C'était une sinistre apparition.

Madame Magloire n'eut pas même la force de jeter un cri. Elle tressaillit[10]
10   et resta béante.[11]

Mademoiselle Baptistine se retourna,[12] aperçut[13] l'homme qui entrait et se dressa[14] à demi[15] d'effarement,[16] puis, ramenant[17] peu à peu sa tête vers la cheminée, elle se mit à regarder son frère et son visage[18] redevint profondément[19] calme et serein.[20]

15   L'évêque fixait sur l'homme un œil tranquille.

Comme il ouvrait la bouche, sans doute pour demander au nouveau venu[21] ce qu'il désirait, l'homme appuya[22] ses deux mains à la fois sur son bâton, pro-

---

[1]le forçat: *convict*
[2]l'évêque *(m.): bishop*
[3]vivement = rapidement
[4]le pas: *step*
[5]le bâton: *stick, cane*
[6]rude: *rough*
[7]hardi, -e: *hardy, fearless*
[8]éclairer: *to shine on*
[9]hideux, -euse = laid

[10]tressaillir: *to tremble*
[11]béant, -e = bouche bée
[12]se retourner: *to turn around*
[13]apercevoir = remarquer
[14]se dresser = s'élever
[15]à demi: *halfway*
[16]l'effarement *(m.): bewild-*

erment
[17]ramener = lever
[18]le visage = la figure
[19]profondément: *deeply*
[20]serein, -e: *serene*
[21]le nouveau venu: *new-comer*
[22]appuyer: *to lean*

mena ses yeux tour à tour sur le vieillard[23] et les femmes, et, sans attendre que
l'évêque parlât, dit d'une voix haute:

20   —Voici. Je m'appelle Jean Valjean. Je suis un galérien.[24] J'ai passé dix-neuf
ans au bagne.[25] Je suis libéré depuis quatre jours et en route pour Pontarlier[26]
qui est ma destination. Quatre jours que je marche depuis Toulon.[27] Aujourd'hui,
j'ai fait douze lieues[28] à pied. Ce soir, en arrivant dans ce pays, j'ai été dans une
auberge, on m'a renvoyé à cause de mon passeport jaune que j'avais montré à la
25   mairie.[29] Il avait fallu. J'ai été à une autre auberge. On m'a dit: "Va-t-en!" Chez
l'un, chez l'autre. Personne n'a voulu de moi. J'ai été à la prison, le guichetier[30]
n'a pas ouvert. J'ai été dans la niche[31] d'un chien. Ce chien m'a mordu[32] et m'a
chassé, comme s'il avait été un homme. On aurait dit qu'il savait qui j'étais. Je
m'en suis allé dans les champs pour coucher à la belle étoile. Il n'y avait pas
30   d'étoile. J'ai pensé qu'il pleuvrait, et je suis rentré dans la ville pour y trouver
le renfoncement d'une porte.[33] Là, dans la place, j'allais me coucher sur une pierre.
Une bonne femme m'a montré votre maison et m'a dit: "Frappe là." J'ai frappé.
Qu'est-ce que c'est ici? Etes-vous une auberge? J'ai de l'argent. Ma masse.[34] Cent
neuf francs quinze sous[35] que j'ai gagnés au bagne par mon travail en dix-neuf
35   ans. Je paierai. Qu'est-ce que cela me fait? J'ai de l'argent. Je suis très fatigué,
douze lieues à pied, j'ai bien faim. Voulez-vous que je reste?

        —Madame Magloire, dit l'évêque, vous mettrez un couvert de plus.

        L'homme fit trois pas et s'approcha de la lampe qui était sur la table.

        —Tenez, reprit-il, comme s'il n'avait pas bien compris, ce n'est pas ça. Avez-
40   vous entendu? Je suis un galérien. Un forçat. Je viens des galères.[36] (Il tira de sa
poche[37] une grande feuille de papier jaune qu'il déplia.[38]) Voilà mon passeport.
Jaune, comme vous le voyez, cela sert à me faire chasser de partout où je vais.
Voulez-vous lire? Je sais lire, moi. J'ai appris au bagne. Il y a une école pour
ceux qui veulent. Tenez, voilà ce qu'on a mis sur le passeport: "Jean Valjean,
45   forçat libéré, natif de . . . (cela vous est égal . . .) est resté dix-neuf ans au bagne.
Cinq ans pour vol avec effraction.[39] Quatorze ans pour avoir tenté de[40] s'évader[41]
quatre fois. Cet homme est très dangereux." Voilà! tout le monde m'a jeté dehors.
Voulez-vous me recevoir, vous? Est-ce une auberge? Voulez-vous me donner à
manger et à coucher? Avez-vous une écurie?[42]

---

[23]le vieillard, la vieille =
    personne âgée
[24]le galérien: *galley slave*
[25]le bagne; *naval prison*
[26]Pontarlier = ville près de
    la frontière Suisse entre
    Besançon et Lausanne
[27]Toulon = grande ville
    sur la Méditerranée, à
    l'est de Marseille. (*Tou-
    lon was the site of the
    galleys, which were a
    major tourist attraction
    until they were abolished
    in 1748. They were re-
    placed by naval prisons—
    les bagnes—which
    were in turn replaced in*

*1854 by deportation to
penal colonies, such as
Devil's Island*—l'Ile du
Diable—*off the coast
of Guyane Française.*)
[28]la lieue: *league*
[29]la mairie: *mayor's office*
[30]le guichetier, la gui-
    chetière = personne
    qui travaille au guichet
[31]la niche = petite maison
    où se couche un chien
[32]mordre: *to bite*
[33]le renfoncement d'une
    porte: *a doorway, an
    entryway*
[34]la masse: *money earned by*

*a prisoner and given to
him on his release*
[35]le sou = cinq centimes
[36]la galère: *galley*
[37]la poche: *pocket*
[38]déplier: *to unfold*
[39]le vol avec effraction:
    burglary (lit., *theft with
    breaking in*). N'oubliez
    pas qu'il n'avait volé
    ("stolen") qu'un pain
    qu'il avait vu dans la
    vitrine d'une boulan-
    gerie.
[40]tenter de = essayer de
[41]s'évader: *to escape*
[42]l'écurie (f.): *stable*

50   —Madame Magloire, dit l'évêque, vous mettrez des draps blancs au lit de l'alcôve.[43]

      Madame Magloire sortit pour exécuter ces ordres.

      L'évêque se tourna vers l'homme:

      —Monsieur, asseyez-vous et chauffez-vous. Nous allons souper[44] dans un
55 instant, et l'on fera votre lit pendant que vous souperez.

      Ici l'homme comprit tout à fait. L'expression de son visage, jusqu'alors sombre et dure, s'empreignit[45] de stupéfaction, de doute, de joie, et devint extraordinaire. Il se mit à balbutier[46] comme un homme fou:[47]

      —Vrai? quoi? vous me gardez? vous ne me chassez pas! un forçat! Vous
60 m'appelez *monsieur?* vous ne me tutoyez pas![48] Va-t-en chien! qu'on me dit toujours. Je croyais bien que vous me chasseriez. Aussi j'avais dit tout de suite qui je suis. Oh! la brave femme qui m'a enseigné[49] ici! je vais souper! un lit! Un lit avec des matelas[50] et des draps! comme tout le monde! il y a dix-neuf ans que je n'ai pas couché dans un lit! Vous voulez bien que je ne m'en aille pas? Vous
65 êtes de dignes[51] gens! D'ailleurs j'ai de l'argent. Je paierai bien. Pardon, monsieur l'aubergiste, comment vous appelez-vous? Je paierai tout ce qu'on voudra. Vous êtes un brave homme. Vous êtes aubergiste, n'est-ce pas?

      —Je suis, dit l'évêque, un prêtre[52] qui demeure ici.

      —Vous êtes humain, monsieur le curé.[53] Vous n'avez pas de mépris.[54] Alors
70 vous n'avez pas besoin que je paie?

---

[43]l'alcôve *(f.)* = partie d'une chambre où se trouve un lit; on peut la fermer *("to close off")* pendant la journée

[44]souper = prendre un dîner léger

[45]s'empreindre = être marqué

[46]balbutier: *to babble*

[47]fou, folle: *crazy*

[48]tutoyer = s'adresser à (qqn) en employant "tu"

[49]enseigner: *(here) to tell about*

[50]le matelas: *mattress*

[51]digne: *worthy, good*

[52]le prêtre: *priest*

[53]le curé: *curate*

[54]le mépris: *contempt, scorn*

Place des Vosges, Paris

—Non, dit l'évêque, gardez votre argent. Combien avez-vous? Ne m'avez-vous pas dit cent neuf francs?

—Quinze sous, ajouta l'homme.

—Cent neuf francs quinze sous. Et combien de temps avez-vous mis à ga-
75 gner cela?

—Dix-neuf ans.

—Dix-neuf ans!

L'évêque soupira[55] profondément.

—Monsieur le curé, dit l'homme, vous êtes bon. Vous ne me méprisez pas.
80 Vous me recevez chez vous. Je ne vous ai pourtant pas caché d'où je viens et
que je suis un homme malheureux.

L'évêque, assis près de lui, lui toucha doucement la main.

—Vous pouviez ne pas me dire qui vous étiez. Cette porte ne demande pas
à celui qui entre s'il a un nom, mais s'il a une douleur.[56] Vous souffrez; vous
85 avez faim et soif; soyez le bienvenu.[57] Et ne me remerciez pas, ne me dites pas
que je vous reçois chez moi. Personne n'est ici chez soi,[58] excepté celui qui a
besoin d'un asile.[59] Je vous le dis à vous qui passez, vous êtes ici chez vous plus
que moi-même. Tout ce qui est ici est à vous. Qu'ai-je besoin de savoir votre
nom? D'ailleurs, avant que vous me le disiez, vous en avez un que je savais.
90 L'homme ouvrit des yeux étonnés.

—Vrai? vous saviez comment je m'appelle?

—Oui, répondit l'évêque, vous vous appelez mon frère.

---

[55]soupirer: *to sigh*
[56]la douleur = la peine

[57]soyez le bienvenu: *wel-come!*

[58]soi = lui-même
[59]l'asile (*m.*): *refuge*

DIXIEME ANNÉE. — N° 3130.　　　Le numéro : **5 centimes**　　　DIMANCHE 24 MAI 1885.

Le Petit Parisien

ABONNEMENTS　　　**Direction : 18, rue d'Enghien**　　　**ANNONCES**

PARIS ET DÉPARTEMENTS : Trois mois, 5 fr. Six mois, 9 fr. Un an, 18 fr.　　　Les Annonces sont reçues chez M. AUDBOURG, 10, place de la Bourse

MORT DE VICTOR HUGO

La fatale nouvelle à laquelle, hélas! il fallait s'attendre — vient de nous arriver: VICTOR HUGO EST MORT.

L'illustre poète a rendu le dernier soupir hier, vendredi, 22 mai, à une heure et demie.

Dès avant-hier soir, il n'y avait plus aucun espoir à garder, et ceux qui sortaient de la maison du Maître sanglotaient.

L'agonie avait commencé.

Devant le lit de Victor Hugo, Georges et Jeanne, les deux petits-enfants, pleurent, — baisant les mains de l'auguste aïeul.

Il y a, aux abords de la maison, une foule considérable, dont l'émotion est indescriptible.

VICTOR HUGO

La France doit prendre le deuil : le plus illustre de ses enfants a succombé.

On peut dire de l'homme qui vient de s'éteindre qu'il a rempli son siècle : ce siècle portera son nom; et avec lui, Victor Hugo l'a accompagné presque jusqu'à sa fin; il l'a fécondé, l'a fait pleurer, palpiter, soupirer, et, après en avoir illuminé l'aurore, il en a éclairé radieusement le déclin.

Et quand on pense que lorsqu'il naquit, celui qui devait devenir le plus grand écrivain de la France était moribond!

Un enfant sans couleur, sans regard et sans voix
Si débile, qu'il fut, ainsi qu'une chimère,
Abandonné de tous, excepté de sa mère.
Et que son cou ployait comme un faible roseau
Fit fin à même temps sa bière et son berceau!

Le moribond ne mourut pas : il a dit lui-même « quel lait pur, que de soins, que de vœux, que d'amour » le firent «deux fois l'enfant de sa mère obstinée ».

L'enfant grandit.

Mme Victor Hugo a écrit qu'elle entendit plusieurs fois la mère du poète raconter sa venue au monde :

Elle disait qu'il n'était pas plus long qu'un couteau. Lorsqu'on l'eut emmailloté, on le mit dans un fauteuil, à six heures du matin, il peu de place qu'on eût pu en mettre une demi-douzaine comme lui. On appela ses frères pour le voir; et il en est un être humain que le gros Eugène son frère, qui n'avait que dix-huit mois et qui

paraît à peine, s'écria en l'apercevant : « Oh! la bébéte! »

Dans une page superbe, Victor Hugo a ainsi raconté comment il fut élevé et comment il sut se dégager lui-même des choses du passé et venir à la République, dont il a été le champion glorieux :

« L'auteur est fils d'une vendéenne et d'un soldat de la Révolution. Il a subi les conséquences d'une éducation solitaire et complexe où un proscrit républicain donnait la réplique à un proscrit prêtre. Mais il n'a jamais fait un pas en arrière. Jamais, dans tout ce qu'il a écrit, on ne trouvera un mot contre la Liberté. Il y a eu lutte dans son âme entre la Royauté, que lui avait imposée le prêtre catholique, et la Liberté, que lui avait recommandée le soldat républicain : la Liberté a vaincu. Là est l'unité de sa vie. Il cherche à faire prévaloir en tout la Liberté : la Liberté dans l'art, l'inspiration; dans la philosophie, la raison; dans l'art, l'inspiration; dans la politique, le droit. »

❖❖

Victor Hugo laisse une œuvre indestructible: elle est d'une telle hauteur qu'elle dominera les âges. Grand écrivain, comme poète, il a déterminé en France la rénovation la plus complète et la plus éclatante dont se soit fait mention dans l'histoire des lettres : il a changé la face de l'Art. Et quel génie multiple que le sien! Il a été le poète de la couleur, le poète de la grâce et de la rêverie, le poète de l'amour loyal et du bonheur intime, le poète de la pitié, le poète de la nation glorieuse ou vaincue, du guerrier qui combat ou du soldat qui meurt, et il a été aussi le poète des enfants, aimant les petits d'une tendresse sans bornes et sentant grandir dans ces fleurs de chair qui s'ouvrent l'espérance de la patrie!

On ne se trompe pas en disant que Victor Hugo a incarné en lui le génie de la France moderne, car, en effet, c'est le seul poète qui ait chanté la France de 1789, la France républicaine, la France enfin telle que l'a faite notre grande Révolution!

Ce qui paraissait surtout prodigieux, c'est la robustesse, la verdeur, la force que son esprit avait gardées jusqu'aux limites extrêmes de la vie. La calomnie, les persécutions, l'exil, les deuils s'étaient abattus sur lui; il avait vu mourir sa fille, sa femme et ses fils; sa famille nombreuse s'en était allée tout entière; lui, le patriarche à barbe blanche, était resté seul avec ses deux petits-enfants; et après cette vie douloureuse et laborieuse, il ajoutait chefs-d'œuvre à ses chefs-d'œuvre! Rien, pas même l'âge, ne pouvait vaincre la puissance de son génie, et tous les poèmes s'agitaient dans son esprit, ainsi que mille oiseaux battant de l'aile et chantant dans la vieillesse d'un chêne!

Son œuvre contient tout : épopée, ode, idylle, chanson, drame, roman, histoire, philosophie, satire, science!

❖❖

Victor Hugo était un travailleur infatigable. « Nulle journée sans une ligne », disait-il. A six heures du matin, il était levé. De là une telle activité que nous devons cette colossale et sublime série d'œuvres qui sem-

blent faites de bronze et qui défient tous les assauts du temps!

Mais ce qui a fait que cet illustre poète, que cet écrivain merveilleux, que cet incomparable assembleur de mots a eu une telle gloire, c'est qu'il n'en est point qui puisse être égalée, c'est qu'il ne s'est point contenté d'être un penseur : il a été aussi un lutteur. Il n'a point voulu être seulement la tête qui médite : il a été aussi le bras qui agit. Et voilà pourquoi le peuple l'a aimé et vénéré!

Avec quelle éloquence, en 1851, il défendit la République à la tribune de l'Assemblée législative! Il faut relire ses réquisitoires passionnés contre le retour aux idées monarchiques et surtout contre l'astuce de Louis-Bonaparte, rêvant dans l'ombre la restauration de sa dynastie! Dans l'une des séances, Victor Hugo tint, superbe d'indignation, la tribune durant cinq heures pour protester contre le rétablissement de l'Empire.

Lorsque le coup d'État eut lieu, il fut placé en tête des listes de proscription. Il fit partie de la fraction de l'Assemblée qui, repoussée du Palais-Bourbon, organisa la résistance et en appela au peuple contre le prince qui, traître à son serment, égorgeait la République. Puis, il fallut fuir.

On sait ce qu'a été l'exil de Victor Hugo : plein d'une mâle dignité! Debout sur le rocher de Guernesey, l'illustre vieillard défiait l'Empire. C'est de là qu'il a, dans les *Châtiments*, marqué du fer rouge Bonaparte et ses complices. Tous, l'Empereur et ses valets, ont gardé à jamais la flétrissure du poète, qui vengeait la patrie!

— « Quand la liberté rentrera, je rentrerai! » avait dit Victor Hugo.

Il rentra, en effet, après la chute de l'Empire.

❖❖

Nommé député de Paris à l'Assemblée nationale, il vota contre les préliminaires de paix et donna sa démission, parce que l'Assemblée refusait le titre de citoyen français à Garibaldi, qui venait de mettre son épée au service de la France.

Élu sénateur de la Seine en janvier 1876, et réélu depuis, Victor Hugo n'avait jamais cessé d'élever la voix en faveur de toutes les mesures généreuses : c'est ainsi qu'il réclama le premier l'amnistie pleine et entière.

Au Sénat, où voulait combattre la République et que espérait la détruire, l'illustre orateur disait :

« Les monarchies, comme les tutelles, peuvent avoir leur raison d'être quand le peuple est petit. Parvenu à une certaine taille, le peuple se sent de force à marcher seul, et il marche! Une République, c'est une nation qui se déclare majeure! »

On se rappelle ce qui s'est passé en 1881, jour de l'anniversaire de la naissance de Victor Hugo.

Ce jour-là, on vit bien que le peuple aimait son poète, son défenseur : une ville entière — et quelle ville! Paris! — mais ce n'est pas assez dire : toute la nation, debout, salua le Maître. Quelle jour-

née de gloire joyeuse et de triomphe consolant! Victor Hugo, au seuil de sa quatre-vingtième année, entendit monter jusqu'à lui, poussés par un vent d'enthousiasme, les applaudissements de tout un peuple. Et, dans un magnifique emportement d'admiration et d'amour, les Français acclamaient l'auguste vieillard qui marchait vers l'avenir en entraînant son siècle, comme un voyageur a son ombre derrière lui!

Cette même foule qui fêtait ainsi le grand poète, qui lui apportait la récompense de sa vie de travail et de lutte pour la justice, elle va être frappée d'une douloureuse stupeur en apprenant la mort de celui qui, interprète de toutes les grandes idées de son siècle, n'avait pas cessé d'incarner à la fois le génie français et la conscience humaine. Ce n'est plus avec des sourires qu'elle va aller à la petite maison de l'avenue Victor-Hugo : c'est avec des sanglots au cœur! Victor Hugo est mort : la Patrie — cette patrie qu'il aimait tant et qui était fière de sa gloire — pleure devant son cercueil!

JEAN FROLLO

MORT DE VICTOR HUGO

Les Derniers Moments

Vendredi 22 mai, 8 heures matin.

Victor Hugo, qui sommeillait depuis quelques instants, s'est réveillé vers cinq heures du matin et, tournant les yeux vers sa petite-fille, assise à côté du lit, a dit :

— Adieu, Jeanne!

La pauvre enfant s'est alors penchée vers son grand-père, qui l'a embrassée.

Georges Hugo s'est, à son tour, approché du malade, et, comme sa sœur, l'a couvert de caresses du malade.

11 h. 50 matin.

Victor Hugo a perdu connaissance : l'agonie a commencé.

On est allé chercher en toute hâte le docteur Germain Sée, qui arrive et déclare que la fin.

A ce moment, Victor Hugo a à son chevet M. Armand Gouzien et M. Victorien Sardou.

M. et Mme Lockroy, Georges et Jeanne étaient allés prendre quelque nourriture. On va les chercher. Quand ils entrent dans la chambre de Victor Hugo et qu'on leur déclare que tout est terminé, Jeanne se trouve mal et tombe sur le rebord du lit; Georges fond en larmes et se jette sur les mains de son grand-père, qu'il couvre de baisers.

1 h. 30 soir.

Le Maître venait de mourir.

A ce moment, M. Victorien Sardou sort de la chambre mortuaire : c'est lui qui annonce la fatale nouvelle à la foule massée devant l'hôtel.

Aussitôt, une grande émotion se produit parmi tous les assistants, dont beaucoup se mettent à pleurer.

1 h. 40 soir.

La nuit dernière avait été très-agitée et la matinée assez paisible. Le malade avait dormi un peu. Mais le ralentissement des battements du cœur devient de plus en plus sensible. Les médecins, après avoir examiné le malade, rédigent le bulletin suivant, qui laissait prévoir la catastrophe à brève échéance :

« 9 h. 10 matin.

» Situation extrêmement grave.

» **G. SÉE. VULPIAN, E. ALLIX »**

Victor Hugo, dans ses dernières heures, était

Trois Poèmes

L'automne

VICTOR HUGO

For a note on Victor Hugo, see p. 378.

L'aube[1] est moins claire, l'air moins chaud, le ciel moins pur;
Les longs jours sont passés, les mois charmants finissent.
Hélas![2] voici déjà les arbres qui jaunissent!
L'automne est triste avec sa bise[3] et son brouillard,[4]
5   Et l'été qui s'enfuit[5] est un ami qui part.

---

[1]l'aube *(f.): dawn*   [3]la bise: *north wind*   [5]s'enfuir: *to fly away*
[2]hélas: *alas*   [4]le brouillard: *fog*

Demain, dès l'aube[1]

VICTOR HUGO

*In 1843, Hugo's recently married daughter, Léopoldine, drowned with her young hus-
band in the little Norman town of Harfleur, near Le Havre. Overwhelmed by grief,
Hugo did not write again until 1852 when, angered at the coup d'Etat of Napoléon III,
he exiled himself to the British island of Jersey. He remained in England until 1870,
after the fall of the Empire. The following poem, in which he plans a visit to his
daughter's grave, appeared in 1856, in the collection* Les Contemplations.

Demain, dès l'aube, à l'heure où blanchit la campagne,
Je partirai. Vois-tu, je sais que tu m'attends.
J'irai par la forêt, j'irai par la montagne.
Je ne puis[2] demeurer loin de toi plus longtemps.

Lectures

---

[1]l'aube *(f.): dawn*   [2]puis = peux

5

Je marcherai, les yeux fixés sur mes pensées,
Sans rien voir au dehors, sans entendre aucun bruit,
Seul, inconnu, le dos courbé,[3] les mains croisées,[4]
Triste, et le jour pour moi sera comme la nuit.

Je ne regarderai ni l'or[5] du soir qui tombe,
10 Ni les voiles au loin descendant vers Harfleur,
Et quand j'arriverai, je mettrai sur ta tombe[6]
Un bouquet de houx[7] vert et de bruyère[8] en fleur.

---

[3]courber: *to bend*
[4]croiser: *to cross*

[5]l'or *(m.):* gold
[6]la tombe: *tomb*

[7]le houx: *holly*
[8]la bruyère: *heather*

Chanson d'automne

P AUL V ERLAINE

Paul Verlaine (1844–1896) is considered to have been among the most gifted of the French lyric poets. Note the intricate rhyme scheme and the rhythm. There is a very musical quality to Verlaine's poems that sets him apart from other poets.

Les sanglots[1] longs
Des violons
  De l'automne
Blessent[2] mon cœur
5 D'une langueur[3]
  Monotone.[4]

Tout suffocant[5]
Et blême,[6] quand
  Sonne l'heure,
10 Je me souviens
Des jours anciens
  Et je pleure;

Verlaine par Anquetin

---

[1]le sanglot: *sob*
[2]blesser: *to wound*
[3]la langueur = mélancolie

[4]monotone: *monotonous*
[5]suffocant, -e: *suffocating*

[6]blême = extrêmement
  pâle

Et je m'en vais
Au vent mauvais
15   Qui m'emporte[7]
Deçà, delà,[8]
Pareil à[9] la
    Feuille morte.

---

[7]emporter: *to carry away*   de ce côté-là   [9]pareil, -le à: *similar to, like*
[8]deçà, delà = de ce côté-ci,

Answers to Vérifiez vos progrès

If you have difficulty with any exercises, first check the *Explications* in the book. If you feel that you need further help in order to maintain your progress, be sure to check with your teacher.

Leçon 1, p. 12

Check your answers with your teacher.

Leçon 1, p. 20

A. 1. Victor Hugo a écrit de beaux poèmes et des romans très célèbres.
2. J'adore l'été, mais j'aime aussi faire du ski en hiver.
3. Paul joue toujours au basketball le samedi.
4. Les Lenoir vont en France le 21 octobre.
5. Mes cousines parlent français, mais elles ne parlent pas (l')espagnol.
6. Le lait coûte quatre francs le litre; le vin ne coûte pas beaucoup plus.
7. Madeleine est peintre, mais elle travaille de temps en temps comme photographe. C'est une artiste assez douée.

B. 1. Est-ce qu'il a acheté une chemise blanche? Non, il a déjà assez de chemises blanches.
2. Danielle ne lit pas de romans, mais elle lit beaucoup de poèmes.
3. J'ai commandé du gigot, des pommes frites, de la soupe et du vin. Mais je ne prends pas de dessert.
4. Tu veux acheter une bouteille de vin? Non, je ne veux pas de vin. D'habitude je prends du café ou de l'eau minérale.
5. Est-ce qu'il y a de la crème? Non, il n'y a pas de crème. Mais il y a du lait.
6. Est-ce que Marc achète des livres? Oui, et ce sont des livres très chers.

Leçon 2, p. 32

2. Ils sont déjà arrivés!
3. Elles (*or:* Les fleurs) sont déjà mortes!
4. Vous avez (*or:* Nous avons) déjà vu ce film d'épouvante!
5. Il est déjà remonté dans le train!
6. Nous avons (*or:* J'ai) déjà écrit des cartes postales!
7. J'ai déjà descendu les valises du grenier!
8. J'ai déjà bu du café!
9. Il y a déjà eu un jour férié!
10. Nous avons (*or:* J'ai) déjà fait de la plongée sous-marine!
11. Elles ont déjà pris les billets!
12. Il a déjà lu ce roman populaire!

Leçon 2, p. 41

A. 2. Il en a déjà vendu.
3. J'en ai déjà pris.
4. Elle en a déjà commandé.
5. Ils en ont déjà lu.
6. Nous en avons (*or:* J'en ai) déjà passé.

B. 2. Marie n'a pas l'air très heureux aujourd'hui.
3. Paul porte ses chaussures marron et ses chaussettes bleues.
4. Je crois qu'Hélène et Martine sont sympa, mais leurs frères sont désagréables.
5. Ils voudraient lui offrir un nouvel appareil, mais ils doivent trouver quelque chose de moins cher.
6. Est-ce que la pièce est meilleure que le film?
7. Ta bicyclette est vraiment sensationnelle.
8. Les pâtisseries sont mauvaises, mais la mousse au chocolat est excellente ici.

Leçon 3, p. 53

C'était samedi le 15 juin. Il faisait un temps merveilleux. Ma mère était dans le jardin et elle cueillait les premières fleurs de l'été. Mon frère jouait au tennis avec ses amis. Mon père finissait quelques lettres. Et moi, j'avais mes projets. J'ai dit au revoir à tout le monde avant de partir avec mon amie Béatrice. Nous avons décidé d'aller au Quartier Latin pour faire des achats. Nous avons pris le métro. D'abord nous sommes entrées dans une boutique de mode parce qu'il y avait de jolies choses dans la vitrine. Mais la vendeuse bavardait avec un jeune homme, et c'était évident qu'elle ne voulait pas nous aider. Alors nous sommes parties. Nous sommes entrées dans une autre boutique et là la vendeuse était très aimable. Elle a même descendu une boîte qui se trouvait tout à fait en haut d'une étagère pour trouver la taille de Béatrice. Nous avons acheté plusieurs chemisiers. Ensuite nous sommes allées dans un café parce que nous étions fatiguées et nous avions soif et faim. Quelle journée!

Leçon 3, p. 61

2. Empruntons-la-leur!
3. Prête-nous-en!
4. Montrons-les-leur!
5. Apporte-les-leur!
6. Demandez-lui-en!
7. Accueillons-les-y!
8. Posez-les-lui!

Leçon 4, p. 73

Ce soir mon frère Henri et ses amis se sont téléphoné après le dîner. Ensuite ils se sont rendus au cinéma qui se trouve dans la rue de la Huchette. Ma mère s'est fâchée parce que mon frère était en retard. Alors, voici ce qui s'est passé quand il a ouvert la porte:

MAMAN   Te voilà enfin! Où est-ce que tu es allé ce soir?

HENRI   Nous nous sommes retrouvés au cinéma. Puis après le film, nous nous sommes arrêtés dans un café pour boire un Coca. Nous nous sommes amusés beaucoup.

MAMAN   Tu ne te souviens pas de tes devoirs? Tu vas te mettre au travail tout de suite. Dépêche-toi!

HENRI   Tu te trompes, maman. C'est un jour férié demain. Tu ne te rappelles pas?

MAMAN   Bon, d'accord. Je me suis trompée de jour. Je me couche maintenant. N'oublie pas de te brosser les dents avant de te coucher!

Leçon 4, p. 79

2. Les leurs sont oblitérés. Ceux de Renée et d'Albert sont oblitérés.
3. Les miennes sont moins bonnes.
4. Le sien grince. Celui de Madeleine grince.
5. Le tien est ancien.
6. Les siens sont assez enthousiastes. Ceux de M. Vigo sont assez enthousiastes.
7. Le nôtre est un peu sale.
8. Le sien est à plat. Celui de Marianne est à plat.
9. Les siens se trouvent en bas. Ceux de David se trouvent en bas.

Leçon 5, p. 89

A. 2. Le poème "Annie" a été écrit par Apollinaire.
   3. Ces paquets ont été envoyés par sa mère.
   4. Ces fenêtres ont été essuyées par les enfants.
   5. Ce monument-ci a été construit par Napoléon.
   6. Cette région a été appelée la "Suisse romande."
   7. L'argent a été découvert par Vincent.
   8. La lecture a été achevée par Albert.
   9. Nos bicyclettes ont été fabriquées par cette société.

B. 2. On vend des pantalons à rayures dans ce rayon.
   3. Regarde(z)! La porte s'ouvre très, très lentement.
   4. On ne joue plus ces documentaires.
   5. On parle français et arabe en Algérie et au Maroc.
   6. Aujourd'hui les supermarchés se trouvent même dans les villages.

Answers to
*Vérifiez vos
progrès*

7. Ces vins se boivent après le dîner.
8. Cela (Ça) ne se dit plus.

Leçon 5, p. 97

Check your answers with your teacher.

Leçon 6, p. 110

A. 2. Elles se lèveront à 8 h. 30.
3. Nous ne nettoierons ni le plancher ni le plafond.
4. Est-ce qu'il gèlera demain?
5. Tu appelleras le médecin.
6. Elle essaiera le pantalon à rayures.
7. Ils répéteront la bonne réponse.
8. Est-ce que vous vous promènerez sur les quais?
9. Je ne jetterai pas la balle

B. 2. Si nous achetons un album, nous pourrons y coller nos timbres.
3. Aussitôt qu'elles ont débarrassé la table, je fais la vaisselle.
4. Dites-moi le problème si vous voulez.
5. Il sera plus étonné lorsqu'il apprendra l'origine de ce mouvement.
6. S'ils ne cueillent pas les fraises maintenant, demain ce sera trop tard.
7. Dès que les cours reprennent, je n'ai plus de temps pour m'amuser.
8. Elles s'asseyent quand elles trouvent leurs places.
9. Maman se fâche toujours si nous nous disputons.
10. Je le reconnaîtrai dès que je le verrai.
11. Il reviendra à Amiens, sa ville natale, lorsqu'il aura assez d'argent.
12. Si tu veux voir quelques nouveaux dessins, tu dois lire les revues de mode.

Leçon 6, p. 119

Sophie et Roger regardent les photos qu'elle a prises du Tour de France cet été.

Answers to
Vérifiez vos progrès

SOPHIE   Celle-ci, c'est une photo de quelques cyclistes. Tu connais cet homme à gauche? Il est belge.
ROGER   Comment s'appelle-t-il?
SOPHIE   Eddy Merckx. C'était le cycliste le plus célèbre du monde il y a quelques années.
ROGER   Il est surtout intéressant de regarder la foule autour des cyclistes. Est-ce que tout le village était là?
SOPHIE   Bien sûr. C'était comme un jour de fête. Il y avait des milliers de touristes et beaucoup de journalistes.
ROGER   Est-ce que c'est une bonne idée d'aller voir le Tour de France?
SOPHIE   Seulement si on a retenu une chambre un an en avance!
ROGER   Alors c'est plus facile de lire les articles sur le Tour dans les journaux.
SOPHIE   C'est ça.

Leçon 7, p. 130

La porte s'est ouverte.

Elle s'est ouverte vivement, toute grande, comme si quelqu'un la poussait avec énergie et résolution.

Un homme est entré.

Il a fait un pas, et s'est arrêté, laissant la porte ouverte derrière lui. Il avait son sac sur l'épaule, son bâton à la main, une expression rude, hardie, fatiguée et violente dans les yeux. Le feu de la cheminée l'éclairait. Il était hideux. C'était une sinistre apparition.

Madame Magloire n'a même pas eu la force de jeter un cri. Elle a tressailli et est restée béante.

Mademoiselle Baptistine s'est retournée, a aperçu l'homme qui entrait et s'est dressée à demi d'effarement, puis, ramenant peu à peu sa tête vers la cheminée, elle s'est mise à regarder son frère et son visage est redevenu profondément calme et serein.

Leçon 7, p. 139

A. Check your answers with your teacher.

B. 1. Voilà le salon de coiffure dont je t'ai (*or:* je vous ai) parlé.
2. Décris (*or:* Décrivez) l'homme avec qui elle s'est mariée.

3. Dis-moi (*or:* Dites-moi) le nom de la femme pour qui il travaille.
4. Est-ce que tu te souviens (*or:* vous vous souvenez) du titre du film qu'il a mentionné?
5. C'était au mois d'août que nous sommes allés en vacances.
6. Est-ce que c'est (*or:* C'est) l'auteur dont on publie le livre?
7. Mon frère n'aime pas les tartes que j'ai faites.

Leçon 8, p. 152

Check your answers with your teacher.

Leçon 8, p. 156

1. Ils ont apporté ce dont il avait besoin.
2. Nous ne comprenons pas ce à quoi elle pense (*or:* réfléchit).
3. Ce qui m'intéresse c'est l'architecture moderne.
4. Dis-lui ce que tu aimes regarder.
5. Je leur ai demandé ce dont ils se souvenaient.
6. Nous sommes montés jusqu'au sommet, ce qui était incroyable.
7. Vous n'avez probablement pas entendu ce que j'ai dit.
8. Nous ne savons pas encore ce qui s'est passé.
9. Personne ne fouillait dans les livres d'occasion, ce qui est assez rare.

Leçon 9, p. 171

A. 2. Quand elles auront essayé les jupes, je suis certaine qu'elles n'hésiteront plus.
3. Je t'en donnerai la moitié aussitôt que j'aurai fini de servir les autres.
4. Vous vous installerez à la campagne dès que vous aurez construit votre villa.
5. Lorsqu'ils auront quitté l'université, ils se marieront.
6. Quand tu seras remonté, tu seras obligé de nettoyer ta chambre.
7. Elles monteront la pièce aussitôt qu'elles l'auront répétée assez de fois.
8. Dès qu'il aura reçu la marchandise, il nous téléphonera.

B. Check your answers with your teacher.

Leçon 9, p. 179

1. Tout le monde a lu les essais.
2. Les contrats? Chacun est important.
3. Certains diront qu'elle a tort.
4. Les Dupont ont échangé des cadeaux les uns avec les autres.
5. Quelques-unes de ces œuvres étaient philosophiques.
6. Quelqu'un a frappé (à la porte).
7. Le dîner? Tout était merveilleux!
8. Nous nous intéressions beaucoup aux pensées d'autrui (des autres).
9. Chacun des chapitres décrit une époque différente.

Leçon 10, p. 193

2. Il faut qu'elle réclame ses droits.
3. Nous regrettons qu'il ne serve pas de la grande cuisine.
4. Il est nécessaire que nous développions ces idées.
5. Il vaut mieux que tu connaisses le plan de la ville avant d'y aller.
6. C'est dommage qu'on ne réfléchisse pas à ce qu'il fait.
7. Elle est étonnée que les oiseaux volent si haut.
8. Il veut que je perfectionne ce plat-là.
9. Je crains qu'ils ne trouvent pas la bonne porte d'embarquement.
10. Elles préfèrent que vous n'assistiez pas aux réunions de l'association.
11. Nous sommes désolés qu'il perde bien de la marchandise.

Leçon 10, p. 202

A. 2. Personne n'a sonné à la porte.
3. Elle n'ose plus (jamais) préparer des plats difficiles.
4. Aucun de ses portraits n'est au Louvre.
5. Je ne compte visiter ni la Suisse ni la Belgique.
6. Ils n'ont rempli aucune tâche.
7. Vous n'avez guère de temps libre.
8. Elles n'ont créé rien d'intéressant.

Answers to
Vérifiez vos progrès

B. 2. Après avoir laissé un pourboire pour l'ouvreuse, les dames sont parties.
3. Après avoir fait son apprentissage dans un salon de coiffure à New York, M. Beauchamp est devenu coiffeur.
4. Après avoir parcouru une distance formidable, nous sommes arrivé(e)s au musée.
5. Après avoir écouté les autres, j'ai exprimé mes propres pensées à ce sujet.
6. Après s'être lavé les mains et s'être peigné les cheveux, elle s'est assise à table.
7. Après être allé au Musée Toulouse-Lautrec, il a quitté Albi.
8. Après avoir réparé la machine, j'ai raccourci le pantalon.

Leçon 11, p. 216

2. Je ne doute pas que vous me croyez.
3. Vous semble-t-il que nous puissions visiter les coins et les recoins de la ville?
4. Croit-elle que les boîtes de nuit soient ouvertes?
5. Il est évident que ce manteau ne me convient pas parfaitement.
6. Est-ce que tu penses que ces hommes veulent nous tuer?
7. Il est possible que nous achetions du cacao.
8. Je ne suis pas sûr que vous ayez la force nécessaire pour ouvrir cette valise.
9. Trouves-tu que Marguerite fasse bien du ski?
10. Est-ce que vous croyez que nous devons nous étonner de son rêve?

Leçon 11, p. 225

Check your answers with your teacher.

Leçon 12, p. 239

Check your answers with your teacher.

Leçon 12, p. 245

2. Le ciel était couvert de nuages.
3. Les rideaux et les tapis ont été enlevés par les peintres.
4. Le viticulteur est respecté des vendangeurs.
5. Ce jeu est connu de tous les enfants.
6. Les peaux ont été jetées par son père.
7. Je serai accompagné(e) de ma mère.
8. Le proviseur est craint de tous les élèves.
9. Dijon a été rendu célèbre par l'industrie alimentaire.
10. Le dîner sera suivi d'un grand spectacle.
11. Les pierres ont été mises dans le seau par cet enfant-là.

Leçon 13, p. 256

2. Il y a quelqu'un qui rompt le silence.
3. Il ne connaît aucun touriste qui ressente les effets du climat.
4. Il n'y a rien qui lui fasse plaisir.
5. Nous cherchons le seau qui appartient à ce petit enfant.
6. Ils ont besoin d'un plombier qui sache réparer l'évier.
7. Nous avons envie de trouver un marchand qui vende des manteaux de renard argenté.
8. Y a-t-il quelqu'un ici qui puisse deviner la réponse?
9. Connaît-elle le chemin qui mène au fort?
10. Il n'existe pas d'endroit qui convienne mieux à la pêche.

Leçon 13, p. 265

1. En discutant des territoires d'outre-mer, le professeur a mentionné Saint-Pierre-et-Miquelon.
2. En se promenant le long de la rivière (or: du fleuve), Michèle a rencontré un ancien voisin (or: une ancienne voisine).
3. Etant assez fatigué(e), j'ai fait la grasse matinée jeudi.
4. Ayant dégusté plusieurs vins rouges, ils ont jugé celui-ci le meilleur.
5. Renée écoutait la radio en pêchant.
6. Tout en sachant la vérité, elle fait semblant de ne pas la savoir.
7. Refusant de mentir, il a dit qu'il avait cassé le bol et avait tué le poisson.

Answers to
Vérifiez vos progrès

8. Tournez (*or:* Tourne) à la page suivante.
9. Ayant déjà visité la Terre-Neuve, elle a décidé d'aller plutôt au Québec.
10. Etant sorti(e)s avant 8 h., nous avons manqué l'émission.

Leçon 14, p. 278

3. Nous sommes sûrs qu'elles ont prêté serment de fidélité.
4. Vous semble-t-il que nous nous soyons écrit assez souvent?
5. Il ne pense pas que tu aies gardé ces coutumes québécoises.
6. Il est probable qu'elles sont restées en Louisiane.
7. Je crains qu'elles soient tombées dans l'eau.
8. Il se peut qu'il ait retrouvé son équilibre.
9. Crois-tu qu'on ait pu marcher jusqu'au chantier?
10. Il est évident que les prix ont varié selon la situation économique.
11. Il se peut qu'il ait menti en te disant que personne n'était là.

Leçon 14, p. 285

1. C'est la meilleure tourte à la viande (*or:* tourtière) que j'aie prise (*or:* mangée).
2. C'est la seule étudiante (élève) qui ne veuille (*or:* veut) pas jouer aux boules.
3. Il y a très peu d'habitants qui soient devenus bilingues.
4. C'est la première génération qui a (*or:* ait) émigré de Nouvelle-Ecosse.
5. Ce sont les seuls citoyens qui aient amélioré leurs communautés.
6. C'est le père le plus fier que je connaisse.
7. Ce sont les seuls parents que nous avons (*or:* ayons) trouvés dans la région.

8. C'est le travail le plus dur (*or:* difficile) qu'il ait fait.
9. C'est la dernière école primaire que j'ai visitée.
10. C'est la première recette franco-canadienne que vous ayez essayée?

Leçon 15, p. 298

1. Que les changements s'effectuent tout de suite!
2. Qu'il finisse l'analyse demain!
3. Que le (la) propriétaire m'écrive aujourd'hui!
4. Qu'elle raccourcisse la jupe!
5. Qu'elles en profitent (*or:* en tirent profit)!
6. L'auteur a fait disparaître le géant.
7. Faites-lui agir conformément à la raison.
8. Je ferai envoyer la recette à vos amis cet après-midi.
9. Elle a fait répéter la comédie par la classe.
10. Ils feront déguster le vin par les visiteurs (*or:* aux visiteurs).

Leçon 15, p. 307

Here is one way of rewriting the passage. Your version may be somewhat different. If so, or if you have any questions, be sure to check with your teacher.

Son père lui a dit que chacun suivait son destin; les hommes n'y pouvaient rien changer. Ses oncles aussi avaient étudié. Lui, le père, n'avait pas eu leur chance, et moins encore celle de son fils. Mais maintenant que cette chance était devant lui, il fallait la saisir. Son fils avait su saisir la précédente; il devait saisir celle-ci aussi. Il restait dans leur pays tant de choses à faire . . . Oui, il devrait aller en France; selon le père (*or:* il a dit qu'à son avis,) c'était la meilleure idée. On aurait besoin là d'hommes comme lui. Quand il aurait achevé ses études, il reviendrait aider son pays.

Answers to Auto-Tests

Leçon 1, p. 22

A. Aujourd'hui, c'est la rentrée des classes, et avant d'aller au lycée, j'ai beaucoup de fournitures scolaires à acheter. Par exemple, il me faut une calculatrice. Je suis nul en maths, et pour réussir aux examens, il est important d'avoir une règle à calcul ou une calculatrice. L'année dernière, je n'en avais pas, et j'ai fait tous mes devoirs sans vérifier les réponses. Je n'ai pas reçu de bonnes notes! Que faire? Tout de même, les maths sont faciles à comprendre si on a une machine qui est prête à aider les pauvres étudiants! Je serais content de trouver une bonne calculatrice et de ne pas rater la géométrie cette année.

B. 2. Elle fait du ski.
3. Nous lisons le roman.
4. Viens-tu chez nous?
5. Ils peignent la maison.
6. Je n'ouvre pas la porte.
7. Elles attendent le train.
8. Vous dites la réponse.
9. Il ne pleut pas ce soir.
10. Tu sors d'ici?
11. Prend-elle du café?
12. Nous buvons du lait.

C. 1. Ces femmes sont écrivains? En effet, ce sont des écrivains célèbres. Elles ont écrit de grands romans intéressants.
2. Elle étudie maintenant l'espagnol. Elle voudrait visiter Madrid, pour parler mieux l'espagnol.
3. Combien coûtent les pommes? Cinq francs le kilo? Alors, donnez-moi un kilo de pommes. Je voudrais aussi du pâté, des œufs et une bouteille de vin. Je n'ai pas beaucoup d'argent sur moi, alors si le vin est trop cher, j'achèterai de l'eau minérale.

4. Est-ce que ton frère est devenu ingénieur? Non, ce n'est pas un ingénieur. Il a décidé de faire du français, parce qu'il adore les langues étrangères.

Leçon 2, p. 42

A. 1. Il a voulu réparer la chaîne.
2. Elles n'ont pas découvert le problème.
3. Est-ce qu'elle est tombée en panne?
4. Vous avez mis votre vieux pantalon?
5. Je n'ai pas reconnu ce type.
6. Ils ont sorti les outils de la sacoche.
7. Tu as attendu à côté de l'entrée.
8. Elles sont venues à 8 heures du matin.
9. Nous sommes allé(e)s faire la visite du château.
10. On a rejoint les cyclistes en ville.

B. 1. Oui, il va en acheter. (*or:* Non, il ne va pas en acheter.)
2. Si, elles en ont pris. (*or:* Non, elles n'en ont pas pris.)
3. Oui, j'en ai besoin. (*or:* Non, je n'en ai pas besoin.)
4. Si, nous voulons (je veux) en prendre. (*or:* Non, nous ne voulons pas (je ne veux pas) en prendre.)
5. Oui, vous allez (nous allons) en commander (plusieurs). (*or:* Non, vous n'allez pas (nous n'allons pas) en commander.)
6. Oui, ils en ont bu. (*or:* Non, ils n'en ont pas bu.)
7. Oui, nous en avons (j'en ai) envie. (*or:* Non, nous n'en avons pas (je n'en ai pas) envie.)
8. Oui, il en lit. (*or:* Non, il n'en lit pas.)
9. Si, j'aime en faire. (*or:* Non, je n'aime pas en faire.)

C. 1. Elle lit un long roman intéressant.
2. Ils ont acheté de jolies chemises bleues.
3. Il y a un bel hôtel moderne près d'ici.
4. Elles ont trouvé une grosse valise brune.
5. Tu as vu les mêmes films anglais?
6. Ce vélo a de bons freins italiens.
7. Il a une nouvelle selle élégante.

D. Check your answers with your teacher.

Leçon 3, p. 63

A. 2. Pendant que je faisais les courses, il a préparé le dîner.
   3. Je regardais les pull-overs et les tricots quand Sara a quitté le rayon.
   4. Pendant qu'elle était dans la boutique, elle a perdu ses lunettes de soleil.
   5. Pendant qu'ils déjeunaient, les enfants sont allés dehors.
   6. Puisqu'il y avait trop de monde, nous n'avons pas acheté de bottes.
   7. Nous n'avons pas lavé nos vêtements pendant que nous étions à l'hôtel.
   8. Tu écoutais l'opéra quand le prof a téléphoné.

B. 3. Oui, ils leur ont écrit.
   4. Oui, tu y as répondu.
   5. Oui, je l'ai mis.
   6. Oui, elle l'a achetée (en solde).
   7. Oui, j'y suis allé souvent.
   8. Oui, elle les a vus.
   9. Oui, elles en ont commandé.
   10. Oui, il l'a regardée.

C. 2. Non, il ne les leur a pas montrées.
   3. Non, vous ne lui en avez pas donné une. (or: Non, nous ne lui en avons pas donné une.)
   4. Non, je ne vous l'ai pas prêté.
   5. Non, ils ne les y ont pas achetées.
   6. Non, tu ne le lui as pas rendu.
   7. Non, il ne les leur a pas envoyés.
   8. Non, nous ne les leur avons pas lues. (or: Non, je ne les leur ai pas lues.)

Leçon 4, p. 81

A. Check your answers with your teacher.

B. 2. Elle s'est cassé le bras.
   3. Elle ne s'est pas lavé les mains.
   4. Ils se sont assemblés au théâtre.
   5. Je me suis promené en ville.
   6. Elles se sont amusées au cinéma.
   7. Je ne me suis pas servi du tournevis.
   8. Elles se sont trompées de train.
   9. Elle ne s'est pas habituée à la vie en Suède.
   10. Ils se sont mis en route à midi.

C. 2. Il ne va pas troquer le sien contre les tiens.
   3. Est-ce que les vôtres sont aussi extraordinaires que les miens?
   4. Je crois que le leur est plus intéressant que le nôtre.
   5. Les siens sont oblitérés alors que les leurs ne le sont pas.
   6. Les nôtres ne sont sans doute pas aussi anciennes que les siennes.

Leçon 5, p. 98

A. 2. Ça ne se dit pas.
   3. Cette sorte de robe ne se vend plus.
   4. Ça ne se voit pas souvent.
   5. Les billets se vendent à ce guichet.
   6. Ça ne se fait jamais au Mexique.
   7. Ces vieilles chansons ne s'entendent plus.
   8. Comment s'appelle ce machin?

B. 2. Ce jeune homme a été guéri à la clinique.
   3. Son amabilité ne sera jamais oubliée.
   4. Le pourboire n'est pas compris.
   5. Les pâtisseries n'ont pas été servies.
   6. La voiture sera (est) garée près du musée.
   7. Les lettres seront envoyées par avion.
   8. Le miroir a été cassé?
   9. Tous ces exemples seront expliqués?
   10. Le moteur a été vite réparé.

C. 2. Elles veulent faire votre connaissance.
   3. Il est parvenu à resserrer la vis.
   4. Nous désirons (or: Je désire) essayer ces complets bleu marine.
   5. Je me charge d'apporter la nourriture.
   6. Nous avons (or: J'ai) oublié de rendre la clef à la concierge.
   7. Elle te demande d'aller chercher une baguette.
   8. Ils apprennent à jouer au golf.
   9. Je m'habitue à parler français.
   10. Il m'a dit de ne pas doubler.

Leçon 6, p. 120

A. Check your answers with your teacher.

B. 1. Ce portrait est à toi? Non, ce n'est pas le mien. Il est à Denis.
2. Le Centre Pompidou? C'est un bâtiment impressionnant. Il est passionnant d'y voir la peinture et la sculpture modernes.
3. Qui était Albert Camus? C'était un écrivain célèbre, né en Algérie. Il est connu pour ses romans et pour ses pièces.
4. Est-ce que cette époque était importante dans l'histoire de la France? Oui, à mon avis c'était l'époque la plus intéressante.
5. Comment s'appelle votre collègue? C'est M. Schweitzer. Il est Suisse. C'est un artiste extraordinaire.
6. A qui sont ces collections? Elles sont à Sophie, je crois. Ce ne sont pas les nôtres.
7. Est-ce que cette tâche est difficile? Oui, c'est une tâche difficile, mais elle n'est pas ennuyeuse.

C. 1. Quand je suis rentré, elle avait déjeuné et je devais manger tout seul.
2. Les amis s'étaient déjà séparés quand nous sommes arrivé(e)s.
3. Elle ne voulait pas m'accompagner au musée parce qu'elle avait vu ces dessins.
4. Cet artiste avait fini de peindre son chef-d'œuvre quand il est mort.
5. Leur mère avait interdit aux enfants de sortir, alors ils sont restés à la maison.
6. Les Etats-Unis avaient obtenu leur indépendance quand la France a donné au monde la Déclaration des Droits de l'Homme.
7. Le prof s'est fâché puisque mon camarade n'avait pas lu la lecture.

Leçon 7, p. 141

A. 1. Quand Mary Cassatt est venue en France, elle a fait la connaissance de plusieurs jeunes artistes.
2. On peut dire que la Révolution Française a commencé en 1789 quand les Parisiens ont pris la Bastille.

3. Dix rois de France ont eu le nom Charles; le dernier est né en 1757 et est mort en 1836.
4. Nous avons vu les dessins qu'elles ont faits.

B. 2. Elles cherchent leurs amies depuis une heure. Il y a une heure qu'elles cherchent leurs amies.
3. Je collectionne des œuvres d'art depuis longtemps. Il y a longtemps que je collectionne des œuvres d'art.
4. On étudie les tragédies grecques depuis des siècles. Il y a des siècles qu'on étudie les tragédies grecques.
5. Il se passionne pour le Théâtre de l'Absurde depuis plusieurs années. Il y a plusieurs années qu'il se passionne pour le Théâtre de l'Absurde.
6. Nous habitons (or: J'habite) la banlieue depuis une dizaine d'années. Il y a une dizaine d'années que nous habitons (or: j'habite) la banlieue.
7. On répète la pièce depuis presque six heures. Il y a presque six heures qu'on répète la pièce.
8. Elle porte cette coiffure curieuse depuis huit jours. Il y a huit jours qu'elle porte cette coiffure curieuse.

C. 1. Ionesco écrit des pièces qui sont à la fois drôles et tristes.
2. Voilà le tableau que tout le monde a mentionné.
3. Le restaurant où nous allons déjeuner mercredi est loin de la maison.
4. On monte une bonne pièce cette semaine au théâtre dont je t'ai parlé hier.
5. C'est la dame avec qui elle faisait de la plongée sous-marine.
6. Les questions auxquelles tu as répondu étaient faciles mais assez bizarres.
7. Jacques Prévert a écrit le poème auquel je pensais.
8. Il est parti au moment où les lumières se sont éteintes.

Leçon 8, p. 159

A. 2. S'il faisait beau, nous courrions dans le parc.
3. S'ils faisaient une promenade dans le Bois de Boulogne, nous irions avec eux.
4. Si elle te le demandait, tu devrais le faire.

5. S'il commençait à neiger, vous partiriez avant le lever du soleil.
6. Si nous trouvions le ballon, nous vous le jetterions.
7. Si elles ne prenaient pas l'autobus, elles viendraient ici avec leurs cousines.
8. Si vous me prêtiez quinze francs, je vous les rendrais tout de suite.
9. Si nous réussissions à emballer ce paquet, nous pourrions l'envoyer à La Rochelle cet après-midi.

B. 1. Nous ne sommes jamais allés à Londres.
2. Le Maroc se trouve dans le nord de l'Afrique, à l'ouest de l'Algérie.
3. Elle reste en Allemagne pour travailler au pair.
4. Ils ne veulent aller ni aux Pays-Bas ni en Belgique.
5. On peut descendre à Marseille ou au Havre.

C. 1. Je me suis demandé ce qui se passait quand j'ai vu les médecins.
2. Ce que vous cherchez n'est pas là.
3. Je te dirai ce à quoi je pensais.
4. Nous ne savons pas ce que nous pouvons faire maintenant.
5. Ce à quoi elle réfléchit ne sera pas facile à expliquer.
6. Nous voudrions faire ce qui lui fera plaisir.
7. Il leur a déjà demandé ce dont il aura besoin pour le voyage.

Leçon 9, p. 180

A. 2. Il se lèvera aussitôt que le réveil aura sonné.
3. Nous agirons aussitôt que nous aurons compris notre responsabilité.
4. Tu achèteras le pain aussitôt que la boulangerie aura été ouverte.
5. Je m'occuperai de tout aussitôt qu'elles seront rentrées chez nous.
6. Nous nous entendrons mieux aussitôt que tu auras cessé de pleurer.
7. Ils t'amèneront en ville aussitôt que tu auras fini tes devoirs.
8. Elles iront me chercher à la gare aussitôt que je serai arrivé(e) à Paris.
9. Elle cueillera les cerises aussitôt qu'elles auront mûri.
10. Je me laverai les mains aussitôt que je me serai sali(e).

B. 2. Si quelqu'un avait répondu plus rapidement à la porte, tu n'aurais pas frappé si fort.
3. Si elle avait pensé de temps en temps aux autres, on serait venu à son secours.
4. Si vous y aviez fait attention, vous ne vous seriez pas coupé(e)(s).
5. Si quelques-uns avaient voulu partir avec moi, les autres auraient pu vous accompagner.
6. Si nous n'avions pas pris trois brioches, il aurait pu en avoir une autre.
7. Si certains n'avaient pas été d'accord, vous auriez dû leur décrire le problème.
8. S'il nous avait présentées l'une à l'autre, je m'en serais souvenue.
9. Si tu avais lu ses mémoires, tu aurais mieux apprécié ses théories.

C. 1. Il a les livres mais il ne les a pas tous lus.
2. Vingt personnes seulement ont assisté à la pièce, mais certaines parmi elles sont parties avant la fin.
3. Selon ce contrat, presque tout appartient au dramaturge.
4. Ces pamplemousses coûtent deux francs chacun.
5. Quelques-uns de ces philosophes n'ont rien publié.
6. Les étudiants sont allés au musée et ils étaient tous très contents de l'excursion.
7. Elles ont perdu plusieurs bagues, mais la police en a retrouvé quelques-unes.
8. Elle m'a dit de cueillir des fleurs mais de ne pas les cueillir toutes.

Leçon 10, p. 204

A. 2. Il est nécessaire que tu mettes un pull-over et des gants.
3. Nos parents ne veulent pas que nous regardions tant la télé.
4. C'est dommage que l'on s'écrive seulement une fois par an.
5. Je suis triste que vous craigniez mon chien.
6. Nous sommes surpris que M. Leclerc vende déjà la maison.
7. Elle est heureuse que je connaisse sa sœur aînée.

8. Il regrette que son cours ne reprenne pas tout de suite.
9. Il faut que nous lavions la vaisselle avant de nettoyer le plancher.
10. Nous sommes désolés qu'il choisisse une carrière dans un tel domaine.
11. Il vaut mieux que je participe au match de volleyball.
12. Je n'aime pas qu'il conduise ma nouvelle voiture.

B. 2. Mais non! Ils n'ont pris ni l'un ni l'autre (ni croissants ni pain grillé) ce matin.
3. Mais non! Nous n'avons (*or:* Je n'ai) rien vu dans le placard.
4. Mais non! Ils n'ont monté que les valises. (*or:* Ils n'ont monté ni valises ni serviette.)
5. Mais non! On ne fabrique plus cette marque de bicyclette.
6. Mais non! Nous n'avons (Je n'ai) guère eu de bonnes notes l'année dernière.
7. Mais non! Ils ne font jamais (plus) la grasse matinée le week-end.
8. Mais non! Je n'ai voyagé nulle part en Provence.
9. Mais non! Personne n'est d'accord avec ses idées politiques.
10. Mais non! Il n'a sali aucun de ses habits.

C. 2. Après avoir fait une longue randonnée dans les bois, nous avons rejoint nos copains.
3. Après avoir bu un citron pressé, je n'avais plus soif.
4. Après avoir pris des médicaments, je me sentais mieux.
5. Après être allé à la boucherie, je me suis arrêté à la poste.
6. Après avoir pleuré, je me suis fâchée.
7. Après être devenue chef d'orchestre, elle a quitté Albi.
8. Après avoir élevé de la volaille, ils n'aimaient plus les œufs.
9. Après nous être spécialisés dans l'électronique, nous espérions ne jamais être sans emploi.

Leçon 11, p. 227

A. 2. Je ne crois pas que nous puissions répéter encore une fois.
3. Te semble-t-il qu'elle essaie de préparer le dîner sans réchaud?
4. Il doute que vous buviez du thé le matin.
5. Il se peut que les employés nettoient les vitrines avant d'ouvrir la boutique.
6. Il vaut mieux que tu tiennes les médicaments.
7. Crois-tu que ce livre-là vaille celui-ci?
8. Je ne suis pas sûre qu'elles aient leurs parapluies, mais je ne crois pas qu'il fasse mauvais.
9. Pensent-ils que j'apprenne les paroles de la chanson par cœur?
10. C'est dommage que ses grands-parents veuillent s'installer en Espagne.
11. Je suis désolé qu'il soit crevé et qu'il ne puisse pas nous rejoindre.

B. 1. Les Parisiens partent en vacances en août.
2. On mange toujours très bien chez les Dupont.
3. Ils ont tourné le film en trois semaines.
4. Vous arriverez à Lausanne dans quelques heures.
5. Jean-Paul se plaint beaucoup quand il doit aller chez le dentiste ou à la clinique.
6. Nous serons en Irlande dans un mois.
7. On monte une nouvelle pièce au théâtre en ville.

C. 1. Quoi! Vous lui offrez un livre de poche pour Noël!
2. Elle préfère les jupes en coton à celles en velours côtelé.
3. Je suis désolé que nous n'ayons plus de tartes aux fraises.
4. Ces manteaux sont en cuir—pas en laine.
5. Si nous avons soif, ne crois-tu pas que nous devions commander de grandes verres d'eau minérale?
6. Veut-elle que je prenne un bol de café au lait?
7. Voilà le garagiste. Là-bas, à côté de la pompe à essence.
8. N'oublie pas de mettre des cuillères à soupe et des couteaux à beurre quand tu mettras le couvert.

Leçon 12, p. 247

A. 2. Les chiens me suivent partout. Les chiens me suivront partout.

3. Elle poursuit ses études à la faculté de droit. Elle poursuivra ses études à la faculté de droit.

4. Tu vis dans la région parisienne? Tu vivras dans la région parisienne?

5. Suivez-vous la même route? Suivrez-vous la même route?

6. L'agent de police poursuit ces deux types jusqu'au bout de la rue. L'agent de police poursuivra ces deux types jusqu'au bout de la rue.

7. Je vis avec mes grands-parents. Je vivrai avec mes grands-parents.

B. 1. Nous voulons nettoyer le salon avant que nos amis arrivent.

2. Elles nous donneront les clefs sans que nous les leur demandions.

3. Je demeurerai ici bien que je sache depuis longtemps que je risque d'être tué.

4. Vous parlez très bien le français, quoi que vous disiez.

5. Où que tu ailles, nous ne t'oublierons jamais.

6. Vous pouvez rester ici à condition qu'il y ait une chambre libre.

7. Nous partons de bonne heure afin que nous puissions arriver à Dijon avant le coucher du soleil.

8. Quoi qu'il dise, n'y fais pas attention!

9. A moins que tu achètes les billets aujourd'hui, nous ne pourrons pas assister au concert.

C. 3. Ces tableaux modernes sont admirés de presque tout le monde.

4. Ces comédies ont été écrites par Molière.

5. Ce bruit a été entendu de M. Duclos.

6. L'arc-en-ciel a été vu de presque tous les habitants de la ville.

7. Madame Latour est accompagnée de quelques voisins.

8. L'eau est crainte de ceux qui ne savent pas nager.

9. Le professeur de chimie était aimé de tous ses élèves.

Leçon 13, p. 266

A. 2. Elle veut leur emprunter des romans qui soient intéressants mais courts.

3. Y a-t-il des magnétophones qui marchent mieux que celui-là?

4. Nous cherchons un médecin qui puisse nous guérir sans trop de médicaments.

5. J'ai besoin d'une robe qui ne me grossisse pas tant.

6. Connaissez-vous quelqu'un qui sache lire le chinois ou le japonais?

7. Ils cherchent une école où l'on apprenne à faire de la sculpture et de la peinture.

8. As-tu un pull-over qui soit moins grand et qui me convienne un peu mieux?

9. Ces dames voudraient trouver une personne qui connaisse bien la route et qui ne conduise pas trop vite.

B. 3. Tout en te plaignant de ton manque d'argent, tu continues à dépenser sans penser.

4. Quand je l'ai vue, elle était souffrante d'une maladie bizarre.

5. Bricolant du matin au soir, il a appris à réparer toutes sortes de machines.

6. En entrant dans un magasin ou un marché quelconque, il faut dire bonjour à tout le monde.

7. La semaine suivante nous descendrons sur la Côte d'Azur.

8. C'est en lisant que la plupart des gens apprennent à bien écrire.

9. Rentrant du stade, j'ai vu les Leclerc.

10. Elle écrivait des poèmes tout à fait surprenants.

11. Il a retenu une chambre avec l'eau courante.

C. 2. Puisque nous étions arrivés en avance, nous avons pris quelque chose au buffet de la gare.

3. Puisqu'elle avait achevé ses études secondaires, elle a cherché un emploi dans une banque en banlieue.

4. Puisqu'elles étaient entrées après les autres, elles n'ont pas compris ce qui se passait.

5. Puisque nous avions déjà pressé le bouton une douzaine de fois, nous nous sommes demandé si la sonnette marchait.

6. Puisque nous étions montés au dernier étage sans trouver leur appartement, nous sommes redescendus.
7. Puisque nous les avions connus depuis l'enfance, nous n'avions plus peur de leurs bêtes.
8. Puisque je m'étais arrêté au coin, je n'ai pas vu la foule devant le grand magasin.

Leçon 14, p. 286

A. 2. Les collégiens se sont tus dès que le professeur est entré dans la salle de permanence.
3. Si vous ne vous taisez pas, il faudra que vous sortiez.
4. Si elles aimaient la musique espagnole, ces disques leur plairaient beaucoup.
5. Réponds-moi, s'il te plaît! Pourquoi faut-il que je me taise?
6. Nous croyons que le nouveau film qu'il tourne plaira à presque tout le monde.
7. Si elle s'était tue tout de suite, elle n'aurait pas été renvoyée à la maison.
8. Ils doutent que la serviette plaise à leur frère.
9. Tout le monde se taisait pendant que le nouvel avion décollait pour la première fois.

B. 2. Je suis triste que Christiane ait abîmé ses nouvelles bottes.
3. Je suis triste que vous n'ayez pas pris de vinaigrette.
4. Je suis triste qu'elles ne se soient pas présentées plus tôt.
5. Je suis triste que Pascal et Xavier n'aient pas survécu à l'accident de voiture.
6. Je suis triste que nous n'ayons pas pu jouer au tennis samedi.
7. Je suis triste que vous vous soyez inquiétés des résultats de l'examen.
8. Je suis triste que tu n'aies pas préparé de pâté de foie gras.
9. Je suis triste qu'il ait oublié le livre de recettes de son arrière-grand-mère.

C. 3. C'est le premier foulard qui te convienne.
4. C'est le seul endroit où l'on vend (*or:* vende) encore ces paniers d'osier.
5. Il dit que ce sont les meilleurs amis qu'il ait au monde.

6. Il n'y a pas de livre qui est (*or:* soit) plus intéressant que tous les autres.
7. C'est la dernière lettre que tu doives (*or:* dois) écrire ce soir.
8. Ce plombier est le seul qui fasse parfaitement son travail.
9. Les tableaux de Monet sont les meilleurs qu'on puisse voir au Musée du Jeu de Paume.
10. Il n'y a que les manteaux de vison qui soient vraiment chauds.
11. C'est la première fois que vous avez épelé ce mot correctement.

Leçon 15, p. 308

A. 2. Il l'a fait expliquer par Guillaume.
Il lui a fait expliquer le problème.
Il le lui a fait expliquer.
3. Je le ferai regarder par le mécanicien.
Je lui ferai regarder le moteur.
Je le lui ferai regarder.
4. Elle les avait fait remarquer à ses élèves.
Elle leur avait fait remarquer les peintures préhistoriques.
Elle les leur avait fait remarquer.
5. Nous le faisons effacer à Marthe et à Madeleine.
Nous leur faisons effacer le tableau.
Nous le leur faisons effacer.
6. Ils en feront aller chercher à Claudine et à toi.
Ils vous feront aller chercher de nouveaux oreillers.
Ils vous en feront aller chercher.
7. Chaque année vous les faites établir par les collégiens.
Chaque année vous leur faites établir leurs buts.
Chaque année vous les leur faites établir.
8. Nous l'avons fait escalader aux Eclaireurs.
Nous leur avons fait escalader ce sentier.
Nous le leur avons fait escalader.
9. Tu les fais faire par Patrick et par moi?
Tu nous fais faire les lits?
Tu nous les fais faire?

B. 2. Vive le roi! (*or:* Que le roi vive!)
3. Qu'elle te comprenne!
4. Qu'on la mette en œuvre aussitôt que possible!
5. Qu'elle retienne une chambre à deux lits!

6. Qu'elle enlève les restes!
7. Qu'il ne rompe pas son serment!
8. Qu'il ne nous plaigne pas trop!
9. Que les cerises mûrissent bientôt!

C. Here is one way of rewriting this passage. If you have any questions, be sure to ask your teacher.

Il a dit qu'il s'appelait Jean Valjean; qu'il était un galérien, et qu'il avait passé dix-neuf ans au bagne. Il était libéré depuis quatre jours et était en route pour Pontarlier qui était sa destination. Il y avait quatre jours qu'il marchait depuis Toulon. Ce jour-là, il avait fait douze lieues à pied. Ce soir-là, en arrivant dans ce pays, il avait été dans une auberge, et on l'avait renvoyé à cause de son passeport jaune qu'il avait montré à la mairie. Il avait fallu. Il avait été à une autre auberge. On lui avait dit: "Va-t-en!" Chez l'un, chez l'autre. Personne n'avait voulu de lui. Il avait été à la prison, le guichetier n'avait pas ouvert. Il avait été dans la niche d'un chien. Ce chien l'avait mordu et l'avait chassé, comme si lui, le chien, avait été un homme. On aurait dit que le chien savait qui il était. Il s'en était allé dans les champs pour coucher à la belle étoile. Il n'y avait pas d'étoile. Il avait pensé qu'il pleuvrait, et il était rentré dans la ville pour y trouver le renfoncement d'une porte. Là, dans la place, il allait se coucher sur une pierre. Une bonne femme lui avait montré la maison et lui avait dit de frapper là. Il avait frappé. Qu'est-ce que c'était? C'était une auberge? Il a dit qu'il avait de l'argent—cent neuf francs qu'il avait gagnés au bagne par son travail en dix-neuf ans— et qu'il paierait.

Verbes

LES VERBES RÉGULIERS

	-ER	-IR/-ISS-	-IR	-RE
INFINITIF	**regarder**	**finir**	**dormir**	**vendre**
PRÉSENT	je regarde tu regardes il regarde nous regardons vous regardez ils regardent	je finis tu finis il finit nous finissons vous finissez ils finissent	je dors tu dors il dort nous dormons vous dormez ils dorment	je vends tu vends il vend nous vendons vous vendez ils vendent
IMPÉRATIF	regarde! regardons! regardez!	finis! finissons! finissez!	dors! dormons! dormez!	vends! vendons! vendez!
PARTICIPE PRÉSENT	regardant	finissant	dormant	vendant
IMPARFAIT	je regardais tu regardais il regardait nous regardions vous regardiez ils regardaient	je finissais tu finissais il finissait nous finissions vous finissiez ils finissaient	je dormais tu dormais il dormait nous dormions vous dormiez ils dormaient	je vendais tu vendais il vendait nous vendions vous vendiez ils vendaient
FUTUR	je regarderai tu regarderas il regardera nous regarderons vous regarderez ils regarderont	je finirai tu finiras il finira nous finirons vous finirez ils finiront	je dormirai tu dormiras il dormira nous dormirons vous dormirez ils dormiront	je vendrai tu vendras il vendra nous vendrons vous vendrez ils vendront
CONDITIONNEL	je regarderais tu regarderais il regarderait nous regarderions vous regarderiez ils regarderaient	je finirais tu finirais il finirait nous finirions vous finiriez ils finiraient	je dormirais tu dormirais il dormirait nous dormirions vous dormiriez ils dormiraient	je vendrais tu vendrais il vendrait nous vendrions vous vendriez ils vendraient

PASSÉ COMPOSÉ	j'ai regardé	j'ai fini	j'ai dormi	j'ai vendu
	tu as regardé	tu as fini	tu as dormi	tu as vendu
	il a regardé	il a fini	il a dormi	il a vendu
	nous avons regardé	nous avons fini	nous avons dormi	nous avons vendu
	vous avez regardé	vous avez fini	vous avez dormi	vous avez vendu
	ils ont regardé	ils ont fini	ils ont dormi	ils ont vendu
PLUS-QUE-PARFAIT	j'avais regardé	j'avais fini	j'avais dormi	j'avais vendu
	tu avais regardé	tu avais fini	tu avais dormi	tu avais vendu
	il avait regardé	il avait fini	il avait dormi	il avait vendu
	nous avions regardé	nous avions fini	nous avions dormi	nous avions vendu
	vous aviez regardé	vous aviez fini	vous aviez dormi	vous aviez vendu
	ils avaient regardé	ils avaient fini	ils avaient dormi	ils avaient vendu
FUTUR ANTÉRIEUR	j'aurai regardé	j'aurai fini	j'aurai dormi	j'aurai vendu
	tu auras regardé	tu auras fini	tu auras dormi	tu auras vendu
	il aura regardé	il aura fini	il aura dormi	il aura vendu
	nous aurons regardé	nous aurons fini	nous aurons dormi	nous aurons vendu
	vous aurez regardé	vous aurez fini	vous aurez dormi	vous aurez vendu
	ils auront regardé	ils auront fini	ils auront dormi	ils auront vendu
CONDITIONNEL PASSÉ	j'aurais regardé	j'aurais fini	j'aurais dormi	j'aurais vendu
	tu aurais regardé	tu aurais fini	tu aurais dormi	tu aurais vendu
	il aurait regardé	il aurait fini	il aurait dormi	il aurait vendu
	nous aurions regardé	nous aurions fini	nous aurions dormi	nous aurions vendu
	vous auriez regardé	vous auriez fini	vous auriez dormi	vous auriez vendu
	ils auraient regardé	ils auraient fini	ils auraient dormi	ils auraient vendu
SUBJONCTIF	que je regarde	que je finisse	que je dorme	que je vende
	que tu regardes	que tu finisses	que tu dormes	que tu vendes
	qu'il regarde	qu'il finisse	qu'il dorme	qu'il vende
	que nous regardions	que nous finissions	que nous dormions	que nous vendions
	que vous regardiez	que vous finissiez	que vous dormiez	que vous vendiez
	qu'ils regardent	qu'ils finissent	qu'ils dorment	qu'ils vendent
SUBJONCTIF PASSÉ	que j'aie regardé	que j'aie fini	que j'aie dormi	que j'aie vendu
	que tu aies regardé	que tu aies fini	que tu aies dormi	que tu aies vendu
	qu'il ait regardé	qu'il ait fini	qu'il ait dormi	qu'il ait vendu
	que nous ayons regardé	que nous ayons fini	que nous ayons dormi	que nous ayons vendu
	que vous ayez regardé	que vous ayez fini	que vous ayez dormi	que vous ayez vendu
	qu'ils aient regardé	qu'ils aient fini	qu'ils aient dormi	qu'ils aient vendu
PASSÉ SIMPLE	je regardai	je finis	je dormis	je vendis
	tu regardas	tu finis	tu dormis	tu vendis
	il regarda	il finit	il dormit	il vendit
	nous regardâmes	nous finîmes	nous dormîmes	nous vendîmes
	vous regardâtes	vous finîtes	vous dormîtes	vous vendîtes
	ils regardèrent	ils finirent	ils dormirent	ils vendirent

Verbes

LES VERBES PRONOMINAUX

INFINITIF: **se laver**

PRÉSENT

je me lave	nous nous lavons
tu te laves	vous vous lavez
il se lave	ils se lavent

IMPÉRATIF

lave-toi!
lavons-nous!
lavez-vous!

PARTICIPE PRÉSENT

se lavant

IMPARFAIT

je me lavais	nous nous lavions
tu te lavais	vous vous laviez
il se lavait	ils se lavaient

FUTUR

je me laverai	nous nous laverons
tu te laveras	vous vous laverez
il se lavera	ils se laveront

CONDITIONNEL

je me laverais	nous nous laverions
tu te laverais	vous vous laveriez
il se laverait	ils se laveraient

PASSÉ COMPOSÉ

je me suis lavé(e)   nous nous sommes { lavés / lavées }

tu t'es lavé(e)   vous vous êtes { lavé(s) / lavée(s) }

il s'est lavé   ils se sont lavés
elle s'est lavée   elles se sont lavées
on s'est lavé

PLUS-QUE-PARFAIT

je m'étais lavé(e)   nous nous étions { lavés / lavées }

tu t'étais lavé(e)   vous vous étiez { lavé(s) / lavée(s) }

il s'était lavé   ils s'étaient lavés
elle s'était lavée   elles s'étaient lavées
on s'était lavé

FUTUR ANTÉRIEUR

je me serai lavé(e)   nous nous serons { lavés / lavées }

tu te seras lavé(e)   vous vous serez { lavé(s) / lavée(s) }

il se sera lavé   ils se seront lavés
elle se sera lavée   elles se seront lavées
on se sera lavé

CONDITIONNEL PASSÉ

je me serais lavé(e)   nous nous serions { lavés / lavées }

tu te serais lavé(e)   vous vous seriez { lavé(s) / lavée(s) }

il se serait lavé   ils se seraient lavés
elle se serait lavée   elles se seraient lavées
on se serait lavé

SUBJONCTIF

que je me lave	que nous nous lavions
que tu te laves	que vous vous laviez
qu'il se lave	qu'ils se lavent

PASSÉ SIMPLE

je me lavai	nous nous lavâmes
tu te lavas	vous vous lavâtes
il se lava	ils se lavèrent

SUBJONCTIF PASSÉ

que je me sois lavé(e)   que nous nous soyons { lavés / lavées }

que tu te sois lavé(e)   que vous vous soyez { lavé(s) / lavée(s) }

qu'il se soit lavé   qu'ils se soient lavés
qu'elle se soit lavée   qu'elles se soient lavées
qu'on se soit lavé

LES VERBES IRRÉGULIERS

accélérer   See *répéter*.

accueillir   See *cueillir*.

acheter   See *lever*.

achever   See *lever*.

admettre   See *mettre*.

aller

PRÉSENT	je vais, tu vas, il va; nous allons, vous allez, ils vont
IMPÉRATIF	va! allons! allez!
PARTICIPE PRÉSENT	allant
FUTUR	j'irai
PASSÉ COMPOSÉ	je suis allé(e)
FUTUR ANTÉRIEUR	je serai allé(e)

IMPARFAIT	j'allais
CONDITIONNEL	j'irais
PLUS-QUE-PARFAIT	j'étais allé(e)
CONDITIONNEL PASSÉ	je serais allé(e)
SUBJONCTIF PASSÉ	que je sois allé(e)

SUBJONCTIF   que j'aille, que tu ailles, qu'il aille; que nous allions, que vous alliez, qu'ils aillent

PASSÉ SIMPLE   j'allai, tu allas, il alla; nous allâmes, vous allâtes, ils allèrent

allonger   See *manger*.

amener   See *lever*.

annoncer   See *commencer*.

appartenir   See *venir* (*but:* compound tenses formed with *avoir*).

appeler   See *jeter*.

apprendre   See *prendre*.

s'asseoir

PRÉSENT   je m'assieds, tu t'assieds, il s'assied; nous nous asseyons, vous vous asseyez, ils s'asseyent

IMPÉRATIF   assieds-toi! asseyons-nous! asseyez-vous!

PARTICIPE PRÉSENT	s'asseyant
FUTUR	je m'assiérai
PASSÉ COMPOSÉ	je me suis assis(e)
FUTUR ANTÉRIEUR	je me serai assis(e)

IMPARFAIT	je m'asseyais
CONDITIONNEL	je m'assiérais
PLUS-QUE-PARFAIT	je m'étais assis(e)
CONDITIONNEL PASSÉ	je me serais assis(e)
SUBJONCTIF PASSÉ	que je me sois assis(e)

SUBJONCTIF   que je m'asseye, que tu t'asseyes, qu'il s'asseye; que nous nous asseyions, que vous vous asseyiez, qu'ils s'asseyent

PASSÉ SIMPLE   je m'assis, tu t'assis, il s'assit; nous nous assîmes, vous vous assîtes, ils s'assirent

atteindre	See *peindre.*				

avoir

PRÉSENT	j'ai, tu as, il a; nous avons, vous avez, ils ont			
IMPÉRATIF	aie! ayons! ayez!		IMPARFAIT	j'avais
PARTICIPE PRÉSENT	ayant		CONDITIONNEL	j'aurais
FUTUR	j'aurai		PLUS-QUE-PARFAIT	j'avais eu
PASSÉ COMPOSÉ	j'ai eu		CONDITIONNEL PASSÉ	j'aurais eu
FUTUR ANTÉRIEUR	j'aurai eu		SUBJONCTIF PASSÉ	que j'aie eu
SUBJONCTIF	que j'aie, que tu aies, qu'il ait; que nous ayons, que vous ayez, qu'ils aient			
PASSÉ SIMPLE	j'eus, tu eus, il eut; nous eûmes, vous eûtes, ils eurent			

boire

PRÉSENT	je bois, tu bois, il boit; nous buvons, vous buvez, ils boivent			
IMPÉRATIF	bois! buvons! buvez!		IMPARFAIT	je buvais
PARTICIPE PRÉSENT	buvant		CONDITIONNEL	je boirais
FUTUR	je boirai		PLUS-QUE-PARFAIT	j'avais bu
PASSÉ COMPOSÉ	j'ai bu		CONDITIONNEL PASSÉ	j'aurais bu
FUTUR ANTÉRIEUR	j'aurai bu		SUBJONCTIF PASSÉ	que j'aie bu
SUBJONCTIF	que je boive, que tu boives, qu'il boive; que nous buvions, que vous buviez, qu'ils boivent			
PASSÉ SIMPLE	je bus, tu bus, il but; nous bûmes, vous bûtes, ils burent			

changer	See *manger.*
se charger de	See *manger.*

commencer

PRÉSENT	je commence, tu commences, il commence; nous commençons, vous commencez, ils commencent			
IMPÉRATIF	commence! commençons! commencez!			
PARTICIPE PRÉSENT	commençant			
IMPARFAIT	je commençais, tu commençais, il commençait; nous commencions, vous commenciez, ils commençaient			
FUTUR	je commencerai		CONDITIONNEL	je commencerais
PASSÉ COMPOSÉ	j'ai commencé		PLUS-QUE-PARFAIT	j'avais commencé
FUTUR ANTÉRIEUR	j'aurai commencé		CONDITIONNEL PASSÉ	j'aurais commencé
			SUBJONCTIF PASSÉ	que j'aie commencé
SUBJONCTIF	que je commence, que tu commences, qu'il commence; que nous commencions, que vous commenciez, qu'ils commencent			
PASSÉ SIMPLE	je commençai, tu commenças, il commença; nous commençâmes, vous commençâtes, ils commencèrent			

comprendre	See *prendre.*
concevoir	See *recevoir.*

conduire

PRÉSENT	je conduis, tu conduis, il conduit; nous conduisons, vous conduisez, ils conduisent			
IMPÉRATIF	conduis! conduisons! conduisez!		IMPARFAIT	je conduisais
PARTICIPE PRÉSENT	conduisant		CONDITIONNEL	je conduirais
FUTUR	je conduirai		PLUS-QUE-PARFAIT	j'avais conduit
PASSÉ COMPOSÉ	j'ai conduit		CONDITIONNEL PASSÉ	j'aurais conduit
FUTUR ANTÉRIEUR	j'aurai conduit		SUBJONCTIF PASSÉ	que j'aie conduit

Verbes

	SUBJONCTIF	que je conduise, que tu conduises, qu'il conduise; que nous conduisions, que vous conduisiez, qu'ils conduisent			
	PASSÉ SIMPLE	je conduisis, tu conduisis, il conduisit; nous conduisîmes, vous conduisîtes, ils conduisirent			

connaître

PRÉSENT	je connais, tu connais, il connaît; nous connaissons, vous connaissez, ils connaissent			
IMPÉRATIF	connais! connaissons! connaissez!	IMPARFAIT	je connaissais	
PARTICIPE PRÉSENT	connaissant	CONDITIONNEL	je connaîtrais	
FUTUR	je connaîtrai	PLUS-QUE-PARFAIT	j'avais connu	
PASSÉ COMPOSÉ	j'ai connu	CONDITIONNEL PASSÉ	j'aurais connu	
FUTUR ANTÉRIEUR	j'aurai connu	SUBJONCTIF PASSÉ	que j'aie connu	
SUBJONCTIF	que je connaisse, que tu connaisses, qu'il connaisse; que nous connaissions, que vous connaissiez, qu'ils connaissent			
PASSÉ SIMPLE	je connus, tu connus, il connut; nous connûmes, vous connûtes, ils connurent			

construire   See *conduire.*

contenir   See *venir* (*but:* compound tenses formed with *avoir*).

convenir à   See *venir* (*but:* compound tenses formed with *avoir*).

corriger   See *manger.*

courir

PRÉSENT	je cours, tu cours, il court; nous courons, vous courez, ils courent			
IMPÉRATIF	cours! courons! courez!	IMPARFAIT	je courais	
PARTICIPE PRÉSENT	courant	CONDITIONNEL	je courrais	
FUTUR	je courrai	PLUS-QUE-PARFAIT	j'avais couru	
PASSÉ COMPOSÉ	j'ai couru	CONDITIONNEL PASSÉ	j'aurais couru	
FUTUR ANTÉRIEUR	j'aurai couru	SUBJONCTIF PASSÉ	que j'aie couru	
SUBJONCTIF	que je coure, que tu coures, qu'il coure; que nous courions, que vous couriez, qu'ils courent			
PASSÉ SIMPLE	je courus, tu courus, il courut; nous courûmes, vous courûtes, ils coururent			

couvrir   See *ouvrir.*

craindre   See *peindre.*

croire

PRÉSENT	je crois, tu crois, il croit; nous croyons, vous croyez, ils croient			
IMPÉRATIF	crois! croyons! croyez!	IMPARFAIT	je croyais	
PARTICIPE PRÉSENT	croyant	CONDITIONNEL	je croirais	
FUTUR	je croirai	PLUS-QUE-PARFAIT	j'avais cru	
PASSÉ COMPOSÉ	j'ai cru	CONDITIONNEL PASSÉ	j'aurais cru	
FUTUR ANTÉRIEUR	j'aurai cru	SUBJONCTIF PASSÉ	que j'aie cru	
SUBJONCTIF	que je croie, que tu croies, qu'il croie; que nous croyions, que vous croyiez, qu'ils croient			
PASSÉ SIMPLE	je crus, tu crus, il crut; nous crûmes, vous crûtes, ils crurent			

Verbes

cueillir	PRÉSENT	je cueille, tu cueilles, il cueille; nous cueillons, vous cueillez, ils cueillent

	IMPÉRATIF	cueille! cueillons! cueillez!	IMPARFAIT	je cueillais
	PARTICIPE PRÉSENT	cueillant	CONDITIONNEL	je cueillerais
	FUTUR	je cueillerai	PLUS-QUE-PARFAIT	j'avais cueilli
	PASSÉ COMPOSÉ	j'ai cueilli	CONDITIONNEL PASSÉ	j'aurais cueilli
	FUTUR ANTÉRIEUR	j'aurai cueilli	SUBJONCTIF PASSÉ	que j'aie cueilli
	SUBJONCTIF	que je cueille, que tu cueilles, qu'il cueille; que nous cueillions, que vous cueilliez, qu'ils cueillent		
	PASSÉ SIMPLE	je cueillis, tu cueillis, il cueillit; nous cueillîmes, vous cueillîtes, ils cueillirent		

décourager See *manger.*

découvrir See *ouvrir.*

décrire See *écrire.*

déménager See *manger.*

déranger See *manger.*

devenir See *venir.*

devoir	PRÉSENT	je dois, tu dois, il doit; nous devons, vous devez, ils doivent		
	PARTICIPE PRÉSENT	devant	IMPARFAIT	je devais
	FUTUR	je devrai	CONDITIONNEL	je devrais
	PASSÉ COMPOSÉ	j'ai dû	PLUS-QUE-PARFAIT	j'avais dû
	FUTUR ANTÉRIEUR	j'aurai dû	CONDITIONNEL PASSÉ	j'aurais dû
			SUBJONCTIF PASSÉ	que j'aie dû
	SUBJONCTIF	que je doive, que tu doives, qu'il doive; que nous devions, que vous deviez, qu'ils doivent		
	PASSÉ SIMPLE	je dus, tu dus, il dut; nous dûmes, vous dûtes, ils durent		

dire	PRÉSENT	je dis, tu dis, il dit; nous disons, vous dites, ils disent		
	IMPÉRATIF	dis! disons! dites!	IMPARFAIT	je disais
	PARTICIPE PRÉSENT	disant	CONDITIONNEL	je dirais
	FUTUR	je dirai	PLUS-QUE-PARFAIT	j'avais dit
	PASSÉ COMPOSÉ	j'ai dit	CONDITIONNEL PASSÉ	j'aurais dit
	FUTUR ANTÉRIEUR	j'aurai dit	SUBJONCTIF PASSÉ	que j'aie dit
	SUBJONCTIF	que je dise, que tu dises, qu'il dise; que nous disions, que vous disiez, qu'ils disent		
	PASSÉ SIMPLE	je dis, tu dis, il dit; nous dîmes, vous dîtes, ils dirent		

diriger See *manger*

disparaître See *connaître.*

échanger	See *manger*.			

écrire	PRÉSENT	j'écris, tu écris, il écrit; nous écrivons, vous écrivez, ils écrivent		
	IMPÉRATIF	écris! écrivons! écrivez!	IMPARFAIT	j'écrivais
	PARTICIPE PRÉSENT	écrivant	CONDITIONNEL	j'écrirais
	FUTUR	j'écrirai	PLUS-QUE-PARFAIT	j'avais écrit
	PASSÉ COMPOSÉ	j'ai écrit	CONDITIONNEL PASSÉ	j'aurais écrit
	FUTUR ANTÉRIEUR	j'aurai écrit	SUBJONCTIF PASSÉ	que j'aie écrit
	SUBJONCTIF	que j'écrive, que tu écrives, qu'il écrive; que nous écrivions, que vous écriviez, qu'ils écrivent		
	PASSÉ SIMPLE	j'écrivis, tu écrivis, il écrivit; nous écrivîmes, vous écrivîtes, ils écrivirent		

effacer	See *commencer*.
élever	See *lever*.
emmener	See *lever*.

employer	PRÉSENT	j'emploie, tu emploies, il emploie; nous employons, vous employez, ils emploient		
	IMPÉRATIF	emploie! employons! employez!	IMPARFAIT	j'employais
	PARTICIPE PRÉSENT	employant	CONDITIONNEL	j'emploierais
	FUTUR	j'emploierai	PLUS-QUE-PARFAIT	j'avais employé
	PASSÉ COMPOSÉ	j'ai employé	CONDITIONNEL PASSÉ	j'aurais employé
	FUTUR ANTÉRIEUR	j'aurai employé	SUBJONCTIF PASSÉ	que j'aie employé
	SUBJONCTIF	que j'emploie, que tu emploies, qu'il emploie; que nous employions, que vous employiez, qu'ils emploient		
	PASSÉ SIMPLE	j'employai, tu employas, il employa; nous employâmes, vous employâtes, ils employèrent		

encourager	See *manger*.
enlever	See *lever*.
ennuyer	See *essuyer*.
envisager	See *manger*.

envoyer	PRÉSENT	j'envoie, tu envoies, il envoie; nous envoyons, vous envoyez, ils envoient		
	IMPÉRATIF	envoie! envoyons! envoyez!	IMPARFAIT	j'envoyais
	PARTICIPE PRÉSENT	envoyant	CONDITIONNEL	j'enverrais
	FUTUR	j'enverrai	PLUS-QUE-PARFAIT	j'avais envoyé
	PASSÉ COMPOSÉ	j'ai envoyé	CONDITIONNEL PASSÉ	j'aurais envoyé
	FUTUR ANTÉRIEUR	j'aurai envoyé	SUBJONCTIF PASSÉ	que j'aie envoyé
	SUBJONCTIF	que j'envoie, que tu envoies, qu'il envoie; que nous envoyions, que vous envoyiez, qu'ils envoient		
	PASSÉ SIMPLE	j'envoyai, tu envoyas, il envoya; nous envoyâmes, vous envoyâtes, ils envoyèrent		

épeler	See *jeter.*			

espérer	See *répéter.*			

essayer	PRÉSENT	j'essaie, tu essaies, il essaie; nous essayons, vous essayez, ils essaient		
	IMPÉRATIF	essaie! essayons! essayez!	IMPARFAIT	j'essayais
	PARTICIPE PRÉSENT	essayant	CONDITIONNEL	j'essaierais
	FUTUR	j'essaierai	PLUS-QUE-PARFAIT	j'avais essayé
	PASSÉ COMPOSÉ	j'ai essayé	CONDITIONNEL PASSÉ	j'aurais essayé
	FUTUR ANTÉRIEUR	j'aurai essayé	SUBJONCTIF PASSÉ	que j'aie essayé
	SUBJONCTIF	que j'essaie, que tu essaies, qu'il essaie; que nous essayions, que vous essayiez, qu'ils essaient		
	PASSÉ SIMPLE	j'essayai, tu essayas, il essaya; nous essayâmes, vous essayâtes, ils essayèrent		

essuyer	PRÉSENT	j'essuie, tu essuies, il essuie; nous essuyons, vous essuyez, ils essuient		
	IMPÉRATIF	essuie! essuyons! essuyez!	IMPARFAIT	j'essuyais
	PARTICIPE PRÉSENT	essuyant	CONDITIONNEL	j'essuierais
	FUTUR	j'essuierai	PLUS-QUE-PARFAIT	j'avais essuyé
	PASSÉ COMPOSÉ	j'ai essuyé	CONDITIONNEL PASSÉ	j'aurais essuyé
	FUTUR ANTÉRIEUR	j'aurai essuyé	SUBJONCTIF PASSÉ	que j'aie essuyé
	SUBJONCTIF	que j'essuie, que tu essuies, qu'il essuie; que nous essuyions, que vous essuyiez, qu'ils essuient		
	PASSÉ SIMPLE	j'essuyai, tu essuyas, il essuya; nous essuyâmes, vous essuyâtes, ils essuyèrent		

éteindre	See *peindre.*			

être	PRÉSENT	je suis, tu es, il est; nous sommes, vous êtes, ils sont		
	IMPÉRATIF	sois! soyons! soyez!	IMPARFAIT	j'étais
	PARTICIPE PRÉSENT	étant	CONDITIONNEL	je serais
	FUTUR	je serai	PLUS-QUE-PARFAIT	j'avais été
	PASSÉ COMPOSÉ	j'ai été	CONDITIONNEL PASSÉ	j'aurais été
	FUTUR ANTÉRIEUR	j'aurai été	SUBJONCTIF PASSÉ	que j'aie été
	SUBJONCTIF	que je sois, que tu sois, qu'il soit; que nous soyons, que vous soyez, qu'ils soient		
	PASSÉ SIMPLE	je fus, tu fus, il fut; nous fûmes, vous fûtes, ils furent		

exagérer	See *répéter.*			

exiger	See *manger.*			

faire	PRÉSENT	je fais, tu fais, il fait; nous faisons, vous faites, ils font		
	IMPÉRATIF	fais! faisons! faites	IMPARFAIT	je faisais
	PARTICIPE PRÉSENT	faisant	CONDITIONNEL	je ferais
	FUTUR	je ferai	PLUS-QUE-PARFAIT	j'avais fait
	PASSÉ COMPOSÉ	j'ai fait	CONDITIONNEL PASSÉ	j'aurais fait
	FUTUR ANTÉRIEUR	j'aurai fait	SUBJONCTIF PASSÉ	que j'aie fait
	SUBJONCTIF	que je fasse, que tu fasses, qu'il fasse; que nous fassions, que vous fassiez, qu'ils fassent		
	PASSÉ SIMPLE	je fis, tu fis, il fit; nous fîmes, vous fîtes, ils firent		

falloir	PRÉSENT	il faut	IMPARFAIT	il fallait
	FUTUR	il faudra	CONDITIONNEL	il faudrait
	PASSÉ COMPOSÉ	il a fallu	PLUS-QUE-PARFAIT	il avait fallu
	FUTUR ANTÉRIEUR	il aura fallu	CONDITIONNEL PASSÉ	il aurait fallu
	SUBJONCTIF	qu'il faille	SUBJONCTIF PASSÉ	qu'il ait fallu
	PASSÉ SIMPLE	il fallut		

geler See *lever.*

grincer See *commencer.*

s'inquiéter de See *répéter.*

interdire See *dire (but:* 2 pl. present indicative is *vous interdisez).*

jeter	PRÉSENT	je jette, tu jettes, il jette; nous jetons, vous jetez, ils jettent		
	IMPÉRATIF	jette! jetons! jetez!	IMPARFAIT	je jetais
	PARTICIPE PRÉSENT	jetant	CONDITIONNEL	je jetterais
	FUTUR	je jetterai	PLUS-QUE-PARFAIT	j'avais jeté
	PASSÉ COMPOSÉ	j'ai jeté	CONDITIONNEL PASSÉ	j'aurais jeté
	FUTUR ANTÉRIEUR	j'aurai jeté	SUBJONCTIF PASSÉ	que j'aie jeté
	SUBJONCTIF	que je jette, que tu jettes, qu'il jette; que nous jetions, que vous jetiez, qu'ils jettent		
	PASSÉ SIMPLE	je jetai, tu jetas, il jeta; nous jetâmes, vous jetâtes, ils jetèrent		

juger See *manger.*

lancer See *commencer.*

lever	PRÉSENT	je lève, tu lèves, il lève; nous levons, vous levez, ils lèvent		
	IMPÉRATIF	lève! levons! levez!	IMPARFAIT	je levais
	PARTICIPE PRÉSENT	levant	CONDITIONNEL	je lèverais
	FUTUR	je lèverai	PLUS-QUE-PARFAIT	j'avais levé
	PASSÉ COMPOSÉ	j'ai levé	CONDITIONNEL PASSÉ	j'aurais levé
	FUTUR ANTÉRIEUR	j'aurai levé	SUBJONCTIF PASSÉ	que j'aie levé
	SUBJONCTIF	que je lève, que tu lèves, qu'il lève; que nous levions, que vous leviez, qu'ils lèvent		
	PASSÉ SIMPLE	je levai, tu levas, il leva; nous levâmes, vous levâtes, ils levèrent		

lire

PRÉSENT	je lis, tu lis, il lit; nous lisons, vous lisez, ils lisent
IMPÉRATIF	lis! lisons! lisez!
PARTICIPE PRÉSENT	lisant
FUTUR	je lirai
PASSÉ COMPOSÉ	j'ai lu
FUTUR ANTÉRIEUR	j'aurai lu

IMPARFAIT	le lisais
CONDITIONNEL	je lirais
PLUS-QUE-PARFAIT	j'avais lu
CONDITIONNEL PASSÉ	j'aurais lu
SUBJONCTIF PASSÉ	que j'aie lu

SUBJONCTIF que je lise, que tu lises, qu'il lise; que nous lisions, que vous lisiez, qu'ils lisent

PASSÉ SIMPLE je lus, tu lus, il lut; nous lûmes, vous lûtes, ils lurent

---

loger See *manger.*

---

maintenir See *venir (but:* compound tenses formed with *avoir).*

---

manger

PRÉSENT je mange, tu manges, il mange; nous mangeons, vous mangez, ils mangent

IMPÉRATIF mange! mangeons! mangez!

PARTICIPE PRÉSENT mangeant

IMPARFAIT je mangeais, tu mangeais, il mangeait; nous mangions, vous mangiez, ils mangeaient

CONDITIONNEL	je mangerais
PLUS-QUE-PARFAIT	j'avais mangé
CONDITIONNEL PASSÉ	j'aurais mangé
SUBJONCTIF PASSÉ	que j'aie mangé

FUTUR je mangerai

PASSÉ COMPOSÉ j'ai mangé

FUTUR ANTÉRIEUR j'aurai mangé

SUBJONCTIF que je mange, que tu manges, qu'il mange; que nous mangions, que vous mangiez, qu'ils mangent

PASSÉ SIMPLE je mangeai, tu mangeas, il mangea; nous mangeâmes, vous mangeâtes, ils mangèrent

---

mener See *lever.*

---

mettre

PRÉSENT	je mets, tu mets, il met; nous mettons, vous mettez, ils mettent
IMPÉRATIF	mets! mettons! mettez!
PARTICIPE PRÉSENT	mettant
FUTUR	je mettrai
PASSÉ COMPOSÉ	j'ai mis
FUTUR ANTÉRIEUR	j'aurai mis

IMPARFAIT	je mettais
CONDITIONNEL	je mettrais
PLUS-QUE-PARFAIT	j'avais mis
CONDITIONNEL PASSÉ	j'aurais mis
SUBJONCTIF PASSÉ	que j'aie mis

SUBJONCTIF que je mette, que tu mettes, qu'il mette; que nous mettions, que vous mettiez, qu'ils mettent

PASSÉ SIMPLE je mis, tu mis, il mit; nous mîmes, vous mîtes, ils mirent

---

mourir

PRÉSENT je meurs, tu meurs, il meurt; nous mourons, vous mourez, ils meurent

IMPÉRATIF meurs! mourons! mourez!

PARTICIPE PRÉSENT mourant

IMPARFAIT	je mourais
CONDITIONNEL	je mourrais
PLUS-QUE-PARFAIT	j'étais mort(e)
CONDITIONNEL PASSÉ	je serais mort(e)
SUBJONCTIF PASSÉ	que je sois mort(e)

FUTUR le mourrai

PASSÉ COMPOSÉ je suis mort(e)

FUTUR ANTÉRIEUR je serai mort(e)

SUBJONCTIF que je meure, que tu meures, qu'il meure; que nous mourions, que vous mouriez, qu'ils meurent

PASSÉ SIMPLE je mourus, tu mourus, il mourut; nous mourûmes, vous mourûtes, ils moururent

nager	See *manger.*		

naître

PRÉSENT	je nais, tu nais, il naît; nous naissons, vous naissez, ils naissent		
IMPÉRATIF	nais! naissons! naissez!	IMPARFAIT	je naissais
PARTICIPE PRÉSENT	naissant	CONDITIONNEL	je naîtrais
FUTUR	je naîtrai	PLUS-QUE-PARFAIT	j'étais né(e)
PASSÉ COMPOSÉ	je suis né(e)	CONDITIONNEL PASSÉ	je serais né(e)
FUTUR ANTÉRIEUR	je serai né(e)	SUBJONCTIF PASSÉ	que je sois né(e)
SUBJONCTIF	que je naisse, que tu naisses, qu'il naisse; que nous naissions, que vous naissiez, qu'ils naissent		
PASSÉ SIMPLE	je naquis, tu naquis, il naquit; nous naquîmes, vous naquîtes, ils naquirent		

neiger	See *manger* (3 sing. only).

nettoyer	See *employer.*

obtenir	See *venir (but:* compound tenses formed with *avoir).*

offrir	See *ouvrir.*

ouvrir

PRÉSENT	j'ouvre, tu ouvres, il ouvre; nous ouvrons, vous ouvrez, ils ouvrent		
IMPÉRATIF	ouvre! ouvrons! ouvrez!	IMPARFAIT	j'ouvrais
PARTICIPE PRÉSENT	ouvrant	CONDITIONNEL	j'ouvrirais
FUTUR	j'ouvrirai	PLUS-QUE-PARFAIT	j'avais ouvert
PASSÉ COMPOSÉ	j'ai ouvert	CONDITIONNEL PASSÉ	j'aurais ouvert
FUTUR ANTÉRIEUR	j'aurai ouvert	SUBJONCTIF PASSÉ	que j'aie ouvert
SUBJONCTIF	que j'ouvre, que tu ouvres, qu'il ouvre; que nous ouvrions, que vous ouvriez, qu'ils ouvrent		
PASSÉ SIMPLE	j'ouvris, tu ouvris, il ouvrit; nous ouvrîmes, vous ouvrîtes, ils ouvrirent		

paraître	See *connaître.*

parcourir	See *courir.*

parvenir	See *venir.*

payer	See *essayer.*

peindre

PRÉSENT	je peins, tu peins, il peint; nous peignons, vous peignez, ils peignent		
IMPÉRATIF	peins! peignons! peignez!	IMPARFAIT	je peignais
PARTICIPE PRÉSENT	peignant	CONDITIONNEL	je peindrais
FUTUR	je peindrai	PLUS-QUE-PARFAIT	j'avais peint
PASSÉ COMPOSÉ	j'ai peint	CONDITIONNEL PASSÉ	j'aurais peint
FUTUR ANTÉRIEUR	j'aurai peint	SUBJONCTIF PASSÉ	que j'aie peint
SUBJONCTIF	que je peigne, que tu peignes, qu'il peigne; que nous peignions, que vous peigniez, qu'ils peignent		
PASSÉ SIMPLE	je peignis, tu peignis, il peignit; nous peignîmes, vous peignîtes, ils peignirent		

permettre	See *mettre*.		

plaindre   See *peindre*.

plaire   See *taire (but:* 3 sing. present indicative is *il plaît).*

pleuvoir	PRÉSENT	il pleut		
	PARTICIPE PRÉSENT	pleuvant	IMPARFAIT	il pleuvait
	FUTUR	il pleuvra	CONDITIONNEL	il pleuvrait
	PASSÉ COMPOSÉ	il a plu	PLUS-QUE-PARFAIT	il avait plu
	FUTUR ANTÉRIEUR	il aura plus	CONDITIONNEL PASSÉ	il aurait plu
	SUBJONCTIF	qu'il pleuve	SUBJONCTIF PASSÉ	qu'il ait plu
	PASSÉ SIMPLE	il plut		

plonger   See *manger*.

posséder   See *répéter*.

poursuivre   See *suivre*.

pouvoir	PRÉSENT	je peux, tu peux, il peut; nous pouvons, vous pouvez, ils peuvent		
	PARTICIPE PRÉSENT	pouvant	IMPARFAIT	je pouvais
	FUTUR	je pourrai	CONDITIONNEL	je pourrais
	PASSÉ COMPOSÉ	j'ai pu	PLUS-QUE-PARFAIT	j'avais pu
	FUTUR ANTÉRIEUR	j'aurai pu	CONDITIONNEL PASSÉ	j'aurais pu
			SUBJONCTIF PASSÉ	que j'aie pu
	SUBJONCTIF	que je puisse, que tu puisses, qu'il puisse; que nous puissions, que vous puissiez, qu'ils puissent		
	PASSÉ SIMPLE	je pus, tu pus, il put; nous pûmes, vous pûtes, il purent		

préférer   See *répéter*.

prendre	PRÉSENT	je prends, tu prends, il prend; nous prenons, vous prenez, ils pren-nent		
	IMPÉRATIF	prends! prenons! prenez!	IMPARFAIT	je prenais
	PARTICIPE PRÉSENT	prenant	CONDITIONNEL	je prendrais
	FUTUR	je prendrai	PLUS-QUE-PARFAIT	j'avais pris
	PASSÉ COMPOSÉ	j'ai pris	CONDITIONNEL PASSÉ	j'aurais pris
	FUTUR ANTÉRIEUR	j'aurai pris	SUBJONCTIF PASSÉ	que j'aie pris
	SUBJONCTIF	que je prenne, que tu prennes, qu'il prenne; que nous prenions, que vous preniez, qu'ils prennent		
	PASSÉ SIMPLE	je pris, tu pris, il prit; nous prîmes, vous prîtes, ils prirent		

promener   See *lever*.

promettre   See *mettre*.

prononcer   See *commencer*.

rappeler	See *jeter.*			

recevoir	PRÉSENT	je reçois, tu reçois, il reçoit; nous recevons, vous recevez, ils reçoivent		
	IMPÉRATIF	reçois! recevons! recevez!	IMPARFAIT	je recevais
	PARTICIPE PRÉSENT	recevant	CONDITIONNEL	je recevrais
	FUTUR	je recevrai	PLUS-QUE-PARFAIT	j'avais reçu
	PASSÉ COMPOSÉ	j'ai reçu	CONDITIONNEL PASSÉ	j'aurais reçu
	FUTUR ANTÉRIEUR	j'aurai reçu	SUBJONCTIF PASSÉ	que j'aie reçu
	SUBJONCTIF	que je reçoive, que tu reçoives, qu il reçoive; que nous recevions, que vous receviez, qu'ils reçoivent		
	PASSÉ SIMPLE	je reçus, tu reçus, il reçut; nous reçûmes, vous reçûtes, ils reçurent		

recommencer See *commencer.*

reconnaître See *connaître.*

recueillir See *cueillir.*

refléter See *répéter.*

rejoindre See *peindre.*

renvoyer See *envoyer.*

répéter	PRÉSENT	je répète, tu répètes, il répète; nous répétons, vous répétez, ils répètent		
	IMPÉRATIF	répète! répétons! répétez!	IMPARFAIT	je répétais
	PARTICIPE PRÉSENT	répétant	CONDITIONNEL	je répéterais
	FUTUR	je répéterai	PLUS-QUE-PARFAIT	j'avais répété
	PASSÉ COMPOSÉ	j'ai répété	CONDITIONNEL PASSÉ	j'aurais répété
	FUTUR ANTÉRIEUR	j'aurai répété	SUBJONCTIF PASSÉ	que j'aie répété
	SUBJONCTIF	que je répète, que tu répètes, qu il répète; que nous répétions, que vous répétiez, qu'ils répètent		
	PASSÉ SIMPLE	je répétai, tu répétas, il répéta; nous répétâmes, vous répétâtes, ils répétèrent		

reprendre See *prendre.*

retenir See *venir (but:* compound tenses formed with *avoir).*

revenir See *venir.*

rire	PRÉSENT	je ris, tu ris, il rit; nous rions, vous riez, ils rient		
	IMPÉRATIF	ris! rions! riez!	IMPARFAIT	je riais
	PARTICIPE PRÉSENT	riant	CONDITIONNEL	je rirais
	FUTUR	je rirai	PLUS-QUE-PARFAIT	j'avais ri
	PASSÉ COMPOSÉ	j'ai ri	CONDITIONNEL PASSÉ	j'aurais ri
	FUTUR ANTÉRIEUR	j'aurai ri	SUBJONCTIF PASSÉ	que j'aie ri
	SUBJONCTIF	que je rie, que tu ries, qu'il rie; que nous riions, que vous riiez, qu'ils rient		
	PASSÉ SIMPLE	je ris, tu ris, il rit; nous rîmes, vous rîtes, ils rirent		

Verbes

rompre	Regular -re verb *(but:* 3 sing. present indicative is *il rompt).*		

savoir			
PRÉSENT	je sais, tu sais, il sait; nous savons, vous savez, ils savent		
IMPÉRATIF	sache! sachons! sachez!	IMPARFAIT	je savais
PARTICIPE PRÉSENT	sachant	CONDITIONNEL	je saurais
FUTUR	je saurai	PLUS-QUE-PARFAIT	j'avais su
PASSÉ COMPOSÉ	j'ai su	CONDITIONNEL PASSÉ	j'aurais su
FUTUR ANTÉRIEUR	j'aurai su	SUBJONCTIF PASSÉ	que j'aie su
SUBJONCTIF	que je sache, que tu saches, qu'il sache; que nous sachions, que vous sachiez, qu'ils sachent		
PASSÉ SIMPLE	je sus, tu sus, il sut; nous sûmes, vous sûtes, ils surent		

souffrir See *ouvrir.*

sourire See *rire.*

soutenir See *venir (but:* compound tenses formed with *avoir).*

se souvenir de See *venir.*

suggérer See *répéter.*

suivre			
PRÉSENT	je suis, tu suis, il suit; nous suivons, vous suivez, ils suivent		
IMPÉRATIF	suis! suivons! suivez!	IMPARFAIT	je suivais
PARTICIPE PRÉSENT	suivant	CONDITIONNEL	je suivrais
FUTUR	je suivrai	PLUS-QUE-PARFAIT	j'avais suivi
PASSÉ COMPOSÉ	j'ai suivi	CONDITIONNEL PASSÉ	j'aurais suivi
FUTUR ANTÉRIEUR	j'aurai suivi	SUBJONCTIF PASSÉ	que j'aie suivi
SUBJONCTIF	que je suive, que tu suives, qu'il suive; que nous suivions, que vous suiviez, qu'ils suivent		
PASSÉ SIMPLE	je suivis, tu suivis, il suivit; nous suivîmes, vous suivîtes, ils suivirent		

surprendre See *prendre.*

survivre See *suivre.*

se taire			
PRÉSENT	je me tais, tu te tais, il se tait; nous nous taisons, vous vous taisez, ils se taisent		
IMPÉRATIF	tais-toi! taisez-vous! taisons-nous!	IMPARFAIT	je me taisais
PARTICIPE PRÉSENT	se taisant	CONDITIONNEL	je me tairais
FUTUR	je me tairai	PLUS-QUE-PARFAIT	je m'étais tu(e)
PASSÉ COMPOSÉ	je me suis tu(e)	CONDITIONNEL PASSÉ	je me serais tu(e)
FUTUR ANTÉRIEUR	je me serai tu(e)	SUBJONCTIF PASSÉ	que je me sois tu(e)
SUBJONCTIF	que je me taise, que tu te taises, qu'il se taise; que nous nous taisions, que vous vous taisiez, qu'ils se taisent		
PASSÉ SIMPLE	je me tus, tu te tus, ils se tut; nous nous tûmes, vous vous tûtes, ils se turent		

tenir	See *venir* (*but:* compound tenses formed with *avoir*).			

traduire   See *conduire.*

valoir

PRÉSENT	il vaut, ils valent	IMPARFAIT	il valait
PARTICIPE PRÉSENT	valant	CONDITIONNEL	il vaudrait
FUTUR	il vaudra	PLUS-QUE-PARFAIT	il avait valu
PASSÉ COMPOSÉ	il a valu	CONDITIONNEL PASSÉ	il aurait valu
FUTUR ANTÉRIEUR	il aura valu	SUBJONCTIF PASSÉ	qu'il ait valu
SUBJONCTIF	qu'il vaille		
PASSÉ SIMPLE	il valut, ils valurent		

venir

PRÉSENT	je viens, tu viens, il vient; nous venons, vous venez, ils viennent		
IMPÉRATIF	viens! venons! venez!	IMPARFAIT	je venais
PARTICIPE PRÉSENT	venant	CONDITIONNEL	je viendrais
FUTUR	je viendrai	PLUS-QUE-PARFAIT	j'étais venu(e)
PASSÉ COMPOSÉ	je suis venu(e)	CONDITIONNEL PASSÉ	je serais venu(e)
FUTUR ANTÉRIEUR	je serai venu(e)	SUBJONCTIF PASSÉ	que je sois venu(e)
SUBJONCTIF	que je vienne, que tu viennes, qu'il vienne; que nous venions, que vous veniez, qu'ils viennent		
PASSÉ SIMPLE	je vins, tu vins, il vint; nous vînmes, vous vîntes, ils vinrent		

vivre   See *suivre.*

voir

PRÉSENT	je vois, tu vois, il voit; nous voyons, vous voyez, ils voient		
IMPÉRATIF	vois! voyons! voyez!	IMPARFAIT	je voyais
PARTICIPE PRÉSENT	voyant	CONDITIONNEL	je verrais
FUTUR	je verrai	PLUS-QUE-PARFAIT	j'avais vu
PASSÉ COMPOSÉ	j'ai vu	CONDITIONNEL PASSÉ	j'aurais vu
FUTUR ANTÉRIEUR	j'aurai vu	SUBJONCTIF PASSÉ	que j'aie vu
SUBJONCTIF	que je voie, que tu voies, qu'il voie; que nous voyions, que vous voyiez, qu'ils voient		
PASSÉ SIMPLE	je vis, tu vis, il vit; nous vîmes, vous vîtes, ils virent		

vouloir

PRÉSENT	je veux, tu veux, il veut; nous voulons, vous voulez, ils veulent		
IMPÉRATIF	veux-tu! veuillez!	IMPARFAIT	je voulais
PARTICIPE PRÉSENT	voulant	CONDITIONNEL	je voudrais
FUTUR	je voudrai	PLUS-QUE-PARFAIT	j'avais voulu
PASSÉ COMPOSÉ	j'ai voulu	CONDITIONNEL PASSÉ	j'aurais voulu
FUTUR ANTÉRIEUR	j'aurai voulu	SUBJONCTIF PASSÉ	que j'aie voulu
SUBJONCTIF	que je veuille, que tu veuilles, qu'il veuille; que nous voulions, que vous vouliez, qu'ils veuillent		
PASSÉ SIMPLE	je voulus, tu voulus, il voulut; nous voulûmes, vous voulûtes, ils voulurent		

voyager   See *manger.*

Vocabulaire Français-Anglais

The *Vocabulaire français-anglais* contains all active vocabulary from *Son et Sens, Scènes et Séjours*, and *Promenades et Perspectives*.

A number following an entry indicates the lesson in which the word or phrase is first introduced actively in *Promenades et Perspectives*. Entries that do not include lesson numbers were introduced actively in one of the earlier levels.

A dash (—) in a subentry represents the word at the beginning of the main entry; for example, **faire des** —s following **l'achat** means **faire des achats**.

Adjectives are shown in the masculine singular form followed by the appropriate feminine ending.

Words such as **avoir** and **faire** that are part of many idioms and expressions are, when used idiomatically, to be found under the key word or words rather than the verb.

à to, at, in, on
l'abeille *f.* bee
abîmer to ruin
l'abondance *f.* abundance (10)
abord: d'— first
l'abricot *m.* apricot
l'absence *f.* absence; lack (15)
absurde absurd (7)
l'Acadie *f.* Acadia (14)
acadien, -ienne Acadian (14)
accélérer to accelerate, to speed up
l'accent *m.* accent; accent mark
  l'— aigu acute accent (´)
  l'— circonflexe circumflex accent (ˆ)
  l'— grave grave accent (`)
accepter (de) to agree, to accept
l'accès *m.* access (15)
l'accident *m.* accident
accompagner to accompany, to go with

accord:
  d'— okay
  être d'— to agree
accueillir to welcome, to greet (3)
l'achat *m.:* **faire des** —s to shop, to go shopping
acheter to buy
achever to complete, to finish (1)
l'acteur *m.* actor
actif, -ive active (1)
l'action *f.* action, plot (7)
l'activité *f.* activity (1)
l'actrice *f.* actress
actuel, -le present, current, up-to-date (8)
actuellement now, today, currently (9)
s'adapter à to adapt to (15)
l'addition *f.* check, bill
admettre to admit, to let in (13)
administratif, -ive administrative (15)
admirer to admire (8)
admis, -e admitted (13)
adorer to adore (1)

l'adresse *f.* address
adroit, -e skillful
adroitement skillfully
l'adulte *m.&f.* adult (9)
aéronautique aeronautic (10)
l'aéroport *m.* airport
les affaires *f.pl.* business
  la femme d'— *f.* business-woman
  l'homme d'— *m.* business-man
l'affiche *f.* poster
affreux, -euse terrible, awful
afin:
  — de + *inf.* in order to (7)
  — que so that (12)
africain, -e African
l'Afrique *f.* Africa
l'âge *m.* age
  quel — avez-vous? how old are you?
l'agent *m.* policeman
agir to act (9)
  s'— de (*3 sing. only*) to be a question of, to concern (6)
agréable pleasant

agréablement pleasantly
l'agriculteur m. farmer
l'agriculture f. agriculture
aider (à) to help
aïe! ouch! ow!
aigu: l'accent — acute
    accent (´)
l'ail m. garlic
ailleurs elsewhere (5)
    d' — besides
    ne . . . nulle part — no-
        where else (8)
aimable nice, kind
aimer to like, to love
    — mieux to prefer
aîné, -e older
l'aîné m., l'aînée f. the older,
    the oldest
ainsi in that way, thus
    — de suite and so forth
        (1)
    — que as well as, just as
        (10),
l'air m. air
    avoir l' — + adj. to look
    l'hôtesse de l' — f. steward-
        ess
l'aise f.:
    à l' — at ease, comfortable
    mal à l' — ill-at-ease, un-
        comfortable
ajouter to add
l'album m. album (4)
l'algèbre f. algebra
l'Algérie f. Algeria (4)
algérien, -ienne Algerian
    (4)
alimentaire adj. food (12)
l'Allemagne f. Germany
allemand, -e German
l'allemand m. German (lan-
    guage)
aller to go
    — à qqn. to fit (s.o.), to
        look nice on (s.o.) (3)
    — bien to feel well, to
        feel fine
    — chercher to go get, to
        pick up
    — mal to feel sick
    — mieux to feel better

allez, hop! up we go!, up
    and at 'em (11)
allons-y! let's get going!
ne pas — to be wrong, to
    have (sth.) wrong (2)
s'en — to go away, to get
    out
l'aller m. trip (to a place)
    un — one-way ticket
    un — et retour round-trip
        ticket
l'alliance f. alliance (12)
allô hello (on telephone)
allonger to lengthen (3)
allumer to light, to turn on
alors so, in that case, then
    — que while (4)
l'alpinisme m.: faire de l' —
    to go mountain-
    climbing
l'alpiniste m.&f. mountain-
    climber
l'amabilité f. pleasantness,
    niceness (3)
ambitieux, -euse ambitious
améliorer to improve (14)
amener to bring (s.o)
américain, -e American
    le football — football
l'américanisation f. Ameri-
    canization (15)
l'Amérique f. America
    l' — centrale Central
        America
    l' — du Nord (Sud) North
        (South) America
l'ameublement m.: le rayon
    d' — furniture depart-
    ment
l'ami m., l'amie f. friend
ami, -e on friendly terms (6)
l'amitié f. friendship (6)
    se lier d' — avec to become
        friendly with (11)
l'amour m. love
    le film d' — love story
l'amphi m. auditorium
amusant, -e amusing, fun,
    enjoyable
s'amuser to enjoy oneself, to
    have a good time

l'an m.:
    avoir . . . ans to be . . .
        years old
    le Jour de l'An New
        Year's Day
l'analyse f. analysis (12)
    faire une — de to analyze,
        to do an analysis of
        (12)
l'ananas m. pineapple
l'ancêtre m. ancestor (6)
ancien, -ne old, ancient;
    former
anglais, -e English
l'anglais m. English (language)
l'Angleterre f. England
l'animal, pl. les animaux m.
    animal
animé, -e lively
    le dessin — movie cartoon
l'année f. year
l'anniversaire m. birthday
    bon —! happy birthday!
annoncer to announce
annuel, -le annual (4)
l'anorak m. ski jacket
l'anthropologie f. anthropo-
    logy
antique ancient (5)
août m. August
l'appareil m. camera
    à l' — on the phone
l'appartement m. apartment
appartenir à to belong to (9)
appeler to call
    s' — to be named
l'appétit m. appetite (10)
    bon —! enjoy your meal!
s'appliquer à to apply oneself
    to (7)
apporter to bring
apprécier to appreciate (9)
apprendre to learn
    — à + verb to learn how
    — par cœur to memorize,
        to learn by heart
l'apprenti m., l'apprentie f.
    apprentice (10)

l'apprentissage *m.* apprenticeship (10)

s'approcher de to approach, to draw near

après after, afterward
— que after (5)
d' — according to

l'après-midi *m.* afternoon, in the afternoon
de l' — P.M.

l'aptitude *f.* aptitude (10)

l'arabe *m.* Arabic (4)

l'araignée *f.* spider

l'arbre *m.* tree

l'arc-en-ciel *m.* rainbow (8)

l'archipel *m.* archipelago, group of islands (13)

l'architecture *f.* architecture (8)

l'argent *m.* money; silver (13)
argenté, -e silver, silver-colored (13)

l'armoire *f.* wardrobe, armoire

l'arrêt *m.:* l' — d'autobus bus stop
arrêter to stop (*s.o. or sth.*)
s' — to stop

arrière rear, back

l'arrière-grand-mère *f.* great-grandmother (14)

l'arrière-grand-père *m.* great-grandfather (14)

les arrière-grands-parents *m.pl.* great-grandparents (14)

l'arrivée *f.* arrival

arriver to arrive
— au secours to come to the rescue (2)

l'arsenal *m.* arsenal (3)

l'art *m.* art

l'artichaut *m.* artichoke

l'article *m.* article

l'artifice: les feux d' — *m.pl.* fireworks

l'artiste *m.&f.* artist

l'ascenseur *m.* elevator

l'Asie *f.* Asia

l'aspect *m.* aspect (9)

l'aspirine *f.* aspirin (11)

s'assembler to get together, to assemble (4)

s'asseoir to sit down (5)

assez (de) enough
— + *adj.* quite, pretty, rather + *adj.*

l'assiette *f.* plate

assis, -e seated, sitting

assister à to attend

l'association *f.* association (10)

assorti, -e matching, assorted (9)
bien (mal) — well (mis)-matched (9)

assurer to ensure, to assure

l'atelier *m.* workshop, studio (3)

Athènes Athens

l'Atlantique *f.* Atlantic Ocean

atteindre to attain, to reach (15)

attendre to wait, to wait for

attente: la salle d' — waiting room

l'attention *f.:*
— au depart! all aboard!
faire — (à) to pay attention (to); to watch out (for)

atterrir to land

attirer to attract (4)

l'attraction *f.* attraction (3)

attraper to catch

au = à + le

l'aubaine *f.* bargain (8)

l'auberge *f.* (country) inn

l'aubergiste *m.&f.* innkeeper

aucun(e) (de) . . . ne none, not one, not any (7)

au-dessous de below

au-dessus de above

aujourd'hui today
c'est — today is

auquel *see* lequel

au revoir good-by

aussi also, too
— . . . que as . . . as

aussitôt que as soon as

l'Australie *f.* Australia

l'auteur *m.* author

l'auto *f.* car

l'autobiographie *f.* autobiography (9)
autobiographique autobiographical (9)

l'autobus *m.* bus

l'automne *m.* autumn, fall

l'autoroute *f.* expressway

l'auto-stop *m.:* faire de l' — to hitchhike

autour (de) around

autre other

l'autre *m.&f.:*
l'un(e) l' — each other (9)
les un(e)s les — s each other (9)
ni l'un(e) ni l' — neither one
nous — s we (14)
vous — s you (14)

autrefois formerly

autrement otherwise (3)

l'Autriche *f.* Austria
autrichien, -ienne Austrian

autrui others, other people (9)

aux = à + les

l'avalanche *f.* avalanche (5)

l'avance *f.:* en — early

avant before; front
— que before (12)
avantageux, -euse advantageous (15)

avare stingy, greedy

avec with

l'avenir *m.* future (15)

l'avenue *f.* avenue
dans l' — on the avenue

aveugle blind

l'avion *m.* airplane

l'avis *m.* opinion
à mon — in my opinion
changer d' — to change one's mind

l'avocat *m.*, l'avocate *f.* lawyer

avoir to have, to get
— à to have to (15)
See also individual listings for expressions with avoir

avril *m.* April

le baccalauréat (le bac) *lycée degree received after passing national achievement tests* (10)

les bagages *m.pl.* luggage, baggage

    faire ses — to pack one's bags

la bague ring

la baguette loaf

la baie bay

la baignoire bathtub

le bain bath

    prendre un — de soleil to sunbathe

    la salle de —s bathroom

le balcon balcony

la balle ball

le ballon (inflated) ball

la banane banana

le banc bench

la bande tape

la banlieue suburb

    en — in the suburbs

la banque bank

la barbe beard

    bas, basse low

    en bas below, downstairs

    plus bas more softly

le bas stocking

le basketball basketball

le bateau, *pl.* les bateaux boat

    le — à voiles sailboat

le bâtiment building (6)

    bâtir to build (8)

    bavarder to talk, to chat, to gossip

    beau (bel), belle handsome, beautiful

    à la belle étoile outdoors, in the open air (1)

    il fait beau it's nice out

    beaucoup very much, a lot

    — de much, many, a lot of

    — de monde a lot of people

les beaux-arts *m.pl.* fine arts (12)

le bébé baby

    bel *see* beau

belge Belgian

la Belgique Belgium

    belle *see* beau

le berger, la bergère shepherd, shepherdess (8)

le besoin: avoir — de to need

    bête dumb, stupid

la bête pet

    faire la — to play the fool (8)

    bêtement foolishly

le beurre butter

    la tartine au — bread and butter

la bibliothèque library

la bicyclette bicycle (2)

    bien well

    aller — to feel well

    — cuit, -e well-done

    — de a lot of (10)

    — sûr of course, certainly

    ça va — things are fine

    bien que although, even though (12)

    bientôt soon

    à — see you later

la bière beer

le bifteck steak

    bilingue bilingual (14)

le billet ticket

    le — de première (deuxième) classe first-(second-)class ticket

la biologie biology

    bizarre odd, weird, strange (7)

la blague joke

    sans —! no kidding!

    blanc, blanche white

    bleu, -e blue

    — marine navy blue (3)

    blond, -e blond

la blouse blouse

le bœuf beef (14)

    bof! aw!

    boire to drink

les bois *m.pl.* woods (1)

la boisson drink, beverage

la boîte box; stall (8)

    la — à outils toolbox

    la — de nuit nightclub (11)

le bol bowl

    bon, bonne good; right

    avoir bonne mine to look well

    — anniversaire! happy birthday!

    — appétit! enjoy your meal!

    — voyage! have a good trip!

    de bonne heure early

les bonbons *m.pl.* candy

le bonheur happiness (15)

le bonhomme guy, fellow

    bonjour hello

le bord:

    au — de by

    le tableau de — dashboard

    bordelais, -e of or from Bordeaux (12)

    se borner à to limit oneself to (9)

la botte boot

la bouche mouth

    — bée open-mouthed, amazed (7)

le boucher, la bouchère butcher, butcher's wife; butcher shop owner

la boucherie butcher shop

la bougie candle; spark plug

la bouillabaisse bouillabaisse, fish stew

le boulanger, la boulangère baker, baker's wife

la boulangerie bakery

les boules *f.pl.*: le jeu de — lawn bowling, boules

    jouer aux — to play boules

le boulevard boulevard

    sur le — on the boulevard

le bouquin book

    bouquiniste *m.&f.* second-hand bookseller (8)

    bourguignon, -ne of or from Burgundy (12)

la Bourgogne Burgundy (12)

le bout end
  au — du compte all things considered, when all's said and done (12)
la bouteille bottle
la boutique shop, boutique
  la — de mode fashion boutique (3)
le bouton button
le bracelet bracelet
la branche branch (11)
le bras arm
  bravo! splendid! (13)
la Bretagne Brittany
  breton, -ne Breton, of or from Brittany (13)
le brevet brevet, final exam after collège (13)
  bricoler to tinker, to do odd jobs
le bricoleur, la bricoleuse handy person, "do-it-yourself-er"
la brioche brioche
  bronzé, -e tanned (1)
se bronzer to get a suntan
la brosse brush
  la — à cheveux hairbrush
  la — à dents toothbrush
  brosser to brush
    se — les cheveux to brush one's hair
    se — les dents to brush one's teeth
la brousse bush country
le bruit noise
  brûler to burn
    — un feu rouge (un stop) to run a red light (stop sign)
  brun, -e brown, brunette
  Bruxelles Brussels
le bûcheron woodcutter, lumberjack (14)
le buffet snack bar
le bureau, pl. les bureaux desk; office

l'employé m. l'employée f. de — office clerk
le bus bus
le but goal (15)

ça that
  — va? how are things?
  — va bien things are fine
  — y est that's it, there you go (2)
  c'est — that's right
  comme ci, comme ça so-so
le cabaret cabaret (3)
la cabine d'essayage fitting room (3)
le cacao cacao (11)
  cacher to hide
le cadeau, pl. les cadeaux gift, present
  cadet, -ette younger
le cadet, la cadette the younger, the youngest
le café café; coffee
  le — au lait café au lait
  la terrasse d'un — sidewalk café
le cahier notebook
la caisse cash register; cashier's desk
le caissier, la caissière cashier
la calculatrice calculator (1)
  calé, -e smart
le calendrier calendar
  camarade m.&f. friend
  — de classe m.&f. classmate
la caméra TV or movie camera
le camion truck
la campagne country, countryside
le campeur, la campeuse camper
le camping:
  faire du — to go camping, to camp out
  le terrain de — campground
le Canada Canada
  canadien, -ienne Canadian

le canard duck
le canif pocketknife
la cantatrice opera singer, diva (7)
la cantine lunchroom
le canton canton, Swiss state (5)
le caoutchouc rubber (1)
la capitale capital (city)
  car because
le caractère character (15)
le caramel: la crème — caramel custard
la caravane van, camper
le carnet ticket book
la carotte carrot
le carreau: à carreaux plaid (3)
le carrefour intersection
la carrière career (10)
la carte map; card
  la — orange Parisian commuter card
  la — postale post card
  la — routière road map
le cas case (5)
  dans ce — in that case (5)
  en tout — in any case; at any rate
le casier locker
  casser to break
    se — to break (a bone)
le cassoulet cassoulet (10)
la cathédrale cathedral (8)
  catholique Catholic (14)
la cause cause (2)
la cave cellar, wine cellar
  ce (cet), cette this, that
    ce sont these are, those are, they are
    c'est this is, that is, it is
    c'est-à-dire that is to say, in other words (4)
la cédille cedilla (ç)
la ceinture belt
  la — de sécurité seat belt
  cela (ça) that, it
  célèbre famous
le céleri celery
  celle, pl. celles this one, that one, these, those
    celle-ci the latter
    celle-là the former

celui, *pl.* ceux this one, that one; these, those

celui-ci the latter

celui-là the former

cent hundred

une centaine (de) about a hundred (3)

central, -e: l'Amérique —e *f.* Central America

centraliser to centralize (15)

le centre center (1)

cependant however

le cerf deer

la cerise cherry

certain, -e certain

certain(e)s some people, certain people (9)

certainement certainly

le certificat certificate (10)

ces these, those

cesser (de) to stop

cet, cette *see* ce

chacun, chacune each (one)

— son tour everyone in turn

la chaîne chain (2)

la chaise chair

la chambre room

la — à coucher bedroom

la — à deux lits double room

la — à un lit single room

le champ field (12)

le — de courses racetrack (3)

le champagne champagne

le champion, la championne champion

la chance: avoir de la — to be lucky

le changement change (15)

changer (de) to change

— d'avis to change one's mind

la chanson song

chanter to sing

le chanteur, la chanteuse singer

le chantier work area, yard (14)

le — forestier lumberyard; lumber camp (14)

le chapeau, *pl.* les chapeaux hat

le chapitre chapter

chaque each, every

la charcuterie delicatessen; delicatessen meats

le charcutier, la charcutière deli owner, pork butcher

se charger de to take charge of, to be responsible for

charmant, -e charming, nice

le charme charm (15)

le charpentier carpenter

la chasse hunt

chasser to banish, to drive out, to chase out; to hunt (14)

le chasseur, la chasseuse hunter

le chat cat

le château, *pl.* les châteaux château, castle

le châtiment punishment

chaud, -e warm, hot

avoir — to be warm (hot)

il fait — it's warm (hot) out

le chauffage heating

chauffer to heat

la chaussette sock

la chaussure shoe

chauve bald (7)

le chef chef; leader, head, chief (10)

le —-d'œuvre, *pl.* les chefs-d'œuvre masterpiece (6)

le — d'orchestre conductor

le chemin way, route

la cheminée chimney, fireplace

la chemise shirt

le chemisier woman's shirt, blouse (3)

le — à manches courtes short-sleeved shirt (3)

le — à manches longues long-sleeved shirt (3)

cher, chère expensive; dear

coûter cher to be expensive

chercher to look for

aller — to go get, to go pick up

venir — to come get, to come pick up

chéri *m.*, chérie *f.* dear

le cheval, *pl.* les chevaux horse

faire du — to go horseback riding (1)

les cheveux *m.pl.* hair

la brosse à — hairbrush

se brosser les — to brush one's hair

chez to (at) someone's house or business

chic! neat! great!

le chien dog

le chiffre figure, digit, number (5)

la chimie chemistry

chimique chemical (12)

la Chine China

chinois, -e Chinese

le chinois Chinese (*language*)

le chocolat: la mousse au — chocolate mousse

choisir to choose

le choix choice

la chose thing

pas grand'chose not much, nothing much (1)

quelque — something

le chou, *pl.* les choux cabbage

chouette! great! neat!

le chou-fleur, *pl.* les choux-fleurs cauliflower

chrétien, -ienne Christian (1)

chut! hush!

ci:

-ci this, the latter

comme ci, comme ça so-so

le ciel sky, heaven

la cigale locust

le cinéma movies; movie theater

cinq five

cinquante fifty

circonflexe: l'accent — circumflex accent (ˆ)

la circulation traffic

circuler to get around, to go around, to drive around

la citation quotation (9)

citer to quote, to cite, to mention (9)

le citoyen, la citoyenne citizen (14)

le citron lemon

le — pressé lemonade, citron pressé

civil, -e civil (6)

clair, -e bright, clear; light (3)

la clarinette clarinet

la classe class

le billet de première (deuxième) — first-(second-)class ticket

la salle de — classroom

classique classic, classical

la clef key; wrench

fermer à — to lock

le climat climate (1)

la clinique clinic

le clochard, la clocharde tramp, bum (8)

clos: à huis — in private (9)

le clou, pl. les clous nail

le Coca Coke

le cochon pig

le cœur heart

apprendre par — to memorize, to learn by heart

le coffre trunk (of car)

le coiffeur barber; hairdresser

la coiffeuse hairdresser

la coiffure hairstyle (7)

le salon de — beauty shop; barbershop

le coin corner

au — (de la rue) on the corner

les —s et les recoins the ins and outs, the nooks and crannies (11)

le coïncidence coincidence (7)

le col: à — roulé turtleneck (3)

la collection collection (4)

collectionner to collect (4)

le collectionneur, la collectionneuse collector (4)

le collège collège, junior high or middle school (13)

le collégien, la collégienne student at a collège (13)

collègue m.&f. colleague (6)

coller to stick, to glue (4)

le collier necklace; dog collar

la colline hill

colonial, -e; -aux, -ales colonial (13)

la colonie colony

combien (de) how much? how many?

— font? how much is? (in math)

la comédie comedy (7)

commander to order

comme like, as; for

—! how!

— ci, — ça so-so

le commencement beginning

commencer to begin, to start

comment how

le commerce business, commerce (15)

commercial, -e; -aux, ales commercial (10)

la communauté community (14)

le compartiment compartment

complet, -ète full, complete

le complet suit

complètement completely

compliqué, -e complicated (12)

le compositeur, la compositrice composer

la composition composition

comprendre to understand; to include

le comprimé tablet (11)

compris:

le service est — the tip is included

y — including (3)

le compte:

au bout du — all things considered, when all's said and done (12)

se rendre — de (or que) to realize (15)

compter to count

— + inf. to intend, to count on, to plan to

— sur to depend on

le comptoir counter

le concert concert

concevoir to imagine, to conceive of (7)

concierge m.&f. concierge, janitor

la condition condition (9)

à — que on the condition that (12)

le conducteur, la conductrice driver

conduire to drive, to lead, to conduct

le permis de — driver's license

se — to conduct oneself, to behave (9)

la confession confession (9)

le confit d'oie preserved goose (10)

la confiture jam

conformément à in conformity with, according to (15)

confortable comfortable

peu — uncomfortable

la congestion congestion (15)

la connaissance acquaintance; pl. knowledge (6)

faire la — de to meet

connaître to know, to be acquainted with

se — to know each other

conseiller (à . . . de) to advise (s.o. to do sth.)

conséquence: en — as a result, in consequence (15)

conserver to preserve (14)

considéré, -e (comme) considered (5)

constamment constantly

constater to see, to notice, to discover (15)

la constitution constitution (6)

la construction construction (10)

construire to build, to construct ˌ

construit, -e built (6)

contenir to contain

content, -e happy

le continent continent

continuer (à) to continue

le contraire: au — on the contrary

le contraste contrast (15)

le contrat contract (9)

la contravention fine, ticket

contre against (4)

    par — on the other hand (4)

la contrebasse bass

le contrôle control (14)

    la tour de — control tower

le contrôleur conductor

convenir (à) to suit, to be appropriate (to)

la conversation conversation

le copain, la copine friend

Copenhague Copenhagen

le coq rooster

    le — au vin chicken cooked in wine, coq au vin

la corbeille wastebasket

correct, -e correct

correctement correctly

le correspondant, la correspondante pen pal

correspondre to correspond

corriger to correct

la Corse Corsica (1)

Corse m.&f. Corsican (1)

le costume costume

la côte coast

la Côte d'Azur the Riviera

la Côte d'Ivoire Ivory Coast (11)

le côté side

    à — nearby

    à — de next to, beside

côtelé: le velours — corduroy (3)

côtier, -ière coastal (11)

le coton cotton (3)

le cou neck

couchage: le sac de — sleeping bag

coucher to put to bed

    la chambre à — bedroom

    se — to go to bed

le coucher du soleil sunset

la couchette berth

coudre to sew (6)

la couleur color

    de quelle —? what color?

le couloir corridor, hall

le coup:

    à — sûr for sure

    au premier — d'œil at first glance

    donner un — de main (à) to help, to give (s.o.) a hand

    jeter un — d'œil (sur) to take a look (at)

    le — de téléphone phone call

    tout à — suddenly

    valoir le — to be worth the effort (2)

couper to cut

    — en dés to dice, to cube (14)

    se — + part of body to cut (oneself)

le couple couple (9)

    le — mal assorti mismatched pair, odd couple (9)

la cour courtyard, playground (of school)

le courage: bon —! good luck!

le coureur, la coureuse runner

courir to run (8)

la couronne crown (14)

le cours class, course

    au — de in the course of (4)

la course race

    faire des —s to run errands

    le champ de —s racetrack (3)

    la — à pied foot race

    la — d'autos auto race

    la voiture de — race car

court, -e short

    à manches courtes short-sleeved (3)

le cousin, la cousine cousin

le couteau, pl. les couteaux knife

coûter to cost

    coûte que coûte no matter what, at all cost (15)

    — cher to be expensive

    — peu to be inexpensive

la coutume custom (12)

la couture fashion, fashion industry (3)

le couturier, la couturière fashion designer (3)

couvert, -e (de) covered (with)

le couvert: mettre le — to set the table

la couverture blanket

couvrir to cover

la craie chalk

craindre to fear

    je crains que oui (non) I'm afraid so (not)

la crainte: de — que lest, for fear that (12)

la cravate necktie

le crayon pencil

la crèche creche, manger

créer to create (8)

la crème cream

    la — caramel caramel custard

la crémerie dairy shop

la crevaison blowout (2)

crevé, -e exhausted, dead tired (11)

le cri shout

crier to shout

croire to believe, to think

le croissant crescent roll, croissant

le croque-monsieur grilled ham and cheese, croque-monsieur

le cru vintage, crop of grapes (12)

cueillir to pick, to gather (3)

la cuillère spoon

le cuir leather (8)

la cuisine kitchen; cooking (10)

    faire la — to cook, to do the cooking

    la bonne — good food (10)

    la grande — gourmet cooking (10)

cuisiner to cook

le cuisinier, la cuisinière cook
(10)

la cuisinière stove

cuit:

bien cuit, -e well-done

trop cuit, -e overdone

la culture culture, way of life
(4)

culturel, -le cultural (14)

curieux, -euse curious, odd,
unusual (5)

la cuve vat, tub (12)

le cycle cycle, stage (13)

le cyclisme bike-riding

faire du — to go bike-riding

cycliste m.&f. cyclist, bike-
rider

la dame lady

le Danemark Denmark

dangereux, -euse dangerous

danois, -e Danish

le danois Danish (language)

dans in, into

la danse dance

danser to dance

le danseur, la danseuse dancer

la date date

de longue — longstanding
(12)

davantage more (11)

— de more (15)

de of; from; about; some, any

le dé dice, cube (14)

couper en —s to dice, to
cube (14)

débarrasser to clear

debout standing (up)

le début beginning

décembre m. December

décentraliser to decentralize
(15)

décider (de) to decide

se — à to decide to, to
make up one's mind
to (11)

la déclaration declaration (6)

décoller to take off

décongestionner to decon-
gest, to clear (15)

la décoration decoration

décorer to decorate

décourager (de) to discourage
(from)

découvrir to discover; to uncover

décrire to describe

déçu, -e disappointed

dedans in it, in there (2)

là-dedans in it, in there (2)

la défense defense (1)

— de + inf.! no + -ing!

le défilé parade

défini, -e definite, defined (7)

déguster to sample, to sip
(12)

dehors outside, outdoors

déjà already

déjeuner to have breakfast or
lunch

le déjeuner lunch

le petit — breakfast

delà: au — de beyond, the
other side of (11)

demain tomorrow

demander to ask, to ask for

— à to ask (s.o.), to ask (s.o.)
for

se — to wonder (5)

démarrer to start (of machine)

déménager to move

demeurer to live, to stay (11)

demie: time + et — half past

une demi-heure half hour

démodé, -e out of style, old-
fashioned (3)

la demoiselle young lady

démontrer to demonstrate
(7)

la dent tooth

la brosse à —s toothbrush

se brosser les —s to brush
one's teeth

la dentelle lace (3)

le dentifrice toothpaste

le départ departure, leaving

le point de — departure
point, starting point

le département department,
government admini-
strative district (1)

le dépaysement feeling of
strangeness, disorien-
tation (11)

se dépêcher to hurry

dépendre (de) to depend
(on) (12)

la dépense expense, expenditure (5)

depuis since, for

— combien de temps?
how long?

— quand? since when?
since what time?

le député deputy, representative (6)

le dérailleur derailleur (2)

déranger to disturb, to bother

dériver (de) to derive (from)
(5)

dernier, -ière last

derrière behind

des = de + les

dès que as soon as

désagréable unpleasant, disagreeable

le descendant, la descendante
descendant (14)

descendre to come down, to
go down; to take down,
to bring down

— de to come down from,
to get off

la description description (13)

le désert desert

désigner to designate (15)

désirer to want (3)

vous désirez? can I help you?

désolé, -e very sorry

le dessert dessert

le dessin drawing; design (4)

à — + adj. with such and
such a design, in such
and such a pattern (4)

le — animé movie cartoon

dessiner to draw
dessous under it, under there (2)
   au-dessous de below
   là-dessous under it, under there (2)
dessus on it, on that
   au-dessus de above
   là-dessus on it, about it
la destination destination
déterminer to determine (12)
détester to hate, to detest (12)
le détour detour, side trip
   faire un — to make a detour, to take a side trip
deux two
   tous (toutes) les — both
la deux-chevaux Citroën 2-CV car
devant in front of
développer to develop (10)
devenir to become
deviner to guess (13)
la devinette guessing game, riddle (13)
devoir to have to, must; to owe
les devoirs m.pl. homework
le dialecte dialect (1)
la différence difference
différent, -e different
difficile difficult, hard
dijonnais, -e of or from Dijon (12)
dimanche m. Sunday
le dindon turkey
dîner to dine, to have dinner
le dîner dinner
dire (à) to say (to), to tell
   c'est-à-— that is to say, in other words (4)
   — à . . . de to tell (s.o. to do sth.)
   dis donc! say! (2)
   vouloir — to mean
direct, -e direct
directement straight, directly
la direction direction
la directrice principal (of lycée)
diriger to direct
   se — (vers) to head (toward)
la discussion discussion (13)

discuter de to discuss, to have a discussion about
disparaître to disappear (15)
la dispute argument
se disputer to argue
le disque record
la distance distance (8)
distinct, -e distinct (14)
distrait, -e absent-minded
dit, -e called (9)
le divan sofa, couch
divers, -e diverse, various (11)
le divertissement diversion, amusement (11)
diviser to divide (8)
dix ten
   à — vitesses ten-speed
dix-huit eighteen
dix-neuf nineteen
dix-sept seventeen
une dizaine de about ten
le documentaire documentary
la documentation: la salle de — school library
le doigt finger
le domaine domain, field (10)
le dommage: c'est —! that's a shame!
donc emphatic exclamation; therefore
   dis —! say! (2)
donner (à) to give (to)
dont of whom; of which
dormir to sleep
le dos back
   le sac à — backpack
le doublage dubbing
le double duplicate (4)
doubler to pass (on road)
douceâtre saccharine, overly sweet (3)
doucement slowly, carefully
la douche shower
doué, -e gifted, talented
le doute: sans — doubtless, surely (4)
douter to doubt
doux, douce mild, gentle (1)
une douzaine (de) a dozen
douze twelve
le dragon dragon

dramaturge m.&f. playwright (7)
le drap sheet
le drapeau, pl. les drapeaux flag
droit, -e right
   à —e (de) to the right (of)
   tourner à —e to turn right
   tout — straight ahead
le droit right; law (6)
drôle funny
   — de + noun funny (7)
drôlement really, fantastically (1)
du = de + le
le duc, la duchesse duke, duchess (12)
le duché duchy, dukedom (12)
duquel see lequel
dur, -e hard (14)
durer to last

l'eau, pl. les eaux f. water
   l'— minérale mineral water
l'échange m. exchange (5)
   en — de in exchange for (5)
échanger (contre) to exchange (for) (5)
les échecs m.pl. chess
les Eclaireurs m.pl. Scouts (1)
l'école f. school
l'économie f. economy (11)
économique economic (14)
   les sciences —s f.pl. economics
écouter to listen (to)
l'écran m. screen
écrire to write
   s'— to write each other (4)
l'écrivain m. writer
l'édition f. edition (8)
effacer to erase, to wipe out (15)
   s'— to disappear (15)

s'effectuer to be accomplished, to be brought about (15)
l'effet *m.* effect (6)
en — indeed, you bet
les efforts *m.pl.:* faire des — to make an effort
également also, equally (6)
l'égalité *f.* equality (6)
l'église *f.* church
l'électrophone *m.* record player
l'électricien *m.* electrician
l'électronique *f.* electronics (10)
l'éléphant *m.* elephant
à patte d' — bell-bottom (3)
l'élève *m.&f.* pupil, student
élever to raise, to bring up (9)
s' — to rise, to soar (8)
elle she, it; her
elle-même herself
elles *f.pl.* they, them
elles-mêmes themselves
emballer to wrap (3)
l'embarquement *m.:* la porte d' — boarding gate
embêtant, -e annoying
l'embouteillage *m.* traffic jam
émigrer to emigrate; to migrate (14)
l'émission *f.* broadcast (4)
emmener to take (*s.o.*)
empêcher (de) to keep from, to prevent
l'emploi *m.* job; use
l'employé *m.*, l'employée *f.* employee, clerk
l' — de bureau office clerk
employer to use
emprunter (à) to borrow (from)
en in; to; some, any
— + *clothing* in
— + *vehicles* by
— retard late
enchanté, -e delighted, pleased (to meet you)

encore again, still
— une fois one more time
pas — not yet
encourager (à) to encourage (to)
endormir to put to sleep
s' — to go to sleep
l'endroit *m.* place, spot
énergique energetic, lively
l'enfance *f.* childhood (12)
l'enfant *m.&f.* child
engagé, -e deeply involved, committed (9)
l'engagement *m.* commitment to and active involvement in a cause (9)
enfin finally, at last
enlever to remove, to take away (12)
ennuyer to bore
ennuyeux, -euse boring, dull
énorme enormous
l'enseignement *m.* education, teaching (9)
enseigner to teach
ensemble together
ensuite next, then
entendre to hear
s' — to get along, to agree (9)
entendu: bien — of course (5)
l'enthousiasme *m.* enthusiasm (6)
enthousiaste enthusiastic
entier, -ière entire, whole
entièrement entirely
entouré, -e (de) surrounded (by)
entre between
l'entrée *f.* entrance
entrer (dans) to enter, to go in, to come in
l'enveloppe *f.* envelope
l'envie *m.:* avoir — de to want, to feel like
les environs *m.pl.* outskirts
aux — de near, in the vicinity of
envisager to envisage, to imagine (14)
envoyer to send
l'épaule *f.* shoulder

épeler to spell (14)
l'épice *f.* spice (10)
le pain d' — gingerbread (12)
l'épicerie *f.* grocery store
les épinards *m.pl.* spinach
l'époque *f.* time, epoch, era (6)
l'épouvante *f.* horror
le film d' — horror film
éprouver to experience, to feel (11)
l'équilibre *m.* equilibrium, balance (11)
retrouver son — to recover one's balance, to get back to normal (11)
l'équipe *f.* team
l'équipement *m.:* le rayon d' — de sports sporting goods department
escalader to climb
l'escale *f.* stop (*air travel*)
faire — to stop over
sans — nonstop
l'escalier *m.* stairs, stairway
l' — roulant *m.* escalator
l'escargot *m.* snail
l'Espagne *f.* Spain
espagnol, -e Spanish
l'espagnol *m.* Spanish (*language*)
l'espèce *f.* kind, type (7)
espérer to hope
j'espère que oui (non) I hope so (not)
l'esquimau, *pl.* les esquimaux *m.* ice cream bar
l'essai *m.* essay; test, trial (9)
l'essayage: la cabine d' — fitting room (3)
essayer (de) to try; to try on
l'essence *f.* gas, gasoline
la pompe à — gas pump
l'essuie-glace, *pl.* les essuie-glaces *m.* windshield wiper
essuyer to wipe
l'est *m.* east
est-ce que *introduces a question*
qu' — what?
qui — whom?

et and
établir to establish (6)
l'établissement *m.* establishment (15)
l'étage *m.* story (*of a building*), floor
   au deuxième — on the third floor
   au premier — on the second floor
l'étagère *f.* shelf
l'étape *f.* stage, step (15)
l'état *m.* state, condition (4)
les Etats-Unis *m.pl.* United States
l'été *m.* summer
éteindre to put out, to turn off
s'étendre to stretch out (11); to extend (12)
l'étiquette *f.* price tag
l'étoile *f.* star
   à la belle — outdoors, in the open air (1)
étonné, -e astonished, amazed
étonner to surprise, to astonish
   s'— de to be amazed at, to be astonished by (11)
étranger, -ère foreign
   à l'— abroad (1)
être to be
   — d'accord to agree
   — en train de + *inf.* to be in the middle (*of doing sth.*)
   nous sommes lundi, etc. it's Monday, etc.
étroit, -e narrow
l'étude *f.* study
   faire ses —s to go to school, to be a student
l'étudiant *m.,* l'étudiante *f.* student
étudier to study
euh er, uh
l'Europe *f.* Europe
européen, -ne European
eux *m.pl.* they; them
   eux-mêmes themselves
évidemment obviously
évident, -e obvious

l'évier *m.* sink
exagérer to exaggerate (11)
l'examen *m.* exam, test
   passer un — to take a test
   rater un — to fail a test
   réussir à un — to pass a test
examiner to examine
excellent, -e excellent
exclu, -e excluded (10)
exclusivement exclusively, only, just (4)
l'excursion *f.:* faire une — to take a short trip
l'exemple *m.:* par — for example
exiger to require, to demand (15)
l'existentialisme *m.* existentialism (9)
existentialiste existentialist (9)
exister to exist (9)
l'expérience *f.* experience (9)
l'explication *f.* explanation
expliquer to explain
explorer to explore (11)
exposer to exhibit (6)
l'exposition *f.* exposition, show
exprès on purpose, deliberately, just (4)
l'express *m.* express train
l'expression *f.* expression (4)
exprimer to express (9)
extraordinaire extraordinary, unusual (4)
extrêmement extremely, very (13)

la fabrication manufacture (1)
la fabrique factory, mill (14)
   la — de papier paper mill (14)
fabriquer to make, to manufacture
la façade façade, front (15)
la face: en — de opposite, across from
se fâcher to get angry
facile easy
facilement easily

la facilité ease, facility (15)
la façon way
   de cette — in that way (6)
   de toute — anyhow, in any case
   d'une — in a way (6)
le facteur postman
la faculté graduate school, school or college (within a university) (11)
faible weak
la faiblesse weakness (7)
la faim: avoir — to be hungry
faire to do, to make
   ça fait that makes, that comes to
   ça ne fait rien it doesn't matter
   — de + *school subjects* to take
   — un 36 to be a (size) 5 (3)
   que —? what can you do? (1)
   tout à fait completely
   See also individual listings for expressions with *faire*
le fait fact (5)
   en — in fact (5)
falloir to be necessary, to have to, must
   il me (te lui, etc.) faut I (you, he, she, etc.) need(s) (1)
fameux, -euse famous, excellent (11)
la famille family
   en — at home, among the family (14)
fana *m.&f.* fan (2)
fatigué, -e tired
il faut *see* falloir
la faute mistake
le fauteuil armchair
faux, fausse false
félicitations! congratulations!

féminin, -e feminine (10)

la femme woman; wife

    la — d'affaires business-woman

la fenêtre window

le fer iron (9)

    dans les —s in irons (enslaved or imprisoned) (9)

    férié: le jour — day off (2)

la ferme farm

    fermenter to ferment (12)

    fermer to close

    — à clef to lock

le festival festival

la fête party, celebration

    la Fête des Mères (des Pères) Mother's (Father's) Day

    fêter to celebrate

le feu, *pl.* les feux fire; traffic light

    les —x d'artifice fireworks

la feuille leaf

    février *m.* February

    fiancé, -e engaged

le fiancé, la fiancée fiancé, fiancée

la fidélité allegiance, fidelity (14)

fier, fière proud (14)

la fièvre fever

    avoir de la — to have a fever

    la figure face

    se laver la — to wash one's face

la filature textile mill (14)

le filet net shopping bag

la fille daughter; girl

    la jeune — girl

le film movie, film

    le — d'amour love story

    le — drôle comedy

    le — d'épouvante horror film

    le — policier detective film

le fils son

la fin end

financier, -ière financial (15)

finir to finish

fixement intently (6)

    regarder — to stare (6)

flamand, -e Flemish

le flamand Flemish *(language)*

flâner to stroll

le flâneur, la flâneuse person who loves to stroll (8)

la flèche arrow

la fleur flower

    à —s print (design or pattern) (3)

le fleuve river

la flûte flute

le foie gras foie gras, chopped liver (10)

fois times *(in math)*

la fois time

    à la — at the same time

    deux — twice

    encore une — one more time, once more

    la trente-sixième — the umpteenth time

    quelque— sometimes

    une — once

    une — que once

le folklore folklore (4)

folklorique folk

foncé, -e dark (3)

le fond: au — basically, in fact, deep down (9)

fonder to found, to establish (14)

la fontaine fountain

le football soccer

    le — américain football

la force strength (11)

forestier, -ière forest, forested (14)

    le chantier — lumber-yard; lumber camp (14)

la forêt forest

la forme form (5)

former to form (9)

formidable fantastic

fort, -e strong

    — en + *school subjects* good in

le fort fort (13)

    fouiller (dans) to search, to look through (8)

le foulard scarf

la foule crowd

la fourchette fork

la fourmi ant

les fournitures (scolaires) *f.pl.* (school) supplies (1)

frais, fraîche cool, fresh

    il fait frais it's cool out

la fraise strawberry

le franc franc

français, -e French

le français French *(language)*

la France France

franchement frankly (3)

franco-canadien, -ienne French Canadian (14)

francophone French-speaking (11)

frapper (à) to knock (on)

freiner to put on the brakes

les freins *m.pl.* brakes

    la manette du frein handbrake (2)

fréquenter to frequent, to go often to (13)

le frère brother

le frigo refrigerator, fridge

    frites: les pommes — *f.pl.* French fries

froid, -e cold

    avoir — to be cold

    il fait — it's cold out

froissé, -e offended (3)

le fromage cheese

la frontière border (14)

les fruits *m.pl.* fruit

le gâchis mess

gagner to win

    — sa vie to earn a living (12)

gai, -e cheerful (5)

le galet pebble, stone

le gant glove

le garage garage

    garagiste *m.&f.* garage owner; garage man

le garçon boy; waiter
garder to hold, to keep; to watch
le gardien, la gardienne guard
la gare railroad station
garer to park
gaspiller to waste
le gâteau; pl. les gâteaux cake
gauche left
à — (de) to the left (of)
tourner à — to turn left
le géant giant (9)
geler to freeze
gêner to bother
général, -e; -aux, -ales general (13)
en — in general (13)
la génération generation (14)
généreusement generously
généreux, -euse generous
le genou, pl. les genoux knee
les gens m.pl. people
gentil, -le nice
la géographie geography
la géométrie geometry
géométrique geometric (4)
germanique Germanic (5)
le geste gesture
la gestion administration or management of a business (15)
le gigot leg of lamb
la girafe giraffe
la glace ice; ice cream; side window (of car)
l'essuie- — windshield wiper
le golf golf
jouer au — to play golf
le joueur, la joueuse de — golfer
le terrain de — golf course
la gomme eraser
la gorge throat
le gourmand, la gourmande overeater, food lover (10)
le gourmet gourmet (10)
le goût taste (10)
goûter to taste

— à to taste sth. (for the first time), to sample (10)
le goûter afternoon snack
gouverné, -e governed (4)
le gouvernement government (3)
grâce à thanks to (6)
grand, -e big, large
le — magasin department store
pas grand'chose not much, nothing much (1)
la Grande Bretagne Great Britain
la grand-mère grandmother
le grand-père grandfather
les grands-parents m.pl. grandparents
grasse: faire la — matinée to sleep late
le gratte-ciel; pl. les gratte-ciel skyscraper (15)
grave serious
l'accent — grave accent (`)
grec; grecque Greek
le grec Greek (language)
la Grèce Greece
la grenadine grenadine
le grenier attic
la grenouille frog
grillé: le pain — toast
grincer to creak, to grind (2)
gris, -e gray
gros, grosse fat, large
grossir to gain weight, to get fat
la grotte cave
le groupe group
guère: ne . . . — hardly any, hardly ever (10)
guérir to heal, to get well
le guérisseur local healer
la guerre war (3)
le guichet ticket window
le guide guidebook
le guidon handlebars (2)
le Guignol Guignol, Punch and Judy
la guitare guitar
le gymnase gymnasium

gymnaste m.&f. gymnast
la gymnastique gymnastics
faire de la — to do gymnastics

habiller to dress (s.o.)
s' — to get dressed
l'habitant m., l'habitante f. inhabitant, person (living somewhere) (1)
habiter to live, to live in
les habits m.pl. clothes
l'habitude f.: d' — usually
s'habituer à to get used to
Haïti Haiti
le*hamster hamster
les*haricots verts m.pl. green beans
le*hasard chance (2)
*haut, -e high
a —e voix aloud, out loud
en — above, upstairs
plus — louder
le*hautbois oboe
le*haut-parleur loudspeaker
*hein eh, huh
l'herbe f. grass
l'héritage m. heritage (14)
hésiter to hesitate, not to decide (3)
l'heure f. hour, o'clock
à l' — on time
à quelle —? what time? at what time?
à une (deux) —(s) at 1:00 (2:00)
de bonne — early
les —s de pointe rush hour
quelle — est-il? what time is it?
tout à l' — in a little while
un quart d' — 15 minutes
heureusement fortunately
heureux, -euse happy
l'hévéa m. rubber tree (11)

*Words marked by an asterisk begin with aspirate h, so there is no liaison or elision.

hier yesterday
— soir last night, last evening
l'hippopotame *m.* hippopotamus
l'histoire *f.* story; history
historique historic, historical (6)
l'hiver *m.* winter
le*hockey hockey
*hollandais, -e Dutch
le*hollandais Dutch *(language)*
l'homme *m.* man
l'— d'affaires businessman
l'honneur *f.* honor (6)
hop: allez, —! up we go!, up and at 'em! (11)
l'hôpital, *pl.* les hôpitaux *m.* hospital
l'horaire *m.* timetable
l'horreur *f.:* quelle —! how awful!
les*hors-d'œuvre *m.pl.* appetizers, hors d'œuvres
l'hôtel *m.* hotel
l'hôtesse de l'air *f.* stewardess
l'huile *f.* oil
huis: à — clos in private (9)
*huit eight
— jours a week
une huitaine de jours about a week
l'huître *f.* oyster

ici here; this is *(on telephone)*
par — by here, through here (2)
l'idée *f.* idea
il he, it
il est there is, there are (8)
il y a there is, there are
— + *time* ago
— + *time* + que + *passé composé* since
— + *time* + que + *present* for

l'île *f.* island
les illuminations *f.pl.* outdoor lighting *(for celebrations)*
illustrer to illustrate (9)
ils *m.pl.* they
l'image *f.* picture
immédiatement immediately
l'immeuble *m.* apartment building
impatiemment impatiently
impatient, -e impatient
l'imperméable *m.* raincoat
impoli, -e impolite
impoliment impolitely
important, -e important
importer to matter, to be important (9)
impossible impossible
l'impression *f.* impression (6)
impressionnant, -e impressive
impressionner to impress
l'impressionnisme *m.* Impressionism (6)
impressionniste *m.&f.&adj.* Impressionist (6)
inconnu, -e unknown
l'inconnu *m.,* l'inconnue *f.* stranger
incroyable incredible, unbelievable (8)
indépendant, -e independent (1)
indicateur: le plan — lighted métro map
indigène native, where the natives are (11)
l'individu *m.* individual (9)
l'industrie *f.* industry (1)
industriel, -le industrial (10)
l'infirmier *m.,* l'infirmière *f.* nurse
l'influence *f.* influence (9)
inquiet, -iète worried
s'inquiéter de to worry about (14)
installer to put up, to install (15)
s'— to settle, to settle down (7)
l'instituteur *m.,* l'institutrice

f. elementary school teacher (7)
l'institution *f.* institution (15)
intelligemment intelligently
intelligent, -e intelligent
interdire to forbid (6)
intéressant, -e interesting
intéresser to interest
s'— à to be interested in (6)
l'intérêt *m.* interest (15)
l'intérieur *m.:* à l'— inside, indoors
inutile useless (7)
l'investissement *m.* investment (4)
l'invitation *f.* invitation
inviter to invite
l'Irlande *f.* Ireland (7)
l'Italie *f.* Italy
italien, -ienne Italian
l'italien *m.* Italian *(language)*
ivoirien, -ienne from the Ivory Coast (11)
Ivoire: la Côte d'— Ivory Coast (11)

jadis formerly (11)
jamais ever, never
ne . . . — never
la jambe leg
le jambon ham
la jante rim (2)
janvier *m.* January
le Japon Japan
japonais, -e Japanese
le japonais Japanese *(language)*
le jardin garden
jaune yellow
jaunir to turn yellow
le jazz jazz
je I
le jean jeans
jeter to throw; to throw away
— un coup d'œil (sur) to take a look (at)
le jeu, *pl.* les jeux game
le — de boules lawn-bowling
vieux — old fashioned

jeudi *m.* Thursday
jeune young
   la — fille girl
joli, -e pretty
jouer to play
   — à to play *(games, sports)*
   — de to play *(musical instruments)*
   — une pièce to put on a play
le jouet toy
le joueur, la joueuse player
   — de golf golfer
le jour day
   de nos —s today, nowadays (10)
   huit —s a week
   il fait — it's daytime, it's light out
   le Jour de l'An New Year's Day
   le — férié day off (2)
   quel — sommes-nous? what day is it?
   quinze —s two weeks
   tous les —s every day
   une huitaine de —s about a week
   une quinzaine de —s about two weeks
le journal, *pl.* les journaux newspaper
   le — télévisé TV news
journaliste *m.&f.* journalist
la journée (the whole) day
le juge judge
juger to judge (12)
juillet *m.* July
juin *m.* June
jumeau, jumelle twin *(adj.)*
le jumeau, la jumelle twin
la jungle jungle
la jupe skirt
jurer to swear (6)
le jus juice
jusque:
   jusqu'à until; to, up to
   jusqu'à ce que until (12)
   jusqu'ici until now (5)
juste just, right, exactly
justement exactly

le kilo kilogram
le kilomètre kilometer
   être à deux —s de to be two km from

la (l') *f.* the; her, it
là here, there
   -là that; the former
là-bas there, over there
le labo(ratoire) lab(oratory)
   le — de chimie chemistry lab
   le — de langues language lab
le lac lake
   là-dedans in it, in there (2)
   là-dessous in it, in there (2)
   là-dessus on it, about it
laid, -e ugly
la laine wool (3)
laisser to leave (behind)
   — + *inf.* to let, to allow
   — de la place (à) to leave room (for)
   — tomber to drop
le lait milk
   le café au — café au lait
laitier, -ière dairy (14)
la laitue lettuce
la lampe lamp; flash attachment
lancer to throw
le langage language (7)
la langue language
la lanterne lantern
large wide
latin, -e Latin (5)
le latin Latin *(language)* (3)
le lavabo bathroom sink
laver to wash *(s.o. or sth.)*
   se — to wash oneself
   se — la figure to wash one's face
   se — les mains to wash one's hands
le (l') *m.* the; him, it

la leçon lesson
la lecture reading (5)
   léger, légère light *(in weight)*
le légume vegetable
le lendemain (de) the day after, the next day
lent, -e slow
lentement slowly
le léopard leopard
lequel, laquelle, lesquels, lesquelles which, which one, which ones
les *m.&f.pl.* the; them
la lettre letter
leur to (for, from) them
leur, -s their
   le leur, la leur; les leurs theirs
lever to raise
   se — to get up, to rise
le lever du soleil sunrise
le levier de vitesse gearshift (2)
la libération liberation (9)
la liberté liberty (9)
la librairie bookstore
libre unoccupied, free
le lien tie, bond (6)
lier to tie, to link together (9)
   se — d'amitié avec to become friendly with (11)
le lieu, *pl.* les lieux place (8)
   au — de instead of
   avoir — to take place
la ligne line
le lion lion
lire to read
Lisbonne Lisbon
le lit bed
   au — in bed
   la chambre à deux —s double room
   la chambre à un — single room
   le wagon-— sleeping car
littéraire literary (9)
la littérature literature (9)
le litre liter

le livre book
le — de poche paperback
le logement lodging, room (5)
loger to room, to lodge, to
live (5)
la logique logic.(7)
la loi law (6)
loin (de) far (from)
le loisir leisure; pl. leisure-time
activities (15)
Londres London
long, longue long
à manches longues long-
sleeved (3)
de longue date longstand-
ing (12)
le long de along (8)
tout le long de all along,
the entire length of (8)
longtemps a long time
lorsque when
lourd, -e heavy
lui him; to (for, from) him
(her)
lui-même himself
la lumière light
lundi m. Monday
la lune moon
les lunettes f.pl. glasses
les — de soleil sunglasses
le Luxembourg Luxembourg
(12)
le lycée high school
le lycéen, la lycéenne high
school student

ma my
le machin thingamajig, thing
la machine machine
madame, pl. mesdames Mrs.,
ma'am
mademoiselle, pl. mesde-
moiselles Miss
le magasin store
le grand — department
store
le magnétophone tape recorder

magnifique magnificent, wonderful
mai m. May
maigre thin, skinny
maigrir to lose weight, to get
thin
le maillot bathing suit
la main hand
à la — by hand (4)
donner un coup de — (à)
to help, to give (s.o.) a
hand
se laver les —s to wash
one's hands
maintenant now
maintenir to maintain (14)
le maintien maintenance, maintaining (14)
mais but
— non of course not, heck
no
la maison house
le maître, la maîtresse private
teacher
mal bad; badly
le mal, pl. les maux evil, harm;
pain, sickness (9)
aller — to feel sick
avoir le — du pays to be
homesick
avoir — à to have a pain in
— à l'aise ill-at-east, uncomfortable
malade sick
malade m.&f. patient, sick person
maladroit, -e clumsy, awkward
malgré despite, in spite of
(8)
le malheur misfortune, trouble,
unhappiness (15)
malheureusement unfortu-
nately
le Mali Mali
malien, -ienne Malian
la malle trunk
maman f. mother, mom
la manche:
à —s courtes short-sleeved
(3)

à —s longues long-sleeved
(3)
la manette du frein handbrake
(2)
manger to eat
la salle à — dining room
la manière manner, way (9)
se manifester to be manifested
(14)
le manque lack (7)
manquer to miss
— de to lack (7)
le manteau, pl. les manteaux
coat, overcoat
le marchand, la marchande
merchant, shopkeeper
le — de fruits; le — de légumes produce vend-
or
la marchandise merchandise (8)
le marché market
bon — inexpensive, at a
bargain price
marcher to walk, to step; to
work, to run (machines)
mardi m. Tuesday
le mari husband
marié, -e married
se marier (avec) to marry (7)
le marin sailor
le Maroc Morocco (4)
marocain, -e Moroccan (4)
la marque brand, make
marqué, -e marked, noticeable (15)
marquer (de) to mark (by,
with) (14)
marron brown, chestnut
mars m. March
le marteau, pl. les marteaux
hammer
masculin, -e masculine (10)
le match, pl. les matchs game,
match
le — nul tie game
le matériel implements, equipment, tools (12)
maternel, -le maternal (14)
le mathématicien, la mathématicienne mathema-
tician (1)

les mathématiques, les maths
f.pl. mathematics, math
la matière subject, matter (14)
le matin morning, in the morning
du — A.M.
tous les —s every morning
la matinée (the whole) morning
faire la grasse — to sleep
late
la maturité maturity (12)
venir à — to ripen, to mature (12)
mauvais, -e bad; wrong
il fait — it's bad out, it's
nasty out
me (m') to (for, from) me
le mécanicien, la mécanicienne mechanic
méchant, -e naughty; mean
le médecin doctor
la médecine (*field of*) medicine
le médicament medicine
médiocre mediocre (12)
la Méditerranée Mediterranean
meilleur, -e better, best
le membre membre (1)
même same; even
en — temps que at the
same time (as)
-même self
quand — anyway, just the
same
tout de — all the same,
even so (1)
les mémoires *m.pl.* memoirs (9)
le ménage: faire le — to do the
housework
la ménagère housewife
mener to lead
le mensonge lie (13)
mentionner to mention (7)
mentir to lie (13)
la mer sea
merci thank you, thanks
mercredi *m.* Wednesday
la mère mother
mériter to deserve (13)
la merveille marvel (8)
merveilleux, -euse marvelous
(9)

merveilleusement marvelously
(9)
mes *pl.* my
le messe mass
messieurs-dames ladies and
gentlemen
météorologique meteorological (12)
le métier profession, occupation
le métro subway
le metteur en scène movie director
mettre to put, to place; to
put on
— en œuvre to put into operation, to put into ef-
fect (15)
— le couvert to set the
table
se — au travail to begin or
set to work
se — en route to start, to
start off
les meubles *m.pl.* furniture
mexicain, -e Mexican
Mexico Mexico City
le Mexique Mexico
midi noon
le mien, la mienne; les miens,
les miennes mine
mieux better
aimer — to prefer
aller — to feel better
le (la, les) — best
mil thousand (*in dates*)
le milieu middle
au — de in the middle of
militaire military (3)
mille thousand
un millier (de) about a thousand
(4)
la mine: avoir bonne (mauvaise) — to look well
(ill)
minérale: l'eau — *f.* mineral
water
minuit midnight
la minute minute
le miroir mirror
la mise en scène production (of
a play) (9)

mixte coed
moche lousy, too bad, a
shame (2)
la mode style, fashion (3)
à la — stylish
moderne modern
la modernisation modernization (15)
moi me; I
moi-même myself
moins minus
à — que unless (12)
de — en — less and less
le (la, les) — the least
— . . . que less . . . than
time + — le quart quarter
to
le mois month
la moitié half
le moment moment
mon my
la monarchie monarchy (6)
le monde world
beaucoup de — a lot of people
tout le — everyone, everybody
mondial, -e; -aux, -ales world,
worldwide (3)
le monnaie change
monsieur, *pl.* messieurs Mr.,
sir
le — man, gentleman
la montagne mountain
à la — to (in) the mountains
monter to go up, to come up,
to climb; to take up, to
bring up
— dans to get on
— une pièce to put on a
play (7)
la montre (wrist)watch
Montréal Montreal
montrer (à) to show (to)
le monument monument (3)
mort *past participle of* mourir
la mort death (9)

la morue cod (13)
Moscou Moscow
le mot word
le moteur motor
la moto motorbike
la mouche fly
le mouchoir handkerchief
mouillé, -e wet
mourir to die
la mousse: la — au chocolat
chocolate mousse
la moustache moustache
le moustique mosquito
la moutarde mustard (12)
le mouton sheep
le mouvement movement (6)
le moyen means, way (5)
le mur wall
mûrir to mature, to ripen (9)
le musée museum
le musicien, la musicienne musician
la musique music

nager to swim
le nageur, la nageuse swimmer
la naissance birth (7)
de — by birth (7)
naître to be born
la nappe tablecloth
natal, -e native (6)
la natation swimming
national, -e; -aux, -ales national (3)
la nature nature (9)
naturel, -le natural
la nausée nausea (9)
nautique see ski
ne:
— . . . guère hardly any,
hardly ever (10)
— . . . jamais never
— . . . nulle part nowhere,
not anywhere (8)
— . . . pas not
— . . . personne nobody,
no one, not anyone

— . . . plus no longer, not
anymore; no more, not
any more
— . . . point not (10)
— . . . que only
— . . . rien nothing, not
anything
né past participle of naître
nécessaire necessary
la neige snow
neiger to snow
n'est-ce pas? interrogative tag
aren't I? isn't it? don't
we? etc.
nettoyer to clean
neuf nine
neuf, neuve new (15)
tout —, toute — brand
new (15)
le neveu, pl. les neveux nephew
le nez nose
ni . . . ni neither . . . nor
— l'un(e) — l'autre neither
one
niçoise see salade
la nièce niece
le niveau, pl. les niveaux level
(10)
Noël Christmas
la veille de — Christmas
Eve
noir, -e black
le Noir, la Noire black person
le nom name
au — de in the name of, for
le nombre number (5)
nombreux, -euse numerous
(8)
non no
le nord north
l'Amérique du Nord f.
North America
le nord-est northeast
le nord-ouest northwest
normal: en — with regular
gas
normand, -e Norman, of or
from Normandy (13)
la Norvège Norway
norvégien, -ienne Norwe-
gian
le norvégien Norwegian (language)

nos pl. our
de — jours today, nowa-
days (10)
la note note; grade
noter to note, to notice (14)
notre our
le nôtre, la nôtre; les nôtres
ours
nourrir to feed (5)
la nourriture nourishment,
food; board (5)
nous we, us; to (for, from) us
— autres we (14)
nous-mêmes ourselves
nouveau (nouvel), nouvelle
new
de nouveau again
le Nouveau-Brunswick New
Brunswick (14)
la Nouvelle-Ecosse Nova Scotia
(14)
novembre m. November
le nuage cloud
la nuit night, the dark
il fait — it's nighttime,
it's dark out
nul, nulle no (8)
le match — tie game
ne . . . nulle part (ailleurs)
nowhere (else), not any-
where (else) (8)
— en + school subjects no
good in
le numéro number

objectif, -ive objective (15)
l'objet m. object (15)
obligé, -e obliged (7)
oblitéré, -e canceled (4)
obscur, -e dark, dim
obtenir to get, to obtain (6)
l'occasion f.: avoir l'— (de) to
have a chance (to), to
have the opportunity
(to)
d'— second-hand, used (8)
occidental, -e; -aux, -ales
occidental, western (11)
occupé, -e busy, occupied
s'occuper de to be concerned
with, to attend to (9)
l'océan m. ocean

octobre *m.* October
l'odeur *f.* odor, smell
l'œil, *pl.* les yeux *m.* eye
  au premier coup d'— at
    first glance
  jeter un coup d'— (sur)
    to take a look (at)
l'œuf *m.* egg
l'œuvre *f.* work (6)
  mettre en — to put into op-
    eration, to put into ef-
    fect (15)
officiel, -le official (4)
offrir (à) to offer (to), to give
  (to)
l'oie *f.* goose (10)
  le confit d'— preserved
    goose (10)
l'oignon *m.* onion
  la soupe à l'— onion soup
l'oiseau, *pl.* les oiseaux *m.*
  bird
l'omelette *f.* omelette
l'omnibus *m.* local train
on we, they
l'oncle *m.* uncle
onze eleven
l'opéra *m.* opera, opera house
orange orange
l'orange *f.* orange
l'orangeade *f.* orangeade
l'orchestre *m.* orchestra
  le chef d'— conductor
l'ordre *m.* order (6)
l'oreille *f.* ear
l'oreiller *m.* pillow
l'organisation *f.* organization
  (1)
organiser to organize
oriental, -e; -aux, -ales oriental, eastern (11)
originaire (de) native of,
  originally from (14)
original, -e; -aux, -ales original
l'original *m.,* l'originale *f.,* eccentric, oddball (8)
l'origine *f.* origin (6)
  à l'— originally (6)
l'orteil *m.* toe
oser to dare (10)
l'osier *m.* wicker (12)

ou or
  — . . . — either . . . or
    (14)
où where
  d'— from where
  — que wherever (12)
oublier (de) to forget (to)
l'ouest *m.* west
oui yes
l'ours *m.* bear
l'outil *m.* tool
  la boîte à —s toolbox
outre beyond (13)
  —-mer overseas (13)
l'ouvreuse *f.* usher
l'ouvrier *m.,* l'ouvrière *f.* worker, laborer
ouvrir to open

le Pacifique Pacific Ocean
la page page
le pain bread
  le — d'épice gingerbread
    (12)
  le — grillé toast
  pair: au — au pair (5)
la paire pair
le palais palace (12)
  pâle pale (3)
la palme palm branch (11)
le palmier palm tree (11)
le pamplemousse grapefruit
le panier basket
la panne breakdown (2)
  tomber en — to break
    down (2)
le pantalon pants, slacks
papa *m.* father, dad
la papeterie stationery store (1)
le papier paper
  la fabrique de — paper
    mill (14)
le papillon butterfly
le paquet package
par by
  — contre on the other
    hand (4)
  — exemple for example
  — ici by here, through
    here (2)

regarder — to look out
  of
paraître to appear, to seem
  (15)
le parapluie umbrella
le parc park
parce que because
parcourir to cover (*distance*)
  (8)
pardon excuse me, pardon me
le pare-brise, *pl.* les pare-brise
  windshield
les parents *m.pl.* parents; relatives (14)
paresseux, -euse lazy
parfait, -e perfect
parfaitement perfectly
parfois sometimes (13)
le parfum perfume
parier to bet
parler to talk, to speak
parmi among
la parole word (7)
la part part, share, portion (14)
  de la — de qqn. of s.o., on
    the part of s.o. (14)
  de ma (ta, sa, etc.) — of
    me (you, him, her, etc.),
    on my (your, his, her)
    part (4)
  ne . . . nulle — (ailleurs)
    nowhere (else) (8)
  quelque — somewhere, any-
    where (12)
le participant, la participante
  participant
participer à to participate in
particulier: en — in particular (8)
la partie part
  faire — de to be part of
partir (de) to leave
partout everywhere
parvenir (à) to succeed, to
  get to, to manage to
  (2)

pas not

ne . . . — not

— de + *noun* no

— du tout not at all

— encore not yet

— grand'chose not much, nothing much (1)

le passager, la passagère passenger

le passe-temps pastime (4)

passer to spend *(time)*; to pass, to pass by (2)

— au rouge (vert) to turn red (green) *(traffic light)*

— un examen to take a test

il se passe quelque chose something is happening (5)

se — to happen

passionnant, -e exciting, terrific

passionné, -e par enthusiastic about

se passionner pour to like very much, to be enthusiastic about (7)

le pâté pâté

paternel, -le paternal (14)

patiemment patiently

patient, -e patient

le patin à glace ice skate

patiner to skate

le patineur, la patineuse ice skater

la patinoire skating rink

la pâtisserie pastry; pastry shop

le pâtissier, la pâtissière pastry chef, pastry shop owner

la patte: à — d'éléphant bell-bottom (3)

pauvre poor

payer to pay, to pay for

le pays country

avoir le mal du — to be homesick

le paysage landscape, scenery

les Pays-Bas *m.pl.* the Netherlands

la peau, *pl.* les peaux skin (12)

la pêche peach; fishing (13)

pêcher to fish (13)

le pêcheur, la pêcheuse fisherman, person fishing (13)

la pédale pedal (2)

le peigne comb

peigner to comb someone's hair

se — to comb one's hair

peindre to paint

la peine trouble, pain, difficulty (2)

valoir la — to be worth the trouble (2)

le peintre painter

la peinture painting

faire de la — to paint

Pékin Peking

la pelouse lawn

se pencher (sur) to bend (over), to lean (over)

pendant during; for

— que while

la péninsule peninsula

la pensée thought (9)

penser (à) to think (about)

— de to think of

le penseur thinker (9)

la pente slope

perceptible perceptible (15)

perdre to lose

se — to lose one's way, to get lost

le père father

perfectionner to perfect (5)

la permanence: la salle de — study hall

permettre (à . . . de) to let, to permit *(s.o. to do sth.)*

le permis de conduire driver's license

le personnage character (7)

la personne person

— . . . ne no one, nobody

la Perse Persia (Iran) (4)

petit, -e little, small

la —e-fille granddaughter (12)

la —e-nièce grandniece (12)

le — déjeuner breakfast

le —-fils grandson (12)

le—-neveu grandnephew (12)

les —s pois *m.pl.* peas

un tout — peu + *adj.* a little bit + *adj.,* just a bit + *adj.* (1)

peu:

coûter — to be inexpensive

— confortable uncomfortable

— de few, little

un — (de) a little

un — de tout a little of everything (1)

un tout petit — + *adj.* a little bit + *adj.,* just a bit + *adj.* (1)

la peur:

avoir — (de) to be afraid (of)

de — que lest, for fear that (12)

faire — à to scare, to frighten

peut-être perhaps, maybe

le phare headlight

pharmaceutique pharmaceutical (5)

la pharmacie pharmacy

le pharmacien, la pharmacienne pharmacist

la philatélie philately, stamp collecting (4)

philatéliste *m.&f.* philatelist, stamp collector (4)

philosophe *m.&f.* philosopher (9)

la philosophie philosophy (1)

philosophique philosophical (9)

la photo photo(graph)

photographe *m.&f.* photographer

photographier to photograph

la phrase sentence

le physicien, la physicienne physicist (1)

la physique physics

le piano piano

la pièce play

jouer une — to put on a play

monter une — to put on a play (7)

le pied foot
  à — on foot
la pierre stone
le piéton pedestrian
  pilote *m.&f.* pilot; race car driver
les pinces *f.pl.* pliers
le pique-nique, *pl.* les pique-niques picnic
  piquer to sting, to bite *(insects)*
le piscine swimming pool
la piste runway; track *(sports)*
  pittoresque picturesque
le placard closet
la place square, plaza; seat; room, space
  laisser de la — à to leave room (for)
le plafond ceiling
la plage beach
  plaindre to feel sorry for, to pity (11)
  se — (de) to complain (about) (11)
  plaire à to please (14)
le plaisir:
  avec — with pleasure
  faire — à to please
  plaît: s'il vous (te) — please
le plan map; plan (15)
  le — indicateur lighted métro map
le plancher floor
la planification economic planning (15)
la plantation plantation; planting (11)
  plat, -e flat
  à — flat *(of tires)*
le plat dish (10)
  plein, -e full
le plein: faire le — to fill it up
  pleurer to cry, to cry about (7)
  pleuvoir to rain
le plombier plumber
la plongée diving
  faire de la — sous-marine to go scuba-diving (1)
  plonger to dive, to plunge
le plongeur, la plongeuse diver

la pluie rain
la plupart de most of, the majority of
  plus more
  de — en — more and more
  en — in addition, what's more, moreover (10)
  le (la, les) — the most
  ne . . . — no longer, not anymore; no more, not any more
  non — either; neither
  — . . . que more . . . than
  — tard later
  plusieurs several
  plutôt instead, rather (3)
  pluvieux, -euse rainy (8)
le pneu, *pl.* les pneus tire
la poche: le livre de — paperback
le poème poem
le poète poet
le point:
  à — medium *(meat)*
  le — de départ departure point, starting point
  ne . . . — not (10)
la pointe: les heures de — rush hour
la pointure size *(shoes, gloves)*
la poire pear
le pois:
  à — polka dot (3)
  les petits — *m.pl.* peas
le poison poison
le poisson fish
la poitrine chest
le poivre pepper
  poli, -e polite
la police police
  policier:
  le film — detective film
  le roman — detective novel
  poliment politely
  politique political (9)
  les sciences —s *f.pl.* political science
la politique politics (9)
la Pologne Poland
  polonais, -e Polish
le polonais Polish *(language)*

la pomme apple
  la tarte aux —s apple pie
la pomme de terre potato
  les pommes frites French fries
  la purée de —s de terre mashed potatoes
la pompe à essence gas pump
  pompiste *m.&f.* service station attendant
le pont bridge
  populaire popular (2)
  la musique — pop music
le porc: le rôti de — roast pork
la porcelaine porcelain, china (3)
le port port
la porte door
  la — d'embarquement boarding gate
le portefeuille wallet, billfold
  porter to wear; to carry
la portière car door
le portrait portrait (6)
  portugais, -e Portuguese
le portugais Portuguese *(language)*
le Portugal Portugal
  poser to ask, to pose
  posséder to own (15)
  possible possible
  postal, -e: la carte —e post card
la poste post office
le pouce thumb
la poule hen
le poulet chicken
  pour for, (in order) to
  — que so that (12)
le pourboire tip, gratuity
  pourquoi why
  poursuivre to pursue (7)
  pourtant however (6)
  pousser to push
  pouvoir can, to be able
  il se peut it's possible; it may be

pourvu que so long as, provided that (12)
précédent, -e preceding
précis, -e precise (12)
préféré, -e favorite (1)
préférer to prefer
le préfet prefect; administrative head of a *département* (15)
préhistorique prehistoric
premier, -ière first
le — + *month* the first of
prendre to take, to have
— quelque chose to have something to eat (or drink)
— un bain de soleil to sunbathe
préparer to prepare, to fix
près (de) near
de plus — closer, more closely
présenter to introduce
se — (à) to introduce oneself (to)
préserver to keep, to preserve (4)
le président president (4)
presque almost
pressé, -e in a hurry
le citron — lemonade, citron pressé
presser to press
prêt, -e ready
le prêt-à-porter ready to wear (3)
prêter (à) to lend (to)
— serment to give one's oath, to swear (6)
prier: je vous (t')en prie you're welcome
primaire primary (14)
principal, -e; -aux, -ales principal
le rôle — the lead (*in a play*)
le printemps spring
au — in the spring

la prison prison (3)
le prix price; prize (9)
probable probable
probablement probably (8)
le problème problem
le procès trial (8)
prochain, -e next
proche nearby (5)
le produit product (10)
le professeur, le prof teacher
la salle des —s teachers' lounge
la profession profession
professionnel, -le professional (10)
le profit: tirer — de to benefit from (15)
profiter de to take advantage of
le programme program
les progrès *m.pl.* progress
faire des — to make progress
les projets *m.pl.* plans
la promenade walk
faire une — to take a walk
promener to take for a walk
se — to take a walk
promettre (à . . . de) to promise (*s.o. to do sth.*)
prononcer to pronounce
la prononciation pronunciation
le propos:
à — appropriate (9)
mal à — inappropriate (9)
propre clean; own
propriétaire *m.&f.* owner, property owner, landlord (15)
la propriété property (9)
provençal, -e; -çaux, -çales of (from) Provence
la province province (1)
en — in the provinces
le proviseur principal (*of lycée*)
les provisions *f.pl.* supplies, food
la prune plum
publié, -e published (1)
publier to publish (7)
puis then
puisque since
puissant, -e powerful (12)
le pull-over sweater

le pupitre student desk
la purée de pommes de terre mashed potatoes

le quai platform; embankment along river, wharf (8)
la qualité quality (12)
quand when
depuis —? since when?, since what time?
— même anyway, just the same
quant à as to, as for (15)
quarante forty
le quart:
time + et — quarter past
time + moins le — quarter to
un — d'heure 15 minutes
le quartier quarter, district (9)
quatorze fourteen
quatre four
quatre-vingt-dix ninety
quatre-vingts eighty
que what; that; than
ne . . . — only
— faire? what can you do? (1)
québécois, -e of (from) Quebec, Quebecois
quel, quelle what, which
à — heure? (at) what time?
de — couleur? what color?
— âge avez-vous? how old are you?
— heure est-il? what time is it?
— jour sommes-nous? what day is it?
— temps fait-il? what's it like out?
quelconque some . . . or another (12)
quelque chose something
il se passe — something is happening (5)
prendre — to have something (to eat or drink)
quelque part somewhere; anywhere (12)

quelquefois sometimes
quelques some, a few
   —-uns, —-unes (de) some
    (of), a few (of) (4)
quelqu'un someone
qu'est-ce que what?
   qu'est-ce qu'il y a? what's
    the matter? (2)
qu'est-ce qui what?
   — ne va pas? what's wrong?
la question question
   poser une — to ask a ques-
    tion
la queue: faire la — to stand in
   line
qui who
   à — to whom?
   — est-ce que whom?
   — est-ce qui who?
   — que whoever, whomev-
    er (12)
quinze fifteen
   — jours two weeks
   une quinzaine de jours
    about two weeks
quitter to leave
   ne quittez pas! hold the
    line! *(on telephone)*
quoi what
   à — what?
   de — what? about what?
   — que whatever (12)
quoique although, even
   though (12)

raccourcir to shorten (3)
raconter to tell, to tell about
la radio radio
le radis radish
le ragoût stew (10)
le raisin grape
la raison reason (15)
   avoir — to be right
raisonnable reasonable (1)
ralentir to slow down
la randonnée hike, hiking
   faire une — to go hiking,
    to go for a hike

le randonneur, la randonneuse
   hiker
rapide fast, rapid
rapidement rapidly, quickly
rappeler to remind (15)
   se — to recall, to remem-
    ber
les rapports *m.pl.* relationship
rare rare (8)
rater to fail
se rattacher à to belong to, to
   be part of (6)
le ravalement cleaning of the
   walls of a building;
   sand-blasting (15)
ravaler to clean the walls of
   a building (15)
le rayon department *(in store)*;
   spoke *(of a wheel)* (2)
la rayure: à —s striped (3)
réaliser to bring about, to
   achieve, to fulfill (12)
   se — to come true, to be
    fulfilled (11)
rebattu, -e hackneyed (15)
récemment recently
récent, -e recent
la réception reception desk
la recette recipe; receipt (14)
recevoir to receive, to get
le réchaud (portable) stove
recherché, -e sought after (9)
réclamer to demand, to insist
   upon (10)
le recoin cranny, hidden corner
   (11)
    les coins et les —s the ins
    and outs, the nooks
    and crannies (11)
la récolte harvest (12)
recommencer to begin again,
   to start over
récompenser to repay, to recompense (6)
reconnaître to recognize
recueillir to collect, to select
   (3)
redescendre to go (come)
   back down
réfléchir à to think about (8)
refléter to reflect (11)

le réfrigérateur refrigerator
refuser (de) to refuse (to)
regarder to watch, to look (at)
   — fixement to stare at (6)
   — par to look out of
le régime diet
   au — on a diet
la région region, area
régional, -e; -aux, -ales regional (10)
la règle ruler
   la — à calcul slide rule (1)
   en — in order
regonfler to put air in, to reinflate
regretter to be sorry
la reine queen
rejoindre to join, to meet
   se — to meet, to get togeth-
    er again
relier to join together, to connect; to bind (8)
la religieuse nun (14)
la religion religion (1)
remarquer to notice
remercier to thank
remettre en vigueur to reinstate, to put back in
   force
le remonte-pente rope lift
remonter to go (come) back
   up; to date back to, to
   go back to (9)
remplir to fill; to fill out; to
   fulfill (5)
le renard fox (13)
rencontrer to meet, to run
   into
   se — to meet (each other)
rendormir to put back to
   sleep
   se — to go back to sleep
rendre to give back, to return
   (sth.)
   — quelqu'un + *adj.* to
    make *s.o.* + *adj.*
   — visite à to visit *(s.o.)* (11)

rendre (cont'd.):

se — compte de (or que) to realize (that) (15)

se — (à) to go (to)

la **rénommée** renown (7)

les **renseignements** m.pl. information

renseigner to inform (9)

la **rentrée des classes** first day of school

rentrer to come back, to go back, to return

renvoyer to send back

répandu, -e widespread, popular (6)

réparer to repair, to fix

le **repas** meal

répéter to repeat; to rehearse (7)

la **répétition** rehearsal (7)

répondre à to answer

la **réponse** answer, response

le **repos** rest

se **reposer** to rest, to relax

reprendre to begin again (1)

le **représentant**, la **représentante** sales representative, salesperson

la **république** republic (11)

la **réputation** reputation (8)

la **résidence secondaire** summer or weekend home (15)

respecter to respect (12)

respirer to breathe (11)

la **responsabilité** responsibility (9)

ressembler à to resemble, to look like

se — to look alike

ressentir to feel (the effects of) (11)

resserrer to tighten (2)

le **restaurant** restaurant

le **wagon-** — dining car

le **restaurateur**, la **restauratrice** restaurant owner (10)

restaurer to restore (3)

rester to stay, to remain

les **restes** m.pl. rest, remainder; leftovers (10)

le **résultat** result (14)

retard: en — late

retarder to delay

retenir to reserve; to hold back

le **retour** return; return trip; return ticket

un **aller et** — round-trip ticket

retourner to go back

retrouver to get back to (place); to find, to meet again (people)

— son équilibre to recover one's balance, to get back to normal (11)

se — to meet again; to be found again; to be also found (15)

la **réunion** meeting

se **réunir** to meet, to get together, to have a meeting

réussir (à) + inf. to succeed (in)

— à un examen to pass a test

le **rêve** dream (11)

le **réveil** alarm clock

réveiller to wake (s.o) up

se — to wake up

le **réveillon** late night holiday meal

revenir to come back

rêver (de) to dream (about) (11)

réviser to go over, to review

revoir: au — good-by

la **révolution** revolution (9)

la **revue** magazine

le **rez-de-chaussée** main floor, ground floor

le **rhinocéros** rhinoceros

le **rhume** cold

riche rich

le **rideau**, pl. les **rideaux** curtain

rien:

ça ne fait — it doesn't matter

— . . . ne nothing

rire (de) to laugh (at)

le **rire** laugh, laughter (3)

risquer de to risk; might (11)

la **rive** (river) bank

la — droite (gauche) Right (Left) Bank (of Seine)

la **rivière** river

le **riz** rice

la **robe** dress

le **rock** rock music

le **roi** king

le **rôle** part, role

le — principal the lead (in a play or movie)

roman, -e Romance (5)

le **roman** novel

le — policier detective novel

le **romanche** Romansh (5)

rompre to break (12)

le **rosbif** roast beef

rose pink (8)

le **rôti de porc** roast pork

la **roue** wheel (2)

rouge red

rougir to become red, to blush

roulant: l'escalier — escalator

roulé: à col — turtleneck (3)

le **roumain** Romanian (5)

la **Roumanie** Romania (7)

la **route** road; way

en — (pour) on the way (to); on the road

se mettre en — to start, to start off

routière: la carte — road map

roux, rousse redheaded, a redhead

royal, -e; -aux, -ales royal (3)

le **royaume** kingdom (4)

la **rue** street

dans la — on the street

russe Russian

le **russe** Russian (language)

la **Russie** Russia

sa his, her, its

le **sable** sand

le sac purse
    le — à dos backpack
    le — de couchage sleeping
        bag
la sacoche saddlebag (2)
sage well-behaved
saignant, -e rare *(meat)*
saisir to seize, to capture (6)
la saison season
la salade salad
    la — niçoise Nicoise salad
le salaire salary (5)
sale dirty
salir to dirty, to get sth. dirty
    (9)
    se — to get (oneself) dirty
    (9)
la salle auditorium, meeting
        room (6)
    la — à manger dining
        room
    la — d'attente waiting
        room
    la — de bains bathroom
    la — de classe classroom
    la — de documentation
        school library
    la — de permanence study
        hall
    la — des professeurs teach-
        ers' lounge
le salon exposition, show; living
        room
    le — de coiffure beauty
        shop, barbershop
salut hello; good-by
samedi *m.* Saturday
le sandwich, *pl.* les sandwichs
        sandwich
sans without
    — doute doubtless, surely
    (4)
    — que without (12)
la santé health
le santon santon
la saucisse sausage (10)
le saucisson sausage
sauf except, but
la sauterelle grasshopper
le savant, la savante scholar (8)
    savoir to know, to know how
le savon soap

le saxophone saxophone
la scène:
    le metteur en — movie
        director
    la mise en — production
        (of a play) (9)
la scie saw
la science science (15)
    les —s économiques eco-
        nomics
    les —s politiques political
        science
    les —s sociales social stud-
        ies
scientifique *m.&f.* scientist
scolaire *adj.* school (1)
le sculpteur sculptor
la sculpture sculpture
se (s') himself, herself, them-
    selves, each other
le seau bucket (12)
sec, sèche dry
second, -e second (13)
secondaire secondary (10)
la seconde second (5)
le secours help (2)
    arriver au — to come to
        the rescue (2)
    au —! help! (2)
secrétaire *m.&f.* secretary
la sécurité: la ceinture de —
        seat belt
seize sixteen
le séjour stay, sojourn
le sel salt
la selle seat (2)
selon according to
la semaine week
    semblant: faire — de + *inf.*
        to pretend to (3)
    sembler (à) to seem (to)
le Sénégal Senegal
sénégalais, -e Senegalese
sensationnel, -le fantastic,
    sensational (1)
le sentier path
    sentir to feel *(sth.)*; to smell
    (11)
    se — to feel (well, ill, etc.)
    (10)
se séparer to separate, to break
    up, to adjourn (6)

sept seven
septembre *m.* September
sérieusement seriously
sérieux, -euse serious
le serment oath (6)
    prêter — to give one's oath,
        to swear (6)
le serpent snake
se serrer la main to shake hands
la serveuse waitress
le service service (6)
    à votre — at your service
    le — est compris the tip
        is included
la serviette napkin; towel;
        briefcase (1)
servir to serve, to wait on
    — de to serve as, to act as
    (9)
    se — de to use
ses *pl.* his, her, its
seul, -e only; alone; single
seulement only
si if; yes; so
le siècle century
le siège seat; main office, head-
        quarters (5)
le sien, la sienne; les siens, les
        siennes his, hers
la signification meaning, signi-
        ficance (6)
    signifier to mean, to signify
    (8)
le silence silence
simple simple (2)
simplement simply (8)
le singe monkey
sinon otherwise, if not
la situation situation (14)
situé, -e located
six six
le ski skiing; ski
    faire du — to ski
    faire du — nautique to
        water-ski
le skieur, la skieuse skier

social, -e; -aux, -ales: les sciences sociales *f.pl.* social studies
la société company, business; society (9)
la sœur sister
soi-disant so-called (15)
la soie silk (3)
la soif: avoir — to be thirsty
soigner to take care of
soigneusement carefully
le soir evening, in the evening
    du — P.M.
    hier — last night, last evening
    tous les —s every night
la soirée (the whole) evening
soit . . . soit either . . . or (10)
soixante sixty
soixante-dix seventy
le soldat soldier
le solde: en — on sale
le soleil sun
    il fait du — it's sunny
    les lunettes de — sunglasses
    prendre un bain de — to sunbathe
le sommeil: avoir — to be sleepy
le sommet top, summit (8)
son his, her, its
le son sound
sonner to ring
la sonnette bell
la sorte sort, kind
la sortie exit
sortir (de) to go out; to take out
la soucoupe saucer
soudain suddenly (2)
souffrir to suffer
la soupe soup
    la — à l'oignon onion soup
sourd, -e deaf
sourire (à) to smile (at)
le sourire smile (3)

la souris mouse
sous under
sous-marine: faire de la plongée — to go scuba-diving (1)
le sous-sol basement, lower level
le sous-titre subtitle
soutenir to sustain, to help, to aid (10)
le souvenir souvenir
se souvenir de to remember
souvent often
spécial, -e; -aux, -ales special (10)
se spécialiser dans to specialize in (9)
la spécialité specialty (10)
le spectacle sight, show
le spectateur, la spectatrice spectator, fan; *m.pl.* audience
le sport: la voiture de — sports car
sportif, -ive athletic
les sports *m.pl.* sports
    le terrain de — playing field
le stade stadium
le stage training period, internship
    faire un — to train, to intern
la station station; stop (*subway*)
la station-service, *pl.* les stations-service gas station
le steward steward
le stop stop sign
le stylo pen
    le — à bille ballpoint pen (1)
    le — à cartouche cartridge pen (1)
le sucre sugar
le sud south
    l'Amérique du Sud *f.* South America
le sud-est southeast
le sud-ouest southwest
la Suède Sweden
    suédois, -e Swedish

le suédois Swedish (*language*)
suffire; ça suffit! that's enough!
suggérer to suggest
la suggestion suggestion
la Suisse Switzerland
    la — romande French-speaking Switzerland (5)
la suite:
    ainsi de — and so forth (1)
    tout de — right away
suivant, -e following
suivre to follow (3; 12)
le sujet subject (9)
    au — de about (9)
super: en — with premium gas
le supermarché supermarket
supposer to suppose (13)
sur on; (+ *number*) out of (15)
sûr, -e sure, certain; secure (14)
    à coup — for sure
    bien — of course, certainly
sûrement surely, of course
surnommé, -e nicknamed (12)
surprendre to surprise
surpris, -e surprised
la surprise-party informal party, get-together
surtout especially
survivre à to survive (14)
sympa(thique) likable, nice

ta your
la table table
    à — at the table, eating (10)
    à —! let's eat!
le tableau, *pl.* les tableaux blackboard; painting
    faire un — to paint a picture
    le — de bord dashboard
la tâche task, chore (5)
la taille size (*clothing*)

le **taille-crayon** pencil sharpener (1)

se **taire** to be silent, to be quiet
(14)

le **tambour** drum

tandis que while, whereas

tant de so much, so many

la **tante** aunt

le **tapis** rug

tard late

la **tarte** pie

la — **aux pommes** apple
pie

la **tartine au beurre** bread and
butter

la **tasse** cup

le **taureau,** *pl.* les **taureaux** bull

te (t') to (for, from) you

le **technicien,** la **technicienne**
technician

technique technical (10)

tel, telle such a, such (8)

tel(le) que such as (11)

la **télé** TV

les **télécommunications** *f.pl.* telecommunications (15)

le **téléphone** telephone

au — on the phone

le **coup de** — phone call

téléphoner à to telephone, to
phone

télévisé: le journal — TV
news

tellement so

téméraire foolhardy, reckless (12)

le **temps** weather; time

à — in time (2)

avoir le — **de** to have time
to

de — **en** — from time to
time, in a while

en même — **(que)** at the
same time (as)

quel — **fait-il?** what's it
like out? what's the
weather like?

tenir to hold, to keep (8)

le **tennis** tennis

la **tente** tent

sous la — in the tent

le **terme** term (7)

terminal, -e; -aux, -ales final,
last (13)

terminer to finish, to end (10)

le **terrain** field

le — **de boules** boules
field

le — **de camping** camp-
ground

le — **de golf** golf course

le — **de sports** playing
field

la **terrasse d'un café** sidewalk
café

la **terre** land, earth

la **pomme de** — potato

la **Terre-Neuve** Newfoundland
(13)

le **territoire** territory

tes *pl.* your

la **tête** head

têtu, -e stubborn

le **thé** tea

théâtral, -e; -aux, -ales theatrical (9)

le **théâtre** theater

la **théorie** theory (9)

le **ticket** ticket

le **tien,** la **tienne;** les **tiens,** les
tiennes yours

tiens! well, well!; there! (2)

le **tigre** tiger

le **timbre** stamp

timbré, -e nutty, nuts (4)

tirer to take, to draw, to pull
(15)

— **profit de** to benefit from
(15)

le **tiroir** drawer

le **titre** title

toc! toc! knock! knock!

toi you

toi-même yourself

le **toit** roof

la **tomate** tomato

tomber to fall

laisser — to drop

— **en panne** to break down
(2)

ton your

le **tort: avoir** — to be wrong

tôt early

toujours always; still

toulousain, -e of or from
Toulouse (10)

la **tour** tower (8)

la — **de contrôle** control
tower

le **tour:**

chacun son — everyone in
turn

faire un — to take a walk
or ride (2)

le **tourisme** tourism

touriste *m.&f.* tourist

touristique *adj.* tourist (1)

tourner to turn

— **un film** to make a film

le **tournevis** screwdriver

la **tourte à la viande** meat pie
(14)

la **tourtière** meat pie *(Canada)*
(14)

tout *adv.* very, entirely (13)

— **à coup** suddenly

— **à fait** completely, totally

— **à l'heure** in a little while

— **de même** all the same,
even so (1)

— **de suite** right away

— **droit** straight ahead

un — **petit peu** + *adj.* a
little bit + *adj.*, just
a bit + *adj.* (1)

tout, tous, toutes *pron.* all,
everything, everyone
(4)

après — after all

pas du — not at all

un peu de — a little of
everything (1)

tout, -e; tous, toutes *adj.,* all;
every

de — **e façon** anyhow, in any
case

en — **cas** in any case, at any
rate

tous (toutes) les deux both

tous les jours every day

— **le monde** everyone,
everybody

toutefois however (3)
la tradition tradition
traditionnel, -le traditional (4)
traduire to translate
la tragédie tragedy (7)
le train train
    être en — de + *inf.* to be in the middle of (*doing sth.*)
le trajet ride, short trip
la tranche slice
    tranquille quiet, peaceful
    transatlantique transatlantic
    transformer to transform, to change (3)
le transport transporting; *pl.* transportation (15)
le travail, *pl.* les travaux work, job
    travailler to work
    travers: à — through, across (1)
    traverser to cross
    treize thirteen
    tréma diaeresis (¨)
    trente thirty
    très very
la tribu tribe
le tricot knit, knitting (3)
    triste sad, unhappy
    tristement sadly
le troc trade (5)
    trois three
le trombone trombone
    se tromper (de) to be wrong, to be mistaken (about)
la trompette trumpet
    trop too
    — cuit, -e overdone
    — de too much, too many
    troquer (contre) to trade (for) (4)
la troupe troupe (9)
    trouver to find
    se — to be, to be located

    tu you
    tuer to kill (11)
le type guy, fellow
    typiquement typically

    un, une one; a, an
    l'un *m.*, l'une *f.*: ni l' — ni l'autre neither one
l'union *f.* union (12)
    unique only (I)
    uniquement solely, only (8)
    universitaire *adj.* university (13)
l'université *f.* university
l'usine *f.* factory
    utile useful (7)
    utiliser to use, to utilize (10)

les vacances *f.pl.* vacation
    en — on vacation
    passer des — to spend a vacation
    prendre des — to take a vacation
la vache cow
    oh, la —! oh rats!
    vaincu, -e conquered, vanquished (12)
la vaisselle dishes
la valise suitcase
    faire sa — to pack one's suitcase
la vallée valley
    valoir to be worth (2)
    — le coup to be worth the effort (2)
    — la peine to be worth the trouble (2)
    il vaut mieux it's better
    varié, -e varied, various (3)
    varier to vary (14)
la variété variety (1)
    vaut *see* valoir
la vedette movie star
la veille (de) night before, eve
    la — de Noël Christmas Eve
    veiller to stay up (11)

la veine: avoir de la — to be lucky (1)
le vélo bike
le velours velvet (3)
    le — côtelé corduroy (3)
la vendange grape harvest (12)
le vendangeur, la vendangeuse grape picker (12)
le vendeur, la vendeuse salesperson
    vendre to sell
    vendredi *m.* Friday
    venir to come
    — à maturité to ripen, to mature (12)
    — chercher to come get, to come pick up
    — de + *inf.* to have just
le vent wind
    il fait du — it's windy
le ventre stomach
le ver worm
    vérifier to check
    véritable veritable, real (8)
la vérité truth (13)
    en — in truth, in fact (13)
le verre glass
    vers around, about; toward
la version version
    vert, -e green
la veste jacket
les vêtements *m.pl.* clothing, clothes
    veuillez please
la viande meat
    la tourte à la — meat pie (14)
    vide empty
la vie life
    gagner sa — to earn one's living (12)
    vieux (vieil), vieille old
    mon vieux, ma vieille old pal
    vif, vive bright (3)
la vigueur: remettre en — to reinstate, to put back in force
la vigne vine; *pl.* vines; vineyard (12)
le vignoble wine-growing region; vineyards (12)

la villa villa
le village village
la ville city, town
    en — in (to) town
le vin wine
    le coq au — chicken cooked
       in wine
le vinaigre vinegar
la vinaigrette salad dressing
    vingt twenty
le violon violin
le violoncelle cello
la vis screw
    viser à to aim to, to aim for
      (15)
le vison mink (13)
la visite visit; tour
    faire la — de to take a tour
      of
    faire une — à to visit (s.o.)
    rendre — à to visit (s.o.)
      (11)
    visiter to visit (a place)
visuel, -le visual (6)
vite quick! hurry!; quickly,
    fast
la vitesse speed (2)
    à dix —s ten-speed (2)
    le levier de — gear shift
      (2)
le viticulteur winegrower (12)
la vitrine store window
    vivre to live (12)
le vocabulaire vocabulary (12)

voici here is, here are
la voie track (of train)
voilà there is, there are
la voile: le bateau à —s sail-
    boat
voir to see
voisin, -e neighboring, nearby
le voisin, la voisine neighbor
la voiture car
    — de course race car
    — de sport sports car
la voix voice
    à haute — aloud, out loud
le vol flight
la volaille poultry (10)
le volant steering wheel
voler to fly (10)
le volleyball volleyball
volontiers gladly, willingly
    (4)
vos pl. your
votre your
le vôtre, la vôtre; les vôtres
    yours
vouloir to want
    veuillez please
    — dire to mean
vous you; to (for, from) you
    — autres you (14)
vous-même yourself
vous-mêmes yourselves
le voyage trip (15)
    bon — have a good trip
    en — on a trip

    faire un — to take a trip
voyager to travel
le voyageur, la voyageuse tra-
    veler
vrai, -e real; true
vraiment really, truly
la vue view

le wagon car (of train)
    le —-lit sleeping car
    le —-restaurant dining car
le week-end weekend
le western western (movie)
le wolof Wolof (a Senegalese
    language)

y there; it
    ça — est that's it, there you
      go (2)
    il y a there is, there are
    il y a + time ago
    — compris including (3)
les yeux see œil
la Yougoslavie Yugoslavia

zéro zero
le zoo zoo
zut! darn!

English-French Vocabulary

a, an un, une
able: to be — pouvoir
aboard: all —! attention au
    départ!
about de; vers; au sujet de
    (9)
    — it là-dessus
    — + *number* une + *number*
        + -aine
    — what de quoi
    to tell — raconter
above au-dessus de; en haut
abroad à l'étranger (1)
absence l'absence *f.* (15)
absent-minded distrait, -e
absurd absurde (7)
abundance l'abondance *f.*
    (10)
Acadia l'Acadie *f.* (14)
Acadian acadien, -ienne (14)
to accelerate accélérer
to accept accepter (de)
access l'accès *m.* (15)
accident l'accident *m.*
to accompany accompagner
accomplished: to be —
    s'effectuer (15)
according to d'après; selon;
    conformément à (15)
to achieve réaliser (12)
acquaintance la connaissance
acquainted: to be — with
    connaître
across à travers (1)
    — from en face de
to act agir (9)
    to — as servir de (9)
action l'action *f.* (7)
active actif, -ive (1)
activity l'activité *f.* (1)
    leisure-time activities les
        loisirs *m.pl.* (15)
actor l'acteur *m.*

actress l'actrice *f.*
to adapt to s'adapter à (15)
to add ajouter
    addition: in — en plus (10)
    address l'adresse *f.*
to adjourn se séparer (6)
    administration (*of a business*)
        la gestion (15)
    administrative administratif,
        -ive (15)
    — head of a département
        le préfet (15)
to admire admirer (8)
to admit admettre (13)
    admitted admis, -e (13)
to adore adorer (1)
    adult l'adulte *m.&f.* (9)
    advantage: to take — of
        profiter de
    advantageous avantageux,
        -euse (15)
to advise conseiller (à . . . de)
    aeronautic aéronautique (10)
    afraid:
        to be — (of) avoir peur
            (de), craindre
        to be — so (not) craindre
            que oui (non)
    Africa l'Afrique *f.*
    African africain, -e
    after après; après que (5)
        the day — le lendemain
            (de)
    afternoon l'après-midi *m.*
        in the — l'après-midi *m.;*
            time + de l'après-midi
    afterward après
    again encore; de nouveau
        to begin — reprendre (1)
    against contre (4)
    ago il y a + *time*
to agree accepter de; être d'ac-
        cord; s'entendre (9)
    agriculture l'agriculture *f.*
    ahead: straight — tout droit
    aid le secours (2)
to aid aider (à); soutenir (10)

to aim (to, for) viser (à) (15)
    air l'air *m.*
        in the open — à la belle
            étoile (1)
        to put — in regonfler
    airplane l'avion *m.*
    airport l'aéroport *m.*
    alarm clock le réveil
    album l'album *m.* (4)
    algebra l'algèbre *f.*
    Algeria l'Algérie *f.* (4)
    Algerian algérien, -ienne (4)
    all *adj.* tout, -e; tous, toutes;
        pron. tout; tous, toutes
        (4)
        after — après tout
        — aboard! Attention au
            départ!
        — the same tout de même
            (1)
        — things considered au
            bout du compte (12)
        at — cost coûte que coûte
            (15)
        when —'s said and done
            au bout du compte
            (12)
        not at — pas du tout
    allegiance la fidélité (14)
    alliance l'alliance *f.* (12)
to allow permettre à . . . de;
        laisser
    almost presque
    alone seul, -e
    along le long de (8)
        all — tout le long de (8)
        to get — s'entendre (9)
    aloud à haute voix
    already déjà
    also aussi; également (6)
    although bien que, quoique
        (12)
    always toujours
    a.m. du matin
    amazed étonné, -e; bouche
        bée (7)
        to be — at s'étonner (11)

ambitious ambitieux, -euse
America l'Amérique f.
   Central — l'Amérique centrale
   North — l'Amérique du Nord
   South — l'Amérique du Sud
American américain, -e
Americanization l'américanisation f. (15)
among parmi
amusement le divertissement m. (11)
amusing amusant, -e
analysis l'analyse f. (12)
to analyze faire une analyse de (12)
ancestor l'ancêtre m. (6)
ancient ancien, -ienne; antique (5)
and et
   — so forth, et ainsi de suite (1)
angry: to get — se fâcher (de, avec)
animal l'animal, pl. les animaux m.; la bête
to announce annoncer
annoying embêtant, -e
annual annuel, -le (4)
answer la réponse
to answer répondre à
ant la fourmi
anthropology l'anthropologie f.
any des; (after negative) de; en
   not — aucun(e) (de) . . . ne (7)
   not — more ne . . . plus
anybody, anyone: not — ne . . . personne
anything: not — ne . . . rien
anyway quand même
anywhere quelque part (12)
   not — ne . . . nulle part (8)
apartment l'appartement m.
   — building l'immeuble m.
to appear paraître (15)
appetite l'appétit m. (10)
appetizer les hors-d'œuvre m.pl.

apple la pomme
   — pie la tarte aux pommes
to apply to s'appliquer à (7)
to appreciate apprécier (9)
apprentice l'apprenti m., l'apprentie f. (10)
apprenticeship l'apprentissage m. (10)
to approach s'approcher (de)
appropriate à propos (9)
   to be — convenir (à)
apricot l'abricot m.
April avril m.
aptitude l'aptitude f. (10)
Arabic l'arabe m. (4)
archipelago l'archipel m. (13)
architecture l'architecture f. (8)
area la région
   work — le chantier (14)
to argue se disputer
argument la dispute
arm le bras
armchair le fauteuil
armoire l'armoire f.
around vers; autour (de)
arrival l'arrivée f.
to arrive arriver
arrow la flèche
arsenal l'arsenal m. (3)
art l'art m.
   fine —s les beaux-arts m.pl. (12)
artichoke l'artichaut m.
article l'article m.
artist l'artiste m.&f.
as comme
   — for quant à (15)
   — . . . — aussi . . . que
   — soon — aussitôt que; dès que
   — to quant à (15)
   — well — aussi bien que; ainsi que (10)
   just — ainsi que (10)
Asia l'Asie f.
to ask, to ask for demander
   to — a question poser une question
   to — (s.o.), to — (s.o.) to demander à . . . de
aspect l'aspect m. (9)

aspirin l'aspirine f. (11)
to assemble s'assembler (4)
association l'association f. (10)
assorted assorti, -e (9)
to assure assurer
to astonish étonner
astonished étonné, -e
   to be — by s'étonner de (11)
at à; chez
Athens Athènes
athletic sportif, -ive
Atlantic Ocean l'Atlantique f.
to attain atteindre (15)
to attend assister à
   to — to s'occuper de (9)
attention: to pay — (to) faire attention (à)
attic le grenier
to attract attirer (4)
attraction l'attraction f. (3)
au pair au pair (5)
audience les spectateurs m.pl.
auditorium l'amphi m.; la salle (6)
August août m.
aunt la tante
Australia l'Australie f.
Austria l'Autriche f.
Austrian autrichien, -ienne
author l'auteur m.
auto:
   — race la course d'autos
   — show le Salon de l'Auto
autobiographical autobiographique (9)
autobiography l'autobiographie f. (9)
autumn l'automne m.
avalanche l'avalanche f. (5)
avenue l'avenue f.
   on the — dans l'avenue
awful affreux, -euse
   how —! quelle horreur!
awkward maladroit, -e

baby le bébé

bac(calaureat) le bac(calau-
réat) (10)

back adj. arrière

back le dos

— pack le sac à dos

to date — (to) remonter
(à) (9)

to get — to retrouver

to go — (to) remonter (à)
(9)

to go (come) — down re-
descendre

to go — to sleep se ren-
dormir

to go (come) — up remon-
ter

to put — to sleep rendor-
mir

to send — renvoyer

bad mal; mauvais, -e

it's — out il fait mauvais

too — moche (2)

badly mal

bag:

net shopping — le filet

sleeping — le sac de cou-
chage

baggage les bagages m.pl.

baker le boulanger, la boulangère

bakery la boulangerie

balance l'équilibre m. (11)

to recover one's — retrouver son équilibre (11)

bald chauve (7)

ball la balle; le ballon

ballpoint pen le stylo à bille
(1)

banana la banane

to banish chasser (14)

bank la banque; (of river) la
rive

barber le coiffeur

barbershop le salon de coiffure

bargain l'aubaine f. (8)

at a — price bon marché

basement le sous-sol

basically au fond (9)

basket le panier

basketball le basketball

bass la contrebasse

bath le bain

bathing suit le maillot

bathroom la salle de bains

— sink le lavabo

bathtub la baignoire

bay la baie

to be être; se trouver

to — a (size) 5 faire un 36
(3)

See also individual listings
for expressions with to
be

beach la plage

beans les haricots verts m.pl.

bear l'ours m.

beard la barbe

beautiful beau (bel), belle

beauty shop le salon de coiffure

because parce que; car

— of à cause de

to become devenir

to — friendly with se lier
d'amitié avec (11)

bed le lit

in — au lit

to go to — se coucher

to put to — coucher

bedroom la chambre à cou-
cher

bee l'abeille f.

beef le bœuf (14)

roast — le rosbif

beer la bière

before avant; avant de + inf.;
avant que (12)

the night — la veille (de)

to begin commencer (à); établir
(6)

to — again recommencer;
reprendre (1)

to — work se mettre au
travail

beginning le commencement,
le début

to behave se conduire (9)

behind derrière

Belgian belge

Belgium la Belgique

to believe croire

bell la sonnette

bell-bottom à patte d'éléphant (3)

belong: to — to se rattacher
à (6); appartenir à (9)

below au-dessous de; en bas

belt la ceinture

bench le banc

to bend (over) se pencher (sur)

to benefit from tirer profit de
(15)

berth la couchette

beside à côté de

besides d'ailleurs

best adj. meilleur, -e; adv. le
mieux

it's — to + inf. valoir
mieux + inf. (2)

to bet parier

you — en effet

better adj. meilleur, -e; adv.
mieux

it's — il vaut mieux

to be — to + inf. valoir
mieux + inf. (2)

to feel — aller mieux

between entre

beverage la boisson

beyond au delà de (11); outre
(13)

bicycle le vélo; la bicyclette
(1)

big grand, -e

bike le vélo

bike-rider cycliste m.&f.

bike-riding le cyclisme

to go — faire du cyclisme

bilingual bilingue (14)

bill l'addition f.

billfold le portefeuille

to bind relier (8)

biology la biologie

bird l'oiseau, pl. les oiseaux m.

birth la naissance (7)

by — de naissance (7)

birthday l'anniversaire *m.*
bit:
    a little — + *adj.* un tout
        petit peu + *adj.* (1)
    just a — + *adj.* un tout
        petit peu + *adj.* (1)
to bite piquer *(insects)*
black noir, -e
blackboard le tableau, *pl.* les
    tableaux
blanket la couverture
blind aveugle
blond blond, -e
blouse la blouse; le chemisier
    (3)
blowout la crevaison (2)
blue bleu, -e
    navy — bleu marine (3)
to blush rougir
board la nourriture (5)
boarding gate la porte d'em-
    barquement
boat le bateau, *pl.* les bateaux
    sail— le bateau à voiles
bond le lien (6)
book le livre; le bouquin
    (slang)
    ticket — le carnet
bookseller: second-hand —
    bouquiniste *m.&f.* (8)
bookstore la librairie
boot la botte
Bordeaux: of or from —
    bordelais, -e (12)
border la frontière (14)
to bore ennuyer
    boring ennuyeux, -euse
born né, -e
    to be — naître
to borrow (from) emprunter (à)
both tous (toutes) les deux
to bother gêner; déranger
bottle la bouteille
bouillabaisse la bouillabaisse
boules le jeu de boules *f.pl.*
    to play — jouer aux boules
boulevard le boulevard
boutique la boutique
    fashion — la boutique de
        mode (3)
bowl le bol
box la boîte

boy le garçon
bracelet le bracelet
brake le frein (2)
    to put on the — freiner
branch la branche (11)
brand la marque
bread le pain
    — and butter la tartine au
        beurre
to break casser; se casser (*a
    bone);* rompre (12)
    to — down tomber en
        panne (2)
    to — up se séparer (6)
breakdown la panne (2)
breakfast le petit déjeuner
    to have — déjeuner
to breathe respirer (11)
Breton breton, -ne (13)
brevet le brevet (13)
bridge le pont
briefcase la serviette (1)
bright clair, -e; *(color)* vif,
    vive (3)
to bring *(sth.)* apporter; *(s.o.)*
    amener
    to — about réaliser (12)
    to — down descendre
    to — out sortir
    to — up monter; élever (9)
brioche la brioche
Brittany la Bretagne
    of or from — breton, -ne
    (13)
broadcast l'émission *f.* (4)
brother le frère
brought: to be — about
    s'effectuer (15)
brown brun, -e; marron
brunette brun, -e
brush la brosse
    hair— la brosse à cheveux
    tooth— la brosse à dents
to brush brosser
    to — one's hair se brosser
        les cheveux
    to — one's teeth se brosser
        les dents
Brussels Bruxelles
bucket le seau (12)
to build construire; bâtir (8)
building le bâtiment (6)

built construit, -e (6)
bull le taureau, *pl.* les tau-
    reaux
bum le clochard, la clocharde
    (8)
Burgundy la Bourgogne (12)
    of or from — bourguignon,
    -ne (12)
to burn brûler
bus l'autobus *m.;* le bus
    — stop l'arrêt d'autobus *m.*
bush country la brousse
business la société; les affaires
    f.pl.; le commerce (15)
businessman l'homme d'af-
    faires *m.*
businesswoman la femme
    d'affaires
busy occupé, -e
but mais; sauf
butcher le boucher, la bou-
    chère
    — shop la boucherie
    pork — le charcutier, la
        charcutière
butter le beurre
    bread and — la tartine au
        beurre
butterfly le papillon
button le bouton
to buy acheter
by en; par; au bord de
    — here par ici (2)

cabaret le cabaret (3)
cabbage le chou, *pl.* les choux
cacao le cacao (11)
café le café
    — au lait le café au lait
    sidewalk — la terrasse d'un
        café
cake le gâteau, *pl.* les gâteaux
calculator la calculatrice (1)
calendar le calendrier
call: telephone — le coup de
    téléphone

to call appeler
called dit, -e (9)
  so-— soi-disant (15)
camera l'appareil *m.; (movie)*
  la caméra
camp: lumber — le chantier
  forestier (14)
to camp out faire du camping
camper la caravane; le campeur, la campeuse
campground le terrain de
  camping
can *see* able
Canada le Canada
Canadian canadien, -ienne
  French-— franco-cana-
  dien, -ienne (14)
cancelled oblitéré, -e (4)
candle la bougie
candy les bonbons *m.pl.*
canton le canton (5)
capital la capitale
to capture saisir (6)
car la voiture; l'auto *f.; (of
  train)* le wagon
  — door la portière
  — window la glace
  dining — le wagon-restau-
    rant
  race — la voiture de course
  sleeping — le wagon-lit
  sports — la voiture de
    sport
caramel custard la crème caramel
card la carte
  to play —s jouer aux cartes
  post — la carte postale
care: to take — of soigner
career la carrière (10)
careful: to be — faire attention (à)
carefully doucement; soigneusement
carpenter le charpentier (15)
carrot la carotte
to carry porter

cartoon: movie — le dessin
  animé
cartridge pen le stylo à cartouche (1)
case le cas (5)
  in any — de toute façon;
    en tout cas
  in that — dans ce cas (5)
cash register la caisse
cashier le caissier, la caissière
  —'s desk la caisse
cassoulet le cassoulet (10)
castle le château, *pl.* les châteaux
cat le chat
to catch attraper
cathedral la cathédrale (8)
Catholic catholique (14)
cauliflower le chou-fleur, *pl.*
  les choux-fleurs
cause la cause (2)
cave la grotte
ceiling le plafond
to celebrate fêter
celebration la fête
celery le céleri
cellar la cave
  wine — la cave
cello le violoncelle
center le centre (1)
Central America l'Amérique
  centrale *f.*
centralize centraliser (15)
century le siècle
certain sûr, -e; certain, -e
certainly bien sûr; certainement
certificate le certificat (10)
chain la chaîne (2)
chair la chaise
chalk la craie
champagne le champagne
champion le champion, la
  championne
chance le hasard (2)
  to have a — (to) avoir l'oc-
    casion (de)
change la monnaie; le changement (15)
to change changer (de); transformer (3)
chapter le chapitre
character le caractère (15);

(in a book, play, etc.) le
  personnage (7)
charge: to take — (of) se
  charger (de)
charm le charme (15)
charming charmant, -e
to chase out chasser (14)
to chat bavarder
château le château, *pl.* les
  châteaux
check l'addition *f.*
to check vérifier
cheerful gai, -e (5)
cheese le fromage
  grilled ham and — le
    croque-monsieur
chef le chef
  pastry — le pâtissier, la
    pâtissière
chemical chimique (12)
chemistry la chimie
cherry la cerise
chess les échecs *m.pl.*
chest la poitrine
chestnut *(color)* marron
chicken la poule; le poulet
  — cooked in wine le coq
    au vin
chief le chef (10)
child l'enfant *m.&f.*
childhood l'enfance *f.* (12)
chimney la cheminée
China la Chine
china la porcelaine (3)
Chinese chinois, -e; le chinois
chocolate mousse la mousse
  au chocolat
choice le choix
to choose choisir (de)
chopped liver le foie gras
  (10)
chore la tâche (5)
Christian chrétien, -ienne (1)
Christmas Noël
  — Eve la veille de Noël
church l'église *f.*
to cite citer (9)
citizen le citoyen, la citoyenne (14)
Citroën 2-CV car la deux-
  chevaux
citron pressé le citron pressé

city la ville
  to (in) the — en ville
civil civil, -e (6)
clarinet la clarinette
class la classe; le cours
  first-class ticket le billet de
    première classe
classic classique
classmate camarade de classe
  m.&f.
classroom la salle de classe
clean propre
to clean nettoyer; (the walls of a
    building) ravaler (15)
  cleaning (the walls of a build-
    ing) le ravalement (15)
clear clair, -e
to clear débarrasser, déconges-
    tionner (15)
clerk l'employé m., l'emplo-
    yée f. (de bureau)
climate le climat (1)
to climb monter; escalader
  climbing: to go mountain-
    climbing faire de l'al-
    pinisme m.
clinic la clinique
clock: alarm — le réveil
to close fermer
  closer de plus près
  closet le placard
  clothes les habits m.pl.; les
    vêtements m.pl.
  cloud le nuage
  clumsy maladroit, -e
  coast la côte
  coastal côtier, -ière (11)
  coat le manteau, pl. les man-
    teaux
    rain— l'imperméable m.
cod la morue (13)
coed(ucational) mixte
coffee le café
  a cup of — un café
coincidence la coïncidence
    (7)
Coke le Coca
cold froid, -e; le rhume
  — cuts la charcuterie
  it's —out il fait froid
  to be — (of people) avoir
    froid

colleague collègue m.&f. (6)
to collect recueillir (3), collec-
    tionner (4)
collection la collection (4)
collector le collectionneur,
    la collectionneuse (4)
  stamp — philatéliste m.&f.
    (4)
college (within a university)
    la faculté (11)
colonial colonial, -e (13)
colony la colonie
color la couleur
  what —? de quelle couleur?
comb le peigne
to comb peigner; se peigner
to come venir
  that —s to + price ça fait
  to — back rentrer; revenir
  to — back down redescen-
    dre
  to — back up remonter
  to — down descendre
  to — get (pick up) venir
    chercher
  to — home rentrer
  to — in entrer (dans)
  to — to the rescue arriver
    au secours (2)
  to — true se réaliser (11)
  to — up monter
comedy le film drôle, la co-
    médie (7)
comfortable confortable; à
    l'aise
commerce le commerce (15)
commercial commercial, -e
    (10)
commitment l'engagement
    m. (9)
committed engagé, -e (9)
community la communauté
    (14)
company la société
compartment le comparti-
    ment
to complain (about) se plaindre
    (de) (11)
complete complet, -ète
to complete achever (1)
completely complètement;
    tout à fait

complicated compliqué, -e
    (12)
composer le compositeur, la
    compositrice
composition la composition
to concern s'agir de (6)
  to be concerned with s'oc-
    cuper de (9)
concert le concert
concierge concierge m.&f.
to conceive of concevoir (7)
condition l'état m. (4); la
    condition (9)
  on the — that pourvu que
    (12)
to conduct oneself se conduire
    (9)
conductor (on bus or train) le
    contrôleur; (of orchestra)
    le chef d'orchestre
confession la confession (9)
conformity: in — with con-
    formément à (15)
congestion la congestion (15)
congratulations! félicitations!
to connect relier (8)
conquered vaincu, -e (12)
consequence: in — en consé-
    quence (15)
considered considéré, -e
    (comme) (5)
  all things — au bout du
    compte (12)
constantly constamment
constitution la constitution
    (12)
to construct construire
construction la construction
    (10)
to contain contenir
continent le continent
to continue continuer (à)
contract le contrat (9)
contrary: on the — au con-
    traire
contrast le contraste (15)

control le contrôle (14)
— tower la tour de contrôle
conversation la conversation
cook le chef; le cuisinier, la cuisinière (10)
to cook faire la cuisine; cuisiner
cooking la cuisine (10)
gourmet — la grande cuisine (10)
cool frais, fraîche
it's — out il fait frais
Copenhagen Copenhague
coq au vin le coq au vin
corduroy le velours côtelé (3)
corner le coin
hidden — le recoin (11)
on the — au coin de la rue
correct correct, -e
to correct corriger
correctly correctement
to correspond (with) correspondre (avec)
Corsica la Corse (1)
Corsican Corse m.&f. (1)
to cost coûter
at all — coûte que coûte (15)
costume le costume
cotton le coton (3)
couch le divan
to count compter
to — on compter + inf.; compter sur
counter le comptoir
ticket — le guichet
country la campagne; le pays
bush — la brousse
couple le couple (9)
odd — le couple mal assorti (9)
course: golf — le terrain de golf
course:
in the — of au cours de (4)
of — bien sûr, sûrement; bien entendu (5)
of — not mais non

courtyard la cour
cousin le cousin, la cousine
to cover couvrir; (a distance) parcourir (8)
covered (with) couvert, -e (de)
cow la vache
cranny le recoin (11)
the nooks and crannies les coins et les recoins (11)
to creak grincer (2)
cream la crème
to create créer (8)
creche la crèche
crescent roll le croissant
crop (of grapes) le cru (12)
to cross traverser
crowd la foule
crown la couronne (14)
to cry (about, for) pleurer (7)
cube le dé (14)
to cube couper en dés (14)
cultural culturel, -le (14)
culture la culture (4)
cup la tasse
— of coffee un café
curious curieux, -euse (5)
current actuel, -le (8)
currently actuellement (9)
curtain le rideau, pl. les rideaux
custom la coutume (12)
to cut couper; se couper à + part of body
cycle le cycle (13)
cyclist cycliste m.&f.

dad papa m.
dairy laitier, -ière (14)
— shop la crémerie
dance la danse
to dance danser
dancer le danseur, la danseuse
dangerous dangereux, -euse
Danish danois, -e; le danois
to dare oser (10)
dark obscur, -e; (color) foncé, -e (3)
it's — out il fait nuit

darn! zut!
dashboard le tableau de bord
date la date
to — back (to) remonter (à) (9)
to make a — prendre rendez-vous
daughter la fille
day le jour; la journée
— off le jour férié (2)
first — of school la rentrée des classes
it's — time il fait jour
New Year's — le Jour de l'An
the — after le lendemain (de)
the next — le lendemain
what — is it? quel jour sommes-nous?
dead tired crevé, -e (11)
deaf sourd, -e
dear (adj.) cher, chère; (noun) chéri m., chérie f.
death la mort (9)
December décembre m.
to decentralize décentraliser (15)
to decide décider (de), choisir (de), se décider (à) (11)
not to — hésiter (entre), hésiter (à) (3)
declaration la déclaration (6)
to decongest décongestionner (15)
to decorate décorer
decoration la décoration
deep down au fond (9)
deer le cerf
defense la défense (1)
defined défini, -e (7)
definite défini, -e (7)
to delay retarder
deliberately exprès (4)
delicatessen la charcuterie
— meats la charcuterie
— owner le charcutier, la charcutière
delighted enchanté, -e
to demand réclamer (10), exiger (15)

to demonstrate démontrer (7)
Denmark le Danemark
dentist dentiste *m.&f.*
department le rayon; le département (1)
department store le grand magasin
departure le départ
— point le point de départ
to depend (on) compter (sur); dépendre (de) (12)
to describe décrire
deputy le député (6)
derailleur le dérailleur (2)
to derive (from) dériver (de) (5)
descendant le descendant, la descendante (14)
description la description (13)
desert le désert
to deserve mériter (13)
design le dessin (4)
with such and such a — à dessin + *adj.* (4)
to designate designer (15)
designer: fashion — le couturier, la couturière (15)
desk le bureau, *pl.* les bureaux; le pupitre
cashier's — la caisse
reception — la réception
despite malgré (8)
dessert le dessert
destination la destination
detective:
— film le film policier
— novel le roman policier
to determine déterminer (12)
to detest détester (12)
detour le détour
to develop développer (10)
dialect le dialecte (1)
dice le dé (14)
to dice couper en dés (14)
to die mourir
diet le régime
on a — au régime
difference la différence
different différent, -e
— one l'autre *m.&f.* (9)
difficult difficile
difficulty la peine (2)

digit le chiffre (5)
Dijon: of or from — dijonnais, -e (12)
dim obscure, -e
to dine dîner
dining:
— car *(on train)* le wagon-restaurant
— room la salle à manger
dinner le dîner
to have — dîner
direct direct, -e
to direct diriger
direction la direction
directly directement
director le metteur en scène
dirty sale
to get (oneself) — se salir (9)
to get sth. — salir (9)
disagreeable désagréable
to disappear disparaître (15), s'effacer (15)
disappointed déçu, -e
to discourage (from) décourager (de)
to discover découvrir; constater (15)
to discuss discuter de
dish le plat (10)
dishes la vaisselle
disorientation: feeling of — le dépaysement (11)
distinct distinct, -e (14)
distance la distance (8)
district le quartier (9)
to disturb déranger
diva la cantatrice (7)
to dive plonger
diver le plongeur, la plongeuse
diverse divers, -e (11)
diversion le divertissement (11)
to divide diviser (8)
diving la plongée
to do faire
to — odd jobs bricoler
what can you —? que faire? (1)
doctor le médecin

documentary le documentaire
dog le chien
do-it-yourselfer le bricoleur, la bricoleuse
domain le domaine (10)
door la porte
car — la portière
to doubt douter
doubtless sans doute (4)
down:
deep — au fond (9)
to break — tomber en panne (2)
to come (go) — descendre
to go (come) back — redescendre
to sit — s'asseoir (5)
to take (bring) — descendre
double room la chambre à deux lits
downstairs en bas
dozen une douzaine (de)
dragon le dragon
to draw dessiner; tirer (15)
drawer le tiroir
drawing le dessin
dream le rêve (11)
to dream (about) rêver (de) (11)
dress la robe
to dress *(s.o.)* habiller
to get dressed s'habiller
dressing: salad — la vinaigrette
dressing room la cabine d'essayage (3)
drink la boisson
to drink boire
to have something to — prendre quelque chose (à boire)
to drive conduire
to — around circuler
to — out chasser (14)
driver le conducteur, la conductrice

driver *(cont'd.)*
    —'s license le permis de conduire
    race-car — pilote *m.&f.*
to drop laisser tomber
drum le tambour
dry sec, sèche
dubbing le doublage
duchess la duchesse (12)
duck le canard
duke le duc (12)
dukedom le duché (12)
dull ennuyeux, -euse
dumb bête
duplicate le double (4)
during pendant
Dutch hollandais, -e; le hollandais

each chaque; *(pronoun)* chacun *m.*, chacune *f.*
    — other se (s'); l'un (e) l'autre, les un(e)s les autres (9)
ear l'oreille *f.*
early de bonne heure; en avance; tôt
to earn a living gagner sa vie (12)
earth la terre
ease la facilité (15)
    at — à l'aise
    ill-at-— mal à l'aise
easily facilement
east l'est *m.*
eastern oriental, -e (11)
easy facile
to eat manger
    let's eat! à table!
    to have something to — prendre quelque chose (à manger)
eating à table (10)
eccentric l'original *m.*, l'originale *f.* (8)

economic économique (14)
    — planning la planification (15)
economics les sciences économiques *f.pl.*
economy l'économie *f.* (11)
edition l'édition *f.* (8)
education l'éducation *f.* (9)
effect l'effet *m.* (6)
    to put into — mettre en œuvre (15)
effort:
    to be worth the — valoir le coup (2)
    to make an — faire des efforts *m.pl.*
egg l'œuf *m.*
eight huit
eighteen dix-huit
eighty quatre-vingts
either non plus
    — . . . or soit . . . soit (10), ou . . . ou (14)
electrician l'électricien *m.*
electronics l'électronique *f.* (10)
elementary school teacher l'instituteur *m.*, l'institutrice *f.* (7)
elephant l'éléphant *m.*
elevator l'ascenseur *m.*
eleven onze
elsewhere ailleurs (5)
embankment le quai (8)
to emigrate émigrer (14)
employee l'employé *m.*, l'employée *f.*
empty vide
to encourage (to) encourager (à)
end la fin; le bout
to end terminer (10)
energetic énergique
engaged fiancé, -e
engineer l'ingénieur *m.*
England l'Angleterre *f.*
English anglais, -e; l'anglais *m.*
to enjoy oneself s'amuser
    — your meal! bon appétit!
enjoyable amusant, -e
enormous énorme
enough assez (de)

    that's —! ca suffit!
enslaved dans les fers (9)
to ensure assurer
to enter entrer (dans)
enthusiasm l'enthousiasme *m.* (6)
enthusiastic (about) passionné, -e (par); enthousiaste
    to be — about se passionner pour (7)
entire entier, entière
    the — length of tout le long de (8)
entirely entièrement; tout (13)
entrance l'entrée *f.*
envelope l'enveloppe *f.*
to envisage envisager (14)
epoch l'époque *f.* (6)
equality l'égalité *f.* (6)
equally également (6)
equator l'équateur *m.*
equilibrium l'équilibre *m.* (11)
equipment l'équipement *m.*; le matériel (12)
era l'époque *f.* (6)
to erase effacer (15)
eraser la gomme
errand: to run —s faire des courses
escalator l'escalier roulant *m.*
especially surtout
essay l'essai *m.* (9)
to establish établir (6), fonder (14)
establishment l'établissement *m.* (15)
Europe l'Europe *f.*
European européen, -ne
eve la veille (de)
even même
    — so quand même; tout de même (1)
    — though bien que, quoique (12)
evening le soir; la soirée
    in the — le soir; *time* + du soir
    last — hier soir
ever jamais

every chaque; tous les, toutes
les
everybody, everyone tout le
monde; tous, toutes (4)
— in turn chacun son tour
everything tout (4)
a little of — un peu de tout
(1)
everywhere partout
evil le mal, *pl.* les maux (9)
exactly juste; justement
to exaggerate exagérer (11)
exam l'examen *m.*
to examine examiner
example: for — par exemple
excellent excellent, -e; fameux, -euse (11)
except sauf
exchange l'échange *m.* (5)
in — for en échange de (5)
to exchange (for) échanger (contre) (5)
exciting passionnant, -e
excluded exclu, -e (10)
exclusively exclusivement (4)
excuse me pardon
exhausted crevé, -e (11)
to exhibit exposer (6)
to exist exister (9)
existentialism l'existentialisme *m.* (9)
existentialist existentialiste
(9)
exit la sortie
expenditure la dépense (5)
expense la dépense (5)
expensive cher, chère
to be — coûter cher
to explain expliquer
explanation l'explication *f.*
to explore explorer (11)
exposition l'exposition *f.*; le
salon
express train l'express *m.*
to express exprimer (9)
expression l'expression *f.* (4)
expressway l'autoroute *f.*
to extend s'étendre (12)
extraordinary extraordinaire
(4)
extremely extrêmement (13)
eye l'œil, *pl.* les yeux *m.*

facade la façade (15)
face la figure
to wash one's — se laver
la figure
facility la facilité (15)
fact le fait (5)
in — au fait (5), au fond
(9), en vérité (13)
factory l'usine *f.*, la fabrique
(14)
to fail rater
fall l'automne *m.*
to fall tomber
false faux, fausse
family la famille
among the — en famille
(14)
famous célèbre, fameux,
-euse (11)
fan fana *m.&f.* (2)
fantastic formidable, sensationnel, -elle (1)
fantastically drôlement (1)
far (from) loin (de)
farm la ferme
farmer l'agriculteur *m.*
fashion la mode (3); la couture (3)
— boutique la boutique de
mode (3)
— designer le couturier, la
couturière (3)
— industry la couture (3)
high — la haute couture
(3)
fat gros, grosse
to get — grossir
father le père
Father's Day la Fête des
Pères
favorite préféré, -e (1)
to fear craindre
for — that de crainte que,
de peur que (12)
February février *m.*
to feed nourrir (5)
to feel se sentir (10); éprouver,
ressentir, sentir (11)

to — fine (better, sick)
aller bien (mieux, mal);
se sentir bien (mieux,
mal) (10)
to — like avoir envie (de)
to — sorry for plaindre
(11)
to — (the effects of) ressentir (11)
fellow le bonhomme; le type
feminine féminin, -e (10)
to ferment fermenter (12)
festival le festival
fever la fièvre
to have a — avoir de la
fièvre
few peu de
a — quelques
a — (of) quelques-un(e)s,
(de) (4)
fiancé(e) le fiancé, la fiancée
fidelity la fidélité (14)
field le champ (12); le terrain
(de sports, etc.); domai-
ne (10)
fifteen quinze
fifty cinquante
figure le chiffre (5)
to fill remplir (5); *(a gas tank)*
faire le plein
to — out remplir (5)
film le film
final terminal, -e (15) ·
finally enfin
financial financier, -ière (15)
to find trouver
to — again retrouver
fine la contravention
fine:
things are — ça va bien
to feel — aller bien; se
sentir bien (10)
— arts les beaux-arts *m.pl.*
(12)
finger le doigt
to finish finir (de); achever (1);
terminer (10)

fire le feu, *pl.* les feux
fireplace la cheminée
fireworks les feux d'artifice
   m.pl.
first premier, -ière
   (at) — d'abord
   — day of school la rentrée
     des classes
   the — of le premier +
     month
fish le poisson
   — stew la bouillabaisse
to fish pêcher (13)
fisherman le pêcheur, la pêcheuse (13)
fishing la pêche (13)
to fit s.o. aller à qqn (3)
five cinq
to fix préparer; réparer
flag le drapeau, *pl.* les drapeaux
flash attachment la lampe
flat plat, -e; *(of tires)* à plat
Flemish flamand, -e; le flamand
flight le vol
floor le plancher; *(of a building)* l'étage *m.*
   main (ground) — le rez-de-
     chaussée
   second (third, etc.) — pre-
     mier (deuxième) étage
flower la fleur
flute la flûte
fly la mouche
to fly voler (10)
foie gras le foie gras (10)
folk folklorique
folklore le folklore (4)
to follow suivre (3; 12)
   following suivant, -e
food les provisions *f.pl.*; la
   nourriture (5); *(adj.)*
   alimentaire (12)
   — lover le gourmand, la
     gourmande (10)

good — la bonne cuisine
   (10)
fool: to play the — faire la
   bête (8)
foolhardy téméraire (12)
foolishly bêtement
foot le pied
   — race la course à pied
   on — à pied
football le football américain
for pour; pendant; depuis; il
   y a + *time* + que + ·
   present; au nom de
to forbid interdire (6)
foreign étranger, -ère
forest la fôret; *(adj.);* forestier, -ière (14)
forested forestier, -ière (14)
to forget oublier (de)
fork la fourchette
form la forme (5)
to form former (9)
former ancien, -ne
   the — *noun or demonstrative
     pronoun* + -là
formerly autrefois; jadis (11)
fort le fort (13)
forth; and so — et ainsi de
   suite (1)
fortunately heureusement
forty quarante
found: to be — also se retrouver (15)
to found fonder (14)
fountain la fontaine
four quatre
fourteen quatorze
fox le renard (13)
franc le franc
France la France
frankly franchement (3)
free libre
to freeze geler
French français, -e; le français
   —-Canadian franco-cana-
     dien, -ne (14)
   — fries les pommes frites
     f.pl.
   —-speaking francophone
     (11)
   —-speaking Switzerland
     la Suisse romande (5)

to frequent fréquenter (13)
Friday vendredi *m.*
friend l'ami *m.,* l'amie *f.;* le
   copain, la copine;
   camarade *m.&f.*
friendly:
   on — terms with ami, -e
     (6)
   to become — with se lier
     d'amitié avec (11)
friendship l'amitié *f.* (6)
to frighten faire peur à
frog la grenouille
from de
front *(adj.)* avant; *(noun)* la
   façade (15)
   in — of devant
fruit les fruits *m.pl.*
to fulfill remplir (5); réaliser
   (12)
fulfilled: to be — se réaliser
   (11)
full complet, -ète; plein, -e
fun amusant, -e
funny drôle; drole de +
   noun (7)
furniture les meubles *m.pl.*
   — department le rayon
     d'ameublement
future l'avenir *m.* (15)

to gain weight grossir
game le match, *pl.* les matchs;
   le jeu, *pl.* les jeux
   guessing — la devinette
     (13)
   tie — le match nul
garage le garage
   — owner garagiste *m.&f.*
garden le jardin
garlic l'ail *m.*
gas(oline) l'essence *f.*
   — pump la pompe à es-
     sence
   with premium — en super
   with regular — en normal
gas station la station-service,
   pl. les stations-service
   — attendant pompiste *m.&f.*
to gather cueillir (3)

gear shift le levier de vitesse (2)

general général, -e (13)

    in — en général (13)

generation la génération (14)

generous généreux, -euse

generously généreusement

gentle doux, douce (1)

gentleman le monsieur, *pl.* les messieurs

    ladies and gentlemen messieurs-dames

geography la géographie

geometric géométrique (4)

geometry la géométrie

German allemand, -e; l'allemand *m.*

Germanic germanique (5)

Germany l'Allemagne *f.*

gesture le geste

to get avoir; recevoir; obtenir (6)

    let's — going! allons-y!

    to come (go) — venir (aller) chercher

    to — back to retrouver

    to — off (out of) descendre (de)

    to — on (in) monter (dans)

    to — out s'en aller

    to — to parvenir à (2)

    to — together se réunir; s'assembler (4)

    to — up se lever

    to — used to s'habituer (à)

    to — well guérir

    See also individual listings for expressions with **to get**

giant le géant (9)

gift le cadeau, *pl.* les cadeaux

gifted doué, -e

gingerbread le pain d'épice (12)

giraffe la girafe

girl la jeune fille; la fille

to give (to) donner à; offrir à

    to — back rendre

    to — *(s.o.)* a hand donner un coup de main (à)

    to — one's oath prêter serment (6)

gladly volontiers (4)

glance: at first — au premier coup d'œil

glass le verre

glasses les lunettes *f.pl.*

glove le gant

to glue coller (4)

to go aller; se rendre

    to — away s'en aller

    to — back rentrer; retourner

    to — back down redescendre

    to — back to remonter à (9)

    to — back up remonter

    to — down descendre

    to — in entrer (dans)

    to — often to fréquenter (13)

    to — out sortir (de)

    to — over réviser

    to — up monter

    to — with accompagner

    See also individual listings for expressions with **to go**

goal le but (15)

golf le golf

    — course le terrain de golf

golfer le joueur (la joueuse) de golf

good bon, bonne

    — food la bonne cuisine (10)

    — in (+ *school subjects*) fort, forte en

    no — in (+ *school subjects*) nul, nulle en

    to feel — aller bien

    to have a — time s'amuser

good-by au revoir; salut

goose l'oie *f.* (10)

    preserved — le confit d'oie (10)

to gossip bavarder

gourmet le gourmet (10)

    — cooking la grande cuisine (10)

governed gouverné, -e (4)

government le gouvernement (3)

grade la note

graduate: — school la faculté (11)

granddaughter la petite-fille (12)

grandfather le grand-père

grandmother la grand-mère

grandnephew le petit-neveu (12)

grandniece la petite-nièce (12)

grandparents les grands-parents *m.pl.*

grandson le petit-fils (12)

grape le raisin

    crop of —s le cru (12)

    — harvest la vendange (12)

    —-harvesting time la saison des vendanges (12)

    — picker le vendangeur, la vendangeuse (12)

grapefruit le pamplemousse

grass l'herbe *f.*

grasshopper la sauterelle

gray gris, -e

great! chouette! chic!

Great Britain la Grande Bretagne

great-grandfather l'arrière-grand-père *m.* (14)

great-grandmother l'arrière-grand-mère *f.* (14)

great-grandparents les arrière-grands-parents *m.pl.* (14)

Greece la Grèce

greedy avare

Greek grec, grecque; le grec

green vert, -e

    — beans les haricots verts *m.pl*

    to turn — passer au vert (*traffic light*)

to greet accueillir (3)

grenadine la grenadine

grilled ham and cheese le croque-monsieur

to grind grincer (2)

grocery store l'épicerie *f.*
ground floor le rez-de-chaussée
group le groupe
— of islands l'archipel *m.*
(13)
guard le gardien, la gardienne
to guard garder
to guess deviner (13)
guessing game la devinette
(13)
guidebook le guide
Guignol le Guignol
guitar la guitare
guy le bonhomme; le type
gymnasium le gymnase
gymnast gymnaste *m.&f.*
gymnastics la gymnastique
to do — faire de la gymnastique

hackneyed rebattu, -e (15)
hair les cheveux *m.pl.*
to brush one's — se brosser
les cheveux
to comb — peigner; se peigner
hairbrush la brosse à cheveux
hairdresser le coiffeur, la coiffeuse
hairstyle la coiffure (7)
Haiti Haïti
half la moitié
— hour une demi-heure
— past *time* + et demie
hall le couloir
study — la salle de permanence
ham le jambon
grilled — and cheese le
croque-monsieur
hammer le marteau; *pl.* les
marteaux
hamster le hamster
hand la main
by — à la main (4)

on the other — par contre
(4)
to give (*s.o.*) a — donner
un coup de main (à)
to shake —s se serrer la
main
to wash one's —s se laver
les mains
handbrake la manette du
frein (2)
handkerchief le mouchoir
handlebars le guidon (2)
handsome beau (bel), belle
handy person le bricoleur, la
bricoleuse
to happen se passer
something is happening il
se passe quelque chose
(5)
happiness le bonheur (15)
happy heureux, -euse; content, -e
— birthday bon anniver-
saire
hard difficile; dur, -e (14)
hardly ne . . . guère (10)
— any ne . . . guère (10)
— ever ne . . . guère (10)
harm le mal, *pl.* les maux (9)
harvest la récolte (12)
grape — la vendange (12)
hat le chapeau, *pl.* les chapeaux
to hate détester (12)
to have avoir; prendre
to — a chance (to) avoir
l'occasion (de)
to — a discussion discuter
de
to — a fever avoir de la
fièvre
to — a meeting se réunir
to — a pain (in) avoir mal
à
to — a picnic faire un
pique-nique
to — time (to) avoir le
temps (de)
to — to falloir; devoir; avoir
à + *inf.* (15)
he il

head la tête; (*leader*) le chef
(10)
of a département le préfet
(15)
to head (toward) se diriger
(vers)
headlight le phare
headquarters le siège (5)
healer le guérisseur
health la santé
to hear entendre
heart le cœur
to heat chauffer
heating le chauffage
heaven le ciel
heavy lourd, -e
hello bonjour; salut; (*on
telephone*) allô
help le secours (2)
—! au secours! (2)
to help aider (à); donner un
coup de main (à);
soutenir (10)
can I — you? vous dési-
rez?
hen la poule
her elle; sa, son, ses; le (l')
to (for, from) — lui
here ici; là
— is (are) voici
through — par ici (2)
heritage l'héritage *m.* (14)
hers le sien, la sienne; *pl.* les
siens, les siennes
herself se (s'); elle-même
to hesitate hésiter (à) (3)
to hide cacher
high haut, -e
high school le lycée
junior — le collège (13)
— student le lycéen, la
lycéenne
hike la randonnée
hiker le randonneur, la randonneuse
hiking la randonnée
to go — faire une randon-
née
hill la colline
him lui; le (l')
to (for, from) — lui

himself se (s'); lui-même
hippopotamus l'hippopotame *m.*
his sa, son, ses; le sien, la sienne; *pl.* les siens, les siennes
historic(al) historique (6)
history l'histoire *f.*
to hitchhike faire de l'auto-stop
hockey le hockey
to hold garder; tenir (8)
   — the line! ne quittez pas!
   to — back retenir
home:
   at — chez + moi, toi, etc.; en famille (14)
   summer or weekend — la résidence secondaire (15)
homesick: to be — avoir le mal du pays
homework les devoirs *m.pl.*
honor l'honneur *m.* (6)
to hope espérer
   to — so (not) espérer que oui (non)
horror l'épouvante *f.*
   — film le film d'épouvante
hors d'œuvres les hors-d'œuvre *m.pl.*
horse le cheval, *pl.* les chevaux
horseback; to go —-riding faire du cheval (1)
hospital l'hôpital, *pl.* les hôpitaux *m.*
hot chaud, -e
   it's — out il fait chaud
   to be — *(of people)* avoir chaud
hotel l'hôtel *m.*
hour l'heure *f.*
   half — une demi-heure
   quarter of an — un quart d'heure
   rush — les heures de pointe *f.pl.*
house la maison
   at (to) the — of chez
housewife la ménagère
housework: to do the — faire le ménage

how comment
   —! comme!
   — are things? ca va?
   — awful! quelle horreur!
   — many, — much combien de
   — much is? *(in math)* combien font?
   — old are you? quel âge avez-vous?
   to know — savoir
however cependant; toutefois (3); pourtant (6)
hundred cent
   about a — une centaine (de) (3)
hungry: to be — avoir faim
hunt la chasse
to hunt chasser
hunter le chasseur, la chasseuse
hurry! vite!
   in a — pressé, -e
to hurry se dépêcher (de)
husband le mari
hush! chut!

I je; moi
ice la glace
   — skate le patin à glace
   — skater le patineur, la patineuse
   — skating rink la patinoire
ice cream la glace
   — bar l'esquimau, *pl.* les esquimaux *m.*
idea l'idée *f.*
if si
   — not sinon
ill-at-ease mal à l'aise
to illustrate illustrer (9)
to imagine concevoir (7), envisager (14)
immediately immédiatement
impatient impatient, -e
impatiently impatiemment
implements le matériel (12)
impolite impoli, -e
impolitely impoliment

important important, -e
   to be — importer (9)
impossible impossible
to impress impressionner
impression l'impression *f.* (6)
Impressionism l'impressionnisme *m.* (6)
Impressionist impressionniste *m.&f.* (6)
impressive impressionnant, -e
imprisoned dans les fers (9)
to improve améliorer (14)
in à; dans; en
   — it dedans, là-dedans (2)
   — there dedans, là-dedans (2)
inappropriate mal à propos (9)
to include comprendre
   included: tip — le service est compris
including y compris (3)
incredible incroyable (8)
indeed en effet
independent indépendant, -e (1)
individual l'individu *m.* (9)
indoors à l'intérieur
industrial industriel, -le (10)
industry l'industrie *f.* (1)
   fashion — la couture (3)
inexpensive bon marché
   to be — coûter peu
influence l'influence *f.* (9)
to inform renseigner (9)
information les renseignements *m.pl.*
inhabitant l'habitant *m.*, l'habitante *f.* (1)
inn l'auberge *f.*
innkeeper l'aubergiste *m.&f.*
ins: the — and outs les coins et les recoins (11)
insect l'insecte *m.*
inside à l'intérieur
to insist upon réclamer (10)

to install installer (15)
  instead plutôt (3)
    — of au lieu de
institution l'institution *f.* (15)
intelligent intelligent, -e
intelligently intelligemment
to intend (to) compter + *inf.*
  intently fixement (6)
  interest l'intérêt *m.* (15)
to interest intéresser
  interested: to be — in s'inté-
    resser à (6)
  interesting intéressant, -e
to intern faire un stage
  internship le stage
  intersection le carrefour
  into dans
to introduce présenter
    to — oneself (to) se pré-
      senter (à)
  investment l'investissement
    m. (4)
  invitation l'invitation *f.*
to invite inviter (à)
  involved engagé, -e (9)
  Iran la Perse (4)
  Ireland l'Irlande *f.* (7)
  iron le fer (9)
  in —s dans les fers (9)
  island l'île *f.*
    group of —s l'archipel
    (13)
  it il, elle; le, la, l'; y
    in — là-dedans (2)
    — is c'est; il (elle) est
    under — là-dessous (2)
  its sa, son, ses
  Italian italien, -ienne; l'ita-
    lien *m.*
  Italy l'Italie *f.*
  Ivory Coast la Côte d'Ivoire
    (11)
    from the — ivoirien, -ienne
    (11)

jacket la veste
  ski — l'anorak *m.*
jam la confiture
  traffic — l'embouteillage *m.*
janitor concierge *m.&f.*
January janvier *m.*
Japan le Japon
Japanese japonais, -e; le japonais
jazz le jazz
jeans le jean
job l'emploi *m.*
  to do odd —s bricoler
to join (se) rejoindre
  to — together relier (8)
journalist journaliste *m.&f.*
judge le juge
to judge juger (12)
juice le jus
July juillet *m.*
June juin *m.*
jungle la jungle
junior high school le collège
  (13)
  — student le collégien, la
    collégienne (13)
just juste, exclusivement (4);
  exprès (4)
  — a bit + *adj.* un tout
    petit peu + *adj.* (1)
  — as ainsi que (10)
  — the same quand même
  to have — venir de + *inf.*

to keep garder; préserver (4); tenir (8)
  to — from empêcher (de)
key la clef
to kid: no kidding! sans blague!
to kill tuer (11)
  kilogram le kilo
  kilometer le kilomètre
    to be ten —s (from) être à
      dix kilomètres (de)
  kind aimable
  kind la sorte; l'espèce *f.* (7)
  king le roi
  kingdom le royaume (4)
  kitchen la cuisine
  knee le genou, *pl.* les genoux

knife le couteau, *pl.* les couteaux
  pocket — le canif
knit(ting) le tricot (3)
to knock (on) frapper (à)
to know connaître; savoir
  to — each other se con-
    naître
  to — how savoir
knowledge les connaissances
  f.pl. (6)

lab(oratory) le labo(ratoire)
laborer l'ouvrier *m.*, l'ouvrière
  f.
lace la dentelle (3)
lack le manque (7); l'absence
  f. (15)
to lack manquer de (7)
  lady la dame
    ladies and gentlemen mes-
      sieurs-dames
  lake le lac
  lamb: leg of — le gigot
  lamp la lampe
  land la terre
to land atterrir
  landlord propriétaire *m.&f.*
    (15)
  landscape le paysage
  language la langue; le langa-
    ge (7)
    — lab(oratory) le labo(ra-
      toire) de langues
  lantern la lanterne
  large grand, -e; gros, grosse
  last dernier, -ière
    at — enfin
    — evening hier soir
    — night hier soir
to last durer
  late en retard; tard
    to sleep — faire la grasse
      matinée
  Latin *(language)* le latin (3);
    (adj.) latin, -e (5)
  latter: the — *noun or demon-*
    strative pronoun + -ci
  laugh le rire (3)
to laugh (at) rire (de)
  laughter le rire (3)

law le droit (6); la loi (6)
lawn la pelouse
lawn-bowling le jeu de
    boules
lawyer l'avocat *m.*, l'avocate *f.*
lazy paresseux, -euse
lead *(in a play)* le rôle princi-
    pal, *pl.* les rôles princi-
    paux
to lead mener
leader le chef (10)
leaf la feuille
to lean (over) se pencher (sur)
to learn apprendre (à)
    to — by heart apprendre
        par cœur
    to — how apprendre à +
        inf.
least le (la, les) moins
leather le cuir (8)
to leave partir (de); quitter
    to — behind laisser
    to — room (for) laisser de
        la place (à)
left gauche
    to the — (of) à gauche (de)
leftovers les restes *m.pl.* (10)
leg la jambe
    — of lamb le gigot
leisure le loisir (15)
    —-time activities les loisirs
        m.pl. (15)
lemon le citron
lemonade le citron pressé
to lend (to) prêter (à)
length: the entire — of tout
    le long de (8)
to lengthen allonger (3)
leopard le léopard
less moins
    — and — de moins en
        moins
    — . . . than moins . . .
        que
lesson la leçon
lest de crainte que, de peur
    que (12)
to let *(s.o. do sth.)* permettre (à
    . . . de); laisser
    to — in admettre (13)
let's *1 pl. form of any verb*
letter la lettre

lettuce la laitue
level le niveau, *pl.* les niveaux
    (10)
    lower — le sous-sol
liberation la libération (9)
liberty la liberté (9)
library la bibliothèque
    school — la salle de docu-
        mentation
license: driver's — le permis
    de conduire
lie le mensonge (13)
to lie mentir (13)
life la vie
lift: rope — le remonte-pente
light *(in weight)* léger, -ère;
    (in color) clair, -e (3)
light la lumière
    it's — out il fait jour
    traffic — le feu
to light allumer
lighting *(for celebrations)* les
    illuminations *f.pl.*
likable sympa, sympathique
    (13)
to like aimer
    I'd — je voudrais
    to — very much se pas-
        sionner pour (7)
    we'd — nous voudrions
to limit oneself to se borner à
    (9)
line la ligne
    hold the —! ne quittez pas!
    to stand in — faire la queue
to link together lier (9)
lion le lion
Lisbon Lisbonne
to listen (to) écouter
liter le litre
literary littéraire (9)
literature la littérature (9)
little petit, -e
    a — un peu (de)
    a — bit + *adj.* un tout pe-
        tit peu + *adj.* (1)
    a — of everything un peu
        de tout (1)
    in a — while tout à l'heure
to live (in) habiter; loger (5),
    demeurer (11); vivre
    (12)

lively énergique; animé, -e
liver: chopped — le foie
    gras (10)
living: to earn a — gagner
    sa vie (12)
living room le salon
loaf *(of bread)* la baguette
local train l'omnibus *m.*
located situé, -e
    to be — se trouver
to lock fermer à clef
locker le casier
locust la cigale
to lodge loger (5)
lodging le logement (5)
logic la logique (7)
London Londres
long long, longue
    a — time longtemps
    long-sleeved à manches
        longues (3)
    so — as pourvu que (12)
longer: no — ne . . . plus
longstanding de longue date
    (12)
look: to take a — (at) jeter
    un coup d'œil (sur)
to look (at) regarder
    to — + *adj.* avoir l'air *m.* +
        adj.
    to — alike se ressembler
    to — for chercher
    to — like ressembler à
    to — nice on s.o. aller
        à qqn. (3)
    to — out of regarder par
    to — through fouiller
        (dans) (8)
    to — well avoir bonne
        mine
to lose perdre
    to — one's way se perdre
    to — weight maigrir
lost: to get — se perdre
lot:
    a — (of) beaucoup (de),
        bien de (10)

lot *(cont'd.)*:

 a — of people beaucoup de monde

loud: out — à haute voix

louder plus haut

loudspeaker le haut-parleur

lounge: teachers' — la salle des professeurs

lousy moche (2)

love l'amour *m.*

to love aimer

low bas, basse

lower level le sous-sol

luck:

 good —! bon courage!

 to be lucky avoir de la chance; avoir de la veine (1)

luggage les bagages *m.pl.*

lumber camp le chantier forestier (14)

lumberjack le bûcheron (14)

lumberyard le chantier forestier (14)

lunch le déjeuner

 to have — déjeuner

Luxembourg le Luxembourg (12)

ma'am, madam madame, *pl.* mesdames

machine la machine

magazine la revue

magnificent magnifique

mailman le facteur

main:

 — office le siège (5)

 — floor le rez-de-chaussée

to maintain maintenir (14)

maintaining le maintien (14)

maintenance le maintien (14)

majority: the — of la plupart de

make la marque

to make faire; fabriquer; *(s.o. + adj.)* rendre *(qqn + adj.)*

to — a date prendre rendez-vous

to — a film tourner un film

to — an effort faire des efforts

to — up one's mind to se décider à (11)

Mali le Mali

Malian malien, -ienne

man l'homme *m.;* le monsieur, *pl.* les messieurs

to manage to réussir (à); parvenir (à) (2)

management *(of a business)* la gestion (15)

manger la crèche

manifested: to be — (in) se manifester (en) (14)

manner la manière (9)

manufacture la fabrication (1)

to manufacture fabriquer

many beaucoup de

 how — combien de

 so — tant de

 too — trop de

map la carte; le plan

 lighted métro — le plan-indicateur

 road — la carte routière

March mars *m.*

to mark (by, with) marquer (de) (14)

marked marqué, -e (15)

market le marché

 super— le supermarché

married marié, -e

to marry se marier (avec) (7)

marvel la merveille (8)

marvelous merveilleux, -euse (9)

marvelously merveilleusement (9)

masculine masculin, -e (10)

mashed potatoes la purée de pommes de terre

mass la messe

masterpiece le chef-d'œuvre, *pl.* les chefs-d'œuvre (6)

match le match, *pl.* les matchs

matched:

 mis— mal assorti, -e (9)

 well — bien assorti, -e (9)

matching assorti, -e (9)

maternal maternel, -le (14)

mathematician le mathématicien, la mathématicienne (1)

math(ematics) les mathématiques, les maths *f.pl.*

matter la matière (14)

 no — what coûte que coûte (15)

 it doesn't — ça ne fait rien

 what's the —? qu'est-ce qu'il y a? (2)

to matter importer (9)

to mature mûrir (9); venir à maturité (12)

maturity la maturité (12)

may: it — be il se peut

May mai *m.*

maybe peut-être

me moi

 to (for, from) — me (m')

meal le repas

 enjoy your —! bon appétit!

mean méchant, -e

to mean vouloir dire; signifier (8)

meaning la signification (6)

means le moyen (5)

meat la viande

 delicatessen — la charcuterie

 — pie la tourte à la viande, la tourtière *(Canada)* (14)

mechanic le mécanicien, la mécanicienne

medicine le médicament; *(field of)* la médecine

mediocre médiocre (12)

Mediterranean la Méditerranée

medium *(meat)* à point

to meet rencontrer; retrouver; se retrouver; se rencontrer; faire la connaissance (de); (se) rejoindre; se réunir

meeting la réunion
— **room** la salle (6)
to have a — se réunir
member le membre (1)
memoirs les mémoires *m.pl.*
(9)
to memorize apprendre par cœur
memory le souvenir
to mention mentionner (7); citer
(9)
merchandise la marchandise
(8)
merchant le marchand, la
marchande
mess le gâchis
meteorological météorologique (12)
métro le métro
Mexican mexicain, -e
Mexico le Mexique
Mexico City Mexico
middle le milieu
in the — of au milieu de
to be in the — of *(doing
sth.)* être en train de
midnight minuit
might risquer de + *verb* (11)
migrate émigrer (14)
mild doux, douce (1)
military militaire (3)
milk le lait
mill la fabrique (14)
paper — la fabrique de papier (14)
textile — la filature (14)
mind:
to change one's — changer
d'avis
to make up one's — se dé-
cider à (11)
mine le mien, la mienne; *pl.*
les miens, les miennes
mineral water l'eau minérale
f.
mink le vison (13)
minus moins
minute la minute
mirror le miroir
misfortune le malheur (15)
Miss mademoiselle
to miss manquer
mistake la faute

mistaken: to be — (about)
se tromper (de)
modern moderne
modernization la modernisation (15)
mom maman *f.*
moment le moment; l'instant
m.
monarchy la monarchie (6)
Monday lundi *m.*
money l'argent *m.*
monkey le singe
month le mois
Montreal Montréal
monument le monument (3)
moon la lune
more plus, davantage (11);
davantage de (15)
— **and** — de plus en plus
— . . . **than** plus . . . que
no — ne . . . plus
once — encore une fois
what's — en plus (10)
moreover en plus (10)
morning le matin; la matinée
every — tous les matins
in the — le matin; *time* +
du matin
Moroccan marocain, -e (4)
Morocco le Maroc (4)
Moscow Moscou
mosquito le moustique
most le (la, les) plus
— **of** la plupart de
mother la mère; maman *f.*
Mother's Day la Fête des
Mères
motor le moteur
motorbike la moto
mountain la montagne
to go —-climbing faire de
l'alpinisme *m.*
in the —s à la montagne
mountain-climber l'alpiniste
m.&f.
mouse la souris
mousse: **chocolate** — la
mousse au chocolat
moustache la moustache
mouth la bouche
to move déménager
movement le mouvement (6)

movie le film
— **cartoon** le dessin animé
— **director** le metteur en
scène
—**s** le cinema
— **star** la vedette *m.&f.*
— **theater** le cinéma
Mr. Monsier
Mrs. Madame
much beaucoup de
how — combien (de)
not — pas grand'chose (1)
nothing — pas grand'chose
(1)
so — tant (de)
too — trop (de)
very — beaucoup
museum le musée
music la musique
musician le musicien, la musicienne
must il faut; devoir
mustard la moutarde (12)
my ma, mon, mes
myself moi-même

nail le clou, *pl.* les clous
name le nom
in the — **of** au nom de
to be named s'appeler
napkin la serviette
narrow étroit, -e
national national, -e (3)
native natal, -e (6); indigène
(11)
— **(of)** originaire (de) (14)
natural naturel, -le
nature la nature (9)
nausea la nausée (9)
naughty méchant, -e
navy blue bleu marine (3)
near près (de); aux environs
de
nearby *(adv.)* à côté; *(adj.)*
voisin, -e; proche (5)
neat! chic!

necessary nécessaire
    to be — falloir
neck le cou
necklace le collier
necktie la cravate
to need avoir besoin (de)
    I (you, he, she, etc.)
        need(s) il me (te, lui,
        etc.) faut (1)
neighbor le voisin, la voisine
neighboring voisin, -e
neither:
    — . . . nor ni . . . ni
    — one ni l'un(e) ni l'autre
nephew le neveu, *pl.* les ne-
    veux
the Netherlands les Pays-Bas
    m.pl.
never ne . . . jamais
new nouveau (nouvel), nou-
    velle; neuf, neuve (15)
    brand — tout neuf, toute
      neuve (15)
New Brunswick le Nouveau-
    Brunswick (14)
New Foundland la Terre-
    Neuve (13)
New Year's Day le Jour de
    l'An
news: TV — le journal télé-
    visé
newspaper le journal, *pl.* les
    journaux
next *(adj.)* prochain, -e; *(adv.)*
    ensuite
    — to à côte de
    the — day le lendemain
nice aimable; sympa; gentil,
    -ille; charmant, -e; sym-
    pathique (13)
    it's — out il fait beau
    to look — on s.o. aller à
    qqn (3)
niceness l'amabilité *f.* (3)
nicknamed surnommé, -e
    (12)
Niçoise salad la salade ni-
    çoise

niece la nièce
night la nuit
    every — tous les soirs
    it's —time il fait nuit
    last — hier soir
    the — before la veille (de)
nightclub la boîte de nuit
    (11)
nine neuf
nineteen dix-neuf
ninety quatre-vingt-dix
no non; pas de + *noun; (adj.)*
    nul, nulle (8)
    — + *verb* + -ing défense
    de + *inf.*
    — good in + *school subjects*
    nul, nulle en
    — longer ne . . . plus
    — matter what coûte que
    coûte (15)
    — one personne . . . ne
nobody personne . . . ne
noise le bruit
none aucun(e) (de) . . . ne
    (7)
nonstop *(flight)* sans escale
nooks and crannies les coins
    et les recoins (11)
noon midi
nor: neither . . . — ni . . .
    ni
normal: to get back to —
    retrouver son équilibre
    (11)
Norman normand, -e (13)
north le nórd
North America l'Amérique
    du Nord *f.*
northeast le nord-est
northwest le nord-ouest
Norway la Norvège
Norwegian norvégien, -ienne;
    le norvégien
nose le nez
not pas; ne . . . pas; ne . . .
    point (10)
    if — sinon
    — any aucun (e) (de) . . .
    ne (7)
    — any more ne . . . plus
    — anyone ne . . . personne

    — anything ne . . . rien
    — at all pas du tout
    — much pas grand'chose
    (1)
    — one aucun(e) (de) . . .
    ne (7)
    — yet pas encore
    of course — mais non
note *(music)* la note
to note noter (14)
notebook le cahier
nothing rien . . . ne
    — much pas grand'chose
    (1)
to notice remarquer; noter (14);
    constater (15)
noticeable marqué, -e (15)
nourishment la nourriture (5)
Nova Scotia la Nouvelle-
    Ecosse (14)
novel le roman
November novembre *m.*
now maintenant; actuellement
    (9)
    until — jusqu'ici (4)
nowadays de nos jours (10)
nowhere ne . . . nulle part
    (8)
    — else ne . . . nulle part
    ailleurs (8)
number le numéro; le nom-
    bre (5); le chiffre (5)
numerous nombreux, -euse
    (8)
nun la religieuse (14)
nurse l'infirmier *m.*, l'infir-
    mière *f.*
nuts timbré, -e (4)
nutty timbré, -e (4)

oath le serment (6)
    to give one's — prêter ser-
    ment (6)
object l'objet *m.* (15)
objective objectif, -ive (15)
obliged obligé, -e (7)
oboe le hautbois
to obtain obtenir (6)
obvious évident, -e

obviously évidemment
occidental occidental, -e (11)
occupation la profession; le métier
occupied occupé, -e
ocean l'océan m.
o'clock une heure, deux heures, etc.
October octobre m.
odd curieux, -euse (5); bizarre (7)
oddball l'original m., l'originale f. (8)
odor l'odeur f.
of de
— me (you, him, her, etc.) de ma (ta, sa, etc.) part (4)
— s.o. de la part de qqn (14)
— which (whom) dont
off:
day — le jour férié (2)
to get — descendre (de)
to take — (airplane) décoller
offended froissé, -e (3)
to offer (to) offrir (de)
office le bureau, pl. les bureaux
main — le siège (5)
post — la poste
official officiel, -le (4)
often souvent
to go — to fréquenter (13)
oil l'huile f.
okay d'accord
old vieux (vieil), vieille; ancien, -ne
how — are you? quel âge avez-vous?
—-fashioned vieux jeu; démodé, -e (3)
— pal mon vieux, ma vieille
older, oldest aîné, -e; l'aîné m., l'aînée f.
omelette l'omelette f.
on sur; à
to get — monter (dans)
— it (that) dessus; là-dessus
once une fois; une fois que
— in a while de temps en temps

— more encore une fois
one un, une
not — aucun(e) (de) . . . ne (7)
onion l'oignon m.
— soup la soupe à l'oignon
only seul, -e; unique; ne . . . que; seulement; exclusivement (4); uniquement (8)
open:
in the — air à la belle étoile (1)
—-mouthed bouche bée (7)
to open ouvrir
opera (house) l'opéra m.
— singer la cantatrice (7)
operation: to put into — mettre en œuvre (15)
opinion l'avis m.
in my — à mon avis
opportunity: to have the — (to) avoir l'occasion (de)
opposite en face (de)
or ou
either . . . — soit . . . soit (10), ou . . . ou (14)
orange (adj.) orange; l'orange f.
orangeade l'orangeade f.
orchestra l'orchestre m.
order l'ordre m. (6)
in — (papers) en règle
in — that pour que (12)
in — to pour; afin de + inf. (12)
to order commander
organization l'organisation f. (1)
to organize organiser
oriental oriental, -e (11)
origin l'origine f. (6)
original original, -e
originally à l'origine (6)
— (from) originaire (de) (14)
other autre
each — se (s'), l'un(e) l'autre, les un(e)s les autres (9)

on the — hand par contre (4)
— people les autres, autrui (9)
the — side of au delà de (11)
others les autres, autrui (9)
otherwise sinon; autrement (3)
ouch! aïe!
our notre, nos
ours le nôtre, la nôtre; pl. les nôtres
ourselves nous-mêmes
out:
— of sur (+ number) (15)
— loud à haute voix
— of style démodé, -e (3)
to bring (take) — sortir
to get — of descendre (de)
to go — sortir (de)
to take — sortir
outdoors dehors; à la belle étoile (1)
outs: the ins and — les coins et les recoins (11)
outside dehors
outskirts les environs m.pl.
over:
— there là-bas
to go — réviser
overcoat le manteau, pl. les manteaux
overdone (meat) trop cuit
overeater le gourmand, la gourmande (10)
overseas outre-mer (13)
ow! aïe!
to owe devoir
own propre
to own posséder (15)
owner propriétaire m.&f. (15)
property — propriétaire m.&f. (15)
oyster l'huître f.

Pacific Ocean le Pacifique

to pack (one's bags) faire ses bagages *m.pl.*

package le paquet

page la page

pain la peine (2); le mal, *pl.* les maux (9)

    to have a — (in) avoir mal (à)

to paint peindre; faire de la peinture

    to — a picture faire un tableau

painter le peintre

painting le tableau; la peinture

pair la paire

    au — au pair (5)

pal: old — mon vieux, ma vieille

palace le palais (12)

pale pâle (3)

palm tree le palmier (11)

    — branch la palme (11)

pants le pantalon

paper le papier

    (news)— le journal, *pl.* les journaux

    — mill la fabrique de papier (14)

paperback le livre de poche

parade le défilé

pardon me pardon

parents les parents *m.pl.*

park le parc

to park garer

part *(in a play)* le rôle; la partie; la part (14)

    on my (your, his, her, etc.) part de ma (ta, sa, etc.) part (4)

    on the — of s.o. de la part de qqn (14)

    to be — of faire partie de; se rattacher à (6)

    to take — in participer à

participant le participant, la participante

to participate (in) participer (à)

particular: in — en particulier (8)

party la fête; la surprise-party

to pass *(a test)* réussir à (un examen); *(on road)* doubler; passer (2)

    to — by passer (2)

passenger le passager, la passagère

pastime le passe-temps (4)

pastry la pâtisserie

    — chef le pâtissier, la pâtissière

    — shop la pâtisserie

pâté le pâté

paternal paternel, -le (14)

path le sentier

patient patient, -e

patient malade *m.&f.*

patiently patiemment

pattern: with such and such a — à dessin + *adj.* (4)

to pay (for) payer

    to — attention (to) faire attention (à)

peaceful tranquille

peach la pêche

pear la poire

peas les petits pois *m.pl.*

pebble le galet

pedal la pédale (2)

pedestrian le piéton

Peking Pékin

pen le stylo

    ballpoint — le stylo à bille (1)

    cartridge — le stylo à cartouche (1)

pencil le crayon

    — sharpener le taille-crayon (1)

peninsula la péninsule

pen pal le correspondant, la correspondante

people les gens *m.pl.*

    a lot of — beaucoup de monde

    certain — certain(e)s (9)

    other — les autres, autrui (9)

    some — certain(e)s (9)

pepper le poivre

perceptible perceptible (15)

perfect parfait, -e

to perfect perfectionner (5)

perfectly parfaitement

perfume le parfum

perhaps peut-être

to permit permettre (à . . . de)

Persia la Perse (4)

person la personne; l'habitant *m.*, l'habitante *f.* (1)

    — who loves to stroll le flâneur, la flâneuse (8)

pet la bête

pharmacist le pharmacien, la pharmacienne

pharmaceutical pharmaceutique (5)

pharmacy la pharmacie

philatelist philatéliste *m.&f.* (4)

philately la philatélie (4)

philosopher philosophe *m.&f.* (9)

philosophical philosophique (9)

philosophy la philosopie (9)

phone *see* telephone

photo(graph) la photo

to photograph photographier

photographer photographe *m.&f.*

physicist le physicien, la physicienne (1)

physics la physique

piano le piano

to pick cueillir (3)

to pick up aller (venir) chercher

picker: grape — le vendangeur, la vendangeuse (12)

picnic le pique-nique

    to have a — faire un pique-nique

picture l'image *f.*; la photo; le tableau

    to paint a — faire un tableau

picturesque pittoresque

pie la tarte

    apple — la tarte aux pommes

pie (cont'd.):
    meat — la tourte à la viande, la tourtière (*Canada*) (14)
pig le cochon
pillow l'oreiller *m.*
pilot pilote *m.&f.*
pineapple l'ananas *m.*
pink rose (8)
to **pity** plaindre (11)
place l'endroit *m.;* le lieu, *pl.* les lieux (8)
    to **take** — avoir lieu
to **place** mettre
plaid à carreaux (3)
plan les projets *m.pl.;* le plan (15)
to **plan (to)** compter + *inf.*
plane l'avion *m.*
planning: economic — la planification (15)
planting la plantation (11)
plantation la plantation (11)
plate l'assiette *f.*
platform le quai
play la pièce
    to **put on a** — jouer une pièce; monter une pièce (7)
to **play** jouer
    to — (*musical instruments*) jouer de
    to — (*sports & games*) jouer à
    to — **the fool** faire la bête (8)
player le joueur, la joueuse
playground (*of school*) la cour
playing field le terrain de sports
playwright dramaturge *m.&f.* (7)
plaza la place
pleasant agréable
pleasantness l'amabilité *f.* (3)
please s'il vous (te) plaît; veuillez (+ *inf.*)
to **please** faire plaisir à; plaire (à) (14)
pleased (to meet you) enchanté, -e

pleasure: with — avec plaisir
pliers les pinces *f.pl.*
plot l'action *f.* (7)
plum la prune
plumber le plombier
p.m. de l'après-midi; du soir
pocketknife le canif
poem le poème
poet le poète
point: departure (starting) — le point de départ
poison le poison
Poland la Pologne
police la police
policeman l'agent *m.*
Polish polonais, -e; le polonais
polite poli, -e
politely poliment
political politique (9)
    — **science** les sciences politiques *f.pl.*
politics la politique (9)
polka dot à pois (3)
pool: swimming — la piscine
poor pauvre
popular populaire (2); répandu, -e (6)
    la musique pop(ulaire) pop music
porcelain la porcelaine (3)
pork:
    — **butcher** le charcutier, la charcutière
    — **roast** le rôti de porc
port le port
portion la part (14)
portrait le portrait (6)
Portugal le Portugal
Portuguese portugais, -e; le portugais
possible possible
    it's — il se peut
possibly il se peut que
post card la carte postale
poster l'affiche *f.*
postman le facteur
post office la poste
potato la pomme de terre
    mashed —es la purée de pommes de terre

poultry la volaille (10)
powerful puissant, -e (12)
preceding précédent, -e
precise précis, -e (12)
prefect le préfet (15)
to **prefer** aimer mieux; préférer
prehistoric préhistorique
to **prepare** préparer
present actuel, -le (8)
present le cadeau, *pl.* les cadeaux
to **preserve** préserver (4), conserver (14)
preserved goose le confit d'oie (10)
president le président (4)
to **press** presser
to **pretend to** faire semblant de + *inf.* (3)
pretty joli, -e
    — + *adj.* assez
to **prevent** empêcher (de)
price le prix
    at a bargain — bon marché
    — **tag** l'étiquette *f.*
primary primaire (14)
principal (*of lycée*) le proviseur, la directrice
print à fleurs (3)
prison la prison (3)
prize le prix (9)
probable probable
probably probablement (8)
problem le problème
product le produit (10)
production (*of a play*) la mise en scène (9)
profession la profession; le métier
professional professionnel, -le (10)
to **profit from** profiter de
program le programme
progress: to make — faire des progrès *m.pl.*

to promise (s.o. to do sth.) promettre (à . . . de)
to pronounce prononcer
  property la propriété (9)
  — owner propriétaire *m.&f.* (15)
  proud fier, fière (14)
  Provence: of (from) — provençal, -e
  provided that pourvu que (12)
  province la province (1)
to publish publier (7)
  published publié, -e (1)
to pull tirer (15)
  pump: gas — la pompe à essence
  pupil l'élève *m.&f.*
  purpose: on — exprès (4)
  purse le sac
to pursue poursuivre (7; 12)
to push pousser; presser
to put (in, on) mettre
  to — air in regonfler
  to — back to sleep rendormir
  to — into effect or operation mettre en œuvre (15)
  to — on a play jouer (monter) une pièce
  to — on the brakes freiner
  to — out *(a light)* éteindre
  to — to bed coucher
  to — to sleep endormir
  to — up installer (15)

  quai le quai (8)
  quality la qualité (12)
  quarter le quartier (9)
  — of an hour un quart d'heure
  — past (six) (six) heures et quart
  — to (six) (six) heures moins le quart

quebecois québécois, -e
queen la reine
question la question
  to ask a — poser une question
  to be a — of s'agir de (6)
quick! vite!
quickly vite; rapidement
quiet tranquille
  to be — se taire (14)
quite assez
quotation la citation (9)
to quote citer (9)

race la course
  auto — la course d'autos
  foot — la course à pied
  — car la voiture de course
  — car driver pilote *m.&f.*
racetrack le champ de courses (3)
radio la radio
radish le radis
railroad station la gare
rain la pluie
to rain pleuvoir
rainbow l'arc-en-ciel *m.* (8)
raincoat l'imperméable *m.*
rainy pluvieux, -euse (8)
to raise lever; élever (9)
rapid rapide
rapidly rapidement
rare *(meat)* saignant, -e
rate: at any — de toute façon; en tout cas
rather assez + *adj.;* plutôt (3)
to reach atteindre (15)
to read lire
reading la lecture (5)
ready prêt, -e
ready-to-wear le prêt-à-porter (3)
real vrai, -e; véritable (8)
to realize se rendre compte de (que) (15)
really vraiment; drôlement (1)
rear *(adj.)* arrière
reason la raison (15)

reasonable raisonnable (1)
to recall se rappeler
to receive recevoir
  receipt la recette (14)
  recently récemment
  reception desk la réception
  recipe la recette (14)
  reckless téméraire (12)
to recognize reconnaître
to recompense récompenser (6)
  record le disque
  — player l'électrophone *m.*
  recorder: tape — le magnétophone
to recover one's balance retrouver son équilibre (11)
  red rouge
  to turn — rougir; passer au rouge *(traffic light)*
  redheaded, a redhead roux, rousse
to reflect refléter (11)
  refrigerator le réfrigérateur; le frigo
to refuse (to) refuser (de)
  region la région
  wine-growing — le vignoble (12)
to reinflate regonfler
  relationship les rapports *m.pl.*
  rehearsal la répétition (7)
to rehearse répéter (7)
  relatives les parents *m.pl.* (14)
to relax se reposer
  religion la religion (10)
to remain rester
  remainder les restes *m.pl.* (10)
to remember se souvenir (de); se rappeler
to remind rappeler (15)
to remove enlever (12)
  renown la renommée (7)
to repair réparer
to repay récompenser (6)
to repeat répéter
  representative le député (6)
  sales — le représentant, la représentante
  republic la république (11)
  reputation la réputation (8)

to require exiger (15)

    rescue: to come to the — arriver au secours (2)

to resemble ressembler (à)

to reserve retenir

to respect respecter (12)

    response la réponse

    responsibility la responsabilité (9)

    responsible: to be — (for) se charger (de)

    rest le repos; (leftovers) les restes m.pl. (10)

to rest se reposer

    restaurant le restaurant

    — owner le restaurateur, la restauratrice (10)

to restore restaurer (3)

    result le résultat (14)

    as a — en conséquence (15)

    return la rentrée; le retour

    — ticket le retour

    — trip le retour

to return rentrer; (things) rendre

to review réviser

la révolution revolution (9)

    rhinoceros le rhinocéros

    rice le riz

    rich riche

    ride le trajet

    to take a — faire un tour (2)

    riddle la devinette (13)

    riding: to go horseback — faire du cheval (1)

    right bon, bonne; juste; droit, -e

    — away tout de suite

    that's — c'est ça

    to be — avoir raison

    to the — (of) à droite (de)

    rim la jante (2)

    ring la bague

to ring sonner

to ripen mûrir (9); venir à maturité (12)

    ripeness la maturité (12)

to rise se lever; s'élever (8)

to risk risquer de (11)

    river le fleuve; la rivière

    — bank la rive

the Riviera la Côte d'Azur

    road la route

    — map la carte routière

    roast beef le rosbif

    roast pork le rôti de porc

    rock music le rock

    role le rôle

    lead — le rôle principal, pl. les rôles principaux

    roll: crescent — le croissant

    Romance (language) roman, -e (5)

    Romania la Roumanie (7)

    Romanian le roumain (5)

    Romansh le romanche (5)

    roof le toit

    room la chambre; le logement (5)

    bed — la chambre à coucher

    class — la salle de classe

    dining — la salle à manger

    dressing — la cabine d'essayage (3)

    living — le salon

    meeting — la salle (6)

    single (double) — la chambre à un (deux) lit(s)

    to leave — (for) laisser de la place (à)

    waiting — la salle d'attente

to room loger (5)

    rooster le coq

    rope lift le remonte-pente

    round-trip ticket un aller et retour

    route le chemin

    royal royal, -e (3)

    rubber le caoutchouc (1)

    — tree l'hévéa f. (11)

    rug le tapis

to ruin abîmer

    ruler la règle

to run courir (8); (machines) marcher

    to — errands faire des courses

    to — a red light (stop sign) brûler un feu rouge (un stop)

to run into rencontrer

    runner le coureur, la coureuse

    runway la piste

    rush hour les heures de pointe f.pl.

    Russia la Russie

    Russian russe; le russe

    saccharine douceâtre (3)

    sad triste

    saddlebag la sacoche (2)

    sadly tristement

    sailboat le bateau à voiles

    sailor le marin

    salad la salade

    — dressing la vinaigrette

    salary le salaire (5)

    sale: on — en solde

    salesperson le vendeur, la vendeuse; le représentant, la représentante

    salt le sel

    same même

    all the — tout de même (1)

    at the — time (as) en même temps (que); à la fois

to sample goûter à (10); déguster (12)

    sand le sable

    sand-blasting le ravalement (15)

    sandwich le sandwich, pl. les sandwichs

    santon le santon

    Saturday samedi m.

    saucer la soucoupe

    sausage le saucisson; la saucisse (10)

    saw la scie

    saxophone le saxophone

to say dire

    —! dis donc! (2)

    that is to — c'est-à-dire (4)

    scarcely ne . . . guère (10)

to scare faire peur à

scarf le foulard
scenery le paysage
scholar le savant, la savante (8)
school (adj.) scolaire (1)
school l'école f.; (within a u-niversity) la faculté (11)
  graduate — la faculté (11)
  high — le lycée
  high — student le lycéen, la lycéenne
  junior high — le collège (13)
  law — la faculté de droit (11)
  medical — la faculté de médecine (11)
  the first day of — la rentrée des classes
  to go to — at faire ses études à
science la science (15)
scientist scientifique m.&f.
Scouts les Eclaireurs m.pl. (1)
screen l'écran m.
screw la vis
screwdriver le tournevis
scuba-diving: to go — faire de la plongée sous-ma-rine (1)
sculptor le sculpteur
sculpture la sculpture
sea la mer
to search fouiller (dans) (8)
season la saison
seat la place; le siège; la selle (2)
seatbelt la ceinture de sécuri-té
seated assis, -e
second la seconde (2); (adj.) second, -e (13)
secondary secondaire (10)
second-hand d'occasion (8)
  — bookseller bouquiniste m.&f. (8)
secretary secrétaire m.&f.
secure sûr, -e (14)

to see voir; constater (15)
to seem (to) sembler (à); paraître (15)
to seize saisir (6)
to select recueillir (3)
self -même
to sell vendre
to send envoyer
  to — back renvoyer
Senegal le Sénégal
Senegalese sénégalais, -e
sensational sensationnel, -elle (1)
sentence la phrase
to separate (se) séparer (6)
September septembre m.
serious sérieux, -euse; grave
seriously sérieusement
to serve servir
  to — as servir de (9)
service le service (6)
service station la station-ser-vice, pl. les stations-service
  — attendant pompiste m.&f.
to set the table mettre le couvert
to settle down s'installer (7)
seven sept
seventeen dix-sept
seventy soixante-dix
several plusieurs
to sew coudre (6)
to shake hands se serrer la main
shame: that's a —! c'est dom-mage!; c'est moche (2)
share la part (14)
sharpener: pencil — le taille-crayon (1)
she elle
sheep le mouton
sheet le drap
shelf l'étagère f.
shepherd, shepherdess le ber-ger, la bergère (8)
shift: gear — le levier de vi-tesse (2)
shirt la chemise; (for women) le chemisier (3)
shoe la chaussure
shop la boutique
  butcher — la boucherie

dairy — la crémerie
pastry — la pâtisserie
to shop faire des achats
shopkeeper le marchand, la marchande
shopping bag le filet
short petit, -e; court, -e
  short-sleeved à manches courtes (3)
  to take a — trip faire une excursion
to shorten raccourcir (3)
shoulder l'épaule f.
shout le cri
to shout crier
show l'exposition f.; le salon; le spectacle
to show (to) montrer à
shower la douche
sick malade
  — person malade m.&f.
  to feel — aller mal
sickness le mal, pl. les maux (9)
side le côté
  — trip le détour
  the other — of au delà de (11)
sidewalk café la terrasse d'un café
sign: stop — le stop
significance la signification (6)
to signify signifier (8)
silence le silence
silent: to be — se taire (14)
silk la soie (3)
silver l'argent m. (13); (adj.) argenté, -e (13)
  —-colored argenté, -e (13)
simple simple (2)
simply simplement (8)
since puisque; depuis; il y a + time + que + passé composé
to sing chanter
singer le chanteur, la chan-teuse
  opera — la cantatrice (7)
single seul, -e
  — room la chambre à un lit

sink l'évier *m.; (in bathroom)*
le lavabo
to sip déguster (12)
sir monsieur, *pl.* messieurs
sister la sœur
to sit (down) s'asseoir (5)
sitting down assis, -e
situation la situation (14)
six six
sixteen seize
sixty soixante
size la taille; la pointure
to be a — 5 faire un 36 (3)
skate: ice — le patin à glace
to skate patiner
skater le patineur, la patineuse
skating rink la patinoire
ski le ski
— jacket l'anorak *m.*
—lift le remonte-pente
to ski faire du ski
to water-— faire du ski
nautique
skier le skieur, la skieuse
skiing le ski
skillful adroit, -e
skillfully adroitement
skin la peau; *pl.* les peaux
(12)
skinny maigre
skirt la jupe
sky le ciel
skyscraper le gratte-ciel; *pl.*
les gratte-ciel (15)
slacks le pantalon
to sleep dormir
to go back to — se rendormir
to go to — s'endormir
to put back to — rendor-
mir
to put to — endormir
to — late faire la grasse matinée
sleeping:
— bag le sac de couchage
— car *(on train)* le wagon-
lit
sleepy: to be — avoir sommeil

sleeved:
long-sleeved à manches
longues (3)
short-sleeved à manches
courtes (3)
slice la tranche
slide rule la règle à calcul (1)
slope la pente
slow lent, -e
to — down ralentir
slowly lentement; doucement
small petit, -e
smart calé, -e
smell l'odeur *f.*
to smell sentir (11)
smile le sourire (3)
to smile (at) sourire (à)
snack le goûter
— bar le buffet
snail l'escargot *m.*
snake le serpent
snow la neige
to snow neiger
so alors; si; donc; tellement
even — tout de même (1)
so-called soi-disant (15)
— long as pourvu que (12)
— much, — many tant de
so-so comme ci, comme ça
— that afin que (12)
soap le savon
to soar s'élever (8)
soccer le football
social studies les sciences sociales *f.pl.*
society la société (9)
sock la chaussette
sofa le divan
softly: more — plus bas
soldier le soldat
solely uniquement (8)
some des; quelques; de la (l'),
du; en
— (of) quelques-uns, quelques-unes (de) (4)
— . . . or other quelcon-
que (12)
someone quelqu'un
something quelque chose
— is happening il se passe
quelque chose (5)

to have — (to eat or drink)
prendre quelque chose
sometimes quelquefois, parfois (13)
somewhere quelque part
son le fils
song la chanson
soon bientôt
as — as aussitôt que; dès
que
sorry:
to be — regretter
to feel — for plaindre (11)
very — désolé, -e
sort la sorte
sought after recherché, -e (9)
sound le son
soup la soupe
onion — la soupe à l'oignon
south le sud
South America l'Amérique
du Sud *f.*
southeast le sud-est
southwest le sud-ouest
souvenir le souvenir
space la place
Spain l'Espagne *f.*
Spanish espagnol, -e; l'espagnol *m.*
spark plug la bougie
to speak parler
special spécial, -e (10)
to specialize in se spécialiser
dans (9)
specialty la spécialité (10)
spectator le spectateur, la
spectatrice
speed la vitesse (2)
to speed up accélérer
to spell épeler (14)
to spend *(time)* passer
spice l'épice *f.* (10)
spider l'araignée *f.*
spinach les épinards *m.pl.*
spite: in — of malgré (8)
splendid! bravo! (13)
spoke *(of wheel)* le rayon (2)
spoon la cuillère

sporting goods department
le rayon d'équipement
de sports
sports les sports *m.pl.*
— car la voiture de sport
spot l'endroit *m.*
spring le printemps
in the — au printemps
square *(of town)* la place
stadium le stade
stage le cycle (13); l'étape *f.*
(15)
stairs l'escalier *m.*
stall la boîte (8)
stamp le timbre
— collector philatéliste
m.&f. (4)
to stand in line faire la queue
standing (up) debout
star l'étoile *f.*
movie — la vedette
to stare regarder fixement (6)
to start commencer (à); *(of ma-chines)* démarrer
to — again recommencer (à)
to — (off) se mettre en route
to — over recommencer (à)
to — to work se mettre au
travail
starting point le point de dé-part
state l'état
Swiss — le canton (5)
station *(train)* la gare; *(sub-way)* la station
stationery store la papeterie
(1)
stay le séjour
to stay rester; demeurer (11)
to — up veiller (11)
steering wheel le volant
step l'étape *f.* (15)
to step marcher
stew le ragoût (10)
steward le steward
stewardess l'hôtesse de l'air
to stick coller (4)

still toujours; encore
to sting piquer
stingy avare
stocking le bas
stomach le ventre
stone la pierre; le galet
stop l'arrêt *m.;* l'escale *f.*
bus — l'arrêt *m.* d'autobus
— sign le stop
subway — la station
to stop cesser (de); arrêter; s'ar-rêter (de)
to — over *(air travel)* faire
escale
stop(over) l'escale *f.*
store le magasin
book — la librairie
department — le grand ma-gasin
stationery — la papeterie
(1)
— window la vitrine
story l'histoire *f.; (of a build-ing)* l'étage *m.*
stove la cuisinière; *(portable)*
le réchaud
straight directement
— ahead tout droit
strange bizarre (7)
strangeness: feeling of — le
dépaysement (11)
stranger l'inconnu *m.,* l'incon-nue *f.*
strawberry la fraise
street la rue
on the — dans la rue
strength la force (11)
to stretch out s'étendre (11)
striped à rayures (3)
to stroll flâner
person who loves to — le
flâneur, la flâneuse (8)
strong fort, -e
stubborn têtu, -e
student l'élève *m.&f.;* l'étu-diant *m.,* l'étudiante *f.*
high school — le lycéen, la
lycéenne
— at a collège le collégien,
la collégienne (13)
to be a — at faire ses étu-des à

study l'étude *f.*
— hall la salle de perma-nence
studio l'atelier *m.* (3)
to study étudier; faire ses études
f.pl.
stupid bête
style la mode (3)
out of — démodé, -e (3)
stylish à la mode
subject le sujet (9); la matiè-re (14)
subtitle le sous-titre
suburb la banlieue
in the —s en banlieue
subway le métro
— station la station
to succeed (in) réussir (à); par-venir (à) (2)
such (a) tel, telle (8)
— as tel(le) que (11)
with — and — a pattern
(design) à dessin +
adj. (4)
suddenly tout à coup; soudain
(2)
to suffer souffrir
sugar le sucre
to suggest suggérer
suggestion la suggestion
suit le complet
bathing — le maillot
to suit convenir (à)
suitcase la valise
to pack one's — faire sa
valise
summer l'été *m.*
— home la résidence secon-daire (15)
summit le sommet (8)
sun le soleil
it's sunny il fait du soleil
to sunbathe prendre un bain de
soleil
Sunday dimanche *m.*
sunglasses les lunettes de
soleil *f.pl.*
sunrise le lever du soleil
sunset le coucher du soleil
suntan: to get a — se bronzer
supermarket le supermarché
supplies les provisions *f.pl.*

supplies (cont'd.):

    (school) — les fournitures f.pl. scolaires (1)

to suppose supposer (13)

sure sûr, -e

    for — à coup sûr

surely sûrement; sans doute (4)

to surprise surprendre; étonner

surprised surpris, -e

surrounded (by) entouré, -e (de)

to survive survivre (à) (14)

to sustain soutenir (10)

to swear jurer (6); prêter serment (6)

sweater le pull-over

Sweden la Suède

Swedish suédois, -e; le suédois

sweet: (overly) — douceâtre (3)

to swim nager

swimmer le nageur, la nageuse

swimming la natation

swimming pool la piscine

Swiss state le canton (5)

Switzerland la Suisse

    French-speaking — la Suisse romande (5)

table la table

    at the — à table (10)

    to set the — mettre le couvert

tablecloth la nappe

tablet le comprimé (11)

tag: price — l'étiquette f.

to take prendre; (s.o.) emmener; tirer (15)

    to — (courses) faire de + course

    to — away enlever (12)

    to — down descendre

    to — off (plane) décoller

    to — out sortir

    to — place avoir lieu

    to — up monter

See also individual listings for expressions with **to take**

talented doué, -e

to talk parler; bavarder

tanned bronzé, -e (1)

tape la bande

    — recorder le magnétophone

task la tâche (5)

taste le goût (10)

to taste goûter

    to — sth. *(for the first time)* goûter à (10)

tea le thé

to teach enseigner

teaching l'enseignement m. (9)

teacher le professeur, le prof; le maître, la maîtresse

    elementary school — l'instituteur m., l'institutrice f. (7)

    —s' lounge la salle des professeurs

team l'équipe f.

technical technique (10)

technician le technicien, la technicienne

teeth les dents f.pl.

    to brush one's — se brosser les dents

telecommunications les télécommunications f.pl. (15)

telephone le téléphone

    on the — au téléphone; à l'appareil m.

    — call le coup de téléphone

to telephone téléphoner à

television la télé

to tell dire (à); raconter

    to — about raconter

    to — s.o. (to do sth.) dire à . . . de

ten dix

    about — une dizaine de

ten-speed à dix vitesses (2)

tennis le tennis

tent la tente

    in the — sous la tente

term le terme (7)

terrible affreux, -euse

terrific passionnant, -e

territory le territoire

test l'examen m.; l'essai m. (9)

textile mill la filature (14)

than que

thank you, thanks merci

to thank remercier

thanks to grâce à (16)

that cela (ça); ce (cet), cette; que; -là

    so — afin que (12)

    — is to say c'est-à-dire (4)

    — makes + price ça fait

    — one celui(-là), celle(-là)

    —'s it ça y est (2)

the le, la, l'; les

theater le théâtre

    movie — le cinéma

theatrical théâtral, -e (9)

their leur, -s

theirs le leur, la leur; pl. les leurs

them elles, eux; les

    to (for, from) — leur

themselves se (s'); eux-mêmes, elles-mêmes

then alors; puis; ensuite

theory la théorie (9)

there là; y

    in — (là-)dedans (2)

    over — là-bas

    — is, — are voilà; il y a; il est (8)

    there! tiens! (2)

    — you go ça y est (2)

    under — (là-)dessous (2)

therefore donc

these ces; ceux(-ci), celles (-ci)

they elles, ils, on; eux

thin maigre

    to get — maigrir

thing la chose

    all —s considered au bout du compte (12)

    how are —s? ça va?

thingamajig le machin
to think penser, croire
    to — about penser à; réflé-
      chir à (8)
    to — of penser de
    to — so croire que oui
thinker le penseur (9)
thirsty: to be — avoir soif
thirteen treize
thirty trente
    6:30 six heures et demie
this ce (cet), cette; -ci
    — is (on telephone) ici
    — one celui(-ci), celle(-ci)
those ces; ceux(-là), celles (-là)
though: even — bien que,
    quoique (12)
thought la pensée (9)
thousand mille; (in dates) mil
    about a — un millier (de)
    (4)
three trois
throat la gorge
through à travers (1)
    — here par ici (2)
to throw jeter; lancer
    to — away jeter
thumb le pouce
Thursday jeudi m.
thus ainsi
ticket le billet; le ticket; (traf-
    fic) la contravention
    first-class — le billet de
      première classe
    one-way — l'aller m.
    return — le retour
    round-trip — un aller et
      retour
    — book le carnet
    — window le guichet
tie la cravate; le lien (6)
to tie lier (9)
    tie game le match nul
    tiger le tigre
to tighten resserrer (2)
    time la fois; le temps; l'épo-
      que f. (6)

a long — longtemps
at the same — à la fois
at the same — (as) en
    même temps (que)
(at) what — ? à quelle
    heure?
from — to — de temps en
    temps
on — à l'heure
one more — encore une
    fois
the umpteenth — la trente-
    sixième fois
—s (in math) fois
to have a good — s'amuser
to have — (to) avoir le
    temps (de)
what — is it? quelle heure
    est-il?
timetable l'horaire m.
to tinker bricoler
tip le pourboire
    — included le service est
      compris
tire le pneu, pl. les pneus
tired fatigué, -e
    dead — crevé, -e (11)
title le titre
to à; chez; en
    up — jusqu'à
toast le pain grillé
today aujourd'hui; actuelle-
    ment (9)
    — is c'est aujourd'hui; nous
      sommes
toe l'orteil m.
together ensemble
    to get — se réunir, s'assem-
      bler (4)
tomato la tomate
tomorrow demain
too aussi; trop
    — bad moche (2)
    — much, — many trop de
tool l'outil m.
toolbox la boîte à outils
tooth la dent
toothbrush la brosse à dents
toothpaste le dentifrice
top le sommet (8)
totally tout à fait

Toulouse: of or from — tou-
    lousain, -e (10)
tour la visite
    to take a — of faire la vi-
      site de
to tour visiter
tourism le tourisme
tourist adj. touristique
tourist touriste m.&f.
toward vers
tower la tour (8)
    control — la tour de
      contrôle
town la ville
    to (in) — en ville
toy le jouet
track (train) la voie; (sports)
    la piste
trade le troc (5)
to trade (for) troquer (contre)
    (4)
tradition la tradition
traditional traditionnel, -le
    (4)
traffic la circulation
    — jam l'embouteillage m.
    — light le feu
tragedy la tragédie (7)
train le train
    express — l'express m.
    local — l'omnibus m.
    — station la gare
to train faire un stage
    training period le stage
    tramp le clochard, la clochar-
      de (8)
    transatlantic transatlantique
to transform transformer (3)
to translate traduire
    transport(ing) le transport
      (15)
    transportation les transports
      m.pl. (15)
to travel voyager
    traveler le voyageur, la
      voyageuse
    tree l'arbre m.
    rubber — l'hévéa f. (11)
trial le procès (8); l'essai m.
    (9)
tribe la tribu

trip le voyage; le trajet; l'aller *m.*

    have a good —! bon voyage!

    on a — en voyage

    return — le retour

    round- — ticket un aller et retour

    side — le détour

    to take a short — faire une excursion

    to take a — faire un voyage

trombone le trombone

trouble la peine (2); le mal (9); le malheur (15)

    to be worth the — valoir la peine (2)

troupe la troupe (9)

truck le camion

true vrai, -e

    to come — se réaliser (11)

truly vraiment

trumpet la trompette

trunk la malle; *(car)* le coffre

truth la vérité (13)

    in — en vérité (13)

to try essayer (de)

    to — on essayer

tub la cuve (12)

Tuesday mardi *m.*

turkey le dindon

to turn tourner

    to — green *(traffic light)* passer au vert

    to — left (right) tourner à gauche (droite)

    to — off *(a light)* éteindre

    to — on *(a light)* allumer

    to — red rougir; *(traffic light)* passer au rouge

    to — yellow jaunir

turtleneck à col roulé (3)

TV la télé

    — news le journal télévisé

twelve douze

twenty vingt

twice deux fois

twin le (frère) jumeau, la (sœur) jumelle

two deux

type l'espèce *f.* (7)

typically typiquement

ugly laid, -e

umbrella le parapluie

umpteenth: the — time la trente-sixième fois

unbelievable incroyable (8)

uncle l'oncle *m.*

uncomfortable peu confortable; mal à l'aise

to uncover découvrir

under sous

    — it dessous, là-dessous (2)

    — there dessous, là-dessous (2)

to understand comprendre

undisturbed tranquille

unfortunately malheureusement

unhappiness le malheur (15)

unhappy triste

union l'union *f.* (12)

United States les Etats-Unis *m.pl.*

university *(adj.)* universitaire (13)

university l'université *f.*

unknown inconnu, -e

unless à moins que (12)

unoccupied libre

unpleasant désagréable

until jusqu'à; jusqu'à ce que (12)

    — now jusqu'ici (5)

unusual extraordinaire (4); curieux, -euse (5)

up:

    up and at 'em allez hop! (11)

    up-to-date actuel, -le (8)

    to bring (take) — monter

    to get — se lever

    to go — monter

    to go (come) back — remonter

    — to jusqu'à

upstairs en haut

us nous

    to (for, from) — nous

use l'emploi *m.*

to use se servir (de); employer; utiliser (10)

used d'occasion (8)

used: to get — to s'habituer (à)

useful utile (7)

useless inutile (7)

usher l'ouvreuse *f.*

to utilize utiliser (10)

vacation les vacances *f.pl.*

    on — en vacances

    to spend (take) a — passer (prendre) des vacances

valley la vallée

van la caravane

vanquished vaincu, -e (12)

varied varié, -e (3)

variety la variété (1)

various varié, -e (3), divers, -e (11)

to vary varier (14)

vat la cuve (12)

vegetable le légume

velvet le velours (3)

veritable véritable (8)

version la version

very très, extrêmement (13); tout (13)

    — much beaucoup

    — sorry désolé, -e

vicinity: in the — of aux environs de

view la vue

villa la villa

village le village

vine la vigne (12)

vinegar le vinaigre

vineyard le vignoble, les vignes (12)

vintage le cru (12)

violin le violon

to visit *(s.o.)* faire une visite à; rendre visite à (11); *(a place)* visiter

visual visuel, -le (6)

vocabulary le vocabulaire (12)
voice la voix
volleyball le volleyball

to wait (for) attendre
  to — on servir
waiter le garçon
waiting room la salle d'attente
waitress la serveuse
to wake up réveiller; se réveiller
walk la promenade
  to take a — faire une promenade; se promener; faire un tour (2)
  to take for a — promener
to walk marcher
wall le mur
wallet le portefeuille
to want vouloir; avoir envie (de); désirer (3)
war la guerre (3)
wardrobe l'armoire *f.*
warm chaud, -e
  it's — out il fait chaud
  to be — *(of people)* avoir chaud
to wash laver; se laver
  to — one's face (hands) se laver la figure (les mains)
to waste gaspiller
wastebasket la corbeille
watch la montre
to watch regarder; garder
  to — out (for) faire attention (à)
water l'eau, *pl.* les eaux *f.*
  mineral — l'eau minérale *f.*
to water-ski faire du ski nautique
way le chemin; le moyen (5); la façon (6); la manière (9)

in a — de cette façon (6)
in that — ainsi; de cette façon (6)
on the — (to) en route (pour)
one- — ticket l'aller *m.*
to lose one's — se perdre
we nous, on; nous autres (14)
weak faible
weakness la faiblesse (7)
to wear porter
weather le temps
Wednesday mercredi *m.*
week la semaine; huit jours
  about a — une huitaine de jours
  about two —s une quinzaine de jours
  two —s quinze jours
weekend le week-end
  — home la résidence secondaire (15)
weight:
  to gain — grossir
  to lose — maigrir
weird bizarre (7)
to welcome accueillir (3)
  you're — je vous (t')en prie
well bien
  as — as ainsi que (10)
  to get — guérir
  to look — avoir bonne mine
  well, well! tiens!
well-behaved sage
well-done *(meat)* bien cuit
west l'ouest *m.*
western occidental, -e (11)
western *(movie)* le western
wet mouillé, -e
wharf le quai (8)
what qu'est-ce qui?; qu'est-ce que?; quel?, quelle?; que?; quoi?; ce que; ce qui
  — can you do? que faire? (1)
  —'s more en plus (10)
  —'s the matter? qu'est-ce qu'il y a? (2)
whatever quoi que (12)

wheel la roue (2)
  steering — le volant
when quand; lorsque
  — all's said and done au bout du compte (12)
where où
  from — d'où
whereas tandis que
wherever où que (12)
which quel?, quelle?; que; ce qui
  of — dont
  — one lequel, laquelle
  — ones lesquels, lesquelles
while pendant que; tandis que; alors que (4)
  in a little — tout à l'heure
  once in a — de temps en temps
white blanc, blanche
who qui; qui est-ce qui
whoever, whomever qui que (12)
whole entier, -ière
whom? qui est-ce que?
  of — dont
  to — à qui
why pourquoi
wicker l'osier *m.* (12)
wide large
widespread répandu, -e (6)
wife la femme
willingly volontiers (4)
to win gagner
wind le vent
  it's windy il fait du vent
window la fenêtre
  car — la glace
  store — la vitrine
  ticket — le guichet
windshield le pare-brise, *pl.* les pare-brise
  — wiper l'essuie-glace, *pl.* les essuie-glace *m.*
wine le vin
  — cellar la cave
  —-growing region le vignoble (12)
winegrower le viticulteur (12)
winter l'hiver *m.*

to wipe essuyer
    to — out effacer (15)
with avec
    to go — accompagner
without sans; sans que (12)
Wolof le wolof
woman la femme
to wonder se demander (5)
wonderful magnifique
woodcutter le bûcheron (14)
woods les bois m.pl. (1)
wool la laine (3)
word le mot; la parole (7)
    in other —s c'est-à-dire (4)
work le travail, pl. les travaux;
    l'œuvre f. (6)
    — area le chantier (14)
    to begin (start) — se mettre
    au travail
to work travailler; (of machines)
    marcher
worker l'ouvrier m., l'ouvrière f.
workshop l'atelier m. (3)
world le monde
world(wide) mondial, -e (3)
worm le ver
worried inquiet, -iète
to worry about s'inquiéter de
    (14)

worth:
    to be — valoir (2)
    to be — the effort valoir
    la peine (de), valoir le
    coup (de) (2)
to wrap (up) emballer (3)
wrench la clef
wristwatch la montre
to write écrire
    to — each other s'écrire
    (4)
writer l'écrivain m.
wrong mauvais, -e
    to be — avoir tort; ne pas
    aller (2)
    to be — (about) se tromper
    (de)
    to have sth. — ne pas aller
    (2)
    what's —? qu'est-ce qui ne
    va pas?

yard le chantier (14)
    lumber— le chantier fores-
    tier (14)
year l'année f.; l'an m.
    to be . . . —s old avoir . . .
    ans

New Year's Day le Jour de
    l'An
yellow jaune
    to turn — jaunir
yes oui; si
yesterday hier
yet: not — pas encore
you toi; tu; vous; vous autres
    (14)
    to (for, from) — te (t'),
    vous
young jeune
    — lady mademoiselle, pl.
    mesdemoiselles; la de-
    moiselle
younger cadet, -ette
youngest le cadet, la cadette
your ta, ton, tes; votre, vos
yours le tien, la tienne; les
    tiens, les tiennes; le/la
    vôtre; les vôtres
yourself toi-même; vous-
    même
yourselves vous-mêmes
Yugoslavia la Yougoslavie

zero zéro
zoo le zoo

Index

à:
+ emphatic pronoun expressing possession 76–77,
   116
+ infinitive expressing obligation 8
+ lequel 137–138
+ noun expressing posses-
   sion 76
+ person replaced by indirect
   object pronoun 57–59
+ place replaced by y 58–59
used to introduce noun complements 223
verbs requiring à before infinitive 94
with causative faire 296
with cities and countries 150,
   221
with expressions of time 220
with means of transportation
   221
adjectives 37–39
   beau, nouveau, vieux 38
   comparison of 38–39
   de used with plural 17
   describing cities, countries,
      continents 233–234
   invariable 39, 292
   of feeling + infinitive 8
   position of 38
   possessive 76–77
   present participles as 262
   superlative 38–39, 283
   tout (toute, tous, toutes) 67,
      177
aller 11
   future formed with 11
après + past infinitive 199–200
articles see determiners
s'asseoir 87
auxiliary verbs see individual
   tenses and moods
avoir, compound tenses
   formed with 29–30, 117–
   118, 168, 199–200, 264,
   275–276

ça fait + expressions of time
   134–135
causative faire 295–296
c'est vs. il est 8, 17, 115–116
chez 221
-ci 78
commands see imperative
comparative 38–39
complement:
   infinitive 301
   noun 223
conditional 149
   after si clauses 149
   past 168–169
   special uses of 170–171
coudre 103
courir 148
cueillir 50

dates 15
dans:
   in expressions of time 221
   used to replace à + indefinite
      determiner 221
de:
   after demonstrative pronouns
      77
   after negative 19, 197
   after superlative 38–39
   in expressions of quantity 19,
      36–37, 185, 197
   in passive constructions 244
   + infinitive in indirect dis-
      course 304
   + lequel 137
   + noun complements 223
   partitive 19, 36–37
   replaced by ce dont 155–156
   replaced by dont 137
   replaced by en 36–37

   verbs requiring de before
      infinitive 94–95
   with adjectives of feeling +
      infinitive 8
   with cities, countries, conti-
      nents 151
   with plural adjectives 17
depuis 135
determiners:
   definite 15–16, 77, 151
   indefinite 17
   partitive 19, 36–37
   + parts of body 70
   possessive 76–77
   with c'est and il est 115–116
   with countries and continents
      15, 151
dire, special use of conditional
   171
direct vs. indirect discourse
   302–304
direct object pronouns see pronouns
dont 137, 155–156

en:
   as pronoun 36–37, 58
   used to introduce noun com-
      plements 223
   with countries and continents
      15, 150, 221
   with expressions of quantity
      37
   with expressions of time 15,
      220–221
   with means of transportation
      221
   with present participle 261–
      262
-er verbs 11; see also individual
   tenses and moods

être:
 c'est *vs.* il est 8, 17, 115–116
 compound tenses formed
   with 29–30, 72, 117–118,
   168–169, 199–200, 264,
   275–276
expressions of time:
 with à, dans, en 220–221
 with depuis, il y a, ça fait,
   voilà 134–135
 with où 138

faire:
 ça fait + expressions of time
   134–135
 causative 295–296
future 105–109
 formed with aller 11
future perfect 167

geographical terms 15, 150–151,
   221, 233–234

il est:
 + adjective + de + infinitive
   8
 vs. c'est 8, 17, 115–116
il y a + expressions of time 134–
   135
immediate future 11
immediate past 95
imperative:
 of reflexive verbs 69
 restated using indirect discourse 304
 third-person subjunctive used
   as 295
 with object pronouns 58, 60
 with si clauses 107
imperfect 50–52
 used with depuis, il y a, ça
   fait 135

used with si 107
 vs. passé composé 52
indirect discourse 302–304
indirect object pronouns *see*
   pronouns
infinitive 8–9, 94–95
 after adjectives of feeling 8
 after aller to form immediate
   future 11
 after il est + adjective + de
   8, 116
 after prepositions 8
 after venir de 95
 complements 301
 in rhetorical questions 8
 introduced by verb + à and/or
   de 94–95
 introduced by à to express
   obligation 8
 negative 8
 of reflexive verbs 69
 past 199–200
 used as subject of sentence 9
 used to express command in
   indirect discourse 304
 vs. subjunctive 191, 237
 with causative faire 295–296
 with object pronouns 58, 69,
   200, 296, 301
interrogative:
 inversion 214–215, 254
 restated using indirect discourse 303
 rhetorical questions using
   infinitives 8
inversion:
 with ainsi, aussi, encore,
   peut-être, sans doute,
   à peine 304
 with infinitive complements
   9, 295, 301
 with interrogative 214, 254
-ir verbs 11; *see also* individual
   tenses and moods
-ir/-iss- verbs 11; *see also* individual tenses and moods

-là 78
lequel, as relative pronoun 137

negative 197–198
 and use of de 19, 197–198
 expressions 125, 145, 185,
   197–198
 followed by subjunctive 214
 omission of pas with pouvoir
   and savoir 207
 pleonastic ne 237
 with imperative 58, 60, 69
 with infinitive 8
 with object pronouns 58, 60
 with partitive 19
 with reflexive verbs 69, 72
noun:
 complements introduced by à,
   en, de 223
 plural of 48, 223, 231
 of nationality or religion 116
 of occupation 17, 116, 221
 of weight and measure 16
 with c'est and il est 115

object pronouns *see* pronouns
on 88
où, as relative pronoun 138

par:
 in passive constructions 244
 with causative faire 296
 with means of transportation
   221
partitive 19, 36–37
 en 36–37
passé composé 29–30
 contrasted with imperfect 52
 of reflexive verbs 72
 of sortir, monter, descendre
   30
 with il y a, ça fait, voilà
   134–135
 with indirect discourse 302–
   304
 with object pronouns 58, 60,
   72

passé composé *(cont'd.):*
  with **pendant** + expressions
    of time 135
passé simple 128–130
passive constructions 88, 244
past conditional 168–169
  special uses of 170–171
  with **si** clauses 169
past infinitive 199–200
past participle:
  agreement with preceding
    direct object 58, 60, 72,
    118, 137, 155, 167, 169,
    177, 199, 264, 276
  agreement with subject 29–
    30, 118, 199
  compound form of 264
  formation of 29–30
  use of in passive constructions
    88
past subjunctive 275–276
plaire 274
pleonastic **ne** 237
pluperfect 117–118
  after **si** 169
possession 76–77, 115, 151, 223
pouvoir:
  conditional 149, 170
  omission of **pas** with 207
prepositions:
  à, chez, dans, en 220–221
  + infinitive 8
  + **lequel** replaced by **où** 138
  not followed by definite de-
    terminer 16
  + object replaced by **y** 58–59
  with names of countries 15,
    150–151, 221
present tense 11
  replaced in indirect discourse
    302–303
  with **depuis** 135
  with **il y a, ça fait, voilà**
    135
  with **si** clauses 107
present participle 261–262
present perfect participle 264
pronouns:
  demonstrative 77–78, 161
  direct object 57–58, 200, 296,
    301

disjunctive (emphatic) 76, 116
double object 60
en 36–37
indefinite 67, 176–177, 197
indirect object 57–59, 200,
    296
invariable 177
possessive 76–77, 115
reflexive 69–70, 72
relative 137–138, 155–156,
    303
tout (tous, toutes) 67, 177,
with imperative 58, 60, 72
in indirect discourse 302–303
with infinitive 58, 69, 296, 301
with past infinitive 200
y 58–59

quand:
  with **depuis** + expressions of
    time 135
  with future 107–108
  with future perfect 167
quantity, expressions of 19, 36–
    37, 185, 197
que:
  as relative pronoun 78, 137
  ce que 155–156
  in comparisons 38–39
  in indirect discourse 302–303
  with subjunctive 188–190
qui:
  as relative pronoun 9, 78, 137
  ce qui 155–156

-re verbs 11; *see also* individual
    tenses and moods
reciprocal use of pronominal
    verbs 70, 72
reflexive verbs 69–70, 72
  passé composé of 72
  present participle of 261
  vs. passive construction 88
relative pronouns *see* pronouns

sans:
  + infinitive 8
  + noun 16
savoir, omission of **pas** with 207
si clauses 107, 149, 169
  with indirect discourse 303
subjunctive:
  after certain conjunctions 236
  after expressions of necessity
    190
  after expressions of opinion
    283
  after indefinite antecedents
    253–254
  after **premier, dernier,
    seul, peu de,** etc. 283
  after superlatives expressing
    an opinion 283
  after verbs and expressions of
    emotion 191
  after verbs and expressions of
    possibility, doubt, and
    opinion 214–215, 251,
    253–254, 292
  after verbs and expressions of
    wishing and wanting 191,
    254
  in independent clauses 295
  in certain set expressions 295
  in relative clauses 253–254
  irregular formation 212–213
  of stem-changing verbs 212
  past 275–276
  regular formation 188–189
  used to give commands 295
  vs. infinitive 191, 237
suivre 47, 235
superlative 38–39, 115, 283

taire 274
tout (toute, tous, toutes) 67,
    177, 197
  tout en + present participle
    292

valoir 52
venir de + infinitive 95
verbs *see* individual listings
for verbs, tenses, and moods
vivre 235

voilà + expressions of time 134
y 58–59